PT117 BLE

1682

GERMANISTISCHE ABHANDLUNGEN

—

HOMER IN DER DEUTSCHEN LITERATUR
(1450–1740)

HOMERVS. 6.

Hæc eſt Mæonidis facies, hæc lumina cæca :
Sic veteres numi, marmora noſtra tenent.
Inditur hic, quoniam Chirurgum Phœbus amauit,
Expoliit, Vatum principem & eſſe iubet.

Johannes Sambucus:
ICONES VETERVM ALIQVOT, AC RECENTIVM MEDICORVM,
PHILOSOPHORVMQVE, Antwerpen 1574

THOMAS BLEICHER

Homer in der deutschen Literatur
(1450-1740)

ZUR REZEPTION DER ANTIKE

UND ZUR POETOLOGIE DER NEUZEIT

MCMLXXII

J. B. METZLERSCHE VERLAGSBUCHHANDLUNG

STUTTGART

GERMANISTISCHE ABHANDLUNGEN 39

Die Zahlen in [ ] verweisen auf die Anmerkungen.

Gedruckt mit freundlicher Unterstützung der Geschwister-Boehringer-Ingelheim-Stiftung
für Geisteswissenschaften in Ingelheim am Rhein

ISBN 3 476 00249 7

Satz und Druck: Druckerei Georg Appl, Wemding
Printed in Germany

INHALT

ADB	Allgemeine deutsche Biographie, Leipzig 1875 ff.
de Backer-Sommervogel	Bibliothèque de la Compagnie de Jésus ... par les Pères Augustin et Aloys de Backer et par Carlos Sommervogel, Brüssel/Paris 1890 ff.
Capelli	Adriano Capelli: Lexicon Abbreviaturum, Mailand 1899.
DWB	Jacob und Wilhelm Grimm: Deutsches Wörterbuch, Leipzig 1854 ff.
Ellinger	Georg Ellinger: Geschichte der neulateinischen Literatur Deutschlands im 16. Jahrhundert, Berlin/Leipzig 1929 ff.
EHS	Emblemata. Handbuch zur Sinnbildkunst des XVI. und XVII. Jh., hg. von Arthur Henkel und Albrecht Schöne im Auftrage der Göttinger Akademie der Wissenschaften, Stuttgart 1967.
GdT	Geschichte der Textüberlieferung. Bd. I: Überlieferungsgeschichte der antiken Literatur, Zürich 1961.
Goedeke	Grundriß zur Geschichte der deutschen Dichtung. Von Karl Goedeke, ²Dresden 1884 ff.
Orbis latinus	Johann Georg Theodor Graesse: Orbis latinus oder Verzeichnis der lateinischen Benennungen (Neudruck der ersten Auflage Dresden 1861), Amsterdam 1969.
Graesse	Johann Georg Theodor Graesse: Trésor de livres rares et précieux, Dresden 1859 ff.
Holtzmann	Holtzmann, M., und H. Bohatta: Deutsches Pseudonymen-Lexikon, Wien 1906.
Hunger	Herbert Hunger: Lexikon der griechischen und römischen Mythologie (mit Hinweisen auf das Fortwirken antiker Stoffe und Motive), ⁵Wien 1959.
Jöcher	Allgemeines Gelehrten=LEXICON, hg. von Christian Gottlieb Jöcher, Leipzig 1750 ff.
KLL	Kindlers Literatur Lexikon, begründet von Wolfgang von Einsiedel unter Mitarbeit zahlreicher Fachberater, Zürich 1970 ff.
Lesky	Albin Lesky: Geschichte der griechischen Literatur, ²Bern/München 1963.
LAW	Lexikon der Alten Welt. Redaktion Klaus Bartels und Ludwig Huber, Zürich/Stuttgart 1965.
LThK	Lexikon für Theologie und Kirche, begr. von Michael Buchberger, hg. von Josef Höfer und Karl Rahner, ²Freiburg 1957 ff.
Manitius	Max Manitius: Geschichte der lateinischen Literatur des Mittelalters, München 1911 ff.
Nadler	Literaturgeschichte der deutschen Stämme und Landschaften. Von Josef Nadler, ³Regensburg 1929 ff.

NdB   Neue deutsche Biographie. Hg. von der Historischen Kommission bei der Bayerischen Akademie der Wissenschaften, Berlin 1953 ff.

Newald   Die deutsche Literatur vom Späthumanismus zur Empfindsamkeit (1570–1750). Von Richard Newald, Bd. 5 der Geschichte der deutschen Literatur, ⁴München 1963.

RAC   Reallexikon für Antike und Christentum. Sachwörterbuch zur Auseinandersetzung des Christentums mit der antiken Welt, hg. von Theodor Klauser, Stuttgart 1950 ff.

RE   Paulys Real=Encyclopädie der Classischen Altertumswissenschaft. Neue Bearbeitung, begr. von Georg Wissowa, fortgeführt von Wilhelm Kroll und Karl Mittelhaus, Stuttgart 1894 ff.

RGG   Die Religion in Geschichte und Gegenwart. Handwörterbuch für Theologie und Religionswissenschaft, hg. von Kurt Golling, ³Tübingen 1957 ff.

RL   Reallexikon der deutschen Literaturgeschichte. Begr. von Paul Merker und Wolfgang Stammler, neu bearbeitet und hg. von Werner Kohlschmidt und Wolfgang Mohr, Berlin 1958 ff.

Roscher   W. H. Roscher (Hrsg.): Ausführliches Lexikon der griechischen und römischen Mythologie, Leipzig 1884 ff.

Tusculum   Tusculum-Lexikon griechischer und lateinischer Autoren des Altertums und des Mittelalters. Völlig neu bearbeitet von W. Buchwald, A. Hohlweg und O. Prinz, München 1963.

Voigt   Georg Voigt: Die Wiederbelebung des classischen Alterthums oder das erste Jh. des Humanismus, Berlin 1880 f.

Wilpert   Lexikon der Weltliteratur. Biographisch-bibliographisches Handwörterbuch nach Autoren und anonymen Werken. Unter Mitarbeit zahlreicher Fachgelehrter hg. von Gero von Wilpert, Stuttgart 1963.

Zedler   Johann Heinrich Zedler: Grosses vollständiges UNIVERSAL LEXICON Aller Wissenschafften und Künste, Halle/Leipzig 1732 ff.

VORBEMERKUNGEN

»Aber das Leben ist vorgewirkt in den Alten, erkannt in
den Alten und gesehen in den Alten«
Niklas von Wyle [1]

»Homer ist also ... folglich ein recht großer Geist, ein
Mann, von besonderer Fähigkeit gewesen ... Viele haben
ihn ohne Einsicht gepriesen, damit sie nur dafür angesehen würden, als ob sie ihn verstanden hätten: viele haben
ihn auch ohne Grund getadelt, damit sie nur das Ansehen
hätten, als verstünden sie besser, was zur Poesie gehört, als
andere, die den Homer vertheidigten und lobten«
Johann Christoph Gottsched [2]

Überraschend klingen die Worte, die Niklas von Wyle schon am Anfang einer
Auseinandersetzung mit der antiken Literatur in Deutschland ausspricht. In ihnen
erscheint jedoch die Möglichkeit eines geistigen Nacherlebens mehr erahnt als erfahren. Sie bedeuten nicht Ausdruck eines eigenen ›Bekenntnisses‹; sie stellen das
Programm auf, das für die folgende Zeit gültig werden sollte. Dessen Inhalt wird
entscheidend durch die Begegnung mit Homer, dem wirkungsstärksten Dichter des
griechischen Kulturbereiches, geprägt. Die Beurteilung seiner Person und seines
Werkes ist ebenso vielseitig wie unterschiedlich. Von 1500 an häufen sich die Aussagen über diesen Autor und erhalten oft ein starkes Gewicht durch die Absicht,
die mit ihnen verbunden wird: In der Äußerung über Homer wird zugleich auch
eine Antwort auf die Frage nach Wert und Nutzen der Poesie im allgemeinen und
Sinn und Stellung der profanen Literatur im besonderen gesucht.

Am Ende dieses ersten lang andauernden Zeitabschnitts, in dem Homers Werk
fester Bestandteil des deutschen Kulturlebens geworden ist, kritisiert Gottsched
zahlreiche, darunter sicherlich auch deutsche Schriftsteller, die sich zu Homer in
irgendeine Beziehung gesetzt haben. Die zwei Extreme: das Lob der einen, die in
Homer den vollkommenen Dichter erblicken, der Tadel der anderen, die die homerische Epik als veraltetes und fehlerhaftes ›Modell‹ abtun. Gottscheds Haltung
mutet uns wie ein Rückblick auf eine vergangene Epoche an, der nun in einer neuen
Zeit eine neue Homerbetrachtung folgen sollte. In der zweiten Hälfte des 18. Jh.
setzt dann ein stark gefühlsbetontes Nachempfinden der homerischen Dichtung ein.
So sehr dadurch Einsichten in die Eigenart der Ilias und der Odyssee gewonnen sein
mögen – sie entsprechen nicht dem, was Gottsched gewollt, wenn auch selbst nicht erreicht hat: eine ›kritische‹ Überprüfung des alten humanistisch-barocken Homerbildes.

Eine Arbeit, die die Erfüllung dieser Forderung heute nachholen möchte, muß jedoch früher ansetzen. Personen und Ansichten der vorklassischen Epochen sind uns nur noch vereinzelt bekannt, da die Goethezeit mit ihrer Deutung Homers als eines Originalgenies uns den Blick für die vielen Vorgänger verstellt hat. Unsere besondere Aufgabe wird es daher sein, auf die Quellen selbst zurückzugreifen und die in ihnen entwickelten Ansatzpunkte und Maßstäbe einer Homerbewertung aufzudecken. Wir folgen damit zwar dem humanistischen Aufruf »Ad fontes«, verkennen aber nicht die Schwierigkeit unserer Ausgangsposition: Von der Gegenwart aus beurteilen wir eine längst vergangene Zeit, die sich wiederum mit dem ältesten Autor der Antike beschäftigt hat. Gerade diese Verdoppelung der Reflexion zeigt sehr deutlich, in welchem Maße der eigene Standort von der augenblicklichen historischen Konstellation abhängig und daher überholbar ist. Um nun die Voraussetzungen unseres Standortes zu umreißen, sollen in den folgenden Vorbemerkungen einige Richtlinien angegeben werden, die Aufbau und Darstellung dieser Arbeit bestimmt haben.

1. Unter »Homer« wird, entsprechend den Auffassungen in den behandelten Epochen, ein einziger Autor verstanden, der Ilias und Odyssee, oft aber auch Batrachomyomachie und Hymnen gedichtet hat (abweichende Einzelfälle werden gesondert angezeigt).

2. Bei der Wertung der herangezogenen Quellen mußten natürlich vorrangig die historischen Bedingungen berücksichtigt werden. Stets erkennbar sein sollte jedoch auch das (keineswegs eigenständige) Homerbild des Verfassers, der sich zu einer ›synthetischen‹, gleichermaßen traditionelle Bindung und originale Leistung beachtenden Deutung bekennt.

3. Literarisches Selbstverständnis und Deutung vergangener Literaturen korrespondieren in dem behandelten Zeitabschnitt nicht nur, sondern bieten sich meistens sogar als identische Aussagen an, weil – ohne historisches Einschätzungsvermögen – die eigene Vorstellung in den vorliegenden Text hineinprojiziert wird. Daher wird bei jeder ›Rezeption der Antike‹ zugleich auch eine (frühneuzeitliche) ›Poetologie‹ mitentworfen.

4. Der Terminus »Deutsche Literatur« wäre irreführend, wenn man darunter eine deutschsprachige Literatur verstände. Überwiegend mußten neulateinische Schriften beachtet werden, sogar noch im Barock, da wissenschaftliche Texte fast immer lateinisch verfaßt wurden.

5. Die zitierten Stellen stammen meist aus philologischen Abhandlungen und dichtungstheoretischen Auslegungen. Daß dabei auch Zeugnisse höchst unterschiedlicher Art nebeneinander gestellt, wenn auch nicht einheitlich beurteilt wurden, konnte wegen der angestrebten Vollständigkeit nicht vermieden werden. – Zwischen Poetiken und werkimmanenten Aussagen über ›Poesie‹ sollte nur in seltenen Fällen unterschieden werden, da lediglich nach der Äußerung über Homer gefragt werden mußte. Auch der Kontext konnte nur dann Beachtung finden, wenn er diese Äußerung beeinflußte.

6. Die Gewichtverteilung bei der Behandlung der verschiedenen Epochen ist ungleichmäßig. Einer ausführlichen Berücksichtigung des ›Humanismus‹ (1450–1600)

folgen kürzere Kapitel über ›Barock‹ und vor allem über ›Aufklärung‹ (1600–1740). Wesentlich war die weitaus größere Materialfülle aus der humanistischen Epoche. Außerdem mußten besonders die Anfänge deutlich herausgearbeitet werden; in den nachfolgenden Zeitabschnitten sollten hauptsächlich neuere Sichtweisen hervorgehoben werden.

7. Um der jeweiligen Gesamtansicht gerecht zu werden, ließen sich Wiederholungen nicht immer vermeiden. So berühren sich gerade die großen Persönlichkeiten in vielen Punkten, und ihre Abweichungen voneinander heben sich erst deutlich ab, wenn der gemeinsame Hintergrund aufgedeckt ist. Wiederholungen, v. a. im zweiten Teil, mußten zudem beibehalten werden, da der Kompendium-Charakter der Arbeit gewahrt bleiben sollte.

8. Material und Darstellung bedingten einander. Denn zuerst einmal mußten die Quellen angeführt werden, dann erst konnte deren Stellenwert innerhalb ähnlicher oder verschiedener Texte herausgearbeitet werden. Eine (klarere) Komposition nach übergeordneten Gesichtspunkten verbot sich also wegen der primär erforderlichen Belegsammlung, und eine mögliche zusätzliche Systematisierung hätte die an sich schon umfangreiche Arbeit zu sehr anschwellen lassen.

9. Einen geschlossenen Forschungsbericht zu bieten, war nicht möglich, da selbst Georg Finsler in seinem verdienstvollen Buch über das Nachleben Homers nur wenige Beispiele aus dem deutschen Humanismus angeführt und das Barockzeitalter sogar völlig übergangen hatte. Die thematisch oft eng begrenzten Stellungnahmen aus der Sekundärliteratur wurden deshalb an der jeweiligen Stelle im Text oder in den Anmerkungen berücksichtigt. Dabei überraschte zweierlei: Unsere Fragestellung wurde meist lediglich in Form einer Randbemerkung berührt, und zur Deutung der Quellen konnten wir nur selten neuere wissenschaftliche Abhandlungen heranziehen.

10. Aufgabe unserer Untersuchung war es, die verschiedenen Phasen einer Erweiterung und Anreicherung des Homerbildes zu analysieren. Trotz deutlicher Entwicklungsstufen und scharfer Gegensätze in der Beurteilung sollte die Zusammengehörigkeit der behandelten Epochen betont werden, um deren Homerbild als einheitlichen Entwurf gegen die nachfolgende andersgeartete Bewertung abzugrenzen.

1. Homer-Rezeption im Mittelalter:
Von der Verfälschung bis zur Entfremdung

Der Name Homer und der Stoff seiner Epen sind im frühen Mittelalter noch weitgehend bekannt, der Text selbst jedoch wird nicht mehr im Original gelesen. Forscher und Dichter greifen zurück auf verschiedene Überlieferungsquellen, auf Zitate in mythologischen Kompendien wie in den Büchern des *Fulgentius* und auf inhaltliche Verarbeitungen in den Werken römischer Autoren wie *Vergil* und *Ovid*. Hierzu zählen auch die noch antiken lateinischen Homer-Paraphrasen, die nur Handlungselemente betonen.

Höher steht der allererste Anverwandlungsversuch Homers in eine fremde Sprache: *Livius Andronicus* (etwa 285 bis 204 v. Chr.) überträgt die Odyssee fast wörtlich zum Unterrichtszweck in altrömische saturnische Verse [1]. Seine *Odusia* wird dann auch »bis in *Ciceros* Zeit auswendig gelernt« [2], und noch *Gellius* (gest. nach 170 n. Chr.) betrachtet ehrfürchtig diese Fassung [3], deren Schicksal nicht weiter verfolgt werden muß. Denn die frühe Übersetzung liefert die Grundlage für weitere Beschäftigungen lateinisch schreibender Autoren mit dem Heimkehrerepos Homers, ohne daß sich schließlich noch ihre unmittelbare Einwirkung feststellen ließe.

Schwieriger erweist sich die Umformung der Ilias in einen anderen Sprachbereich. Die archaische Kampfdramatik steht ferner und bezugsloser da als die pädagogisch-allegorisch auswertbare Fabelwelt der Odyssee. Erst nach Vergils genialer Nachdichtung gewinnt auch Homers Ilias in einer fremden Umwelt an Bedeutung. Sie veranlaßt im ersten nachchristlichen Jahrhundert *Silius Italicus* zu einer metrischen Ausgestaltung, die das Epos in einer Nacherzählung von 1070 Hexametern wiedergibt [4]. Dieser rhetorisch getönte Auszug beginnt mit einem breiten Ausmalen der ersten Gesänge; die weiteren Abschnitte werden stärker gekürzt [5]. Als ›Ilias latina‹ erlangt er anfangs unter der analogen Verfasserbezeichnung ›Homerus Latinus‹ und seit dem zwölften Jahrhundert unter der merkwürdigen Verfälschung ›Pindarus Thebanus‹ [6] im Mittelalter eine umfassende handschriftliche Verbreitung.

Für die ›europäische Literatur im lateinischen Mittelalter‹ [7] erweist sich die Umschrift in die lateinische Sprache als notwendig; sie allein ermöglicht, daß Homer auch in einer verständnislosen Zeit nicht völlig vergessen wird.

Doch selbst in dieser verstümmelten Form muß Homers Werk noch zwei antiken Neufassungen der trojanischen Sage weichen, die die Quelle für die mittelalterlichen Bearbeitungen darstellen. Der Kreter *Diktys* [8] gilt als der Autor eines Tagebuches griechischer Kriegserlebnisse um Ilion, das in der vollständig erhaltenen lateinischen Version des *L. Septimius* auf die spätere Zeit eingewirkt hat, und der Phrygier *Dares* [9] soll als trojanischer Hephaistospriester seine Berichte, die ebenfalls in der lateinischen Übertragung bekannt sind, als Augenzeuge niedergelegt haben. Diese fingierten Beglaubigungen versuchen, den Mythos in die Nähe der Historie zu rücken. Dabei wird übersehen, daß Homer das Mythosmodell als Material schon bewußt zur poetischen Fabel umgestaltet. Da die Übereinstimmung der Dichtung mit der geschichtlichen Wahrheit gefordert wird, scheint eine Korrektur Homers unumgänglich; aber der Versuch, die fehlenden Fakten in der homerischen Vorlage durch romanhafte Einschübe zu ergänzen, wird schließlich der angestrebten realen Begebenheit noch weniger gerecht.

Die Sicht der Römer als Nachfahren der Trojaner, die zudem später auch als Vorläufer der germanischen Genealogien angesehen werden, übernimmt der lateinisch schreibende Christ des Mittelalters und deutet deswegen Homer als einen voreingenommenen Lügner. Nur als »Dichtergeneral« [10], der den Schiffskatalog mit politischer Absicht in sein poetisches Werk einfügt, wahrt Homer einen Rest seiner traditionellen Autorität. Daß seine Ilias jedenfalls noch als ferner Abglanz erkennbar bleibt, liegt an der Transformierbarkeit der trojanischen Szenerie in mittelalterliches Denken: Der Typus des antiken Heroen wird in das neue Tugendsystem als Ritter eingeordnet; während des Kampfes um Ilion treten die Ideale der ›aventiure‹ und auch der ›minne‹ erstmals exemplarisch auf [11].

Den erzählerischen Grundton des ersten mittelalterlichen Trojaromanes, den *Benoît de Saint-Maure* (1161) [12] nach der Dares-Tradition schreibt und der das frühhöfische deutsche *Liet von Troye* des *Herbort von Fritzlar* um 1210 beeinflußt [13], verdrängt von 1287 an die didaktische Absicht der lateinischen Prosabearbeitung des *Guido da Colonna*. Im Prolog der *Historia destructionis Troiae* tadelt er Homer wegen der fiktiven Variationen, die er um eine geschichtliche Begebenheit rankt, im Nachwort vermißt er bei Homer die vom Schriftsteller geforderte Darstellung der Wahrheit [14]. Guido folgt daher lediglich der Dares-Diktys-Überlieferung [15], die auch *Hans Mair von Nördlingen* 1392 in seiner sehr freien, nur am Stoff interessierten Bearbeitung der lateinischen Vorlage benutzt, obwohl er im Titel neben anderen »hochgelehrten meystern« auch den »herr Humerus« [16] nennt. Dagegen wahrt der um 1275 entstandene und unvollendet gebliebene ›Trojanerkrieg‹ *Konrads von Würzburg* neben dieser pseudohistorischen Perspektive »teilweise auch die antik-homerische Tradition« [17]. Sonst aber wirken ›Korrektoren‹ Homers, kaum Homer selbst, noch bis in die Zeit des Humanismus. Seit 1474 erscheinen in häufigen Auflagen Kompilationen aus Hans Mairs Inhaltswiedergabe und dem *Buch von Troja* [18], das ein anonymer Verfasser nach dem Fragment Konrads von Würzburg in Prosaform abgeändert und mit einer selbständigen Verdeutschung Guidos da Colonna fortgesetzt und beendet hat [19]. Auch schreibt *Johannes Honorius* 1498 in Leipzig eine *Historia Troiana* nach Dares, der für ihn als Sänger der Unterlegenen ein Kontrastbild zu Homers Epos entworfen hat [20]. Und noch 1504 wird in Leipzig nicht Homers Ilias, sondern die *Ilias latina* mit einem Vermerk gedruckt, der sie als lateinische Übersetzung des griechischen Originals anbietet [21]. Nicht schon das Erlahmen des »Interesses an den spätantiken und mittelalterlichen Prosaromanen, die noch in die Form des Volksbuches übergingen«, sondern erst die »in allen europäischen Ländern entstehenden Standard-Übersetzungen« [22] ermöglichen die »Wiederentdeckung des echten Homer«, den der Grieche *Chalkondyles* 1488 in Florenz ediert.

Doch im Mittelalter entfernen sich nicht nur Stoff und Thema der homerischen Epen von ihrem ursprünglichen Gehalt, auch Person und Name des Autors verlieren ständig an Wertgeltung, die schließlich an Unkenntnis grenzt. *Strabo* nennt Homer zwar »Freude von Hellas« [23], erwähnt ihn aber nur chronologisch, nicht wertmäßig an erster Stelle, während *Hrabanus Maurus* ihm schon »die Weitschweifigkeit und die indecente Charakteristik« vorwirft [24]. Den Beinamen Homer führt der Franke *Angilbert* wahrscheinlich als Auszeichnung für seine dichterische Begabung [25]. Der Ruhm Homers jedoch ist wohl schon damals nur noch ablesbar an der Ilias-Kurzfassung des Silius Italicus. Der alemannische Mönch *Ermenrich von Ellwangen,* der unter Hraban klassische Literatur liest, betrachtet die Fabeln Vergils und Homers für Christen als nutzlose Aussagen und entwirft eine Homerparodie, in der er den historisch-mythologisch orientierten Heiden durch eine plötzliche Erkenntnis der Lächerlichkeit all seines bisherigen Dichtens in einen Legenden schreibenden Christen verwandelt [26]. Das Lob *Karls des Großen* erhebt den langobardischen Geistlichen Paulus Diaconus auf denselben Rang, wie ihn der jeweils vorzüglichste Vertreter eines Volkes einnimmt; dabei gilt im griechischen Kulturbereich Homer als die überragende Persönlichkeit [27]. In der hyperbolischen Wendung des *Ulgerius von Angers* wird die Bewertung eines Zeitgenossen durch die Herabsetzung vergangener Größen zu einer unglaubwürdigen Formel verzerrt: Marbod von Rennes übertreffe an Geist und Beredsamkeit sogar Homer [28]. Die nächstmögliche Steigerung des Gegenwärtigen, das sich nicht mehr durch die einfache Negation des Früheren erreichen läßt, gipfelt in dem Topos der Unsagbarkeit, für die die sprachgewaltigsten Dichter als Zeugen angeführt werden. So behauptet der Abt *Gerhard von Seeon* in einem Hexametergedicht an den König Heinrich I., den Stifter des Bistums Bamberg, »weder ein Maro noch ein Homer würden imstande sein, Bambergs Ruhm würdig zu besingen« [29]. Der *Archipoeta* variiert diese Thematik, indem er jedem Schaffen eine bestimmte Zeitdauer zuweist. Trotz einer selbstbewußten Dichterhaltung lehnt er es ab, in einer kurzen Frist Barbarossas Heldentaten zu beschreiben,

> die weder Vergil
> noch Homer
> in fünf Jahren zu besingen vermöchten,
> was unbestrittene Wahrheit ist [30].

Hugo von Orléans, ein weiterer gelehrter Vagantendichter, der ›Primas der Poeten‹, versucht sich aus manieristischer Verskünstelei an einer Umformung der *Ilias latina* in leoninische zweisilbig gereimte Hexameter [31]. Deshalb preist er sich wohl selbst als einen alten Mann, der im Kreis der Musen genährt und von Homer ausgebildet worden wäre [32]; dennoch müsse er unverdienterweise beim Klerus wie ein Bettler um sein tägliches Brot bitten [33].

Gegen diesen elegisch-satirischen Ton hebt sich die Dichtungsauffassung des *Lambert von Ardre* scharf ab. Literatur bedeutet ihm, der um 1194 mit der Niederschrift der Geschichte eines Adelsgeschlechtes beginnt, letztlich Historiographie. Die Zweifel, ob er die Adelsfamilie von ihrem frühesten Zeitpunkt an wahrheitsgetreu bis in die Gegenwart verfolgen könne, beseitigt er mit dem Hinweis auf Homer, der ja auch erst »lange nach dem troischen Kriege geboren sei«, und außerdem frage »Vergil nicht danach . . ., woher Homer seine Kenntnisse des Krieges erhalten habe« [34]. Den Epiker Homer bestimmen nach dieser mittelalterlichen Meinung die gleichen Absichten und Gesetzlichkeiten wie den Chronisten: Die Fiktion wird, vereinfacht ausgedrückt, aus der Literatur verbannt, nur das Faktum wird zum Inhalt erhoben, und der Annäherungsgrad an die Wirklichkeit bildet den Wertmaßstab.

Gültigkeit besitzt aber auch bei vielen Gläubigen diejenige antike Dichtung, die als Präfiguration der christlichen Heilsgeschichte ausgelegt werden kann. *Moses von Bergamo*, der wahrscheinlich durch seine Reisen nach Byzanz ein vorzüglicher Kenner der griechischen Sprache und vielseitiger Interpret griechischer Autoren wurde, befaßt sich mit einem Hieronymusbrief, wobei er die Meisterwerke profaner Poesie in die sakrale Literatur miteinbezieht. »Homer, so meint er, ist der erste Dichter und Philosoph der Griechen gewesen, was auch Horaz bestätigt. Er schrieb zwei Epen, περὶ Τροίας ἁλώσεως und ᾽Οδυσσέως πλάνη. Da er in beiden vieles gesagt hat, was auf Christen gedeutet werden kann, so haben mehrere Autoren einen Auszug aus Homer in diesem Sinne gemacht, den sie Homerocentones oder ῾Ομηρόκεντρα nannten« [35]. Als Beispiel diene die Christus-Präfiguration durch den Helden Odysseus, der wegen der Lockungen der Sirenen an den Mast des Schiffes gebunden ist (der Mast stellt nach der Umwertung des einfachen Wortsinns in ein allegorisches Sinnbild das Kreuz der Kirche dar) [36]. Der Geistliche *Theoderich von Fleury* (geb. um 950) spricht ebenfalls die Vermutung aus, daß Vergil und Homer in ihren Werken auf die Menschwerdung Christi anspielen; dennoch rät er von der antiken Literatur der Heiden ab, da sie für Mönche gefährlich werden könne [37]. In dem Gedicht *The House of Fame* von 1384 sammelt *Chaucer* einige konventionelle Bemerkungen über Homer [38] und wahrt dabei ihm gegenüber zumindest eine neutrale Haltung.

Für die Verbreitung eines Dichters ergibt sich als eine wesentliche Voraussetzung die Behandlung in den Schulen. Homer wird im Jahr 983 von *Walther von Speyer* zwar mitaufgezählt unter den gebräuchlichen Schulautoren [39], aber tatsächlich wird unter seinem Namen nur der »Homerus latinus« verstanden. Quelle für das homerische Beispiel, das *Hartmann von Aue* als eigenen Zusatz in seinen *Iwein* (V. 6443 ff.) zur Stilisierungssteigerung einfügt, kann ebenfalls nur die *Ilias latina* sein. Dasselbe gilt für die 1086 verfaßte Schrift »De arte lectoria« *Aimerics*, der in einem Exkurs über Einteilungskategorien der Literatur Homer innerhalb des profanen Schrifttums erst nach den ›goldenen‹ und ›silbernen‹ Dichtern bei der Gruppe der »communes auctores« einordnet [40]. Auch der etwa 1070 geborene *Konrad von Hirschau* spricht in seinem *Dialogus super auctores* nur »ganz kurz von Homer, dessen Werk von Pindarus ins Lateinische übertragen worden sei« [41]. Die fast bis in den Wortlaut damit übereinstimmende Aussage *Hugos von Trimberg* [42] zeigt die schon zum Topos gewordene Einstellung, die die völlige Unkenntnis der homerischen Epik verrät. Bei der kunstlosen Verfälschung des Originals durch die fragmentarische lateinische Skizzierung kann die Entwicklung bis zur völligen Entfremdung nicht verwundern. Allerdings hätte in diesen Jahrhunderten auch das Original keine gerechte Aufnahme gefunden: zu fremd mußte das archaische Kolorit wirken, zu wenig entsprach die nahtlose Verbindung aus Formbewußtsein und Mythosbewältigung in einer Zeit des überwiegend klerikalen ›Bildungsmonopols‹ der Auffassung von der poetischen Struktur und Funktion.

Eine Begegnung mit dem griechischen Original des profanen Dichters Homer verhindern die Verwendung der lateinischen Sprache, aus der die Bevorzugung der lateinischen Literatur folgt, und die Einengung der Themenkreise auf religiöse Problematik. In der ›Maere‹ Hartmanns von Aue vom frommen Sünder Gregorius antwortet der Abt auf den Entschluß des Legendenhelden zur Ritterschaft:

ich vernaeme kriechisch als wol (V. 1630).

Die griechische Sprache bedeutet nicht nur dem gelehrten Klostergeistlichen soviel wie ein unlösbares Rätsel, sie wird zum Symbol der Verständnislosigkeit. Und ein mittelalterlicher Mönchsspruch belegt mit zugespitzter Unmittelbarkeit in der Aneinanderreihung von Feststellung und Reaktion die Absage an alle griechischen Studien: »Graeca sunt, non leguntur« [43]. Noch in einer humanistischen Rezension der auch im Mittelalter verwendeten Grammatik Priscians aus dem Jahr 1478 werden die griechischen Wörter entweder ganz ausgelassen oder zumindest völlig entstellt wiedergegeben. Mit einer solchen Gesinnung und unter einer solchen Vorbedingung wäre Homers Werk auch in guten lateinischen Übersetzungen kaum verstanden worden. Daß er außerdem nur im originalen Sprach- und Kulturbereich nacherlebt werden kann, erkennen erst einzelne Persönlichkeiten in der humanistischen Epoche, und nur wenigen unter ihnen gelingt nach langwierigem Ringen um das anfangs wörtliche und dann ästhetische Erfassen die Erfüllung ihrer Sehnsucht: Homer als unerreichbares Ideal und als lebendige Begegnung zu begreifen.

2. Homer-Rezeption in der italienischen Frührenaissance: Sehnsucht nach dem unbekannten Original

Das in Italien langsam aufkommende Interesse an antikem Denken und seiner Ausprägung in den Kunstwerken erfaßt auch das Gebiet der griechischen Kultur. Das Verstehen dieser fernen Zeiten gelingt nicht sprunghaft, die Brücke bildet die Spätantike, deren aus enzyklopädischer Sammeltätigkeit gewonnene Totalperspektive verschiedene Epochen vermischt und charakteristische Einzelheiten verallgemeinert hat. Diese spätantike Sicht verengt das Bild der Antike und bestimmt es größtenteils auch in Deutschland noch bis ins Barockzeitalter. Für sie bedeutet die homerische Dichtung ein archetypisches Kompendium für alle Wissenschaften und Künste.

Auch der anfangs nur geringe, später jedoch immer gewaltiger anschwellende kulturelle Austausch zwischen dem einstigen Westrom und dem noch herrschenden Ostrom ermöglicht einen Zugang zur griechischen Antike. Die byzantinische Wissenschaft ist ›ideologisch‹ zwar fast erstarrt, kann aber noch griechische Sprachkenntnisse und textkritische Bearbeitungen Homers vermitteln, wobei *Johannes Tzetzes'* historisch-allegorische Schriften [44] und die umfangreiche Kommentierung des *Eusthatios,* des zahllose antike Forschungen berücksichtigenden und auch einige eigene poetologische Erklärungen anführenden Bischofs von Thessalonike [45], zumindest erwähnt werden müssen.

Für *Dantes* Wissen um Homer gilt jedoch noch die mittelalterliche Situation: Der griechische Dichter ist ihm nur als Name bekannt, den er aus den Schriften des Aristoteles und des Horaz zitiert. Obwohl ihm aber Homer fremd bleiben muß, da ihm nicht einmal eine Übersetzung vorliegt, verleiht er der poetischen Berufung eine schon neuzeitliche Würde, die auch den griechischen Epiker miteinschließt. Im vierten Gesang der *Divina Commedia* nennt Vergil nach sich als »höchsten Fürsten der Dichter« (V. 88) Homer, der in dem Dichterkanon der ›bella scola‹ als Herr »mit der höchsten Kunst des Sanges, / Der andre wie ein Adler überflieget« (V. 95 f.), erscheint [46]. Dantes ästhetische Wertschätzung der dichterischen Berufung festigt *Petrarca* wissenschaftlich, indem er die Poesie als eine wie Theologie und Philosophie aus den Einzelbeobachtungen herausragende und die Teilgebiete umfassende Einheit in das System der mittelalterlichen Artes eingliedert und ihr dadurch die institutionelle Funktion eines Berufes mitgibt [47]. Mit Petrarca beginnt »die Begeisterung für den Stil der Alten und die Betroffenheit durch ihr Werk« [48]. Sein Verlangen nach der Kenntnis der homerischen Epen wird noch durch das ihm von dem Byzantiner Nikolaos Sigeros geschenkte Homerexemplar gesteigert. Denn das Original bleibt für ihn ›stumm‹, nicht weil es keine Aussagekraft besäße, sondern weil er, ohne der griechischen Sprache mächtig zu sein, ›taub‹ sei. Doch schon der Anblick des Buches bereite ihm eine Freude, die ihn sehnsüchtig ausrufen lasse: »O magne vir quam cupide te audirem« [49]. Und in einem Brief an Homer [50] weist er auf die bevorstehende Übersetzung Homers ins Lateinische hin, erwähnt die Unzulänglichkeit der *Ilias latina* und stellt Homer neben das anerkannte Stilvorbild Vergil. Als aber die lateinische Prosaübersetzung *Pilatos,* eine inhaltlich unzuverlässige und sprachlich mißlungene Arbeit, erscheint, verliert sich das Interesse Petrarcas, dessen »ausschließlich auf die klassische lateinische Literatur gerichteter Humanismus« [51] ein Erkennen homerischer Größe verhindert.

Bei *Boccaccio* dagegen läßt sich erstmals ein Erahnen dieser Größe feststellen. Seine Dichtungsauffassung löst sich noch entschiedener als Petrarcas Ansicht von den mittelalterlichen Theorien, indem er die Poesie aus dem System der Wissenschaften befreit und sie als eine autonome Aussageweise versteht. In seiner literarischen Praxis versucht er, auf die griechischen Quellen lateinischer Verarbeitungen zurückzugehen. So »unterscheidet (die Kenntnis Homers) sein Werk (*Genealogiae deorum gentilium*) von allen vorangehenden Kompilationen, die vornehmlich auf Ovids Metamorphosen beruhen« [52]. Auch wird erst durch seine Bemühungen Pilato zu der Homerübersetzung angeregt. »Und wenn auf Grund dieses Stümperwerkes auch niemand außer vielleicht Boccaccio selbst einen Eindruck vom Dichter

Homer gewinnen konnte, so war doch wenigstens der Stoff der Epen zugänglich geworden und lockte zu weiterer Beschäftigung. Daß aber Boccaccio in seiner Kompilation sogar griechische Verse zitierte, ... geschah nicht nur, um seine (wahrscheinlich bescheidenen) Sprachkenntnisse unter Beweis zu stellen. Vielmehr ist das durchaus ungewohnte Verfahren das Zeichen echter Ergriffenheit durch einen großen Dichter« [53].

In Italien wird Homer jedoch meist durch nationale Gesinnung wieder zurückgedrängt. Die Erinnerung an das römische Imperium erweckt die Sehnsucht nach der Erneuerung der einstigen Weltherrschaft, und als Sprecher früheren Ruhms gewinnt der lateinische Dichter Vergil mit seiner politisch akzentuierten Homer-Imitation aktuelle Bedeutung. Erst die vertiefte geistige Berührung mit byzantinischen Gelehrten ruft erneut die Aufmerksamkeit für die griechischen Wortkunstwerke hervor. Mit dem Byzantiner *Manuel Chrysoloras* (um 1350–1415) [54], der nach Florenz berufen wird und dessen *Erotemata* die Grundlagen der griechischen Grammatik beschreiben, beginnt die methodische Beschäftigung mit der ältesten abendländischen Literatur. Von ihm werden mehrere Italiener nach Konstantinopel geschickt, um Handschriften aufzukaufen. Durch *Filelfo* gelangen dann auch Homers Werke in den Westen [55]. 1488 werden sie schließlich nach der Edition des Griechen *Demetrios Chalkondyles* in Florenz gedruckt.

II. Humanistische Homerbewertungen

1. Homer-Rezeption im deutschen Frühhumanismus

a) Traditionelle Fehlperspektiven und Ansätze eines Verstehens

Eine stärkere Betonung der griechischen Kultur und eine Abschwächung der lateinischen Tradition scheinen die humanistische Epoche zu kennzeichnen. Da jedoch das historische Bewußtsein fehlt und die Antike mehr oder weniger von der eigenen Gegenwart aus gedeutet wird, gelingt es nicht, den Eigenwert eines Kunstwerkes und seine zeitliche Bedingtheit sowie seine zeitlose Auswirkung zu ergründen. Man befaßt sich zwar mit dem Griechentum, letztlich aber bleibt die lateinische Sprache und ihre Dichtung näher, vertrauter. Man eignet sich die Inhalte und Stoffe griechischer Kunst an, begreift sie jedoch mit dem verengten Verständnis, das am Lateinischen geschult ist und dem sich nur einige weitere Perspektiven eröffnen. Die Auffassung der Sprachhöhe, der ›dignitas‹, gilt als Norm. An ihr mißt man die Dichter, die gleichbedeutend werden mit Stilkünstlern.

Horst Rüdiger erwähnt *Guarinos* Teilübersetzung des 23. Buches der Odyssee aus dem Jahr 1427, in der der Italiener eine Kürzung der Bettbeschreibung mit einem Hinweis auf Vergil rechtfertigt: »Er wolle den Leser nicht ermüden, indem er ... zu Niedrigem und Gemeinem hinabsteige und der Dichtung auf diese Weise ihre Würde raube« [1]. Damit entgeht Guarino der Sinn dieser Schilderung, durch die Penelope ihren Gatten wiedererkennt. Selbst *Basinio Basini* [2], ein Bewunderer Homers, gibt zu bedenken: »Beim Übersetzen (Homers) möchte das meiste wohl roh und nicht würdig genug erscheinen« [3].

Das wertgebende Merkmal einer Dichtung ist demnach gewandte Handhabung einer Sprache, eine artistische Kunstfertigkeit, die ihr Ziel nicht im Schöpferischen sieht, sondern in einem verfeinernden Nachahmen, in dem ›Übersetzen‹ eines scheinbar noch rohen, ungestalteten Originals in ein elegantes ›Modell‹. Richard Newald charakterisiert das Verhältnis der beiden größten antiken Epiker in der humanistischen Epoche mit folgenden Worten: »Hinter den Symbolen Homer und Vergil erscheinen Volks- und Kunstdichtung, barbarische und gepflegte poetische Form« [4].

Die Aneignung dieser italienischen Forschungsmethoden und ihrer Ergebnisse empfinden die ersten deutschen Humanisten als notwendige Vorarbeit für die eigene wissenschaftliche Tätigkeit. Wegen des Nachholbedarfs werden auch die italienischen Themen übernommen, die fast ausschließlich auf die römische Antike zielen. Erst in der zweiten Phase steigert sich durch das Gefühl der meist jedoch nur erhofften Gleichrangigkeit das Selbstbewußtsein, und schneller und untendenziöser als in Italien dehnt sich das Feld der humanistischen Studien in bescheidenem Umfang auch auf die griechische Antike aus. So erwähnen Autoren, die theoretisch

oder praktisch an Gedankengänge über Dichtung rühren, häufig Homer als frühesten literarisch greifbaren Poeten und als ersten vollendeten Wortkünstler und entwerfen umrißhaft ein Homerbild, hinter dem mitunter schon die erahnte tatsächliche Größe Homers sichtbar wird.

In dem Dialog *De remedio amoris* des *Johann Tröster* aus dem Jahr 1454 [5]
finden sich einige Anspielungen auf homerische Figuren und Motive. Sie dienen als
mythologische Parallelen zur paradigmatischen Verallgemeinerung augenblicklicher
Liebesverzweiflung. So wird vor allem auf das unzerreißbare Netz des Hephaistos
hingewiesen, der damit den Ehebruch seiner Gattin Aphrodite mit dem Kriegsgott
Ares aufzeigt. Die Erinnerung an diese letztlich heitere Episode, die Homer dem
Sänger Demodokos als Folie zu dem sorgenfreien Dasein der Phäaken in den
Mund legt [6], bringt der betroffenen Person während ihres Anfangsmonologs
jedoch nur die bittere Erkenntnis, daß ihr Liebeserlebnis die eigene Willenskraft
lähmt und sie der Qual der Lächerlichkeit aussetzt. Im Dialog mit dem hilfreichen
Freund weicht die tiefe Erschütterung langsam der noch mittelalterlichen Einsicht
in die zerstörerische Kraft der Liebe und der Hinwendung zur christlich-stoizisti-
schen Haltung. Die Überredung gelingt durch die Aufdeckung des Gleichnischarak-
ters der homerischen Fabeln. Denn die Ehebruchsszene in der Odyssee beweist, daß
jede Liebe mit Krieg, also mit Streit und Lebensgefahr, verbunden ist [7]. Weitere
Auflösungen homerischer Erzählungen ließen sich anführen bis hin zum negativ
verstandenen Paradoxon der ›dankbaren Charybdis‹ [8] als Liebesdefinition.
Homer aber beschreibt nicht nur allegorisch die Macht der Liebe, er gibt mit der
Charakterzeichnung des Odysseus, der der Werbung Kirkes widersteht, selbst das
Heilmittel gegen sie an [9]. Diese Anwendung einer dichterischen Vorlage schließt
die Auffassung mit ein, daß das Original innerhalb eines neuen Problemkreises
eine Verweiskraft besitzt. Die poetischen Bilder lassen sich bei einer derartigen
Interpretation umsetzen in allgemeingültige Gedanken und bestimmte Verhaltens-
regeln. Somit stellen sich die homerischen Fiktionen als parabolisch verkleidete
Daseinsformen dar, und ihr Aussagewert bietet eine jederzeit aktualisierbare
Lebensphilosophie an.

Der Autor Johann Tröster kennt jedoch kaum das Werk Homers, wohl auch
nicht in einer lateinischen Übersetzung. Die mythologische Ehebruchsszene ist ihm
vermutlich aus der novellistischen Erzählung *Euryalus und Lucretia* des *Enea Silvio
Piccolomini* vertraut. In dem Widmungsschreiben an Mariano Sozzini sagt der
spätere Pabst Pius II.: Ich »danke den Göttern, daß ich immer heil (aus Liebes-
affären) davongekommen bin, glücklicher als Mars, den Vulkanus in einem stähler-
nen Netze fing, als er bei der Venus lag, und dem Gelächter der anderen Götter
preisgab« [10]. Die Kenntnis der homerischen Szenerie durch Enea Silvio Piccolomini wirkt dadurch noch wahrscheinlicher, daß Tröster zu den frühesten Freunden
Piccolominis in der österreichischen Kanzlei zählt und als »der erste eigentliche
Schüler Aeneas« [11] dessen Stil und Gesinnung nachzuahmen versucht. Bei Tröster
läßt sich demnach wohl zuerst die direkte Übernahme des italienischen Anver-
wandlungsprozesses griechischer literarischer Formen erkennen. Die Poesie, die in
Italien schon blüht, auch in Deutschland zu verteidigen und hochzuschätzen ist

Piccolominis Auftrag, dem sich auch Tröster verpflichtet fühlt. Der Italiener wiederholt Alexanders Homerlob und erneuert dessen Ruhm in der Gegenwart: »Wie dankbar müssen die Griechen und Trojaner dem Homer sein, die, seit zweitausend Jahren verstorben, durch ihn noch heute leben!« [12]. Für Tröster ist der hohe Rang Homers schon Gewißheit, an der er das eigene Selbstbewußtsein aufrichten kann. Denn er führt sich in den Dialog ein unter dem Pseudonym Eudion, über den er zuerst seinen verliebten Freund [13] reden läßt. Das so getarnte Urteil führt zu einer Selbsteinschätzung, die zwar an Überheblichkeit zu grenzen scheint, aber historisch betrachtet durch das feste Vertrauen in eine neue Geistesrichtung verständlich wird: Er sieht sich auf *einer* Stufe mit Homer und anderen im Wettstreit [14] – weniger wohl als Dichter, mehr als Mensch, der wie Homer vernünftige und sinnvolle Ratschläge zu erteilen vermag.

Auf dem Umweg über verschiedene Übersetzungen aus der italienischen Renaissanceliteratur wird auch antikes Gedankengut in Deutschland verbreitet. Unter die »erlychten frouen« in der Boccaccio-Verdeutschung des *Heinrich Steinhöwel* aus dem Jahr 1473 gehört Helena, deren Schönheit selbst für Homers andere Poeten überragende »englische vernunfft« unbeschreibbar bleibt [15].

Niklas von Wyle widerspricht zwar in der Widmung zur 13. Translatze [16] der augustinischen Identifizierung heidnischer Mythologie mit Unglauben [17], indem er auf Kirkes Verzauberung der Odysseus-Gefährten in unvernünftige Tiere hinweist; denn »die Poeten pflegent oft etliche ding verdackt vnder gestalt ainer fabel zebeschriben so sy noch darjnne die warhait vermainen« [18]. Aber von dem ersten Autor dieses märchenhaften Abenteuers hat er kaum eine Vorstellung. »Zu zyten Homeri« [19] soll Sappho gelebt haben: Diese frühe Epoche wird zwar mit dem Namen eines großen Dichters gekennzeichnet, seine Lebensdaten aber scheinen in dieser gleichsam vorhistorischen Zeit ungreifbar. So verschwommen die Chronologie der Person, so fern und unverstehbar bleibt für Niklas von Wyle auch das Werk Homers.

Albrecht von Eyb dagegen übermittelt mit seinem Nachschlagebuch *Margarita poetica*, in dem er auf antike Texte selbst zurückgreift und mit einer Auswahl wissenschaftlicher Schriftstellen die Stoff- und Stilgrundlage für eine humanistische Rhetorik ausbreitet, einige Details aus den Homer-Viten. Bei Valerius Maximus steht die Anekdote von dem Fischerrätsel, das Homer nicht lösen konnte, weshalb er aus Kummer gestorben sein soll [20]. Auch Diogenes Laertios führt diese Geschichte an, jedoch ohne die Schlußfolgerung; er nennt Homer einen »poeta asianus« [21], dessen orientalisches Fabulieren vom Krieg der Götter schon den abendländischen Athenern Wahnsinn und Frevel bedeuten mußte. Mit seinen 24 Büchern vom Kampf um Troja hat der frühgriechische Epiker für Laertios dennoch den verdienten Ruhm eines Fürsten der Poeten und der Philosophen erworben. Sein Leben fällt in die Regierungszeit des israelitischen Königs Saul, was auch noch Isidor von Sevilla als vermutliche Chronologie übernimmt.

Diesen beiden antiken Quellen fügen sich zwei widersprechende Urteile über Homer an. Eine mittelalterlich-orthodoxe ›Oratio scholastica‹ [22] mindert Homers

Fülle an Weisheit geradezu zu einem Mangel an Weisheit herab, da Lebenslehre und Lebensführung mit dem Aussagewert seiner Werke zu stark kontrastiere. In der humanistischen Schrift *De medicis laudatio* [23] unterstreicht der Italiener Poggio dagegen die Weisheit Homers, die sich im tiefen Pessimismus über die Hinfälligkeit und Ohnmacht des Menschen ausdrückt und durch die allein es ihm schließlich sogar gelingt, der erkannten Vergänglichkeit durch unvergänglichen Nachruhm zu entrinnen. Diese beiden Urteile über Homer sind kennzeichnend für die unterschiedliche Poesieauffassung, und mit der Wiedergabe der letzten Textstelle trifft Albrecht von Eyb den ambivalenten Charakter einer Zwischenzeit, die noch traditionell handelt und schon revolutionär denkt. Der Vanitas-Topos, der auf die beiden Quellen Bibel und Homer zurückgeht [24], gilt für die Person, aber nicht für die Persönlichkeit, gilt für das Leben, aber nicht für das Werk.

Düsterer wirken die Ansichten des gebildeten und frommen *Johannes Trithemius* in einem Traktat aus dem Jahr 1495 [25]. Die bange Frage nach dem Verbleib selbst der bedeutendsten Vertreter jeweiliger Tugenden und Leistungen erstreckt sich auch auf die Dichtung, für die Homers Werk das Ergebnis höchstmöglichen Strebens bedeutet. Doch Lob und Anerkennung verlieren durch die Erkenntnis des tragischen menschlichen Lebens, des Elends und des Verfalls, an Wert. Hinter der Verzweiflung, die auch die Worte »Ubi homerus poetarum maximus?« [26] färbt, erhebt sich aber die Gewißheit, die das Irdische verneint und sich im Göttlichen geborgen weiß: Für die Glückseligkeit im ewigen Leben besitzt selbst größte menschliche Vollkommenheit, gleichgültig, ob sie der dichtende Homer oder der weise regierende Salomon erreicht, keinerlei Bedeutung mehr.

Diese noch sehr mittelalterliche Geisteshaltung verrät nur durch einige humanistische Elemente, die zur Vertiefung christlicher Glaubenssätze dienen können, also zweckgebunden werden, die Hinwendung zu einem neuen Wissenschaftsbegriff, wie ihn schon 1458 *Georg von Peuerbach* in einem Streitgespräch über die Literatur zu prägen beginnt [27]. Dieser wichtigste Wiener Frühhumanist weist auf Gedankengänge des befreundeten Nikolaus von Kues zurück und greift, wahrscheinlich durch Zusammenarbeit mit dem Griechen Basilios Bessarion, auf Themenkreise vor, die auch die griechische Kultur betreffen. Der Titel der gedruckten Rede umreißt die weitgespannte Problemstellung: *Positio sive determinatio de arte oratoria sive poetica.* Hier schon wird angedeutet die in der Einleitung formulierte Ähnlichkeit der Begriffe Dichtung und Rhetorik, die als Synonyme aufgefaßt werden [28]. Ebenfalls zur Einleitung gehört die Definition der Poesie als Stimulans zu einer philosophischen Durchdringung der Daseinsbedingungen, als Erziehung zu einer vernünftigen, maßvollen Lebensgestaltung und als Wegweiser zur Tugend. Der Dichter wird als öffentliches und nie ruhendes Gewissen des Menschen verstanden; das Beispiel dafür liefert Homer. Als Beweis fügt Peuerbach die Strabo-Paraphrase einiger Zeilen aus dem dritten Buch der Odyssee ein: Solange der von Agamemnon aufgeforderte Dichter über Klytaimnestra wacht, kann sie nicht den Überredungen und Einflüsterungen Aigisths erliegen; erst als dieser den Sänger auf einer Insel aussetzt, folgt sie willig allen Wünschen Aigisths [29]. Wesen und Sinn der Dichtung fallen in dieser ethischen Funktion zusammen, auf die das homerische Werk

vorbildlich hinzielt, und die poetischen Fabeln vereinigen Moral- und Natur-
philosophie mit der Komponente des Vergnügens [30].

Im ersten Hauptteil folgt ein literaturgeschichtlicher Abriß, der mit der epischen
Gattung und dem ›heroicus poeta‹ Homer beginnt [31]. Mit den zwei Aspekten
Weisheit und Tapferkeit deutet Peuerbach die hervorstechenden Eigenschaften des
jeweiligen Haupthelden Achill und Odysseus an und erwähnt das Zeugnis des
Horaz, daß Homer als erster heroische Taten und traurige Kriege besungen habe
[32]. Doch verbessert er dieses Zitat mit dem Quellenverweis auf Isidor, daß das
älteste und vornehmste Versmaß, der Hexameter, schon von Moses erfunden [33],
aber erst seit Homer als heroisches Metrum eingeengt wurde. Ansatzweise wird hier
der sog. Altersbeweis [34] erkennbar: Die Griechen greifen auf die älteren Schriften der Juden zurück, sie verarbeiten somit deren Gedanken und liefern wiederum
im Sinne der allegorischen Exegese die Vorstufen für das richtige Verständnis des
Neuen Testamentes. Durch dieses Interpretationsverfahren ist die antike Literatur
als christliche Propädeutik legitimiert und kann ohne Bedenken wissenschaftlich er-
forscht werden. Erst nach dieser notwendigen Grundeinstellung wird der Weg auch
für poetologische und ästhetische Kriterien frei. Endgültig rechtfertigen die Kirchenväter die Beschäftigung mit der antiken heidnischen Literatur. Deren Schönheits-
anspruch versuchen sie mit dem christlichen Wahrheitsanspruch auszugleichen, indem sie beide Literaturen als zwei verschiedene Aussageformen ein und derselben
Sinnhaftigkeit begreifen. Aus ihren Schriften liest Peuerbach eine ausdrückliche
Forderung nach ›Rezeption‹ [35] der mehr profanen Poesie in die theologische
Methode. Umgekehrt führt dieses Verfahren zu einer Vertiefung der Interpretation,
die das Verständnis für die antiken Werke erweitert. Aus Basilios' Vortrag *De
legendis libris* wird die Hochschätzung derjenigen Dichter zitiert, die die Tugend
loben und das Laster tadeln. Homer ist der berühmteste und vollkommenste Poet,
gerade weil dieser Grundgedanke sein ganzes Werk durchzieht: »Totam denique
Homeri poesim laudem quandam virtutis esse existimat (Basilios)« [36]. Der schiff-
brüchige Odysseus sei selbst in seiner Nacktheit mehr noch als durch Kleidungs-
stücke bedeckt durch den ›Ornat‹ seiner Tugend, und Homer wolle die Menschen
mit dem Bild des um seine Existenz ringenden Helden eindringlich auf das lebens-
notwendige Streben nach Tugend hinweisen, da sich darin der Sinn des Lebens
erfülle [37]. Mit der Wiedergabe dieser Textstellen preist Georg von Peuerbach an
der homerischen Epik den hohen Grad ihrer ethischen Verantwortlichkeit und deutet sie damit als unübertreffbaren Tugendspiegel, aus dem er in enkomiastischem
Stil die erzieherische Kraft ableitet.

Er feiert den Nutzen der Dichtung, die die Wahrheitsdurchdringung der Historiographie noch durch ihre ›paradoxe‹ Fähigkeit erhöht, den Geschichtsablauf in einer
unvergänglichen Form festzuhalten und die Einmaligkeit eines menschlichen Lebens
in eine beliebig wiederholbare Seinsweise zu bannen. Damit erreicht sie den Einblick
in die Gesetzlichkeit des gottgewollten Prozesses und errichtet die Idealmodelle,
deren Aktualisierung jeder spätere Hörer oder Leser im eigenen Bereich vornehmen
sollte. Belegt wird das Vermögen, Unsterblichkeit zu verleihen, und die Wirkung,
den Lebensinhalt durch bewußte Nachahmung des poetischen Exempels zu bestim-

men, durch die Worte, die Peuerbach – wohl durch die Vermittlung Piccolominis – zur größeren Beweiskraft toposartig einsetzt: Die toten Griechen und Trojaner leben durch Homers Objektivierung ihrer Taten, und Alexander beneidet Achill um die Verewigung seines Ruhmes durch Homers Epos [38].

Obwohl nicht anzunehmen ist, daß Georg von Peuerbach den griechischen Text kennt, verrät er in seiner Epoche gleichsam nebenbei ein auffallendes Verständnis für originale Leistung, die sich weder in eine andere Form noch in eine andere Sprachwelt übertragen läßt [39]. Vielleicht hat ihm der Grieche Basilios Bessarion durch einige Schriftproben zu dieser Erkenntnis verholfen, jedenfalls beglaubigt er letztlich nur dem Originalwerk Gültigkeit. So zerbricht eine Aufweichung des homerischen Verses in griechischen Prosarhythmus Intention und Kompositionsgefüge der epischen Diktion, und eine wort- und versgetreue Übersetzung in die lateinische Sprache und deren Begriffsbereich verliert an Ursprünglichkeit der Atmosphäre und an Selbstverständlichkeit der Vorstellungskraft. Die Größe eines Werkes enthüllt sich nur in der unmittelbaren Begegnung, jede Umänderung bringt dagegen Verfälschung und Abschwächung. Peuerbachs vorerst noch nicht realisierbare Entscheidung für das Lesen Homers im griechischen Text zeigt den ersten Ansatz philologischen Denkens und schließt auch die Möglichkeit autonomer Kunstauffassung in der unausgesprochenen Vermutung mit ein, daß Dichtung sich nicht nur als ›allegorische Philosophie‹ definieren lasse und die homerische Epik nicht nur als ›reiner Tugendspiegel‹ ausgedeutet werden könne.

Georg von Peuerbachs wissenschaftliche Ergebnisse bleiben ohne erkennbare Nachwirkungen. Der noch streng scholastisch ausgerichtete *Sigismund Gossenbrot* erklärt in einem Brief aus dem Jahr 1466 mit ähnlichen Argumenten seine Begeisterung für die heidnische Literatur [40], aber er zieht daraus kaum Folgerungen. Die poetische Fiktion, die beispielsweise durch die Ereignisse um Troja angeregt worden ist, reiht er als große und notwendige Leistung des menschlichen Geistes neben philosophische und religiöse Denkprozesse, und den hohen sittlichen Wert der Dichtung sieht er besonders verwirklicht in der bewunderungswürdigen Gestaltung von Penelopes Treue und Reinheit. Programmatischer tritt »der erste humanistische Lehrer in Heidelberg« [41], *Peter Luder*, auf, und seine Grundsätze, die er selten mit der vorsichtigen Genauigkeit und dem dichterischen Einfühlungsvermögen des Wiener Universitätslehrers vorträgt, gehören sehr bald zu den formelhaften Hypothesen der antischolastischen Bildungsbewegung.

Kennzeichnend ist seine Antrittsrede im Jahr 1456, die er kaum verändert als bleibendes Muster auch in Erfurt und Leipzig hält. Nach der Skizzierung seines Lebenslaufes, die er mit dem Entschluß beendet, die freien Künste zu lernen und zu lehren, wendet er sich der Verherrlichung der Literatur zu, die als untrügliches Fundament der Theologie dienen kann. Diese Einsicht habe ihn von der kunstlosen Gesinnung orthodoxer Geistlicher überzeugt und ihn mit Begeisterung für die humanistischen Studien erfüllt.

Da er schon viel gelesen und sich selbst ausgiebig im Dichten geübt habe, wisse er um Freuden und Nutzen der Literatur. Diese breite er nun vor seinen Zuhörern aus, die zugreifen sollten, da die gebotenen Beispiele überzeugen müßten. Zuerst spricht

Luder von Homer, dem größten griechischen Volksdichter [42], der die schädigende Wirkung des achilleischen Zornes breit in seinem Epos darlegt, und gibt die ersten beiden Zeilen in einer lateinischen Übersetzung wieder:

Iram pande michi (!) Pelide diva superbi,
Tristia que miseris iniecit funera Grais [43].

Bewunderungswürdig aber wird der große Homer durch seine Demut, die er schon zu Beginn offenbart. Er weiß um seine menschliche Schwäche und flüchtet von vornherein unter den göttlichen Willen, der als numinoser Schöpfer der eigentliche epische Gestalter ist und von der fiktiven Welt über den inspirierten Dichter als Mittler zu den Menschen redet. Luder erkennt die zu seiner Zeit unkonventionelle religiöse Bindung, die der antike Poet durch den Musenanruf wahrt. Homer ist für ihn der enthusiastische Theologe, und mehr noch als der griechische Dichter sollten die Christen vor jedem Tun um den Beistand des Heiligen Geistes beten [44].

Von dieser Sicht aus entlarvt sich der Vorwurf der poetischen Unsittlichkeit als Unkenntnis und Voreingenommenheit. Denn Liebesgeschichten und schändliche Taten lassen sich sowohl in profaner als auch in sakraler Literatur finden. Sogar in der Bibel häufen sich die Stellen, die weltlichen Autoren als sündhafte Auswüchse vorgeworfen werden. Nur die Ungebildeten sehen darin nicht den Zweck der Abschreckung vor einem lasterhaften Verhalten und der Umkehr zu ethischer Gesinnung, die letztlich in der Anbetung Gottes gipfelt [45]. Deshalb gelten in der jüdischen und griechisch-römischen Antike und im christlichen Kulturbereich bei den Kirchenvätern große Dichter wie Homer als Autorität für irdische Belange und auch religiöse Fragen [46]. So verleiht Luder dem griechischen Poeten durch seine Berührung mit übermenschlichen Kräften priesterliche Weihe und seinen Epen den Charakter eines Gottesdienstes.

Aber worüber Luder spricht, geht weder auf das griechische Original Homers noch auf eine lateinische Übersetzung zurück, sondern nur auf die im Mittelalter verbreitete fragmentarische Paraphrase der *Ilias latina*, wie es sein Zitat beweist. Der Text bietet demnach keinen Fortschritt, und die ästhetische Beurteilung zeigt ein Übermaß an Pathos und falscher Begeisterung. Dennoch belebt Luder den bisher noch schattenhaften Namen Homers durch Mutmaßungen, zu denen er wahrscheinlich durch seine Wanderungen in Italien angeregt worden ist. Ohne die wissenschaftliche Haltung späterer Humanisten erklärt Luder seine Einstellung zur Dichtung, die sich als übernommene Haltung erkennen läßt und doch eine wichtige Vorbereitung für die Beschäftigung mit der außerchristlichen Literatur darstellt.

In einer Vorlesungsankündigung in Leipzig aus dem Jahr 1468 [47] wird die Ilias zwar als Thema angegeben, aber auch nur in der lateinischen Version des sog. Pindarus Thebanus. Für den Redner *Johannes N.*, der durch Peter Luder oder durch den 1467 in Leipzig lehrenden Florentiner Wanderpoeten Jacobus Publicius dazu angeleitet worden sein kann, gilt jedoch die lateinische Vorlage als eine gute Übertragung aus dem Griechischen. Bei der Unkenntnis, die aus dieser ungeprüft übernommenen These spricht, dürfen auch die übrigen Ansichten nur als mittelbar gewonnene Auffassungen betrachtet werden. Horaz und Aristoteles liefern die Zeug-

nisse für Homers herausragende Weisheit und seine gewaltige Wirkkraft, die der
Dozent durch Inhaltswiedergabe und Textinterpretation der rhetorischen Kurzform
verdeutlichen will.

Der Ruhm, der Homer als dem großen Unbekannten vorangeht, verleitet seine
ersten Lobredner zu Überhöhungen, die zwar dem Original, auf keinen Fall aber
der verstümmelten unkünstlerischen Umprägung Homers gerecht werden. Das
kritiklose Wiederholen meist schon antiker Würdigungen zeigt den geringen Grad
von Beurteilungsvermögen der frühesten deutschen Humanisten. Auch *Heinrich
Boger*, der im Sommersemester 1471 in Erfurt immatrikuliert ist, bleibt mit seiner
Rechtfertigung der heidnischen Literatur gegen die Polemik eines Geistlichen bei
dem überlieferten Wertkanon. »Die Poesie selbst als Traumbild übernahm ihre Verteidigung . . ., begleitet von den neun Musen, von den oberen Fakultäten, von den
sieben freien Künsten und von Asaph, Homer und Maro« [48]. Trotz eigener Unkenntnis wird der konventionelle Maßstab gleichsam als selbstverständlich ange-
nommen, wie auch *Gregorius Bredekopf* Homer toposhaft als griechisches Muster-
beispiel für einen ›heroischen‹ Poeten anführt [49].

Diese mehr unwissenschaftliche Vorstufe der antiken Studien ändert ein Friese in
eine Methode um, die man als notwendige Vorbereitung definieren könnte. *Rudolf
Agricola* (1443–1485) vereinigt in sich Ausstrahlungskraft und Ideenreichtum und
wirkt als eine Persönlichkeit, die im menschlichen Kontakt weit mehr Anregungen
weiterreichen konnte, als es die wenigen Schriften erahnen lassen. Als guter Kenner
der griechischen Sprache, die er vermutlich in Ferrara von dem berühmten Griechen
Theodoros Gaza gelernt hat, fördert er sie mit Übersetzungen Platons und Isokra-
tes’ [50]. Er weiß aber auch, daß seine Beschäftigung mit der griechischen Literatur
ohne Homer nur fragmentarisch bleiben muß. Diesen Gedanken äußert er in einem
Brief an den befreundeten Mediziner Adolf Occo über seinen Aufenthalt in Dillingen: »Ich würde gerne hier bleiben, um den Homer abzuschreiben, denn du weißt,
daß ohne ihn meine griechischen Studien lückenhaft sind. Ich würde, wenn nicht
beide Werke, so doch wenigstens die Ilias abschreiben« [51]. Aus den Sätzen geht
hervor, daß er in Dillingen das homerische Werk vorgefunden und der hohen Einschätzung wegen wahrscheinlich auch im Original gelesen hat. Die Aneignung des
handschriftlichen Textes [52] hätte langwierige Mühen erfordert, und doch wäre sie
erst eine Voraussetzung für eine wissenschaftliche Arbeit an Homer. So gewinnt er
die Einsicht in die überragende Rolle Homers im griechischen Sprach- und Kulturbereich nur durch eine oberflächliche Kenntnis, die aber durch ästhetisches Empfinden gestützt wird und an die Bestätigung homerischer Größe durch weitere Beschäftigung mit diesem Dichter glaubt.

Die Vorrangstellung der Ilias fällt auf. Ihr Ernst und ihre Erhabenheit wird
Agricola mehr angesprochen haben als die märchenhaften Elemente in der Odyssee,
zumal bei ihm eine Distanz zur allegorischen Interpretation bemerkbar wird, ohne
die sich die fremdartigen mythischen Abenteuer nur noch schwerer entschlüsseln lassen. Deshalb wertet er auch nicht den wörtlichen Inhalt in eine Sinnbildersprache
um, sondern sieht schon in der buchstäblichen, nicht erst in der übertragenen Bedeutung den Gehalt der dichterischen Aussage, die dadurch umso natürlicher und un-

mittelbarer überzeugt und nachahmenswerte Paradigmata lebensechter vorzeichnet. In einem Brief an den holländischen Freund Jakob Barbirianus erwähnt er Homers Charakterisierung des weisen Phoinix und dessen Erziehungsmethoden [53]. Der Lehrer des Achill bringt kein Spezialwissen bei wie die Vertreter der entarteten scholastischen Schule, er vermittelt die Grundlagen allgemeiner Verhaltensregeln mit der Vorsicht, die der raschen Auffassungsgabe und dem starken Erinnerungs-vermögen des Jugendlichen entspricht. Ein Fehler kann unverbesserliche Folgen nach sich ziehen, das Nützliche und Gute, das, früh gelernt, wie selbstverständlich begriffen wird, bleibt haften. Seiner heftigen Kritik am veralteten Schulsystem stellt Agricola mit dem pädagogischen Ideal Homers eine lebensnahe und praktisch orientierte Bildungsform gegenüber. Das didaktische Gerüst liefert die griechische Synthese aus Wort und Tat, wie sie Phoinix dem jugendlichen Achill erklärt: Das Ziel eines jeden Unterrichts sollte die Vereinigung von Beredsamkeit und Tapfer-keit in einer Person sein [54].

Diese Verwendungsweise eines homerischen Zitates läßt sich zwar in der huma-nistischen Epoche vielfach belegen, dennoch hebt sich Agricolas Interpretationsver-fahren von anderen Beispielen ab, da er nichts in den Text hineindeutet, sondern ihn in seinem einmaligen Eigenwert zu erfassen sucht. Hiermit beweist Agricola eine wissenschaftliche Objektivität, die nicht von vornherein einen bestimmten Maßstab anlegt, die sich nur nach der Vorlage richtet und deren autonome Aussage befragt. Ihm wird wegen der wenigen Einblicke in das homerische Werk das spät-antike Epos des Quintus Smyrnaeus, der die sich an Homers Schilderungen anschlie-ßenden Geschehnisse in einer farblosen, aber Homer nachahmenden Sprache auf-zählt, kaum mehr als nur Ersatz des originalen Textes bedeuten. Die Kenntnis dieses Werkes beweist das längere Zitat in einem Brief an den befreundeten Johann Reuchlin, der sich ihm als erster deutscher Griechischkenner nahe verwandt weiß [55].

Bei Agricolas philologischer Gewissenhaftigkeit und seinem poetischen Feinge-fühl ist das Fehlen weiterer schriftlicher Anmerkungen zu Homer bedauerlich, doch schon das Wenige gibt einen Eindruck von den vielgerühmten mündlichen Anregun-gen Rudolf Agricolas, die andere bereitwillig aufgegriffen haben.

Als seinen Schüler bezeichnet sich dankbar der ältere *Alexander Hegius,* der langjährige Leiter des Gymnasiums in Deventer. Der Anhänger der ›Devotio Moderna‹ verbindet mit dem Studium der Kirchenschriftsteller die Lesung der antiken Klassiker, wobei er besonders auf den hellenischen Kulturkreis verweist. Die Voraussetzung, das Studium der griechischen Sprache, fordert er in einem drin-genden, mehrmals wiederholten lyrischen Appell: »discito graece« [56]. Denn wesentlich ist Griechisch nicht nur für jede wissenschaftliche Tätigkeit, auch die Rhetorik liegt in ihr begründet [57], und aus ihr erwachsen poetische Elemente wie in den Preisliedern großer Helden, etwa Achills, dessen »fabulosa gesta« [58] durch die Dichtung Homers der Vergessenheit entrissen worden sind. Darüber hinaus zeichnet sich homerische Poesie durch ein großes Maß an Bildung und Gelehrsam-keit aus sowie an voller geistiger Konzentration auf die intellektuell-ethische Durchdringung seiner Aussagen – ein Postulat, das für Hegius die Nachfolger

Homers als dessen ›Erbe‹ sorgfältig zu wahren versuchten [59]. Neben der originären literarischen Leistung schreibt Hegius auch wertmäßig dem griechischen Autor
das literarische Primat zu; er verkörpert gleichsam das Normen setzende poetische
›Prinzip‹ [60] – und dies, obwohl Hegius sich wohl kaum sehr intensiv mit der
homerischen Dichtung beschäftigt hat. Nur ein einziges Mal können wir eine zudem
nicht sehr außergewöhnliche lyrische Verarbeitung homerischen Stoffes nachweisen:
eine Ode, in der die sündige und das heißt für einen Christen damaliger Zeit die
törichte Liebe am mythologischen Beispiel Kirkes und ihrer Zauberkunst aufgezeigt
und in ihren verschiedenen negativen Auswirkungen ausgemalt wird [61].

Dieselbe traditionell allegorische Auslegung übernimmt auch der Hegius-Schüler
Johannes Fabri, der die Werke seines Lehrers posthum herausgegeben hat: Homer
beschreibt in der Kirke-Episode ein »vtile nobis exemplar« [62] – den Helden
Odysseus, dessen ›christliche‹ Sittlichkeit betont wird. Zu einer ähnlich beispielhaften Figur erhebt der Holländer *Gerhard Listrius* in einer um 1517 gedruckten
Rede den ruhmreichen Odysseus [63]. Bei einem anderen Schüler des Alexander
Hegius, bei *Johannes Murmellius,* dem Vorgänger des erst unter mysteriösen Umständen zur Leitung des Gymnasiums in Deventer gelangten Listrius, läßt sich ebenfalls wenigstens die Kenntnis der homerischen Epen, wenn auch nicht das Ausmaß
dieser Kenntnis, feststellen: er zitiert homerische Textstellen nach Übersetzungen
und aus dem Original [64]. Weitere philologische Angaben fehlen jedoch. Selbst das
Wenige dürfte letztlich auf die Anregungen von Hegius zurückgehen, wie dessen
Beurteilungen wiederum durch die Ansichten Agricolas geprägt worden sind. Bedeutende Aussagen werden bisher noch selten schriftlich niedergelegt, sie entstehen
meist in Diskussionen und werden mündlich weitergetragen. Allerdings besitzen
auch sie schon Gewicht durch die Gedankentiefe und Überzeugungskraft großer
Persönlichkeiten, wie sie Rudolf Agricola und – für Homer jedoch weniger wesentlich – Alexander Hegius gewesen sind. –

In den *Lucubraciunculae ornatissimae* des Straßburgers *Peter Schott* (1458–1490)
behandelt ein Gedicht aus dem Jahr 1488 das aktuelle politische Thema der kurzen
Gefangennahme des späteren Kaisers Maximilian und seiner Befreiung [65]. Der
Autor, ein dreißigjähriger Pfarrer, der sich nach einem Studium in Paris und Bologna
um das Einwirken und Eindringen humanistischen Denkens in die theologische Sy-
stematik bemüht, stellt zwei dichterische Diktionsarten antithetisch gegenüber. Die
Reaktion auf ein und dasselbe Faktum bleibt jeweils zwar die Freude, verschieden
aber ist die Ausgestaltung dieser Freude. Während im kurzen Schlußteil das lyrische
Wir, ein chorisches Preisen im Sinne anfangs entsetzter und nun wieder aufatmender
Jugendlicher, mit verhaltenem Jubeln und demütigen Bitten einen schlichten lyrischen Ton wählt, singen die anderen, die ihre angeborene poetische Begabung durch
anerworbene Gelehrsamkeit haben ausreifen lassen [66], mit homerischem Pathos,
das mit seiner heroischen Erhabenheit dem Ereignis eher entspreche. Der epische
Grundzug wird mit der ›meonischen Schildkröte‹ umschrieben, wofür dann metony-
misch ›Kithara‹ eingesetzt werden kann. Denn schon in den langen Anmerkungen zu
diesem Gedicht wird eine solche Deutung mit der Anspielung auf den homerischen
Hermeshymnos gestützt, in dem geschildert wird, wie der kaum geborene Gott durch

die Begegnung mit einer Schildkröte die Musik erfindet [67]. Die Aussagen über die Person Homers gehen vor allem auf Horaz und auch auf Ovid zurück. Seine pierische Geburt begründet die überirdische Inspiration und die prophetische Gabe, die ihn zum ›Princeps‹ des ›Carmen heroicum‹ erheben. Mit den Helden seiner Epen liefert Homer auch die Leitbilder eines erstrebenswerten Verhaltens: Achill bewährt sich durch Tapferkeit im Kampf, Odysseus durch standhaftes Ertragen des Leides. Diejenigen, die episch zu dichten vermögen, können auch die Tugenden beider Idealtypen im Gesang aktualisieren und durch diese ›metaphorische‹ Verwendung eine gegenwärtige Persönlichkeit in angemessenem Stil preisen. Die Begriffe ›episch‹ und ›lyrisch‹ bestimmen hier also weniger das literarische Genos, sie enthalten eher eine latente Bemerkung, die über eine Feststellung formaler Elemente hinaus auf den jeweiligen Grundton einer Dichtung hinweist. Und der Grundton der homerischen Lieder liegt für Peter Schott in der enthusiastisch gesteigerten Ausdruckskraft und ihrer feierlichen Würde.

Eine derartige Auffassung dringt tiefer zur unverwechselbaren Eigensubstanz eines bestimmten Werkes vor als jeder Versuch einer Einordnung in poetologische Kategorien, wie sie in dieser Zeit immer häufiger unternommen wird. Von der Einzelinterpretation, die den hohen Wert homerischer Dichtung aufgezeigt hat, leitet Schott dann seine Vorstellung des Dichterberufes ab. Vollkommener Poet ist der wissende Seher, ein Verkünder des göttlichen Schicksals, Prophet des überirdischen Beschlusses, der im Lied enthüllt wird. Dieses heilige Amt hat Homer, der »Vates doctus« [68], erfüllt, als er den Sieg der Griechen und den Untergang Trojas vorausgesagt hat. Die religiös gedeutete Bewußtwerdung des Dichters erfährt schließlich noch eine nationaldidaktische Wendung. Schott richtet das Gedicht an Jakob Wimpfeling und spricht die Gewißheit aus, daß der Pädagoge durch die ›Kunst Minervas‹ das deutsche Volk heranbilde und ihm damit ewigen Ruhm schenke. Nach Beendigung dieser Aufgabe werde er dem Sänger Homer gleichen, der als Theologe und Erzieher Griechenlands Beispiel und Vorbild eines idealen Dichters darstelle [69].

In einer Elegie an den mit ihm befreundeten böhmischen Adligen *Bohuslaus von Lobkowitz-Hassenstein* wiederholt Schott seine Vates-Theorie [70] und rühmt des Bohuslaus Klugheit, die das Odysseus-Lob Homers übersteige. Tatsächlich erhält Bohuslaus von seinen Zeitgenossen den Beinamen ›Ulysses‹ [71]. Die Gründe dafür liegen einmal in seiner Gelehrsamkeit, die sich aus einem weitverzweigten Briefwechsel und einer großen, 1570 jedoch völlig verbrannten Bibliothek folgern läßt, und zum anderen in seinen vielen Reisen, die ihn »bis nach Griechenland und Kleinasien« geführt haben [72].

Seine lyrische Antwort an Peter Schott bleibt in dem gleichen Bildbereich wie das Gedicht des Freundes: Die geistige Veranlagung Schotts übertreffe noch die des literarischen Beispieltypus Odysseus [73]. Dem hyperbolischen Stil, in dem der andere gepriesen wird, folgt unausgesprochen die persönliche Bescheidenheit, aus der Bewunderung für die homerische Dichtung zu erkennen ist [74]: Nicht in einem selbstformulierten Bekenntnis wird die Anerkennung spürbar, aber in der toposhaften Wendung von der honigsüß fließenden Stimme, die Homer dem greisen

Nestor zuschreibt (Il. I 249) und die in der Epiktradition dann auf den Dichter selbst zurückfällt. Sprachgewalt und Wortdichte, die Bohuslaus auch in dem homerischen Gleichnis von der Redeweise des Odysseus als einem winterlichen Schneegestöber ausgedrückt findet (Il. III 222) [75], werden bei Nestors Rhetorkunst noch durch diese ›Süße‹, durch die Schönheit und Überzeugungskraft des Vortrags, ergänzt. In Bohuslaus' *Opusculum de miseria humana* [76] besitzt gerade diese Eigenschaft leidüberwindende Fähigkeit. Nestor ist in seinem langen Leben schon den verschiedensten Unglücksfällen und Todesarten begegnet, dennoch bleibt ihm als eine Gegenkraft, die ihn vor verzweifelnder Klage rettet, die süßer als Honig fließende Rede, diese seine Ausdrucksform geistiger Daseinsbewältigung und gläubigen Vertrauens in das göttliche Walten. Die heroische Antwort auf das Schicksal gibt dem Menschen erst seinen Wert. Beispielhaft zeigt dies Homer an Nestor, beispielhaft kann dafür auch sein gesamtes poetisches Werk stehen, das die Größe des Menschen zeigt und dadurch selbst diese Größe besitzt, eine Größe, die ohne jede fremde Deutung aus dem Werk spricht und auf andere einwirkt, die auch einer hohen künstlerischen Geschmacks- und Empfindungsnorm gerecht wird. So behauptet Bohuslaus mit Recht, daß Homer auch ohne die textkritische und interpretatorische Tätigkeit des ›Grammatikers‹ Aristarchos ›der Große‹ genannt wird [77].

Seine Dichtung hält auch den dummen und neidischen Angriffen des Zoilos stand, der den unbezweifelbar hohen Rang aus niedriger Gesinnung bestreitet. Mit dem Hinweis auf diesen Sophisten, der gegen das griechische ›Tabu‹ Homer verstößt, verteidigt Bohuslaus seinen Freund Schott gegen einen verleumderischen Gegner [78]. Ein ähnlich geartetes Geschehen ist für ihn auch in der Ilias vorgeprägt [79]. Dem literaturgeschichtlichen Lästerer entspricht im Epos der Lästerer Thersites, der als Kontrastfigur den Helden Achill noch heller und strahlender erscheinen läßt.

b) Erste dichtungstheoretische Folgerungen

Während das jeweilige Homerbild sich bisher meist ungenau und mühselig fast nur aus toposhaften Wendungen in bruchstückhaft vorliegenden Werksammlungen zusammensetzen ließ, kann es nun aus thematisch enger zusammenhängenden dichtungstheoretischen Ansätzen, die von den neunziger Jahren des 15. Jh. an häufiger erscheinen, etwas deutlicher und einheitlicher entwickelt werden.

In Leipzig veröffentlichte 1494 *Jakob Barinus* eine poetische Untersuchung [80], die mit neuplatonischen Gedankengängen die antiken Dichter rechtfertigen will. Er mustert nur die lateinischen Autoren, doch zu Beginn erwähnt er mit einem Zitat aus der Poetik des Horaz [81] noch Homer, der am Anfang literarischer Verkündigung steht und als ›heroicus vates‹ bezeichnet wird. Seine Verklärung der Vergangenheit ist rückgewandte Prophetie, die die Erhabenheit und Gottesnähe der früheren Zeiten preist, und aus ihm spricht der göttliche Teil im menschlichen Mikrokosmos von ruhmvollen Taten der Helden, die noch unmittelbar an überirdische Sphären grenzen. Als Seher wird Homer zum Verbindungsglied zwischen Gott und Mensch, zum göttlichen Organ, das das theologisch Unbegreifbare in dichterisch Begreifbares umformt. Aber Barinus sieht darin keine Vorstufe christlicher Ideen. Die religiöse Haltung Homers ist ein Kennzeichen für die archaische Entstehungszeit seiner Werke. In ihnen prägt er schon bewußt ein Menschenbild, das auf den Hörer hohes Ethos ausstrahlt und seiner Lebensführung eine philosophische Anleitung gibt. Zudem erkennt Barinus die ästhetische Komponente eines poetischen Kunstwerkes, das gerade erst durch seine Autonomie zeitloses Engagement gewinnt.

Gedankengänge seines Lehrers Barinus verarbeitet *Johannes Landsberger* noch vor dessen Schrift in seinem ebenfalls 1494 gedruckten *Dialogus recommendationis exprobriationisque poetices*. Mit dem Basilios-Zitat vom homerischen Gesamtwerk als Tugendspiegel [82], das in der literarischen Tradition der »Begründer griechischer Wissenschaft am Niederrhein«, Johann Caesarius [83], noch 1520 auf die beiden Werke als Komplementärbegriffe der Torheit und der Weisheit anwendet, definiert auch er den Dichter als Seher. Aktuelle soziale Bedeutung erreicht Homer mit seiner didaktischen Funktion, die sich auf alle menschlichen Institutionen erstreckt: Er formt die rhetorische Fähigkeit aus und macht wissenschaftliche Erkenntnisse allgemeinverständlich, er gibt Beispiele für moralisches Verhalten und stärkt religiöse Gesinnung. Den christlichen Glauben gefährdet der nur scheinbare Polytheismus nicht. Denn der »homerus dignus« [84] zeichnet mit hoher Verehrung den olympischen Zeus als allmächtigen und ewigen Gott.

Doch Homer stellt nicht nur erstrebenswerte Ideale dar. Seine wirklichkeitsbezogene Einschätzung der ›Conditio humana‹ läßt ihn deren ständige Gefährdung durchschauen. Die Aussage seines Werkes bedeutet daher Warnung vor sittlicher Verfehlung [85]. Das Laster zerrüttet nicht nur die Moral, es schädigt zusätzlich die Gesundheit [86]. Die apotreptische Funktion der homerischen Fabeln führt somit auch zur kathartischen Wirkung. Vorbild und Mahnung zugleich ist der pädagogische Ertrag der Dichtung Homers. Während Barinus schon den Ansatz einer vorbedingungslosen Dichtungsinterpretation bietet, bleibt diese Schrift noch im Bereich christlicher Rechtfertigungsversuche der Dichtung. Doch erweitert Landsberger das Blickfeld für die Menschengestaltung Homers: Neben der monotypischen Heroenwelt erscheint der Antiheld, der als Sünder nur negative Züge trägt. Die Andeutung einer realistischen Lebenseinschätzung Homers hebt nicht nur einen Schwarz-Weiß-Kontrast in der Charakterisierung hervor. Außer dem erweiterten Menschenbild verschiebt sich auch die Strukturauffassung der Werke. Vorher wurden sie mehr als stilisierte, enkomiastisch getönte Beschreibungen interpretiert, nun verändern sie sich zu Handlungsabläufen, deren ›Motor‹ die menschliche Polarität ist. Mit diesem Spannungsmoment, das hier den beiden möglichen Reaktionen auf göttliche Gebote, der Befolgung und der Übertretung, erwächst, wird erstmals indirekt das Gesetz epischer Erzählweise betont und dadurch trotz christlicher Legitimierung ein innerliterarisches Kriterium berührt.

Im Jahr 1497 hält *Matthäus Lupinus Calidomius* die drei Jahre später gedruckte Disputation mit dem als Frage gedachten Titel *De poetis a republica minime pellendis*. Der von der humanistischen Bildung angeregte Schulmeister Lupinus entschärft Platons bekannte Äußerung mit der traditionellen Berufung auf die Kirchenväter [87]. Wichtiger aber ist die Auseinandersetzung mit Platon selbst, dessen Urteile er durch Ergänzungen aus dem Kontext seiner Dialoge berichtigt.

Schon der Abschnitt der Rede, der die Überschrift »Vera poesis a deo est« belegt, berücksichtigt Gedanken Platons über Dichter, vor allem über Homer. Hauptquelle ist der Dialog »Ion«, in dem der gleichnamige Rhapsode, der beste Rezitator Homers, durch Sokrates über das Wesen seines Berufes belehrt wird [88]. Lupinus verbindet mit dieser Argumentation eine Textstelle aus den »Nomoi«, die drei bewegende Kräfte innerhalb des irdischen Geschehnisbereiches aufzählt: Gott, Zufall und menschliche Kunstfertigkeit [89]. Auf die Fähigkeit des Sängers übertragen fallen der unberechenbare Augenblick und das Fachwissen weg, nur die göttliche Inspiration, wie sie den Dichter erfaßt, ergreift auch den Rhapsoden. Wenn schon zu Verständnis und Interpretation eines Poeten der menschliche Geist nicht ausreicht, erfährt erst recht der Poet an sich selbst die Einwirkung Gottes als des symbolischen ›Dichters‹ des Himmels und der Erde [90]. Am gewaltigsten wurde von diesem Hauch Homer erfüllt, so daß er als größter Sprecher Gottes unbewußt dessen Willen bewußtmacht. Daher vereinigen sich in seinem Werk wesentliche Merkmale aller Wissenschaftszweige, während die rein intellektuelle Fähigkeit nur für ein Teilgebiet ausreichen könnte. Dennoch benötigt nach Lupinus' Definition der Dichter neben dem ›divinus furor‹ noch die poetische Technik, ohne die er nie ein vollkommenes Kunstwerk erschaffen wird [91]. Grundbedingung bleibt aber die übermenschliche Begnadung, die nicht dem Klugen und Gebildeten, sondern eher dem Unsinnigen und Törichten zuteil wird, »qualem fuisse volunt Homerum« [92]. Die religiös-psychologische Auslegung des Schaffensprozesses führt damit auch zu einer soziologischen und heilsgeschichtlichen Wertung des Dichters: Gerade der Arme und Schlechtweggekommene wird von Gott berufen, und am Poeten allein zeigt sich dieses Zeichen der Erhöhung sogar schon im Diesseits. Die Einwirkung Gottes wird sinnbildlich durch das Erscheinen der Musen umschrieben. Lupinus ordnet den bedeutendsten Schriftstellern jeweils eine bestimmte Muse als individuelles dichterisches Vermögen zu. Den Griechen Homer inspiriert nach seiner Meinung Kleio, die als Muse der Historie Kriege und Heldentaten rühmt [93]. Demnach faßt Lupinus Homers Epik letztlich als Geschichtsschreibung auf [94]. Das heißt nicht, daß er Homer Faktentreue beimißt. Unter der spirituellen Deutung der vorgegebenen Wirklichkeit, der christlichen Auffassung der Geschichte als Heilsgeschichte, werden die homerischen Werke zum Spiegel der göttlichen Providentia.

Doch gilt diese Deutung nicht uneingeschränkt. Nach Lupinus' Gedankengängen im zweiten Abschnitt seiner Schrift haben alle echten Dichter überall und jederzeit nur einen Gott besungen, den sie ›Gott der Götter‹ und ›Vater aller Dinge‹ nennen [95]. So rufen Orpheus, Musaios und Linos immer wieder eine Gottheit an. In diese Epoche sagenhafter Gestalten reiht Lupinus Homer nicht mehr ein. Seine Lebensdaten setzt er mit denen Hesiods als des nächsten überragenden Vertreters der zweiten Phase griechischer Poesie um 900 an [96]. In den nachfolgenden Jahrhunderten wird Homer zwar als Dichterfürst gefeiert, doch habe er Wesen und Sinn der Dichtung etwas verändert, indem er den Inhalt vom hymnischen Gottespreis auf die Schilderung menschlicher Handlungen verlagert habe. Es sei ihm gelungen, das gewaltige Sein Gottes durch zahlreiche Personifikationen seiner Eigenschaften großartig zu differenzieren, sein Monotheismus aber zeige sich zu anthropomorph und erhalte dadurch negative Züge, die in starkem Ausmaß auch sein Menschenbild prägten [97]. An diesem Punkt setze die Polemik Platons mit Recht an, da Homer durch seine autoritätsfeindliche Haltung den staatlichen Institutionen wegen mangelnder religiöser Ehrfurcht schade [98]. Neben gewissen Zügen dieser gesellschaftskonträren Einstellung kritisiert Lupinus im Sinne Platons die Auffassung von der Dichtung als mimetischer Kunst. Darunter versteht er einen Blickwinkel, der in ausmalender Realistik zu sehr die Schattenseiten des menschlichen Daseins beleuchtet und deshalb eine verderbliche Wirkung besonders auf die jugendlichen Leser ausübe.

Diese Ergebnisse betreffen jedoch nur einen Teil der homerischen Poesie. Lupinus ergänzt diese einseitige Interpretation durch Andeutungen Platons, in denen dieser den griechischen Epiker würdigt und pädagogischen Wert und ethische Wirkung im Werk Homers anerkennt [99]. Durch die Richtigstellung Platons kann sich Lupinus nun sogar auf diesen berufen und die Nützlichkeit einer solchen Dichtungsart für den Staat betonen [100]. Unausgesprochen liefert er damit eine Definition antimimetischer Kunst, der es auf die Gestaltung einer platonisch verstandenen ›Idee‹ ankommt und für die Erwin Panofsky den treffenden Terminus »heuretisch« vorschlägt [101].

Trotz mehrerer religiös und moralisch bedenklicher Stellen, die er bei eigener Edition wahrscheinlich tilgen würde, erhält die homerische Dichtung einen hohen Rang im Wertkanon des Matthäus Lupinus. Auch ihm ist das Zitat des Basilios vom Tugendlob im Gesamtwerk Homers bekannt, aber das Urteil des Kirchenvaters übernimmt er in seiner Ausschließlichkeit letztlich nicht für Homers, sondern für Vergils Epik: »Tota Eneis ethica« [102]. Die griechische Poesie bleibt Vorstufe der Aeneis, und als Vorstufe erreicht sie nur annähernd deren Vollkommenheit.

In einer fachwissenschaftlich und persönlich erbittert geführten Auseinandersetzung über den Vorrang der Theologie oder der Poesie stehen sich die Leipziger Schriften *Konrad Wimpinas* und *Martin Polichs* aus dem Jahr 1500 antithetisch gegenüber [103]. Der »Apologeticus In sacretheologie defensionem« wendet sich gegen einen Humanisten, der sich durch seine These, die Poesie sei »Haupt, Urlichen Glaubens zu entlarven scheint. Jedenfalls sieht Wimpina darin einen Grundsprung, Fundament und Quelle der heiligen Theologie« [104], als Feind des christzug religionswissenschaftlicher Häresie. Mit einer Belegstelle bei Eusebios, der den Juden ein höheres Alter zuspricht als den Griechen und der Moses als den ersten theologischen Propheten 350 Jahre vor dem trojanischen Krieg und demnach noch längere Zeit vor Homer datiert, will er die Abhängigkeit der profanen Literatur beweisen. Auch die liturgischen Bräuche innerhalb der kirchlichen Institutionen wie die metrisch geformten Lobeshymnen auf die Heiligen zeigen für ihn keineswegs eine Selbständigkeit der Dichtung, vielmehr sei sie ein integrierter Bestandteil des Gottesdienstes. Auch das Strabo-Zitat, daß Homer in seinem Werk den Historikern, Philosophen und Juristen die Prinzipien ihrer Disziplinen entwickelt habe, könne seine Ansicht nicht entkräften, da die Theologen nicht erwähnt werden. Von ihnen müßte Homer nämlich chronologisch abgeleitet werden. Und außerdem lasse sich

nach Homers poetischer Perspektive kein christlicher Glaubenskanon aufstellen [105].

Gegen diese ›scholastische‹ Haltung Wimpinas polemisiert Polich in seinem Traktat »Laconismus tumultuarius«, worin die Originalität jüdischen Denkens geleugnet wird, da die Weisheit der noch älteren Ägypter sie erst ausgelöst habe. Polich
faßt die Poesie als ›Ursprache‹, als primäre Kommunikationsmöglichkeit auf, in der
sich menschliches Forschen ausdrücke, die aber auch die göttliche Offenbarung über-
bringe. Und eben durch das dichterische Wort, das in seiner Mittlerfunktion eine Begegnung zwischen dem Innerweltlichen und dem Überirdischen vorbereitet, übt
Homer das Amt eines Priesters aus. Diese kultische Weihe Homers, durch die
Plinius ihm eine führende Rolle in der Philosophie und in den Künsten zuschreibt,
überträgt Polich auf die leitende Persönlichkeit der von Celtis gegründeten ›Soda-
litas Rhenana‹, auf Johann von Dalberg, der trotz seiner hohen kirchlichen Stellung als Mäzen und Liebhaber profaner Dichtung die poetologischen Studien
fördert [106].

Gegenüber dieser humanistischen Erhöhung der Poesie, die als kündendes Organ
göttlicher Weisheit begriffen wird, mutet ein anderer Deutungsversuch Homers
sachlich an. In dem Kompendium *Descriptio Graeciae* [107], das sich aus mehr-
perspektivischen Fakten zusammensetzt, reiht *Nikolaus Gerbel* den ›optimus
Homerus‹ unter den übergeordneten Begriff des Historikers ein. Geschichte als Bericht und Maßstab des Menschlichen ist für ihn »testis temporum, dux ueritatis, uita
memoriae, magistra uitae, nuncia uetustatis« [108]. In diesem umfassenden Sinn
wird die Tätigkeit weiser Männer als ›Illustration‹ der Geschichte, wozu der Vater
der Poeten, Homer, die meisten Beispiele beigetragen hat. Auch Vergil liefert nach
Gerbel viele Belege, aber er ist und bleibt nur der Nachahmer des großen Griechen,
der die Beschreibung der Fakten mit der hohen ethischen Aufgabe von Lehre und
Erziehung verbindet [109].

Nicht zu dieser wissenschaftlichen Terminologie gehört *Willibald Pirckheimers*
humorvolle Verfälschung des Iliasthemas. In der *Apologia seu podagrae laus,*
einem geistreichen Enkomion in der Nachfolge des Erasmus, entlastet sich das ange-
klagte Fräulein Podagra am Ende ihrer Rede vor dem Gerichtshof mit dem Hinweis, daß auch die Griechen nur Schwätzer und Lügner seien [110]. Denn Homers
Erzählung vom Zorn des Achill entspräche nicht der Wahrheit, da sie selbst ihn am
Kämpfen gehindert habe, sie selbst sei seine angebliche Geliebte Briseis gewesen
[111]. Inhalt und Stoff der Werke Homers sind im Jahre 1522 schon so weit verbreitet, daß die literarische Vorlage die Grundlage zu einer Parodie bieten kann
und daß deren groteske Anlage aus der Verdrehung und Übersteigerung der ursprünglichen Motivierung deutlich wird. Neben dieser Satire findet sich jedoch auch
schon bei Pirckheimer Gerbels Definition des Geschichtsbegriffs. In dem Kommentar
zur Schrift *De Ratione scribendae Historiae* [112] wird Homer trotz einiger sagenhafter und märchenähnlicher Züge bei der Darstellung des Achill-Schicksals Wahr-
heitstreue zugesprochen, und er wird nicht nur wegen der allgemeinen humanistischen Auffassung vom Epiker, sondern auch wegen der zeitlichen Distanz zum be-
richteten Stoff als Historiker eingestuft [113].

Die komplexe Auffassung von Wesen und Sinn der Geschichte zeigt sich in *Hartmann Schedels* »buch der Cronicken« [114] noch eingeschränkt auf den zeitlichen Ablauf ihres Gesamtprozesses, der nach spätantiker Tradition eingeteilt wird. Diese Periodisierung fußt auf indisch-persischen Weltaltermythen, auf die auch Hesiods Schema zurückgeht [115], beginnt in der jüdisch-christlichen Apologetik jedoch erst um 165 v. Chr. mit der Interpretation der Deutung, die Daniel vom Traume Nebukadnezars gegeben hat [116]. Die Auslegung der vier Metalle, aus denen das geträumte Standbild besteht, als vier aufeinanderfolgender, im Wert absinkender Reiche weitet sich dann auf die Weltgeschichte aus, die nun seit Tertullian in eine Degenerationskette von sechs, der Anzahl der Schöpfungstage entsprechenden Altersstufen aufgegliedert wird. Dabei umfaßt nach der ausführlichen Darstellung Augustins in seinem Werk *De civitate Dei* die dritte Epoche die Zeitspanne von Abraham bis David [117] – eine Zeitspanne, in der sich in der heidnischen Welt der trojanische Krieg abspielt. »Seine Erhabenheit und die glänzende Darstellungsgabe der berichtenden Schriftsteller« [118] – darunter demnach auch Homer – überzeugen schon Augustinus mehr als die Fabeln um die Irrfahrten der Heimkehrer, die der Kirchenvater als märchenhafte Gottlosigkeiten verwirft oder als empirisch beweisbare Merkwürdigkeiten erklärt. Schedel übernimmt die geschichtliche Anordnung und nähert die Lebzeiten Homers an die des israelitischen Königs Saul an [119]. Trotz der törichten Anekdote mit dem Läuserätsel der Fischer bleibt Homer wegen seines überragenden Könnens und seines erhabenen Alters [120] »ein fürst nit allein der poeten sunder auch der naturlichen meister« [121]. Die Fülle des Erinnerten und die Absicht der Klärung machen ihn zurecht »hohberümbst«. Denn »der Asianisch poet« sucht in seiner Dichtung die Wahrheit, die sich für Schedel in der geschichtlichen Wirklichkeit enthüllt. Deshalb kann Schedel Homer einen »geschichtbeschreiber« nennen, der »von der nyderlag vnd gefencknus Troye« und »von der irrfart Vlixis auff dem meer« jeweils 24 Bücher verfaßt hat. Nach einem Lagebericht der Stadt Ilion und einer Genealogie der Trojaner bis auf König Priamos und dessen Kinder zählt Schedel chronologisch die Ereignisse des zehnjährigen Krieges auf [122]. Er stützt sich dabei auf die Texte der angeblichen Augenzeugen Dares und Diktys, auch wenn er sich zum Schluß wieder auf Homer beruft. Dann folgen noch Kurzcharakteristik und Schicksalsverlauf einiger Helden und Schlüsselfiguren. Mit einem Ausblick auf die Gründung neuer Völker beendet Schedel diese historische Epoche, die für ihn ebenso Wirklichkeit bedeutet wie die Heilsgeschichte der Bibel und deren Ereignisse er als einen wildbewegten Abschnitt innerhalb der gesamten Weltchronik darstellt.

Der Ansicht, nach der Homer als Historiker aufzufassen sei, tritt der Naturwissenschaftler *Johannes Tolkopf* in einem 1499 datierten Brief an seinen Freund Celtis entgegen [123]. Nach seiner Meinung verkünden die Dichter eine andere, die allegorische Wahrheit [124]. Die poetische Fabel ermöglicht durch ihre sinnbildliche Verweiskraft die Einsicht in überirdische Zusammenhänge. Sie zu verdeutlichen, müht sich Homer solange mit starkem Willen, bis er berufen wird zum ›göttlichen Seher‹, den die Musen inspirieren. Und doch zeigt sich gerade an dem griechischen Epiker die Doppelnatur des Dichters. Halb Gott, halb Mensch muß er

seine gewaltigen Lieder in Wirtshäusern und Schaubuden singen, weil ihn die Be-
dürfnisse seines Körpers dazu zwingen. Die Erhörung des Anrufs an die Musen erweist sich als Verhängnis und Auszeichnung: Die Armut zu Lebzeiten verspricht
den Nachruhm, die Größe verlangt Leiden. Homers Gabe der übermenschlichen
Stimme bedingt notwendig seine irdische Glücklosigkeit, seine Werke aber verbrei-
ten seinen Namen und machen ihn unvergänglich. Unvergänglich bleibt für Tolkopf
auch die Wahrheit, die Homer gefunden hat und die er allegorisch verkleidet in
seinen Epen vermittelt. Sie berührt zwar die religiöse Sphäre einer Dichtungsinterpretation, wie sie etwa Polich vornimmt, beschränkt sich aber nicht nur auf diesen
Bereich, sondern bezieht alle Erkenntnisrichtungen mit ein. Inhalt und Ergebnis der
homerischen Poesie ist die umgreifende Wahrheit, die weniger nach den Erscheinungsformen und mehr nach dem Wesen des Seienden fragt. Homers Werk gilt
Tolkopf als wissenschaftliches Kompendium mit einer unwissenschaftlichen, eben
poetischen Sprache, deren vieldeutige Ausdrucksweise tiefer in ungeklärte Schichten
vorzudringen vermag als eindeutige Begriffsnennungen.

    Nicht die Wahrheit, sondern die Wirklichkeit bewertet *Heinrich Bebel*, der in
seiner Schrift *Ars versificandi et carminum* Form und Stoff des Epos mit einem
Zitat aus der Poetik des Horaz über Homers Versmaß und dessen Erzählen der
Heldentaten und Kriegsgreuel umreißt [125]. Mit dem pessimistischen Topos vom
Dichter, den seine eigene Zeit (noch) nicht versteht, verteidigt er sich gegen einen
literarischen Widersacher und stellt deshalb seiner Apologie das Motto voran: »Et
sua riserunt tempora Meoniden« [126]. Die Absicht, die er mit diesem Martial-
Zitat verfolgt, ist deutlich: Der zu seinen Lebzeiten angeblich nicht geehrte Homer
soll durch die nachträglich erwiesene poetische Größe einen beispielhaften Verweis
auf die eigene gegenwärtige Lage und eine Gewißheit für den späteren Nachruhm
liefern. Doch damit verkennt Bebel Homers Stellung zu den bestehenden Institutionen der frühgriechischen Epoche. Dessen Dichtung bleibt gesellschaftsbezogen und
erklärt sich durch ihre Konformität mit der herrschenden Schicht, zu der ihre Helden und deren Hauptprobleme gehören. Sie wendet sich an ein in sich geschlossenes
Publikum, dem sich die überlieferte Motivik und Symbolik leicht entschlüsseln. Sie
denkt an die Erhaltung der bestehenden Sozialstrukturen, auch wenn diese sich
aufzulösen beginnen. An einigen Erscheinungsformen in der Odyssee wird ein Um-
bruch ersichtlich. Das Menschenbild des nur durch institutionelle Beziehungen und
Bindungen Sein und Wert erlangenden Einzelnen in der Ilias wird erweitert durch
die Einbeziehung persönlichen Erlebens. Aber auch die Privatsphäre ist dem Traditionellen verbunden und fest im sozialen Gefüge verankert. Indem Bebel nach dem
damaligen Stand der Kenntnisse das Verhalten des homerischen Literaturtypus zu
seiner Polis ändert, erscheint ihm Homer als gesellschaftskonträrer Dichter, den
seine Zeitgenossen nicht verstehen und daher ablehnen. Für den Humanisten kann
der moralische Anspruch in den Werken Homers niemals Wahrung der vorgefundenen Ordnung bedeuten, er muß sich, um erfüllt zu werden, an die zukünftige
Menschheit wenden.

    In einem Brief an Bebel verbessert der Tübinger *Michael Coccinius* zwar nicht
diese falsche Sicht, aber seine Beweisführung zeigt den möglichen Ansatzpunkt der

irrigen Anschauung Bebels [127]. Coccinius tröstet den Freund mit der bitteren Feststellung, daß selbst der vollkommene Mensch von neidischen und gehässigen Feinden herabgewürdigt wird, und auch er liefert dafür als Beispiel Homer, den er den weisesten Dichter nennt »& antiquitatis parens, & diuinarum inuentionum fons, & origo« [128]. Die schlimmste Verfehlung sieht er in dem sophistischen Rhetor Zoilos, dessen scharfe Kritik an Homer ihm den Beinamen ›Homergeißel‹ eingetragen hat [129]. Diese Verleumdungen werden jedoch erst in der nachhomerischen Zeit ausgesprochen, zwar nicht tausend Jahre nach Homers Tod, wie Coccinius schreibt [130], aber jedenfalls nicht während Homers Leben. In dem Motto Bebels werden die zeitlich weit auseinanderliegenden Fakten als gleichzeitige Ereignisse verstanden und damit mißverstanden, weil die Voraussetzungen einer literatursoziologischen Interpretation erst Jahrhunderte später erarbeitet werden konnten.

An den meisten deutschen frühhumanistischen Zeugnissen fallen bestimmte Extremhaltungen auf, für die die rhetorische Sprachformung nur teilweise zutrifft. Entweder zeigen sie zuviel Pathos oder zuwenig Sachlichkeit, oder sie werden unwahrscheinlich durch Übersteigerungsabsicht oder durch Minderwertigkeitsgefühl. Letztlich scheint dies Ausdruck einer großen Unsicherheit, der das richtige Einschätzungsvermögen anderer Menschen und der eigenen Person fehlt. Dieses Merkmal einer Übergangszeit verleitet den einzelnen zu einem rein subjektiven Urteil: Er beginnt, alles von seinem Standpunkt aus zu begreifen. Auch das Bild der Antike wird nur nach einer privaten Perspektive ausgewählt. Ein Autor wie Homer wird oft nur danach gemessen, inwieweit er eigene Gedanken bestätigt und eigene Absichten unterstützt. Solche Textstellen, die meist schon in der antiken Homerrezeption verarbeitet sind, werden nun enkomiastisch gepriesen und als wissenschaftlich erwiesene Bestätigungen individueller Meinungen unterstrichen; die restlichen (und zahlreicheren) Teile der Dichtung bleiben unbeachtet, da sie durch ihre angeblich mangelnde Beziehung zur erlebten Gegenwart als unwichtig oder sogar verfehlt angesehen werden. Fast immer verbirgt sich hinter diesem Vorwand nur die Unkenntnis der beiden griechischen Epen.

Im vorphilologischen Abschnitt des deutschen Frühhumanismus muß daher das Gesamtwerk Homers unverständlich bleiben. Nur einige Gesichtspunkte können geklärt oder zumindest richtungsweisend angedeutet werden. Auch dabei überwiegen die Themen, die schon die literarische Tradition toposhaft verwendet, und die Fabeln, die dem rhetorisch-paradigmatischen Zeitgeschmack entgegenkommen. Erst nachdem mehrere Personen sich zu überregionalen Persönlichkeiten entwickelt und sich zu institutionell geregelten oder freien Gruppen zusammengeschlossen haben, deren wichtigste Ergebnisse sich aus den weitverzweigten Korrespondenzen ablesen lassen, und erst nachdem diese Humanisten sich die bedeutendsten Stoffe aus der originalen antiken Literatur, zu der der Zugang im Mittelalter versperrt war, angeeignet haben, kann in Deutschland ihre tiefere Durchdringung einsetzen und schließlich eine wissenschaftliche Beschäftigung mit ihr anregen.

c) Technische Grundlage und ideelles Gerüst

Eine schnelle Entwicklung zu dieser wissenschaftlichen Blütezeit erwartet der italienische Buchdrucker *Aldus Manutius* in Deutschland, das er zu einem kulturellen Zentrum gestalten will. Doch der Augenblick ist noch zu früh gewählt. Reuchlin antwortet ihm resigniert: »Du kennst unser Deutschland; es hat nicht aufgehört ungebildet zu sein. Laß es mich dir in kurzen Worten sagen, wir sind deiner nicht würdig« [131]. Ein anderer italienischer Humanist, *Paolo Giovio* (1483–1552), kann aber Jahrzehnte später sich schon vorstellen, mit deutscher Bildung das »ausgebrannte Griechenland« und das »entschlafene Italien« geistig zu erneuern [132]. Vor allem Erasmus und Melanchthon haben nun mit ihren umfassenden Gedankengebäuden Freunde und Gegner zum Eigenstudium aufgerufen. Beide haben auch schon eine festumrissene Homerkonzeption, die traditionelle Elemente mit originalen Ergebnissen verbindet. Diese Forschungen werden noch zu ihren Lebzeiten übernommen, verändert oder umgeworfen. Vorbereitet werden sie jedoch von zwei Humanisten, die am Anfang deutscher Homerphilologie stehen. Der eine, Nikolaus Marschalk, liefert die technische Grundlage, der andere, Konrad Celtis, das ideelle Gerüst.

In einer kleinen anonymen Erfurter Schrift aus dem Jahr 1501 mit dem lateinischen Untertitel »Elementale Introductorium in Ideoma Graecanicum« [133] finden sich die ersten griechischen Drucktypen in Deutschland. Die früheren Werke boten für die griechischen Wörter eine lateinische Umschrift an oder ließen Textstellen frei, die später handschriftlich ausgefüllt werden sollten. Nun bringt *Nikolaus Marschalk* eine Einführung ins griechische Alphabet und eine kurze Abhandlung über die Lautlehre. Das typographische Bild erscheint mitunter noch unbeholfen und ungenau im Wechsel von Groß- und Kleinbuchstaben, wirkt aber im knappen rein griechischen Schlußteil schon geschlossen und formschön. Denselben Druckstock übernimmt Marschalk auch für seine nur ein Jahr später herauskommende vierbändige Sammlung *Enchiridion Poetarum clarissimorum*. Dieses Werk soll als Handbuch vom gebildeten Publikum verwendet werden. Der Anspruch liegt hoch: Griechische Zitate werden auch ohne lateinische Übersetzung angeführt. Es kann demnach nicht mit der Absicht einer Unterhaltungslektüre [134] geplant sein, sondern soll praktischer Anwendung dienen, sei es als Schulbuch, als wissenschaftliches Nachschlagewerk oder als dichterisches Übungsmaterial. In einem stichwortartigen Vorwort [135] erwähnt Marschalk ein Arat-Zitat vom religionsmythologischen Ursprung der Dichtung, er selbst nennt jedoch mit der Berufung auf Quintilian Homer den ersten Dichter. Nach der chronologischen Rangordnung der poetische Eigenwert Homers: Der griechische Epiker werde von keinem anderen in ›großen Dingen‹ an Erhabenheit und in ›kleinen Dingen‹ an Wesentlichkeit übertroffen. Unklar bleibt, was Marschalk mit den großen und kleinen Dingen meint. Vielleicht versteht er darunter Gegebenheiten, die auf zwei verschiedenen Ebenen liegen: Den Inhalt, die ›pathetische‹ Darstellung von Idealen, und die Erzählweise, die genaue Beobachtung des Gegenständlichen.

Nach dem Vorwort und nach orphischen und pythagoreischen Sentenzen folgen aus dem Werk Homers Auszüge in dreifacher Version. Den Abschluß bilden einige Abschnitte aus der Kurzfassung der Ilias, die der im Mittelalter Pindarus Thebanus genannte Römer Silius Italicus geschrieben hat [136]. Da Marschalk im zweiten Band seines *Enchiridion* einen Extrakt aus dem Geschichtswerk *De bellis Punicis* des Silius Italicus mit der richtigen Namensnennung wiedergibt [137], ist ihm wahrscheinlich die Identität der beiden Namen unbekannt. Nicht bewußt wurde ihm wohl auch, wie wenig diese Textverstümmelung als Übersetzung angesehen werden darf. Seine Kenntnis des Originals kann daher nur gering gewesen sein. Nicht gering aber sind die Anregungen, die schon von dieser dürftigen Inhaltsparaphrase ausgelöst und von den beiden übrigen Versuchen, Homer bekannt zu machen, vertieft werden. Als zweite Kostprobe Homers bietet Marschalk mehrere Sätze aus der Ilias-Übersetzung des italienischen Humanisten Laurentius Valla (gest. 1457) an [138]. Der Verlauf der Handlung weicht einem Auswahlprinzip, das verschiedene Ratschläge zum richtigen Verhalten aus dem Kontext herausschält. Durch diese Verengung eines vielperspektivischen Werkes formt Marschalk die Ilias zu einem Regelbuch hoher Sittlichkeit um.

Eine solche Überbetonung eines Teilaspektes dürfte aber in der Absicht Marschalks liegen. Er deutet auch andere Aussagewerte und damit unterschiedliche Interpretationsmöglichkeiten an. Denn neben dem ethischen Gesichtspunkt und neben der Erwähnung des Themas und der Erzählung des Inhalts (in der verkürzten Wiedergabe der *Ilias latina*) stellt Marschalk die Epik Homers anfangs auch in ihrem ›philosophischen‹ Gehalt dar und vermittelt dadurch unausgesprochen einen Eindruck von der Komplexität homerischer Dichtung, deren Einzelglieder untereinander jedoch in einem poetischen Zusammenhang stehen und die deshalb ein einheitliches und geschlossenes Weltbild entfaltet [139]. Marschalk beginnt mit einer Abgrenzung der Hauptwerke Ilias und Odyssee von den pseudohomerischen Schriften, die er zwar Homer nicht abspricht, aber als Spielereien übergeht, und mit der traditionellen Dreiteilung des Stils, die er von Homer übernimmt und mit dessen beispielhaften Worten auf den Geschichtsschreiber Thukydides (sublime) und die Redner Lysias (tenue) und Demosthenes (medium) überträgt. Dann folgen ›Beweise‹ für die Richtigkeit der homerischen Dichtung. Die erkenntnistheoretischen Ergebnisse des Naturphilosophen Thales findet Marschalk vorgeprägt in der Epik des griechischen Rhapsoden, und er belegt die wissenschaftlichen Thesen des einen mit den Versen des anderen: Schon Homer weiß in seiner bildhaften Sprache vom Urstoff Wasser, von der Vierzahl der Elemente, von der »Quinta Essentia« (im Symbol des Olymp), von dem Planetensystem und von der Entstehung und Richtung der Winde. Auch der Eingottglauben des Aristoteles, seine Betrachtungen über Allmacht und Allwissenheit des Gottes und seine Überlegungen über Vorsehung und Schicksal stammen von Homer her. Ebenso leitet Marschalk mehrere metaphysische, psychologische und soziologische Gedankengänge Platons, der Peripatetiker und der Stoiker von ihm ab.

Die drei Beiträge, mit denen Marschalk die Dichtung Homers einem größeren gebildeten Publikum vorstellt, sind zugleich drei isoliert vorgetragene, aber nur kombiniert wirksame Homerdeutungen. Marschalk sieht in dessen Epik den gewaltigen

Entwurf zu einem gedanklichen Weltbild, das von hoher sittlicher Verantwortlichkeit getragen wird. Die poetische Größe Homers deutet er nur mittelbar an, Stofffülle und Erzählintensität aber bleiben selbst noch durch die unkünstlerische Paraphrase erkennbar.

Kann man durch Marschalks editorische Tätigkeit eine Breitenwirkung Homers innerhalb humanistisch gesinnter Kreise vermuten, läßt sich bei *Konrad Celtis* eine Tiefenwirkung Homers entdecken, die jedoch kaum auf die weitere Forschung – vielleicht mit Ausnahme der Poetik Joachims von Watt – übergegriffen hat.

Zum erstenmal an einer deutschen Universität hält Celtis während des Wintersemesters 1503/04 in Wien Vorlesungen über Homer. Dazu bedarf es aber auch für ihn einiger Voraussetzungen. Als Schüler Rudolf Agricolas lernt er die Anfänge der griechischen Sprache kennen und vertieft dieses Wissen durch seine Studien in Italien. Dort erfährt er wohl auch die entscheidende Anregung zu dem späteren Plan: Er hört in Bologna Vorlesungen über Homer [140]. Seine Italieneindrücke gipfeln in der Feststellung des Untergangs römischer Geschichte; nur ›Tugend und Literatur‹ haben sich als zeitlose Werte erhalten [141]. Tugend und Literatur müssen aber auch wieder in die Wirklichkeit eingegliedert werden. Eine Möglichkeit dazu sieht Celtis in ihrer Verpflanzung nach Deutschland. Seine Absicht ändert er in einen Wunsch um, den er in ein mythologisches Bild kleidet: Apoll, der göttliche Erfinder der Poesie, solle aus Italien zu den Germanen kommen, damit deren Barbarensprache verschwinde und das Licht des Geistes erstrahle [142]. Sein Vorhaben umreißt er schließlich mit der Skizze eines »futurus philosophus«, also in seinem Sinne eines deutschen Wissenschaftlers, dessen humanistisches Ziel in der polyhistorischen Komplexität liegt [143]. Sein Gedanke wird greifbare Gestalt, als die Sodalitäten und vor allem das Wiener »Collegium poetarum et mathematicorum« gegründet werden [144]. Erst daran schließt sich sein philologisches Bemühen um Homer an, was in dieser Aufreihung von Anregung, Feststellung, Absicht und Verwirklichung als folgerichtige Steigerung erscheinen mag. Schon in der frühen Leipziger Schrift aus dem Jahr 1486 mit dem Titel *Ars versificandi et carminum* erwähnt Celtis neben den Topoi vom Honigfluß der Dichtung, der auf Homer zurückgeht [145], und von der Aufgabe der Poeten, die als Seheramt geheiligt wird [146], die homerische Technik, das epische Genos, das unter seiner Anleitung erlernbar sei [147]. Im wissenschaftlichen Text hebt er zwar Vergil als überragenden Vertreter der heroischen Gattung hervor [148], doch zur humanistischen Freundeshyperbolik beruft er sich in einem Begleitgedicht zur ›Poetik‹ auf die Kraft des homerischen Gesanges, der eine Persönlichkeit erhöht und verewigt: »Carmine meonio dux supra astra volet« [149]. Trotz dieser Leistungen, die der Dichter aufzeigen kann, erlangt er nicht materielle Anerkennung im irdischen Bereich wie jeder andere, der in seinem Beruf hervorragt. Die Klage über das Los des Poeten verbindet Celtis mit dem traditionellen Bild der Armut Homers und verschärft somit seine bittere Aussage über die Wertlosigkeit der geistigen Werte, wenn selbst der große Homer während seines Lebens nicht geehrt worden ist [150]. Und wie sehr Celtis Homer schätzt, erhellt das Epigramm *De Homero coeco.*

Τυφλος ανηϱ quondam totum lustraverat orbem,
Hinc cecinit geminam carmine ϱαψωδιαν
Ast ego sum binis Celtis dotatus ocellis,
Vix patriam possum cernere Alemanicam [151].

Das in zweifacher Antithese reizvoll-spielerisch durchkomponierte Kurzgedicht steigert mit paradoxer Kontrastierung das Homerlob durch persönliche Ergriffenheit zu einem Erlebnis, das ans Unerklärbare grenzt und gerade dadurch seine Überzeugungskraft gewinnt: Die poetische Vollkommenheit Homers gleicht einem Wunder. Denn anders läßt es sich nicht deuten, wenn ein blinder Mann den gesamten Erdkreis durchwandert und ihn, den er ja mit seinen leeren Augen nicht sehen konnte, in zwei großartigen Werken zum Erklingen bringt. Wortwahl und Betonung holen auch Nicht-Ausgesprochenes hervor: Zwei Epen – zwei Augen – bringen Licht in den Kosmos [152]. Die Blindheit befähigt Homer über das rezeptive Erkennen hinaus zu einer schöpferischen Mimesis – im Gegensatz zu Celtis, der in demütiger Bescheidenheit zugibt, trotz zweier Augen nicht einmal sein Vaterland wahrzunehmen, geschweige denn zu besingen. Der Blinde zeigt sich demnach als der wahre Sehende, dem die Totalperspektive als göttliches Geschenk verliehen ist. Seine Welterfahrung und sein Welterlebnis werden im Werk verdichtet, und durch das Geschehen und die Dingbezüge, die er in seinen Epen entwickelt, gewinnt das Seiende erst eigentlich seinen Sinn. Zumindest wird der Sinn der Verborgenheit entrissen, er erhellt sich dem gebildeten Leser. Die Poesie ist also nicht ›altera natura‹, sie ordnet die chaotische Natur und stellt kunstvolle Zusammenhänge her, sie erst belebt gleichsam die sonst tote Materie.

Trotz der immer noch vorhandenen weitreichenden Unverstehbarkeit Homers auch für Celtis versucht dieser, den irrationalen und unzugänglichen Rest der fernen und fremdartigen Dichtung ansatzweise als Unsagbares und letztlich Unausdeutbares zu umreißen. Er nimmt das Werk in seiner Gesamtheit an, auch wenn er es nicht ganz begreifen kann, ohne deswegen die vielen ungeklärten Teile zu streichen. Der erste wirklich wissenschaftliche Ansatz einer Homerphilologie: Die Liebe zum Wort, die den Text, auch den unverständlichen Text, wahrt.

Doch darüber hinaus führen seine Studien kaum zu einem tieferen Einblick in den Eigenwert homerischer Epik. Auch der Maßstab, der an seine Vorlesungen gelegt wird, darf nicht sehr hoch angesetzt werden. Seine Bemühungen sind anzuerkennen. Schon in seiner Antrittsrede in Ingolstadt spricht er von der Notwendigkeit der klassischen Sprachen Griechisch, Lateinisch und Hebräisch [153]. Auch fordert er den Breslauer Sigismund Fusilius zum Kennenlernen dieser heiligen drei Sprachen auf [154]. Er selbst wendet sich an die Deutschen mit dem berechtigten Stolz eines Pioniers, der vor allem der griechischen Literatur endlich auch im eigenen Land zum Durchbruch verhelfen will [155]. Ihr Wert ist durch die überragenden Persönlichkeiten in der Philosophie, durch Platon und Aristoteles, bewiesen, und das »göttliche Werk« [156] Homers macht die Beschäftigung mit eben dieser Sprache zu einem dringenden und nicht mehr aufschiebbaren Anliegen [157]. 1503 plant er deshalb, den Nürnberger Astronomen Johann Werner als Griechischprofessor nach Wien zu holen [158]. Erst nachdem dieser Versuch gescheitert ist, wählt Celtis selbst die griechische Thematik, und er beginnt über Homer zu lesen vor einem kleinen Kreis unwissender Zuhörer, denen es meist sogar an Grundvoraussetzungen fehlt und denen daher eigenes Weiterforschen kaum möglich ist. Außerdem erscheint Celtis selten gut vorbereitet [159], und das Programm, das er anbietet, beschränkt sich wohl fast ausschließlich auf Inhaltsparaphrase.

Nicht geklärt ist, welches Exemplar Celtis zu diesem Vortrag benutzt hat. Einige Mißverständnisse müssen beseitigt werden. Fest steht nur, daß es der griechische Druck der Florentiner Ausgabe von 1488 ist. Ein Band Homer gehört zu seiner Bibliothek, wie es Exlibriszeichen und Wappen auf der Rückseite des Vorderdeckels anzeigen. Sonst enthält er jedoch keine weiteren handschriftlichen Anmerkungen, also auch nicht die noch von Hans Rupprich in seiner Briefwechseledition angegebene eigenhändige Inhaltsangabe des Celtis [160]. Fragwürdig bleibt jedoch, ob Celtis schon zu diesem Zeitpunkt eine eigene Werkausgabe besessen hat. Briefe Willibald Pirckheimers deuten eine andere Lösung an. Demnach hat Celtis von ihm einen Band Homer ausgeliehen. Trotz der Bitte Pirckheimers vom 17. November 1503, ihm doch sein Eigentum zurückzuschicken [161], kann der Nürnberger Patriziersohn erst am 14. März 1504 erfreut melden, daß er nun wieder ›seinen Homer‹ besitze [162]. Während des Wintersemesters hat Celtis also wahrscheinlich Pirckheimers Homerbuch in den Händen, erst später zählt die Florentiner Homeredition zu seiner eigenen Bibliothek, vermutlich jedoch nur der erste Band mit der Ilias [163]. Die Ilias dürfte Celtis auch als Hauptwerk Homers eingestuft haben. An der archaischen Erhabenheit kann er poetische Größe ablesen, weniger an den märchenhaften Fiktionen der Odyssee, die er wohl kaum in seiner Vorlesung erwähnt hat. Das erklärt auch die Anregung zur Odyssee-Übersetzung, die er sich von Pirckheimer wünscht [164]. Wahrscheinlich will er erst das Urteil eines anderen hören, damit er seine unsicheren Vorstellungen über die Odyssee verbessern oder festigen kann.

So erweist sich die erste Homervorlesung in Deutschland zwar chronologisch bedeutsam, der wissenschaftliche Ertrag aber bleibt gering. Immerhin ist durch Inhaltswiedergabe und ergänzende Anmerkungen die genauere Kenntnis des Iliasstoffes und damit die notwendige Grundlage philologischer Beschäftigung mit diesem Kriegsepos erreicht.

d) Poetische Apologie und christliche Polemik

Eine höhere Betrachtungsweise erlangt auch nicht *Jakob Locher,* der sich selbst den Beinamen Philomusus gibt. Aber seine Begeisterung für profane Literatur ruft in dieser Zeit Gegenrede und Zustimmung hervor, wie es an dem Angriff Wimpfelings und an der Verteidigung Murners nachgezeichnet werden kann.

Lochers 1496 in Freiburg gedruckte *Oratio de studio humanarum disciplinarum et laude poetarum* zeigt eine seltsame Mischung von ausgeprägtem Selbstbewußtsein und großer Begeisterung für die heidnische Antike. Den Zugang zu dieser fernen und fremden Welt ermöglicht dem Christen der Traum, der ihm Personen und Gegenden des griechischen Mythos annähert. Apoll geleitet ihn mit den Musen in die elysischen Gefilde. Dort sieht er die Schar der Verklärten, die sich durch Tapferkeit oder Gelehrsamkeit [165] ausgezeichnet haben. In einem Palast, den Lorbeer und Efeu als schon voremblematische Sinnbilder für die poetische »Formel natura-ars« [166] umranken und den lieblicher Gesang erfüllt, begegnen ihm die Dichter. In revuehafter Form läßt Locher die Vertreter einzelner Gattungen erscheinen, bis er schließlich länger bei den Epikern verweilt. Neben dem aktuellen Anlaß einer Vorlesung über Lucan entwickelt er deren hohe Wertschätzung aus der Schönheit und Nützlichkeit der Poesie, also aus den tradierten Kriterien des Horaz.

Die erzieherische Wirkung des griechischen Dichterfürsten Homer beweisen nach Lochers Meinung die Anekdoten um Alexander den Großen: Dieser soll die Ilias unter sein Kopfkissen gelegt haben, damit ihn auch noch während des Schlafes sein Vorbild Achill anspornen könne. Den pädagogischen Einfluß, den Locher Homer zuschreibt, formt das Bild, das er von ihm entwirft: Er deutet Homer als wahrhaften Herold aller Tugenden im öffentlichen Auftreten und im militärischen Verhalten [167]. Alexander beneidet den Helden Achill; dessen Glück besteht in dem unvergänglichen Ruhm, den er seinem Dichter verdankt. Homer hat die Vergangenheit dem Vergessen entrissen. Mit seinem Werk bleibt die Erinnerung an Taten und Geschehen in einer alten Zeit, bleibt auch sein eigener Name lebendig als Zeichen seiner Zeiten überdauernden Genialität. Dies geht hervor aus einer Zeile, die dem Schlußgedicht von Lochers Rede entnommen ist: »Viuit et ingenium dulcis homere tuum« [168].

Das zeitlose Werk Homers erweist sich nach Locher auch noch für die Gegenwart als Vergleich und als Sinnbild.

Als Vergleich: Der augenblickliche Held, Kaiser Maximilian, lasse sich nicht nur an den archaischen Heroen Hektor und Achill messen, er verdunkle sogar deren Ruhm [169]. Die Übersteigerung wird größtenteils jedoch schon durch die Gattungswahl bestimmt: Der enkomiastische Stil des *Panegyricus* erhöht die Wirklichkeit. Die literarischen Personen Homers bleiben demnach weiterhin exemplarische Vorbilder. Die Absicht Lochers aber verdeutlicht das Gedicht *Laus bellorum et victoriarum:* Neue Taten fordern neue Gesänge [170]. Kriegerische Persönlichkeiten sind vorhanden, es fehlen jedoch die Dichter, die wie Homer das Geschehene entsprechend zu würdigen vermögen.

Als Sinnbild [171]: Der Kampf der Giganten, die die olympischen Berge aufeinandertürmen wollten, um die Todlosen zu besiegen (Od. XI 313 ff.), verwirklicht sich für Locher in dem frevlerischen und barbarischen Vorgehen der Türken gegen die Christenheit [172]. Schon 1476 sieht Erhard Windsberger in der Figur des ungeschlachten Polyphem den Typ des Türken verkörpert [173], und Celtis vereint die beiden mythologischen Vorstellungen, um das Ausmaß der drohenden Gefahr heraufzubeschwören und die Christen zu einer einheitlichen Haltung gegen die Türken aufzufordern [174].

Zeitlosigkeit und Aktualität: Diesen paradoxen Wertmaßstab für klassische Dichtung legt Locher, kaum jedoch bewußt, an das homerische Werk an und sieht ihn in hohem Grad erfüllt. Als Schüler des Celtis besitzt er ausreichende Kenntnis

der griechischen Sprache, um Qualität auch an dem homerischen Original feststellen
zu können. Vorlesungen dagegen hat er wahrscheinlich weder über Homer noch
über einen anderen griechischen Autor gehalten. Dennoch liefern ihm Material und
Mythologie der griechischen Literatur bezeichnende Beispiele für seine apologetische
Poetik [175].

In dem wissenschaftlichen Teil rechtfertigt Locher gegen die Angriffe der scholastischen Theologie die antike Poesie als Ausspruch göttlicher Weisheiten und belegt
seinen Standpunkt mit Hinweisen auf Platon, der die himmlische Begabung und
überirdische Begeisterung des Dichters betone, auf Aristoteles, der dem Artisten
gottähnliche Fähigkeiten zuschreibe, und auf die Kirchenväter, die die alten Poeten
als Theologen auffaßten.

Den Kern seiner *Comparatio* bildet jedoch ein dichterischer Einschub, der Dialog
zwischen Kalliope und Apoll [176]. Die Muse der Epik, die als Vertreterin der
ranghöchsten Gattung ein Vorrecht besitzt, leidet an den Schmähungen, die sie von
der noch mittelalterlich starren Doktrin der Kirche erleiden muß. Ihr Schrei dringt
bis zum Gott der Poesie, der sie zu rächen verspricht. Trost findet die gekränkte
Kalliope schon in der namentlichen Aufzählung großer Epiker. Apoll setzt den
außerordentlichen Seher »homaerus« [177], der als weiser Theologe göttliche Wahrheit verkündet und als Lobredner hoher Tugend menschliche Ideale aufstellt, an den
Beginn des Kanons – nicht nur zeitlich, auch wertmäßig. Vor den sagenhaften,
eigentlich älteren Dichtern Orpheus und Musaios erscheint Homer als erste und
vollkommene irdische Verwirklichung der Poesie. Er stammt unmittelbar von der
Muse Kalliope ab [178] und ist und bleibt an dichterischer Größe beispiellos auf
der gesamten Erde. Durch sein Werk erzieht er die ansprechbaren Leser zu gelehrten
Persönlichkeiten [179], und mit der beruflichen Einordnung in den Stand des Theologen wendet Locher die Polemik gegen das Heidentum Homers und anderer antiker Autoren ab. Locher selbst zeigt sich rechtgläubig, versinnbildlicht an den Emblemen des Rosenkranzes und der Kreuzesfahne, die er auf einem Holzschnitt als
Zeichen seiner Natur-Gott-Verbundenheit trägt [180]. In der Begleitschrift zur
Comparatio [181] deutet er Dichtung gemeinsam mit den sieben freien Künsten als
Vorstufe für rein theologische Betrachtungen. Abgesehen von dem Kontext nimmt
Locher dadurch dem ›Heidentum‹ Homers den Eigenwert und die historische Wirklichkeit, er entwesentlicht es zur nur symbolischen Chiffre, die – heilsgeschichtlich
verstanden – als Voraussage des Christentums ausgelegt werden kann.

In Lochers beiden letzten Editionen verstärkt sich seine wissenschaftliche Neigung. Er entwickelt Gedanken über die Aufgabe des Dichters, vor allem über die
wesentliche Verpflichtung des Epikers am Beispiel des spätrömischen Autors Claudius Claudianus. Dessen Werk *De raptu Proserpinae* [182] greift inhaltlich auf den
von Locher und seinen Zeitgenossen als echt homerisch angesehenen Demeterhymnos
zurück. Den formalen Bezug stellt der Humanist als einen bewußten Kontrast zu
den literarischen Vorbildern Homer und Vergil dar: Gesetzmäßig bleibt zu Beginn
die Invocatio eines göttlichen Wesens, sie richtet sich jedoch nicht an eine überirdische, sondern eine unterirdische Gottheit – ein ›gelehrter‹ Einfall, dessen Originalität nur von einem Kenner der großen Epen verstanden werden kann [183].

Ein griechisches Epigramm, das Locher ins Lateinische übersetzt, feiert Claudian als den Poeten, der in sich Vergil und Homer vereinigt [184]. Mit der Wiedergabe dieser ursprünglichen Ehreninschrift rechtfertigt Locher nicht nur seine Herausgebertätigkeit. Auch für ihn sind die Epen dieser beiden Dichter der höchste Maßstab, der zur letzten Beurteilung an jede Dichtung angelegt werden muß. Zutreffend scheinen noch für Locher die Unterscheidungsmerkmale »Verstand« und »Muse« zu gelten. Der zeittypischen Bewertung folgt er, sofern er die intellektuelle Begabung Vergils verehrt, mehr einem persönlichen Geschmack, sofern er die poetische Fähigkeit Homers preist.

Der einleitende Brief zu seiner Bearbeitung der drei mythologischen Bücher, die der spätantike Nordafrikaner Fulgentius verfaßt hat, erwähnt mit Bedauern, daß die Vollkommenheit Homers schon von seinem Landsmann Zoilos gehässig angegriffen wurde [185]. Dennoch verringert diese Polemik genauso wenig wie die poesiefeindliche Haltung der Scholastik die Größe Homers. Daß er den ersten Rang unter den heroischen Sängern einnimmt, behauptet Locher schon in früheren Schriften. Nun gilt er ihm sogar als der »Archetypon« (!) aller Dichter [186].

Als Lieblingsschüler des wesensfremden *Sebastian Brant* übersetzt Locher dessen *Narrenschiff* und macht es damit erst in der lateinisch ausgerichteten gelehrten Öffentlichkeit bekannt: Er gibt ihm europäische Literaturgeltung. In einem Epigramm an die Leser preist er die tugendbildende Kraft dieses satirischen Werkes, eine Wirkung, wie sie selbst Homer mit der Schilderung vorbildlicher Menschen und ihrer Taten kaum erreicht habe [187]. Bei Brant findet sich dagegen die Verszeile: »Homerus was arm vnd gelert« [188]. Armut als christliche Tugend steigert Brant bis ins Gegenteil, sie allein erweist sich als eigentlicher, als innerer Reichtum. Armut als äußere Form der ›wißheit‹ stellt sich heraus als Erziehungsziel, als Überwindung des geschilderten Narrentums. Diese ›Weisheit‹ entdeckt Brant vor allem in Homers Odyssee. Mythologische Figuren wie Kirke, Kalypso und die Sirenen zählt er zum Gefolge der »buolschafft« und deutet sie als Warnbilder [189]. Gegenüber diesen abschreckenden Gestalten zeichnet sich scharf das Frauenideal Homers ab, das Brant in Penelope verkörpert sieht [190]. Frommes Vertrauen und sittliches Verhalten erheben sie zum Vorbild, dem jede Christin nacheifern sollte.

Der Holzschnitt auf dem Titelblatt des *Narrenschiffs* wiederholt sich im Abschnitt 108 [191], der nicht nur äußerlich eine Kernstelle im Werk Brants einnimmt. Sein Inhalt wird bestimmt von einem ausführlichen Exkurs über die Irrfahrten des Odysseus. Die allegorische Exegese endet schließlich in einem moralisierenden ›fabula docet‹. Odysseus, der auf dem Meer herumgetrieben wird, entflieht den Meerungeheuern Skylla und Charybdis, er entgeht dem Narrenschiff, da ihn das Wachs vor den betörenden »süß Cantylenen« der Sirenen bewahrt [192]. Polyphem, der in einer von Homer abweichenden Tradition wegen seiner Einäugigkeit als weiser und bei Brant als narrenfressender Riese erscheint, wird an Weisheit noch von Odysseus übertroffen, der ihn blendet und durch den Namen »Niemand« täuscht. Dem Erzählungsteil schließt Brant die Auslegung an:

> Homerus hatt diß als erdacht
> Do mit man hett vff wißheyt acht [193].

Das Lob des Odysseus erklärt sich aus seinen vorsichtigen Plänen und erfolgreichen Unternehmungen im trojanischen Krieg. Auch bei der Begegnung mit Kirke rettet ihn kluge Zurückhaltung vor Verzauberung. Mit dem Kraut Moly gelingt es ihm sogar, seine Kameraden wieder in ihre ursprüngliche Menschengestalt zurückzuverwandeln.

Dann jedoch schlägt seine »wißheyt« um ins Gegenteil. Um dies zu beweisen, übernimmt Brant die Grundkonzeption, die Dante im 26. Gesang des »Inferno« entwickelt hat: Odysseus ist nicht mehr der leidende und umherirrende Held. Rastloser Forscherdrang verändert seinen Charakter und besiegelt sein Unglück. Was vorher Notwendigkeit war, ist jetzt freier Wille. So faßt Brant wie Dante die weitere Seereise nicht mehr als gottbestimmtes Verhängnis, sondern als eigene Entscheidung des Odysseus auf, dessen Gottvertrauen zu einem blinden Glauben an Fortuna umschlägt. Anfangs schadet er nur seinen Freunden, die während seiner naturwissenschaftlichen Expeditionen [194] mitsamt dem Schiff untergehen. Von dieser Stelle an weicht Brant wieder von Dante ab, der Odysseus mitertrinken läßt, und erfindet eine neue Version. In einer gewaltigen Zeitraffung verknüpft er zwei Ereignisse: Odysseus' Ankunft in Ithaka und seinen Tod, der in dem homerischen Epos nicht beschrieben, in den Scholien zu Od. XI 134 und bei späteren Autoren wie Apollodor und Oppian jedoch erwähnt wird. Durch seine späte, ja zu späte Ankunft schadet sich Odysseus selbst: Keiner kennt ihn nunmehr außer dem Hund Argos, und von seinem eigenen Sohn Telegonos wird er unerkannt erschlagen – ein grausames Ende, das durch seine gottferne Tätigkeit [195], durch wissenschaftliche Überheblichkeit erklärt wird. Bei der Suche nach fremden Dingen hat er immer mehr sich selbst verloren. Denn die Erforschung unbekannter Länder verhindert die Selbsterkenntnis, die unter religiöser Sicht in Selbstbescheidung mündet [196].

Die List des Odysseus bei Polyphem hat sich mit tragischer Ironie an ihm selbst gerächt: Einst hat er sich ›Niemand‹ genannt, nun ist er so weit von sich selbst entfernt, daß er mit diesem ›Niemand‹ identisch wird [197]. Weisheit, die nicht auf Gott gerichtet bleibt, entlarvt sich als Narrheit, die zum körperlichen und seelischen Tod hinführt. Deshalb ist Homers Lob des Odysseus nur anfangs gerechtfertigt, als der griechische Held noch mit seiner Klugheit sich und den Freunden nützen kann. Bevor er erreichen will, was nicht zur menschlichen Aufgabe gehört, hätte Homer das Epos abbrechen müssen, da des Odysseus Weisheit allmählich zu versagen beginnt und schließlich endgültig scheitert. So aber erhält Odysseus einen ambivalenten Charakter, der in gleichem Maß beispielhaft für richtiges wie für falsches Verhalten stehen kann. Da Brant zeittypisch die Einheitlichkeit einer Persönlichkeit bevorzugt, bedeutet eine Kritik an Odysseus auch eine Kritik an Homer, der diesen Heroen nicht als in sich geschlossenen einheitlichen Menschen gezeichnet hat. Aber eine solche Kritik erscheint gegenüber der Anerkennung, die Brant dem Dichter Homer und seinem Werk ausspricht, sehr gering. Ungesichert bleibt auf alle Fälle, ob Brants Uminterpretation der odysseischen Irrfahrten eine geniale, wenn auch im Ansatz von Dante ausgehende Erfindung darstellt oder nur auf geringe Kenntnis des Originals und auf dadurch bedingte unbewußte Verfälschung der Fabel und ihrer Motivierungen zurückgeht.

Die Kritik an der heidnischen Literatur und daher auch an Homer verschärft sich bei *Jakob Wimpfeling*. Der Rigorismus seiner pädagogischen Anschauungen verbietet das Lesen der Werke mit unchristlicher Gesinnung. Bei dem Vergleich zwischen Rednern und Dichtern, die er im 23. Kapitel seines um 1497 gedruckten *Isidoneus Germanicus* voneinander abhebt [198], lehnt er sogar die Beschäftigung mit den Dichtern in der Jugend ab, da die Form der Gestaltung weniger durchsichtig und verständlich sei und die Absicht der Aussage weniger auf Erkenntnis und Sittlichkeit ziele als die natürlicher vorgetragenen und erzieherisch wirkenden Worte der Redner. An einer späteren Stelle gibt Wimpfeling jedoch zu, daß er griechische Sprache und Literatur nicht bewerten könne, da er auf diesem Gebiet von keinem Lehrer unterrichtet worden sei. Die Unkenntnis eines Großteils antiker Texte verfälscht sein Urteil zu einer einseitigen Stellungnahme, die sich allein der didaktischen Verbreitung christlicher Moral verpflichtet weiß und der jedes ästhetische Gefühl fehlt. Bestenfalls dienen ihm die alten Autoren als Mittel zum höheren Zweck der Theologie, wie sie seiner Meinung nach auch schon von den Kirchenvätern verwendet wurden. Die Ansichten über den Tod, den die antiken Poeten als Wertmaßstab des Lebens und nicht als Eingang in das ewige Leben auffassen, kennzeichnen für ihn jedoch deren lächerliche Diesseitsbezogenheit und unbeholfene Jenseitsvorstellung. In der Kampfschrift gegen Locher führt Wimpfeling unter anderem als Beispiel Homer an, der noch nicht einmal das Rätsel einfacher Menschen aufzulösen vermochte [199]. Diese Schmach konnte er nach Wimpfelings Gedankenkonstruktion nicht überleben, da sie zu deutlich die Sinn- und Nutzlosigkeit seines Tuns beleuchtete.

Die patristische Rechtfertigung der heidnischen Dichter übernimmt ein Gegner Wimpfelings und Freund Lochers, der Franziskanerpater *Thomas Murner*. Schon der Titel gibt die Quellen an: *De augustiniana hieronymianaque reformatione poetarum* [200]. Was in vielen Schriften zur Grundlage aller Argumente dient, erhebt Murner zum Programm: Er will die antike Dichtung retten und durch Bezugnahme auf biblische Glaubensgehalte bereichern. Als Gegensatz zum Christentum begreift er die Antike jedoch nicht. Ihre Formelemente bleiben zwar höchstes Vorbild, ihre Gehaltswerte aber bilden nur die Vorstufe der christlichen Offenbarungsweisheit.

Nach Äußerungen des Augustinus, die Murner verallgemeinert, wird die profane Eigenart der antiken Literatur als ›theatralisch‹ gekennzeichnet [201]. Murner versteht unter diesem Wort die Fülle der Handlungsstränge, die so beschrieben werden, daß sie in einer plastischen Schau nachvollzogen werden können. Der Humanist denkt dabei vorrangig an Vergil und durch Vergil wohl assoziativ auch an Homer. Durch die überwiegende Verbildlichung des Inhalts wird bei beiden das eigentlich Wichtige, die nur rhetorisch ausformbare Aussage göttlicher Wahrheit, zu wenig berücksichtigt. In den meisten Fällen erfüllen beide nicht das Eloquentia-Ideal dieser Zeit [202], und bei der Gleichsetzung der Begriffe Rhetorik und Poesie gelten sie Murner nur in beschränktem Maß als Poeten, obwohl er den in seiner Epoche wahrscheinlich paradox anmutenden augustinischen Begriff der »poetae theatrales« beibehält.

Diesen Begriff untergliedert er nach verschiedenen Beurteilungsmaßstäben. Homer ordnet er trotz einiger Züge eines »Poeta Theologus« und eines »Poeta mysticus et naturalis« unter die Kategorie des »Poeta fabulosus« [203]. Mit einer solchen Definition, aus der sich auch Rückschlüsse auf formale Kriterien der dichterischen Technik ziehen lassen, bewertet er bei Homer vor allem die inhaltliche Komponente der griechischen Epen. Jedoch besitzt die Fabel zudem einen über sie hinausweisenden Sinn, der unter dem äußeren Geschehen verborgen daliegt und entschlüsselt eine hohe ethische Wirkung auszuüben vermag [204]. Die homerische Fabel erweist sich daher als vorchristliches Aussagemittel naturwissenschaftlicher Vorstellungen und religiöser Geheimnisse. Eine zweite mögliche Ausprägung der Fabel, die sich als Lüge und frevelhafte Anschauung entlarvt, entfällt für die Homerinterpretation. Der Dichter, der sie so verwendet, berührt sich mit dem »Poeta impudicus«, auf den Murner Platons scharfen Angriff bezieht und den er aus sittlicher Bedenklichkeit ebenfalls als Gefahr für den Staat ansieht [205]. Im Gegensatz zu Platons Meinung in der *Politeia* zählt Murner Homer jedoch eindeutig nicht zu diesem Dichtertypus.

Von dem ›fabulierenden‹ Homer grenzt Murner auch Vergils Eigenart ab. Die ständige Ausrichtung der *Aeneis* auf den herrschenden Imperator, auf Kaiser Augustus, macht den Verfasser zu einem »Poeta adulatorius«. Diese Bezeichnung darf nicht als abfälliges Urteil verstanden werden: Dichtung benötigt auch für Murner eine gesellschaftsbezogene Haltung, die er bei Homer nicht entdeckt. Hier zeigt sich eine verborgene Kritik an dem griechischen Epiker, dem es nach den Gedankengängen des Humanisten an sozialpolitischen Zielen mangelt. Schon in einer früheren Schrift um das Jahr 1503 [206] betont Murner Wert und Gültigkeit einzelner Verse Homers, doch erst durch ihre Übertragung in ein fremdes Werk, durch die Einfügung in Vergils Epos, gelingen Annäherung an den Wirklichkeitsgehalt der homerischen Dichtung und Erhellung ihres Bedeutungsgehaltes. Andernfalls verbleibt Homers Epik in einer hieroglyphischen Dunkelheit, die Murner literaturgeschichtlich vom arabischen Schrifttum ableitet.

e) Reuchlins Begriff einer ›poetischen Philosophie‹

Homers Dichtung muß nicht auf eine ferne chiffernhafte Sprache zurückgeführt werden, um die Unkenntnis sogar gebildeter Kreise darzulegen. In einer polemischen Satire wird die literarische Unbildung gegeißelt. Ein Brief aus dem zweiten Teil der *Epistolae obscurorum virorum* zeigt dies in besonders grotesker Verzerrung, die aber zumindest im Ansatz der tatsächlichen Lage entspricht [207]. Der fiktive Geistliche Petrus von Worms hat in Rom ein neues Buch entdeckt; ein gewisser Homer, den man jetzt schon »pater omnium poetarum« nenne, habe dieses Werk, gleichsam eine »fons poetriae«, verfaßt [208]. Auch soll es noch einen zweiten Homer geben, einen griechischen Autor. Doch dieser sei ihm, dem Briefschreiber, und dem Adressaten Ortwin Gratius unwichtig wie alle griechischen Märchen. Ohne jeden Vergleich wird der ›lateinische‹ Homer, demnach Silius Italicus, der Verfasser der unkünstlerischen lateinischen Kurzform der Ilias, dem originalen Dichter Homer vorgezogen, und es verwundert dann nicht mehr, wenn der Inhalt des nicht gelesenen Buches nur in einer lächerlichen Vereinfachung wiedergegeben wird [209]. In einem lyrischen Machwerk, einer Beigabe zu einem weiteren Brief aus dem zweiten Teil [210], wird Homer erwähnt: Er gelte als Inbegriff alles Poetischen. Diese Aussage verliert jedoch jeglichen Wert, weil deutlich bleibt, daß Homer nur als Name mit einer langen Tradition und einer deswegen vermuteten unbezweifelbaren Größe bekannt sein kann.

So sieht zumindest das Zerrbild scholastischer Geisteshaltung und scholastischen Wissensbereiches aus. Auffällig ist an diesem Beispiel die hohe Würdigung Homers durch die Humanisten, die in der Parodie natürlich nur indirekt bemerkbar ist. Homer, in dem gleichsam alles Dichterische enthalten ist, steht als einziger Heide neben biblischen Persönlichkeiten wie Salomon, der durch Klugheit, und Absalom, der durch Schönheit hervorragt. Indirekt läßt sich auch die Forderung erkennen, dem Namen Homer, der mit keiner Vorstellung mehr verbunden ist, durch Beschäftigung mit seinem Werk wieder zu einem lebendigen Dichterruhm zu verhelfen. Dazu trägt die Erkenntnis von der Nichtigkeit und Kunstlosigkeit der *Ilias latina* bei, gegen die sich Homers Epen in ihrer zeitlosen Gültigkeit abheben. Der griechische Autor soll endlich im Original gelesen und in seiner Eigenart gedeutet werden, er soll wiedererstehen als geistiger Besitz.

Der Unterschied an wissenschaftlicher Grundlage und an philologischer Zielsetzung müßte aus den Texten der beiden Hauptgegner im Kampf für oder gegen die Bücher der Juden ersichtlich werden: Aus den Reden des Ortwin Gratius und den Schriften Johann Reuchlins.

Gratius zählt anfangs nicht zu den strengen Vertretern scholastischer Doktrin [211]. Dennoch bewegen sich Inhalt und Aufbau seiner »Orationes quodlibetice« [212] in noch mittelalterlichen Gedankengängen. Nur vereinzelt werden humanistische Themen angeschnitten, aber nicht weiter ausgeführt. So erscheint Homer als »antiquitatis parens« [213], und die Tapferkeit eines Helden wie Hektor wird gewürdigt, meist jedoch meint Gratius den ›Mantuanus Homerus‹, meint den lateinischen Epiker Vergil, wenn er antike Dichtung erwähnt [214]. Auch den Topos vom Honigfluß einer rhetorisch bestimmten Poesie [215] leitet er kaum mehr von Homer ab, genausowenig wie Figuren der griechischen Mythologie, die nur noch in ihrer allegorischen Auslegung einen sinnbildlichen Wert besitzen und damit sogar in der ›Sancta Poesis‹ als aussagekräftige religiöse Beweiselemente beibehalten werden können. Beispiele liefern dafür einige Fabeln Homers, die Gratius zur christlichen Sentenz umdeutet: Der süße Gesang der Sirenen entlarvt sich als Antrieb zu Freveltaten und Verfehlungen, denen Odysseus durch seine Vorsicht entgehen kann, der Kampf der Giganten gegen die Olympier zeigt sich als Eitelkeit und Nichtigkeit irdischen Aufbegehrens, und die Totenrichter im Hades stellen Gewissen, göttliche Gerechtigkeit und unwandelbare Wahrheit dar [216]. Erst durch diese historisch bedingte und heilsgeschichtlich notwendige Übertragung der griechischen Epik in scholastische Denkschemata, die von humanistischen Bestrebungen nur inhaltlich etwas bereichert werden, gewinnt Homer unvergänglichen Ruhm und berechtigte zeitlose Bewunderung [217], ohne daß Gratius Homer auch nur in einer lateinischen Fassung kennengelernt hätte.

Vor solchen allgemeinen Aussagen hütet sich *Reuchlin* [218]. Er überprüft die Quellen selbst nach der Richtigkeit der überlieferten Meinungen und bildet sich nach mühevollen Untersuchungen ein eigenes Urteil, dessen Unvollständigkeit und Voreiligkeit ihm stets bewußt bleiben.

Trotz seiner wissenschaftlichen Haltung kann auch er sich von den merkwürdigen etymologischen Versuchen seiner Zeit, die nach E. R. Curtius eine traditionelle poetische »Denkform« darstellen [219], nicht ganz befreien. Sie bedeuten ihm aber wohl liebevolle und ehrende Ausschmückung einer Wirklichkeit, zu der ein persönliches Bekenntnis hinzu treten muß, um sie voll zu erfassen. So schreibt er seiner Heimatstadt Pforzheim im Jahr 1494 einen sagenhaften Ursprung zu: Ihr Gründer sei Phorkys, ein Held aus der Ilias (II 862 f.). Damit beruft sich Reuchlin auf Homer, um ihm dann sogleich zu widersprechen. Denn bei Homer wird Phorkys von Aias erschlagen (XVII 912 ff.); Reuchlin übergeht diese antike Schilderung und läßt ihn nach dem Fall Trojas mit Aeneas fliehen [220]. Aus »patriotischem Streben« oder aus »Schmeichelei« [221] leitet er noch 1513 deutsche Stämme von den Völkern ab, die Homer als Beteiligte des trojanischen Krieges aufzählt [222].

Andere Textstellen aus den Werken Reuchlins bekräftigen aber Ernst und Ehrlichkeit seiner wissenschaftlichen Beschäftigungen. Diese wenden sich von den oben genannten Mutmaßungen ab, und ihre Ergebnisse müssen höher eingeschätzt werden, als sie tatsächlich sind, da Reuchlin fast in allem, was er tat, einen Neuanfang setzte. Umso bewunderungswürdiger erscheint sein Ringen um die griechische Sprache, die er schon 1473 in Paris bei Gregor Tiphernas zu lernen beginnt und deren Kenntnis er während seines Studiums in Basel bei dem Griechen Andronikos Contoblakas vertieft [223]. Eine weitere kurzfristige Vervollkommnung in dieser Sprache erfährt er während des Romaufenthaltes im Jahr 1482 durch Johann Argyropulos, der ihn vor angesehenen Männern durch den Ausspruch lobt: »Durch unsere Verbannung ist Griechenland über die Alpen geflogen« [224]. Als letzten Griechischlehrer trifft Reuchlin 1490 den in Florenz und Mailand unterrichtenden Demetrios Chalkondylas [225]. Diese Begegnung mit dem ersten Herausgeber Homers wirkt entscheidend auf Reuchlin, der sich durch dessen bewundernde und hochpreisende Anerkennung [226] in seiner bisherigen Arbeit bestätigt fühlt und vermutlich durch ausführliche Gespräche über Homer zu weiterer Tätigkeit angeregt wird. Zur selben Zeit wünscht er schon sehnlichst den Besitz eines Homerexemplars [227]. Briefe von Freunden müssen ihn vertrösten. Bernhard Adelmann schreibt ihm am 3. November 1490, »die Homerübersetzung des Lorenz Valla besitze er nicht, schickt daher den anfang einer in Rom gekauften übersetzung des Nikolaus de Valle, theilt mit, dass eine solche von dem bischof Johann von Fünfkirchen vollendet sei« [228], und Gabriel Bossus meldet ihm noch am 20. Dezember 1490, daß er selbst keine Ilias auftreiben könne, während er ihm am 1. April 1491 nach erneuter Bitte jedenfalls »8 bogen einer lateinischen übersetzung« sendet [229].

Trotz Reuchlins Schwierigkeiten, eine Originalausgabe der Werke Homers zu erhalten, verdeutscht er bereits 1491 einen Abschnitt der Ilias, den Zweikampf des Paris und des Menelaos aus dem dritten Buch [230]. Auch eine lateinische Fassung des pseudohomerischen, für ihn aber noch echthomerischen ›Froschmäusekrieges‹

stammt wohl von ihm [231]. Fünf Jahre später erwähnt dann der Jurist Heinrich Spieß in einem Brief an seinen Freund Celtis die Übertragung einiger Bücher aus den Epen Homers [232]. Reuchlin folgt mit diesen Übersetzungen dem Willen und Auftrag des Wormser Bischofs Johann von Dalberg, in dessen großer Bibliothek der Gelehrte endlich auch eine vollständige Homerausgabe gefunden hat [233]. Die geistigen Bestrebungen beider Männer berühren sich in ihren Wertmaßstäben und Bildungsvorstellungen. Wenn Reuchlin deutsche Verhältnisse mit den Schilderungen Homers vergleicht, erfreut sich Dalberg daran und hofft, daß Homer in seiner Größe und Bedeutung wiedererkannt und daß mit solchen Forschungsbeiträgen auch die wissenschaftliche und politische Rolle Deutschlands erhöht wird [234].

Tatsächlich preist ja schon der bedeutende Demetrios Chalkondylas Reuchlins Heimat als glückliches Land, da es mit einem solchen Mann gesegnet sei [235]. Und Reuchlin gilt auch der Ruhm, als erster Deutscher nach Jahrhunderten wieder die griechische Sprache beherrscht zu haben. Als erstem Deutschen erschloß sich ihm die originale Dichtung Homers. Sein Urteil geht vom Urtext aus. Nicht mehr allein abhängig von den überlieferten Meinungen und dem traditionellen Wertkanon begegnet Reuchlin vorurteilsfreier dem antiken Werk. Er unterwirft es unausgesprochen einer ersten kritischen Prüfung, und die Frage nach der poetischen Gültigkeit auch in einer anderen Zeit und in einem fernen Raum wird von Reuchlin als erstem zuständigen Deutschen positiv beantwortet. Gerade in einer Epoche, in der lateinisch gesprochen und einem rhetorisch ausgeprägten Elegantia-Ideal gehuldigt wird, erscheint die bewundernde Aufnahme Homers nicht selbstverständlich. Und Reuchlin versucht nicht nur durch Übertragungen literarisch gebildeten Kreisen Deutschlands den griechischen Dichter bekannt zu machen, er will ihn zudem in verschiedenen Schriften wissenschaftlich erforschen. Die Ergebnisse bleiben zeitgebunden, aber sie entsprechen seinen Überzeugungen, die er in bescheidenen Worten vorträgt und die er von dem Autoritätsanspruch irgendwelcher, besonders kirchlicher Institutionen freihält.

Anstatt mehrere Textstellen mit Hinweisen auf Homer, dessen Werk stets in eine Beziehung zu israelitischen Aussagen gesetzt wird, zu erwähnen, mögen hier einige Abschnitte aus der deutschen Schrift »Augenspiegel« vom Jahr 1511 [236] für Reuchlins Homerbild genügen. In seiner Beweisführung geht es nicht um die patristische Rechtfertigung der Poesie Homers und anderer antiker Dichter. Er dreht dieses Verhältnis um und verteidigt Bibel, Thalmud und Kabbala, indem er auf eine ähnliche Problematik bei Homer hinweist. Die Beschäftigung mit heidnischer Poesie gilt ihm als Auftrag, dem sich ein Gelehrter unvoreingenommen widmen muß. Um die gleiche Voraussetzung, die ihm bei Homer schon als unanfechtbar erscheint, kämpft er für Schriften, deren Bedeutung für den christlichen Glauben nun durch einen Konvertiten und dessen scholastische Anhänger bestritten wird. Reuchlin will für beide Bereiche die gleiche Methode anwenden. Denn »wie Eustathius über den Homerum« fordert er eine »wort zu wort«-Auslegung des Alten Testamentes »nach aigenschaft der hebraischen sprach« [237]. Nur die originale Literatur gewährt einen werkgerechten Einblick. Darin unterscheidet sich nach Reuchlins

Meinung nicht einmal die Theologie von der Poesie, zumal beider Sprache eine gemeinsame Eigenart aufweise. Zwar muß der Ausleger vom originalen Sprachlaut ausgehen; dies bleibt Grundlage seiner Deutung. Erst die Aufdeckung des geistigen Wortsinnes jedoch enträtselt ihm die dichterische Aussage. Von der frühesten Zeit an seien höchste Weisheiten durch Geheimschriften verschlüsselt worden. Für die Richtigkeit dieser Behauptung dienen unter anderen Beispielen die ägyptischen Hieroglyphen als Beweis. Annäherungen oder sogar Übereinstimmungen in den Vorstellungen lassen sich in den jüdischen Texten finden, deren Denk- und Ausdrucksformen sich wiederum mit denen der »alten poetry« berühren: »der gantz Homerus ist vol haimlicher künsten« [238]. Sein Werk bedarf demnach einer Dechiffrierung. Das Verständnis muß der Gelehrte hinter den Worten suchen. Nur dann wird er entdecken können, daß »alle philosophy vß dem Homero dem ersten poeten ensprungen« ist [239]. Die Interpretation der homerischen Epik als einer poetischen Philosophie beruht auf der Annahme, daß religiöse Menschen der frühen Antike die göttlichen Spruchweisheiten aus Angst vor Profanierung in ein esoterisches Sprachgewand eingekleidet hätten. Dem erkennenden Leser gilt daher ein Werk aus dieser Zeit wie die Dichtung Homers als heiliges Buch. Reuchlin erwähnt dazu den Topos von Alexander, der die Ilias »by tag flyssigklich gelesen vnnd by nacht vnder seinen hauptpfilwe gelegt« und der das Epos als »quelbrunnen aller menschlichen vnd götlichen kunsten« angesehen hat [240].

Neben dieser Hochschätzung Homers, die auch Reuchlin zwar traditionell formuliert, aber durch persönliche Beschäftigung mit dem Original bestätigt und wiederbelebt, dürfen einige Bemerkungen, die das Lob einschränken, nicht übersehen werden. So gibt Homer die verschlüsselten Weisheiten »doch mit wilden sinnen vnnd worten« wieder [241]. Der Inhalt besitzt zeitlosen Wert und unangreifbare Gültigkeit, die Gesinnung jedoch, in der er vorgetragen wird, verstößt an einigen Stellen mit ihrer Brutalität gegen die verfeinerte Ethik des Christentums, die der vorchristliche Autor selbstverständlich noch nicht beachten konnte. Auch die Gestaltung und Ausformung des Inhalts entspricht mitunter wegen der rohen und ›ungekünstelten‹ Prägung nicht dem Stilideal, das sogar für den Griechisch verstehenden Reuchlin noch eindeutig in der lateinischen Elegantia-Forderung besteht. Nur unter Berücksichtigung dieser zeitbedingten Vorurteile läßt sich Reuchlins Homerlob richtig einschätzen.

Kontextbedingt dagegen ist eine Anmerkung, die zumindest das Ausmaß der im Hauptsatz betonten philosophischen Glaubwürdigkeit Homers im Nebensatz wieder erschüttert, da »er mit synen lüginen weder got noch der welt hat geschonet« [242]. Diese negative Aussage wird verständlicher durch den Hinweis auf den Thalmud, der als ebenfalls vorchristliches, aber jüdisches Werk fast naturgegeben eine größere Nähe zum christlichen Glauben zeigt und im Sinne dieser späteren Religion weniger moralische und theologische ›Verfehlungen‹ enthält als die heidnische Poesie Homers. Diese wirkt also eigentlich nur im Verhältnis zu einer jüdischen Schrift lügenhafter, und schließlich entkräftet Reuchlin selbst an einer anderen Stelle das angeblich Lügenhafte der Dichtung, da sie nicht wörtlich, sondern sinnbildlich aufzufassen sei.

Vom persönlichen Standpunkt aus erahnt Reuchlin Homers Eigenart, gleicht sie aber aus zeittypischer Befangenheit an wesensfremde Schriften an und verfälscht sie damit zu einer analogen Aussage. Diese etwas zwielichtige Haltung Reuchlins läßt sich auch an seiner Einstellung gegenüber dem griechischen Kirchenvater Gregor von Nazianz erkennen, den er sehr häufig erwähnt. Ihn stellt er sogar über Homer, weniger wegen der Schönheit seiner Sprache, aber vor allem wegen der Klarheit, mit der er die christliche Wahrheit vertritt [243]. Reuchlin selbst widerlegt den eigenen Ansatz zu einer von christlicher Wertung freien Homerinterpretation, indem er sie schließlich doch wieder auf die patristische Rechtfertigung des antiken Epikers als eines unbewußten Vorläufers christlichen Glaubens zurückführt.

Dennoch gilt ihm Homer als Inbegriff jeglicher Dichtung. Das Chorlied, das sich an den dritten Akt seiner Komödie *Henno* anschließt, beweist diese Ansicht Reuchlins, ohne daß dabei der Name Homer erwähnt wird [244]. Mittelbar deuten jedoch mehrere dichtungskonventionelle Bezüge auf den griechischen Autor. Der Poet besitzt ein verantwortungsvolles heiliges Amt, das Homer in einem besonders hohen Maß erfüllt, indem er die Muse anruft und durch sie göttliches Wissen und göttlichen Willen verkündet. Auch die Nennung der poetischen Figur Thersites und der historischen Person Zoilos [245] ruft unbedingt die Assoziation an Homer hervor, den Reuchlin in dem Kurzkommentar zu dieser musikalischen Einlage dann ausdrücklich anführt. Indem er die Dichtung preist, preist er Homer: Mit dem Begriff ›Dichtung‹ verbindet sich ihm unausgesprochen die Vorstellung vom Dichter Homer. Auch Jacobus Dracontius, der Reuchlin als dem Urheber der deutschen Komödie ein panegyrisches Distichon widmet, behält diese enge Beziehung bei, wenn er »totus Aratus«, »divinus Plato« und »magnus Homerus« als die hervorragenden Vertreter von (Natur-)Wissenschaft, Philosophie und Poesie in der Persönlichkeit Reuchlins vereint sieht [246].

Das Chorlied selbst wird noch in späterer Zeit als Lob Homers verstanden. Gregor Wagner, der nach Hans Sachs und Johann Betz Reuchlins *Henno* 1547 in einer deutschen Fassung vorlegt, ersetzt die Chöre des Humanisten durch belehrende Sprüche. Statt Poesielob fügt er eine »Ermahnung zur Wahrheitsliebe« an [247]. Dennoch lautet bei ihm der Text nach dem dritten Akt:

> Homerus der hochgelart man
> Spricht, das nichts edlers gesein kan,
> Als mit trewer warheit vmbgehn,
> Bleibt vnwiderrüfflich bestehn [248].

In demselben Maße, wie Wagner seine Auffassung vom Sinn der Dichtung ausspricht und nicht diejenige Reuchlins übernimmt, verändert er auch dessen Homerbild. Für Wagner bedeutet Literatur christliche Didaktik: Homer wird ein Moralpädagoge, der Anleitungen zu einem gottgefälligen irdischen Verhalten gibt. Diesen reinen Nützlichkeitsstandpunkt vertritt Reuchlin nicht. Seine Bewertung Homers läßt sich auch kaum einheitlich festlegen. Jedoch entsprechen die verschiedenen Stufen der Betrachtungsweise wohl nicht nur verschiedenen sachlichen Zusammenhängen, die jeweils andersgeartete Wertungen Homers bedingen, sondern auch verschiedenen Lebensabschnitten. Seine Auffassung wandelt sich vom anfänglichen philologischen Bemühen um Homer zu einem ästhetisch bestimmten Nacherleben Homers. Dann aber erfolgt ein wahrscheinlich durch die äußeren Einflüsse bedingter Bruch mit seinen noch mehr weltlichen Forschungen, und er wendet sich christlich-religiösen Problemen zu. Dabei wird eine Beschäftigung mit Homer nebensächlich. Zumindest übernimmt auch er nun die traditionelle patristische Theorie, die Homer gleichsam als einen nicht so wichtigen, aber phantasievollen vorchristlichen Propheten einstuft. Doch auch der langwierige Kampf gegen die Kölner weist noch eine gewisse Ähnlichkeit mit der Ilias auf. In einem Brief an den Kardinal Crassus, der den homerischen Vornamen Achilles trägt, schreibt Reuchlin am 1. November 1518: »Für seinen streit, der dem trojanischen gleiche, sei ein Achilles nöthig und er freue sich, einen Achilles erlangt zu haben« [249].

Erst am Ende seines Lebens beginnt Reuchlin wieder von neuem mit seiner wissenschaftlichen Tätigkeit. Zwar schickt er noch 1518 einen Stellvertreter, der die Professur für Griechisch und Hebräisch in Wittenberg annimmt: Philipp Melanchthon. Reuchlin selbst fühlt sich zu schwach und zu alt, wird aber dann 1520 in Ingolstadt zum Professor eben dieser beiden Sprachen ernannt, und er lehrt mit Freude und Erfolg, bis ihn die Pest nach einem Jahr vertreibt. Er kehrt in die Heimat zurück und unterrichtet an der Tübinger Universität im Wintersemester 1521/ 1522. Durch seinen Tod im Sommer 1522 bleibt dieser letzte Lebensabschnitt zu kurz, um seine damalige Arbeit richtig einschätzen zu können. Er widmet sich neben dem Hebräischen ausführlich der griechischen Sprache und der griechischen Literatur, aber es fehlt jeglicher Bericht, der eine Beurteilung Homers oder sogar ein neues Homerbild zuließe. Eine Hypothese, die Gedanken Reuchlins über den antiken Epiker in seinen letzten Jahren voraussetzt, sei angefügt: Vermutlich hat er wieder einen wertfreien Standpunkt eingenommen, der seiner wissenschaftlichen Haltung vor dem Streit ähnelt; eine ästhetische Würdigung Homers wird er als vorsichtiger Gelehrter jedoch wohl noch eindringlicher als früher von genauen philologischen Analysen abhängig gemacht haben.

f) Aktualität und sozialpolitische Zielsetzungen

Auf einer niedrigeren Ebene und mit geringen, mehr privaten Auswirkungen spielt sich ein weiterer Streit ab, nun nicht zwischen humanistischer und scholastischer Richtung, sondern schon innerhalb der humanistischen Auffassung. In Erfurt, wo die Vertreter der mittelalterlichen Geisteshaltung in der Auseinandersetzung um Reuchlin sich noch 1513 gegen diesen ausgesprochen hatten, dann aber von der nachfolgenden Generation unter Mutians Leitung endgültig zurückgedrängt worden waren, zeigten sich literarische Verfehlungen und Unsachlichkeiten bei einer Gruppe jüngerer Humanisten. Zu ihr zählt *Thilemann Conradi* – oder (mit seinem Dichternamen) Thiloninus Philymnus, wissenschaftlich ein Phantast, dichterisch ein Plagiator. Dieser übersetzt 1513 die Batrachomyomachie ins Lateinische: Das geschmacklose, unkünstlerische Werk, ein Konglomerat verschiedenster Textanleihen, verrät keinerlei Ähnlichkeit mehr mit homerischen Wendungen und entfernt sich vom Original durch unklaren Stil, einen siebenfüßigen Hexameter und archaistische prosodische Freiheiten [250].

Ein solcher Mißgriff ruft die leidenschaftliche und nach einigen gehässigen Gegenschlägen Thilonins auch rücksichtslose Reaktion des begabten Epigrammatikers *Euricius Cordus* hervor. Zwar dürfte ihn v. a. der anmaßende Charakter seines Gegners zu diesem literarischen Angriff, der dann zu persönlichen Beleidigungen überging, herausgefordert haben: thematisch hängt der Ausbruch dieses Streites jedoch mit Homer zusammen. Zur Zeit Luders wäre Thilonin wahrscheinlich noch bewundert und sein Werk als wesentlicher Beitrag zur Homerkenntnis angesehen worden, da soviel wie keiner etwas über Homer wußte, aber jeder selbst obskuren Äußerungen glaubte. Mittlerweile ist jedoch Homers Epik in den Kreisen der Gebildeten nicht nur inhaltlich bekannt; auch die homerische Diktion ist zumindest in großen Zügen schon wissenschaftliches Allgemeingut. Wer sich nun mit der Dichtung dieses antiken Autors auseinandersetzt, muß einem erhöhten Anspruch genügen können, und diesem hält Thilonin schon bei oberflächlicher Betrachtung nicht mehr stand. So beweist des Cordus Polemik eine Rechtfertigung der zahlreichen Ergebnisse, die sich aufgrund humanistischer Homerstudien herausgestellt haben. Diese ergeben zwar kein vollständiges, aber doch ein in Umrissen abgestecktes Homerbild, das ein literarischer Dilettant nicht mehr verwischen kann.

In seiner selbstbewußten »Defensio« gegen Thilonin verwertet Cordus auch den Anlaß des Streites: die Batrachomyomachie, die er als »nobile opus« dem Seher Homer zuschreibt. ›Doch übel hat ein Interpret den ursprünglichen Reiz entstellt: / Ein schönes Pferd einst ist es (= das Kunstwerk) nun ein ungeschlachter Esel‹ [251]. Schließlich wirft Cordus Thilonin vor, er vermöge Griechisch ja gar nicht zu verstehen und habe deshalb auch nicht die Dichtung Homers lesen können; außerdem mache er sogar im Lateinischen noch so viele Fehler, daß er erst einmal diese Sprache lernen solle [252]. Falls er auch nach seinem Tode bekannt sein werde, dann hätte dies nicht seine Leistung bewirkt, sondern sein Größenwahn und sein Unvermögen, die ihm beide einen Rang wie den des Homerlästerers Zoilos zusicherten [253].

Gegen die Verächter der ›bonae litterae‹ wendet sich Cordus ohne persönliche Invektiven. Eine bittere Klage stimmt er an über den barbarischen Zeitgeschmack: Die geistigen Güter werden der Profitgier geopfert, kaum einer beschäftigt sich mit Wissenschaft und Kunst. ›Homer möge erscheinen, damit jedenfalls einer, er selbst, seine Epen lese; denn wenn etwas (und sei es nur das Lesen) ohne Entgelt getan werden soll, mißfällt jegliche Mühe‹ [254]. Noch Kaspar Scheidt tadelt 1551 im Widmungsbrief seiner deutschen Übersetzung von Dedekinds *Grobianus* die Allmacht des Geldes, und indem er sich in einem Vierzeiler auf Ovid beruft, gibt er die Quelle dieses Kulturpessimismus an:

> Homere kämstu selber schon,
> Vnd hetst die Musas mit dir gon:
> Ich sag dir, brächstu nichts mit dir,
> Man stieß dich warlich für die thür [255].

Dennoch findet Euricius Cordus auch Zeitgenossen, hinter denen sogar Homer (zusammen mit Vergil) zurückstehen muß, wie er in zeittypisch übersteigertem Freundespreis ausruft [256]. Durch die Widersprüchlichkeit verlieren die beiden Äußerungen ihren Extremgehalt, der in beiden Fällen auch für Cordus der Wirklichkeit nie ernsthaft entsprochen hat. Die zwei Textstellen müssen wir demnach als polar angelegte kunstvolle Topoi auffassen; gleichzeitig kennzeichnen sie aber den Dualismus der damaligen Situation: ein Hochgefühl, das der eigenen schöpferischen wie rezeptiven Leistung erwächst, wechselt ab mit der Niedergeschlagenheit eines Menschen, der sich einer gebildeten Elite zugehörig weiß, im weiteren Umkreis jedoch erschreckend viel Unbildung sieht – und eine echte und eindringliche Beschäftigung mit Homer zählt selbstverständlich noch immer zu den außerordentlichen Leistungen einiger weniger. Wegen deren Anforderungen mußte Thilonin scheitern. Mehreren, darunter auch Cordus, konnte dagegen eine poetische Mimesis Homers gelingen. In den Epigrammen verteidigt Cordus den großen griechischen Dichter gegen alle Versuche, die ihm seine Vorrangstellung streitig machen wollen und die zu leicht und einfach seiner überragenden Würde nahezukommen meinen. In einer Ekloge übernimmt er eine homerische Figur und verwandelt sie unter den zeitbedingten Umständen in eine neue Person, die in dieser Veränderung zwar schon in der literarischen Tradition erscheint, aber so nicht mehr dem Original entspricht: Polyphem tritt – mit einem Auge auf der Stirn als Symbol seines großen Verstandes – auf als kluger Mann, der die Mißstände geißelt [257]. Die scheinbare Schäferidylle entpuppt sich schließlich als Satire auf den Klerus; aber das Streitgespräch wird unter Freunden geführt! Es entfällt daher die Agression, die Cordus in den Epigrammen pointiert einsetzt, es entfällt auch die Schärfe der Konturen, die seine Epigramme auszeichnet. So ist der homerische Ursprung in der Ekloge kaum mehr bemerkbar, während Cordus dem antiken Dichter, den er vor Lästerern und Unverständigen schützt, ansonsten durch das eigene Werk poetisch zu neuer Wirksamkeit verhilft.

Zu den humanistischen Zeitgenossen, die Cordus mit einem Gedicht preist, gehört auch der adlige *Hermann Busch* [258], ein Mitverfasser der *Dunkelmännerbriefe*. Dieser hat in seiner Jugend noch Rudolf Agricola und Alexander Hegius kennengelernt und seine Vorbildung während der fünf Jahre eines Italienaufenthaltes erweitert. Seine Begeisterung für die humanistischen Studien und seine Abneigung gegen das entartete scholastische Wissenschaftssystem verwickeln ihn öfters in literarische Streitigkeiten, in denen er seine Entscheidungen vorschnell und einseitig trifft. In einem bissigen Spottgedicht gegen Tilmann Heuerling vergleicht er sich mit dem heiligen Seher Homer, der von dem boshaften und neidischen Schwätzer Zoilos angegriffen wird [259], und in dem Loblied *Flora* preist er die Stadt Köln, deren gebildete und ruhmvolle Universitätsverwaltung würdig sei, von Homer besungen zu werden [260]. Der griechische Dichter, dessen Vollkommenheit sich schon an dem posthumen Kampf von sieben Städten um die Ehre, sein Geburtsort genannt zu werden, offenbare, überrage bei weitem sein eigenes nur geringes Vermögen und die dürftige poetische Anlage gegenwärtiger Autoren. Nur ein Dichter von Homers Größe könne gemeinsam mit der göttlichen Muse Kunstdenkmäler erschaffen, die dem vorzüglichen Zustand der Kölner Verhältnisse entsprächen.

Buschs erst im Jahr 1518 unter dem Titel *Vallum humanitatis* veröffentlichte große Verteidigungs- und Schutzschrift, deren Anschauungen durch vorreformatorische Bestrebungen jedoch schon wieder zurückgedrängt werden, besticht dagegen durch einen sachlichen Ton, der auch auf den klaren Aufbau der Thesen einwirkt. In der Widmungsschrift an Hermann von Neuenaar zitiert er Ciceros rhetorische Frage, die seine eigene Einstellung kennzeichnet:

Quis doctior, aut cuius eloquentia litteris instructior, quam Pisistrati illis temporibus, qui primus Homeri libros confusos antea, sic disposuisse dicitur, ut nunc habemus [261].

Über dem Poeten steht ihm der Philologe, der den Poeten erst durch seine Forschungen in den mustergültigen Rang erhebt. Diese Wertumdrehung verdeutlicht er an dem eindringlichen Beispiel der wahrscheinlich pseudohistorischen späteren Redaktion der homerischen Rhapsodien. Ihm gilt keiner gelehrter und beredter als der Wissenschaftler, der zur Zeit des Peisistratos die unverbundenen Einzelgesänge Homers in dieser großartigen Gesamtkomposition vereint hat. Nach der langen Unkenntnis im Mittelalter vermag ein Humanist deren endgültige Form endlich wieder zu bewundern.

Ein so stark betontes Erleben einer literarischen Vorlage entfernt Buschs Auffassung der Dichtung theoretisch völlig von der Rechtfertigung der Poesie, vor allem der heidnischen Autoren durch den starren Kanon wertender christlich-moralischer Richtlinien. Indem Busch die Betrachtungsweise von unkünstlerischen Kriterien befreit, erreicht er die Grundlage einer ästhetischen Würdigung der Literatur. Ihr Sinn liegt jedoch letztlich für ihn in der Ausgestaltung eines umfassenden Menschenbildes. Praktisch erweitert er daher seine wissenschaftliche Perspektive nur zu einer allgemeingültigeren, von den Begriffen Religiosität und Ethos umgrenzten Geisteshaltung. Die philologischen Ausführungen bleiben meist dem Zeittypischen und Traditionellen verhaftet und eröffnen kaum neue Interpretationsmöglichkeiten Homers. So erweist sich seine Schrift *Vallum humanitatis* eher als ein Rückblick auf humanistische Gedankengänge, die im einzelnen historisch nachgeprüft und logisch bewiesen werden.

Im ersten Abschnitt erwähnt Busch antike Zitate, die an Homer die poetische Klugheit preisen, und Homer als ›Vater aller Tugenden‹ betrachten [262]. Der hohe Grad an Weisheit, den Homer erreicht, erfordert fast selbstverständlich eine eindringliche Beschäftigung mit seinem Werk.

Das zweite Kapitel enthält die Auslegung einer Odyssee-Episode: Beim Sirenen-Abenteuer handle der griechische Held vorbildlich, da er sich und seine Gefährten durch sinnreiche Maßnahmen vor den Folgen der süßen Gesänge bewahrt [263]. Nach Buschs moralischer Exegese stellen Homers Fabeln Regeln auf, die jeder erfolgreich auf sein Leben anwenden kann. Die Vorsicht des Odysseus beruht auf der Erkenntnis der tödlichen Lust, die die Sirenen symbolisieren. Dem Zusammenspiel von Verlockung und Gefährdung als einem Sinnbild irdischen Daseins entgeht der Grieche durch eine schon christlich gedeutete Constantia, durch sein beharrliches

Vertrauen auf die göttliche Hilfe. »Es ist das Wissen des Angebundenen und dennoch Freien, des vom Geist erfüllten ›Pneumatikers‹« [264] – eine Vorstellung, die Busch von patristischer Identifizierung antiker Fabelstoffe mit christlichem Glaubensgehalt übernimmt.

Neben der dargestellten Wirklichkeit, deren geistige Bewältigung der Nachruhm Homers bestätigt, gibt sein Werk auch nützliche Beispiele von nachahmenswerten Verhaltensformen. In diesem Sinn führt das philologische Studium des heidnischen Dichters zu einem tieferen Verständnis der heiligen Schriften. Denn zu deren Anspruch auf die Gültigkeit der Offenbarung tritt zusätzlich noch die Bestätigung durch die Bild- und Fabelelemente antiker Dichtung, die das Christentum gleichsam präfigurieren.

Die theozentrische Grundlage bleibt selbstverständlich, aber die Blickrichtung wendet sich dem menschlichen Bereich zu, vor allem den menschlichen Höchstleistungen [265]. Für diese bildet die Beredsamkeit ein Hauptkriterium, nach dem Rhetorik und auch Poesie gemessen werden. Von ihrem Ursprung her ähnelt die Poesie außerdem einer weiteren Kunstform, der Musik, mit der sie noch immer die Fähigkeit einer starken Gemütserregung im Zuhörer teilt [266]. Während der Redner mehr mit rationellen Gründen zu überzeugen (movere) versucht, erreicht der Musiker eher unbewußt eine Wirkung, indem er die Emotion des Menschen anspricht und ihn ›überstimmt‹. Beides in gleichem Maße gelingt dem Dichter, seine Kunst umfaßt die beiden anderen. Je nach Betonung erweist sie sich als ›oratorische‹ Poesie oder als ›musikalische‹ Poesie.

Für die letztere Dichtungsart liefert Homer im achten Buch seiner Odyssee ein vorbildliches Beispiel, den idealen Sängertypus Demodokos: Der »diuinus cantor« gleicht Homer selbst [267]. Zwar unterscheidet sich die Ausgangsposition: Homer ruft die Muse um Inspiration an, während den Demodokos die Muse selbst zum Lied anregt. Aber dieser Unterschied wird nivelliert, allein die Grundauffassung berücksichtigt Busch. Eine überirdische Kraft bewirkt die Poesie: Nicht der Dichter singt, aus dem Dichter kündet die göttliche Muse. So umschreibt Homer den eigenen Schaffensprozeß und verdeutlicht ihn an einer Dichtergestalt, die einer teilweisen Selbstdarstellung gleichkommen dürfte. Busch entwickelt im Ansatz aus dieser Odysseestelle, die er in einer fast wörtlichen lateinischen Übersetzung zitiert, eine textimmanente Poetik Homers. Die Quelle der Dichtung und die Arbeitsmethode des Dichters wurden schon angedeutet. Auch die Aufgabe des Poeten und den Sinn seiner Tätigkeit umreißt die homerische Textstelle: Die Erinnerung an berühmte Heroen muß wachgehalten und deren Taten müssen gepriesen werden [268]. Busch läßt den eigentlichen Gang der Handlung bei Homer außeracht. Dort zeigt sich das Auftreten des Sängers als eine weitere gesteigerte Vorstufe für den Augenblick, in dem sich der bisher unbekannte Held den Phäaken als Odysseus zu erkennen gibt. Nun verschiebt sich der ursprüngliche Sinn des Zitats und wird zu einer Sentenz erhoben, deren Anspruch jede ideale Dichtung erfüllen sollte. Denn die Erinnerung an vergangene Größe, die Homer selbst und der homerische Demodokos im Gesang bewahrt haben, besitzt pädagogischen Wert. Eine solche Dichtung erzieht den Menschen durch Leitbilder und festigt seinen Charakter. So sieht Busch in der heidnischen Poesie eine didaktische Funktion, die auch für einen Christen noch gültig bleibt.

Dauerhaftigkeit in der Welt der Vergänglichkeit erlangen nur die Künste, die Zeitliches zeitlos gestalten. Homers Nachruhm beweist die fortdauernde Bedeutung seiner Aussagen. Mit großer Begabung vermag er in seinen Werken Wesentliches zu erhellen und Maßstäbe aufzustellen [269]. Zudem wird in der literarischen Tradition immer wieder die vollendete Form der Poetisierung gelobt, die für Busch zeittypisch mit der Beredsamkeit zusammenfällt [270]. Der erkannten Musikalität Homers ordnet der Humanist als notwendiges poetisches Korrelat die rhetorische Wirkkraft der geistigen Daseinsbewältigung bei.

Wissenschaftliche Studien, die für Reuchlin Lebensinhalt und für Hermann Busch noch Hauptsinn darstellten, beabsichtigt der streitbare Adlige *Ulrich von Hutten* nicht. Dennoch verraten seine Werke eine vorzügliche Ausbildung gerade in antiker Dichtung. Vor allem besticht seine gute Kenntnis Homers, den er oft und ausführlich zitiert. Sogar ein tieferes Verständnis für die Eigenart und Besonderheit griechischer Epen wird aus seinen Schriften ersichtlich, ohne daß er jedoch darauf näher eingeht. Er erahnt die fremde und ferne Welt der homerischen Taten und Gedanken und beläßt sie in ihrer Geschichtlichkeit, weil letztlich für ihn allein der historische Augenblick gilt. Homers Name und Werk bietet ihm nur die Vorlage für seine Agitationsliteratur. Er greift auf die vollkommensten Formen der tradierten Dichtung zurück und setzt deren Elemente mit veränderter Absicht in einen neuen Situationszusammenhang. Seine freien Übertragungen homerischer Episoden erweisen sich als politisch-religiöse Parabeln für die damaligen Zustände, auf deren Umsturz sein poetisches Engagement zielt. Diese ›parodistische‹ Verwendung Homers richtet sich daher keineswegs gegen dessen Leistung, die Hutten sehr hoch einschätzt. Er gestaltet den griechischen Autor völlig um – und gerade dies setzt einen Sinn für den ursprünglichen Bedeutungsgehalt der homerischen Epik voraus – und aktualisiert den alten Stoff, indem er ihn in die andersartigen Konstellationen der vorreformatorischen Epoche versetzt.

Unter Huttens zahlreichen Gedichten gegen Venedig nimmt das Kleinepos MARCVS eine besondere Rolle ein [271]. Hier wendet er ein Thema, das er schon vorher in ernsthafter Form abgehandelt hat [272], um in eine satirische Fabel, die er mit der pseudohomerischen, für ihn aber noch homerischen Batrachomyomachie vielfältig durchwirkt [273]. Inhalt ist der angebliche Größenwahn der Venetianer, die als geringe Fischer angefangen, sich dann durch Handel bereichert und Städte ›gefischt‹, Fürsten ›geangelt‹ hätten und nun in Luxus und Sünde lebten. Marcus, der Schutzheilige und das Symbol der Stadt, erscheint als Löwe, aber das Raubtierfell hat er nur übergezogen, um seinen Anspruch auf das feste Land zu behaupten. An seine sumpfige Heimat will er nicht mehr zurückdenken und verleugnet durch die Verkleidung seine ursprüngliche Froschgestalt, die Hutten mit dem Froschkönig Pausback aus der Homerparodie identifiziert. Auch der übrige Vorgang wird immer wieder durch Belegstellen aus diesem Werk umrissen. Die fremden Elemente verbinden sich – so mosaikartig sie auch eingesetzt werden als halbe, ganze oder mehrere Zeilen und trotz der griechischen Sprache im lateinischen Text – nahtlos mit der neuen

Sinngebung. Im Grunde wiederholt Hutten damit nur die Technik des antiken Verfassers, der das Pathos in Stil und Wortwahl den erhabenen Großepen Homers entlehnt. Doch die eigene Leistung Huttens liegt in der Veränderung des Tons, der dem gewichtigen Stoff entspricht. Gewiß will er letztlich den Anspruch der Lagunenstadt auf die einstige römische Weltherrschaft lächerlich machen. Doch der Anlaß ist Wirklichkeit, nicht Fiktion wie der geistreiche Einfall vom ›Froschmäusekrieg‹. Und der Ernst der Wirklichkeit verschärft die Aussage. Die Parallelführung mit Homers Iliasszenerie dient am Ende weniger einer ironischen ›Verfremdung‹, sie ähnelt sogar wieder mehr dem frühgriechischen Original der Ilias. Dies unterstreicht die Übernahme der zahlreichen stereotypen Wendungen Homers, die schon in der Parodie eingefügt waren und die nun erneut, aber in einer weiteren Brechung zum ursprünglichen Text auftauchen. Auch dies beweist das Fehlen jeglichen Humors gegen Schluß des Gedichtes, als der Adler des Zeus, Sinnbild der deutschen Nation, den venetianischen Frosch mit der Löwenmaske in die heimatlichen Sümpfe zurücktreibt. Die Eigenart der Ilias, ihre objektive, parteilose Haltung, teilt Hutten also nicht. Seine Polemik, seine einseitige Stellungnahme drückt sich in einer herben und bitteren Sprachgebung aus.

Nicht die kriegerische Welt der Ilias, sondern eine märchenhafte Episode aus der Odyssee liefert die Vorlage zu einer anderen Schrift Huttens. Schon der Titel NEMO [274] spielt auf die List an, die Odysseus bei dem unzivilisierten Riesen Polyphem anwendet: Aus Vorsicht nennt der Held nicht den richtigen Namen und täuscht den Feind durch die Behauptung, er heiße ›Niemand‹. Hutten selbst weist in einem Epigramm auf das Original hin [275] und schildert den Handlungsverlauf [276]. Schon das Titelbild kennzeichnet den Seefahrer Odysseus mit den Anfangsbuchstaben »VL«. Während die erste Fassung ein glücklicher poetischer Einfall Huttens war, geht die zweite Fassung von einem aktuellen Anlaß aus. Da Hutten ohne äußeren Studienerfolg, ohne Erlangung des Doktorgrades, aus Italien zurückkommt, ist er in den Augen seiner adligen Verwandten ein ›Nichts‹. Sein eigenes Anliegen drückt jedoch nur eine Zeile aus:

Nemo refert studiis praemia digna bonis [277].

Sonst gestaltet er einen wesensfremden Typus, den er in Ich-Form berichten läßt. Zweideutig mutet der Anfang an: Eine wirkliche Person, von der außergewöhnliche Dinge behauptet werden, scheint aufzutreten, sie stellt sich aber nach wenigen Distichen als die personifizierte Verneinung aller aussagbaren Werte vor. Anstelle des einstigen Scherzes tritt nun eine schärfere Wendung, die ein moralisches Zerrbild und politische Agression bietet. Die Klage über die verkommenen Sitten und über unhöfisches, gottloses Benehmen, die Bitterkeit über Privatinteressen, die ein schlagkräftiges gemeinsames Heer gegen die Türken verhindern, und über den Luxus des Papstes: »das sind nicht mehr die harmlosen Witze eines jungen Schöngeistes, sondern Gedanken eines Mannes, der die Welt gesehen und über die menschlichen Verhältnisse nachgedacht hat« [278]. Die Namensmaske, in die Odysseus geschlüpft ist, bedeutet für Hutten die Symbolfigur eines Zeitgenossen, der sich nur nach sich selbst richtet und der jede Verantwortung für einen anderen Menschen oder eine über ihn hinausreichende Angelegenheit ablehnt. Der homerische Mythos liefert ein zeitloses Beispiel, das Hutten als einmalige Verwirklichung auf seine Gegenwart bezieht.

Diesem einen Abenteuer des Odysseus fügt Hutten in seinem Dialog MISAVLVS [279] dessen weitere Erlebnisse während der Meerfahrt hinzu. Die Anregung dazu liefert ihm ein Werk Lukians. Vermutlich kennt er auch eine Variation desselben sehr häufig behandelten Themas, einen Brief Enea Silvio Piccolominis, in dem eine ähnliche, aber nicht so weit ausgeführte Sinnbildersprache vorliegt [280]. Geschildert wird das Leben am Hofe aus der erwartungsvollen Sicht eines jungen Menschen, der in diese gesellschaftliche Schicht einzudringen hofft, und aus dem resignierenden Blickwinkel eines alten Menschen, der die Nachteile und Verfehlungen dieser Daseinsform erfahren hat. Die Dialogführung beginnt demnach antithetisch und endet mit der Überzeugung des Jüngeren von dem verführerischen und falschen Glanz des Hoflebens. Der Ältere bewirkt diesen Gesinnungswechsel des Gesprächspartners in entscheidendem Maße durch die Beispiele, die er den odysseischen Seefahrermärchen entlehnt [281]. Er setzt den klugen Höfling mit Odysseus gleich, der sich den Reizen der Sirenen nicht ausliefert und dessen Handeln einer Fahrt zwischen Skylla und Charybdis ähnelt. Sein scheinbar auswegloses Verhalten wird jedoch trotz aller Hindernisse bis zur glücklichen Heimreise letztlich von der göttlichen Providentia gelenkt [282]. Die Feinde prassen und plündern währenddessen wie die Freier bei dem antiken Helden [283]. Von dieser Parallelführung des Geschehens zeigt sich der Jüngere beeindruckt. Er wiederholt die sinnbildlichen Ausführungen, die sich um die mythologischen Figuren Skylla und Charybdis drehen. Der erfahrene Höfling aber steigert das Ausmaß der höfischen Schattenseiten, wiederum durch Belege aus der Odyssee, diesmal durch Hinweise auf die menschenfressenden Laistrygonen und Kyklopen [284]. Die negative Situationsschilderung wird nochmals erweitert durch den Rückgriff auf die tödlichen Lockungen der Sirenen, vor denen sich Odysseus aus eigener Klugheit und Zurückhaltung retten kann [285]. Schließlich übernimmt der Jüngere die Ansicht des Älteren mit der formelhaften Wendung: »... omni a parte navigatio est vita aulica« [286]. Die ursprüngliche Analogie zwischen der Schiffahrt des Odysseus und dem Hofleben ist bis zur endgültigen Identifizierung des Themas mit dem Sinnbild erhöht [287].

Erneut bietet Homer mit einigen Episoden aus der Odyssee für Huttens Tendenzliteratur die Grundlage, die nach der bewährten Methode moralischer Exegese ausgelegt wird, durch die soziale Verschärfung aber einen stark gesellschaftskritischen Ton erhält.

Neben diesen drei eindeutig auf Homer weisenden Umformungen lassen sich noch zahlreiche Werkstellen finden, die sich auf den griechischen Epiker beziehen. Darunter fallen Zitate, die Hutten beispielsweise im Fortuna-Dialog anführt [288], und Sentenzen wie die »zwenn verß des kriechischen poeten Homerj, die er etwan der Krichen öberster hauptman Agamemnoni durch mich (sc. Mercurius) sagen ließ. der meinung ist, Der sol nit schlaffen die gantze nacht, den beuolhen ist eine grosse macht« [289]; darunter fallen auch Verarbeitungen bestimmter Szenen, so die Rede

Cajetans an die Sonne, in der Pest und Tod für Deutschland entsprechend der Anfangssituation der Ilias gefordert werden [290], und Übernahmen aus der Wirkungsgeschichte Homers, dessen größter Verächter Zoilos die ›Homergeißel‹ genannt wurde, eine Bezeichnung, die Hutten nun in seiner INVECTIVA IN LUTHEROMASTIGAS SACERDOTES auf die Feinde Luthers anwendet [291]. In seinen Gedichten beruft Hutten sich vielfach auf den süßen Klang homerischer Poesie [292], den er in eigenen Werken sogar wörtlich wiedergibt oder paraphrasierend in den neuen Kontext einfügt [293]. So spiegelt der Anfang eines Liedes zur Ankunft in Wien mit bruchstückhaften Übersetzungen und deutlichen Anspielungen das Prooimion der Odyssee wider [294].

Durch das Gesamtwerk Huttens ziehen sich Aneignung und Umwandlung der homerischen Epik, deren hohen Wert er in ihrer zeitlosen Problematik begreift. Diese zeitlose Problematik verbindet er immer wieder mosaikartig mit seiner zeitbedingten Problematik, die das Ziel all seiner Schriften bleibt und durch die Mustergültigkeit der Vorlage an Bedeutung gewinnt. So prägt Hutten große und kleine Elemente aus der homerischen Dichtung um: als Zeitkritik in eine aktuelle Standortbestimmung und als Zeitideal in eine utopische Wirklichkeitsvorstellung.

Gegenüber der selbstbewußten Haltung Ulrichs von Hutten mutet eine Schrift *Agrippas von Nettesheim* mit dem Titel *De Incertudine et Vanitate Scientiarum et Artium atque Excellentia Verbi Dei Declamatio* [295] wie ein Nachhall mittelalterlicher Denkweise an. Und gerade während der Höhepunkte humanistischer Philologie-Studien, die von Persönlichkeiten wie Vadian und Erasmus, Melanchthon und Camerarius erreicht werden, übt dieses wissenschafts- und kunstfeindliche Werk eine seltsame Kontrastwirkung aus, die jedoch eher dem Denkvermögen und der Einstellung des damaligen (sogar gehobenen) Bildungsdurchschnitts entspricht. Skepsis und Pessimismus bestimmen noch weiterhin das Weltbild vieler Menschen, in dem auch die Leistungen großer Männer als nichtige und frevelhafte Handlungen abgewertet werden. Unter dieser düsteren Perspektive kann ein negatives Urteil über die »Dichterkunst« nicht mehr überraschen. Als »Erfinderin der Lügen und Beehrerin aller nicht tauglichen Grundsätze« [296] verfehlt sie die christliche Wahrheit durch ihre Theo- und Kosmogonien, und statt eines vorbildlichen Verhaltens lobt sie einen Heroismus, der sich in Streit und Zorn, in Irrfahrt und Kriegsverwundung ausdrückt. Selbst Homer, den Agrippa nach antikem Urteil als »den weisesten unter allen Poeten, und unter allen Weisesten den vornehmsten Poeten« [297] charakterisiert, verfälscht durch seine Fiktionen die Wirklichkeit und entgeht schon im Altertum nicht Staatsverfolgungen und Unsinnigkeitserklärungen. Seine Fabeln besitzen keinerlei Nutzen, ja sie gefährden sogar die Menschen, die sich durch ihren Glauben an Gott und ihre innerweltliche Vernunft auszeichnen sollten. Noch nutzloser jedoch sind die Beschäftigungen mit dieser Literaturform, lächerlich die Fragen nach seiner Geburtsstadt und seiner Grabesstelle, nach dem Alter seiner Helden und nach dem Grund, warum er »dem Palamedi zu Ehren nicht habe ein Carmen gemacht« [298]. Auch die Musikalität seiner Poesie und in seiner Poesie die musikalischen Einlagen, etwa des Demodokos, wirken für Agrippa nur wie »vergiftete Süssigkeit« [299]. Die Philosophie, deren Richtungen letztlich von den

Märchen Homers ausgehen, entlarvt sich daher ebenfalls als trügerisches Geschwätz [300]. Nicht weit davon entfernen sich die scholastischen Theologen, die statt des Evangeliums und des Gotteswortes Homer erwähnen und Textstellen aus seinen Werken und nicht aus der Bibel zitieren [301].

Mit dieser Schrift versucht Agrippa all das zu verneinen, was aus vielen, meist kleinen Ansätzen allmählich zu einer umfassenden Neuordnung des Wissenschaftssystems und der Kunstkritik beizutragen beginnt. Die fragmentarischen und zerstreuten Aussagen der frühesten Humanisten und der nachfolgenden Generation ergeben bei der Beantwortung poetologischer Probleme und bei der Beurteilung literarischer Phänomene ein wirres Bild, das in seiner Vielfalt am Beispiel des Dichters Homer und seiner Dichtung nachgezeichnet worden ist.

Fast immer wird der antike Autor als ›divinus poeta‹ gelobt und sein Werk als ›divina poesis‹ gerühmt. Das eigentlich Dichterische aber bleibt mit wenigen Ausnahmen unbeachtet oder wird mit Definitionen umschrieben, die seinen Kern verfehlen. Am ehesten grenzt der Begriff ›Seher‹ den Dichter Homer von anderen Ständen ab, verkennt aber völlig die sehr bewußte Technik des frühgriechischen Epikers, der auf einen festen und variantenreichen Formelschatz zurückgreift und nicht von einer numinosen Macht beeinflußt wird. Andere Bezeichnungen wie ›Sänger‹ und ›Redner‹ engen die homerische Poesie zu einseitig auf ihre musikalischen oder oratorischen Gehalte ein; die seltenere Verwendung des ›Sängers‹ trifft dabei noch besser seine Eigenart als die zeittypische Hervorhebung eines rhetorischen Grundzuges. Die Zuteilung Homers zu verschiedenen Wissenschaftszweigen verkennt gänzlich das Wesen der Dichtung. Daher beleuchten alle Versuche, Homer als Theologen oder Pädagogen, als Philosophen oder Historiker einzuordnen, nur Randzonen seiner konstitutiv vieldeutigen poetischen Mitteilung.

2. Das Homerbild der großen Humanisten

a) Erasmus: der allegorisch-ästhetische Interpretationscirculus

Umfangreichere und einheitlichere Dichter- und Dichtungsinterpretationen finden sich in den Texten einiger Persönlichkeiten, die in einer Einzelschrift oder in ihrem Gesamtwerk einen bestimmten literarischen Komplex behandeln. In ihren Gedankengängen und Beweisführungen, die vorrangig auf Struktur und Funktion der Dichtung gerichtet sind, spielen Homer und seine Epik eine entscheidende Rolle. Bei jeder traditionsgerichteten Literaturbetrachtung können Poetologie und Rezeption nicht getrennt werden. Die Einstufung der verschiedenen Literaturformen und unter ihnen v. a. der Epik und Werke aus dieser Gattung wie Ilias und Odyssee hängt von der jeweiligen Dichtungsauffassung ab, und diese wiederum wird von der Einstellung zu einigen Autoren wie Homer und Vergil bestimmt; die Festlegung auf den einen oder anderen läßt schon Grundzüge der eigenen literarischen Konzeption erschließen.

Der erste überragende nichtitalienische Europäer, der die griechische Sprache beherrscht, ist *Erasmus von Rotterdam*. Die homerische Dichtung kennt er sehr gut; sie ist ihm so vertraut, daß er sie nicht nur in seinen wissenschaftlichen Werken zitiert und interpretiert, sondern auch in sein Leben miteinbezieht, wie man es aus den persönlichen Äußerungen in seinen Briefen herauslesen kann. Am 14. August 1515 schreibt Erasmus an Paul Volz:

Mich aber ... hat das Leben durch soviel Schläge und Stürme in Bewegung gehalten, daß Odysseus bei Homer im Vergleich zu mir als ein Polykrates erscheinen könnte [1].

Die Gleichsetzung zweier polarer Typen wie Odysseus und Polykrates und die Betonung des maßgebenden Individuums vor den mythologischen Figuren entsprechen der hyperbolischen Aussageintension, die das eigene bewegte Leben mit den Mißerfolgen und Enttäuschungen eindringlich darstellen und als Wirklichkeit gegenüber der Sagenwelt abheben will. Der Widerspruch zu Homer steigert sich bis zum Tadel an Homer, wenn Erasmus pessimistisch-elegisch das Altern als unaufhaltsame Krankheit darstellt und Homers Worte von der Möglichkeit, das Greisentum abzuwehren, als ›Geschwätz‹ ablehnt [2].

Doch ist dies nur literarisches Spiel, das die eigene Belesenheit herausstreicht und dem Leser die ideelle Erhöhung des Einzeldaseins durch Analogie und Antithese zu einer dichterischen Vorlage zeigt. Wesentlicher wirken andere Aussagen, die noch persönlich geprägt sind, sich aber als notwendige Vorstufen zu wissenschaftlicher Tätigkeit erweisen. Eine Aussage über den Eindruck, den Homer auf ihn macht, hebt ihn schon deutlich von der eines Briefpartners ab. Caspar Ursinus Velius verharrt aus Erfurcht vor einem großen Werk in einer passiven Haltung. Er schreibt an Erasmus, daß er öffentlich Cicero interpretiere und sich dabei wie ein Kind aufführe, das die Weisheit des lateinischen Redners nur erahnen könne; privat dagegen beschäftige er sich mit der Ilias, und vor dieser Dichtung komme er sich wie ein ›Barbar‹ vor [3]. Die Vollkommenheit des homerischen Epos läßt ihn erst den eigenen Abstand spüren, die Bewunderung hindert ihn, nach dem ›rezeptiven‹ Kennenlernen sich mit dem Wortkunstwerk ›schöpferisch‹ auseinanderzusetzen, was dieses von jedem, der es verstehen will, fordert. Grundbedingung, um eine Dichtung zu erfassen, ist die Aufgeschlossenheit für diese Dichtung, und Erasmus öffnet sich der homerischen Epik mit einer solchen Leidenschaftlichkeit, die die ästhetische Begegnung mit dem frühgriechischen Rhapsoden über rhetorische Formelhaftigkeit hinaus zu einer Freundschaft mit einer gleichsam lebenden Persönlichkeit steigert. Erasmus bezieht Homer mit ein in sein alltägliches Dasein und erhöht es dadurch. Eine Zeit ohne Homer, ganz konkret verstanden als eine Zeit ohne den Besitz der Florentiner Homeredition von 1488, scheint eine ernste Existenzfrage für Erasmus. Der Anfang eines Briefes aus dem Jahr 1500, in dem Erasmus auf die Bitte des Augustin Caminade, ihm die geliehene Homerausgabe zurückzusenden, klagend antwortet, heißt in verkürzter Übersetzung:

Beraubst du mich des einzigen Trostes in meiner Langeweile? Denn ich brenne so in Liebe zu diesem Schriftsteller, daß ich, auch wenn ich ihn nicht verstehen kann, mich an seinem Anblick weide und labe [4].

Huizinga erwähnt eine ähnliche Aussage Petrarcas. Daraus ergibt sich die Frage nach der richtigen Einschätzung der Briefstelle, die Frage, ob Erasmus eine vorgeformte Position einnimmt oder ob er sich in echter Ergriffenheit – bewußt oder unbewußt – zu dieser Einstellung bekennt. Eine Antwort sollte beide Möglichkeiten zu verbinden versuchen. Denn die adäquate Begegnung mit einem vorbildlichen Kunstwerk spiegelt sich zumindest wohl anfangs in einem solchen Bereich ab, wie ihn Petrarca und Erasmus beschreiben. Die Reaktion auf eine gleichsam übermenschliche Leistung ähnelt einer religiösen Scheu, und die Dichtung Homers entschädigt Erasmus für die menschliche Nichtigkeit, sie hilft ihm zur Erhöhung des Augenblicks und zur Überwindung der Vergänglichkeit. Während aber der Glaube an Gott Erasmus erst den Halt zu einer reflektierenden Selbstzuwendung verleiht, vermag ihn das Eindringen in die homerische Epik zur höchsten Entfaltung seiner Fähigkeiten anzureizen. Die literarische Tätigkeit führt Erasmus zu der Lebensform, in der er durch seinen Enthusiasmus das Größte leisten und mit der er dann seine ›Gottannäherung‹ [5] erreichen kann: zur »poetischen Theologie«, wie dies Pico della Mirandola mit dem Hinweis auf Homer, der in seinen Erzählungen die göttliche Weisheit darstelle, in seinem Traktat *De hominis Dignitate* nennt [6].

Diese Homerbegegnung des Erasmus bewegt sich immer noch im vorwissenschaftlichen Raum. Mit seiner Begeisterung begreift er den antiken Poeten zwar intuitiv, aber das ›Verstehen‹ spricht er sich selbst ab. Er erreicht es erst allmählich durch Einzeluntersuchungen. Die unterschiedliche Art der Betrachtungen, die jeweils an die Absicht der Aussage gebunden ist, erschwert den Zugang zu seinem Homerbild. Dieses kann sowohl von einer allegorischen Interpretation als auch von einer ästhetischen Sichtweise geprägt sein, ein Wandel von der einen zur anderen Deutungsform läßt sich jedoch nicht feststellen.

Gegen den Anspruch der ›orthodoxen‹ Exegese und Kommentierung, daß die theologischen Schriften die einzig gültigen Themen liefern und wegen ihrer sittlichen Ernsthaftigkeit und Glaubwürdigkeit allein die wissenschaftliche Betätigung rechtfertigen [7], wendet sich Erasmus mit seiner humanistischen Forderung, daß die Dichtung ebenfalls in einer ähnlichen Weise interpretierbar sei und interpretiert werden müsse. In einer Apologie der ›Bonae Litterae‹ verwirft Erasmus den Dialog des Jakobus Latomus über die SACRA THEOLOGIA wegen der dichtungsfeindlichen Einstellung [8]. Sein vergleichender Überblick, der hauptsächlich Homer und der Bibel gilt, deckt die Fragwürdigkeit subjektiver Beurteilungen auf und entwirft Kriterien, die sakrale und profane Literatur zugleich betreffen. Nennt einer die homerischen Erzählungen über die Götter würdelos, müßte ihn dies als Christen doch erfreuen, weil dadurch die Gefahr heidnischen Aberglaubens gebannt sei. Doch findet Erasmus keinen Frevel und keine Unsittlichkeit bei Homer. Andere Autoren, wie etwa Catull, Plinius und Terenz, die derzeit gepriesen werden, liefern eher Beispiele schamloser Ausgelassenheit und mit christlichen Geboten unvereinbaren Aberglaubens. Außerdem betont Erasmus den fiktiven Charakter der homerischen Göttergeschichten, in die zwar Wahrheitsgehalt und Weisheitslehre verwoben seien, die aber als Gesamtschöpfungen wie Märchen wirkten. Wer sie demnach als echte

Aussagen über göttliche Geheimnisse deute, sei so lächerlich wie ein Kind, das in einer Tierfabel von der Unterhaltung zwischen Fuchs und Löwe lese und deshalb an deren menschliche Stimmen glaube. Schließlich erwähnt Erasmus die Bibel selbst, die sehr viele Schilderungen von Wollust und Unzucht enthält; er erinnert den Pädagogen an seine große Verantwortung und mahnt ihn, diese Texte entweder zu übergehen oder sie in ihrem heilsgeschichtlichen Kontext ohne verderbliche Folgen für den christlichen Glauben des Schülers zu deuten. Gegenüber den gefährlichen Facetien Poggios zeichnet sich für Erasmus die homerische Dichtung durch ein ehrfürchtiges Bewahren der Sittsamkeit und Keuschheit aus.

Der Sehnsucht nach der ›Reinheit‹ poetischer Werke widerspricht jedoch die Einsicht des Erasmus in die ›Conditio humana‹. Pessimistisch sagt er mit den Worten des Horaz: »nihil est ab omni parte beatum« [9]. Und die täglichen Gefahren des Reizes und der Ausgelassenheit führen besonders in der Jugend zu vielen Übertretungen der christlichen Gebote. Wenn in der homerischen Dichtung, die das Ideal der Schamhaftigkeit anstrebt, dennoch auch menschliche Verfehlungen beschrieben werden, so bedeutet dies für Erasmus ein Zugeständnis an die Wirklichkeit. Seine Achtung vor Homer kann durch die Realitätsnähe in Ilias und Odyssee nur gesteigert werden. Trotz der gewünschten Idealisierung des Menschlichen darf ein großes Kunstwerk nicht die mimetische Komponente mißachten, die durch Ähnlichkeit mit dem Leben erst den Bezug zum Leser herstellt. Aufgabe der Dichtung ist also die Abbildung lebensechter und menschenmöglicher Situationen und deren Steigerung zu zeitloser Beispielhaftigkeit.

Dadurch gewinnt die Literatur an ›Nützlichkeit‹. Erasmus knüpft hiermit wieder an eine alte, im Mittelalter oft verdeckte Tradition an. Indem er diese ›utilitaristische‹ Kunstauffassung in mehreren Schriften vertritt, erreicht er die Gleichberechtigung der profanen Literatur mit dem sakralen Schrifttum: Homer und die Bibel stehen nebeneinander.

Den Nutzen der Literatur unterstreicht Erasmus schon im Titel einer Rede, in dem die beiden Begriffe ›Virtus‹ und ›Literae‹, wie schon seit Quintilian üblich, tautologisch klingen [10]. Die rein didaktischen Ziele bestehen in der Erlernung der Sprache und der Bereicherung der Ausdrucksmöglichkeiten [11], die bei dem überwiegend rhetorischen Prinzip des damaligen geisteswissenschaftlichen Systems stark beachtet werden müssen. Vor allem aber ist Unterrichtung der Jugendlichen in der Dichtung Erziehung zur Tugend, zu dem Ideal einer humanistischen Persönlichkeit, die in sich Klugheit, Weisheit und Frömmigkeit sowie wissenschaftliche und poetische Tätigkeit vereint: Die Lektüre Homers dient dieser pädagogischen Aufgabe. Denn die Erzählungen der Dichter – und Homer wird an mehreren Stellen »Pater omnium fabularum« genannt [12] – üben einen starken Reiz auf den noch ungeprägten Willen des Kindes aus; indem sie ihm gefallen, beeinflussen sie es und lenken es durch das Vergnügen zur Belehrung. Der moralische Ertrag aus dem Odysseus-Abenteuer mit den Sirenen liegt in der Schlußfolgerung: Die Jugend möge den antiken Helden zum Vorbild erheben und den Verlockungen der Schönheit und der Sinnlichkeit die Ohren verschließen [13]. Die homerische Erzählung von der Verwandlung der Gefährten des Odysseus in Tiergestalten wird zuerst wörtlich betrachtet und belacht, dann aber als Parabel verstanden, die zu einer christlich-stoischen Haltung der Liebe gegenüber anleitet. Homers Schilderung übermittelt somit eine Lebensregel, die nicht erst später durch Erfahrung erkämpft werden sollte: Vernunft unterdrücke die Begierden und Leidenschaften. Mit Hilfe des Krautes Moly erreicht Odysseus eine solche Einstellung. Diese Pflanze gibt dem homerischen Helden eigentlich erst die Freiheit zur eigenen Entscheidung, sie hebt den Menschen von der gesamten außermenschlichen Natur ab, die durch vorgeschriebene Gesetze determiniert ist; sie fordert ihn aber auch zugleich auf, seine Freiheit richtig zu nutzen, ein sinnkräftiges und gottgefälliges Dasein zu wählen und nicht in tierische Lebensformen zu entarten [14]. Das Heilmittel dient also dem Selbstbewußtwerden des menschlichen Geistes. Folgt diesem Erkenntnisprozeß die Bejahung des christlichen Glaubens, dann hat der Mensch mit freiem Willen seine irdische Bestimmung erfüllt.

Erasmus sieht in Homer geradezu eine Fundgrube für allgemeine Lebensregeln von hoher ethisch-religiöser Bedeutung. In einem Brief über die liebende Pflege der Tugend [15] definiert er große Dichtung als ›Umrißgebung aller Erscheinungsformen mit göttlicher Sinnesart‹ [16]. Die Fiktion der homerischen Göttergeschichten wiederholt er nun nicht mehr: Der Dichter Homer ist selbst göttergleich, indem er göttergleiche Heroen wie Achill und Odysseus erschafft, deren strahlende äußere Erscheinung ihrer vorzüglichen Veranlagung entspricht; die Verbildlichung der Göttergestalten ist umgewandelt zu einer poetischen Metapher für einsichtige Zufriedenheit und harmonische Denkkraft, ist die Chiffre für den idealen Menschen [17]. Mit der Bezeichnung »Duplex Homeri Poesis« [18] sind natürlich in erster Linie die beiden Epen gemeint. Kombiniert werden aber auch mit dieser Zweiheit die beiden von Horaz als wesentlich erachteten Aufgaben der Dichtung, das Erfreuliche und das Nützliche, sowie deren Wirkung auf den Leser, die poetischen Funktionen des Erheiterns und Belehrens. Diese ›Ergebnisse‹, auf die Sinn und Absicht der homerischen Dichtung eingeengt werden, ändert, vereinfacht ausgedrückt, eine korrelative dritte Komponente, die der Rhetorik entlehnte seelische Erschütterung (movere) [19], in brauchbare Verhaltensweisen um. Das homerische Werk stellt demnach ein Modell dar, das immer aktualisiert werden kann. Gerade wegen der zeitlosen Anwendbarkeit beweist es seine Vollkommenheit. Die vorgeführten exemplarischen Typen sollen in persönlicher Charakterbildung nachgeahmt werden.

Auf diesem Weg müssen die Verstandeskräfte erhöht und die Urteilsfähigkeit erweitert werden. Die homerischen Erzählungen bieten über die jugenderzieherischen Anleitungen hinaus allgemeine Einsichten, die als Gewinn aus langjährigen Erfahrungen geschildert werden. Beispielhaft stehen dafür die Irrfahrten des Odysseus, ›der die Sitten der Menschen erlebt und ihre Städte gesehen hat‹. Dieses Zitat aus der Einleitung der Odyssee gibt Erasmus in einem Brief an Daniel Stibarus wieder und erläutert die Klugheit des Helden, die dieser mühevoll in zwanzig Jahren erworben hat, als philosophische Betrachtungen und als Einblick in überirdische Abläufe und historische Begebenheiten [20]. An anderer Stelle umgrenzt Erasmus die Bereiche wissenschaftlicher Tätigkeit mit den Polen Poesie und Philosophie, als deren beider Urheber er Homer ansetzt: Der antike Dichter hat mit seinen zwei Werken eine enzyklopädische Grundlage geschaffen, die die Summe menschlicher Erlebnisfähigkeiten und Denkmöglichkeiten birgt [21]. Homer wird zum »omnium disciplinarum tamquam oceanus« [22]. Der von Quintilian herstammende Topos erweitert sich von der epischen Darstellungsbreite zu einem Kompendium für alle Belange. Die aussagegleichen Begriffe ›Pater‹ und ›Fons‹ für Homer als den Schöpfer aller menschlichen Erfindungen, die in seiner Dichtung total umfaßt werden, leitet Erasmus aus denselben homerischen Versen her, auf die auch diese bildliche Vorstellung Quintilians von dem ›Ozean‹ Homer zurückgreift. Homer spricht von dem gewaltigen Okeanos,

> Welchem doch alle Ströme, die sämtlichen Fluten des Meeres,
> Alle Quellen und all die tiefen Brunnen entfließen. (Il. XXI 196 f.)

Trotz seiner Macht kann jedoch auch der Okeanos nicht gegen Zeus ankämpfen (190 ff.). Schränkt der Kontext also schon die Wirkung des Meeres ein, müßte man aus dem Topos neben der Begeisterung für menschliche Größe auch die tiefe Einsicht in die menschliche Abhängigkeit vom Überirdischen herauslesen. Auf Homer übertragen heißt dies im Sinne des Erasmus: Der Urheber aller Wissenschaften, die in der Dichtung kulminieren, wird von Gott als der ›causa prima‹ erschaffen, und Gott ermöglicht auch erst die großartige, aber nicht autogene Leistung des Epikers.

Sogar in der Rede über das Lob der Medizin gilt Homer – z. B. wegen der prophylaktischen Kraft des Krautes Moly, das Odysseus vor der Verwandlung in ein Tier schützt – allgemein und widerspruchslos als »unicus ingeniorum fons« [23]. In der Widmung der Schrift INSTITUTIO PRINCIPIS CHRISTIANI erklärt Erasmus das Heilmittel Moly allegorisch als »Weisheit« des Fürsten [24]. Dahinter steht Platons Gedanke vom Philosophen als König [25]. Philosophie ist nicht in sich beharrende Theorie, sondern praktische Ausübung, zweckbedingte Lebensnotwendigkeit für eine führende Persönlichkeit. Erasmus schreibt dazu:

Unter Philosophie verstehe ich nicht Disputieren über die Prinzipien, die Bewegung oder das Unbegrenzte, sondern Befreiung von falschen, allgemein verbreiteten Ansichten und schlimmen Leidenschaften, Wegleitung, nach dem Vorbild der ewigen Gottheit richtig zu regieren. So ungefähr meinte es wohl auch Homer, als Merkur den Odysseus gegen die Gifttränke der Circe mit dem Wunderkraut schützte [26].

In derselben Schrift [27] wünscht dann Erasmus dem Fürsten eine Erfahrungsfülle, wie sie Odysseus besessen hat. Diese wird er in kurzer Zeit ohne Unglücksfälle und Schwierigkeiten erlangen, wenn er – neben der Zuziehung vernünftiger Ratgeber – den Aussagegehalt der homerischen Fabel sinnvoll anwendet. Das Studium Homers führt auch zum Abschluß gerechter und vorteilhafter Verträge [28]. Zudem wird der Herrscher mehrmals an den Ausspruch Homers erinnert, daß er in seiner Machtposition nicht die Nacht durchschlafen dürfe [29]; denn er muß erhöhte Wachsamkeit und größere Verantwortung für seine Untertanen zeigen als jeder andere.

Nicht nur der Lobpreis der aristokratischen Schicht, die überwiegend das Geschehen in den homerischen Epen trägt, sondern auch die Veredelung allgemeinmenschlichen Verhaltens zu würdevoller Gesinnung, der die entsprechende Tat folgt, erhebt die homerische Dichtung zu einem Fürstenspiegel, dessen Ideal in der Konformität von Blutadel und Geistesadel besteht. Und in einer geschichtlichen ›Sternstunde‹ zeigt sich dieses Ideal verwirklicht. Ein griechischer König hat es allen Nachfolgern vorgelebt, hat es vor allem bewiesen durch seine Verehrung Homers: Alexander der Große. Die geistige Beziehung zwischen den zwei überragenden Menschen kehrt besonders nach Erasmus in der literarischen Tradition häufig wieder. Wegen des zeitlichen Abstandes der beiden Persönlichkeiten durchweht eine wehmütige Grundstimmung alle Anekdoten: Der humanistische Traum von der Verbindung höchster Kunst mit höchster Macht läßt sich eben nicht verwirklichen. In den APOPHTHEGMATA sammelt Erasmus die bekanntesten Aussprüche Alexanders, darunter das Lob Achills, der in Homer einen so unvergänglichen ›Herold seines Ruhmes‹ gefunden habe, um den ihn jeder beneiden müsse [30], und die Bevorzugung eines Schreines, den Alexander unter allen Beutestücken des Dareios am kostbarsten eingeschätzt habe, da in diesem sicheren und schönen Behälter die homerische Dichtung aufbewahrt werde [31]. Aber auch jeder sittlich gefestigte und gebildete Mensch wird in der homerischen Epik Motive und Sprichwörter entdecken, die sein Leben durch Erkenntnistiefe und Vorbildlichkeit bereichern können. Eine Fülle davon breitet Erasmus in dem paroimiographischen Werk ADAGIA [32] aus, entweder verstreut im gesamten Text oder verdichtet in den ausschließlich homerische Verse aneinanderreihenden Centurien [33], und überall soll die ›Göttlichkeit‹ Homers [34] spürbar bleiben, seine zeitlos gültige Aussage in kunstvoller Prägung.

Die Bruchstücke der bisher angeführten Homer-Erwähnungen, die sich aus dem Gesamtwerk des Erasmus herauslesen lassen, sind hier so zusammengefügt, daß das Skizzenhafte nicht verwischt und die Bindung an eine traditionelle und zeitbedingte Homerdeutung hervorgehoben werden sollte.

Wenn Erasmus Interpretationsmethoden überdenkt, gewinnt sein Homerbild noch festere, jedoch keineswegs einheitlichere Umrisse. Als Grundlage der Textinterpretation übernimmt auch er die Allegorese, die seit Philon und den Kirchenvätern bis ins Mittelalter (und noch lange nach Erasmus) für die Bibelauslegung maßgebend war, und überträgt sie wieder auf Homer, an dem der erste Versuch einer allegorischen Exegese vermutlich schon von Theagenes aus Rhegion, einem Griechen des sechsten vorchristlichen Jahrhunderts, unternommen wurde [35]. Eine solche Homerauffassung ist wahrscheinlich aus apologetischen Gründen entstanden: Trotz der Abweichungen von den wissenschaftlichen Denk- und Forschungsergebnissen und trotz des Verstoßes gegen religiöses und ethisches Empfinden späterer Generationen [36] will man im Altertum nicht auf den Dichter Homer verzichten. Den doppelten Wunsch, den Fortschritt nicht zu verneinen und doch zugleich das archaische Werk zu retten, erfüllt demnach die allegorische Homerinterpretation. Der homerischen Kunst selbst jedoch ist jede Form einer Allegorie fremd. Eine allegorische Deutung mißversteht die Epik Homers und verändert sie zur erzieherischen Tendenzdichtung. Die Macht des homerischen Wortes wird gemindert, es fehlt völlig die ›Bezauberung‹ der Hörer [37]. Diese umfaßt nach E. R. Curtius selbst noch als Metapher »die reinste Wirkung aller Poesie« und zielt hin auf »eine zeitlos gültige Wahrheit, die alle pädagogische Auffassung der Poesie überragt« [38]. Dennoch wählt auch Erasmus die allegorische Homerinterpretation. Dabei beruft er sich auf die antiken Forscher, die dieses Verfahren ohne Einwände in vierfacher Brechung auf Homer angewendet hätten: ›Historisch‹, ›theologisch‹, ›physikalisch‹ und ›moralisch‹ [39]. Dadurch verändert er den Dichter Homer zu einem weisen Lehrer. Im ENCHIRIDION begründet er den geistigen Sinn, der das mit dem Wort bezeichnete Ding aufdeckt, mit der Möglichkeit, daraus zu lernen und die Erkenntnis im Leben anzuwenden:

wie die göttliche Schrift nicht viel Früchte trägt, wenn du am Buchstaben hängenbleibst, so nützt dir die Dichtung Homers oder Vergils nur, wenn du sie zur Gänze als Allegorie auffaßt [40].

Erst nach einem bestimmten Grad der Ausbildung solle man sich vorsichtig auswählend mit der antiken Literatur befassen und dürfe nicht bei der Beschäftigung mit ihr »wie auf den Felsen der Sirenen alt werden« [41]. So verwendet dient Homers Dichtung als Vorstufe auf dem Weg zu Christus [42]: Sie hilft bei der Enthüllung des versiegelten spirituellen Wortsinns mit und wird – ähnlich dem Alten Testament – zum Werkzeug christlicher Propädeutik, sie bildet die Aufnahmebereitschaft für das Evangelium heran [43]. Erasmus wiederholt hier letztlich nur mittelalterliche Gedanken, die im »Verhältnis zwischen Antikem als Präfiguration und Christlichem als Erfüllung« [44] die einheitlich heilsgeschichtliche Grundlage jeden großen Schrifttums erblicken. Besonders nähert sich dem Stil der Bibel eine weltliche Dichtung, die eine ›figürliche‹ Sprechweise kennzeichnet und von einem letztlich unerklärbaren ›mystischen‹ Sinn durchglüht ist [45]. Erasmus gibt zwar keine poetischen Beispiele [46], aber Homer gehört ohne Zweifel zu dieser Form profaner Poesie. Der Wortsinn seiner Epen wäre oft ›absurd‹, während die »verborgene Bedeutung« die Besserung der Moral bezwecke [47]. Eine Homerauslegung darf also auch nicht willkürlich vorgehen, sie bleibt als Vorausahnung der eschatologischen Verheißung des Christentums ein-deutig.

Soweit spricht E. R. Curtius noch mit Recht von der ›Selbstverständlichkeit‹ allegorischer Homerauffassung für Erasmus [48]. Doch die Beibehaltung einer traditionellen und in seiner Zeit gültigen Interpretationsmethode ist bei einem so werknahen Verstehen wie dem des Erasmus keineswegs selbstverständlich. Sie wird erklärt durch einige Faktoren, für die stellvertretend die Entstehungsgeschichte und die daraus verständliche Funktion des ENCHIRIDION nachgezeichnet werden soll: Auf Anregungen der Frau eines frevlerischen und sittenlosen Höflings und dessen Bekannten schreibt Erasmus dieses Werk nieder, um das Gewissen anzuregen und christliche Verhaltensregeln anzubieten [49]. Demnach zeigt sich die Homerallegorese gebunden an die erzieherische Absicht, die der Humanist häufig aus der poetischen Fabel als verdeckte Lehrmeinung hervorhebt, und auch an die letztlich theologisch ausgerichtete Einstellung des Erasmus, die seiner Neigung zu den ›schönen Künsten‹ widerspricht und ihm die wissenschaftliche Erforschung heidnischer Werke meist erst dann gestattet, wenn er in ihnen biblische Elemente entdeckt [50].

Befreit Erasmus sich jedoch von der pädagogischen Zweckbetonung und der christlichen Rechtfertigungssucht, so überwindet er ansatzweise die allegorische Homerinterpretation und gelangt zu einer ästhetischen Würdigung der homerischen Dichtung. Diese Sichtweise wird – scheinbar paradox – durch Gedankengänge in der »Theologischen Methodenlehre« ermöglicht. Zuerst lenkt er die Allegorese auf ihre religiöse Erhellungs- und Anleitungsfunktion, da »ohne sie der Sinn sehr häufig entweder widersinnig, schädlich oder unnütz, seicht oder abgeschmackt wäre« [51]. Andererseits greift er aber dann die lächerlichen Identifizierungen von wörtlichem und geistigem Sinn an, die »alle Einzelheiten der Parabel abergläubisch als Allegorie auslegen« wollen [52]:

Manches wirkt nämlich geschmacklos, wenn es Wort für Wort in eine Allegorie gespannt wird, weil vieles beigegeben ist, nicht um etwas zu bezeichnen, sondern um den fortlaufenden Fluß der Erzählung aufrechtzuerhalten [53].

Erasmus erahnt im Zusammenhang mit seinen Überlegungen über eine zu weit getriebene Bibelallegorese die Notwendigkeit einer anderen Auslegungsweise, die sich einer totalen spirituellen Übertragbarkeit literarischer Werke widersetzt, und schränkt die Versuche einer Entpoetisierung des Poetischen, einer vordergründigen ›Realisierung‹ der hintergründigen ›Fiktionen‹ auf die erforderlichen Stellen in den biblischen Schriften ein. Deren Dingbedeutung liegt unveränderlich fest in der göttlichen Schöpfung und wird nicht erst hypothetisch durch menschliche Bestimmung geregelt wie in der weltlichen Literatur [54]. Daraus folgt eine Trennung der theologischen und literaturwissenschaftlichen Arbeitsweise, die durch die unterschiedlichen Ansatzpunkte bedingt ist. Nur zaghaft unternimmt Erasmus einen solchen Versuch, kann sich dabei aber schon auf die patristische Tradition berufen. Denn »nicht ohne Grund verspottet auch Hieronymus jene, die die Fabeln der Dichter auf Christus umbeugen« [55].

Im Denken des Erasmus zeigen sich unterschiedliche Auffassungen: An anderer Stelle hat er die Deutungsweise der Alexandriner Theologenschule übernommen und wie sie die Vereinigung des griechischen Mythos mit der christlichen Geisteswelt angestrebt [56]. Nun wendet er sich gegen die Auswüchse einer allegorischen Auslegung der Bibel und auch der homerischen Dichtung und läßt diese Interpretationsmethode nur noch für die griechischen Fabeln mit augenfälliger Sinnhaftigkeit und allgemeiner Beispielhaftigkeit gelten wie etwa für die Proteus-Geschichte als eindeutiges Abbild der Unbeständigkeit [57]. Einzig die ›archetypischen‹ Elemente profaner Literatur fallen noch in den Bereich der Allegorese, die einen metamorphen Charakter erhält [58]. Die Abgrenzung von der Poesie dient letztlich einer Vertiefung des Verständnisses für christliche Aussagen, und die ›Selbständigkeit‹ der Dichtung ergibt sich demnach erst aufgrund einer Differenzierung und genaueren Analyse der theologischen Schriften.

Der ›Philologe‹ Erasmus setzt sich jedoch weiterhin ausführlich mit Homer auseinander und kommt auch zu einigen individuellen Ansichten, unter denen stilistische und tektonische Bemerkungen überwiegen.

In einem Brief an Helius Eobanus Hessus [59], der die Ilias ins Lateinische überträgt, lobt Erasmus dessen Fleiß und Leistung und rühmt auch die Einfühlungsgabe des neulateinischen Poeten, mit der er dem Original nahekomme. Dennoch ist er sich der Problematik jeden Übersetzens bewußt und beklagt die notwendige Verminderung ursprünglicher Vollkommenheit. Glücklicherweise aber wachse die Kenntnis der griechischen Sprache täglich an. So kann ein breiterer Kreis die Größe Homers nacherleben, die sich unverfälscht nur in der originalen Sprache entfaltet. Die ›Stimmung‹ homerischer Dichtung fängt Erasmus in der Dedikation des *Lobes der Torheit* an Thomas Morus ein. Während die ›Bissigkeit‹ des Textes auf Lukian und Aristophanes zurückgehe, habe die ›Leichtigkeit‹ und ›Verspieltheit‹ der Behandlung ihr Vorbild vor allem in dem ›Froschmäusekrieg‹ [60]. Wird hier auch nur das pseudohomerische Werk erwähnt, das er aber noch als echte Dichtung des antiken Poeten ansieht, läßt sich diese Kennzeichnung jedoch leicht auf die beiden Epen Homers übertragen, zumal er am Beginn der Satire das Wesen der homerischen Götter und am Beginn der Ständeparade deren Verhältnis zu den Menschen in einer originalgerechten Nachdichtung erneuert. Schon als die Torheit das Rednerpult betritt, wandelt sich die bekümmerte und ängstliche Gesinnung der Zuhörer in freudige Liebenswürdigkeit und beifälliges Lächeln: Sie wirkt auf ihr Publikum wie Nektar auf die homerischen Götter [61]. Die Loslösung von den alltäglichen Sorgen verleiht den Menschen eine gleichsam überirdische Heiterkeit und gibt ihnen das Gefühl, in völliger Freiheit und mit rauschhafter Leichtigkeit über sich selbst bestimmen zu können. In dieser Glückseligkeit aber leben nur die Götter, da sie weder bedrückende Ängste noch quälendes Forschen nach Weisheit kennen. Sie stellen die idealen ›Toren‹ dar, denn sie selbst sind substantiell Glück und Weisheit [62]. Die Menschen jedoch gelangen nur zu eingebildeten Wahrheiten, die sich durch den göttlichen Blickwinkel als wirkliche Torheiten entlarven. Die olympische Perspektive wahrt die Stultitia immer, wenn sie im Sinne des Erasmus die Funktion der Kritik ausübt, nicht aber, wenn sie von ihm zum Ziel der Kritik eingesetzt wird [63]. Auch bei ihrem Wechsel der Ebenen von den Göttern zu den Menschen, den sie ›nach dem Vorbild Homers‹ [64] unternimmt, gilt diese Position. Das Leben der Sterblichen bedeutet für die Todlosen unterhaltsame Komödie [65]:

Ganz unvorstellbar ist, wieviel Gelächter, Spaß und Vergnügen die winzigen Erdenkinder tagtäglich den Göttern bereiten. Denn die Götter verbringen die langweiligen Stunden des Vormittags, wenn sie noch nüchtern sind, damit, sich um die göttlichen Beschlüsse zu streiten und die Gebete der Menschen anzuhören. Später aber, wenn sie vom Nektar trunken sind und keine Lust mehr haben, sich mit ernsteren Dingen zu beschäftigen, begeben sie sich in jenen Teil des Himmels, der der Erde am nächsten liegt, nehmen Platz und beugen sich von dort herab, um genau zu beobachten, was die Menschen treiben. Und, wahrlich, kein Schauspiel sehen sie lieber! Unsterbliche Götter, welch Theater und welche Auswahl der Torheiten! Aber bisweilen setze ich mich auch in die Reihe der poetischen Götter und schaue zu [66].

Selten nachempfindende Nähe und häufiger unbeteiligte Ferne sind die Gefühle der homerischen Götter, die sie je nach ihrer Laune für die Menschen hegen. Ihre willkürliche Bevorzugung und ihre unbegründete Gleichgültigkeit lassen sie grausam erscheinen und machen sie für menschliches Begreifen letztlich unerklärlich. Ihre Wesenhaftigkeit entzieht sich jeglichem irdischen Maßstab. Erasmus entwirft mit dieser homerischen Szenerie das echte Götterbild des antiken Dichters: Ihre qualitative Andersartigkeit wird auch nicht durch anthropomorphe Züge verdeckt; denn durch diese Vorstellung wird ein Gotterkennen und -verstehen ermöglicht, zumindest jedoch erleichtert [67]. Zudem benötigt die Dichtung Anschaulichkeit und Lebendigkeit, und ein Epos, in dem Götter und Helden als Hauptpersonen handeln, muß so gestaltet sein, daß beide Wesenheiten ›sichtbar‹ werden. Dies gelingt durch eine Verschiebung des qualitativen Unterschiedes in einen nur graduellen Unterschied, der logisch auch für Homer nicht vorliegt, poetisch aber gegeben ist. Auch Erasmus stellt sich unter der Maske der Torheit ›in die Reihe der poetischen Götter‹. Die Position, die diese poetischen Götter Homers einnehmen, wird mit der Position des Dichters, speziell des Satirikers identifiziert: Von dieser Warte aus gewinnt Erasmus den ›Überblick‹, der ihn zum ›Durchblick‹ führt. Der homerische Olymp wird zur Metapher für den Standort des fingierten Erzählers [68].

Diese werkimmanente ›Homer-Poetik‹ im *Lob der Torheit* zeigt auf, wie nahe Erasmus dem frühgriechischen Original kommen konnte, wie gut er es nicht nur verstehen, sondern sogar aussagegetreu in einen anderen Kontext übertragen konnte. Doch die Berührung gelingt nur auf derselben Ebene: Als Dichter trifft Erasmus den Dichter Homer. Als Wissenschaftler findet er jedoch kein System, das Homer in demselben Maß gerecht wird. Mit dem poetischen ›Engagement‹ schwindet auch der mehr individuelle Versuch einer Homerinterpretation, und die stilistischen Bemerkungen zeigen sich wieder stärker gebunden an antike Fragestellungen, bewegen sich aber noch im rein literaturwissenschaftlichen Bereich.

In der Abhandlung über das poetische Material an Worten und Sachen [69], analog der rhetorischen Aufgliederung in Wort- und Gedankenfiguren, stellt Erasmus gleich zu Beginn Homer hin als ein beispielhaftes Muster für die dichterische Entscheidung zwischen ausmalender Breite und straffender Kürze [70]. Den Wechsel bedingt die Darstellungsabsicht, womit dem antiken Epiker Konformität von ›Gestalt‹ und ›Gehalt‹ gelingt. In einer Aufzählung verschiedenster Stilarten ordnet Erasmus dem jeweils überragenden Schriftsteller einen personalen Stil zu: So zeichnen sich etwa Cicero durch Reichtum der Diktion, Seneca durch pathetische Schwere, Plinius durch blumige Redeweise und Quintilian durch pointierte Schärfe aus [71]. Weitere Ausdrucksmöglichkeiten werden in die Kategorien Kürze, Schlichtheit, Einfachheit und Sachlichkeit sowie Variation, Heiterkeit, Süßigkeit und Altehrwürdigkeit aufgefächert. Was durch einseitiges Beharren zur schablonenhaften Manier entarten kann, vermeidet Homer, der all diese Stilarten schon entwickelt hat und sie den verschiedensten Elementen seines Werkes anpaßt. Seinen Vorrang vor allen anderen Autoren feiert Erasmus durch eine tautologische Kette: »Homerus ... omnes a tergo reliquit. Longo intervallo praecellit, praecedit, praecurrit, praeit, anteit, antecellit« [72]. Auch in der Kraft der Verbildlichung und Anschaulichkeit bleibt die homerische Dichtung das nachahmenswerteste Modell, das zudem durch die Verständlichkeit und Sinnhaftigkeit bei der Beschreibung zeitlicher und räumlicher, dinglicher und menschlicher Zustände besticht [73]. Und in der bewunderungswürdigen Mannigfaltigkeit der Sprachgewalt und in der Buntheit der Fabeln entdeckt Erasmus im CICERONIANUS [74] das Geheimnis der homerischen Spannung, die als künstlerische Bewegung der ruhigen Normallage die Aufmerk-

samkeit steigert, ohne an Glaubwürdigkeit zu verlieren. Mit dieser Fülle konkreter
Einzeluntersuchungen liefert Erasmus einen bedeutenden Beitrag zur Homerphilologie; er kann nun beweisen, was zuvor nur mit allgemeinen und unscharfen Worten umrissen wurde: die Mustergültigkeit Homers.

Homer hebt an seinen Helden nicht nur ihre kriegerische Tüchtigkeit und Tapferkeit hervor, vor allem zeichnen sie sich durch ihre Wortgewalt aus. Rede gibt Ratschläge, Rede bewirkt die Tat. Und die rhetorische Hochschätzung unterstreicht
Erasmus, indem er in verschiedenen Werken den Inhalt einiger Verse Homers wiederholt. Er zählt die Paraphrasen zur dichtungswissenschaftlichen Forschung. Selbstverständlich verwendet auch er nach schon antiker und dann mittelalterlicher Terminologie Poesie und Rhetorik [75] als identische Formen, die durch den Oberbegriff ›Eloquentia‹ gekennzeichnet werden. Die Textstellen mit dem homerischen
Preis der Beredsamkeit werden somit überbewertet. Einen wichtigen Rang nimmt
der Greis Nestor ein: Agamemnon wünscht sich mehrere solcher Berater (Il. II
371 f.). Diesen Wunsch sieht Erasmus verwirklicht in dem Rat der Stadt Straßburg,
den er wegen der Verbindung ›höchster Lauterkeit‹ und ›wundervoller Bescheidenheit‹ mit einer ›gewissen Majestät‹ in einem Brief an Jakob Wimpfeling rühmt [76].
Nestors Pläne sind weise Sprüche, die er aufgrund seiner Erfahrungen während
dreier Generationen (Il. I 252) sammeln konnte. Die suggestive Kraft seines Sprechens wird mit dem Bild von dem klingenden Wort umschrieben, das süßer als
Honig von seiner Zunge fließt (Il. I 249) [77]. Diese Fähigkeit hat ihm – die eras-
mische Torheit verliehen! In der ironischen Brechung der Satire wird die ›Geschwät-
zigkeit‹ der Greise zum ›vorzüglichsten Reiz des Lebens‹ [78]. Bei der Interpretation dieser beiden Aussagen läßt sich der im gesamten Enkomion durchgängige
ambivalente Charakter der Moria hier so aufteilen, daß die Auswüchse der Rhetorik, die Paralogismen etwa, gegeißelt werden, die sinnvoll angewandte und be-
lehrend wirkende Rhetorik jedoch das Ideal jeder Literatur verkörpert. In dem
Buch LINGVA wiederholt Erasmus das Bild von der honigsüßen Rede Nestors [79]
und vertieft die rhetorischen Betrachtungen, indem er die vorzüglichen homerischen
Redner untereinander nach der jeweiligen Eigentümlichkeit abhebt und sie von dem
Schwätzer Thersites abgrenzt. Dieser häßlichste Mann vor Troja gibt nur ein zügel-
loses und unkultiviertes Geschrei von sich [80], während das Sprechen des Odysseus eine vorausbedachte und nachdrückliche Erhabenheit ausstrahlt und die Bemerkungen des Menelaos durch eine scharfsinnige und konkretisierende Kürze bestechen [81]. Deren Worte sind ›gefiedert‹ [82]. Erasmus findet zurück auf den
Ausgangspunkt des bildhaften Vergleiches, auf den Pfeil, der abgeschossen auf sein
Ziel losfliegt, ohne zum Schützen zurückzukehren; ähnlich eilt das Wort auf den
Angeredeten zu und ist unwiderrufliche Tatsache [83]. Die rühmenswerte Eigenschaft des Odysseus ist also rhetorische Gewandtheit und Schlagfertigkeit, ist sein
›treffendes‹ Wort [84].

Durch die kunstvolle Verzahnung der beiden epischen Bauelemente Invocatio
und Propositio beweist Homer kompositionelle Meisterschaft [85]. In dem Musenanruf sieht Erasmus nicht den Ausfluß göttlicher Inspiration. Im Gegenteil: Er
unterstreicht die persönliche Leistung des Dichters, die individuelle Schaffenskraft,

die sich selbst als Urheber der Epogonie weiß und die numinose Beziehung nur noch aus eigener ›Bescheidenheit‹ wahrt [86]. An anderer Stelle wendet sich Erasmus noch schärfer gegen die religiöse Legitimierung des Erzählens. Er spricht von Homer als ›Quelle‹ aller geistreichen Erfindungen, von seiner ›Stimme‹, die nie schweigt [87]. Und doch behaupte Homer, daß er ohne Musen nichts vermöchte [88]. Aber der Kontext enthüllt diese Aussage als Unsagbarkeitstopos [89], der demnach nicht die außerpoetische Verbindung herstellen will, sondern als innerpoetische Bedingung zum konventionellen Schmuckmaterial zählt.

Diese Betonung der selbstschöpferischen Tätigkeit des Menschen, der renaissancehafte Zug im Denken des Erasmus, macht Luthers Satz verständlich: »Das Menschliche gilt bei ihm mehr als das göttliche« [90]. Und Erasmus bewundert auch irdische Größe, die in sich selbst begründet ist, bewundert Homer als Menschen, der vollendete Dichtung gestaltet hat, aber er nimmt diese für seine zeitliche und räumliche Umgebung revolutionären Ansichten aus eigenem Antrieb wieder zurück: Seine Religiosität verbietet den ›autonomen‹ Künstler und stellt ihn und sein Werk wie jede Literatur unter die christliche Perspektive. Die Übereinstimmung der Bilder in der Bibel und bei Homer ist eine der Begründungen für eine implizierte Einheitlichkeit der Aussagen, etwa die Bezeichnung ›Hirte‹ für den König:

Die nach dem Evangelium lebenden Könige werden Hirten genannt, aber auch die profanen Könige nennt Homer Hirten des Volkes [91].

Den in der altchristlichen Literaturwissenschaft entwickelten ›Altersbeweis‹ [92] nimmt Erasmus nicht wieder auf: Für ihn stehen Altes Testament und Homer ungefähr auf ein und derselben zeitlichen und bedeutungsmäßigen Stufe, die nun vom Neuen Testament aus erhellt werden kann. Die christologische Sicht gibt also den Maßstab für das Verständnis der antiken Dichtung, die erst durch den heilsgeschichtlichen Bezug ihre Berechtigung erhält. Dem in der patristischen Tradition entwickelten »Konkordanz- und Entsprechungssystem« [93] verdankt sie ihre wissenschaftliche Erforschbarkeit. Dieser Gleichsetzung wollen jedoch wiederum die ›orthodoxen‹ Christen nicht folgen.

Mit diesem Rückgriff auf die Rechtfertigung der ›Schönen Künste‹ ist der Kreis der Aussagen des Erasmus über Homer geschlossen. Hinter den oft widersprüchlichen Thesen, hinter den facettenartigen Äußerungen des Privatmannes und des Wissenschaftlers steht immer wieder als einheitlicher Kern das beglückende Bemühen um diesen Dichter. Der Versuch einer persönlich gefärbten ›ästhetischen‹ Homerdeutung und seine religiöse Grundkonzeption, die die Denk- und Ausdrucksform der traditionell vorgefundenen Homerallegorese bedingt, geben eindringlich das Ringen des Erasmus um das richtige Homer-Verständnis wieder, zeigen seinen Willen und seine Ohnmacht und vertiefen rückblickend das frühe briefliche Homer-Bekenntnis der Begeisterung und der Ratlosigkeit. Einiges hat er zu einem mehr äußeren Erkennen der frühgriechischen Dichtung beigetragen, letztlich aber bleibt ihm Homer ein Geheimnis.

Vielleicht begründet dies viele nachfolgende Ergebnisse, die lange Zeit nur mehr oder minder gut geglückte Wiederholungen seiner Forschungen waren, Theorien also, die oft auf spätantike Zitate zurückgreifen und selten eine Neuorientierung einleiten. Was einem großen Wissenschaftler verschlossen blieb, konnte erst allmählich entschlüsselt werden. Dazu liefern jedoch schon einige Zeitgenossen des Erasmus beachtliche Beiträge.

b) Vadian: die Einheit aus Abhängigkeit und Vorbildlichkeit

In Wien erscheint 1518 ein Werk mit dem Titel *De Poetica & Carminis ratione.* Ursprünglich war dies eine Vorlesungsreihe, die im Wintersemester 1512/13 an der Universität gehalten wurde und die der Redner nach Notizen im Erscheinungsjahr eilig überarbeitete [94]. Erstmals liegen die frühesten humanistischen Untersuchungen über die Dichtkunst gesammelt vor. Anordnung sowie Folgerungen und Ergebnisse müssen dem Talent des Schweizers *Joachim von Watt* für dichtungstheoretische Fragestellungen und Antwortgebungen zugeschrieben werden. Die außerordentliche Begabung des Verfassers erhellt zudem aus der Vorwegnahme der barocken poetologischen Thematik. In der wissenschaftlichen Methodik übertrifft er sogar die über hundert Jahre später mit Opitz beginnende Arbeitsweise, die sich hauptsächlich vorgefundener traditioneller Schemata bedient, um die notwendige Sicherheit und Grundlage für ein deutschsprachiges Dichten zu gewinnen [95].

Für unsere Fragestellung lassen sich zwei wichtige Fakten aus der Biographie des Schweizer Professors an der österreichischen Hochschule herauslesen. 1512 wurde er Professor für Philosophie und Poetik, 1516 Professor für lateinische und griechische Sprache. Sein Wissensbereich umfaßt demnach neben dem erstmals skizzierten Überblick über die deutsche Dichtung des Mittelalters [96] auch die antike Literatur. Nach der Klärung der Vorfragen in den ersten drei Kapiteln der Poetik behandelt Vadian auf zwei Seiten die griechische Literatur [97]. Für ihn beginnt und endet sie mit Homer: Denn fast jeder spätere griechische Autor mußte sich unweigerlich mit diesem Dichter auseinandersetzen. Damit deutet Joachim von Watt die gesamte griechische Literaturgeschichte als eine Wirkungsgeschichte des einen überragenden Poeten, als Paraphrase oder Exegese seines Werkes, als Hymnos auf oder Polemik gegen Homer. Die im siebten Kapitel zitierte Aussage Lukians, Homer sei der ›resonantissimus Poetarum‹ [98], unterstreicht diese Auffassung. Selbst wenn Vadian mit der römischen Dichtung ähnlich verfährt, ändert er nicht die Blickrichtung auf Homer. Denn Vergil ist ein ›alter Homerus‹ [99], und im Vergleich zwischen beiden Epikern betont der Wiener Professor neben dem Lob für Vergil immer wieder die originale Leistung Homers. Mit dem Psalmisten David als überragendem Vertreter der hebräischen Poesie feiert er die drei großen Dichter der Antike [100]. Dennoch – und darin liegt der Wert seiner kritischen Methodik – verwischt er nicht Unterschiede zwischen ihnen. Die Ergebnisse seiner im Wortsinn ›philologischen‹ Analyse führen in treffenden Abtönungen zu individuellen Ausdeutungen, die es verdienen, näher untersucht zu werden.

In den antiken Quellen finden sich Gedanken vom göttlichen Ursprung der Poesie, von der Inspiration der delphischen Seherin durch Apoll, vom numinosen Auftrag an den Dichter [101]. Nach der kurzen Wiedergabe solcher Anschauungen stellt

Vadian eine andere These auf. Zwar glaubt auch er ursächlich an göttliche Begnadung des Dichters, wie auch jede Kunst ihr Endziel darin sehen sollte, wieder in
Gott zu gründen; im Sinne einer christlichen Poetik ist große Dichtung immer ›ars
sacra‹. Aber der griechischen Literatur spricht Joachim von Watt den unmittelbaren
göttlichen Bezug ab, auch ihren weitgehend autochthonen Charakter. Denn er sieht
die griechische Dichtung aus der hebräischen Dichtung ›herausblühen‹ analog zu dem
Vorgang, wie ihn später die lateinische Dichtung erlebt [102]. Für ihn ist die
Summe nationaler Kunstwerke ein organisches Gebilde, das durch frühere Kultur-
träger bestimmt wird und das künstlerische Schaffen in den nachfolgenden Staaten
beeinflußt [103]. Im Rahmen dieser ›morphologischen Literaturwissenschaft‹ [104]
stellt die Abhängigkeit vom historischen Prozeß Homer in die Tradition jüdischer
Weisheit und Religion. Dennoch wird die originale Leistung nicht geleugnet. Um
diese Widersprüchlichkeit aufzulösen, muß man den Gedankengang des Humanisten ergänzen. Dem poetischen Genie gelingt die Synthese des Paradoxen: Rezeption und Neuschöpfung in ihrer nahtlosen Verbindung ergeben das Werk, das die
Kunst eines Volkes prägt und auch auf andere Kulturen entscheidend einwirkt.
Unabhängig von der Frage, ob Joachim von Watt Ilias und Odyssee nur in lateinischen Übersetzungen kennengelernt hat: sein Urteil verrät ein feines Empfinden für
das Dichterische:

Jenen Behälter aller Künste und den Schrein jeglicher Feinheit und Eleganz erarbeitete
Homer. Ihn zeichnete das Glück neben der Vorzüglichkeit seiner Bildung dadurch aus, daß
die gesamte Nachwelt aus der Schönheit und Bildlichkeit seiner anmutigen und begnadeten
Werke Umsicht und Vollkommenheit ableitete [105].

Diese individuell getönte Einschätzung Homers wird auch nicht durch die Erwähnungen antiker Lobsprüche verdeckt. Quintilian, der Form und Inhalt der homerischen Epik als vorbildliche und ausführliche ›Quelle‹ der Poetik und Rhetorik versteht, und Plinius, der den Nachruhm des Dichters als dessen eigentliches Leben
deutet und Homer deswegen zum glücklichsten Dichter erhebt, sowie der posthume
Streit berühmter Städte um die Ehre, Homers Geburtsort genannt zu werden, ergänzen Vadians eigenes Urteil [106]. Der Preis Homers gipfelt für ihn schließlich
in einem weiteren antiken Zitat. Von drei Unmöglichkeiten, die Macrobius in den
›Saturnalien‹ aufzählt, lautet die letzte:

tertium ait impossibile, Homero versum subtrahere [107].

Viele Beispiele ließen sich aufzeigen, daß in der Zeit der Renaissance und noch des
Barock die Dichtung auch als Einkleidung philosophischer Gedanken und didakti-
scher Absichten verstanden wird. Vadian erwähnt diese Einstellung zumindest mit
dem Zitat des Anaxagoras, Homers gesamte Dichtung sei nichts anderes als ein
›Lob der Tugend‹; die ähnlichen Worte des Kirchenvaters Basilios leitet er von dieser frühen interpretativen Äußerung ab [108]. Selten jedoch wird man finden, daß
das Ideal der Dichtung in der Mischung von ›Anmut‹ (»tantus lepor«) und ›Lehre‹
(»tanta doctrina«) bestehe [109]. Und da Vadian diese Mischung im homerischen
Werk entdeckt, realisiert sich für ihn in den beiden altgriechischen Epen beispielhaft
die ideale Poesie.

Nach der Festlegung der moralischen und ästhetischen Unantastbarkeit Homers versucht Vadian, den Tadel an dem antiken Rhapsoden zu entkräften. Dies bereitet er durch seine Abwendung von der radikalen Scholastik und die Verteidigung der humanistischen Literaturwissenschaft vor; zu deren wichtigstem Aufgabenbereich zählt gerade die antike Dichtung [110]. Ihre Folgerungen werden noch sehr viel später stark bekämpft, zumindest gelten sie keineswegs als gesichert. Für Joachim von Watt jedoch steht fest, daß das christliche Gewissen nicht nur eine Rezeption Homers oder eines anderen griechischen und lateinischen Dichters gestattet, sondern sogar erfordert. Damit erst hat er die Grundlage für eine wissenschaftliche Sicht geschaffen. Nun greift er die erste Kategorie der Homergegner wie Xenophanes und Zoilos an [111]. Mit dem Aufdecken ihrer Überheblichkeit und Unverschämtheit widerlegt er ihr Verfahren als persönliches Ressentiment. Schwieriger ist die Ablehnung anderer Argumente, die von einer Autorität wie Platon aufgestellt wurden [112]. Zuerst will er dessen Position festlegen. Die zwielichtige Rolle des Philosophen bei der Bewertung der Dichtung – einerseits die Forderung, Homer aus dem Staat zu jagen, andererseits die Anerkennung, jede Kunst fließe gleichsam in dem Werk Homers zusammen – möchte Vadian durch eine Trennung in zwei verschiedene Dichtungsmöglichkeiten klären. Entfernt werden müßten diejenigen Poeten, die die durch Tragik verwirrten Menschen nachahmten [113]. Eine andere Art Poesie scheine Platon aber im Staat zu dulden, die Poesie, die Loblieder auf Götter und die bestehenden politischen Institutionen besingt sowie Tugend feiert und Laster bekämpft [114]. Durch die Technik des ›Nachahmens‹ läßt sich die erste Gestaltungsweise als ›mimetische‹ Dichtung bezeichnen [115]; gegen solche Poeten polemisiert Platon. Doch ist auch eine andere, allerdings nicht ausführlich dargelegte Auffassung bei ihm festzustellen. Künstlerische Werke, die eine hinter dem Wahrnehmbaren verborgene Wesenhaftigkeit transparent machen, bei denen die ›Idee‹ durchscheint, bejaht Platon. Eine Ähnlichkeit dieser Gedanken Vadians mit der ansatzhaften Definition einer ›heuretischen‹ Kunst [116] bei Matthäus Lupinus fällt auf: Sie erklärt sich durch die Mittlerperson Johannes Spießheimer, der Schüler des Lupinus und Lehrer Vadians war [117]. Der Wiener Hochschullehrer geht jedoch ausführlicher auf eine solche Dichtungsrichtung ein und umreißt einige ihrer Themen, beispielsweise Götterlob und Tugendpreis. Ihr Kennzeichen ist eine irrealreligiöse und abstrahierende Darstellungsweise. Aber eine so einseitige Deutung verbietet das Werk Homers; denn es vereint beide Methoden, die heuretische und die mimetische Technik. Dies hat Platon wohl erkannt, vielleicht auch Vadian. Gerade hierin die Größe Homers zu sehen: Die moralisch-pädagogische Haltung in der *Politeia* verhindert dies und löst die Kritik an Homer aus, die jedoch bei einer anderen Themenstellung sogar in Lob umschlagen kann. Platons Homerbewertung hängt demnach von der jeweiligen werkimmanenten Absicht der Dialoge ab. Bei Vadian dagegen zeigen sich zeitbedingte Grenzen des Verstehens.

Indem er sich auf eine bestimmte Position Platons stützt, um seine Meinung traditionell zu rechtfertigen, überbetont er die heuretische Methode bei seiner Homerdeutung. Die Epen werden als poetische Spiegelung der Wahrheit interpretiert. Er berücksichtigt kaum die poetische Schilderung der Wirklichkeit, den Bereich der schöpferischen ›Imitatio‹, weil er damit Platon widerlegen müßte. Doch auch er glaubt noch unerschütterlich an das ›Dogma‹ der Unfehlbarkeit einer Autorität wie Platon. Dessen Theorien lassen sich nur aufeinander abstimmen und in ein Schema mehr oder weniger überwiegender Ansichten einordnen.

Nachdem Vadian das Lob Homers begründet und den Tadel an ihm widerlegt hat, folgt sein eigentlicher Deutungsversuch, der sich strenger an den überlieferten Kanon anschließt. Er sieht die homerische Dichtung an als enzyklopädisches Werk, aus dem u. a. Juristen, Mediziner und Theologen ihre Prinzipien und Systeme ableiten, als Kompendium für alle Wissensbereiche und die sprachliche Bewältigung der Fakten [118]. Auch auf Vergils Imitationstechnik weist Vadian hin. Der lateinische Dichter, der offen seine Abhängigkeit von Homer bekennt, übernimmt dessen Gedanken und Formeln als ›locus quasi communis‹ [119]. In sich birgt die homerische Dichtung eine unerschöpfliche Fülle von Redewendungen, die in den Zeiten poetischen Traditionsbewußtseins als Topoi zum legitimen Material großer Dichter gehören. Da sie Erkenntnistiefe und Lebensweisheit verraten, ist es zudem über das ästhetische Vergnügen hinaus äußerst nützlich, Homer zu lesen [120]. Die Bewertung eines Dichters ist eben auch für Vadian vorrangig nach dem ›utile‹-Standpunkt des Horaz anzulegen, das ›dulce‹ dagegen ist sowohl erster Anstoß für eine literaturwissenschaftliche Beschäftigung als auch ein Problem der poetischen Technik. An der Beurteilung Homers als »omnibus modis doctissimus Poeta« [121] läßt sich das Ziel dieses humanistischen Studiums abstecken: Vadian findet es nicht in dem fachgerichteten Wissen, sondern in der Ausbildung des Menschen, in der ideellen Vorbereitung auf praktische Tätigkeit. Der aus der Rhetorik übernommene Aspekt der Dichtungswirkung, das ›movere‹, begründet Sinn und Aufgabe der Poesie: Der Leser wird durch das hohe Ethos der homerischen Dichtung zu großen Taten angetrieben, die Epen leiten ihn dazu an, »ex fictis vero facere similima« [122], die Weisheit, die durch ein Kunstwerk verbreitet wird, zu erforschen und sein Leben nach ihren Maximen zu gestalten. Deswegen rät Vadian auch den studierenden Anfängern der ›poetischen Humanitas‹, ganz in das Werk Homers, des ›divinus et praecellens Vates‹, einzudringen, damit er ihnen ausführlich bekannt sei und einen pädagogischen Einfluß auf ihr Denken und Handeln ausüben könne [123].

Für Joachim von Watt besitzt die Dichtung noch keine Eigengesetzlichkeit. Erreicht sie höchste Vollkommenheit, dann spannt sich ihre Vermittlungsfähigkeit zu universaler zeitloser Aussage, wie man sie bei Homer vorfindet: Er ist für alle Menschen »doctrinae & eloquentiae fons« [124]. Dies ist zugleich das Merkmal für die in dieser Zeit am wertvollsten angesehene Gattung, für die Epik. Ilias und Odyssee sind die ›typischen‹, ja sogar ›archetypischen‹ Gebilde der heroischen Form [125]. Jeder nachfolgende Epiker muß sie möglichst getreu nachzuzeichnen versuchen, um diesem Ideal nahezukommen. Vergil ist dies gelungen durch die Konzentrierung beider weitgespannten Handlungsstränge auf eine Person: Im ersten Teil der *Aeneis* irrt der Held wie Odysseus umher, der zweite Teil schildert die Kampfhandlungen analog der Ilias [126]. Die geforderte und erreichte Gesamttönung der ›Erhabenheit‹ ordnet Vergil dem ›göttlichen Homer‹ zu [127].

Joachim von Watt schließt sich nicht der herrschenden Ansicht der Epoche an, die

Homer und Vergil mit den Termini Volks- und Kunstdichtung unterscheiden will. Er sieht die Formelhaftigkeit Homers, er betont seine Neigung zur Stilisierung. Homer ist für ihn die poetische Persönlichkeit der gesamten griechischen Kultur, die – abhängig von der hebräischen Tradition – ein zeitloses originales Werk enzyklopädischen Charakters mit hohem künstlerischen Gestaltungswillen entworfen hat.

c) Melanchthon: das Rhetorik-Ideal und die Gesetzlichkeit des Humanen

Zu einer solchen Einstellung dringt *Philipp Melanchthon* nicht vor, aber seine zahlreichen Forschungsergebnisse und vielseitigen Anmerkungen zeichnen dennoch ein festumrissenes Homerbild. Die ersten Konturen werden schon im Jahr 1518 sichtbar, als ihn Reuchlin nach Wittenberg schickt. Gleichsam als dessen Stellvertreter nimmt Melanchthon dort die Professur für Griechisch und Hebräisch an und stellt in seiner Antrittsrede *De corrigendis adolescentiae studiis* [128] dem bisherigen Lehrbetrieb ein humanistisches Programm entgegen. Der Kern seiner Polemik ist die Forderung, das Studium der griechischen Sprache und Literatur in das damalige Wissenschaftssystem einzubeziehen: nur unter dieser notwendigen Voraussetzung lasse sich die lateinische Kultur verstehen und die Bedeutung der Heiligen Schrift zusätzlich erhellen. Mit warm-vertraulichem Ton spricht er zu Beginn vom »Homerus noster« [129] und fügt eine Stelle aus der Ilias an (V 830 ff.). An einer späteren Stelle zieht er nach Erwähnung griechischer Philosophen und Poeten die Summe ›universaler Weisheit‹: »Homerus Graecis fons omnium disciplinarum« [130]. Dies klingt zwar v. a. durch die Wortwahl nach traditionsgebundener Anschauung, verrät aber durch den Kontext eigenes Gepräge. Denn während Homer innerhalb des griechischen Sprachraumes als einzige, alles bewirkende Ursache genannt wird, muß sich Vergil den Ruhm in der lateinischen Antike mit Horaz teilen. Homer steht für Melanchthon – und das ergibt sich auch aus seiner Konzeption der Abhängigkeit lateinischer von griechischer Kultur – wertmäßig höher als Vergil [131]. Der Rang Homers erschließt sich zudem aus den ständigen Bemühungen Melanchthons um diesen Dichter: Homer erscheint ihm so reich an Perspektiven, daß er in verschiedenen Epochen seines Lebens sich immer wieder mit dem frühgriechischen Epiker beschäftigt – und dies häufig in öffentlicher Form. Darauf weist auch das Ende dieser ersten Rede in Wittenberg hin: »Homerum habemus in manibus« [132]. Konkret versteht Karl Hartfelder [133] unter dieser Wendung die Ankündigung einer Vorlesung über Homer. Diese sog. ›Intimatio‹ dürfte jedoch nicht in allen Fällen auf eine durch ein Semester reichende Themenstellung hinzielen; manchmal könnte nur die Anmeldung eines Vortrags, oft auch einer Vortragsreihe gemeint sein, die sich je nach der Menge des Stoffes, nach der Kenntnis und Vorbereitung des Redners sowie nach der Beteiligung der Zuhörer richtet. Vermutlich müssen Wissensvoraussetzung und Lerneifer der Studenten gering angesetzt werden, zumal Melanchthon sogleich ein so schwieriges und umfassendes Wortkunstwerk wie Homers Poesie aufgreift. Jedenfalls hängt die Auffassung über die Eintragung in Melanchthons Annalen ab von dem Erfolg oder Mißerfolg dieses ersten Versuches, Homer wissenschaftlich zu besprechen. Dort steht am 3. 4. 1519:

»Enarrat ... Homeri Iliad.« [134] – eine Fortführung des vorjährigen Beginns, eine Ergänzung, eine Erneuerung, ein Wiederanfang? Kein schlüssiger Ansatzpunkt, nur Vermutungen. Einzig die Folgerung sei gestattet, daß Melanchthon sein Hauptinteresse von vornherein der Ilias widmet. Nicht erst die späteren Beiträge bestätigen eine solche These.

Allgemein dagegen ist noch der Anschlag einer weiteren Homervorlesung aus dem Jahr 1522 gehalten. Die poetische Fassung gibt in vier Distichen Aufschlüsse über Melanchthons dichtungstheoretische Grundlage. Danach entsteht gute Dichtung nur in einem Spannungsfeld zwischen dem göttlichen ›Autor‹ und dem großen ›Vates‹. Der numinose Ursprung bewirkt das Ergebnis, das gleichsam überirdisch anmutet und doch einen irdischen Auftrag erfüllt: die Tugend zu besingen und sie mit Beredsamkeit als erstrebenswertes Leitbild zu preisen. Höchstes Dichterideal ist in einer solchen Auffassung die ›Pietas‹, die alle schöpferischen Kräfte zur Errichtung eines harmonischen, letztlich in Gott gründenden Weltbildes entfaltet. Bei der »lectio Homeri« erkennt Melanchthon diese Haltung:

> Est igitur pietas quaedam cognoscere Homerum,
> Cum bona de superum munera sede ferat [135].

Ausgangspunkt und Zielsetzung seiner wissenschaftlichen Untersuchung ähneln einander: ein allgemein religiöser Offenbarungsgehalt, eine offene, nicht eine verborgene Theologie wird als wesentlicher Inhalt und beabsichtigte Aussage in die homerische Poesie hineininterpretiert. Eine solche Begründung rechtfertigt nicht nur, sie fordert die Beschäftigung eines Christen mit einem heidnischen Autor. Jede Möglichkeit einer profanen Literaturreflexion scheint unterbunden. Die christliche Analogisierungstendenz bildet den Gesamtrahmen von Melanchthons Denken und wird durch das didaktische Gerüst seiner Arbeiten gestützt. Doch innerhalb dieses Aufbaus bleiben auch Teilaspekte übrig, denen sich Melanchthon mit philologischer Akribie widmet. Seine Übersetzungen homerischer Textabschnitte ins Lateinische betrachtet er nicht nur als Sprachübungen: Sie sind Vorbedingungen für das Griechischstudium seiner Hörer und dienen der Interpretationshilfe; auch sollen sie die poetische Fertigkeit bei seinen eigenen Carmina steigern. Den Übersetzungen fügt er häufig noch Scholien an, die Wort für Wort erklären oder eine Gesamtansicht vermitteln [136].

Gerade in den Jahren von 1522 an dürfte Melanchthon sich sehr ausgiebig mit Homer auseinandergesetzt haben – eine Tätigkeit, die wohl zumindest bis in die Mitte der vierziger Jahre nicht unterbrochen wurde. Aus Gründen der Übersichtlichkeit sollen im Folgenden die einzelnen Episoden nach ihrem Ablauf bei Homer aneinandergereiht werden, ohne den Zeitpunkt der Deutung Melanchthons zu berücksichtigen [137].

Teile aus dem zweiten Buch der Ilias überträgt er fast zeilengetreu in eine schlichte Sprache, die den Zauber der homerischen Poesie verliert. Gerade die erhabene Mischung aus detaillierter Beobachtung der Wirklichkeit und märchenhafter Verkörperung überirdischer Wesen mißlingt Melanchthon. Die Schlaflosigkeit des Zeus, der plötzliche Gedanke, die Allegorie des Traumes, der als Trugbild in die

Handlung eingreifen soll (Il. II 1–13): diese olympische Szenerie des Buchanfangs wird zu einem sachlichen Bericht verschoben. Eine innere Chronologie ist bei der Auslese der einzelnen Verse jedoch immerhin gewahrt. Der zweite Abschnitt erzählt das Auftreten des Odysseus, der die Fliehenden zurückhält (Il. II 185–206), der dritte das zügellose Geschrei des häßlichsten Mannes vor Troja, des Thersites (Il. II 212–220). Diese Szene, an die Melanchthon ein sprachliches »Examen« anschließt, hat er schon in seiner 1518 herausgegebenen *Grammatica Graeca integra* behandelt [138]. Der Inhalt des Textes erweist sich aber als nicht mehr so wichtig, er dient auch nicht allein dazu, um an ihm Grammatik zu lernen und zu üben; es kommt Melanchthon letztlich nur auf eine dadurch ermöglichte ›spirituelle‹ Auslegung an. Das angefügte »Scholion« bestätigt diese Vermutung [139]. Die Lehre, die sich aus dem Inhalt ziehen läßt, zeigt sich vielfältig. Drei Hauptgesichtspunkte beleuchtet Melanchthon: die naturwissenschaftliche, die historische und die ethische Perspektive der homerischen Dichtung, die sich als ein ›Universalkunstwerk‹ mit letztlich ›philosophischer‹ Substanz enthüllt. Am bedeutendsten wirkt sich ihre psychagogische Funktion aus; denn der ›genuine Ertrag‹ der Dichtung besteht in der Anwendbarkeit des exemplarischen Tugendkatalogs. Eine Gestalt wie Odysseus erweitert die moralische Kapazität des Lesers oder Hörers. Als Warner dagegen tritt Thersites auf: Melanchthon deutet ihn als die Personifikation der Pest, die das griechische Heer befällt; in einem Identifikationsversuch, der auf aktuelle Ereignisse seiner Zeit anspielt, sieht er in Thersites den Konvertiten Pfefferkorn praefiguriert. Schon Homer stuft Beredsamkeit demnach hoch ein, da sich an ihrer Beherrschung der Wert jedes Charakters messen läßt. Rhetorik und Menschenbild sind korrelative Begriffe [140]: die ›schöne Seele‹, die meist auch mit der äußeren Schönheit harmoniert, drückt sich in ›schöner Rede‹ aus.

Auch der Textauszug aus dem dritten Buch der Ilias (209–224) belegt eine solche Auffassung: kurz und deutlich redet Menelaos, gewaltig und wortreich Odysseus [141] – von da aus lassen sich Rückschlüsse auf den jeweiligen Heldentypus ziehen. Ebenso spricht edle Gesinnung aus dem Gebet Hektors an Zeus, das Melanchthon aus dem sechsten Buch ausgewählt hat (476–481) [142]. Im Jahr 1523 hält Melanchthon eine Lobrede auf die ›Eloquentia‹ und entwirft in diesem Enkomion das Elegantia-Ideal seiner Zeit, indem er die äußere Form zum Ausdruck des sittlichen Gehalts erhebt [143]. Damit wird die ›Eloquentia‹ gemäß der traditionellen Auffassung zur Vorstufe für die ›Humanitas‹ – ein (nach Thersites) weiteres Gegenbeispiel liefert Homer mit der Schilderung des Kyklopen Polyphem [144]. Dessen Unbildung, die in dem barbarischen Auftreten sichtbar wird, überwindet jedoch Odysseus mit seiner Klugheit [145]. Letztlich sollen alle Zitate aus der homerischen Epik v. a. deren einmalige Bedeutung vertiefen. Homer hat mit Nestor den Archetyp eines Redners entworfen [146]; sein Werk steht, so ließe sich Melanchthons Gedankengang ergänzen, archetypisch für jegliche Dichtung. Für den ›Praeceptor Germaniae‹ muß dieser hohe Rang Homers in erster Linie an seiner pädagogischen Wirkung auf den Menschen und speziell auf den Jugendlichen nachweisbar sein. Und Homers ›Nützlichkeit‹ bei allen Erziehungsproblemen gilt für Melanchthon als unerschütterliches Faktum und als zeitloses Postulat. Auch seine sozialpolitische

Führungsrolle innerhalb des griechischen Sprachraumes kann nachgezeichnet werden. Melanchthon erwähnt historische Persönlichkeiten wie Solon und Peisistratos und nimmt deren sagenumwitterte Homer-Redaktionen als Tatsachen an: Homers Werk sei aufgrund eines ›Gesetzbeschlusses‹ in die vorliegende Form verändert und bald so ›institutionalisiert‹ worden, daß es Homeriden mit Rhapsodentechnik in öffentlichen Theateraufführungen gesungen hätten [147]. Eine etwas bedenklich stimmende Utopie: ein Poet wird durch ein politisches Gebot zum Volksdichter erhoben. Doch Melanchthon versteht darunter keine gewaltsame Forderung; die alle Griechen erfassende Ausstrahlungskraft der homerischen Epik ist ein ›natürliches‹ Phänomen, das selbstverständlich auch in den nachfolgenden Kulturkreisen eine gültige und daher internationale Werthöhe einnimmt. Deshalb bleibt Homers Werk für die deutschen Schüler und Studenten eine Fundgrube für Tugendlehre und Charakterbildung, für alle Beispiele eines klugen und redegewandten, d. h. moralisch gefestigten Verhaltens. Folgerichtig fügt Melanchthon u. a. auch homerische Texte als »Exercitia lectionis« in eine Schrift aus dem Jahr 1525 ein, deren Titel *Institutio puerilis literarum Graecarum* sein pädagogisches Programm erhellt [148].

Szenen aus dem siebten Buch sind in der Homervorlesung des Jahres 1524 behandelt worden [149]. Wahrscheinlich hat sich Melanchthon jedoch nicht auf diesen Abschnitt aus dem Epos beschränkt und ihn zumindest mit Partien aus dem neunten Buch weitergeführt, da einige dieser Hexameter sogar schon mit 1523 datiert sind [150]. Dabei überwiegen wiederum Redeteile [151]. Eine Ausnahme bildet nur eine der wenigen textimmanenten dichtungstheoretischen Aussagen [152] der Ilias (IX 186 ff.), die fast unbemerkt in die Handlung verflochten sind und einen künstlerisch gelungenen Kontrast zur Handlung hervorrufen [153]. Die Situation: Odysseus und Aias gehen als Gesandte zu Achill und treffen diesen, als er gerade Lieder zur Leier singt. Und der Inhalt dieser Lieder? Die Verherrlichung von Heldentaten! Diese Kurzschilderung dürfte Melanchthon ausgesucht haben, um mit der homerischen ›Parallele‹ die Funktion des homerischen Werkes selbst aufzudecken. Besonders in einer so gesellschaftskonformen Dichtung wie der Ilias weist Melanchthon mit Recht auf das unverhohlene Preisen vergangenen (und das verschlüsselte Preisen damals gegenwärtigen) Heroismus als eine der wesentlichen Aussageabsichten des antiken Epos hin [154]. Auch das letzte Beispiel aus der Ilias (XXII 25 ff.) [155] kennzeichnet eine wichtige Eigenschaft der homerischen Poesie: das Gleichnis, das das vordergründige Geschehen sinnbildlich vertieft und prophetisch erweitert. Der königliche Greis Priamos sieht Achill hell wie den Stern Sirius auftauchen. Der Glanz jedoch wird Verderben bringen – eine entscheidende Stelle, deren Wahl erneut für die interpretatorische Begabung Melanchthons spricht: hier wird das Ende des Epos vorweggenommen, angedeutet in einer naturgesetzlichen Notwendigkeit der Tod Hektors, der selbst den nicht mehr erzählten Untergang Trojas in poetischer Schlüssigkeit bedingt. Die Priamos-Szene bietet, folgerichtig zuendegedacht, gleichsam eine Präfiguration der Präfiguration; sie stellt demnach eine wichtige Nahtstelle der homerischen Komposition dar. Eine solche Auffassung muß Melanchthon zumindest geahnt haben. Seine Äußerungen über die Ilias lassen schon aufgrund der wenigen vorhandenen Fragmente eine tiefe Einsicht in die Beziehung einzelner Teile zum Gesamtaufbau erkennen. Darüber kann auch nicht seine letztlich didaktische Absicht hinwegtäuschen.

Gering und wenig ergiebig zeigen sich Melanchthons Erwähnungen der Odyssee. Dies ist umso merkwürdiger, als sich gerade die Odyssee für eine allegorische Auslegung der Seeabenteuer zu eignen scheint, wie es zahlreiche Versuche von Melanchthons Zeitgenossen beweisen. Aber zu seiner schon erwähnten Vorliebe für die Ilias, für ihr erhabenes und ernstes Pathos, tritt nun noch eine gewisse Abneigung gegen jede allegorische Interpretationsmethode. Selbst bei der Beschreibung der Bewegung der Sterne und des Himmels auf dem Schild des Achill deutet er durch die Beziehung zu den höchsten Heroen hin auf einen mehr symbolischen kontextbezogenen Sinn [156]. Auch wenn er eine odysseische Szenerie heraufbeschwört, bleibt sie stets eine ferne Welt, die einige Berührungspunkte mit dem gerade behandelten Thema besitzt, sonst jedoch ihre Eigenständigkeit beibehält. Dies zeigt sich an der Gestalt des Proteus: in der poetischen Zeichensprache enthüllt sich die metamorphe Seinsweise des menschlichen Geistes [157]. Und das Sirenen-Abenteuer des Odysseus wird nur als mögliche Analogie herangezogen, die durch eindringliche Bildhaftigkeit besticht und daher gewissermaßen die Argumentation erleichtert [158]. Doch löst sich diese Episode nicht in dem neuen Gedankenzusammenhang auf; sie wahrt ihre Andersartigkeit und wird sofort wieder als störend beiseite geschoben, wenn sich ihre Funktion als anschauliches Hilfsmittel erschöpft hat.

In einer Rede aus dem Jahr 1526 wendet sich Melanchthon der Problematik der poetischen Fabeln zu und fragt nach deren Nützlichkeit [159]. Dabei grenzt er den Begriff ›Fabel‹ ein; zu ihm zählt er nicht mehr den thematisch-stofflichen Gesamtplan oder die märchenhaften Elemente der beiden Großepen Homers. Ihnen spricht er zwar ein gewichtiges Lob aus:

Die Klugheit des Poeten Homer bewundern die Gebildeten so sehr, daß sie über die allgemeine schicksalhafte Beschränkung der Sterblichen hinaus vordringen und deutlich empfinden, wie ihr Geist von der gleichsam göttlichen Gewalt Homers angeregt worden ist [160].

Doch Melanchthons Problemstellung kreist ein anderes Thema ein: die Fabel im engeren, didaktischen Sinn. Auch hierfür liefert Homer das Idealmodell: die Batrachomyomachie [161]. Zwar weiß Melanchthon, daß einige Wissenschaftler die tradierte Behauptung, Homer sei der Autor dieser Schrift, anzweifeln [162]. Doch das »melitissimum carmen« [163] bezeugt nach seiner Meinung ein so großes Talent und eine so hohe Intelligenz, daß der Verfasser eben doch nur Homer sein kann. Denn dieser stellt innerhalb der Dichtung das »unicum et bene dicendi et bene iudicandi sive sentiendi exemplum« dar [164]. Und Homer richtet sein Dichten nach dem Zweck, den es erfüllen, und nach dem Publikum, das es ansprechen soll. Was die schon Gebildeten anspricht, kann noch nicht die Jugendlichen ansprechen [165]: deshalb formt er kein drittes Epos im Stil der Ilias und Odyssee, sondern kleidet fundamentale Weisheiten in eine ›überaus zierliche und witzige‹ Tierfabel, die durch das ›delectare‹ zugleich auch ein ›docere‹ bewirkt [166]. Und gerade eine umfassende Jugenderziehung hat nach Melanchthons Auffassung Homer mit diesem Kleinepos beabsichtigt und durch die poetisch gelungene Mischung der Kriterien ›dulce‹ und ›utile‹ auch erreicht.

Die didaktische Tendenz, die Melanchthon in der Batrachomyomachie verwirklicht sieht, hat ihn mindestens schon 1526, in dem Jahr dieser Rede, zur Herausgabe und Bearbeitung des Stoffes gereizt; die wissenschaftlich jedoch kaum beweisbare Verfasserfrage wird ihn letztlich immer wieder an dieser Ausführung gehindert haben. Seine private Meinung hat er in den Universitätsübungen vertreten und dabei auch öfters den Text herangezogen und besprochen [167]. Dies geht hervor aus der Edition von 1542, der viele weitere Ausgaben folgten [168]. Doch nicht Melanchthon hat diesen Text veröffentlicht, sondern einer seiner Schüler [169]. Bewundernswert ist die Kargheit und Sachlichkeit der Interpretation Melanchthons, ebenso die zeitlose Treffsicherheit seines Urteils. Auch der schlichte Ton seiner Scholien zum Froschmäusekrieg besticht: sie bieten keine phantasievollen Vermutungen, nur Erklärung einzelner Wörter und Aufdeckung des Sinns, bzw. des Sinnzusammenhangs. Nur einmal ein Gesamtlob, das sich aus einer formelhaften Wendung erschließen läßt: Melanchthon preist Homers Beherrschung und Besonnenheit; kein anderer Dichter erreiche sein hohes sittliches Empfinden [170].

Eingeleitet wird diese Edition von einem Epigramm Melanchthons, das den Inhalt skizziert, und von einem kurzen Vorwort Melanchthons, das sich an die Gedankengänge seiner Rede über die Fabeln anschließt [171]. Der Volkserzieher Homer führt in dem noch richtungslosen und ungeformten Verstand des Jugendlichen durch die satirische Übertragung menschlicher Zustände in die Welt kleiner Tiere, die noch größere Worte als die Menschen verwenden, die ›Einsicht‹ in die wahren Zusammenhänge herbei. Nach dem Erkennen soll auch das richtige Verhalten geschult werden. So zielt der Froschmäusekrieg nach Meinung Melanchthons auf die Erweckung eines frühen ›Widerwillens gegen kriegerische Wirren und Unruhen‹ und zu einer frühen ›Zuneigung zu zwischenmenschlicher Toleranz‹ [172]. Diese Art Dichtung bedeutet demnach einen ersten Schritt auf dem Weg zur ›Humanitas‹ [173], die dann im Erwachsenen durch die großen Epen Homers ausgebildet wird. Homers Werk wird gleichsam zu einem für alle Phasen des Lebens geeigneten ›Vademecum‹. Bei einer solch moralisch-didaktischen Themenstellung bleibt vom eigentlich poetischen Gehalt nur noch die bunte und wirklichkeitsnahe Schilderung der ›Sapientia‹ übrig, die – wie Melanchthon kritisiert – die Philosophen in ihren Traktaten nur ermüdend und langweilig beschreiben können [174]. Die pädagogische Perspektive engt das Nicht-Pädagogische, das Dichterische, auf einen mehr oberflächlichen Spannungswert ein.

Betrachten wir die beiden bisher erwähnten Interpretationsarten Melanchthons, so ergibt sich bei der Beschäftigung mit der Ilias eine voraussetzungslose Methode, die mit dem herben und archaischen Pathos der Vorlage sympathisiert, und bei der Analyse der Batrachomyomachie eine voraussetzende Methode, die vom Ideal einer erziehbaren ›Humanität‹ bestimmt wird und die Vorlage als Mittel zum Zweck in ihre Konzeption einbezieht. Beide Methoden sind nicht isolierbar, sie bedingen und helfen einander [175].

Mit welcher Methode kann sich Melanchthon nun der Odyssee nähern? Wir greifen zurück und wiederholen, daß ihm die Allegorese nicht weiterhilft. Außerdem vermißt Melanchthon den Ernst und die Erhabenheit der Ilias an dem zweiten

Epos, wenn er dies auch nicht ausspricht. Ein ähnlicher Deutungsversuch verbietet sich daher; ebensowenig ermöglicht eine Erweiterung der Fabeldefinition eine Lösung, da sie z. B. der Eigenart der Seeabenteuer nicht gerecht werden könne. Alle ihm bekannten Praktiken erweisen sich dem homerischen Heimkehrerepos gegenüber letztlich als vergebliche Bemühungen. Gelegentliche Anleihen zeigen dies umso krasser. Wenn Melanchthon dennoch auch einige wenige Verse der Odyssee übersetzt, spüren wir hinter diesen etwas unbeholfenen und kühlen lateinischen Hexametern ein langes Ringen um den eigentlichen Sinn, eine langwierige Suche nach dem Zugang zum Gesamtwerk. Die relativ späte Datierung des ersten Textteils auf das Jahr 1535 bestätigt eine solche Hypothese [176]. Kennzeichnend auch, daß Melanchthon das Auswahlkriterium der Ilias überträgt und deshalb keineswegs eine für die Odyssee typische Szene betont. Natürlich eine Rede: Pallas muntert Telemach mit sentenziös gefärbten Worten auf (Il. 267 ff.). Eine weitere kurze Odyssee-Stelle (XI 519 ff.), die uns keine Interpretationshilfe gewährt [177], ist sogar erst auf 1540 datiert, während das dritte und letzte (undatierte) Textbeispiel (XVIII 136 f.) zwei Zeilen des Originals in eine christlich-stoische Weltsicht und Lebenshaltung verändert [178]. Eine wirklich dürftige und unergiebige Auslese, die Melanchthons Ratlosigkeit der Odyssee gegenüber dokumentiert. Als beste Antwort findet er schließlich – das Schweigen, schriftlich wie mündlich; denn eine Vorlesung über die Odyssee ist ebenfalls nicht belegt.

Vorlesungen über die Ilias hat er jedoch nicht nur bis 1524 gehalten. Vor und nach dieser Zeit können wir eine langandauernde und inhaltsreiche Auseinandersetzung mit diesem Epos ansetzen. Für das Jahr 1531 besitzen wir dann sogar eine ›Intimatio‹ im genauen Wortlaut: ein kleines Kunstwerk in sich – voll Pessimismus, der jedoch humoristisch überwunden wird durch den unerschütterlichen Glauben an den Wert des Geistes. Eine verkürzte Paraphrase möge genügen: Die Ungebildeten und die Halbgebildeten sollten höflichst verschwinden – wie selbst Homer von Platon aus dem Staat gejagt wurde! Der griechische Poet erwarte von seinen Zuhörern Interesse für Dichtung, aber ihr erwünschter Arbeitseifer solle sich ›freiwillig und aus Liebe zur Tugend‹ entwickeln. ›Geld könne er nicht versprechen, doch er verspreche eine Belehrung über große und ehrbare Angelegenheiten‹ [179]. Karl Hartfelder bezeichnet den Ton dieser Ankündigung als »schalkhafte Anmut« [180]. Hinter einem solchen zwischen ironischer Wertrelativierung und ernsthaftem Wertbewußtsein schwebenden Text wird eine Persönlichkeit sichtbar, die genau unterscheiden kann, was nichtig und was zeitlos gültig ist. Auf die Ilias übertragen: Melanchthon hat sich durch ausführliche Homerstudien eine Kenntnis angeeignet, durch die er Distanz gewinnen kann – und das gegenüber einem Thema, das ihn immer wieder neu ergreift. Dies heißt mehr als nur »schalkhafte Anmut«. Die zwielichtige Intimatio ist Ausdruck dieser ›paradoxen‹ Homerbegegnung Melanchthons: die kühle Beobachtung eines Wissenschaftlers und die begeisterte Aufnahme eines literarischen Enthusiasten vereinen sich widerspruchslos zu einer der Ehrlichkeit und Genauigkeit verpflichteten philologischen Haltung. Die Schlußangabe der Ankündigung entspricht dieser Feststellung: Melanchthon wird mit dem neunten Buch der Ilias beginnen, also Teile, die er wahrscheinlich schon 1524 besprochen hat, wiederholen und neue Abschnitte anfügen. Eine solche Eingrenzung kennzeichnet seine Arbeitsweise: er will keine allgemeinen Thesen über die Ilias vortragen. Zuerst muß der originale Text betrachtet werden, d. h. grammatikalische Schwierigkeiten müssen geklärt und Übersetzungsversuche eingeleitet werden – eine wissenschaftliche Analyse, die vorsichtig und erst allmählich zu größeren Problemkreisen vorzudringen wagt.

In das Jahr 1535 fällt eine *Lectio Homeri,* die er in drei variierten Distichen bekannt macht [181]. Textgrundlage bietet wiederum die Ilias, Thema ist wahrscheinlich eine Untersuchung verschiedener rhetorischer Elemente, die er schon öfter behandelt hat. Vermutlich 1538 folgt dann der ausführlichste Diskurs, den Melanchthon je über die homerische Dichtung verfaßt hat [182]. Dennoch bezeichnet er diese Schrift nur als eine erste Einführung in das Werk des griechischen Epikers. Auch trägt er selbst seine Ausführungen nicht vor. Ein Schüler Melanchthons, Veit Oertel (latinisiert Vitus Winshemius), der sich vielleicht mit dem Editor der Batrachomyomachie identifizieren ließe, hat sich mit Homers Epik befaßt [183]. Dazu liefert Melanchthon einige grundsätzliche Bemerkungen. Er beginnt mit schon bekannten Wendungen: Die Dichtung fördere die ›Studien der Humanitas‹ und stärke die ›Bewunderung für das Verum bonum und die Liebe dazu‹ [184]. Doch die gegenwärtige Lage zeichnet er mit einem pessimistischen Bild. Dichtung und Wissenschaft werden vernachlässigt, notwendige Folge ist das träge und selbstgefällige, also sündhafte Vorsichhinleben der meisten Menschen [185]. Um der weitverbreiteten ›Verachtung der besten Dinge‹ [186] entgegenzutreten und seiner Klage auch ein nützliches Hilfsmittel anzufügen, bietet er die Beschäftigung mit der homerischen Poesie an: sie eignet sich in hervorragendem Maße für einen Umschlag zur Besserung der ethischen und intellektuellen Anlage im Menschen. Aber der aktuelle Anlaß motiviert noch nicht allein diese Abhandlung. »Res ipsa« [187], d. h. die Dichtung selbst, regt Melanchthon zur Auseinandersetzung und Interpretation an: er will etwas von der Faszination, die diese immer wieder auf ihn ausübt, seinen Zuhörern mitteilen.

Die Rechtfertigung dieses Unternehmens spiegelt erneut das widerspruchsvolle Verhältnis zwischen voraussetzender Betrachtungsweise und ergriffener Lobeserhebung wider. Wie auch die wissenschaftliche Arbeit vorgehen wird: ›Homers glanzvolle Würde erhebt sich über jeden Deutungsversuch‹ [188]. Der Wert einer Interpretation besteht daher lediglich im bescheidenen Beitrag einer verstandesmäßigen Annäherung an die letztlich irrationale poetische Aussage [189]. Dabei spielen biographische Fragen nach Melanchthons Äußerung keine Rolle, zumal sie von anderen Wissenschaftlern weitgehend gelöst worden seien. Ihm kommt es darauf an, zwischen seiner privaten Überzeugung und der beweisfreien dichterischen Vollkommenheit Homers eine allgemein stimmige Beziehung herzustellen. Und dies gelingt ihm mit der Angleichung seiner geforderten Nützlichkeit, die sich vorrangig auf die Erziehung der Jugend richtet, an das für ihn als unumstößliche Tatsache feststehende beispiellose ›ästhetische Vergnügen‹ [190], das Homers Epik auf jeden, zumindest auf den verständigen Leser ausübt: das ästhetische Vergnügen ist die Ursache, die höchste Nützlichkeit bewirkt, und umgekehrt gibt ihr dies erst

eigentlich die fundamentale Berechtigung. Nur in der Kombination beider Begriffe
wird ein Einblick ermöglicht in die überirdische Wahrheit, die sich hinter den Phä-
nomenen der ›Wirklichkeit‹ verbirgt. Die ›außerordentlichen und unzähligen Reich-
tümer der homerischen Dichtung‹ und ihre ›göttlichen Wunderwerke‹ [191] lassen
sich für einen Interpreten in Melanchthons Sinn nur unvollkommen und fragmentarisch beleuchten. Denn selbst ›das Auge geistreicher Männer pflegt durch den Blitz
des homerischen Liedes geblendet‹, wenn nicht sogar ›verdunkelt zu werden‹ [192].

Der erste und nachhaltige Gesamteindruck: Trotz vieler ›änigmatischer‹ Rest-
bestände [193] überwiegen die unvergänglichen Sentenzen, ›die gleichsam Gewicht
und Autorität von Gesetzen haben und die verdientermaßen wie Orakelsprüche
oder göttliche Antworten mit einzigartiger Religiosität verehrt, einem steten Erinnern anbefohlen und immer vor Augen gehalten werden sollten‹ [194]. Sie werden
zu allgemeinen Regeln und Vorschriften erhöht, sie stellen sich in ihrer Ganzheit als
vollkommener ethischer Kanon der Menschheit heraus. Das Bestreben jedes einzelnen muß darauf zielen, diesen homerischen Idealmustern möglichst nahezukommen.
Homer wird zu *dem* ›Magister humanitatis‹ [195]. Sein Werk erweist sich als
›ewige Quelle‹, aus der alle nachfolgenden Dichter und Philosophen schöpfen [196].
Doch während jeder Dichter nur Teilaspekte dieser universalen Weisheit aus dem
enzyklopädischen Kompendium herauslösen kann, fehlt den Philosophen die poetische Fähigkeit, die allein erst die ›erhabensten und heiligsten Dogmen‹ durch die
›lieblichsten und angenehmsten Bilder‹ anschaulich macht [197]. Homers Dichtung
führt unmittelbarer zu Erkenntnissen, dringt tiefer in das Wesen der Dinge: in der
Form eines ›wohlgestalteten und erhellenden Exempels‹ [198] beantwortet sie eine
Fülle menschenbewegender Fragen und zeichnet eine Vielzahl möglicher Verhaltensweisen vor.

Bei einer solchen Dichtungsauffassung und einem solchen enkomiastischen Stil
können wir den Zusammenhang mit den traditionellen und fast schon klischee-
haften Denk- und Sprachkategorien anderer Humanisten, der Zeitgenossen Melanchthons, nicht übersehen. Wir wollen ihn auch keineswegs leugnen, setzen aber dennoch die wissenschaftliche Leistung Melanchthons höher an. Denn er hat die alten
und gängigen Vorstellungen nicht einfach übernommen, sondern neu durchdacht
und mit veränderten Schwerpunkten und Richtlinien in sein eigenes letztlich didak-
tisches Modell integriert. Thesen entwirft er nur, wenn er auch Beweismaterial besitzt. Und dies meint er in reichhaltiger Menge in Homers Dichtung vorzufinden.
So belegt er etwa die ›Freiheit des Redens und Toleranz des Hörens‹ mit Diomeds
Erwiderung auf den Vorschlag Agamemnons aus dem neunten Buch der Ilias
(32–49) [199] und sieht die aktuelle Aufforderung zu einem gemeinsamen Vorgehen gegen die Türken in einem heroischen Ausspruch Hektors vorgeprägt, dem
»nur ein einziges Zeichen gilt: das Vaterland zu schützen« (Il. XII 243) [200].
Ebenso wird seine Stellungnahme von innenpolitischer Aktualität in der Flugschrift
»widder die artikel der Bawrschafft« durch ein Homerzitat (Il. IX 63 f.) gefestigt
[201]. Andere Beispiele ließen sich anfügen, dienten aber nur einer Wiederholung,
nicht einer weiteren Klärung seiner Arbeitsweise. Betonen müssen wir jedoch, daß
es sich hierbei für ihn nicht so sehr um eine Projektion eigener Gedanken in ein

wesensfremdes Werk handelt. Seine Methode ist und bleibt in tiefster Beziehung immer philologischer Dienst am Text selbst. Die homerische Dichtung entschlüsselt sich ihm eben in dieser etwas privaten, mehr ethisch ausgerichteten Perspektive, mit der auch die zu keiner Zeit unwichtige Frage nach dem ›Nutzen‹ der Dichtung gelöst wird. Daß dies einer Einengung der poetischen Komplexität gleichkommt, dürfte Melanchthon bewußt gewesen sein. Jedenfalls münden die knapp gehaltenen allgemeinen Äußerungen schließlich wieder in dem Ausgangspunkt, den Epen Homers. Aus ihnen will er seine Thesen entwickeln und nicht vorgefaßte Meinungen als Maßstab an sie anlegen. Melanchthon glaubt noch daran, dem ›hermeneutischen Zirkel‹ entrinnen zu können, geht also angeblich rein induktiv vor und erkennt nicht, daß seine christlich-moralische Bewertungstendenz eine vorgefaßte und nicht etwa aus Homers Poesie abgeleitete Norm ist.

Melanchthon hebt Unterscheidungsmerkmale zwischen den beiden Epen hervor. Inhaltlich bedingt sind Krieg auf der einen, Irrfahrt auf der anderen Seite [202]. Daraus ergibt sich eine schärfere Betonung einmal der körperlichen und zum andern der geistigen Fähigkeit, die in der Ilias mehr auf militärische Aktionen und in der Odyssee auf eirenische Bestrebungen zielt. Im weiteren Verlauf überrascht es, daß Melanchthon sich nur einer näheren Odysseebetrachtung zuwendet, die er doch sonst bisher (und auch später) so auffällig gemieden hat. Nach seiner Ansicht zeichnet Homer den Heroen als ›klugen und politischen Mann‹ [203], dem er verschiedene wesentliche Eigenschaften verleiht. Als erste Tugend stellt Melanchthon nach der grundlegenden ›Frömmigkeit‹, der Gottverehrung, an Odysseus die ›außerordentliche Vaterlandsliebe‹ fest [204]. Sie wird von Homer durch die Fiktion ›vielfältiger Zufälle‹ und ›verschiedener Hindernisse‹ gesteigert und gewinnt an Eindringlichkeit, wenn der Held sich nach seiner Inselheimat trotz ihrer kargen und felsigen Winzigkeit sehnt. Die höchstmögliche Klimax: um den Rauch dieser vertrauten Gegend zu sehen, schlägt Odysseus sogar das Angebot der Unsterblichkeit ab [205]. Damit verbindet sich auch die zweite große Tugend, die nicht vom Begriff Heimat loszulösen ist: ein Pflichtgefühl gegenüber jedem, der ihm am Herzen liegen muß [206]. Zuerst gegenüber seiner Familie: Verehrung der Eltern, Treue zur Gattin, Verantwortung für sein Kind. Dann gegenüber den Gefährten: gemeinnützige Tapferkeit [207] für die Heimkehr und für die Wahrung oder Wiederherstellung des Friedens. Und schließlich gegenüber dem Staat: Gerechtigkeit und Milde wegen eines harmonischen Zusammenlebens aller Bürger. Die Klugheit des Odysseus grenzt an göttliche Kraft. Dies umschreibt Homer durch den bildlichen Vergleich der Redegewalt mit einem Naturereignis, vor allem jedoch durch den Beistand der Athene, die Odysseus selbst aus den ausweglosesten Situationen errettet [208]. Ohne überirdische Gnade fehlt auch der größten irdischen Fähigkeit jeglicher Erfolg. Hierin trifft sich Melanchthons Auffassung mit der ›Religiosität‹ Homers: In beider Menschenbild gibt es kein autonomes Handeln; ohne die helfende Liebe eines (bzw. des) Gottes ist der Mensch ein Nichts und sein Tun Vergeblichkeit. Diese Theodizee [209], die sich schon zu Beginn im Musenanruf manifestiert und als numinoser Grundzug im gesamten Werk mehr oder minder beibehalten bleibt, preist Melanchthon als höchsten Gehalt der homerischen Dichtung.

Dem entspricht auch die Verhaltensweise, die die Klugheit sogar noch übertrifft: das Erleiden, das – christlich ausgelegt – einer Passion nahekommt. Odysseus beweist zumindest praechristliche Constantia: er ist der große Dulder [210].

Die Begeisterung Melanchthons für die beiden Epen Homers kennt nun keine Grenzen mehr. Seine Wertschätzung literarischer Bildung offenbart sich in dem Ausspruch, ›der sei ein Tier und kein Mensch, der nicht durch das Lesen Homers ergötzt werde‹ [211]. Denn die Ausführung der historisch-mythologischen Stoffbereiche und der phantasiedurchwirkten Erfindungen besticht durch ›unfaßbare Eleganz und Lieblichkeit‹ [212], und als das der gesamten homerischen Poesie zugrundeliegende Wesen enthüllt sich Melanchthons höchste, einem Menschen allein nicht mögliche Wahrheit: Homers Epik wird zur »perfecta et absoluta imago sapientiae humanae« [213] – und das schon unter der verengten Perspektive, Homers Werk nach den Gesichtspunkten zu erforschen, die sich für Melanchthons ›wissenschaftliche Beschäftigungen und moralische Vorstellungen‹ eignen [214]. Dabei bedauert Melanchthon, die zahlreichen verschlüsselten Elemente der homerischen Poesie, die er unter dem Oberbegriff »τὰ φιλοσοφούμενα« [215] zusammenfaßt, (aus Zeitgründen) nicht beachten zu können. Er betont jedoch, daß Homers Größe auch unter einem veränderten Betrachtungswinkel deutlich erkennbar bleibe: Als alle überragender »pictor« [216] versteht Homer Dichten als Umwandeln begrifflicher Ausdrücke in bildliche Ausdrücke und trägt durch seine ›Poetisierung‹, die sich als höchster Grad des Erhellens herausstellt, entschiedener als jeder Philosoph zur Klärung ontologischer, astronomischer und metaphysischer Probleme bei. Deshalb gebührt ihm der Vorrang, der (nach Theokrit) vergeblich von allen anderen Dichtern erstrebt wird und der (nach Philostrat) auch für jeden noch so genialen Menschen unerreichbar bleibt: ›Es sei eine große und eines großen Geistes (würdige) Haltung, seinen Tugenden freilich nicht durch Nacheifern, was unmöglich ist, doch wenigstens mit Verständnis zu folgen‹ [217]. Dieser Satz läßt eine auch von Melanchthon nicht immer beachtete und von den meisten anderen Humanisten nie bemerkte Einschränkung der homerischen Wirksamkeit erahnen, eine Einschränkung, die jede überragende menschliche Leistung betrifft, ohne ihr auch nur etwas von ihrer Größe zu nehmen: Die Einsicht in die Zeitbedingtheit der Lösungen, während den Grundproblemen selbst zeitlose Gültigkeit zukommt, die Einsicht in die Veränderbarkeit der Antworten und in die Beständigkeit der Hauptfragen [218]. Konflikte oder Konfrontationen mit Unausweichlichem sind immer zumindest ähnlich, verschieden dagegen die möglichen Reaktionsarten. Der Tod etwa ist eine von vielen feststehenden Tatsachen. Bei einem Menschen jeder beliebigen Epoche ruft er Trauer hervor; doch nicht in jeder Epoche gelten Tränen zum Ausdruck des überwältigenden Schmerzes als mustergültiges Verhalten. Dennoch weinen die großen und tapferen homerischen Helden und zeigen damit den ›einhelligen allgemeinen Gefühlswert‹ des frühgriechischen Sittenkodex [219]. Die Verhaltensweisen und Institutionen sind in der von Homer beschriebenen Form demnach nicht übertragbar in eine zeitlich (auch räumlich) gewandelte Wirklichkeit, können (und müssen nach Melanchthons Auffassung) jedoch gedanklich nachvollzogen werden, d. h. sie werden auf ihren zugrundeliegenden Gehalt hin abstrahiert.

Diese Bemerkung erläutert Melanchthon näher in einer Analyse der strittigen Vertreibung Homers aus dem platonischen Idealstaat [220]. Eine solche Forderung scheint nicht mit der sonstigen Hochschätzung Platons übereinzustimmen, Homer sei der ›beste und göttlichste Dichter‹ [221]. Zur Klärung des Widerspruchs beruft sich Melanchthon auf Dion aus Prusa, den sog. Chrysostomos: ›Schwierig sei es, (einen Streit) zwischen so großen Menschen zu schlichten, z. B. wenn zwei Männer (wie Homer und Platon) – beide gut, beide bedeutend und ehrenwert ... – über eine bestimmte ernste und gewichtige Angelegenheit in ihren Meinungen voneinander abweichen‹ [222]. Und diese ›ernste und gewichtige Angelegenheit‹ ist die Religion: Der Philosoph Platon tadle an dem Poeten Homer eine lächerliche und unbrauchbare theologische Konzeption. Aber, so argumentiert Melanchthon, Homer habe die traditionelle Ehrfurcht vor dem zu seiner Zeit herrschenden Glauben gewahrt, indem er wesentliche ›Dogmen‹ mit ›poetischen Bildern‹ verkleidet habe [223]; stattdessen übe Platon nur Kritik und könne kein eigenes, jedenfalls kein besseres System aufstellen. Für Melanchthon geht es nicht um Richtigkeit oder Unrichtigkeit der einen oder anderen Gottesanschauung [224]. Feststeht nur: Homers Gottesbild entspricht der Gewohnheit und der Vorstellungskraft seiner Zeitgenossen und derer historischer Einmaligkeit, und dennoch enthält sein hohes religiöses Ethos neben zeitbedingten Vermutungen auch allgemeingültige Wahrheiten [225]. Die Darbietungsweisen dieser Wahrheiten deutet Melanchthon ausnahmsweise als allegorische Form [226]. Doch läßt er sich durch eine solche Interpretationsmethode nicht zu der Behauptung verleiten, schon Homer weise auf das Christentum hin; denn klar erkennt er die Unmöglichkeit einer derartigen Konstruktion. Er will jedoch gleichsam ›archetypische‹ Grundzüge einer jeden religiösen Äußerung aufzeigen, Grundzüge, die die homerische Poesie gemeinsam mit dem Christentum und anderen Glaubenshaltungen enthüllt. Dazu zählt v. a. eine Ansicht, die das Christentum mit einigen Religionen teilt: der Glaube an ein Leben nach dem Tode. Wenn Homer demnach einen Gang in die Unterwelt schildert, so ›jage er den Menschen (nicht) Furcht vor dem Tode ein‹, wie es Platon dem Poeten vorwirft, sondern er wolle ›jene Vorstellung von der Unsterblichkeit der Seelen preisen, an der die gescheiteren und ehrenhafteren Männer aller Jahrhunderte festgehalten haben‹ [227]. Diese weitverbreitete menschliche Sehnsucht nach einem Nachleben, die Melanchthon in einer homerischen Episode sinnbildlich gestaltet sieht, nimmt nur einen kleinen Teil des Werkes ein. Die beiden Epen sind in ihrer Gesamtheit trotz Platons Kritik von seinen Landsleuten, darunter etwa von Arkesilaos und Alexander dem Großen, am höchsten geschätzt worden [228]. Sie gehören – chronologisch *und* wertgemäß – an die Spitze der Weltliteratur. Das Kennenlernen Homers gleicht nicht nur der ›Ankunft eines Gottes‹, es wirkt auch sofort ›kulturbildend‹ und fördert die ›Humanität‹ [229].

Damit ist Melanchthon wieder an den Ausgangspunkt seiner Rede gelangt. Er wendet sich an die jugendlichen Zuhörer, die durch das Studium der Literatur befähigt und angeregt werden, einen Beitrag zur Verbesserung der menschlichen Bedingungen zu liefern [230]. Daraus spricht eine christlich begründete Fortschrittsgläubigkeit, die Melanchthon als Methode der literarischen Betrachtung einführen

will. Sie gibt ihm das notwendige Gegengewicht gegen die »communis conditio« [231] der Geisteswissenschaft, gegen die Mißachtung und Herabwürdigung ihrer
Studien. Denn daß sogar Homer arm und elend leben mußte, steht im krassen Miß-
verhältnis zu seiner großartigen Leistung. So wenig wie *er* einen äußeren Erfolg
aufweisen kann, ebenso dürftig bleibt auch ein rein finanzieller Ertrag aus der Beschäftigung mit ihm: ›Doch sicherlich steigert, veredelt und bereichert er mit außerordentlichen und vortrefflicheren ewigen Schätzen die Denkkraft, die ein vorzüg-
licherer unsterblicher Teil des Menschen ist‹ [232]. Homers Werk wird als ›κτῆμα ἐς
αἰεί‹ [233] weder durch die Übertragung des archaischen Kolorits in eine vorchristliche Sinnbildlichkeit noch durch die Veränderung in eine modernistische Welt-
anschauung verfälscht. Denn Melanchthon fordert die intensive Auseinandersetzung
mit dieser Poesie, fordert eine wissenschaftliche Klärung des historisch Einmaligen
und des überhistorisch Allgemeinen. Nur in der Verbindung dieser polaren Aspekte
zeigt sich – wenn auch unausgesprochen – für ihn *bewältigte* Wirklichkeit, und als
solche bleibt die homerische Epik immer lebendig. Sie beweist fundamentale Gültigkeit und vermittelt als vorbildliches und beispielhaftes Muster Ansatzpunkte und
Richtlinien für die ständig neu zu formulierende Antwort des Menschen auf das
Dasein. Ohne diese den Menschen erst vom Tier abhebende geistige Tätigkeit, die
in der literaturwissenschaftlichen Forschung ihre höchste Ausprägung erlangt, ›wird
Humanität ausgeschlossen, wird ausgeschlossen Tugend und Würde, die Kinder der
Musen sind, deren Vater und Erzieher wiederum Homer ist, wird ebenfalls ausgeschlossen, was das wahrhaft Gute, das Heilige und das Rechtmäßige ist in der
Welt‹ [234]. Das Studium der homerischen Dichtung wird zur Voraussetzung des
jugendlichen Selbstbewußtwerdens und begleitet den erkennenden Menschen während seiner lebenslangen Weiterbildung [235].

Melanchthon selbst hat diese Entwicklung vorgelebt. Doch mit der ausführlichen
Homerrede des Jahres 1538 hat er einen Standort erreicht, in dem alle früheren
Ergebnisse gesammelt und in ein übergeordnetes Beziehungssystem gebracht sind, –
und auch einen endgültigen Standort! Denn es folgen keine Erweiterungen und Ergänzungen dieser Studien, keine Veränderung und Vertiefung seines Homerbildes.
Höchstens Wiederholungen, die einzelne Themen berücksichtigen. So seine Ilias-
vorlesung von 1543, die er fast mit demselben Wortlaut wie die des Jahres 1531
ankündigt und deren Echtheit deswegen nicht angezweifelt werden muß [236],
zumal Melanchthon der ›Intimatio‹ von 1543 noch eine Ergänzung anhängt, die jedoch keine neue Homerperspektive eröffnet [237]. Ähnliches läßt sich sagen über
das *Epigramma in Homerum ad literarum iuventutem*, das aus dem Jahr 1545
stammt und von Melanchthon in ein Homerexemplar aus der Bibliothek des Chem-
nitzer Schuldirektors Becher eingetragen worden ist:

Durchwälzt bei Nacht, durchwälzt bei Tag, / ihr Jünglinge, des Sehers Homer nützliches
Werk, / das genannt wird Spiegel des menschlichen Lebens ... (Es folgen die ›Spiegelbilder‹)
Wer je diese Lehre liest, wendet sie mit Gewandtheit / auf sich an, daß er von da an seine
Verhaltensweisen selbst lenkt. / Des bürgerlichen Lebens Norm sieht und lehrt / Homer
trotz seiner Blindheit und trotz seines Alters [238].

Von 1545 an hört Melanchthons ausführliche Beschäftigung mit Homer auf. Das

Bild, das er sich nach langjährigen und wiederholten Forschungen von dem frühgriechischen Epiker gemacht hat, ist soweit ausgefertigt, wie er es vermochte. Neue
oder andere Konturen erhält es nicht mehr. Das abschließende Urteil zeigt die
Weite seines möglichen und die Enge seines bedingten Homerverstehens. Nur noch
einige wenige Male reiht er homerische Motive und Formulierungen als Beispiele
oder Beweise in seine meist um theologische Probleme kreisenden Gedankengänge
ein [239], doch für eine Interpretation Homers bleiben diese kleinen Textstücke
unbedeutend.

Wie ein endgültiger Abschluß wirkt Melanchthons von Veit Oertel 1549 vorgetragene *Oratio de studiis linguae Graecae*. Außer der Anspielung auf kimmerische
Dunkelheit [240] findet sich keine Erwähnung Homers mehr, dagegen wird die
Wichtigkeit der ›süßesten und gebildetsten Sprache‹, des Griechischen, hervorgehoben und als Vorbedingung für jede Beschäftigung mit dem Neuen Testament
und den Texten der frühesten Kirchenväter angesehen [241]. Aber noch 1557 erwähnt Melanchthon in der Rede *De cura recte loquendi* die ›Eloquentia‹ homerischer Helden, die – einer ›Naturgewalt‹ gleich – ›höchste Weisheit‹ beinhalte und
große politische Aufgaben erfülle [242]. Sie ist Geschenk Gottes, und göttlich sind
daher auch die Dichtungen, in denen sie gepriesen wird: die Epen Homers [243].
In dem erst 1558 erschienenen CHRONICON des Johann Carion (1499–1538), einem
Werk, das Melanchthon stark überarbeitet hat, widmet der Humanist dem frühgriechischen Poeten einen letzten Abschnitt. Neben der chronologischen Einordnung Homers, die etwa mit Jesaias Auftreten zusammenfalle – ungefähr ›150 Jahre
nach dem Trojanischen Krieg‹ und ›150 Jahre vor der Gründung Roms‹ –, hebt
Melanchthon die Beispielhaftigkeit und Gelehrsamkeit der homerischen Dichtung
hervor. Außerdem betont er deren Charakter eines Zeitgemäldes, und ihre poetische ›Lieblichkeit‹ erhält sie nach seiner Meinung vorrangig durch den jonischen
Dialekt [244]. Mit diesen stichwortartigen Bemerkungen gewinnt Melanchthons
Homervorstellung zwar kaum neue Umrisse, aber sein festgefügtes Schema wird,
wenn auch nicht wesentlich, wieder etwas aufgelockert und durch fragmentarische
Randthemen weiter ergänzt.

Während es ihm jedoch letztlich auf Erklärung und Verständnis, auf Deutung
der Person Homer und dessen Werkes ankommt, bleibt die antike Epik für *Martin
Luther* meist nur Nebenzweck. V. a. wegen des Neuen Testaments lernt er noch mit
35 Jahren bei Melanchthon Griechisch [245]. Diese Feststellung bietet einen Beweis
für die gegenseitige Beeinflussung der beiden großen Männer. Bei den ausgiebigen
Homerforschungen Melanchthons dürfte es auch einleuchten, daß Luther sich in seinen spärlichen Äußerungen über Homer den Ergebnissen des für ihn darin kompe-
tenten Freundes angeschlossen hat. Einige seiner Bemerkungen, die zudem meist nur
traditionell bekannte Motivfelder und Sentenzen streifen, müssen wir daher nur
oberflächlich andeuten. Eine Briefstelle Luthers, die keineswegs durch den Inhalt
– ein traditionelles Motiv des Rednerlobes –, wohl aber durch die wärmere Betonung persönlich klingt, darf nicht übergangen werden: »Erst die wunderbare
Poesie des Sängers hat die an sich geringfügigen Ereignisse vor Troja zu Ehren gebracht« [246]. Mit Recht deutet Georg Finsler diesen Satz als einen »Beweis von

tiefem Verständnis, das in seiner Zeit angenehm berührt«, und sieht in einem solchen
Lob die ›Würdigung des *Dichters* und nicht des Weisen‹ [247]. Im übrigen lobt
Luther Homer im Einklang mit der literarischen Tradition [248]. Ein religiöses
Amt spricht er ihm jedoch ab; auch die anerkannte Wirklichkeitsnähe [249], die
der griechische Dichter bei seiner Welt- und Menschenschilderung wahrt, kann nach
seiner Überzeugung keineswegs die allein notwendige Verkündung der überirdischen Wahrheit ersetzen. Deshalb schränkt er die Größe eines jeden profanen Poeten ein. Schließlich hängt der Wert eines Werkes noch von seinem ›Alter‹ ab:
»Homerus, Virgilius und dergleichen große, feine und nützliche Bücher sind alte
Bücher, aber nichts gegen der (!) Bibel« [250]. Diese reicht gleichsam in eine Zeit
zurück, in der die Praesenz Gottes noch eine Selbstverständlichkeit und nicht schon
ein Wunder war. Und wie Homers Epik nach Luthers chronologischer Schätzung in
einer weit jüngeren Zeit geschaffen ist, umso weniger ›groß‹, ›fein‹ und ›natürlich‹
zeigt sie sich im Gegensatz zur Bibel. Dennoch ähneln sich, wie er annimmt, manche
Abschnitte der beiden literarischen Werke. So leugnet er für das Buch Judith, das
ja bezeichnenderweise zu den Apokryphen gehört, jegliche historische Faktizität;
stattdessen »hat der Meister solches Buchs Judith nur gewollt, daß es eine Figur
und Bedeutung seyn solle. Und gleichwie der Poet Homerus Ursach genommen hat
seines Gedichts von Troja, und Virgilius von Aenea, in welchem er anzeigt, wie ein
Fürst und Herr soll mit sonderlichen furtrefflichen Tugenden gezieret seyn, wie ein
großer Held mit Verstand und Weisheit, großem Muth und Freudigkeit, Glück,
Frömmigkeit und Gerechtigkeit; also wird auch Judith in solchem Gedicht fürgestellet« [251]. Die Epik Homers (und Vergils) und verschiedene Abschnitte
der Bibel: Beide literarischen Formen enthalten neben ›realistischen‹ Elementen
moralisch begründete Fiktionen, beide wählen eine vorrangig allegorische, im Ansatz auch symbolische Diktion. Deren Ziel liegt in Erziehung und Bildung des
Menschen. Diese Aufgabe erfüllt die homerische Poesie, nicht aber die ebenfalls
in der Bibel ausgeprägte religiöse Vorbereitung des nun ethisch gereiften Menschen. Hiermit bleibt Homers Epik in Luthers Gedankengebäude trotz der indirekt anerkannten sprachlichen Vollkommenheit [252] stets eine nur beschränkt
wirksame Ausdrucksweise, der die eigentliche ›Substanz‹, der Glaubensgehalt,
fehlt.

d) *Camerarius: Editionstätigkeit und die Komplexität des Kunstwerkes*

Eine solche Auffassung Luthers, einbezogen in sein reformatorisches Gesamtprogramm, vermag kaum zu überraschen, ebensowenig wie sein ziemlich extremer
Standpunkt bei der Bevorzugung sakraler Literatur. Melanchthon teilt eine derartige Einseitigkeit des Urteils keineswegs mit Luther; er versucht eine Integration
antiker Vorstellungen in den christlichen Bereich. Noch weiter geht *Joachim
Camerarius* (d. Ä.), der stellenweise schon beide ›Welten‹ trennt und der Antike
mitunter sogar einen Eigenwert zugesteht. Diese Deutungsstufe erreicht er durch
eine in seiner Epoche einmalige philologische Akribie, die er hauptsächlich an
Homers Dichtung erprobt. 1538 erscheint sein ausgiebiger Kommentar zum ersten

Buch der Ilias im Druck, 1540 folgen die Anmerkungen zum zweiten Buch [253]. Auch Joachim Camerarius ist mit Melanchthon befreundet, und gerade das gemeinsame wissenschaftliche und persönliche Interesse an Homer könnte erste Grundlage und dauerhaftes Zeichen ihres gegenseitigen Verstehens geliefert haben. Jedenfalls deutet Camerarius schon in der EPISTOLA NVNCVPATORIA Melanchthons Beitrag zur Homerforschung und dessen herzliches Verhalten ihm gegenüber an [254].

Die PRAEFATIO, die Camerarius seinen Ausführungen vorausschickt, beleuchtet Homer und sein Werk nach verschiedenen Gesichtspunkten und läßt eine klare komplexe (wenn auch fragmentarisch dargebotene) Vorstellung von dem antiken Epiker erkennen. Eine mehr allgemein gehaltene Einleitung bewegt sich innerhalb des traditionellen humanistischen Rahmens: eine Beschäftigung mit Homer, dem *princeps ingenij, doctrinae, sapientiae* [255], sei ausreichend durch das überall und jederzeit übereinstimmende Lob seiner Vollkommenheit gerechtfertigt. Die Göttlichkeit seiner Poesie wird mit antiken Gedankengängen nachgezeichnet: ›Apoll sei der Autor dieser Bücher, die unter dem Namen Homer überliefert sind, weil er durch den Vorwand jenes Verfassers die göttliche Majestät schützen wollte‹ [256]. Aus der göttlichen oder zumindest gottähnlichen Aussage der homerischen Dichtung folgt ihre Nützlichkeit für allgemeinmenschliche Zustände, besonders für Schule und Studium. Dem Vorwurf, Altbekanntes nur zu wiederholen, begegnet Camerarius mit dem Hinweis, daß dem scholastischen Wissenschaftssystem das Fundament fehlte, ohne das es nicht genau und ehrlich urteilen konnte: die sprachliche und die sich daraus ergebende sachliche Kenntnis der antiken Literatur. Auf die Quellenforschung legt er aber nun den Hauptakzent. Die Textkritik liefert ihm den ersten Schlüssel zum Verständnis; auf ihr läßt sich dann erst eine Interpretation aufbauen, die dem Original gerecht wird. Eine ästhetisch ausgerichtete Deutung, die sich an der Sprachgewandtheit und Formbeherrschung, an dem Reichtum der Episoden und der Buntheit der Bilder begeistert, trifft nur einen Teilaspekt der homerischen Dichtung und verfälscht sie zu einem zweckfreien Vergnügungsmittel. Doch ›Homer sei nicht allein Vater der Beredsamkeit, er sei ebenfalls Lehrer und Gelehrter, der nicht etwa nur die prächtigsten Werke ausgearbeitet, sondern anderen auch zur Nachahmung vorgelegt habe‹ [257]. Homer ›unterweist‹ den Leser, er wird zum ›Ratgeber in allen Lebenslagen‹ [258]. Sein Werk ist zugleich »ortus« aller Lehren und »exemplum« für deren Anwendbarkeit [259]. Es enthält den natur- und moralphilosophischen Gesamtvorrat an Stoffen und Themen und liefert ein umfassendes Angebot an Verhaltensmöglichkeiten [260]. Den tiefen Gehalt der homerischen Poesie breitet Camerarius aus, indem er die Leitgedanken der wichtigsten antiken Philosophenschulen als von Homer abhängige Weisheiten aufzeigt; auch eine Fülle von Sentenzen, die bei den bedeutendsten nachhomerischen Dichtern auftauchen, läßt sich bis auf dessen Epen zurückverfolgen. Dennoch darf bei diesen Bemerkungen nicht die ästhetische Komponente vergessen werden. Denn erst in der Verbindung beider Elemente, der zweckfreien ›Schönheit‹, die erfreuen, und der zweckgebundenen Absicht, die nützen will, sieht Camerarius das Phänomen Dichtung erklärt. Die kunstvollste Verknüpfung dieser heterogenen Bauteile gelingt dem ›Fürsten‹ Homer. Eine solche Ranghöhe beweist nicht nur die Wirkungsgeschichte, in der Camerarius auch die negativen Beispiele nicht verschweigt, sie erschließt sich dem Humanisten gleichsam selbstverständlich in der persönlich nacherlebbaren ›Betroffenheit‹ durch dieses epische Werk.

An die Einleitung reiht sich die bewundernde Frage nach dem Verfasser einer solchen großen Dichtung [261]. Den antiken Berichten der homerischen Lebensumstände beläßt Camerarius den märchenhaften Zauber, den ihnen die phantasievollen Vitenschreiber verliehen haben: er erhebt diese ferne und fremde Zeit nicht in den Bereich einer irgendwie meßbaren Historie; sie bleibt für ihn Sage, und als Sage wahrt sie ihre halb wahren, halb erfundenen Züge. Der Ton, in dem Camerarius einzelne ›Ereignisse‹ nacherzählt, wird getragen von einem erhabenen Humor, der nicht zweifelt, aber einschränkt. Der archaische Dichter gleicht seiner eigenen Dichtung: In einem nie fest zu umreißenden Zwischenbereich zwischen geträumter Möglichkeit und erfahrener Wirklichkeit spielt sich sein ganzes Dasein ab – oder besser: die Sage von seinem Dasein. Schon die extremen Aussagen über sein ›Geschlecht‹ – niederste menschliche Herkunft oder göttliche Abstammung – zeigen das Ausmaß der Unsicherheit, die durch den Streit der sieben Städte um seinen Geburtsort nur noch vermehrt wird. Auch die Hinweise auf seine angebliche Blindheit tragen nicht zur Klarheit bei. Blind geboren? Blind geworden? Camerarius legt sich wiederum nicht fest. Und gerade das Wahren dieses Schwebezustandes scheint m. E. sein tiefes Verständnis für die homerische Poesie und deren hohe Wertschätzung zu belegen. Doch auch seine Belesenheit und die wissenschaftliche Genauigkeit beweisen die Bedeutung, die jeder seiner Äußerungen beigemessen werden muß. Bei dem Thema der homerischen Blindheit unterläßt Camerarius nicht die Anspielung im Apollon-Hymnus auf den »τυφλὸς ἀνήρ« von den Insel Chios, der Homer sein soll [262]. Sein *soll*: in dieser vorsichtig-überlegenen Aussagehaltung zerstört Camerarius jede versuchte Annäherung des Unerklärlichen an Faktisches, um das Geheimnis des Fiktiven aufrechtzuerhalten. Auch die weiteren antiken Zeugnisse werden in der gleichen Absicht untereinander relativiert. Darüber können selbst die zahlreichen und trotz aller sachlich angebotenen Quellenkunde nur spekulativen Zeitangaben nicht hinwegtäuschen: sie streben keine Lösung der Probleme an – weder einer ›relativen‹ Chronologie, die die Differenz zwischen Homers Lebenszeit und dem Tatbestand des Trojanischen Krieges zu klären versucht, noch der ›absoluten‹ Chronologie, die die wichtigsten Einschnitte in Homers Vita festlegen möchte. Die Nachrichten über seinen Tod und die Vermutungen über seinen Namen entbehren ebenfalls einer glaubwürdigen oder zumindest einsträngigen Überlieferung. Fragen, die von den verschiedensten Seiten her einen Einblick gewinnen wollen, bleiben schließlich unbeantwortet: Die Person Homer kann trotz vieler Aussagen nicht eingegrenzt werden, gerade die uneinheitlichen Züge umgeben ihn mit einem geheimnisvollen Glanz, der die Größe seiner Poesie auch eher unterstreicht als herabwürdigt.

Die nachfolgenden Kapitel bewegen sich dagegen in Gedankengängen, die wissenschaftlich gefestigt sind oder eine klare persönliche Stellungnahme anzeigen. In der Abhandlung DE GENERE SCRIPTI übergeht Camerarius die Poetik des Aristoteles, obwohl er sie kennt [263]. Dagegen folgt er der Dichtungseinteilung Platons, in der sich die ›gemischte‹ Gattung, die Epik, aus den beiden sonst vereinzelt auftretenden Elementen ›Narratio‹ und ›Actio‹ zusammensetzt. Den oratorisch bedingten und den mimetisch bestimmten Werkteil bindet Homer in seinen Dichtungen nach Camerarius jeweils durch das ›vollkommenste‹ Baugesetz, die hexametrische Form, die den heroischen Gehalt in vielen Variationsmöglichkeiten darbietet [264].

Nach der Worterklärung des Poeten als »faber Musarum« [265] erwähnt der humanistische Wissenschaftler die beiden Epen Homers, von denen es ihm aber wegen seines Editionsvorhabens nur auf die Ilias ankommt [266]. Die kyklischen Epen zweifelt er als echte Werke Homers an, dagegen schreibt er ihm einige Hymnen und die Batrachomyomachie zu, ohne diesen ›Glaubensaussagen‹ den Wert philologischer Analysen beizumessen.

Im Abschnitt DE CONSILIO AVTORIS [267] legt er Homers Absicht traditionsgemäß aus als Preis und Ehrung der griechischen Kultur und ihrer Träger, der Heroen: die homerische Dichtung veranschauliche ein ›einzigartiges Beispiel der Tapferkeit‹ [268]. Zwar behauptet Camerarius, in der Aufforderung zur Tugend liege Homers größtes Verdienst, weniger in seiner vollkommenen Beherrschung der Technik, doch an der Kürze der noch nicht einmal halbseitigen Ausführung über den Aussagewillen Homers könnte eine mehr unbewußte Abwehr gegen diese in seiner Epoche weitverbreitete Auffassung ablesbar sein – eine Ahnung von anderen, eher ›poetisch‹ statt ethisch bedingten Beweggründen. Zumindest lassen die kommentierenden Angaben ansatzweise eine Einsicht in die ›plurale‹ Sprache der Dichtung und in eine daraus resultierende komplexe Anlage der Kommunikation erkennen. Schon bei der OPERIS DISTINCTIO [269] erscheint die in seiner Zeit übliche Interpretation der homerischen Epik als ›Tugendspiegel‹ als voreiliges und nicht haltbares Urteil, das nicht zuletzt durch die Vielfalt der Handlungsstränge gesprengt wird. Der ursprünglichen Form der Ilias entspricht nicht der überlieferte Text; auch Camerarius kennt die antiken Berichte von der Sammlung der vorher getrennten Einzelgesänge durch Peisistratos – »ohne eben viel daraus zu machen« [270]. Wie er auch nicht viel aus den weiteren Angaben der Bucheinteilung homerischer Lieder durch Aristarch oder Zenodot macht! Diese Zeugnisse erwähnt er, doch mißt er ihnen keine entscheidende Bedeutung bei: die Veränderungen betreffen nur unwesentliche Äußerlichkeiten; Homer bleibt letztlich auch der Autor der vorhandenen Fassung. Die philologischen Bemühungen bedeutender Persönlichkeiten verdecken mitunter eine solche Feststellung, enthüllen sich aber oft als ein Prahlen mit eigener Klugheit und beleuchten daher ungewollt umso mehr die Größe Homers. Gegenüber den sonst meist ungeprüft übernommenen Zitaten wahrt Camerarius stets eine kritische Haltung, und selbst bei seinen Übereinstimmungen mit den zeitbedingten Meinungen wirkt seine Art der Argumentation vorsichtig und sachlich. Auch der langen Liste der antiken Homerinterpreten [271] fügt er kaum ein eigenes Urteil bei. Die anfangs chronologisch, dann alphabetisch geordnete Aufzählung soll allein durch die Fülle berühmter Personen beeindrucken, die sich alle mit Homer beschäftigt haben. Sogar ohne zusätzliche Bemerkung zeigt sich die zeitlose und überragende Rolle Homers als eine längst bewiesene Tatsache. Camerarius kann die Einleitung abschließen. Ihm geht es keineswegs um eine Rechtfertigung heidnischer Poesie; dazu ist ihm das Studium der Dichtung Homers schon zu sehr eine selbstverständliche Tätigkeit, die keiner Begründung mehr bedarf. Nicht nur dies: Sie erweist sich als ein notwendiger Auftrag für eine umfassend verstandene humanistische Bildung. Sie erst schult den Menschen und führt ihn zu richtiger Lebensanschauung, zu richtigem Handeln.

Hiermit gelangt Camerarius wieder zum Beginn seiner Ausführungen zurück. Der Kreis ist geschlossen, die im Titel formulierte Aufgabe beginnt: die Kommentierung des ersten Buches der Ilias. Das großartige Gemälde vom Zorn starker Helden, das Camerarius schon im ARGVMENTVM nachgezeichnet hat [272], kann nicht allgemein als ›Anweisung zum (idealen) Leben‹ gedeutet werden [273]. Seine ›Nützlichkeit‹ ergibt sich erst dann, wenn der Leser die Zusammenhänge und Beziehungen durchschaut und die vernichtende Kraft dieses Zorns als die Folge eines Übels, das gemieden werden muß, erkennt. Wie bei jeder großen Dichtung erschöpft sich die Wirkung der homerischen Poesie nicht einfach nur in der Beeinflussung des Hörers oder Lesers. Sie fordert ihn v. a. zur Auseinandersetzung heraus, zu eigenem Mit- und Nachdenken. Der entscheidende Wert der Dichtung liegt bei einer solchen poetologischen Konzeption in der Bewußtseinserhellung: Je mehr die Literatur zum intellektuellen Durchdringen der Probleme beiträgt, desto größer ihre Nützlichkeit, desto höher ihr Rang. Denn der humanistische Bildungsoptimismus setzt geistige und sittliche Vollkommenheit gleich [274]: Camerarius glaubt daran, daß der kluge Mensch auch der gute Mensch ist. Und die homerische Epik, die den Geist des Menschen erweitert, steigert ebenso sein ethisches Empfinden. Hiermit fördert sie in einem unschätzbaren Ausmaß die ›Erziehung des Menschengeschlechtes‹ – ein Programm, das schließlich erst in Mendelssohns Ästhetik, in Sulzers *Allgemeiner Theorie der schönen Künste und Wissenschaften* und in Schillers Briefen *Über die ästhetische Erziehung des Menschen* ausführlich dargelegt wird, in dem humanistischen Ideal aber schon impliziert ist.

Jeder gute Kommentar liefert nicht nur Erklärungen, die unverständliche Textteile verständlich machen, jedoch noch kein bestimmtes Bild von der Dichtung und dem Dichter entwerfen; er bietet auch eine Interpretationsgrundlage, die Richtlinien angibt und Querverbindungen sowie Sinnbezüge aufdeckt. Camerarius jedenfalls versteht dies unter Kommentierung, zumal Homers Dichtung immer wieder in verschiedenen Zeitebenen spielt. Der Kunstgriff, in der Ilias nur einige Tage des zehnten Kriegsjahres zu erzählen, bedingt ebenso ein Einfügen früherer Geschehnisse, wie der weitere Kunstgriff, die Schilderung vor der Zerstörung Trojas abzubrechen, einen Vorausblick auf spätere Ereignisse fordert [275]. Rückblende und Vorschau gestalten den eigentlich linearen Ablauf historischer Fakten zu einem komplizierten Kausal- und Finalgeflecht. Durch diese ›Poetisierung‹ werden aber erst die Hintergründe ersichtlich, und das Einmalige gewinnt eine überzeitliche Bedeutung.

Gerade das Prooimion der Ilias enthält in nuce die Vielschichtigkeit des gesamten Werkes: Umriß des Themas, der numinose Anruf, die Taten der Heroen [276] – das irdische Geschehen wird unwesentlich im Hinblick auf den Tod, der den Körper vernichtet und die Seele in die Unterwelt schickt, wird in gleichem Maße aber auch erhöht durch die göttliche Perspektive, durch die Verwirklichung der Prädestination [277].

Bei den übrigen Anmerkungen überwiegen grammatikalische und sachliche Erläuterungen. Sie werden gestützt durch große Belesenheit, die Camerarius jedoch nur anwendet, um eine bessere Textanalyse zu erreichen. Trotz seiner Homerbewunderung wahrt er jederzeit eine wissenschaftliche Sachlichkeit, die selbst Melanchthon nicht überall beachtet hat. Die zahlreichen Einzelerklärungen werden auch wieder in ihren Kontext eingefügt, womit Camerarius den sonst so häufigen fehlerhaften Schlußfolgerungen entgeht. Manchmal sogar zieht er homerische Wendungen aus anderen Büchern zum Verständnis oder zur Vertiefung des vorliegenden Abschnitts heran [278].

Dem kaum Textkritik übenden Kommentar schließt sich das griechische Original ohne Varianten an [279]. Zum Vergleich steht jeweils auf der rechten Seite eine lateinische Übersetzung, die eine klare Wiedergabe der Wortstellungen und Satzinhalte anstrebt. Daß eine solche Form der Übersetzung letztlich nur eine mehr äußerliche Ähnlichkeit mit dem ursprünglichen Sprachkunstwerk besitzt, dürfte Camerarius bewußt geworden sein. Denn er fügt auch noch eine eigene, sehr freie Übertragung in lateinischen Hexametern an, die sich eher an Sinn und Ton der originalen Poesie anlehnt [280].

Dieselbe Werkanlage behält Camerarius bei der Kommentierung des zweiten Buches der Ilias bei. Überraschend klingen die Worte, mit denen er eine solche Beschäftigung vorankündigt: Das ›Lesen (dieses zweiten Buches) werde dem Studenten der freien Künste und der Dichtung größtes Vergnügen bereiten und größten Nutzen verschaffen‹ [281]. Die mehr allgemein gehaltene PRAEFATIO gibt darauf kaum Antwort; lediglich die erzieherische Funktion Homers innerhalb des griechischen Kulturkreises und der ethische Wert seiner Epen auch für jeden nichtgriechischen Leser werden unterstrichen. Erst in den Ausführungen zu einzelnen Textstellen versucht Camerarius, diese hohe Einschätzung gerade des zweiten Buches zu beweisen. Er beruft sich auf das Urteil Quintilians, und damit ist schon die Richtung des Lobes abgesteckt: Camerarius meint die ›ausgezeichneten Beispiele der in einer Ratsversammlung gehaltenen Reden‹ [282]. An ihnen preist er die Gliederung, die größte künstlerische Meisterschaft Homers und die überragende geistige Fähigkeit seiner tapferen Helden verrät, und die Kraft der Überzeugung, die einem hohen sittlichen Verantwortungsbewußtsein und der Einsicht in die Situationslage erwächst. ›Eloquentia‹ enthüllt ›Virtus‹ [283] – zwar mehr deren ›theoretischen‹ Teil, aber auch dieser ist stets auf seine ›praktische‹ Erfüllung ausgerichtet. Mit einer solchen Auffassung nähert sich Camerarius der antiken Wort-Tat-Korrelation.

Auf die Reden allein beschränkt sich jedoch nicht die Hervorhebung des zweiten Buches. Seine Sonderstellung betont ebenfalls der für viele Poeten zu wenig poetisch geformte ›Schiffskatalog‹ (494 ff.) [284]. Gerade die Fülle des angeblich historischen Quellenmaterials begeistert Camerarius. Homers ›mythologische‹ Genealogien, die mit Zitaten aus anderen Schriftstellern belegt und erweitert werden, liefern dem Humanisten geschichtswissenschaftliche Erkenntnisse. Da Homer auch Fakten übermittelt, wahrt er natürlich die zeitbedingte Forderung, die an jede Dichtung als

Maßstab angelegt wird: den Wahrheitsgehalt. Die vermuteten historischen Tatsachen, die jeder bei dieser Lektüre erlernen kann, beweisen erneut den Nutzen Homers. Darin erschöpft sich aber noch nicht sein Wert; denn Camerarius erkennt, da er den Kontext nicht aus den Augen verliert, die poetische Umklammerung des Schiffskatalogs. Er bemerkt demnach ein innerliterarisches Gesetz, das den meisten seiner Zeitgenossen verschlossen bleiben muß: die werkimmanente Motivierung. Schon der Beginn, der wiederholte Musenanruf, deutet dies an (484 ff.) [285]. Das Numinose mit seiner Allgegenwärtigkeit und Totalperspektivik verbürgt das Geschehen und verleiht ihm zugleich einen überirdischen Aspekt: die Helden um Troja führen nicht nur einen Krieg, der sie allein betrifft, sie handeln nach göttlichem Willen. Offensichtlich wird die werkimmanente Motivierung des Schiffskatalogs erst mit seinem Abschluß. Die Aufzählung der großen Helden dient letztlich nur zur Steigerung des einen, des größten Heroen: des Achill (761 ff.) [286]. Mit der ausführlichen Musterung der anderen und dem darin enthaltenen Lob unterstreicht Homer eindringlich dessen unvergleichliche Ausnahmeerscheinung. Dies ist für Camerarius der poetische Sinn eines sonst wissenschaftlichen Abschnitts. Und in der nahtlosen Verknüpfung der Vergnügen bereitenden und der Nutzen verschaffenden Elemente liegt schließlich auch die einmalige Leistung, die Homer mit diesem zweiten Buch der Ilias erreicht hat.

Die Kommentare des Camerarius zu den beiden ersten Büchern des Kriegsepos sind nicht sein einziger Beitrag zur Homerforschung [287]. Eine Gesamtedition der Ilias und der Odyssee im originalen Wortlaut besorgt er mit seinem Freund *Jakob Moltzer*, einem Schüler Melanchthons, der Micyllus genannt wird; 1541 werden die beiden Homerepen in Basel gedruckt [288]. Die Kurzscholien, die typographisch den griechischen Text umrahmen oder ihn seitlich abgrenzen, gehen jedoch auf keine eigene Bearbeitung zurück; Camerarius übernimmt die sog. »Scholia minora«, die unter dem Namen des Alexandriners Didymos überliefert sind, Micyllus bekümmert sich hauptsächlich um die Korrekturen. Den Textwiedergaben der beiden Epen folgen die ›homerischen Fragen‹ und die Allegorese der Nymphengrotte von Porphyrios.

In dem PROOIMION [289] des Camerarius überwiegen die gängigen Formeln des Homerlobs: seine kognitive und ästhetische Vorrangstellung, die Schilderung der Tugend und die Kunstfertigkeit der Ausführung, der universelle Rahmen und der gleichsam ›göttliche‹ Gehalt. Das Urteil wird durch die Klage über die Mißachtung der Studien in seiner Zeit nicht getrübt, bietet vielmehr die beste Möglichkeit für eine Änderung dieses Zustandes. Grundlage, Programm und Zielsetzung des neuen Erziehungs- und Bildungsideals lassen sich in der homerischen Dichtung finden: Sie enthält nicht nur die Lehre, sie umfaßt auch die Förderung der Humanität. Gerade deshalb erweist sich die Beschäftigung mit Homer als eine notwendige Vorbedingung für diese sozialpädagogische Utopie. Verwirklichen kann sie sich jedoch erst dann, wenn Homers Werk wieder als lebendiger Besitz verstanden wird.

Den erst spät von Vasari definierten Begriff »rinascita« [290], der von Italienern längst vorher gedacht, aber nicht auf die griechische Poesie ausgedehnt worden ist, verwendet schon Camerarius und verbindet ihn mit Homer [291]. Eine ›Wiedergeburt‹ Homers – dies ist die entscheidende Absicht der prunkvollen Basler Homeredition. Wiedergeborenwerden erschöpft sich jedoch nicht in einem zeitlos ausgelegten Dasein, es bedeutet auch erneuter Eintritt in den geschichtlichen Prozeß. Trotz einiger Ansätze zu einem historisch würdigenden Interpretieren bei Camerarius: das homerische Werk wird von der Gegenwart aus beleuchtet, zumal es sich, ›mit der Zeit wachsend, zu einer unerreichbaren Höhe gesteigert hat‹ [292]. Von hier aus heißt Wiedergeborenwerden: Veränderung des Einmalig-Gewordenen, Einbeziehung in eine anders geartete Wirklichkeit und besondere Betonung der in ihr wichtigsten Probleme, heißt: immerwährende Gültigkeit und dennoch Anpassung an die jeweilige Konstellation. Das Unwandelbare wird dem Wandelbaren unterworfen und an ihm gemessen, wahrt seine ›Substanz‹ und wird deshalb umso höher geschätzt. Die diesmal erwähnte Homer-Redaktion des Peisistratos erfährt eine kontextbedingte Umwertung: die im alten Athen notwendige Akzentverschiebung rechtfertigt das nun unternommene Verfahren, Homers Epik dem ›modernen‹ Publikumsgeschmack anzupassen, sie geistiges Eigentum werden zu lassen. Die unterschiedlichen Tendenzen des Betrachters führen keineswegs zu Verfälschungen der Vorlage, sie erhellen nur bisher unbeachtet gebliebene Gesichtspunkte der Dichtung und tragen demnach – trotz des Bewußtseins einer möglichen Einseitigkeit und der augenblicklichen Erfordernis – zu einer Erweiterung des traditionellen Homerbildes bei.

Melanchthon und Camerarius, zwei befreundete Wissenschaftler, haben mit ihren Studien, jeder auf seine Weise, eine entscheidende Vorbereitung *und* Vertiefung der Homerrezeption in Deutschland erreicht. Um ihre Verdienste voneinander abzugrenzen, sei auf Karl Hartfelders Formulierung hingewiesen: Melanchthon ist »das vielbewunderte Haupt einer zahlreichen (!) philologischen Schule«, Camerarius »der grösste Gräcist der Deutschen im 16. Jahrhundert« [293]. Auf Homer übertragen: Melanchthon geht eher vom Gesamtwerk Homers aus und entnimmt ihm einige Szenen, die sein humanistisches Programm stützen; Camerarius bleibt dagegen näher am Text und entwickelt von ihm aus seine Theorien. Beide liefern Homerstudien, die weit über dem Durchschnitt ihrer Epoche stehen. Bindung an die Tradition verhindert nicht neue und eigene Gedanken, die das erstarrte Schema vom Epiker Homer erst in eine vorstellbare Dichterpersönlichkeit umwandeln sowie einsträngige Werkinterpretationen durch polyperspektivische Methoden ersetzen und neben den außerliterarischen Faktoren auch durch innerliterarische Gesetzlichkeiten abrunden. Beide Wissenschaftler führen zudem die Lektüre der homerischen Poesie wieder als einen festen Bestandteil in den Schulunterricht ein. Und wie sie hierbei den Grund für jede weitere Homerbeschäftigung legen, geht von ihnen außerdem eine Breitenwirkung auf die sog. Neulateiner, bzw. die späteren Humanisten, aus.

Von ihnen ist letztlich auch eine zweite Homeredition beeinflußt. *Johann Lonicerus*, der Herausgeber zweier Bände, die beide Epen mit der Batrachomyomachie und den Hymnen sowie den verschiedenen antiken Homerviten enthalten [294], kennt Camerarius und widmet seine wissenschaftliche Arbeit Melanchthon. Die einmal lateinisch, dann griechisch geschriebene Dedikation bewegt sich innerhalb des üblichen enkomiastischen Stils, in dem Homer gepriesen wird; da jedoch ›Beweise‹ für seine Preis*würdigkeit* fehlen, muten die Wendungen wie nacherzählte (und nicht selbst vollzogene) Schlußfolgerungen an, die mit denen des Camerarius und des Melanchthon übereinstimmen: Homer, ›bald Fürst, bald Vater der gesamten Humanitas‹ [295], vermittelt ästhetisches Vergnügen, das mit der utilitaristischen Funktion koordiniert wird. Mit der Verkürzung auf eine solche Formel läßt Lonicerus die vorangegangenen vielseitigen Aussagen unbeachtet und geht sogar, kaum weiter differenzierend, auf die knappe Definition des Horaz zurück.

Die Titelbilder seiner Straßburger Ausgabe von 1542 beleuchten jedoch verschiedene ›Punkte‹ der frühgriechischen Epen. Das Titelbild des Iliasbandes stellt oben den historischen Ort TROJA mit Burg und Königsfamilie dar und unten das ›poetische‹ Ziel aller Handlungen, den Zweikampf zwischen HECTOR und ACHILLES und den Sieg des Griechen; in der Mitte steht HOMERVS, ein alter Mann mit Kranz und Harfe, dem tönenden ›Werkzeug‹ der göttlichen Muse CALLIOPE. Dagegen zeigt das Titelbild zur Odyssee die vielschichtige Götter- und Menschenhierarchie Homers: der Ernst der göttlichen Szenerie, über die JVPPITER herrscht, wird durch den Ehebruch von VENVS und MARS aufgelockert; damit korrespondiert die Phäakenepisode mit DEMODOCVS, der dem König ALCINOVS und dem Gast VLYSSES das Lied vom Netz des VVLCAN singt und der einer werkimmanenten Selbstdarstellung des ebenfalls abgebildeten HOMERVS nahekommt; in der Mitte befindet sich NEPTVNVS, der göttliche Gegenspieler des Odysseus; dieser landet am unteren Rand des Bildes (nach langer Irrfahrt auf dem Meer) in ITHACA; daneben eröffnet sich ein Einblick in die Unterwelt, wo TANTALVS Qualen erleidet. Während bei der Ilias-Illustration die Einheit des Ortes und die Richtung auf die Haupthandlung betont sind, wird bei der Odyssee-Illustration die räumliche Vielfalt hervorgehoben und mit ihr das weite Beziehungsgeflecht der einzelnen Figuren. Beide Illustrationen erweisen sich als kunstvolle Montagen, die in klarer Darstellungsform auch deutliche Konturen für die damals (wiederum nach Horaz) als wesentlich erachteten Interpretationspunkte setzen: durch die Bildkombinationen werden v. a. Komposition und Struktur der homerischen Epen ›veranschaulicht‹.

e) Die Zwingli-Schule: religiös-pädagogische Tendenzliteratur

Gegenüber den themen- und ergebnisreichen Homerforschungen des Camerarius und des Melanchthon wirkt die Auffassung Zwinglis und seiner Anhänger einseitig, altbekannt und wenig ergiebig. Eine Ausnahme bildet nur ein Brieffreund Zwinglis, der Philologe *Beatus Rhenanus*. Ein Werk dieses vielseitigen Wissenschaftlers wird mit einem Titelbild eröffnet, das seine geistige Einstellung verrät [296]. Den Wagen der ›Humanitas‹ ziehen vier Gestalten; analog den ›politischen‹ Parallelfiguren bei Plutarch sind hier die ›literarischen‹ Parallelfiguren gewählt, die innerhalb der griechischen und der römischen Kultur eine überragende Rolle auf dem Gebiet der Poesie und der Rhetorik eingenommen haben: Homer und Vergil, Demosthenes und Cicero. Daß Rhenanus das ›Original‹ auf die gleiche Stufe wie die ›Nachdichtung‹ stellt, bedeutet in dieser Zeit der Bevorzugung von formal-mimetischen Kategorien und gesellschaftskonformer Enkomiastik [297] schon eine entscheidende Aufwertung Homers [298]. Auch wenn Platon ihn aus dem Staat vertrieben wissen wollte – nicht aus dem realen Staat jedoch, sondern aus einem (lediglich in einer Idealvorstellung möglichen) vollkommenen Staat –, damit nicht einmal der Ansatz eines lächerlich-dummen Verstoßes gegen die absolute Wertwelt erkennbar sei [299]: Homer bleibt nach Rhenanus für jede diesseitige Perspektive der »parens omnis eruditionis«, und er beweist zudem eine hohe sittliche Haltung, da er Athene als Personifikation der Klugheit dem Telemach, einem jungen, noch nicht gefestigten Menschen, an die Seite stellt, um ihn zur Tugend zu ermahnen und ihm vom Laster abzuraten [300]. Daß Rhenanus beide Epen Homers vom Originaltext her bekannt sind, zeigen einige griechische Zitate in seinen Briefen [301] sowie Homererwähnungen und Homerzitate mehrerer Briefpartner, die die Kenntnis dieses Autors bei dem Adressaten voraussetzen [302].

Dagegen zeigt der Beitrag *Zwinglis* zur Homerphilologie eine sehr verengte Perspektive: jedes Wort prüft er letztlich auf den theologischen Aussagewert. Dabei bevorzugt er fast selbstverständlich die allegorische Interpretationsmethode, mit deren Hilfe er die homerische Dichtung als Analogie zum Christentum oder als dessen Präfiguration auslegen kann. In ihr erkennt er den Kern der religiösen Wahrheit; Poesie ist ihm nur die Hülle, die diesen Kern umschließt. Eine solche Reduzierung führt zu einer einseitigen Normierung: Die Größe jeder Dichtung hängt, vereinfacht ausgedrückt, von ihrer christlichen Deutungsfähigkeit ab.

Gleiches gilt auch für die Beschäftigung mit einer Sprache. Der Titel einer Schrift umfaßt Zwinglis Programm: »Wie man die jugendt in guten sitten und christenlicher zucht uferziehen unnd leeren sölle« [303]. Nach der Festigung des Glaubens fordert er die Kenntnis von Sprachen. Neben dem Hebräischen hebt er besonders das Griechische hervor – weil der Urtext des Neuen Testaments in dieser Sprachgebung vorliegt [304]! Ansonsten müsse man allerdings vorsichtig mit dem Griechischen umgehen: »dann vil darinn ist, das nit on schaden erlernet wurde« [305]. Das richtige Maß zeige Homer an dem Verhalten des klugen Odysseus in der Sirenen->Parabel‹. Der antike Held verstopft wegen der verderblichen Klänge die Ohren seiner Gefährten mit Wachs und läßt sich selbst an den Mast des Schiffes binden: »Dise (= schädlichen) ding alle mag das gemüt, so vor gewarnet, glych als Ulisses unberürt und unverletzt fürgon und überspringen« [306]. Wegen der Fülle von didaktisch wertvollen Beispielen, die er Homer entlehnen kann, wird der griechische Autor zur »Lieblingslektüre« Zwinglis; sein Biograph Heinrich Bullinger spricht davon, daß er »insonders gern in Homero« lese [307]. Aus derselben Absicht heraus sind wohl auch seine (leider verlorenen) Scholien zur Ilias entstanden [308].

Immer wieder überwiegt das praktisch-theologische Ziel: die christlich-soziale Pädagogik. Einzig und allein unter diesem Blickwinkel erhält die Dichtung Homers ihre Bedeutung. Ansätze zu anderen Interpretationsversuchen sind nur dann berechtigt, wenn sie sich in den didaktisch-religiösen Plan integrieren lassen. Einen Beitrag dazu liefert *Jakob Ceporinus* (1499–1525) im Anschluß an sein COMPENDIVM GRAMMATICAE GRAECAE [309], dem er eine motivisch geordnete Sammlung von antiken griechischen ›Epigrammen‹ anfügt. Darunter fallen auch homerische Verse, so etwa zum ›menschlichen Leben‹, zu ›Gestalt und Gesinnung‹, zu ›Freunden‹ und ›Herrschern‹, zu ›Krieg und Vaterland‹ und zum ›Tod‹ [310]. Diese eher wahllos anmutende Themenkette aus der Dichtung Homers verrät jedoch überall eine bestimmte, die anleitende und unterrichtende Tendenz, dient also vorrangig Schulzwecken. Und diese Aufgabe vermittelt Zwingli dem talentierten jugendlichen Griechischlehrer Ceporinus und bekräftigt ihn darin. Dem Frühverstorbenen folgen andere Anhänger Zwinglis im Amt, so der Züricher *Rudolf Collinus*, der *Observationes in Homerum* geschrieben haben soll. Anfangs geht Collin dieselben Wege wie *Melchior Macrinus;* vielleicht greifen seine Homererklärungen sogar teilweise auf des Macrinus nicht mehr nachprüfbare private Homervorlesungen 1523 in Basel zurück [311].

Ein für den Zwingli-Kreis kennzeichnendes Werk gibt Collins Schüler *Konrad Gessner* heraus: MORALIS INTERPRETATIO ERrorum Vlyßis Homerici (1542) [312]. Diese griechische Schrift eines anonymen Verfassers [313] bewegt sich in ähnlichen Gedankengängen, wie sie bei den Anhängern des Schweizer Reformators überwiegen: ohne die Grundlage ethischer Betrachtung bleiben die poetischen ›Fabeln‹ sinnlos; kommunikative Nützlichkeit erreichen sie erst durch die Umwandlung der dichterischen Bild- und Motivbereiche in eine philosophische Begriffssprache und deren praktizierbare Tugendlehre. Bei einem solchen Veränderungsprozeß läßt sich die ursprüngliche Aussage mühelos in das gewünschte neue System einordnen. Daß durch diese Methode nicht übertragbare Eigenarten verlorengehen, erkennt Gessner ebensowenig wie jeder, der von der unerschütterlichen Richtigkeit seines eigenen Standortes überzeugt ist. Theologisch gefestigt und pädagogisch ausgerichtet sieht er in der ›moralischen Interpretation‹ eines wesentlichen Odyssee-Abschnitts eine ›offenkundig christliche und (seiner) Religion völlig angemessene Deutung‹ [314]. Die Abenteuer des Odysseus versteht er als poetisch, d. h. für ihn: allegorisch verschlüsselte Aussageform. Der ›latente‹, nie der buchstäbliche Sinn der homerischen Dichtung birgt eine Fülle von zeitlos gültigen Ansichten. Für die zwinglianische Glaubensrichtung wird diese Schrift geradezu Modell der philologischen Arbeitsweise; nur eine solche Interpretationsmethode hält der Prüfung stand und wird ausdrücklich gebilligt [315]. Die Übertragung des griechischen Textes in das lateinische Idiom ermöglicht eine breitere Einwirkung der so verstandenen homerischen Epik innerhalb des schulischen und wissenschaftlichen Studienprogramms. Odysseus wird zum Vorbild und Beispiel für jedes Verhalten erhoben. Ob nun die Episode bei den Lotophagen oder den Kyklopen und den Laistrygonen, bei Aiolos oder Kirke, in der Unterwelt, bei den Sirenen, bei Skylla und Charybdis, bei den Rindern des Sonnengottes oder schließlich bei Kalypso in ihrem ›geistigen‹ Wortsinn ausgelegt wird [316]: immer wieder dreht es sich um die Verführung des Menschen durch Leidenschaft und Sünde und um deren Überwindung durch Klugheit und Frömmigkeit des Idealtypus Odysseus, an dem sich Gnade und Vorsehung des christlichen Gottes beweisen.

Diesem anonymen Werk schließt Gessner zwei weitere Editionen spätantiker Homerauslegungen an: COMMENTATIO PORPHYRII und LVCVBRATIO PROCLI [317]. Die erste Abhandlung, in der die Schilderung der Nymphengrotte (Od. XIII 102 ff.)

als »Allegorie für den Kosmos und das Schicksal der Seele« begriffen wird [318], bewegt sich innerhalb einer ähnlichen Interpretationsmethode, wie sie in der vorigen Schrift angewandt worden ist. In der Konzeption Gessners werden dabei substantiell verschiedene Allegorieformen miteinander verbunden und zu stufenweisen Abfolgen verändert: die zuerst ›physikalische‹ und dann ›ethische‹ Auslegung geht schließlich in eine ›theologische‹ Aussage über. Deshalb auch die nicht wörtliche Übersetzung und ihr ›nicht eleganter, sondern leichter und deutlicher (!) Stil‹, der ›den (angeblichen) Sinn des Autors auszudrücken versucht‹ [319]. Der in einer fiktiven Fabelsprache verborgene Gehalt der homerischen Dichtung wird somit durch die Allegorese als ›Religionsphilosophie‹ enthüllt.

Im Vorwort zu dem zweiten Werk, der Übersetzung einer Schrift, in der Proklos Homer gegen den platonischen Vorwurf der Staatsgefährdung verteidigt, wird eine solche Anschauung bekräftigt. Die homerische Epik nur vom Wortsinn her verstehen zu wollen, würde nach Gessners Meinung zu absurden Ergebnissen führen; dagegen könne sie und müsse sie sogar in einem bestimmten geistigen Sinn ›dechiffriert‹ werden. In der frühesten Zeit dichterischer Überlieferung, so steht es für Gessner fest, hießen die ›Poeten Theologen‹, und die Poesie war der ›Name für Theologie und die prima philosophia‹ [320]. Denn die Mythen um die Götter werden weder historisch noch physisch oder ethisch erklärt, sondern ›durch theologische und metaphysische Lehren verdeutlicht‹ [321]. Und dennoch enthält die Poesie Homers neben der tiefen religiösen Substanz auch noch als notwendiges Korrelat die Abschilderung der Erscheinungen im Diesseits, im rein irdischen Erlebnis- und Erfahrungsbereich des Menschen. Das Göttliche *und* das Menschliche – beides umfaßt der Dichter Homer, und mit dem Entwurf dieses ›totalen‹ Weltbildes beweist er seine ›in jeder Beziehung vollkommene Weisheit‹ [322].

Diese kann jedoch nur Ausdruck der überirdischen ›Wahrheit‹ sein, die auch jede irdische ›Wirklichkeit‹ – nur als jeweilige Erscheinungsform des eigentlich Wesentlichen begriffen – einschließt. Trotz der Achtung vor dem Menschlichen ist das Göttliche der entscheidende und einzige Anhaltspunkt. Deshalb legitimiert die Hinführung auf das theologische Ziel schließlich jede philologische Tätigkeit, und eine Homerexegese, angenähert an die Technik der Bibelexegese, gibt dem frühgriechischen Autor und dessen Epik zwar nicht den ursprünglichen, aber doch einen ›modernen‹ sakralen Wert als christlich umgeprägte ›Parafiguration‹ neben dem Alten Testament. Unter dieser Voraussetzung wird Homers Dichtung weithin bekannt, wenn auch nicht historisch richtig gewürdigt. Die neue Absicht verfälscht den antiken Aussagewillen, und es ist bezeichnend, daß die Schweizer Wissenschaftler kaum die Ilias beachten. Die Vorlage gleichen sie ihrer religiösen Grundhaltung an, und für einen solchen Umwandlungsprozeß eignet sich viel eher die Odyssee.

Dennoch können auch sie sich auf Melanchthon berufen, obwohl dieser ebenso wie Camerarius schon den rein poetischen Gehalt der homerischen Epen und v. a. der archaisch-ernsten Weltdarstellung in der Ilias erahnt. Daß sie Melanchthons philologische Leistungen anerkennen, beweist der Abdruck eines Gedichtes, das Gessner zwischen seine Übersetzungen eingefügt hat und das an Thomas Blaurer, den einstigen Bürgermeister zu Costnitz und späteren religiösen Emigranten, gerichtet ist [323]. Das *Carmen extemporeaneum* verwendet homerische Sprachformen, rafft homerische Handlungskomplexe und stimmt die Gedichtaussage auf einen in dem reformatorischen Humanismus typischen Nützlichkeitsaspekt christlicher Prägung ab, wie er inhaltlich auch nahtlos in das Konzept der Zwingli-Schule paßt. Die Kenntnis der ›göttlichen Dichtungen‹ des Sehers Homer hilft bei der Bewältigung diesseitiger Konflikte: Das Dulden des Odysseus, gleichsam die Summe aller Tugenden, wird zum beispielhaft-vorbildlichen Lebensmuster eines jeden Christen. Eine solche Deutung versteht das homerische Werk schließlich als ›Poetisierung‹ religiöser Grundwahrheiten und deren Forderungen und Anleitungen im irdischen Dasein; die Poetisierung jedoch wird meist als nur nebensächlicher Dekor des allein wesentlichen Inhalts abgewertet. Weit unter der eigenen wissenschaftlichen Leistung bietet Melanchthon mit diesem Widmungsgedicht eine für die religiös-pädagogische Tendenzliteratur charakteristische Anschauung: die jeweils vorherrschende Glaubenshaltung wird in die fremde Dichtung hineininterpretiert, und der Grad dieser Uminterpretierbarkeit bestimmt deren Bedeutung. Erst wenn sich die Epik Homers als völlig christliches Werk lesen ließe, wäre sie wirklich als vollkommene Poesie anerkannt! Da dies selbst bei umfassenden Veränderungen nur annähernd gelingen kann, bleibt weiterhin noch sehr viel Unverständnis, das oft jedoch durch traditionelle Klischees verdeckt wird, um den bekannten Namen Homer als Autorität für die eigene Sache anzugeben.

3. Homer-Rezeption im Späthumanismus

Lateinische Übersetzung und poetische Umwandlung

Aus dieser Sackgasse finden einige Späthumanisten einen Ausweg, indem sie die dichtungswissenschaftlichen Ergebnisse, besonders von Erasmus, Melanchthon und Camerarius, weiterführen und dabei trotz aller Mühen auch eine fast spielerisch leichte Beherrschung der Methoden und eine öfters überraschende Treffsicherheit der literarischen Wertung finden. Aus ihren Schriften lassen sich schon Abschnitte herauslösen, die ein genuines Verständnis für homerische Epik verraten. Zugleich ist mit deren Tätigkeit auch ein vorläufiger Abschluß in der Aneignung antikhellenischer und d. h. v. a. homerischer Dichtung erreicht: Diese Späthumanisten stehen am Ende der ersten großen Periode einer Rezeption der griechischen Antike, die in Deutschland durch italienische Einflüsse eingeleitet worden ist. Von dem Kopieren der ausländischen Vorbilder zur Übernahme tradierter Wort- und Gedankenschemata, von der Erweiterung der Sprachkenntnisse zu der Kenntnis originaler Texte, von zweckgebundener Literaturwissenschaft zu einer Theorie dichtungsimmanenter Gesetzlichkeiten, von Minimalzitaten bis zu Editionen des Gesamtwerks: immer wieder können wir innerhalb dieser ersten neuzeitlichen Periode verschiedene, wenn auch nur selten chronologisch festlegbare Phasen einer Erweiterung und Bereicherung des Homerbildes feststellen. Ihre letzte Phase läßt sich kennzeichnen durch eine halb wissenschaftliche, halb poetische Übersetzungstätigkeit, bei der jedoch noch immer die lateinische und nicht die deutsche Sprache gewählt wird.

Als Musterübersetzungen galten in ihrer Zeit und über ihre Zeit hinaus die lateinische Fassung der Ilias von *Helius Eobanus Hessus,* die erstmals 1540 in Basel gedruckt wurde, und die lateinische Fassung der Odyssee von Simon Lemnius, ebenfalls in Basel gedruckt, aber erst neun Jahre später erschienen.

Der schon von seinem Erfurter Studium an mit Reuchlin und Hutten befreundete Eoban nutzt in jungen Jahren seine Griechischkenntnis zum Lesen und Zitieren der homerischen Epen, von denen er eindeutig die Ilias bevorzugt. Erst jedoch in dem letzten Jahrzehnt seines Lebens unterzieht er sich der mühevollen Aufgabe des Übersetzens. Von dem langwierigen Ringen, das griechische Original in die humanistische Dichtungs- und Wissenschaftssprache umzuprägen, zeugt sein Briefwechsel [1]. 1530 schreibt er an Jakob Micyllus, daß er mit der Latinisierung der Ilias begonnen habe [2], 1539 berichtet er von der Beendigung dieser Tätigkeit [3]. Zwischendurch erwähnt er fast immer wieder, daß er vollständig in das homerische Werk eindringe und kaum etwas anderes leisten könne. Bezieht man seine früheren Studien und poetischen Versuche, in denen Homer öfters erwähnt wird, mit ein, zeigt sich eine Selbstidentifizierung des rezipierenden Autors mit dem rezipierten Kunstwerk von solchem Ausmaß, wie es bis zu diesem Zeitpunkt nicht aufgetreten ist. Dies verdient umso mehr Beachtung, da Eoban seine zweifellos vorhandenen schöpferischen Qualitäten für eine wissenschaftlich haltbare und poetisch überzeugende Anverwandlung eines fremdsprachigen Textes verwendet und diese ganz dem Original verpflichtete Haltung auch beibehält. Zwar erlahmt der anfängliche Fluß nach etwa zwei Jahren bei ungefähr einem Drittel des Werkes, wohl dadurch bedingt, daß er die neun übersetzten Bücher des Lorenzo Valla als Vorlage benutzt hat, was ihm sehr geholfen haben mag, selbst wenn er den berühmten Begründer einer philologisch-historischen Quellenkritik vieler Fehler und Torheiten zeiht [4]. Aber in dem Bewußtsein, eine Leistung zu vollbringen, die endlich vollbracht werden muß und die ihm und seinem Vaterland einen großen Ruhm sichern wird, läßt er nicht von seinem Vorhaben ab und bewältigt in rund zwei Jahren die zweite Hälfte der Übersetzung. Das Endergebnis entspricht jedenfalls dem Arbeitsaufwand. Seine lateinische Ilias weist eigentlich nur den Nachteil auf, den letztlich jede Übersetzung als unüberwindbares Hindernis eingestehen muß: die Gesetzlichkeiten und Eigenarten zweier Sprachen. Angewendet auf die lateinische Sprachgebung, die die homerische Kriegswelt erfassen will: der Eindruck archaischer Größe wird geglättet und das Uneinheitliche geordnet, das Sagenhafte wird in den idealisierten Heroentypus umstilisiert, und das Ungeheuerliche weicht einer schlichtenden Sicherheit. Davon abgesehen überwiegen die Vorteile. Daher bedeuten auch die beiden Gedichte am Anfang und am Ende der Edition mehr als die üblichen hyperbolischen Lobeserhebungen humanistischer Prägung; die Leistung Eobans wird mit Berechtigung gewürdigt: Jakob Micyllus preist sie als eine weitgehende Adaptation homerischer Vor- und Darstellungswelt an das lateinische Idiom, als eine einmalige Veränderung ›griechischer Lager‹ in ›lateinische Lager‹ und ›griechischer Mäntel‹ in ›römische Togas‹ [5], und *Caspar Schetus Corvinus* versichert dem

Übersetzer in einem langen Schlußgedicht, daß er des uneingeschränkten Beifalls gewiß sein könne [6]. Eoban selbst rechtfertigt seine Arbeit in einer PRAEFATIO [7], in der er auf das Schicksal der homerischen Epen eingeht. Diese, in verschiedene Teile zerstreut, seien ja erst von Peisistratos zu zwei Kunstwerken vereint worden und somit jedenfalls dem griechisch sprechenden Kulturkreis verständlich; nun müsse aber endlich das ›hervorragende Lied des göttlichen Homer‹ [8] allen Gebildeten nahegebracht werden.

Wie ihm dieses ›Näherbringen‹ gelungen ist, zeigt schon als Beispiel die Übertragung der ersten Zeilen:

> DIC mihi magnanimi Pelidae Musa furorem,
> Qui multas miseris clades inuexit Achiuis,
> Heroumque auido multorum tradidit orco
> Illustreis animas, canibusque rapacibus escam
> Corpora, et aërijs auibus, dispersa per altos
> Littoris Iliaci campos. Jouis alma uoluntas
> Ista fuit: postquam Graiûm rex magnus Atrides,
> Et Thetide aequorea generatus diuus Achilles,
> Conseruere truces animis discordibus iras,
> Quis deus hos inter rixam commouit acerbam [9]?

Diesen zehn Zeilen entsprechen im Original acht Hexameter; der Text wird also geringfügig erweitert, und der Zusatz soll zum besseren Verständnis beitragen. Dagegen hütet sich Eoban bewußt vor in den Text eingeschobenen Interpretationen; er bietet höchstens in Randbemerkungen Deutungsmöglichkeiten, die aber, sehr vorsichtig und allgemein gehalten, mehr loben als deuten [10] und eher der strukturellen Überschaubarkeit dienen sollen [11]. Den gewichtigen Tonfall der ersten Iliaszeile verlegt Eoban in das gewichtige Wort »magnanimi«, das auf den weiteren Versverlauf verlangsamend und erhöhend einwirkt und somit den etwas blassen und das rhythmische Pathos des ›Singens‹ nicht treffenden Auftakt »DIC mihi« vergessen läßt. Die folgenden Hexameter kongruieren weitgehend mit der originalen Diktion. Wortwahl, Syntax, Stimmlage und Verstempo sind der Vorlage möglichst angenähert, und Eobans Leistung ist umso bewunderungswürdiger, da sich diese Feststellung fast ohne Einschränkungen auch auf seine gesamte lateinische Ilias übertragen läßt. Wir kennen sein Ideal der wissenschaftlichen Genauigkeit: er erreicht es. Und wir spüren seine poetische Begabung: sie erweist sich umso stärker, je näher sie dem Urtext zu kommen trachtet.

Eine Vorstufe für dieses Werk bilden die HOMERICAE ALIQVOT ICONES INSIGNIORES [12] — 16 übersetzte Teilstücke aus den homerischen Epen, die Eoban auch ohne Kontext für aussagekräftig genug hält und als vollendete Poesie anbietet. Zwei verschiedene Übersetzungsformen müssen jedoch unterschieden werden. 13 Abschnitte — darunter zehn aus der Ilias, die identisch sind mit seiner späteren Gesamtübersetzung, und nur drei aus der Odyssee, das eingeschobene Demodokos-Lied über den Ehebruch der Aphrodite und die allegorisch interpretierbaren Szenen mit den Gärten des Alkinoos und mit den Sirenen — geben nach einer halb- bis zweizeiligen knappen Einführung eine inhaltlich genaue Übertragung. Die restlichen drei Genrebilder, von denen auffallenderweise zwei aus der Odyssee stammen, bieten in Distichen eine freie Stoffwiedergabe und eine traditionell allegorische Auslegung an [13].

In Eobans dichterischem Werk finden sich zudem zahlreiche Anspielungen auf Homer. So werden homerische Gestalten antonomastisch zum Lob von Zeitgenossen angeführt [14], aktuelle Situationen finden ihre klassische Analogie in der homerischen Mythologiepoesie vorgeformt [15], heroische Haltungen gelten als Paradigmata für den Verhaltenskodex des 16. Jh. [16], und homerische Begriffsinkarnationen oder Märchenfiguren erscheinen als Vor- oder Warnbilder [17]. Eoban bewegt sich dabei stets im traditionell fest abgesteckten Rahmen. All diese Erwähnungen wirken jedoch nur wie zwar kostbare, aber fremdartige Elemente, die den eigenen mehr leicht dahinfließenden Gedichten ein falsches Schwergewicht verleihen und eher Wissen als poetisches Geschick verraten. Auch der Name des ›göttlichen Sängers‹ fällt sehr oft [18]: mit der Anrufung Homers bestätigt Eoban entweder sich selbst oder einen anderen als großen Dichter. Selten dagegen sind die eigenständigen Ausgestaltungen einer homerischen Szenerie. Unternimmt aber Eoban auch einmal einen solchen Versuch, dann behält er Inhalt und Aussage bei wie in dem Gedicht mit dem Mars-Venus-Motiv und variiert nur die Form [19]. Wenn sich also wenig Originalität in seinem poetischen Werk zeigt, so müssen wir doch die überraschende Vielzahl der homerischen Reminiszenzen betonen und diese fragmentarischen Einsprengsel zusammen mit der ›Vorübung‹, der Übersetzung kleiner homerischer Episoden, als eine langwährende und ausgedehnte Beschäftigung mit Homers Epik ansehen, die dann die notwendige Grundlage für seine gewaltige Übersetzerleistung geliefert hat.

Simon Lemnius dürfte letztlich durch Eobans Tätigkeit zu seiner Odyssee-Übersetzung angeregt worden sein [20]. Jedenfalls ist seine Arbeit durch die vorliegende lateinische Fassung der Ilias wesentlich erleichtert worden. Fast eine Generation jünger als Eoban ragt er auch schon mehr in eine Epoche hinein, die ein neues Homerbild entwirft. Dies zeigt sich in der ersten deutschen Homer-Übersetzung, in der Odyssee-Version des bayrischen Stadtschreibers Simon Schaidenreisser, die schon 1537, also lange vor der lateinischen Odyssee von Lemnius, erschienen ist, und dann vor allem in den populären Stoffbearbeitungen des Meistersängers Hans Sachs. Wir erwähnen dies schon hier, weil dadurch die Ausgangsposition des Simon Lemnius deutlicher wird. Er kann auf vorhandene Werke zurückgreifen, und übersetzt dann als erster die Odyssee ins Lateinische, nachdem sie schon in deutscher Sprache vorliegt! Denn noch immer ist wissenschaftlich nur die lateinische Sprache anerkannt – trotz Luthers deutscher Bibel, für Lemnius wahrscheinlich sogar wegen des Übersetzers Luther, mit dem er eine heftige Privatfehde ausgetragen hat [21].

Vorbild bleibt Eobans lateinische Ilias. Ihr muß er nacheifern, um ebenfalls Großes zu leisten. Überbieten dagegen muß er die vier Odyssee-Bücher, die *Johannes Prassinus* 1539 in einer lateinischen Übersetzung vorgelegt hat [22]. Diesen hat besonders die Erzählung des Odysseus von seinen Abenteuern gelockt, weil der ›göttliche Seher‹ Homer gerade in diesem Teil seines »dulce poema« Odysseus als Idealtypus zeichnet, der sich in allen Gefahrenmomenten und Ausnahmesituationen bewährt [23], wohl aber auch, weil Prassinus von der Buntheit und Vielfalt der

märchenhaften Ereignisse beeindruckt war, ohne sich dessen eigentlich bewußt zu
werden; denn es finden sich nur zeittypische Gedanken in seinem Widmungsgedicht.
Diesem folgt eine stark verkürzte und vereinfachte Wiedergabe – in elegischem
Versmaß! Gegen diese nur formal poetisierte Inhaltsparaphrase hebt sich Lemnius'
Übersetzung freilich entscheidend ab [24]. Und sie besticht durch eine schlichte,
sympathetische Sprache, die jedoch – dies sei sogleich angemerkt – manchmal zu
glatt dahinfließt und dabei Schwierigkeiten umgeht. Es besticht weiterhin die angestrebte und oft erreichte Wortnähe zum Original. Hervorheben müssen wir die
zahlreichen Versuche, dem Leser den Handlungsstrang deutlich vor Augen zu führen. Lemnius gibt jedem Buch in Form eines Hexameters eine treffende Inhaltsangabe, läßt jedem Buch ein den weiteren Verlauf in knappen wesentlichen Zügen zu-
sammenraffendes ARGVMENTVM folgen und erleichtert schließlich in Randbemerkungen das Inhaltsverständnis [25]. Die Randbemerkungen nutzt er noch für
andere Hilfestellungen aus: so sollen sie die Struktur des Gesamtwerks verdeutlichen [26], sie sollen kontextuelle Funktionen erhellen [27] und Hinweise zur
Interpretation liefern [28].

Als Beispiel für seine Übersetzungstechnik mögen die ersten Zeilen seiner Odyssee-Fassung dienen:

> DIc mihi Musa uirum, qui postquam Pergama Troiae
> Celsa sacrae euertit, populatus moenia flammis,
> Classe diu raptus, uarijsque erroribus actus:
> Qui mores hominum multorum uidit, et urbes: ... [29].

Es fällt die Übernahme der ersten Silben aus Eobans Übersetzung auf, ebenso wie
die leichte Aufschwellung – den vier Zeilen entsprechen bei Homer drei Hexameter –, und gerechterweise müssen wir erwähnen, daß das »DIc« hier dem Originaltext adäquat ist und daß die Sprechdiktion in Tonfall und Geschwindigkeit
weitgehend nachgebildet ist – ein Zeichen dafür, daß Lemnius bei durchgehend ge-
wahrter Konzentration noch mehr hätte leisten können.

Einige Praefationen widmet Lemnius mehr dem Zeitgeschehen, als daß er eine
Einführung in die Odyssee vorlegt. Nur einige homerische Helden werden erwähnt,
zwar nicht um diese zu charakterisieren, sondern um sein politisches Enkomion mit
deren Typenzeichnung literarisch zu belegen. Lediglich am Ende der letzten PRAE-
FATIO geht er näher auf seine vorliegende Arbeit ein [30]. Er preist die Einmaligkeit Homers, der auf derselben Stufe stehe wie die göttlichen Musen und der in
seinem Lied die Totalperspektive aus Erde und Meer, Himmel und Unterwelt be-
schreibe. Überwiegt in der Ilias die Tapferkeit der Heroen, so wird das gesamte
Geschehen in der Odyssee von der Weisheit getragen, die sich als vorsichtig-kluges
Verhalten in allen Situationen realisiert. Es folgt eine Kurzparaphrase aller Odysseus-Abenteuer, denen traditionelle allegorische Auslegungen beigefügt werden.
Die Beispielhaftigkeit dieses Werkes ist schon durch die antike Wirkungsgeschichte
bewiesen und dann auch für das christliche Abendland wieder gültig geworden.
Lemnius nutzt dies in dem Schlußwort eines Lyrikbuches zu einer persönlichen
Allegorie, indem er sein eigenes Schicksal mit dem langen Umherirren und der end-
gültigen Erlösung des homerischen Helden identifiziert:

einst hat er am Elbstrom gesungen, Sturm und Wetter haben ihn fortgerissen, das Geschick sucht ihn heim wie den Dulder Odysseus, bis ihm ein Freund den rechten Weg zeigt, der ihn im märkischen Sand einen Hafen und am Rhein im Erzbischof Albrecht den Schützer und Gönner finden läßt [31].

Trotz aller Vorzüge seiner Übersetzung und trotz der privaten Bezugsetzung zu dem Epos Homers bleibt die literarhistorische Erkenntnis: Lemnius' Werk ist ein Nachhall der humanistischen Bestrebungen und wirkt in der veränderten neuen Homerbetrachtung wie ein Rückgriff auf veraltete Positionen. Zu seiner Verteidigung muß festgehalten werden: Er hat – sehr spät, aber als erster – etwas getan, was längst hätte vorher getan werden müssen. Selbst Eobans lateinische Ilias könnte als verspäteter Entwurf betrachtet werden, wenn man nur auf das Erscheinungsjahr sieht; beachtet man dagegen die Vorstudien, die noch in frühhumanistische Zeit zurückreichen oder zumindest von Gedanken aus dieser Generation gefördert werden, dann bemerkt man das unsichere Tasten und begreift, daß erst nach allmählich gewonnener Sicherheit eine solch große Aufgabe, wie sie die Ilias-Übertragung darstellt, sinnvoll begonnen werden konnte. Sie erweist sich als der eigentlich organische Abschluß der gesamten humanistischen Epoche. Dagegen kann des Lemnius Odyssee-Fassung, die trotz des geringen zeitlichen Abstandes zu Eobans Ilias unter wesentlich anderen Voraussetzungen entstanden ist, nur als nicht mehr zeitgemäße Arbeit eingestuft werden; sie ist noch ganz den Ergebnissen dieser bedeutenden Zeit verpflichtet, ebenso wie die überwiegend poetischen Äußerungen weiterer Späthumanisten, deren meist traditionell verhaftete Begründungen kaum weiterführende Richtungen für ein Homerbild eröffnen und somit fast nur als Aufguß früherer Ansichten gewertet werden müssen.

Hierzu zählt auch *Johann Stigel,* ein Freund von Lemnius. Seine Verse weisen zahlreiche Reminiszenzen aus Homers Epik auf, und der antike Rhapsode erscheint meist als Maßstab vollkommener Poesie, dem nachzustreben lohnt, auch wenn er unerreichbar bleibt. Zwar fällt wie bei Lemnius und Eoban eine gewisse Überbetonung Homers statt Vergils auf, aber diese mehr unbewußte Bevorzugung erfährt kaum eine differenzierte Begründung, und so verbleiben seine Äußerungen, sehr häufig v. a. in den Elegien, letztlich im zeittypischen Klischee, woran auch die lebendigere und kräftigere Aussage nichts ändert.

Von diesem eigenschöpferischen Impuls sind auch seine Teilübersetzungen aus der Odyssee getragen. In der Jenaer Ausgabe seiner Werke sind einige Verse aus dem neunten Gesang und die gesamte Nekyia abgedruckt [32]. Diesen elften Gesang schwellt er zwar von 640 auf 805 Hexameter auf, dennoch wahrt er die eindringlich-erschütternde Stillage des Originals, wenn er in folgenden lateinischen Worten Achill über das Hadeslos klagen läßt:

> Ne mihi commemores mea fata illustris Vlysse
> Rusticus agresti malim seruire colono
> Quem neque diuitiae, nec multae iugera terrae
> Sed tantum contenta suo commendet egestas
> Quem tot corruptas viciatis moribus vmbras
> Imperio regere, et sancto compescere iure [33].

Damit ist seine Beschäftigung mit Homer jedoch noch nicht abgeschlossen. Er verfaßt Epigramme auf homerische Helden, darunter allein drei auf Nestor, den er von dem Lästerer Thersites abhebt als Vorbild eines von langer Erfahrung einsichtigen Redners [34], und zwei auf dessen jugendliches Gegenbild Telemach [35]. Dem Odysseus widmet Stigel ein Epitaphium [36]. Die Virtus des griechischen Helden, die sich in den drei Daseinsformen eines Kriegers, Seefahrers und Redners mit den drei Insignien des Schwertes, des Ruders und der Rohrfeder verwirklicht, soll als Ideal jedem Nachkommen vorschweben; nähert er sich diesem Ideal, so wird ihn ein Dichter durch sein Werk der Vergessenheit entreißen, ähnlich, wenn auch nicht auf der gleichen hohen Ebene, wie der göttliche Homer dem Tugendbeispiel Odysseus durch sein Epos unvergänglichen Nachruhm gesichert hat. Zudem findet sich bei Stigel »eine der frühesten Einwirkungen homerischer Technik auf die Dichtung in deutschen Landen« [37]. Er verwendet das poetische Verfahren des homerischen Gleichnisses [38]. Ein Augenblick, beleuchtet von zwei verschiedenen Gesichtspunkten, gewinnt Selbstwert, löst sich vom Ereignisablauf los; damit wird eine künstliche und d. h. in der humanistischen Dichtungstheorie künstlerische Statik erreicht, die weder nach vorne noch nach hinten den Lebensprozeß abgrenzt. Die Naturmetapher weitet sich schließlich zu einem Bild aus, das sich kaum mehr :mit dem Ausgangspunkt deckt; der Vergleich bietet nur noch analoge Details aus zwei verschiedenen Wirklichkeitsbereichen und verliert bei der Ausführung fast gänzlich das ›tertium comparationis‹ aus den Augen. Bei der Nachgestaltung dieser homerischen Beschreibungseigenart kommt Stigel mit faszinierendem Einfühlungsvermögen dem Original so nahe, daß wir hier von einer gekonnten poetischen Mimesis des bildkräftigen Homer sprechen können.

In einer breit angelegten Elegie [39] geht Stigel von dem ›weisen Homer‹ aus und folgt den verschiedenen Stationen seiner Odyssee, in der der Held alle Gefahren durch Ausdauer und Frömmigkeit besteht. Ein Schlüsselstück stellt die Episode mit Polyphem dar, und die Moral, die in ihr enthalten ist, heißt: ›Tugend überwindet Kraft, es bindet Klugheit Eisen‹ [40]. Wollte man dieses Motto erweitern, könnte man sagen: Tugend überwindet Laster, Klugheit bindet Sinnlichkeit. In dieser Verallgemeinerung läßt es sich als Summe der aus allen Abenteuern abgeleiteten Resultate bezeichnen. So zieht Stigel aus den homerischen Fabeln die Lehren, die den Kern seiner in das Gedicht eingeschobenen Interpretation bilden. Zwar werden sie in Form der zeitüblichen Allegorese angeboten, sind aber behutsam herausgeholt und entwerfen in Teilaspekten den Kanon für einen mustergültigen Menschentypus. Daher übt gerade die Odyssee eine überaus wichtige Funktion aus, v. a. bei der Jugenderziehung [41] und der Herrscherausbildung. All diese Äußerungen zielen letztlich auf Stigels DECLAMATIO DE LAVDE HOMERI [42]. In einer Elegie erscheinen hier verschiedene bekannte Wendungen vereint. Einer numinosen Gottähnlichkeit entstammend erreichen die frühen Poeten durch ihre theologische Grundhaltung die Sicherheit eines visionären Schauens und bieten den Menschen eine pragmatische Moralphilosophie. Aus der sagenhaften Gruppe dieser Dichter ragt für Stigel ohne jeden Zweifel der »vates diuinus Homerus« hervor [43]. Er verfeinert das Rohmaterial und kultiviert das natürliche Leben. Sein ›Beitrag zur

Beförderung der Humanität« betrifft jedoch nur die idealistische Komponente, die sich aus religiös-ethischen Elementen zusammensetzt. Zu ihr bildet das notwendige Korrelat die Realitätsbezogenheit; für Stigel wahrt Homer eine solche Wirklichkeitsnähe, daß das abgeschilderte Leben in seiner Epik ›spiegelbildlich‹ erscheint [44]. Beispiele liefert Stigel aber nicht, sondern wendet sich sofort wieder den »clarorum exempla virorum« und den »Heroum facta sequenda Ducum« zu, erkennt, daß diese bei Homer in ›Zeiten des Krieges‹ und in ›Zeiten des Friedens‹ vorgeführt werden, und hebt zwei Haupttugenden hervor: Kühnheit und Weisheit, die sich in jeder Situation gemeinsam zeigen müssen [45]. Doch auch der einzelne Held bleibt selten Privatmann, er gehört trotz seiner Ausnahmestellung zur Gemeinschaft und hat demnach seine Vorzüge einer allgemeinnützlichen einsichtigen Beratung unterzuordnen. Sein Lob Homers, so sagt Stigel, könne mit Leichtigkeit noch weiter begründet werden; er bricht aber mit einer Aufforderung an die Jugendlichen ab: ›Goldene Gaben zeigt der Seher Homer an, / Sammelt diese Tag und Nacht mit begieriger Hand‹ [46].

Während sich Stigel also mehrmals, selten jedoch originell, mit Homers Werk auseinandersetzt, greift der begabte Lyriker *Georg Sabinus*, ein Freund der vorgenannten Autoren und Melanchthons, mehr auf die lateinische Tradition zurück [47]. Homererwähnungen dienen fast nur der lyrischen Ausschmückung, und wenn Sabinus das toposhafte Schicksal der Dichter – zu Lebzeiten Armut, Ruhm in der Nachwelt – beschreibt, bietet ihm Homers Leben und dessen Wirkungsgeschichte eben das geeignetste Demonstrationsobjekt: Schätze hat sich Homer durch seine Begabung nicht verschaffen können, aber ›er besitzt durch sein Lied einen unvergänglichen Namen‹ [48]. Weitere Äußerungen des Sabinus rücken Homers Poesie in die Nähe eines geographischen Exkurses, wie der Neulateiner den Schiffskatalog in der Ilias auffaßt [49], und eher noch der Geschichtsschreibung, die das Gesamtwerk durchziehe und seinen Gesang mit Herodots Historien verbinde [50].

Sabinus wiederholt Ansichten, die längst übernommenes oder widersprochenes Allgemeingut geworden sind. Zwei weitere Späthumanisten zeigen in ihren Gedichten auf, wie nach der langen Kette der Aneignung eine poetische Umwandlung homerischer Szenen möglich wird und woran sie noch immer scheitern muß. Die Frage läßt sich leicht beantworten: Ermöglicht wird sie durch Einsicht in die Eigenart Homers und durch dichterisches Talent, das das vorgestimmte Thema selbst in einer neuen Prägung wahrt; sie scheitert jedoch letztlich an der Unfähigkeit dieser Epoche, Vergangenes unter geschichtlichen Voraussetzungen zu betrachten, d. h. an der Beschränkung, alles Gewordene *nur* von dem eigenen jetzigen Standpunkt aus einschätzen zu können.

So schreibt *Caspar Ursinus Velius* ein Hochzeitsgedicht für König Sigismund von Polen und verknüpft dieses Faktum mit einer Episode aus der Odyssee, dem Ehebruch Aphrodites mit Ares, den er ins Lateinische übersetzt [51]. Mag es im ersten Augenblick paradox oder gar geschmacklos anmuten, eine Hochzeit mit einem literarisch belegten Ehebruch zu ›ehren‹: diesen Kontrast übergeht Ursinus völlig; ihm kommt es v. a. auf eine Geschichte an, die sich als Rahmen für eine konkrete Festbeschreibung verwenden läßt und in der Schönheit und Kraft, figuriert in den

mythologischen Gestalten Aphrodite und Ares und in den realen Personen des
Königs und seiner Braut, durch Liebe vereinigt werden. Die Verzahnung der beiden
verschiedenen Schichten geschieht gleichsam selbstverständlich: »Mars (benutzt) die
Pausen des Schäferstündchens, um Venus auf König Sigismund von Polen hinzu-
weisen, über dessen Ruhmestaten zu berichten und zu erzählen, daß ihm vor drei
Jahren die Gattin gestorben; jetzt soll Venus den Verwitweten von neuem ver-
sorgen« [52] – der weitere Verlauf bis zur Hochzeitsfeier läßt sich unschwer nachvollziehen. Mit diesem Kunstgriff gelingt Ursinus eine witzige und geistreiche Integration eines homerischen Teilstückes in eine anders geartete Vorstellungswelt. Und
er erreicht zudem durch die Schilderung der Gottheiten, die sich um irdische Schicksale kümmern, eine Erhöhung des Herrscherpaares.

Dagegen strebt *Marcus Tatius Alpinus* [53] nur eine solche Erhöhung der von
ihm erwähnten Personen an – mit Hilfe von Homer, und d. h. schließlich: auf
Kosten von Homer! In einem Hochzeitsgedicht, für das er die homerische Götter-
versammlung mit Zeus und Athene heraufbeschwört, will er mit hyperbolischem
Preisen »den besungenen Bräutigam dadurch erheben . . ., daß er die homerischen
Helden ihm gegenüber zurücksetzt, was in erschreckender Prosa bei Agamemnon
und Diomedes ausgeführt wird, um schließlich bei Odysseus und Nestor zur ödesten
Schulfuchserei herabzusinken« [54]. Einige Anspielungen auf Homer und sein
Werk in den PROGYMNASMATA (1533) verändern diese Erkenntnis nicht wesentlich
[55]; zwar verliert Homer nicht immer beim Vergleich mit Zeitgenossen, aber die
Äußerungen entlarven sich eindeutig als Klischees [56]. Ungeprüft übernommen
und kaum nochmals durchdacht, geschweige denn weitergeführt wird hier von den
Späthumanisten, was meistens schon die Begründer dieser Epoche mit Rückgriffen
auf spätantike Aussagen und Anleihen bei italienischen Autoren entworfen und die
großen Persönlichkeiten dann zu einem abgerundeten Homerbild ausgeformt haben. In dieser Entwicklungslinie können wir nur die Übersetzungsleistung Eobans
als wirklichen Fortschritt betrachten; des Lemnius Latinisierung der Odyssee entspringt dagegen dem Nachholbedarf, dem Stigel in verkleinertem Ausmaß wohl
besser gerecht wird.

1. Der ›meistersingerliche‹ Homer

Schon zur gleichen Zeit hat eine neue Epoche der Homerbetrachtung begonnen. Den Übergang kennzeichnet das Erscheinen von Übersetzungen. Sind sie lateinisch, so stehen sie am Ende der alten Periode und zeigen sich als Ergebnis langjähriger schwieriger Vorarbeiten; sind sie dagegen deutsch, so bilden sie den Anfang der neuen Periode und geben ihr die entscheidende Grundlage.

Als erster unternimmt der Minervius genannte Stadtschreiber *Simon Schaidenreisser* den Versuch einer Eindeutschung Homers. Schaidenreisser ist Meistersinger, und in dem Werk vieler Meistersinger spielt auch die homerische Epik eine wichtige Rolle. Schon früh bahnt sich an, was mehr als hundert Jahre später *Johann Christoph Wagenseil* in seinem literaturtheoretischen und -historischen Buch *Von Der Meister=Singer/*ORIGINE (1967) [1] angibt als Doppelquelle für einen bestimmten Brauch – und (wir können verallgemeinern) für die gesamte Dichtung: »in den ersten Geistlichen und Weltlichen Schrifften / der Bibel nemlich / und den Homero« [2] finden diese Handwerkerpoeten den größten Materialreichtum für ihre Stoffe. Bei weitem überwiegt die (fast stereotype) Bearbeitung biblischer Themen. Homers Epik mußte erst ihre Fremdartigkeit verlieren und dem Vorstellungsbereich und der Verhaltensweise der damaligen Zeit angepaßt werden; erst nach einem verändernden, meist sogar völlig verfälschenden Aneignungsprozeß und nach einer durch die Form der Allegorese vollzogenen endgültigen Angleichung des homerischen Glaubens an den christlichen konnte Homers Werk die legitime Vorlage für die eigenen dichterischen Versuche der Meistersinger werden. Deren poetisches Programm umreißt *Jakob Ayrer*, der in seiner Frischlin-Version des JULIUS REDIVIVUS den deutschen Fürsten »Hermannus« sagen läßt:

> Es ist in dem Land gwesen lang
> Nit allein gmeine Liedersingen,
> Sonder in schöne Töne bringen
> All Histori in Meistergsang [3].

Zu der Kenntnis der »All Histori« gehört auch die Kenntnis der griechischen Sprache, die Cäsar mit Staunen und Eoban Hessus mit Stolz in Deutschland hören [4]. Zwar beherrscht sie kaum einer der Meistersinger, aber einige lateinische und deutsche Übersetzungen haben mittlerweile die originäre und prägende Dichtung dieses Sprachbereiches, die homerische Poesie, weithin vertraut gemacht. Und deshalb spielt auch in dem Werk vieler Meistersinger die homerische Epik eine wichtige Rolle. Die Vorbedingungen dieser poetischen Rezeption lassen sich jedoch noch immer deutlich herauslesen: Homer wird stets als ein christlicher Autor angeführt, und

von seinen Werken liefert anfangs ausschließlich, später vorwiegend die mehr in-
haltsbetonte und fabelreichere Odyssee den Stoff für die ›ergötzlichen‹ oder ›er-
schröcklichen‹ Exempel, die den Zeitgenossen vorgehalten werden.

Schaidenreissers so verstandene *Odyssea* liegt 1537 in einem bei Alexander
Weissenhorn in Augsburg gedruckten Prachtband vor [5]. Schon in seiner Widmung
an eine hochgestellte Persönlichkeit spricht er von der großen Fleißarbeit, die er an
die Übertragung der »aller zierlichsten vnd lustigsten vier vnd zwaintzig bücher
des eltisten kunstreichesten Vatters aller Poeten Homeri« (Titel) angewendet hat.
Dafür erwartet er Lohn und Anerkennung. Mit einem Beispiel aus der Ilias umschreibt er seine Bitte: er wolle »vnder eüwerem titel / gleich als vnder dem vnuer-
wundtlichem schildt Achillis / vor den gifftigen zungen der mißgünner / sicher
vnnd vnuerletzt besteen« [6].

In seiner »Vorred« preist er dann »das poema oder schreiben des aller gelertesten /
sinnreichesten / vnd redsprechesten Poetens Homeri«. Dieses soll

allen andern fürgezogen / über andere zum höchsten gelobt / geliebt / vnd gelesen werden.
Darinn der Printz vnd vatter aller Poeten / die mörfart des gedultigsten vnnd vilgeniete-
sten Helds Vlyssis / also artlich / ordenlich / vnd zierlich beschreibt / das ainem yeden
weltmenschen auß allen weltlichen büchern / zu raitzung vnd lieb der tugent / zu viler
dingen erfarung / auch zu laitung der vernunfft in aller handen weltweise gescheidigkait
(meins bedunckens) nitt leicht etwas fruchtbarlichers / auch zu vertreibung der langkweil
oder melancoley / nichts lieblichers noch bequemers sein / gefunden / geschriben / gelesen /
vnnd erdacht mag werden / als eben die vnuergleichlichen bücher Homeri / in welchen (wie
Cicero bezeügt) alle land / gegent / stett / aller dingen bildniß / krieg / schlachten / schiff-
farten / ja auch aigenschafft natur vnd art / nit allain der menschen / sunder gleicherweiß
der vnuernünfftigen thier / so waidlich aigentlich abconterfayet / das mit warhait gesagt
wirt / Der blind Homerus hab alle ding gesehen [7].

Auch die weiteren Äußerungen betonen die ›idealistische‹ Kunstauffassung Schaidenreissers, der sich ganz in die Tradition der allegorischen Deutung stellt: die
Odyssee, »ain lob der tugent« und »ain klarer rechter spiegel menschliches lebens«,
zeigt einen vollkommenen Heldentypus, der schon unverkennbar christliche Züge
trägt und »die außpündigst contrafactur aines weisen manns fürspiegelt« [8]. Bei
der Paraphrasierung des Handlungsablaufs erfährt das angeblich sinnbildliche Geschehen oft sogleich seine metaphorische, die ›eigentliche‹ Aussage, entweder als
Moral, die aus dem Stoff gezogen wird – z. B. »Darauß klar verstanden« –, oder
als fast schon mathematische Gleichung – z. B. »Moly (das ist die weißhait)« [9] –.
Aus der Wirkungsgeschichte Homers leitet Schaidenreisser den enzyklopädischen
Charakter der homerischen Dichtung ab, die, eine Quelle alles Wissens und der
Kunst, jeden nachfolgenden antiken Autor beeinflußt hat. Dem biographischen
Abriß, einer Kompilation aus verschiedenen Homerviten, folgt nochmals ein »Sum-
marium«, eine Inhaltsangabe dieses Epos [10].

In dem Zweittitel, der Überschrift seiner nun folgenden Übertragung, hebt er erneut das Mühevolle seiner Tätigkeit hervor; deutlich wird aber auch sein Stolz,
hiermit eine Pionierarbeit geleistet zu haben. Doch ist nicht nur beachtlich, daß er
»Homeri Odyssee mit hohem fleisz / erstlich transzferiert« hat [11], auch das Ergebnis zeigt einen wesentlichen Fortschritt innerhalb der deutschen Homerphilologie

– und dies, obwohl aus dem Druckprivileg hervorgeht, daß er nur »vom Latein ins Teütsche«, genauer: nach den lateinischen Vorlagen des Gregorius Maxillus und des Raphael Volaterranus, übersetzt hat [12].

Noch in der »Vorred« gibt Schaidenreisser die Methode seines Übersetzens an: Seine Prosafassung geht »nit von wort zu wort / sunder sinnsweiß« vor [13]. Nur der Anfang mit fünf Reimpaaren und einer genauen Textwiedergabe macht eine Ausnahme:

> GOttin des gesangs dich rüff ich an
> Hilff preisen mir den thewren man [14].

Sonst jedoch trifft überall seine Angabe der sinngemäßen Übertragung zu. Oder zumindest: was er unter ›sinngemäß‹ versteht, also inhaltliche Übereinstimmung unter einer quasichristlichen Gehaltsverschiebung. Da er auf ein Versmaß verzichtet, gelingt es ihm aber jedenfalls, den Erzählfluß Homers zu wahren und dem ›modernen‹ Empfinden näher zu bringen, als es die in der neuzeitlichen Literatur letztlich immer gescheiterte Versepik hätte erreichen können. Er verkürzt zudem die ebenfalls schon gestrafften lateinischen Vorlagen noch weiter, um »das Tatsächliche, die vordergründige Handlung« [15], hervortreten zu lassen. Glücklicherweise geht er dabei meist so frei vor, daß man den »Anhauch eines originalen Werkes« zu verspüren meint [16]. Dagegen weichen der variationsreiche Stil Homers und seine komplexe Sinngebung mehr einem vereinheitlichenden leichten Tonfall und einer klaren einseitigen Bedeutung. Außerdem entfernt sich Schaidenreisser durch interpretative Randbemerkungen und durch Zwischentexte [17], entweder Zitate aus Werken anderer Autoren oder eigene Einschübe, von dem Original. Wie fremd ihm wegen seiner engen meistersingerlichen Kunstauffassung die homerische Dichtung bleiben mußte, unterstreichen auch die Illustrationen vor den einzelnen Büchern [18]. Fast alle bilden wie z. B. auch die älteren Bibelillustrationen Szenerien der damaligen Zeit ab: Kleider und Gebärden, die Räumlichkeiten und die Lebensgewohnheiten – immer findet sich der Betrachter in die Welt und Umwelt des Simon Schaidenreisser versetzt. Nicht nur der Betrachter, auch der Leser begegnet in der schlichten, fabulierend belehrenden Erzählweise Schaidenreissers ständig deutschen Helden und deutschen Taten. Diese Transponierung des Kolorits einer bürgerlichen Stadtkultur in die homerische Eigenart ermöglicht erst eine umfassende Homerkenntnis. Scheinbar ein Paradoxon: je weiter sich der Übersetzer von Homers Epik absetzt, umso ›vertrauter‹, d. h. der Zeit angepaßt, kann sie auf das breite Leserpublikum einwirken. Das *Homerverständnis* hängt deshalb vorrangig von der bestimmten Sichtweise der Gebildeten ab, die ihre eigenen Kriterien an die frühgriechische Dichtung anlegen, hängt ab von dem *Selbstverständnis* dieser Epoche. Wie die Menschen sich selbst einschätzen, von welchen Idealvorstellungen sie ihr Leben leiten lassen: all dies erfahren wir aus der uminterpretierten homerischen Epik. Nur vom eigenen historischen Standpunkt aus kann eine fremde Dichtung Größe und Wert erlangen, sie muß auf gegenwärtige Situationen und Haltungen zutreffen. Und gerade dies erreicht Schaidenreisser mit seiner einfach erzählten, christlich kommentierten Prosaversion. Durch die Projizierung des neuzeitlichen

Weltbildes in das als Analogon verstandene Weltbild Homers wird die aktuelle Gültigkeit der Odyssee assoziiert. Obwohl in der Vorrede des Volaterranus schon die nicht übertragbare jeweilige Kultureigenart angedeutet wird, glaubt der in seiner Tätigkeit sichere und überzeugte Schaidenreisser, auf diese Weise dem Original soweit wie möglich gerecht geworden zu sein [19]; daß er es zu einer wirklich *deutschen* Odyssee, die kaum mehr etwas gemein hat mit dem griechischen Epos, umgeformt und gleichsam in ein *Volksbuch* von den Taten und Abenteuern des Odysseus umgeändert hat [20], dürfte ihm kaum bewußt geworden sein. Von einer Verfälschung Homers können wir aber nicht sprechen; denn nur in einer solchen volksbuchartigen Fassung erhält die Odyssee nunmehr eine Breitenwirkung, deren Ausmaß wir v. a. bei *Hans Sachs* ablesen können. Der Nürnberger Meistersinger verarbeitet mehrere homerische Szenen zu moralisierenden Exempeln. Da er die griechische Sprache nicht beherrscht, hängt sein Homerbild entscheidend davon ab, wie er Schaidenreissers Odyssee-Eindeutschung beurteilt [21]: Kritiklos übernimmt er dessen Haltung. Seine Homerauffassung läuft somit konform mit dem originären Homerentwurf des Münchener Stadtschreibers.

Fragen der Interpretation erweisen sich bei Hans Sachs als zweitrangig, da die Interpretation ja schon vorgegeben ist: Die homerische Dichtung ist Symbol für oder Präfiguration von Christentum, betrachtet aus der Perspektive einer bürgerlichen Stadtkultur im Deutschland des 16. Jahrhunderts. Wesentlich wird für einen in der Aussage so eindeutig festliegenden Autor dagegen immer wieder die Fabel, mit der er die stets gleiche Sinngebung begründen oder gar beweisen kann. Wollen wir also Hans Sachs in seinem poetischen Ansatz gerecht werden, müssen wir fragen, *welche* homerischen Fabeln er verwendet hat, und *nicht, wie* er sie verwendet hat.

Eine ›Comedia‹, in der Zeus und Hera die Hauptpersonen sind, greift nicht auf eine homerische Episode in der Ilias zurück, wie man vermuten könnte. Eher wird hier auf Ovid angespielt [22], doch der dort erwähnte erotische Anlaß in dem »kampff-gesprech zwischen Juppiter unnd Juno« weitet sich aus zu dem allgemeineren Problem, »ob weiber oder mender zun regimentn tüglicher seyn« [23]; diese Frage wird von dem antiken Seher Teiresias christlich gelöst, insofern das »Götlich und kayserlich gesetz« heißt, daß die Frau dem Mann »underthan / Mit dem gantzen weiblichem stam« sei [24]. Einen amourösen Ausschnitt aus der griechischen Götterwelt entnimmt Hans Sachs dagegen dem achten Gesang der Odyssee. Der Anfang des Meistergesangs über *Die gefengnus der göttin Veneris mit dem gott Marte* diene als Beispiel einer Dichtungsmanier, die selbst völlig wesensfremde Vorlagen schablonenhaft verniedlicht:

> Homerus, der poet,
> Von der lieb schreiben thet,
> Wie Venus, die göttin,
> In Zippern ein königin,
> Vulcano ward vertrewet,
> Das sie doch bald gerewet;
> Wann er war schwartz und hincket.
> Darum sie Marti wincket,

Der sie hertzlieb gewonne;
Doch verrieth sie die sonne,
Die alle ding gemeine
Durchblickt mit irem scheine [25].

Dann folgt das »gülden gitter«, mit dem Hephaistos die Ehebrecher fesselt, das er auf Poseidons Bitte aber wieder öffnet. Der Reimerzählung schließt Hans Sachs den »beschluß« an, Homer lehre, daß keine Liebe heimlich bleiben könne, daß das Gitter die »schanden herb und bitter« bedeute und daß die »hürische lieb« gegenüber der »ehlich lieb« machtlos sei [26]. Die moralisch-biedere Exegese läßt jegliche heitere Gelöstheit, wie sie das Original besitzt, vermissen; die überlegene Offenheit Homers wird in ein streng behütetes kleinbürgerliches Format eingeengt.

Wenn schon die homerischen Götter auf diese Ebene herabgenötigt werden, so müssen die homerischen Helden noch viel mehr den Menschen der damaligen Zeit gleichen mit all ihren Fehlern und Vorzügen. Das Paris-Urteil, bei Homer nur kurz erwähnt (Il. XXIV 28 ff.), aber als selbstverständlich vorausgesetzt, wenn auch nicht weiter ausgeführt wegen des neuen Motivs, des Achilleischen Zornes, behandelt Hans Sachs dreimal [27]; aber nur einmal fügt er dieser Ursache den weiteren Verlauf, den verlustreichen Krieg zweier Völker, hinzu, »Wie das Homerus klar beschrieb« [28]. Aus dieser kurzen Schlußwendung können wir folgern, wie sich Hans Sachs die ihm weder im Original noch in einer lateinischen Übersetzung bekannte Ilias vorgestellt hat: Er vermutet in ihr die historisch genaue Beschreibung des Trojanischen Krieges; deshalb wird Homer wie schon nach alter Auffassung als Geschichtsschreiber gedeutet. Die Unkenntnis der Ilias unterstreicht eine weitere »Historia«: *Ulysses und Diomedes bringen Palamedem, den hauptman, umb* [29]. Als Quelle dieser trojanischen Episode gibt Hans Sachs nicht Homer, sondern wahrheitsgetreu den Kreter Diktys an. Ein anderes Ereignis, *Der zanck zwischen Ayax und Ulisi* [30], liegt außerhalb der iliadischen Zeitspanne und wird von Ovid geschildert. All dies verstärkt die fast noch mittelalterliche Position, die Hans Sachs dem Ilias-Dichter gegenüber einnimmt.

Dagegen findet sich in dem Verzeichnis seiner Bibliothek die Buchangabe: »Homerus die irrfart Ulisis 24 püecher« [31]. Wie mehrere seiner Bearbeitungen zeigen, ist ihm die Odyssee – in Schaidenreissers Übersetzung – sehr vertraut. Ein weiteres Lied des Demodokos nach der anmutigen überirdischen Szenerie in Hephaistos' Wohnung berichtet von der Eroberung Trojas. Auch dieses Thema greift Hans Sachs auf. Während er einmal *Die erschröcklich troyanisch nacht* [32] als Zeitpunkt der Gotterkenntnis des Aeneas auslegt und dann in einer »Tragedia« *die zerstörung der statt Troya von den Griechen* [33] nach der Version von Dares und Diktys mit der verräterischen Liebe Polyxenas zu Achill begründet, beruft er sich in einer dritten als »Historia« bezeichneten Fassung auf Homer und gibt den »arglistigen anschlag« des Odysseus, »ein groß, / Hültzen, inwendig holes roß«, als Anfang vom Ende des Krieges an [34].

Auf die Abenteuer des Odysseus geht Hans Sachs mehrfach ein. Die Aiolos-Geschichte erzählt er in schlichtem, aber spannungssteigerndem Tonfall fast wörtlich nach, kann jedoch nicht auf eine etwas gewaltsame allegorische Deutung verzichten:

> Homerus, der poet, peschreibt
> Darfon die untericht uns pleibt:
> Wem got hie geit ein herrlich gab,
> Das er die wol vor awgen hab,
> Prawch der, auf das er nicht verlier
> Die gab durch sein knechtlich pegier,
> So er in wolüesten entschlieff
> In diesem jamer-mere dieff [35].

Die Kirke-Episode findet sich schon in Murners *Geuchmat;* in dem Abschnitt »Venus gewalt« nennt die Göttin die Zauberin »Myn schöne dochter«, die

> die man all transformieren
> Vnd vff die geuchmatt hie her fieren

kann [36]. Dieses Odysseus-Abenteuer zerlegt Hans Sachs in sinnvoll abgegrenzte Inhaltsabschnitte einer fünfaktigen »Comedi«: Zuerst der Aufbruch der Gefähr-ten, die Kirke in Schweine verwandelt (1); darauf das Erscheinen des Gottes Her-mes, der Odysseus das schützende Kraut Moly reicht (2); dann die Entzauberung der Gefährten (3) und danach das sorgenfreie Leben aller bei Kirke (4); schließlich die gewünschte Abreise mit der Ankündigung der bevorstehenden Hadesfahrt (5) [37]. Diese Einteilung verrät dramatisches Geschick. Auch die Erscheinungsweise des homerischen Helden zwischen den Polen menschlicher Ohnmacht und menschlicher Größe trifft Hans Sachs ziemlich genau. In der Sprachgebung scheitert er jedoch; der einfache Ton entspricht nicht der Höhe des gewählten Themas, in dem immerhin eine Göttin auftritt. Der Titel *die göttin Circes* wahrt noch diese antike Vorstel-lung, der Epilog aber enthüllt das »verborgene geheimnuß« [38] – ebenso wie der *Schwanck der zweyer bulerin,* in dem die triebhaften Sünder der »kunst, / Die Circes kundt«, verfallen [39]. Der Ehrnholdt verkündet:

> Circes, die göttin, uns bedeut
> Den wollust, der verfürt vil leut, ...
> Ulisses aber uns bedeut
> Alle erbar stanthaftig leut,
> Welche haben von Gott bekummen,
> Moli, das edel kraut und blumen,
> Welches bedeutet die weißheit,
> Darmit sie sich zu aller zeit
> Vor dem schnöden wollust verhüten,
> Vor seiner zauberey und wüten [40].

Die Aussage bietet nur längst Bekanntes; aber mit welcher Selbstverständlichkeit hier homerischer Stoff als Beispiel für eine hausbackene Moral angeboten wird, zeigt deutlich, daß der Inhalt der Odyssee durch die Übertragung ins Deutsche breiteren Kreisen, nicht mehr nur der elitären Schicht der wenigen Gebildeten, be-kannt ist. Wie die Bibel bietet nun Homers Epos auch schon einzelnen Bürgern des Mittelstandes Hilfe bei ihren alltäglichen Problemen und wird als vielseitiger Rat-geber befragt. Die Begründung weiß man aus der Bibelexegese, lehrreich sind aber gerade die abwechslungsreichen Fabeln Homers, die zudem leicht vorstellbar blei-ben – und, wie Hans Sachs beweist, auf die eigene Situation nur zu gut anwendbar

sind! Denn kurz danach, als er erstmals von Kirke gelesen hat, träumt ihm, daß er
in das Haus dieser Göttin gelangt und von ihr in einen »forchtsamen hirschen« verwandelt worden sei [41]; zwischen Freude und Leid schwankend sei er aufgewacht,
wäre aber noch einige Tage krank gewesen. Der homerischen Vorlage entnimmt er
eine persönliche Warnung, die auch andere beherzigen sollen:

> Das niemand sich wag also weit
> Durch fürwitz in geferlichkeit,
> Als im sein menschliche vernunfft
> Nicht wert verkert in tierisch zunfft [42].

Erscheint Kirke als Personifikation der gesamten Wollust, so sieht Hans Sachs in
den Sirenen eine spezielle Form, »den leibswollust«, also die Sinnlichkeit, verkörpert [43]. Wer ihr widerstehen will, »Der muß sich williglich anpinden / An
segelpaum der messigkeyt« [44]. »Homerus, der götlich poet« [45], zeigt ein weiteres Sinnbild der Errettung aus allem Elend auf: Nachdem Odysseus seine Gefährten
durch deren Frevel an den Rindern des Sonnengottes verloren hat, treibt er allein
und schiffbrüchig in den gewaltigen Sog der Charybdis hinein und kann sich gerade
noch an einem mächtigen Feigenbaum festklammern, wodurch er dem Tod entgeht.
Wieder zieht Hans Sachs einen eindeutig christlichen Gehalt aus dem homerischen
Geschehen: Nie darf der Mensch »kleinmütigklich verzagen«, immer muß er auf
Gottes »barmhertzigkeyt« bauen und sich deshalb »am süssen feygen-baum / Der
hoffnung mit geduld erhalten« [46].

   In den beiden Verserzählungen, die den siebenjährigen Aufenthalt des Odysseus
auf der Insel Ogygia behandeln, wirkt die göttliche Nymphe Kalypso, auch wenn
sie freundlichere Züge gewinnt, meist nur wie eine Doublette der Zauberin Kirke.
Die feinen Charakterabstufungen Homers verschwinden weitgehend bei der Vorliebe für eine äußere Handlung, die als austauschbares Exempel jederzeit dem vorgegebenen allegorischen Schema angepaßt werden muß. Die *Poetische fabel: Ulysses
mit Calypso, der göttin* [47], gibt die gesamten Abenteuer des Odysseus an und
verweilt selbst bei dem gewählten Hauptthema kaum länger; auch das ›Morale‹
bleibt allgemein und legt die Irrfahrten des Odysseus in christlichem Sinn als Irrfahrt des Lebens aus, die man nur durch die Tugenden der Standhaftigkeit, des
Maßhaltens und des Vertrauens bestehen könne. In der Verserzählung *Die gfenck-
nus der göttin Calipso* [48] überträgt er »diese wunderlich histori«, die ihn sogar
im Schlaf noch »durch melancoley / Verwickelt inn der fantasey« [49], auf sich
selbst, und diese geträumte Postfiguration des Odysseus läßt ihn beim Erwachen
erkennen, daß der Mensch nicht in die Ferne reisen und nach »frembder lieb« [50]
suchen, sondern »inn seim vatterland« – und gleichbedeutend damit: »inn dem
elichen stand« [51] – bleiben soll. So schön und liebenswürdig Kalypso auch auftritt: in den Augen eines braven Bürgers erscheint selbst eine Göttin nur als Dirne,
besser: als Personifikation der »wollust«, der er entfliehen muß, um nicht »schiffbruch / Inn seym gewissen« und »An seynen ehren« zu erleiden [52]. Doch auch
wenn ihn großes Unglück trifft, verläßt ihn – wie Homers *Historia. Ulisses auff
dem flos* lehrt – nie der Trost: »Gott lest wol sincken, / Er lest aber nit gar er-
drincken« [53].

Hans Sachs wählt jedoch nicht nur die Seefahrtsgeschichten des Odysseus zum Thema, auch die Rückkehr und der Mord an den Freiern werden Gegenstand einer Bearbeitung. Erwartet man eine neue, originalgerechtere Aussageform und eine andere als die vertrauensvoll und behaglich plaudernde Sprachgebung, wird man enttäuscht. Zwar wird die mythisch-märchenhafte Welt verlassen, aber jeder Stoff, und sei es wie hier das immer wieder aktuelle Schicksal eines Kriegsheimkehrers, wird einheitlich nach dem erprobten christlich-allegorischen Verfahren abgehandelt. Eine »Comedi« über *die irrfart Ulissi mit den werbern und seiner gemahel Penelope* [54] verknüpft in sieben Abschnitten den Anfang der Odyssee, die Telemachie, geschickt mit dem zweiten Teil des Epos. Die Gliederung der vielsträngigen Handlung überzeugt. Der erste Akt schildert in dramatisch aufgelockerter Exposition die unerträgliche Lage in Ithaka und Athenes Aufforderung an Telemach, seinen Vater zu suchen. Im zweiten Akt gelangt Telemach zu Nestor und Menelaos, und der König von Sparta berichtet ihm von der Auskunft, die der Meergreis Proteus über Odysseus gegeben hat; Hans Sachs preist Proteus an anderer Stelle als »fürpild« der »heilig göttliche(n) warheit«, die man »starck und steiff« in ihrer ersten, heimlich erfahrenen Gestalt festhalten muß, da ihre zahlreichen späteren Gestaltwechsel nur beabsichtigen, die Wankelmütigen von der echten »demut und einfeltigkeyt« abzulenken [55]. Der dritte Akt blendet zurück nach Ithaka: Dort planen die Freier den Mord an Telemach, und Euryklea tröstet die verzweifelte Penelope, während Odysseus, von Athene unterstützt, nach zwanzig Jahren erstmals wieder Heimatboden betritt. Der weitere Verlauf zeigt des Odysseus Unterkunft bei dem treuen Hirten Eumaios sowie das Zusammentreffen von Telemach und Odysseus, der sich dem Sohn zu erkennen gibt (4). Dann wird das frevelhafte Verhalten der Freier unterstrichen; der als Bettler verkleidete Odysseus wird von ihnen schlecht behandelt, jedoch freudig begrüßt von dem alten Hund Argos, der sofort darauf stirbt; seiner Gattin erzählt Odysseus eine Lüge, so daß sie Hoffnung schöpft, ohne ihn vorerst noch zu erkennen (5). Nun folgt das Blutbad, dem die Freier zum Opfer fallen (6); in der *Historia. Ulisses mit den werbern* wird das grauenhafte Geschehen als Sieg des ›guten geistes‹ über die Laster ausgelegt [56]. Schließlich finden im siebten Akt Penelope und Odysseus nach langer Trennung wieder zusammen; Eurykleas Hinweis auf das Wahrzeichen der Narbe genügt der »fürstin«, die sich nach Hans Sachs nicht erst durch eine Probe, die indirekte Frage nach der Beschaffenheit des Ehebettes, letzte Gewißheit verschaffen will. Nach der Erzählung des Odysseus von seinen Abenteuern zieht der Ehrnholdt im Epilog sechs Lehren aus der »Comedi«, die einer Gesamtinterpretation der Odyssee gleichkommen und damit das christlich begründete und ethisch gediegene Homerbild des Hans Sachs vermitteln. Die homerischen Personen werden zu exemplarischen Typen verändert; diese teilt der Meistersinger in vier Vor- und zwei Warnbilder ein: Penelope wahrt »mit scham, zucht und keuschheit« ihre Ehe, der »biderman« Odysseus handelt stets gottgefällig, im Glück »fürsichtig«, im Unglück »gedultig«, Telemach zeigt sich als folgsamer Sohn, und die beiden Hirten Eumaios und Philoitios (als Gruppe eine Einheit) beweisen durch ihren Beistand Untertanengehorsam; dagegen verfallen die bösen Mägde durch ihre unsittliche Lebensweise ebenso der Rache wie die Freier, diese »frechen jungen gsellen«, die »unverschambt ... bulen umb frumme ehfrawen« [57]. Eine solche Typendifferenzierung – verbunden mit den früheren allegorischen Auslegungen – läßt vermuten, daß Hans Sachs das wesentliche und einheitliche Thema der Odyssee in dem christlichen Begriff der Treue sieht: das Gottvertrauen (!) des frommen Menschen, die eheliche Treue, die Kindestreue, die Untertanentreue und als Kontrast die Untreue der Verführer und derer, die sich verführen lassen.

Die Odyssee als das *Hohelied der Treue:* das ist der Beitrag des Hans Sachs zur Homerinterpretation, zumal eine solche Sichtweise auch in größeren Kreisen der damaligen Zeit Verständnis und Zustimmung finden konnte. Ausgangspunkt aller meistersingerlichen Homerbearbeitungen bleibt aber der Materialreichtum und die Stofffülle, die Homers Epik anbietet. Diese Tatsache trifft noch bei der Jahrzehnte später entstandenen Übertragung der Ilias zu. Da dieses Epos dem Zeitgeschmack weitaus weniger zu entsprechen vermochte, hat Simon Schaidenreisser wohl auch seine angekündigte Übersetzung des »grösser werck Homeri von der Expedition vnd Krieg für Troia« nicht mehr verwirklicht [58]. Daß er die Ilias jedoch kennt, beweist mehr als nur eine Randnotiz in der Odyssee [59]. Die drei kleinen Textstellen aus der Ilias, die der Münchener Humanist *Christophorus Bruno* metrisch wiedergibt, überzeugen kaum [60]. *Johannes Spreng,* ebenfalls ein Meistersinger, der sich jedoch von den Zunftgenossen durch »seine Sprachkenntnis« und »sein reges Interesse an der Antike« unterscheidet [61], hat sich an eine Eindeutschung der Ilias gewagt. Die Drucklegung seiner Fassung erlebt er jedoch nicht mehr [62]; bezeichnenderweise wirkt diese Übersetzung, erstmals 1610 erschienen, dann in raschen Folgen 1617, 1625 und 1630 neu aufgelegt, schon in das veränderte Weltbild der frühbarocken Epoche hinein: Das archaische Pathos der Ilias, mehr der Inhaltswiedergabe als der Formgebung Sprengs entnommen, wird allmählich wieder der mitunter fabulierenden, im allgemeinen aber schlichteren Diktion der Odyssee vorgezogen. Zur Zeit seiner Beschäftigung mit dem griechischen Original, das Spreng in der »griechisch-lateinische(n) Ausgabe von Sebastian Castalio ... unter Heranziehung mehrerer Vorlagen, (der) Hexameterübertragung von Eoban Hessus und (der) Prosa von Valla und Griffolini« benutzt [63], kann er jedoch noch ungefähr den gleichen Publikumsgeschmack voraussetzen, wie ihn Schaidenreisser mit seiner Prosa-Version der Odyssee und Hans Sachs mit seiner Versifizierung einzelner Homerabschnitte getroffen haben.

Den schlichten und volksbuchartigen Ton Schaidenreissers, mit dem dieser das griechische Original zu einem deutschen Werk umgeprägt hat, erreicht Spreng nicht. Schon seine Entscheidung, metrisch zu übersetzen, läßt ihn scheitern. Denn seine Knittelverse geben das ernst-erhabene Geschehen der Ilias in einem völlig inkongruenten Rhythmus wieder, dessen holpernde Eintönigkeit sehr bald Langweile hervorruft. Der homerische Inhalt, nun schon ohne Spannung, gerät immer mehr in die Nähe von Klischees, die teils banal, teils gespreizt wirken. Einen Eindruck davon vermittelt der Anfang:

> SAg mir du Göttin hochgeborn /
> Den vngestümen wilden zoren /

> Dardurch Achilles hart verletzt /
> Vil Griechen hat in not gesetzt /
> Der Helden auch ein grosse zal /
> Geschicket in das tödtlich Thal /
> Vnd jhre Cörper geben preyß /
> Als er sie macht zu einer Speyß /
> Den Vöglen / vnd den Hunden grob /
> So jhnen kam zu schlechtem Lob [64].

Zu dem Mangel an poetischer Begabung kommt noch das geringe Einfühlungsvermögen in das Original. Doch auch eine Parallelführung antiker und meistersingerlicher Welt- und Kunstauffassung, wie sie Schaidenreisser trotz aller Veränderungen, ja Herabminderungen der homerischen Epik letztlich gelungen ist, erscheint bei Spreng nur mehr grotesk verzerrt. Die Rollen der griechischen Heroen werden gleichsam von unbeholfenen und engstirnigen Handwerkern und Bürgern Augsburgs übernommen. Wenn beispielsweise Chryses, »diser Priester lobesam«, zu den Griechen geht, weil er »sein liebe Tochter haben« will [65], so beweisen solche Wendungen – und sie durchziehen das gesamte Werk – ein totales Verfehlen der homerischen Diktion. Das herbe Kriegerdasein der Ilias wird verniedlicht, der Inhalt ist (nach einer Textstelle aus der Schildbeschreibung, die sich verallgemeinern läßt) einheitlich »geziert / Künstlich gemacht / vnd schön formiert /« [66] – so schön, wie es sich eben ein Meistersinger vorstellt, sogar einer, der – wie schon erwähnt – Kenner des Griechischen war und das Original als Vorlage mitbenutzt hat. Aber vielleicht liegt gerade darin der Grund seines Scheiterns: Die verwirrende Uneinheitlichkeit aller Vorlagen könnte ihn zur Wahl des Knittelverses und der volkstümlichen Sprachfärbung verleitet haben, um zumindest *einer* Forderung, dem ›Geschmack‹ seiner Zeit, gerecht zu werden.

Den originalhomerischen Inhalt selbst überträgt er fast ohne Auslassungen und ohne Einfügungen. Deshalb bestätigt ihm Rudolf Pfeiffer ein »Prinzip der inhaltlichen Treue«, während er von seiner ›Willkür im Formalen‹ spricht [67]. Dies wirft ihm Pfeiffer nicht vor, zumal Spreng eine zeitnahe deutsche Ilias beabsichtigt hat, doch eine Antwort auf »das Wesentliche, wie sich dieses Abbild in Stil und Kolorit zum Urbild verhält« [68], läßt sich nur negativ fassen. Sein »Knittelvers-Homer« [69], der keineswegs einen ›urwüchsigen‹ Homer zeichnet, wie ihn sich vielleicht Herder und Goethe gewünscht haben [70], wirkt wie ein bürgerlicher Idylliker. Einen Eindruck von dem frühgriechischen Epos, wie ihn Simon Schaidenreisser trotz seiner Transponierung der Odyssee-Welt in deutsche Verhältnisse immer wieder vermitteln konnte, gewinnt mit Gewißheit kein Leser bei der Lektüre der Version Sprengs. Immerhin sind durch seine Übersetzung seit 1610 auch Stoff und Handlungsablauf der Ilias – und damit erstmals beide Epen Homers – einem breiteren Publikum in deutscher Sprache zugänglich.

Etwa zur gleichen Zeit wie Spreng hat der Wiener *Johannes Baptista Rexius* ebenfalls versucht, die Ilias zu verdeutschen. Seine Prosaübersetzung ist jedoch nie gedruckt worden, und daher hat kaum ein Zeitgenosse von ihr gewußt. Seine ILIAS HOMERI aus dem Jahr 1584 [71] besticht mitunter durch eine bunte und lebendige Sprachgebung, die noch eine Ahnung vom Original, wenn auch in wesentlich harmloserer und biedererer Form, durchschimmern läßt. Rexius besitzt ein für seine Epoche gutes poetisches Gespür, obwohl er – ähnlich wie Schaidenreisser – die originale Ilias nicht berücksichtigt hat; daran ändert »auch eine leidliche Kenntnis des Griechischen« nichts [72]. Seine Fassung geht »ausschließlich (auf) die lateinische Übersetzung des Originals von Lorenzo Valla und Raffael von Volaterra« zurück [73]. Dies beweist schon die völlig unhomerische Einleitung:

Ich hab im willen zue schreiben, was für ein große schlacht der unsinige Achilles unter dem griechischen kriegsvolk erwirkt habe [74].

Dennoch ersteht in seinem einfachen und zugleich variablen Stil umrißartig die homerische Troja-Szenerie, betrachtet natürlich wiederum von dem eigenen zeitbedingten Blickwinkel aus. Und »wo der Übersetzer den Gleichklang seiner Umwelt mit der Antike fühlt, schwingt der Sinn des Originals ganz anders mit, als wenn sich zwei fremde Welten berühren und gewaltsam einander angeglichen werden« [75]. Obwohl Rexius also geschichtliche Unterschiede übersieht, deutet er Homer nicht nur als »viertreflichen weitberümbten Poeten«; für ihn hat dieser auch als »geschichtschreiber« historisches Material überliefert, dessen Glaubwürdigkeit nicht bezweifelt wird. Deshalb versteht der Wiener die Ilias letztlich als Quellensammlung geschichtlicher Fakten, die Homer »herrlich beschriben« hat, damit sie »allen lustig zulesen« seien. Um dies zu erreichen, kürzt er den homerischen Text um 15,5 %, wie Richard Newald errechnet hat [76], und zwar je mehr es gegen den Schluß zugeht, »wenn nicht das Interesse am Stoff diese Tendenz durchkreuzt« [77]. Als weitere Negativa zählt Newald auf: seine »Gedankenlosigkeit« [78], die »Unkenntnis der griechischen Realien« und das Fehlen jeglicher »Grundsätze« bei seiner Übertragung [79], die wahrscheinlich »entweder eine durch privaten Fleiß geschaffene oder durch einen Lehrer angeregte Arbeit war« [80]. Und dennoch: Rexius ist, gerade weil er sich so wenig festlegt und sich nirgends um Genauigkeit und künstlerischen Anspruch kümmert, ein spannendes und volksnahes Werk gelungen, hinter dem Homers Ilias, hineinversetzt in eine veränderte Vorstellungswelt, immer noch in kräftigen Konturen deutlich bleibt.

2. Stoffinteresse und Deutungsschematismen

Die Kenntnis der homerischen Fabeln kann nun bei einer breiten Masse der gebildeten Bevölkerung vorausgesetzt werden; ihre Auslegung wird meist jedoch nur in einem Schema vorgenommen, das die humanistischen Ergebnisse verflacht. So spricht in der dritten Auflage der vielbenutzten griechisch-lateinischen Homerausgabe des Franzosen Sebastian Castalio der Schweizer *Heinrich Pantaleon* das stereotype Urteil über Homer aus. Sein prologisches ›Epigramma‹ preist den einen, den großen Homer [81]. Seine Vollkommenheit begründen letztlich vier ineinanderübergreifende Tugenden: die Weisheit, die ihn zum Urheber jeglicher *Philosophie* erhöht, die Sittlichkeit, aus der sich eine hohe *Ethik* entwickeln läßt, die Genauigkeit, mit der er Einblicke in alle *Naturwissenschaften* gewinnt, und die Frömmig-

keit, durch die er zum Gesetzgeber der *Theologie* wird [82]. Die aus diesen Tugenden resultierende Einmaligkeit Homers verdient den größten Ruhm: zeitlose Bewunderung – und diese erreicht der griechische Epiker, indem er als ständiger Ratgeber, seine Dichtung als immerwährende Hilfsquelle aufgefaßt wird: »Semper
adest idem diuinus semper Homerus« [83].

Das Monumentalwerk des *Hadrian Junius* mit dem Zweittitel COPIAE CORNV SIVE
OCEANVS ENARRATIONVM HOMERICARVM (1558) [84] hat die summarische Deutung
Pantaleons eher verstärkt als erweitert. Junius' Edition des gewaltigen Homer-
kommentars des mittelalterlichen Bischofs Eustathios entspricht dem Stoffinteresse
seiner Zeit: mit der Wiedergabe der homerischen Inhaltsfülle korrespondiert als
notwendige Ergänzung die ziemlich einheitliche christliche Allegorese der verschiedensten Fabeln. Somit erweist sich seine ›kunstfertige Zusammenstellung‹ [85] des
homerischen Originals mit des Eustathios Interpretation v. a. als eine Fleißarbeit,
die ein Bedürfnis seiner Generation gesättigt hat [86].

Michael Neander, Schüler Melanchthons und ein Experte in griechischer Sprache,
nennt Homer den »poetarum rex« [87], dem nach alter Überlieferung Apoll die
Lieder diktiert habe [88]. In dem »Homeri encomion« fügt er dem Zitat, in dem
Aischylos angeblich seine Tragödien nur als Bruchstücke von den großen Gastmäh-
lern Homers bezeichnet hat, folgende Charakterisierung hinzu: Homer ist ›erster
Vater der Wissenschaften und des gesamten Altertums, weisester Zeichner vieler
guten Dinge, bewunderungswürdiger Baumeister‹ [89]; sein Werk stellt eine originale poetische Leistung dar, die die Nachwelt immer wieder zu schöpferischer
Imitation angeregt hat. Doch Homers Werk umfaßt keineswegs alle Ereignisse, die
vor und besonders nach Trojas Fall geschehen sind. Wo Homers Dichtung aufhört,
setzen andere Autoren ein. Deshalb liefert Neander, dem damaligen Publikums-
geschmack entsprechend, eine epische Homerergänzung aus der Nonnosschule, das
POEMA DE TROIAE EXCIDIO des griechisch schreibenden Ägypters Tryphiodoros [90].
Seiner Übersetzung der Originalhexameter fügt Neander eine Vorbetrachtung bei,
in der er Homers Ausnahmestellung mit zahlreichen antiken Belegen unterstreicht.
Um ihn gruppiert er jedoch eine große Zahl von Schriftstellern, die sich mit den
Ereignissen vor, um und nach Troja beschäftigt haben. Diese erweitern also das von
Homer noch nicht vollständig wiedergegebene historische Material und bieten zu-
sätzliche Faktoren, erreichen aber auch nicht annähernd den intellektuellen, ethischen und poetischen Wert der homerischen ›Geschichtsschreibung‹, die in dem einmaligen Geschehen zugleich das Überzeitliche transparent macht und deswegen der
›realen‹ Grundlage auch einen ›idealen‹ Hintergrund verleiht [91]. Die kunstvolle
Komposition besonders der Ilias verkennt Neander jedoch und sieht dieses Epos nur
als durch den Tod oder andere Umstände bedingtes Fragment an, da es mit dem
Tod Hektors und nicht mit dem Fall Trojas abbreche [92]. Seinem überwiegend
historisch-chronikalischen Gesichtspunkt entgehen dabei die eigentliche homerische
Themenstellung, der Zorn des Achill, und die durch den Untergang des ins Heroische übersteigerten Trojaners verdeutlichte Präfiguration vom Ende Trojas [93].
Und wegen des angeblich unvollständigen Zustandes dieses Epos ist Neander
davon überzeugt, mit der Edition und Übersetzung des Tryphiodoros einen not-

wendigen Beitrag zur Erfassung des gesamten trojanischen Komplexes geboten zu haben.

Zu solcher Tätigkeit hat er auch *Lorenz Rosemann*, seinen Schüler, den späteren Professor der griechischen Sprache, angeregt. Rosemanns Übersetzung von drei der vierzehn Bücher des Quintus Smyrnaeus, des – wie er ihn nennt – ›populären Homers‹, geht sicherlich auf Neanders Einfluß zurück, zumal sie, datiert 1573 in Lüneburg, in dessen Leipziger Sammelband *Opus aureum* aus dem Jahr 1577 erschienen ist. Außerdem schließt Quintus Smyrnaeus sofort an Homers Dichtung an, Tryphiodoros meist erst an Quintus Smyrnaeus. Wir können vermuten, daß Neander seinen begabten und gleichgesinnten Schüler auf diese ausführliche Fortsetzung Homers aufmerksam gemacht und daß der Schüler diesen Hinweis dankbar aufgenommen hat, während der Lehrer selbst die kürzere Ergänzung dazu lieferte. In einem Vorwort zu den drei übersetzten Büchern würdigt Rosemann Homer als den überragenden Dichter, der mit göttlichem Auftrag sein Werk verfaßte. Neanders Ansicht, daß seine Epik nicht abgeschlossen sei, übernimmt auch er, indem er Quintus Smyrnaeus als Vollender der homerischen Diktion deutet [94]. Dennoch ist letztlich einzig die Dichtung Homers wichtig: Sie bleibt immer die Richtschnur, nach der alles andere gemessen wird. Jede Beschäftigung, und ziele sie auf noch so ferne Homeriden, dient nur einer weiteren, einer ausgiebigeren Beleuchtung der homerischen Peripherie, zu der man nur wegen des Zentrums aufgebrochen ist und von der man stets wieder zum Zentrum zurückstreben wird. Gerade in dieser pseudohistorischen, fast nur stofflich interessierten Epoche bildet Homer die magische Mitte innerhalb des vagen Begriffs antiker Literatur. Die Forderung des Elegantia-Ideals entfällt, übrig ist nur mehr die bunte und abwechslungsreiche Inhaltsfülle der homerischen Poesie, noch ergänzt durch einige Autoren, die das nachgeholt haben, was Homer zu schreiben leider nicht mehr vergönnt war, wie man, ungeschult in Fragen künstlerischen Geschmacks, vermutet hat. Deshalb beläßt es Rosemann auch nicht bei der Übersetzung dieser drei Bücher des Quintus Smyrnaeus. Nach langer Mühe folgen die restlichen Abschnitte ungefähr dreißig Jahre später (kurz vor seinem Tod) mit ausführlicher Kommentierung, der er noch die Bemerkungen des *Johannes Hartung* beifügt [95]. Zehn Jahre später wird diese Ausgabe – nun unter einem anderen, wahrscheinlich nicht mehr autorisierten, dafür publikumswirksameren Titel *Troja expugnata* – erneut herausgegeben.

Er entwirft auch eine ιλιαΣ μικρα [96], die er aus Homers Epos und der Imitation des Quintus Smyrnaeus zusammenstellt. Dabei verfolgt er Buch für Buch den Handlungsablauf und benötigt für den homerischen Inhalt, den er in einer griechischen und lateinischen Fassung nacherzählt, etwas mehr als 1000 Hexameter. Damit jedoch noch nicht genug: Zur Vervollständigung des trojanischen Sagenkreises geht Rosemann ständig von einem neuen Gesichtspunkt aus, ohne aber eine neue Aussage zu gewinnen; denn immer kehren nur längst bekannte Stoffzusammenhänge und Personenkonstellationen wieder, die er den verschiedensten Autoren dieses Themas entnimmt. Ein solches Werk, das unkritisch und kunstlos alles – auch Entlegenes, Zweifelhaftes, Nebensächliches – sammelt, um in 1743 Hexametern ein totales Bild davon zu geben, was damals um Troja geschehen ist, stellt sein ebenfalls zweisprachiges Epos ΤΡΩΙΚΑ(!): *id est, Totius historiae Troianae Epitome* dar [97].

Während Rosemann mit der Edition *Argonautica, Thebaica, Troica, Ilias parva, poemata graeca auctoris anonymi,* schon 1588 in Leipzig veröffentlicht, der allgemeinen Kenntnis sogar noch Sagenkreise über die trojanischen Zusammenhänge hinaus eröffnet, widmet er sich drei Jahre zuvor einem Teilaspekt, der bei erster Betrachtung antihomerisch erscheinen mag, sich dann jedoch durch den Hinweis auf Dion Chrysostomos [98] als rhetorische Spielerei und politische Absicht herausstellt. Als rhetorische Spielerei, weil in späterer Zeit frei über den Mythos verfügt wird und eine Berichtigung des großen Homer Geist und Wissen des ›Verbesserers‹ umso mehr beweist, und als politische Absicht, weil mit der Widerlegung der Zerstörung Trojas den Römern als den Nachfahren der sagenhaften Trojaner geschmeichelt wird. In der versifizierten PRAEFATIO zu seiner Edition und lateinischen Übersetzung der Dion-Rede, der er auch ausführliche Scholien beifügt [99], würdigt Rosemann Homer gerade deshalb besonders eindringlich, damit er durch Dions Gegenposition nicht an Größe verliert [100]. Zwar lassen sich viele Fehler und Irrtümer, viel Unbrauchbares und Unangebrachtes auch in Homers Werk aufzählen, wie es Dion unternimmt und wie es Rosemann bestätigt [101], doch ist das überschwengliche Homerlob keineswegs ein vielleicht durch den Kontext enträtselbarer Widerspruch: es ist das gültige Gesamturteil, das selbst durch negative Bemerkungen kaum getrübt wird, weil diese nur Randzonen und Teilaspekte seines Werkes betreffen. Denn auch für Rosemann bedeutet Homers Dichtung ›gelehrte Poesie‹; sie stellt eine originäre Leistung dar und umgreift in universalem Anspruch das gesamte menschliche Leben, Natur, Kosmos und die Welt der allbestimmenden Gottheiten. Sie ist das erste und überragende literarische Dokument in epischer Gestaltung, das eine Symbiose von Wissenschaft und Ethik, von Religion und Kunstverstand bildet. Diese Ergebnisse, gleichsam eine Summe der langwährenden Beschäftigung Rosemanns mit mehreren ›Homeriden‹, die ihn immer wieder auf den ›Urheber‹ Homer zurückverweisen, mögen uns zwar traditionell erscheinen, sind jedoch durch eingehende Arbeit am Text überprüft worden und können daher als überzeugte eigene Urteile angesehen werden. Vielleicht überraschen sie bei der zeittypisch einseitigen Stofforientierung, von der sich ja auch Rosemann nicht befreien kann, aber sie sind gewissermaßen wissenschaftliche Nebenprodukte, die bei seiner Hauptarbeit abgefallen sind.

Ein Preisgedicht auf Rosemann und dessen wissenschaftliche Tätigkeit, die sich vorrangig auf eine Erweiterung des bei Homer bekannten Inhalts erstreckt, hat der Wittenberger Poesieprofessor *Friedrich Taubmann* verfaßt [102]. Von ihm, den Richard Newald als eine »Eulenspiegelnatur« kennzeichnet [103], gibt es mehrere scherzhafte Reden und humoristische und ernsthafte Gedichte, in denen homerische Gestalten mit meist unbedeutenden zeitgenössischen Personen verglichen werden. Diese wirken durch ihre superlativische Typisierung unglaubwürdig und grotesk, zumal sie meist noch über ihre antiken Parallelfiguren erhoben werden [104]. Während hier unfreiwillige Komik erreicht wird, ist sie beispielsweise in einem Epigramm »Auff etliche Dörffer in Francken / in dero Gegend Taubmann gelebt und erzogen« beabsichtigt [105]. Jedes der unbekannten Städtchen streitet – wie bei Homer die sieben bekannten Städte und Gegenden – um die ehrende Vorrangstellung, mehr als die anderen Taubmann zu den Ihren zählen zu dürfen. Ein ähnlicher Nachruhm komme seinem Geburtsort Womes zu; denn mehr noch habe er, der Christ, diesen fränkischen Ort »dergestalt geadelt / ... daß auf so viel tausend Blättern noch ietzo dervon kan gelesen werden«, als der heidnische Grieche, »der weise Ulysses, das unbekannte Ithacam« [106].

Hinter jeder ernst gemeinten oder lustig verstandenen Bemerkung dieses skurrilen Professors schwingt ein unerschütterliches Selbstbewußtsein mit, gefestigt durch eine nun schon lange humanistische Tradition und erneuert durch eine langsam aufkeimende Hochschätzung des deutschen Beitrags im europäischen Wissenschafts- und Dichtungskontext. Taubmanns Schüler führen diese Linie weiter: so Kaspar Barth, der in der frühbarocken Phase ein enzyklopädisches Werk verfaßt und darin wieder ein eklektisch gewonnenes wissenschaftliches, nicht mehr inhaltsbezogenes Homerbild zeichnet, und so auch Augustus Buchner, der mit Opitz u. a. die barocke Epoche begründet, in der dann Homer und sein Werk gleichsam als vorbildliche und daher verbindliche literarische Formel betrachtet werden.

Der Stolz auf kulturelle Leistungen der Deutschen durchzieht als Grundton auch das Drama IVLIVS REDIVIVVS des *Nicodemus Frischlin*. In einem stichomythischen Dialog zwischen Eoban und dem zur gleichen Zeit ins Leben zurückgekehrten Cicero [107] erzählt der Neulateiner von seiner Ilias-Übersetzung; Cicero kommt aus dem Staunen über diese einst barbarische Nation nicht heraus und fragt solange, ob tatsächlich Homer, noch dazu in lateinische Verse und dies sogar von einem Deutschen, übersetzt worden wäre, bis er in Bewunderung und Anerkennung ausbricht. In einer weiteren Szene berichtet Eoban von der deutschen Homerphilologie, erwähnt u. a. Neander und auch Rosemann, den Cicero schließlich »totius Homerus Germaniae« nennt [108]. Frischlin selbst nimmt den Stoff für seine Tragödien VENVS und DIDO zwar aus der Aeneis, stellt aber seine Vergildramatisierungen auf die gleiche Ebene wie die Mythosdramatisierungen des Sophokles und Euripides, da der Inhalt ihrer Tragödien aus Homers Epik entlehnt sei [109]. Durch diesen Beleg sieht er sein Verfahren der poetischen Mimesis gerechtfertigt, und die ständige indirekte Präsenz der literarischen Vorlage in der Umdeutung verstärkt noch mehr die Erinnerung an das einstige Heldentum und steigert den Nachruhm des ›imitierten‹ Kunstwerks zu einer einmaligen Aussage zeitloser Gültigkeit. Gewißheit dafür findet Frischlin in Homers Wirkungsgeschichte; denn der »memorator« des trojanischen Untergangs bleibt in ›todloser Würde‹ immer lebendig [110].

Sein gesamtes episches Schaffen stellt Frischlin ebenfalls bewußt und nachdrücklich in die Nachfolge Vergils [111]; doch in seiner versifizierten Rede DE DIGNITATE ET *multiplici vtilitate Poeseos* von 1568 preist er besonders Homer [112]. Er greift die Vates-Theorie auf, die Homer zu einem vom Numinosen beeinflußten Poeten macht, und würdigt aber auch die überragende persönliche Leistung, mit der Homer eine unvergängliche beispielhafte Wertwelt erschaffen habe [113]. Bei aller Betonung des ideellen Charakters der Dichtung: Frischlin vergißt keineswegs, den utilitaristischen Standpunkt zu unterstreichen; denn Dichtung ist Lehre für das

praktische Leben und bietet ein ethisch durchkonstruiertes Verhaltensmuster. Ausführlich verweist Frischlin wiederum auf Homer, den ›Vater der Tugend‹, dessen
Werk eine Summe von Geboten und Verboten enthalte [114]. Die Odyssee gilt ihm
als ein einziges Lob der »Sapientia«, die der in allen gefahrvollen Abenteuern sieg-
reiche Typ des frommen und tapferen Dulders Odysseus verkörpert, die Ilias als ein
düsteres Gegengemälde, das die zerstörerischen Auswirkungen von Streit und
Rebellion zeigt, aber gerade deswegen umso deutlicher die Idealgestalt Achills (und
Hektors) hervortreten läßt. Alexanders Begeisterung für Homer erklärt sich vorrangig aus seiner Sehnsucht, dem großen Vorbild Achill gleichzukommen und dann
einen ebensolchen enkomiastischen Dichter zu finden [115]. Doch der späte Nachfolger Homers, Vergil, wählt Aeneas zur Hauptfigur seines Epos. Dieser römische
Autor ist der »praeclarus Homeri AEmulus« [116], dem sich Frischlin – schon allein
wegen des gleichen lateinischen Idioms – sehr verpflichtet weiß. Dennoch stellt er
den ›Imitator‹ keineswegs über den ›Imitierten‹; er dürfte beide als gleichwertige
Dichtergenies eingeschätzt haben, von denen ihm der eine jedoch näher stand, weil
er sich selbst als Vergil-Imitator eher mit dem Homer-Imitator Vergil vergleichen
konnte. Bei dieser poetischen Technik, die sich auf Vergil beruft und Inhalte seines
Werkes übernimmt, wird demnach mittelbar Homer immer noch mitangesprochen,
ohne daß er eigens genannt werden müßte.

In einem breit angelegten und vielseitig disponierten Monumentalepos entwirft
der Schweizer *Theodor Zwinger* das THEATRVM HVMANAE VITAE. Dieses sehr be-
liebte Nachschlagewerk [117] weist in seinem Index zahlreiche Textstellen auf, die
Homer betreffen. Hier finden sich fast alle, meist schon antiken Anekdoten und
Spekulationen, die sich um die Person Homer ranken. Was sich zur Zeit des Humanismus in einem elitären Wissenschaftsbetrieb abgespielt hat, wird nun schon in gefälliger Form einem weitaus größeren Kreis angeboten und von diesem auch aufgenommen, wobei selbst die gelieferte Detailfülle nur ein unklares Homerbild ergibt,
das zudem noch ziemlich unreflektiert und kritiklos zusammengesetzt wird. So
lesen wir mehrmals von seiner Geburt am Fluß Meles, von seiner Blindheit, die sich
nach Suda lediglich als Metapher für die Abkehr von Affekten herausstellt, von
seinen vielen Wanderungen, die ihn u. a. nach Ägypten geführt haben, sodaß die
philosophisch-religiöse Weisheit dieses Landes in sein Werk eingeflossen ist, von
seinem pädagogischen Amt in ganz Griechenland, von seinem Zweikampf mit
Herodot, von seinem Tod, der aus Scham über das ungelöste Fischerrätsel einge-
treten sei, und von vielen posthumen Ehrungen in bildender Kunst und in Literatur
[118]. Wertungen oder zumindest Äußerungen, die Wertungen auslösen könnten,
lassen sich jedoch in Zwingers riesigem Werk nicht feststellen. Die Wendungen
»omnium uirtutum praeco & magister« und – etwas konkreter – »poetarum omnium
princeps« [119] werden stereotyp der traditionellen Beurteilung entnommen. Einen
Ansatz für die Richtung, in der Zwinger Homer bewertet wissen will, liefert die
kurze, ebenfalls keineswegs eigenständige Aussage, daß Homer unter der Verkleidung seiner Fabeln *Physica* & *Ethica* behandelt [120].

Einen deutlicheren Hinweis gibt nur noch eine Textstelle. In Homers Dichtung
sieht Zwinger schon alle Formen einer Tragödie vorgeprägt, und so liefert er eine

allgemeine Definition, die seiner Meinung nach genau die Tonlage der homerischen Epik trifft: ›Gewichtige Handlungen‹, die abweichen von der »communis opinio«, und ›prunkvolle Reden der Götter‹, die sich durch »ingenia« auszeichnen und den hohen Kanon der »mores« darlegen, werden gleichsam ›szenisch‹ vorgeführt. Dabei wahrt Homer nach Zwingers Auffassung die tragisch-komische Doppelnatur der ›Conditio humana‹. Dies zeugt von einem echten Einfühlungsvermögen des Schweizers in die frühgriechische Poesie; denn was in der damaligen Kunstauffassung in die zwei ›reinen‹ Formen der Tragödie und der Komödie getrennt erscheint: bei Homer wird Kunst noch als eine vielschichtige Einheit verstanden, und als solche ›stimmt sie im Ganzen mit der menschlichen Natur überein‹ [121]. Zwingers Deutung der homerischen Dichtung ließe sich am ehesten mit dem Terminus einer ›erhöhten Wirklichkeitsdarstellung‹ umreißen, die idealistische Elemente mit realistischen verbindet und gleichzeitig die Plastizität des Geschilderten betont.

Während Zwinger diese Äußerungen über Homer in einen eigenen, DE POETICA überschriebenen Teilabschnitt innerhalb des größeren Kapitels über menschliche Fähigkeiten eingliedert, nimmt die Poesie für den Griechischlehrer *Matthäus Dresser* als eine von mehreren Weisheits- und Erkenntnisquellen nur eine untergeordnete Rolle im Gesamtprogramm der *Rhetorik* ein [122]. Einige ihrer fundamentalen Voraussetzungen lassen sich schon aus Homers Epik ableiten: Nach einem Odyssee-Zitat (VIII 170 ff.) scheint die Würde des Redners göttlichen Ursprungs zu sein, und gewaltig und zugleich angenehm formen sich seine Worte; die *Nützlichkeit* seines Redens beweist eine Stelle aus der Ilias (III 150 ff.) [123]. Auch die drei rhetorischen Stilarten werden aus Homers Werk erschlossen [124], worin Teilfragen ebenfalls ihre erste Erwähnung finden [125]. Die rhetorischen Beispieltypen Nestor, Odysseus, Menelaos und Phoinix [126] erfüllen vorbildlich die einzelnen Punkte der Inventio, Dispositio und Elocutio: die Wahrheit vermittelnden und Tugend bildenden Inhalte werden in kunstvoller Komposition zusammengefügt und mit ›poetischen‹ Wort- und Gedankenfiguren ausgeschmückt [127]. Memoria erscheint gleichsam selbstverständlich, während die Pronuntiatio die heroische Persönlichkeit vervollkommnet.

In seinen *Gymnasmatum* LITTERATVRAE GRAECAE LIBRI TRES (1574) bietet Dresser griechisch-lateinische Textbeispiele für Reden, Briefe und Dichtungen. Für letztere wird als beispielhafte Form die pseudohomerische Batrachomyomachie zweisprachig wiedergegeben [128] und mit ausführlichen Studien [129] sowie einem Anhang [130] kommentiert. Vor dem Abdruck liefert Dresser für dieses Kleinepos das ARGVMENTVM, gliedert es in einer DISTRIBVTIO und entwirft dessen MYTHOLOGIA [131]. An den Anfang jedoch stellt er eine allgemeine Einführung in das Werk Homers: DE VSV LECTIONIS HOMERI [132]. Dresser fordert in sechs Punkten die Kenntnis der homerischen Dichtung: Homer, dieser ›beste und göttlichste Poet‹, ist der Begründer ›jeder poetischen Disziplin‹ – Die Epik dieses ›besten Lehrers für das Leben‹ enthält erstmals ›sapientia politica‹, ›humanitas‹ und ›venustas‹ – Er bildet das primäre Muster für jedes vorbildliche Schreiben und Sprechen – Er wahrt wissenschaftlich exakte Übereinstimmung mit den Gegebenheiten seiner Epoche – Der Aussagegehalt seiner Sentenzen und Maxime behält zeitlose Gültigkeit – Selbst innerhalb der christlichen Religion wird Homers Wortkunst als höchstes poetisches Paradigma anerkannt.

Eine mehr dichtungsautonome Position nimmt *Georg Fabricius* mit seinem 1571 in Leipzig erschienenen Werk *De re Poetica Libri VII* ein. Er liefert im vierten Buch, das »De epithetis nominum appellatiuorum« betitelt ist, mehrere formelhafte Bezeichnungen für den »HOMERVS poeta« wie ›groß, alt, Mäonide, Seher‹ etc. [133] und für die Hauptfiguren seiner beiden Epen, für ACHILLES und VLYSSES [134].Aus solchen Wortanhäufungen läßt sich jedoch schwerlich ein Homerbild entwerfen, zumal sie letztlich nur für die poetische Praxis bestimmt sind. Wie wenig auch Fabricius dichterische Eigengesetzlichkeiten beachtet, beweist schon seine Hinwendung zum Nützlichkeitsstandpunkt, von dem aus Homers Größe nach einem außerliterarischen Maßstab bewertet wird: nach seiner Weisheit [135].

Deutlich erkennen wir, daß die Autoren dieser nachhumanistischen Periode nicht fähig sind, neue oder weitere Vorstellungen für eine Homerinterpretation zu liefern, ja daß sie traditionelle Urteile sogar vereinfachen und verflachen. Ihre Leistung besteht jedoch in der Eindeutschung der griechischen Vorlage, nicht weil die Übertragungen so sehr gelungen sind, sondern weil Homerisches – und wegen des unbegrenzten Stoffinteresses auch Nachhomerisches – nun weithin bekannt geworden ist. Für sie ist nicht die Art wichtig, wie Homer seine Themen bewältigt hat, sondern die Themen an sich, deren Handlungsfülle und Inhaltsbreite, die spannendes Material liefern für das an der Bibel erprobte allegoretische Schema. Einer ›freien‹ wissenschaftlichen Behandlung sind hierbei unüberbrückbare Hindernisse entgegengestellt, der Dichtung der damaligen Zeit aber steht das große Potential an homerischen Fabeln zur Verfügung, das schon Hans Sachs ausgiebig benutzt hat.

Auch *Matthias Holtzwart* durchwirkt sein 1568 gedrucktes Epos *Lustgart Newer Deutscher Poeterei* mit zahlreichen homerischen Anspielungen und Übernahmen. Schon das Vorwort beginnt er mit dem Hinweis auf Homers Gesang von Ilion und den Irrfahrten des Odysseus, und darauf bezieht sich auch jedes der fünf Bücher, die dieses Werk umfaßt. Sein einziger Inhalt besteht letztlich in einem emphatischen Preis des Hauses Würtemberg; aber dieser Preis klingt wie ein wirres Konglomerat von Plagiaten, deren Hauptquelle neben Vergil und Ovid Homer ist.

Im ersten Buch wird die kleinasiatische Landschaft Phrygien heraufbeschworen, »darin die hauptstatt Troia hieß«, und es wird erwähnt,

> Wie es Ulyssi so hart gieng /
> Eh er wider sein land empfieng [136];

im zweiten Buch folgt die Kirke-Episode, die in einer Anmerkung sogleich moralexegetisch zerlegt wird: Wer der »blossen schone unnd lieblichkeit der weiberen« begehrt, wird in »wilde thier« verzaubert; Odysseus dagegen widersteht durch das Kraut Moly »den bösen listen ernstlich« und beweist damit den Spruch: »Wen Gott behüt / ist wol behüt« [137]. Während das nächste Buch des »Achillis dapfferkeit« und seinen Lehrer Cheiron besingt [138] und im folgenden eine Parallelkonstellation zur Odyssee angewandt wird – denn »Minerua vnderstehet Graf Vlrichen zu eretten« [139] –, bietet Holtzwart im abschließenden Buch sogar eine

»kurtz begriffen(e) Historia Vlyssis«: auf einer rauhen und felsigen Insel, die er dennoch sehr liebt, ist er geboren, er hat an der Belagerung Trojas teilgenommen und ist trotz seiner langen Irrfahrt auf dem Meer gottgefällig geblieben, so daß ihm seine Sehnsucht, »Den rauch vom vatterland auffgehen« zu sehen, auch gnädig erfüllt worden ist [140]. Und wenn Holtzwart dem Odysseus einen Exkurs widmet, dann darf auch ein Bericht über Achill nicht fehlen [141]. Dessen vielseitige Begabungen – er ist »Musicus«, »artzet«, »schütz«, »jäger«, »fechter« und »kriegß-man« –, zeigen sich schon bei der Unterweisung durch Cheiron, v. a. aber bei dem Streit um Troja: von seinen Taten hat Homer »einen vberfluß / Vermelt«. Wie einfältig und dürftig, wie blaß und verniedlicht, kurz: wie unhomerisch all diese angeblich gelehrten und daher ›hochpoetischen‹ Einschübe aus der homerischen Sagenwelt auch sein mögen: Holtzwart selbst hat sich wegen seines enkomiastischen Epos gleichsam als *deutscher Homeride* verstanden, der abschließend bemerkt, daß jeder – auch ein Genie wie sein Vorbild Homer und er als dessen literarischer Nach-komme – einem gemeinen Lästerer nicht entgehen könne:

> Dann bin ich aller sachen zfriden /
> Zoilus kan niemandt vermeiden [142].

In einer Anmerkung berichtet Holtzwart sogar, was er von der Person Homer weiß: »Ein Fürst aller Poeten / von geburt ein Griech / welcher 24 Bücher vom Troianischen krieg (nach dem er nicht lang gelebt hat) geschriben / vnd von der jrrung Vlyssis auch sovil. Er hieß zu erst Melesigenes / hernaher aber / da er blind ward / ist er Homerus genant worden / dann Homerus auff Griechisch einen heißt / der kein augen hat« [143]. Diese Minimalcharakterisierung erscheint uns noch ge-ringwertiger als eine fehlerhafte lexikalische Erwähnung, zumal biographische Einzelheiten angegeben werden, die schon von Wissenschaftlern der humanistischen Epoche zumindest angezweifelt wurden; aber sie zeigt deutlich an, wie es mit der Homerkenntnis dieser Zeit bestellt war: Zwar wird der griechische Epiker sehr oft genannt, doch meist wird er auch bei Ereignissen zitiert, die bei ihm nirgends zu finden sind, wohl aber bei anderen Autoren, die ebenfalls mehr oder weniger den trojanischen Sagenkomplex behandelt haben.

Und wenn nicht jedes Detail des trojanischen Sagenkreises von Homer stammt, dann mit Sicherheit aber – jedenfalls noch für die breite Schicht der gebildeten Literaten – die Batrachomyomachie. Eine poetische Vorlage des Matthias Holtz-wart weitet *Johann Fischart* zu der erotischen Groteske *Flöh Haz / Weiber Traz* aus; deren Schlußgedicht »Friden und rue vor den Flöhen« führt sogleich das originäre literarhistorische Werk an, von dem jede weitere derartige Satire abge-leitet wird:

> Homerus der Poeten Licht
> Und der Fürnemst von Künstgedicht
> Der hat uns wöllen unterweisen
> Den Krig der Frösch mit seinen Mäusen [144].

Im Hauptteil »Erneuerte Floh klag« findet sich zudem eine Parodie auf die Kyklops-Episode in der Odyssee. Während eines fürchterlichen Gemetzels entgehen einige Flöhe nur deshalb dem Verderben, weil sie einem Hündchen

> Tif schlifen inn die Woll hinein /
> Auf das es uns mit gutem fug
> Aus diser Mördergruben trug:
> Gleich wie auch der Ulisses that
> Als in versperrt der Säuklops (!) hat
> Inn seim Stall mit den Raisgefärten [145].

Diese Verfremdung des ursprünglich tragischen Geschehens in eine komische Situation reiht sich, verschärft durch den Wechsel von menschlichen zu tierischen Verhältnissen, in die desillusionierende Gesamttendenz des Werkes: Der Mensch wird in seiner Rohheit und Schamlosigkeit entlarvt und verliert sich selbst ins Tierische. Bei dieser »neurotischen Selbstentfremdung des Menschen« [146] bleibt auch kein Raum für Klugheit und Heldentum, wie sie Odysseus während des Abenteuers mit Polyphem, dem barbarischen Gegenbild des zivilisierten Menschen, vereint. An deren Stelle treten in dem pessimistischen Zeitgemälde nur Ernüchterung und Bitterkeit.

Fischart erwähnt Homer noch einmal in dem Gedicht *Ein Artliches lob der Lauten* [147]: der Anspielung auf den homerischen Hermeshymnus mit der Erfindung des Musikinstrumentes folgt Homers überschwenglicher Preis der »Lautenkunst«, die sogar die »streitbar hand« seines Helden Achill beherrscht hat (Il. IX 185 ff.). Dagegen nimmt Fischart in seinem Werk *Das Glückhafft Schiff von Zürich* eine Haltung ein, mit der er sich, ohne daß er Namen nennt, völlig von Homer entfernt und die dem strengen Arbeitsethos Hesiods nahekommt [148].

Die von Resignation geprägten Zustände in Fischarts Tiergroteske überwindet *Georg Rollenhagen* in seinem schon zu Lebzeiten weitberühmten *Froschmeuseler* durch ein kritisch-didaktisches Grundmuster. Das Werk ist frühzeitig durch die lehrhaften Vorlesungen des Griechischprofessors Veit Oertel über die griechische Vorlage, die Batrachomyomachie, die unvergleichlich sei an »Weisheit« und an »Lieblichkeit«, angeregt, aber erst Jahrzehnte später wieder aufgegriffen und vollendet worden [149]. Dabei wird der ursprüngliche Inhalt ziemlich genau gewahrt. Schon das zweite Kapitel des ersten Buches schildert die Ausgangsposition des angeblich homerischen Kleinepos, in dem Homer selbst seine großen Heldenepen parodiere: Der Mäuseprinz »Bröseldieb« (Psicharpax) trifft mit dem Froschkönig »Bausback« (Physignathos) zusammen [150]. Doch erst die letzten zwei Kapitel des zweiten Buches berichten von der verhängnisvollen Wasserfahrt der beiden, der Ursache, die den gewaltigen Krieg der beiden Tiervölkchen auslöst. Im dritten Buch werden Racheplan, Schlachtrüstung und dann der eigentliche Kampf abgehandelt. Dabei erfährt das Original eine vielfältige Erweiterung und gleichzeitig auch eine Aktualisierung; zudem wird die ohnmächtige Rolle der griechischen Götter – strukturell eine Steigerung der grotesken Situation – in die Allmacht des christlichen Gottes umgeändert; so weicht am Ende der Humor einer religiösen Gewissenhaftigkeit, die einem witzigen Einfall als unpassendes ›fabula docet‹ aufgesetzt wird:

> Aller welt rat, macht, trotz und streit
> Ist lauter tand und eitelkeit,
> Macht doch mord, armut, herzeleid.
> Got helf und tröst in ewigkeit! AMEN [151].

Dennoch bieten diese Teile des Froschmeuselers eine der Zeit angemessene Eindeutschung der pseudohomerischen Vorlage, auch wenn dieses als Kleinkunstwerk konzipierte Epos sehr auseinandergezogen wird und daher entscheidend an parodierender Prägnanz verliert. Diese Teile nehmen jedoch innerhalb von Rollenhagens Gesamtkomposition nur etwas mehr als ein Drittel ein, und ihre Disposition – zu Beginn und v. a. am Ende – weist eher darauf hin, daß sie nur den Rahmen für eine wesentlichere Aussage bilden. Die ausführlichen Erörterungen, die das erste und zweite Buch überwuchern, bestätigen diese Ansicht: Schwerpunkt und Ziel des Werkes liegen in dem sozialpolitisch-religiösen Zeitkolorit und in der nicht immer poetisierten Lektion über das richtige Verhalten in allen Lebenslagen [152]. Die Erzählformen, in denen beides dargeboten wird, sind sehr verschiedenartig. Sogar homerische (und nicht pseudohomerische) Anspielungen lassen sich in den überwiegend nichthomerischen Abschnitten finden. Und gerade diese scheinbar falsch angeordneten Einschübe steigern die Komik, indem sie den Kontrast zwischen der Tierfabel und der heroischen Dichtung erhöhen. So vergleicht Bröseldieb seine nächtlichen Mäusediebstähle mit den Taten des Heldenpaars Odysseus und Diomedes [153], und das trojanische Pferd wird, noch dazu zweimal, als Exempel herangezogen: Eine Menge stürmt plötzlich gleichzeitig los

> Wie ehe die griechschen helden wert
> Aus dem hülzen trojanschen pferd [154],

und die mäusefeindliche Katze – für den aggressiv-satirischen Lutheraner Rollenhagen personifiziert in Thomas Murner – stellt sich tot und wird deshalb von den leichtgläubigen Mäusen freudig umtanzt,

> Wie dem trojanischen pferd geschach,
> Das inwendig vol feinde lag [155].

Schließlich fügt Rollenhagen auch die homerische Kirke-Episode ausführlich in sein Werk ein. Er läßt Bausback die Selbstachtung Bröseldiebs loben, da es »eine seltsam tugend / . . . vornemlich bei junger jugend«, sei, mit sich und seinem Los zufrieden zu sein [156]. Der Froschkönig gibt daraufhin in einem langen Exkurs ein Beispiel aus seiner in jüngeren Jahren erworbenen Homerkenntnis an, eben das Abenteuer des Odysseus, das dieser einst mit der göttlichen Zauberin erlebt hatte. Die meisten seiner in Tiere verwandelten Gefährten möchten in ihrer jetzigen Gestalt verharren, obwohl Odysseus ihnen ihre ursprüngliche Seinsweise zurückgeben könnte; denn, so deutet schon Kirke ihr törichtes Verhalten, ihr »elend« komme

> Daher, das niemand jeder frist
> Mit seinem stand zufrieden ist;
> Was got und die natur uns geben,
> Das ist uns nimmer gut und eben [157].

Doch auch Kirke selbst verfällt dieser Sehnsucht nach einem andersgearteten Zustand, einer Ehe mit Odysseus. Der Held aber lehrt sie Treue zu sich selbst; diese bildet erst die Voraussetzung für gegenseitige Treue und verbindet ihn mit seiner gleichgestellten und gleichgesinnten Penelope. Die Moral dieser sehr eigenwillig interpretierten Homerepisode lautet daher:

> Der ist ein weisr glücklicher man,
> Der sich in seim stand schicken kan;
> Wer das nicht kan, der ist elend
> Und bleibt ein narr bis an sein end [158].

Der anfangs anscheinend unvermittelt eingeschobene poetische Exkurs wird durch eine solche Auslegung wieder geschickt eingeschachtelt in die Haupthandlung. Der mythologischen Parabel entspricht das selbstbewußte und doch bescheidene Auftreten des Mäuseprinzen. Ihn (und mit ihm den griechischen Helden) lobt der Froschkönig wegen der in seinen Worten erkennbaren demütigen Frömmigkeit:

> Darum dein red mir wolgefelt,
> Die alls zu gottes willen stelt [159].

Einige Kapitel später jedoch wird menschliche Größe, satirisch gleichgesetzt mit der der Mäuse, schon wieder relativiert; denn selbst »der allerweiseste man«, und sei es sogar Odysseus, kann sich vor dem Gift – der Mausefallen »nicht wol hüten« [160]! Durch solche literarischen Zitate erreicht Rollenhagen oft eine gut pointierte Situationskomik, während er gerade den Humor der grotesken Vorlage mehrmals durch erzählerische Breite und religiöse Gesinnung entschärft.

Sein Sohn Gabriel übersetzt u. a. Lukians »Wahre Geschichte« als eines seiner »Vier Bücher Wunderbarlicher bisz daher vnerhörter / vnd vngleublicher Indianischer Reysen« (1605) [161]. Darin begegnet der Ich-Erzähler dem »Poeten Homero«, der mehrere strittige Fragen über sich und sein Werk beantwortet, z. B. daß er seinen Geburtsort selber nicht wisse und daß er nicht blind sei, daß alle unter seinem Namen überlieferten Werke tatsächlich von ihm verfaßt seien und er die Odyssee nach der Ilias geschrieben habe [162]. Diese Aussagen können nicht unbedingt als Meinungen des *Gabriel Rollenhagen* beurteilt werden, da er nur Lukians literarische Persiflage wiedergibt. Doch war er wohl wirklich von ihnen überzeugt, selbst wenn er im allgemeinen bewußt antike Lügengeschichten verbreitet. Lukians Homeräußerungen entsprechen über alle parodistischen Brechungen hinweg der zeittypischen und daher wohl auch persönlichen Ansicht des jüngeren Rollenhagen; trotz des phantastischen, erfundenen Kontexts bieten sie also die ›Wahrheit‹ über Homer.

Den antiken Dichter kennen damals fast alle diejenigen, die eine höhere Schulbildung besitzen. Immer wieder wird in den pädagogischen Programmen der nachreformatorischen Phase die homerische Epik im Lektürekanon angeführt. Sie scheint allgemeingültig geworden zu sein; denn es bleibt sich gleich, ob man etwa die sächsische Schulordnung von 1580, die »im wesentlichen mit der ›würtembergischen Schulordnung von 1559‹, zum Teil wörtlich, überein(stimmt)« [163], ob man die Thorner Sammlung von 1587 mit dem Titel INSTITVTIONIS LITERATAE, SIVE DE DISCENDI ATQVE DOCendi ratione [164] oder etwa bayrische Mittelschuldokumente nach 1550 [165] heranzieht: überall steht Homers Werk im ›Index lectionum‹. Unterschiedlich ist mitunter nur der Rang, der ihm zugeteilt wird. So nimmt er einmal den höchsten poetischen Rang selbst ein; denn er trägt nicht allein zu Kenntnis und Vertiefung des Griechischen bei, er bietet darüber hinaus in seiner vollkommenen Poesie, die zugleich auch als rhetorisches Muster verstanden wird, eine Fülle an durchdachtem Wissen und Frömmigkeit als Lebenshaltung [166]. Eine Beschäftigung mit ihm nützt den Schülern also dreifach: sprachlich, intellektuell und ethisch-religiös. Zum andern aber dient die homerische Epik trotz aller Hochschätzung nur der Vorbereitung für die »Lectio Virgiliana«, gilt demnach als eine Leistung, die hinter der stilisierten ›Nachahmung‹ Vergils zurückbleibt [167]. Hier bahnt sich, vielleicht beeinflußt durch Scaligers Kritik, schon eine Seite der mehr formbetonten barocken Literaturbetrachtung an, die bei Vergil eine kunstvolle Verfeinerung des homerischen Rohmaterials zu entdecken meint.

Neben den früher besprochenen Lehrern müssen noch zwei bedeutende Pädagogen dieser Zeit genannt werden: *Hieronymus Wolf*, der Homer als Schulautor beachtet [168], genauso wie *Johannes Sturm*, der ihn in das Lehrprogramm der oberen vier Klassen einordnet [169]. Nach Ansicht Sturms eignet sich die homerische Dichtung gerade deshalb für den Unterricht, weil in ihr all das enthalten ist, was gelehrt werden sollte: »puritas, ornatus, gravitas, omnia ornamenta et instituta orationis« [170].

Doch Homer spielt nicht nur in der Didaktik eine entscheidende Rolle. Auch für Schuldramen liefert er das Material. Als ›indirektes‹ Beispiel möge der *Auszzug oder Summarische Innhalt / der Tragoedien von der Zerstörung der herrlichen Statt Troya* [171] genügen. Indirekt: weil der Verfasser *Johann Mayer* kein Lehrer, sondern ein Handwerker ist; aber als Münchner reiht er sich 1607 mit höchster Wahrscheinlichkeit ein in eine dort schon 1568 ansetzende jesuitische Spieltradition, zumal er in paraphrasierenden Versen lediglich eine Dramenskizze entwirft, analog den nur stichwortartigen Schulactus, die »von den Zöglingen nach vorheriger Einübung extemporiert werden mussten, weil sie blosse Gedächtnisübungen, keine künstlerischen Productionen gewesen sind« [172]. Das Geschehen teilt Johann Mayer ein in elf Akte, die chronologisch verlaufen und mit einer Ausnahme der homerischen Version entsprechen: Der göttliche Streit und das Paris-Urteil (1), Abfahrt des Paris nach Griechenland (2), der Raub Helenas (3), Kriegsvorbereitungen der Griechen (4), ein erster abgeschlagener Angriff gegen die Festung Troja (5), der Tod des starken Hektor (6), Achills Siegesfeier und allgemeiner Waffenstillstand (7), dann die nichthomerische Polyxena-Episode im achten, neunten und beginnenden zehnten Abschnitt; es folgen schließlich noch die List mit dem hölzernen Pferd (10) und die Eroberung der Stadt, die »in grundt zerstört« wird (11) [173].

In der nachhumanistischen Periode zeigt sich eine außergewöhnliche Breitenwirkung der homerischen Dichtung, vorbereitet durch die vorausgegangene philologische Tätigkeit, die nun ›popularisiert‹ wird, und bestimmt von der Vorliebe für stoffreiche Werke. Diesem Zeitgeschmack kommt besonders die Odyssee entgegen. Der inhaltlichen Aneignung entspricht aber keineswegs die interpretatorische Auseinandersetzung, die meist in einer rein vordergründigen christlichen Allegorese steckenbleibt. Eine Wandlung in der Bewertung Homers geschieht erst zu dem Zeitpunkt, als Scaligers Kriterien von einer neuen Generation in Deutschland aufgegriffen werden. Während des kurzen philologischen Vorspiels, dem dann die lange Kette dichtungstheoretischer Äußerungen folgt, werden zwar Scaligers Theorien rezipiert, doch seine Abwertung Homers findet in Deutschland kaum Anhänger. Denn mittlerweile hat »das deutsche Stadtbürgertum die homerische Welt«, religiös umgedeutet und moralisch ausgelegt, in sich aufgenommen [174]. Und die früh-barocken Wissenschaftler weichen in der Beurteilung Homers ebenfalls von Scaliger ab. Um die Unterschiede in den Auffassungen feststellen zu können: vorerst ein Exkurs, der das Bild Homers in zwei wesentlichen italienischen Dichtungstheorien berücksichtigt.

Noch bis zum Ende des 16. Jahrhunderts finden sich in Deutschland neben Vadians literaturwissenschaftlicher Skizze nur wenige poetologische Untersuchungen, und auch diese zeigen sich meist verstreut in Abhandlungen über eine andere Thematik. Häufig werden die spätantiken Theorien übernommen, die schon die italienische Philologie kaum überarbeiten zu müssen glaubte, da nationaler Stolz auf die römischen Ahnen zur Wahrung der Tradition verpflichtete. Zudem spricht und denkt man in Deutschland noch lateinisch, und man hält daran fest, weil man meint, nur auf diese Weise Anerkennung erringen und den Vorwurf der ›Barbarei‹ entkräften zu können. Dies prägt in besonderem Maß das Bild, das man sich damals in Deutschland von Homer macht. Die Hinwendung zu spätantiker Tradition wird von den Italienern übernommen, nicht jedoch deren Herabminderung Homers zugunsten Vergils. Gerade weil ein überragender antiker Autor wie Homer nicht von den romanischen Staaten als Landsmann gepriesen werden kann, verrmag er in einem anderen Land wie Deutschland, das trotz aller Imitation eine geistige Gegenposition sucht, eher adaptiert zu werden. Mit den Meinungen, die er vertreten, und den Haltungen, die er vorgeformt hat, identifiziert sich bereitwillig ein deutscher Literat, zumal er damit auch seine Bildung beweist; Ansätze zu einer *neuen* Betrachtungsweise Homers sind dagegen selten.

Dies ist vor allem dadurch bedingt, daß zwei Faktoren, die die Fülle der Barockpoetiken miterklären und die die Autoren vor grundsätzliche Probleme stellen, in Deutschland erst allmählich eine Rolle spielen.

Zuerst muß die deutsche Sprache ihre Gleichberechtigung mit anderen Sprachen erweisen und ihre innere Form finden und festigen. Da Regeln und Gesetzlichkeiten fehlen, lehnt man sich an die antike Stilistik und Rhetorik an. Doch diese Formgebung kann nicht alle Fragen lösen, die auftreten bei dem Eindringen einer zuvor nur vom Volk verwendeten Sprache in den Bereich der Dichtung und Wissenschaft. Die deutsche Sprache wird zum Thema, sie bedarf noch allgemeingültiger Richtungsgebung und Verbindlichkeit. Ihre Eigengesetzlichkeit fordert schließlich auch neue und unkonventionelle Gedanken und Vorstellungen heraus.

Außerdem erreicht man im Ausland, wiederum in Italien, die ersten zumindest teilweise originalen Dichtungstheorien, nachdem die lateinische Tradition europäisches Gemeingut geworden ist und ihr Gehalt sich im ständigen Geben nicht jederzeit erneuern ließ. Die Poetiken des *Marcus Hieronymus Vida* und des *Julius Caesar Scaliger* erlangen in kurzer Zeit auch in Deutschland eine entscheidende Wirkung. Neben der noch zögernden Formfindung der deutschen Sprache lassen sich durch die Auseinandersetzung vor allem mit Scaliger Möglichkeiten zu ihrer dichterischen Verwirklichung gewinnen.

Denkt man an diesen schwierigen und langwierigen Prozeß, kann man sich auch vorstellen, daß Fragen einer Homerbewertung in der deutschen Barockepoche nur am Rande eine Rolle spielen. Vorrangig ist und bleibt eben deutsche Sprache, deutsche Dichtung. Außerdem sucht man die Form, betont deshalb Form, und Form entwickelt man immer noch aus der lateinischen Diktion, deren ›Eloquentia‹ als oberstes Stilprinzip gewahrt wird. Mit der formalen Hochschätzung des Lateinischen stimmt die formale Hochschätzung des lateinischen Dichters überein. Daß Vergil Homer übertrifft, zeigt sich in Deutschland meist jedoch auf den formalen Bereich beschränkt, während gerade bei Fragen nach dem Wesen und der Absicht der Dichtung eher auf den griechischen Epiker zurückgegriffen wird. Anders dagegen in Italien, v. a. bei Scaliger, aber auch schon bei Vida.

Vidas drei Bücher *De arte Poetica*

Vidas drei Bücher *De arte Poetica* erscheinen erstmals im Jahr 1520. Die Hexameter [1] wenden sich an den Dauphin Franz, dem dieses Werk als poetische Anweisung gewidmet ist. Nach dem Vorbild Homers und Vergils beginnt die Dichtungslehre mit Musenanruf und Sängerlob der Heroen und Götter. Die historisch-genetische Begründung des Ursprungs der Dichtung [2] verläuft von der göttlichen Sphäre über das Orakel zur heroischen Gattung. Die Bezeichnung ›göttlicher Homer‹ [3] läßt sich demnach nicht allein als Preis deuten, Homer steht für Vida noch unverkennbar in der Abhängigkeit von dem überirdischen Schöpfungsakt, von der göttlichen Entstehung der Dichtung, und in seiner rhapsodischen Technik strebt Homer nach menschenmöglicher Annäherung an diese Ursituation. Die Epogonie entspricht der Kosmogonie; die Muse – und durch sie der Dichter – wird neben Gott als dem Schöpfer des faktischen Bereichs zur gestaltgebenden Macht des fiktiven Seins. Homers Werk ist demnach phänomenologisch Welterschaffung – und funktional Gottesdienst. Denn in dem Handeln der Heroen erblickt Vida christliche Ethik. Homerische Vorstellungskraft und Charakterfestigkeit prägen Bild und Wesen des göttlichen Waltens, von Homer übernehmen die ›Seher‹ ihre Haltung, in homerischer Gestaltung erfassen und begreifen die Gläubigen überirdische Geheimnisse. Der Gedanke einer in dichterischer Einkleidung ›verborgenen Theologie‹ wird auf den antiken Epiker bezogen [4].

Diese religiöse Perspektive übersieht nicht das poetische Element, das als ›Liebe‹ gekennzeichnet wird. Süße und Spiel und Leichtigkeit nehmen dieser helikonischen Macht den tragischen Hintergrund. Homers Dichtung wirkt mit Lockung und Umschmeichlung auf jeden Hörer oder Leser ein. Das frühgriechische Wort besitzt für den italienischen Humanisten magische Kraft; Rhythmik und Klangfärbung lindern den Schmerz über Sünde und Unheil innerhalb des irdischen Erlebnis- und Erfahrungsbereiches. Homers Dichtung charakterisieren Schönheit und Harmonie. Er herrscht über alle übrigen griechischen Poeten, die ihn ehren. Er hält das

›Zepter‹, das Zeichen seiner königlichen Würde, das Symbol seiner dichterischen Größe [5].

Beim Vergleich zwischen Homer und Vergil lassen sich weitere Kriterien aufzeigen. Vida geht von der Wirkung der Werke auf den Leser aus. Bleibt bei Homer Bewunderung und Staunen, so steigert sich die Aufnahme der Dichtung Vergils zu Ergriffenheit und Betäubung [6]. Diese Klimax kennzeichnet sowohl Vidas Interpretation und Beurteilung beider Epiker als auch seine Auffassung des poetischen Nutzens. Was der Leser, der gebildete Mensch, bewundert, wird er als Vorbild ansehen und in sein Wertsystem einbauen, er wird versuchen, sich dem Ideal möglichst anzunähern. Scheu dagegen empfindet er vor Unantastbarem, vor Vollkommenem. Die Bewunderung, an der jeder teilhat, geht über in Verehrung, wie sie der Untertan seinem Herrscher entgegenbringt. Damit erreicht Vida nicht so sehr eine Überbewertung Vergils, wie man es immer ausgelegt hat, sondern eine durch den Kontext verständliche Einschätzung. Vida richtet seine Poetik an den Sohn eines Herrschers, er beabsichtigt mit seiner Dichtungslehre Erziehung nicht eines jungen Menschen, sondern eines jungen Adligen, der in einiger Zeit selbst Regent sein dürfte. Ihm ist die Rolle von Vergils Helden zugedacht, ihn werden die Menschen verehren. Nicht nur Lob schwingt in diesen Worten, der pädagogische Ton ist unüberhörbar. Der Dauphin muß auch, um verehrbar zu werden, Pflichten übernehmen. Die wichtigste: eine vollkommene humanistische Bildung, ethische und wissenschaftliche Größe erlangen, eingekleidet in eine allegorisch stilisierte, höfisch verfeinerte Form. Die religiöse Grundsituation des homerischen Erzählens weicht einer gesellschaftlich-pragmatischen Dichtungsabsicht. Das Werk Homers liefert nur mehr das Rohmaterial, das zwar breiteren Kreisen zugänglich ist, aber nur von sehr wenigen ›bearbeitet‹ werden kann. Beide antiken Dichter ›belehren‹ ihr Publikum: der Inhalt der homerischen Epen übermittelt Beispiele nachahmenswerter menschlicher Verhaltensweisen, Vergils Überhöhung des Inhalts durch die Form ›diktiert‹ die Regeln für das Herrscheramt, in dem sich nach platonischer Staatsphilosophie Macht und Geist vereinen. Die homerische Größe wird erkannt, aber in einer Zeit, die ihr Dichtungsideal mehr in esoterischer ›Künstlichkeit‹ sieht, nicht werkgerecht gewürdigt.

Im zweiten Buch behandelt Vida die Gattungen. Den höchsten Rang spricht er der Epik und in dieser der heroischen Form, dem Epos, zu. Markwardt erwähnt einige Bauelemente des Epos wie »Steigerung und Spannung«, die Opitz angeblich nicht übernehme [7], die Vida aber aus den ›Musterdichtungen‹ Homers und Vergils ableitet. Das Schicksal der Helden Odysseus, Achill und Aeneas paraphrasiert Vida soweit, daß der Inhalt auf einige vorbildhafte Grundzüge reduziert und im pädagogischen Sinn ausgewertet wird [8]. Technik und Stoff eigenen Dichtens sollen ebenfalls von diesen antiken Epen beeinflußt sein. Scheu vor geistigem Eigentum wird mit dem Hinweis auf Vergil beseitigt, der sich gleichsam ›in das Gewand des großen Homer gekleidet‹ hat [9]. Denn erst die Rezeption homerischer Fiktionen vermag durch kontrahierende und konkretisierende, durch stilisierende und moralisierende Methoden die Stufe der Vollkommenheit zu erreichen. Der Blick auf den Eigenwert der Dichtung wird verstellt durch ihre politische und wissenschaftliche

Benutzbarkeit [10]. Dichtung ist poetische Enzyklopädie, die vor allem durch
kunstfertige Darbietung besticht. Die Fülle des Wissens, das Potential des Dichtens,
wächst vom anfänglichen Tasten Homers zum sicheren Beherrschen Vergils [11].
Die Grenzen des Homerverständnisses zeigen sich bei Vida schon an der Fehldeutung der homerischen Epoche, die auch heute noch instinktiv bei der Bezeichnung ›frühgriechische Dichtung‹ mitschwingt. Hätte Vida Homer nicht als Beginn
einer epischen Tradition, sondern als ihren späten Vollender begriffen, wäre seine
Homerbewertung wohl günstiger ausgefallen.

Scaligers *Poetices libri septem*

Vidas Kunstempfinden mag die Größe Homers erahnt haben, verdeckt aber
wurde das dichtungsimmanente Urteil von überlieferten Kriterien und der lateinischen Tradition. Bei *Scaliger* jedoch zeigen sich eigene ästhetische Einschätzung und
zeitbedingte polyhistorische Dichtungsinterpretation als einheitliche Aussage. In
den 1561 posthum erschienenen *Poetices libri septem* [12] birgt sich eine Fülle von
Zitaten; poetische Wendungen und Theorien werden neben- oder gegeneinander-
gestellt und eingehend beleuchtet. Scaligers kompilatorische Tätigkeit verbindet sich
mit kritischem Verfahren. Stoffmenge und Schärfe des Urteils sowie die Übereinstimmung der Wertungen mit der überwiegenden Dichtungsauffassung dieser und
der folgenden Epochen erklären die starke und anhaltende Wirkung der Huma-
nistenpoetik. Sie wurde zum Maßstab für jede Dichtung. Nur wenige Poetologen
konnten sich ihrem autoritären Einfluß und ihrem normativen Anspruch wider-
setzen.

Die Würdigung Scaligers erscheint angebracht, denn er bietet eine Summe verschiedener Dichtungstheorien und umreißt poetische Probleme, die auch noch zum
»Experimentierfeld der modernen Literaturästhetik« gehören [13]. Das positive
Gesamturteil könnte nun durch die Beleuchtung eines Teilaspektes verfälscht werden. Scaligers Meinungen und Schlußfolgerungen über Homer zeigen auch bei Berücksichtigung damaligen Beurteilungsvermögens eine geisteswissenschaftliche Unsicherheit, die die Vorbehalte gegen die Möglichkeit objektiver wissenschaftlicher
Kriterien im Bereiche der Kunst vergrößert. Scaligers Homerbild muß als eine
historisch erklärbare, aber dennoch bedenkliche Fehldeutung verstanden werden,
denn er drängt Homer in eine konstruierte Polarität zu Vergil und würdigt ihn –
überspitzt formuliert – zu einem Negativ Vergils herab.

Scaligers Poetik besteht aus zwei großen Abschnitten: der Aufstellung von Thesen, die zu Dogmen erhoben werden, und ihrer praktischen Anwendung bei der Bewertung. Einerseits gewinnt Scaliger den Begriff ›Literatur‹ aus den schon vorhandenen Werken; der analytische Prozeß, der ihn zur Reduzierung der mannig-
faltigen Formen auf symptomatische Formeln führt, gibt ihm andererseits erst die
Grundlage, um den Maßstab an ein bestimmtes Werk anlegen zu können. Erkennt
man darin die selbstverständliche, ja notwendige Unabänderlichkeit des hermeneutischen Zirkels [14], läßt sich aber doch folgern, daß die Grundeinstellung einer
subjektiven bzw. zeittypischen Geschmacksneigung entspringt. Deren Klärung lie-

fert den Schlüssel zur gerechten Einschätzung der Beurteilungen, darunter fällt auch Scaligers Kritik an Homer.

Bei der Gegenüberstellung der Epik Homers und Vergils scheint Homer »die Kunst mehr erfunden als ausgebildet zu haben. Deshalb ist bei ihm vollendete Natur, aber nicht vollendete Kunst zu finden« [15]. Erst in der Aeneis ist für Scaliger das Rohmaterial der Themen und Fabeln Homers zu einem subtilen Gebilde veredelt, erst Vergil ist sich stets seiner dichterischen Technik bewußt, er gestaltet den anfänglich noch formlosen Grundstoff, der für Homer Ausgangspunkt und Endprodukt zugleich ist. Für Scaliger hat Homer also den ›epischen Inhalt‹ entdeckt; unbeholfen, oft sogar mißlungen jedoch wirken die Einordnungsversuche in eine möglichst sukzessiv-kausal bedingte Erzählweise, nur selten zeigt sich die höfische Stilhaltung, die einem Epos erst die Würde renaissancehafter Prägung verleiht. Für Scaliger wie auch für Vida nimmt das Epos die höchste Stufe innerhalb der Dichtung ein, und das einzelne Epos erreicht durch ständigen Hinweis auf Tugend und Taten, auf Moral und Politik eines Herrschers seine vollkommene Ausformung: es wird zu einem adligen Preisgedicht, zu einer beziehungsreichen und beispielhaften Dedikation. Die homerischen Helden aber haben meist einen schillernden Charakter, sie sind zu ›lebensecht‹, zu wenig stilisiert. Achills Groll fügt sich nicht in das Idealbild eines Regenten, und der umherirrende Odysseus verstößt mehrmals gegen das christliche Empfinden. Vergils Aeneas dagegen vereint in sich die positiven Züge der beiden homerischen Helden durch die verbindende Kraft der Frömmigkeit und wird demnach zum unübertreffbaren Muster, zur Imitationsbasis für jedes epische Gestalten.

Nach der Darlegung der Geschmacksrichtung Scaligers können seine Einzeluntersuchungen und Teilergebnisse, soweit sie auf Homer bezogen bleiben, werkgerechter betrachtet werden.

Im ersten Buch HISTORICVS behandelt er die Herkunft der Dichtung und ihre Auffächerung in Gattungen und deren Unterabteilungen. Vorher jedoch werden drei Kriterien für die Dichterbetrachtung aufgestellt [16].

Die psychologisch-biographische Methode, die den ›Spiritus‹, den dichterischen Schaffensprozeß, die das Gestalten, nicht das Gestaltete ergründen will, ist beeinflußt von der Theorie des göttlichen Dichterwahnsinns, die Platon in seinem Dialog Phaidros entwickelt. Scaliger unterscheidet zwei Arten dieses ›furor poeticus‹: einerseits wird die Einwirkung überirdischer Kräfte vom Dichter selbst gesucht und erst indirekt durch Stimulanzien erreicht [17], andererseits überkommt die göttliche Einwirkung den sich passiv verhaltenden Dichter und verleiht ihm übermenschliche Begabung. Homer wird durch allgemeines Urteil in diese zweite Gruppe eingereiht und steht beispielhaft für den durch numinose Inspiration begnadeten Poeten [18].

Dies sagt aber noch nichts aus über das ›Subjectum‹ des homerischen Werkes, über den ideengeschichtlichen Hintergrund des Stoffes. Die gehaltsästhetische Betrachtungsweise verknüpft Scaliger mit der Einordnung des Dichters in drei bestimmte Berufsklassen. Das Wortkunstwerk ist demnach nicht nur Symbol für theologische, philosophische oder historische Probleme, sondern eben auch die Leistung eines

Theologen, Philosophen oder Historikers [19]. Die Dichtung selbst besitzt keine
Eigengesetzlichkeit und kann auch kein eigenes Berufsziel bieten. Homer ist zwar
gottbegeisterter Poet, aber als solcher gehört er zu den Historikern. Denn substantiell sind seine Epen ›reine Geschichte‹ [20]; der Unterschied zur Historiographie
liegt im Versmaß [21], aber auch im Umsetzen der realen Ereignisse. Die historischen Konstellationen werden mit Hinweisen auf Nahtstellen und Schwerpunkte
skizziert, werden durch weitsichtige Erklärungen paradigmatisch erhöht und durch
allegorische Verkleidung verallgemeinert [22]. Nicht anders verfährt für Scaliger
auch Homer. Seine dichterische Tätigkeit wird gleichgesetzt mit der Übertragung
historischer Faktizität in poetische Fiktion.

Diese Feststellung Scaligers leitet zum dritten Kriterium über, zur Epochenzuge-
hörigkeit des jeweiligen Dichters, der eingeordnet wird nach der ›Aetas‹, nach der
Teilhabe an einer der drei großen Abschnitte innerhalb seines Kulturbereiches.
Homer wird – im Gegensatz zu Vida – erst dem letzten Zeitabschnitt zugerechnet.
Vor ihm liegen der rohe, unzivilisierte Stil des Anfangs und dessen magisch-natura-
listische Befangenheit sowie die verehrungswürdige Formgebung der mittleren Zeit
und ihre animistisch-mystische Geisteshaltung [23]. »Author & parens« der dritten kulturgeschichtlichen Periode nennt Scaliger Homer [24]. Mit Homer beginnt
der letzte Abschnitt griechischer Dichtung, aber in dieser Spätzeit zeigen sich schon
Spuren des Niedergangs. Als hervorragend lobt Scaliger Homers Episoden und
Fabeln, durch die Homer auch die führende Rolle unter den griechischen Dichtern
behält, aber sein Stil ist schon nicht mehr so gepflegt und verfeinert wie der Stil des
älteren Musaios, eines Poeten der mittleren Generation. Und da Scaliger das Formale betont, wird an dieser Textstelle das endgültige negative Urteil über Homer
vorweggenommen.

Vorerst zeigt sich die Kritik noch differenziert durch dreifache Perspektivik:
durch die Untersuchung des ›Herstellers‹, der ›Idee‹ und des ›Epochenstils‹. Homers
Epen erweisen sich danach als ›enthusiastische‹ Poetisierungen historischer Fakten
mit geringer stilistischer Eleganz.

Bei der Abgrenzung des Dramatischen setzt sich Scaliger auch mit den Ansichten
auseinander, die die Ilias zum Maßstab für die Tragödie und die Odyssee zum
Maßstab für die Komödie erheben [25]. Scaliger stellt eine gegenteilige Behauptung auf. Der Ilias fehle völlig die Eigenart der Tragödie, ihre Gesamtstruktur be-
stehe in einem unablässigen Aufzählen von Taten, sie beginne mit einem Massen-
sterben an der Pest und ende mit dem Tod eines Helden, der in der Überschrift nicht
erwähnt wird [26]. Aus dieser Einschätzung läßt sich folgern: Scaligers ›wörtliche‹
Exegese der Ilias übersieht die homerische Kunstfertigkeit, die durch Rückgriffe
und Vorausdeutungen den episodischen Zorn des Achill mit dem großen Troja-
Thema verknüpft und durch die Steigerung Hektors und dessen grauenvollen Tod
auch den Untergang Trojas präfiguriert. Die Ilias bleibt für Scaliger fremd und
unverständlich. Anders dagegen die Odyssee. Sie scheint ihm viele Eigenheiten der
Tragödie zu erfüllen. Im Gegensatz zur Ilias werde sie getragen von einem ruhigen,
geglätteten Stil [27]. Das Todesmotiv werde spärlich eingesetzt und nur dort, wo
es die Gesamthandlung erfordert [28]. Die Einheit der Handlung bestehe auch nicht

nach Aristoteles in der Beschränkung auf einen Erzählstrang, denn um den Haupthelden können sich vielschichtige, aus dem Kontext isolierbare Episoden ranken,
wie es die Odyssee beweist [29]. In ihr trägt oftmals das Gepräge der Festlichkeit
mit Gesang und Tanz das Geschehen [30]. Schließlich bildet ein dramatisches Kennzeichen, die Schlußapotheose, der ›deus ex machina‹, das Ende der Odyssee [31].
Neben dieser Charakterisierung als ›tragödiennahes‹ Gebilde finden sich in diesem
Zusammenhang noch zwei wesentliche und werkgerechte Betrachtungen Scaligers
über das homerische Heimkehrerepos. Das Überwiegen des Sprechtons und die Vertiefung menschlicher Beziehungen mit ihrer Verwirklichung im gesellschaftlichen Bereich lassen Scaliger weitaus eher die Odyssee verstehen als die Ilias.

Dennoch rückt er auch hier von Homer ab. Zuerst verwahrt er sich gegen die
Rolle, die man Homer durch die Erhebung zum Maßstab jeglicher Dichtung zu-
teile. Man dürfe nicht alles von Homer aus beurteilen, man müsse stattdessen eine
festgesetzte allgemeine Dichtungsnorm an Homer selbst anlegen [32]. Zum andern
fügt Scaliger eine Bemerkung über Homers Bildung an. Homer habe in seine Werke
Geschichten und Ereignisse eingeflochten, die er von Bauern und alten Frauen erfahren habe [33]. Wenn er auch deren Berichte seinem epischen Stil angepaßt habe,
malt Scaliger mit dieser Erwähnung für die künstlerische Einstellung seiner Epoche
unmißverständlich ein abfälliges Homerbild. Volkstümlichkeit wird innerhalb
eines höfischen Kunstempfindens gleichgesetzt mit Verwilderung [34]. Die Natur-
verbundenheit Homers, seine archaisierende Färbung des Sprechens und Denkens
und seine bunte, nuancenreich zwischen unreflektiertem Aufbegehren und klugem
Zurückhalten variierende Menschenschilderung werden von Scaliger bemerkt, jedoch abgewertet, da der Sinn der Dichtung auch für Scaliger letztlich in der Her-
stellung eines Tugendspiegels für Herrschergestalten liegt.

Die Angaben Scaligers über das Epos sind kaum ergiebig [35]. Dies wird sofort
verständlich: Im kritischen Teil der Poetik widmet sich Scaliger fast ausschließlich
der epischen Dichtung. Einige Bemerkungen lassen sich jedoch auch schon der ersten
Kurzanalyse entnehmen. Der epische Themenkreis umspannt wie in Homers Werken die kriegerischen Aspekte: Anführer und Soldaten, Flotte und Reiterei, Sieg
und Niederlage [36]. Homers Dichtungen sind eigentlich keine Epen, denn mit der
Bezeichnung Rhapsodien wird nicht nur anstelle des Sprechens das musikalische
Element hervorgehoben [37], wesentlich zeigt sich auch die Betonung des Einzel-
themas, der novellistischen Struktur homerischen Erzählens [38]. Der peisistra-
tischen Sammlung gelingen dann nach Scaliger die Aufteilung der episodischen
Bruchstücke in zwei komplexe Handlungsstränge und eine folgerichtige Aneinanderreihung innerhalb eines jeden Werkes. Die homerischen Fragmente gewinnen
erst durch die Umgestaltung zu den Großformen der Ilias und Odyssee Eposcharak-
ter. Daß die Vortragskünstler später Homeriden genannt wurden, hängt sowohl
mit der bevorzugten Themenwahl homerischer Szenen als auch mit der selbst von
Scaliger für den griechischen Kulturbereich anerkannten poetischen ›Vortrefflichkeit‹ Homers zusammen [39].

Im Buch IDEA [40] wendet sich Scaliger durch die Untersuchung dichtungsmovie-
render und -motivierender Elemente dem poetischen Bedeutungsgehalt, der indirek-

ten Aussage zu. Dabei wird die konstitutive Vieldeutigkeit der literarischen Mitteilungen [41] auf eine nach christlicher Moral zensierende Interpretation eingeengt. Inhaltsträger sind letztlich einfachste Wirklichkeitsformen und deren Begriffsbildungen. Diese kategoriale Stoffaufgliederung umfaßt ›außerpersönliche‹ werkbestimmende Faktoren wie Ort und Zeit – das archaische Troja unter homerischer Perspektivik, Kausalität und Modalität [42] –, umfaßt die ›Substanz‹ des Helden Achill, seine Tugenden bzw. Fehler [43], und die äußerlichen Merkmale des homerischen Thersites, die Häßlichkeit, die in seiner Wesenheit bedingt ist [44], umfaßt die ontologische und die allegorische Differenzierung der Personen und Quasi-Personen, unter denen Scaliger Personifikationen und mythische Fiktionen wie die Sirenen versteht [45], umfaßt die Auswirkungen politischer und nationaler Interessen, die hierarchisch-ökonomische Bindung des Menschen und schließlich seinen angeborenen und anerzogenen Charakter sowie seinen religiös-ethischen Auftrag [46]. Hiermit hat Scaliger ein reiches Potential ausgebreitet, aus dem der Dichter sich den für die Verarbeitung geeigneten Stoff wählen kann. Die Phase der Invention beschreibt Scaliger nicht, das eklektische Imitieren der besten antiken Textstellen als Aufgabe des Dichters ist für ihn selbstverständlich. Beispiel für dieses Verfahren und die Vollkommenheit dichterischen Schaffens sieht er in Vergil, der durch die verfeinernde Umgestaltung Homers zum einmaligen und überragenden »Poetarum rex« erhoben wird [47].

Nach der Definition der dichterischen Sprache als ethopoietisches Mittel [48] zählt Scaliger vier erforderliche Eigenschaften für einen Poeten auf [49].

Zuerst »Prudentia«, die sich in dreifacher Hinsicht bewähren muß. Einmal soll der Dichter die ›Natur der Dinge‹ beachten [50]. Der physiologischen Sicht ordnet Scaliger auch die moralische Bewertung zu. Der verständige Odysseus Homers lebte bei Kirke im Ehebruch, der verständige Aeneas Vergils dagegen als unverheirateter Mann bei Dido in einer eheähnlichen Liebschaft [51]! Homer verstößt also gegen den Kanon menschlicher Gesetzlichkeiten, die dem Naturrecht angenähert werden. Seine ethische Bedenkenlosigkeit mindert die intellektuelle Fähigkeit, die sich außerdem noch auf das Schicksalsmäßige, die Astrologie, und auf das Göttliche, die Theologie, richten soll. Auch hierin ist Homer nicht nachahmenswert, wenn er den Kriegsgott Ares als Person einführt, die bei menschlichem Streit mitkämpft; eher möge er als gestaltlose Kraft von fern in das irdische Geschehen gewaltig einwirken [52].

Die zweite Dichterqualität, die »Efficacia«, besteht im Erkennen des richtigen Maßes zwischen den extremen Fehlern gekünstelter Übersteigerung und nachlässiger Untertreibung, die gegen die Kriterien der Glaubwürdigkeit und der Langeweile verstoßen. Da Vergil nach Scaliger genau die Mitte trifft, erweist er allein sich als der ›wahre Poet‹ [53]. Zum Beweis dienen Scaliger auch die Epitheta, die Vergil je nach Situation und Veranlagung abtönt; Homer dagegen verwende sie unüberlegt, so daß sie oft sogar widersinnig erscheinen [54]. Scaliger wirft Homer nicht so sehr Lüge, wohl aber Konzentrationslosigkeit vor, wodurch seine Epen unwahrscheinlich würden.

Die dritte poetische Tugend heißt »Varietas«, heißt abwechslungsreiche Auswahl aus den sprachlich disponiblen Werkteilen. Scaliger weitet sie aus auf die Disposition der Einzelszenen und auf die Strukturierung des Gesamtbaus. In ihr liegt das Merkmal begründet, das die Dichtung von der Geschichtsschreibung abhebt, erst durch sie läßt sich Dichtung als Dichtung definieren [55]. Und gerade in dieser ersten spezifisch poetischen Eigenschaft schätzt Scaliger Homer hoch ein; die Unerschöpflichkeit seiner Variationstechnik macht Homer schließlich doch zum »diuinus Poeta« [56]. Eine lineare Schilderung des trojanischen Krieges ergäbe nur eine Fülle von Wiederholungen; indem Homer jedoch nur einige Tage aus dem letzten Jahr beschreibt, gelingt es ihm, das gegenwärtige Geschehen durch Rückblenden und Vorausdeutungen zu bereichern und den sukzessiven Erzählcharakter aufzulockern. Homer übt damit eine psychologische Wirkung auf den Leser aus, der durch die Verschiebung der Handlung auf mehrere Zeitebenen in der Schwebe gehalten wird zwischen Unsicherheit und Spannung. Nach Scaliger befolgt Homer also diese nur der Dichtung eigene Gesetzlichkeit und erreicht durch ihre überzeugende Anwendung große Kommunikationsfähigkeit.

Die vierte Dichterqualität zeigt sich an der Verwendung angemessener Gedankenfiguren [57]. Allerdings werden diese an sich schon schwer abgrenzbaren Kunstformen oft unbedenklich erweitert; für Scaliger wird jedoch die ornamentale Seite aller hier angeführten rhetorischen Möglichkeiten von der Tendenz zur Begriffserhellung, zur Umrißgebung der Vorstellungen mehr oder weniger verdeckt. Die detaillierten Untersuchungen wie etwa der Hinweis auf Homers vielfältige Exkurse und Episoden unter dem Stichwort EGRESSIO [58] oder auf die anrufungslose Erzählweise in den homerischen Hymnen [59] tragen kaum zur Beurteilung Homers bei.

Auch das Buch PARASKEVE [60] verändert oder bereichert nicht das Homerbild Scaligers. Es behandelt die sprachliche Ausgestaltung des Kunstwerkes, seine Ausschmückung durch Wortfiguren und durch Versmaß und Rhythmus. Scaliger folgt in seinen stilanalytischen Betrachtungen hauptsächlich dem Schema der drei Genera dicendi, des schlichten, des mittleren und des erhabenen Stils. Die gegenseitige Bedingtheit von Sprachebene und Stoffbereich wahrt Homer zwar, indem er die göttliche Sphäre im hohen pathetischen Stil gestaltet [61], aber bei den übrigen Themen Homers stimmt Scaliger der Unterscheidung Plutarchs zu, der dieses Genus für Thukydides beansprucht und Homers Wortgebung von dem attischen Geschichtsschreiber antithetisch abhebt: dem homerischen Stil fehlten die Überhöhung der normalen Redelage und damit die Funktion der Erschütterung (movere) sowie die Verschachtelung der selbständigen Episoden in die Gesamthandlung und die Verdichtung zur geschlossenen einheitlichen Form; dagegen charakterisiere ihn eine weitläufige und ausschweifende Darstellungsweise [62]. Scaligers Schlußfolgerung müßte lauten: Homers reichhaltiges episches Repertoire sprengt die Form, und er erzählt zügellos, ungeordnet und ›ungekünstelt‹. Homer verstößt demnach bei der Dispositio gegen die Prinzipien der Auswahl und der Einteilung und bei der Elocutio gegen die vielfältigen Möglichkeiten des sprachlichen Ausdrucks.

Mit dem CRITICVS, dem fünften Buch [63], beginnt der zweite Abschnitt der Poetik, der sich mit der praktischen Anwendung der bei der Grundlagenforschung gewonnenen Kriterien befaßt. Weitaus stärker wird nunmehr die Wertung betont und – da Scaliger den Sprachduktus der klassischen Latinität bevorzugt – Homer gegenüber Vergil ausgespielt. In einem langen Kapitel stehen sich Zitate aus den Werken der beiden Epiker gegenüber [64], und die stereotype Schlußfolgerung lautet nach dem Dichtungskanon dieser Epoche fast jedesmal: der ›Kunstdichter‹ Vergil erreicht dichterische Vollkommenheit, nicht obwohl, sondern gerade weil er den ›Naturdichter‹ Homer imitiert. Durch die Perfektion in der Ausübung der Imitationstechnik gestaltet Vergil erst eigentlich ein Kunstwerk. Homer fehlen außerdem »gewählte Ausdrucksweise« und »Wahrung des Dekors« [65]. Um nicht zu wiederholen, seien nur einige kennzeichnende Thesen ausgewählt. Im Bereich der poetischen Ausschmückung greift Scaliger die homerischen Epitheta an: sie seien ›kalt‹, ›kindisch‹ oder ›unpassend‹ [66]. Der Hinweis, wieso Achill während des Weinens oder sogar des Schlafens schnellfüßig sein könne, entlarvt Scaligers rationalistische Betrachtungsweise [67]. Natürlich fällt auch die Unmoral der homerischen Götter unter seine Polemik, da das Göttliche nicht teilhabe am Bösen [68]. Und die homerischen Menschen leben und handeln nicht beispielhaft, sie können nicht als pädagogisch wertvolle Leitbilder für ein christliches Tugendideal dienen [69]. Gegen die praktisch anwendbaren Lehren der Philosophen erweist sich Homers Charakterzeichnung als gefährlicher Realismus und belanglose Dummheit [70]. Auch die Szene mit dem Schlaf des Zeus widerspricht Scaligers *aufklärerischer* Geisteshaltung: Schlafendes sei vergänglich, und zudem ruhe der erste ›Motor‹ nie [71]. In militärischen Belangen zeige Homer ebenfalls kaum eine vernünftige Verhaltensweise; von dem Werk Vergils dagegen ließe sich strategische Klugheit erlernen [72]. Für Scaliger wird Homer demnach wissenschaftlich unhaltbar. Zur mangelhaften Beherrschung der dichterischen Technik und zur moralischen Bedenklichkeit kommt nun noch die Unsicherheit in den verschiedensten Wissensgebieten hinzu, deren Kenntnis vom Dichter gefordert wird. Homer ist für Scaliger nicht genügend gebildet, dadurch verfälscht er die Wahrheit, dadurch wird er zum Lügner. Nicht nur seine Worte (Verba) sind plebeisch [73], auch seine Themen (Res) erreichen nicht den humanistischen Anspruch, werden nicht erhöht zur Kunst, zur »altera natura«, sondern bleiben ungeformte Naturgebilde [74].

Ein Gesamturteil über die Dichtung Homers läßt sich aus der knappen antithetischen Formulierung ablesen, die auf die Anordnung und Zusammenfügung der Epen abzielt: »Fudit Homerus, hic (Maro) colligit, ille sparsit, hic composuit« [75]. Ergänzt wird diese Definition durch weiteren Vergleich: »fusior, & laxior Homerus inuenietur. Pictior noster, atque numeris astrictior« [76]. Homer vermag also nicht wie Vergil den Stoff zu straffen und ihn auf eine Auswahl aus der Fülle des Möglichen zu beschränken, vermag ihm nicht eine durchsichtige Gesamtstruktur und einen einheitlichen Sinnbezug zu verleihen. Homer versagt bei der Bewältigung des großen Themas, er ist zu weitschweifig und ausführlich; die Anschaulichkeit und Lebhaftigkeit der Nebenszenen wird zwar gelobt, aber gegenüber dem strengen künstlerischen Aufbau als nebensächlich angesehen. Auch fehlen Homer die erhabene und verfeinerte Diktion Vergils, dessen Bilderschmuck und metrische Gewandtheit. Homers mitunter volkstümliche Ausdrucksweise, sein Mangel am hyperbolischen Preisen des Majestätischen und Heldenhaften machen ihn für Scaliger letztlich unzugänglich. Und so überrascht es nicht, daß sein Homerbild meist negativ bleibt, da er aufgrund der eigenen und der zeitbedingten einseitigen Dichtungsauffassung aus oft richtigen Erkenntnissen falsche Schlüsse zieht. Dennoch findet sich auch bei ihm an einigen Textstellen ein wohl intuitives Erahnen homerischer Größe: so bestechen Scaliger die schönsten Verse des griechischen Epikers durch ihre aufrichtige und vollendete Einfachheit [77].

1. Homer-Rezeption im Frühbarock

a) Kritische Überprüfung und Wertsteigerung

Wie sehr deutsche Wissenschaftler einerseits den Theorien und Postulaten Scaligers folgen und wie sehr sie andererseits seiner Negativzeichnung Homers widersprechen, zeigen schon die ersten vorhandenen Abhandlungen.

Zu Beginn des 17. Jahrhunderts verfassen Gießener Professoren eine POETICA LATINA NOVA, die innerhalb von zehn Jahren drei Auflagen erlebt. Als Verfasser der anonym erschienenen Schrift konnten wir *Christoph Helwich* (1581–1617), von dem die meisten und wichtigsten Gedanken stammen dürften, und *Konrad Bachmann* ermitteln [1].

Im letzten Kapitel dieser Poetik wird das Epos behandelt und als »Carmen mixtum« definiert [2]. Diese Bezeichnung geht auf Platon zurück, der bei seinem Angriff auf die Dichtung (*Politeia* 392 ff.) eine Dreiteilung nach dem formalen Merkmal der Redenden vornimmt und das Epos wegen des Redewechsels zwischen Dichter und Personen [3] eine ›Mischung‹ aus zwei Möglichkeiten nennt. Die Betonung der Handlung und des Wertmaßstabes, der an den Charakter und das Tun des (bzw. der) ›Helden‹ gelegt wird, stammt aus der Tragödiendefinition des Aristoteles, die auch Scaliger teilweise auf das Epos übertragen hat. Das heroische Gedicht beginnt zeitlich mit Homer, und er bleibt mit seinem kongenialen ›Nachahmer‹ Vergil normativ wirkendes Muster.

›Struktur‹ und ›Gesetze‹ des Epos werden in der Gießener Poetik nach mehreren Gesichtspunkten aus den Werken der beiden antiken Autoren verdeutlicht. Diese Ausführungen scheinen jedoch die spezifische Form des Epos kaum zu betreffen; denn die MATERIA soll Historie bieten, nicht Fiktion [4]. Es fällt auf, daß diese Forderung von der Trennung abweicht, wie sie in den Barockpoetiken vorgenommen wird: der Historiker geht der ›Wahrhaftigkeit‹ nach, der Dichter gestaltet ›Wahrscheinlichkeit‹ [5]. Schon Aristoteles hat Geschichtsschreibung und Dichtung unterschieden mit dem Hinweis auf die entgegengesetzte ›Richtung‹ der beiden Darstellungsarten, des Nachzeichnens des ›Besonderen‹ und des Ergründens des ›Allgemeinen‹ [6]. Für Helwich und Bachmann wird im Besonderen das Allgemeine aufgezeigt; die einzelne Tatsache gewinnt somit exemplarische Bedeutsamkeit. Jedoch fällt unter den Bereich der ›Geschichte‹ auch der trojanische Sagenkreis, aus dem Homer und Vergil geschöpft haben. Dieser Begriff verliert durch die Einbeziehung des Mythos an ›faktischer Wirklichkeit‹, die ›poetische Wirklichkeit‹ aber weitet sich zu einer ›symbolischen Handlung‹, zu einem Geschehen, hinter dem ein ›Sinnbezug‹ steht.

Als zweites wird die DISPOSITIO behandelt [7]. Von den zwei Erzählmöglichkeiten ›ab ovo‹ und ›in medias res‹ (Horaz, *De arte poetica*, V. 147 f.) wird nach traditioneller Theorie für das Epos die letztere gefordert. Das treffendste Beispiel bietet schon Homer, der dieses poetische Gesetz noch übersteigert: er beginnt erst mit dem Ende, dem letzten Jahr des Krieges, in das der Zorn des Achill fällt. Um die Vorgeschichte nachzuholen, benutzt er den Kunstgriff des Rückblendens [8]. Auch das Ende einer Dichtung bedarf einer besonderen Kompositionstechnik, wie sie Homer in seiner Ilias anwendet. Da sie als »Achillis Encomicum« gedeutet wird, darf nicht der Untergang des Helden den Abschluß bilden; denn erst sein größter erinnerungswürdiger Triumph krönt das Werk und rundet es als Einheit ab [9]. – Einzelfragen der Disposition betreffen wie üblich Entwurf des Themas, Anrufung und Erzählung [10]. Klar und kurz soll die Einleitung den Handlungsablauf umreißen und den Bogen der Erwartung nicht überspannen. Homer erzählt in den ersten Zeilen der Ilias vom Zorn seines Helden, und als dieser Gefühlsausbruch mit dem Tod Hektors verklungen ist, endet auch das Werk [11]. Die Anrufung der Musen [12] erfolgt mitunter auch an Abschnittsschwellen eines Werkes; erwähnt wird die Homerstelle vor dem Schiffskatalog (II 484 ff.) [13]. Eine allgemeine und nicht näher ausgelegte Formulierung genügt zur Erklärung: die ›Schwierigkeit der Sache‹. Nach der Tendenz dieser Schrift gründet diese aber mehr in der Begrenzung menschlicher Erkenntnisfähigkeit gegenüber den allgegenwärtigen und allmächtigen Göttern als in der Gestaltungsproblematik des Dichters, wird also mehr religionsphilosophisch als literarisch beleuchtet [14]. Die Nebenstränge der Haupthandlung können ›erfunden‹ sein: Homers »fabulae« liefern mit ihrer Mischung aus ›Wahrem‹ und ›Falschem‹ denkwürdige Beispiele für den Fiktionscharakter [15]. Die Haupthandlung selbst jedoch muß glaubwürdig sein; deshalb werden historische Themen bevorzugt. Aber auch der Sagenstoff besitzt überzeugende Kraft, nur muß er folgerichtig gegliedert sein. Daher wird der spätere Vorgang als wahrscheinliche Reaktion auf eine frühere Situation begriffen. Diese kausale Erklärung zeigt sich im Aufbau der Ilias. Das erste persönlich erfahrene Leid, die Wegnahme der Briseis, bewirkt den Groll des Peliden, seine Passivität; durch des Patroklos Tod, der ihn in den Kampf mit Hektor treibt, wird er aktiv, er steigert sich in einen Zustand der Raserei hinein [16]. Der Tod des Patroklos bringt also den Umschlag des Geschehens und motiviert die spätere Entscheidung. Die Beweggründe sind strukturierende Elemente des Gesamtwerkes, sie machen es ›durchschaubar‹ [17].

Als Abschluß des Epos-Kapitels führen die Gießener Professoren Helwich und Bachmann die vorbildlichsten Dichter an, die ihre Werke in dieser Gattungsform geschrieben haben. »Principes« sind Homer und Vergil, andere Autoren wie Ovid, Lucan, Statius etc. werden in der »dignitatis ordo« tiefer eingestuft [18]. Die Wertung endet mit einem Ausgleich zwischen Homer und Vergil; dies erhöht die Bedeutung dieser Poetik, die sonst meist den Ansichten Scaligers folgt, hier aber mehr Macrobius berücksichtigt. Das ›Herabdrücken alles Homerischen‹ und das ›Emporheben alles Vergilischen‹ wird als ungerechte Beurteilung abgelehnt! Die kritische Stellungnahme ist erschwert durch die ›Verschiedenheit der Umstände‹; werden aber die Situation des jeweiligen Zeitabschnitts und die sich daraus ergebenden Grundlagen und Möglichkeiten einer sprachlichen Gestaltung genau ge-

geneinander abgewogen, so ergibt sich nur dann eine objektive Einschätzung, wenn
man beiden Poeten, Homer *und* Vergil, in gleicher Weise höchstes Lob zuerkennt
[19]. Diese Formulierung Helwichs und Bachmanns zeigt nicht so sehr Ängstlich-
keit und Unsicherheit bei der Einstufung der bedeutendsten Epiker, sie verrät viel
mehr ein Gespür für die wahre Größe Homers, die jedoch noch nicht erklärbar ist
und sich hinter der vagen Redewendung der ›circumstantiarum diversitas‹ verbirgt. Wir müssen sehen lernen, daß schon die Gleichsetzung beider Dichter in
dieser Epoche und noch bei den folgenden Generationen wegen der autoritären
Wirkung Scaligers eine Höherstellung Homers bedeutet. Denn Vergils Leistung ist
›legitimiert‹, eine Würdigung von Homers Werk wirkt dagegen oft gleichsam nur
als Einleitung zu Vergil, und eine Interpretation, die auf Vergil abzielt, kommt
einer Verfälschung und Wertminderung Homers gleich. Eine gegenteilige Meinung
wie die der Gießener Professoren verstößt gegen den ›Kanon‹ der Urteile Scaligers,
entspricht einer Überzeugung, die gegen die ablehnende Haltung v. a. italienischer
Zeitgenossen anzukämpfen versucht.

Die Gießener Professoren Helwich und Bachmann stehen indessen nicht allein
mit ihrer Ansicht. Zwei Gelehrte, aus deren Werk Opitz oft kompilatorisch für
seine *Deutsche Poeterey* auswählt, wenden sich einer ähnlichen, noch entschiedener
Homer bevorzugenden Wertung zu: Johannes A. Wower und Kaspar Barth.

Wowers Traktat DE POLYMATHIA, der erstmals 1604 erschien [20], interpretiert
Homer unter dem Aspekt seiner Gelehrsamkeit. Vielseitigkeit und die Fähigkeit,
diese dichterisch zu gestalten, erheben Homer in eine gleichsam überirdische Sphäre,
von der aus er einen Einblick in den göttlichen Bereich und einen Überblick über
den menschlichen Bereich gewinnt. Dieser ›olympische Standort‹ befähigt ihn in
seinen beiden ›polyphonen‹ Epen zu einer allumfassenden Perspektivik [21]. Wower belegt seine ›enzyklopädische‹ Interpretation Homers mit antiken Zitaten,
u. a. mit Textstellen aus Vitruv und Tertullian, die Homer als »omnis Philologiae
dux« und als »pater liberalium disciplinarum« preisen [22]. Weitere ähnliche Formulierungen begründen Wowers Auffassung, die durch Auswahl, Aufeinander-
folge und Betonung der gesammelten Aussagen sichtbar wird: In Homer finden die
Wissenschaften ihren Ausgangspunkt und ihren Inhalt sowie ihr erstes und vollkommenes Idealbild. Homer ist der Quell alles Wissens, er ist das Kompendium
alles Erfahrbaren.

Nach dieser allgemeinen Einleitung wendet sich Wower der ›Grammatica‹ zu, die
die Basis innerhalb der von ihm unter dem Begriff »Doctrina« zusammengefaßten
›Artes liberales‹ einnimmt. Für eine ihrer Untergliederungen, die exegetische Form,
liefert Homer gute Beispiele. Wower beruft sich dabei auf Proklos, der zwei Arten
Fabeln bei Homer entdeckt [23]. Die eine dient zur Erziehung der Jugend, zur
moralischen Belehrung, sie ist für jeden durchsichtig und nützlich. Die zweite erschließt sich nur einem kleinen Kreis Eingeweihter, die in mystischer Versenkung
die verhüllte Wahrheit erfahren und sie dann in ihrem Denken und Glauben bewahren. Homer selbst ist demnach vorrangig Pädagoge, Philosoph und Theologe.
Als eine ›kritische‹ Methode führt Wower die Homerallegorese Heraklits an, erkennt aber auch deren notwendig apologetischen Charakter [24]. Homer wird von

der Anklage befreit, die Götter zu vermenschlichen und deren Erhabenheit zu entweihen. Dadurch wird die Erhaltung der homerischen Epen als Gesamtwerk ermöglicht. Wird nun noch die Echtheit einiger Abschnitte angezweifelt, geschieht das nicht mehr aus religiöser Befangenheit als einer außerliterarischen Betrachtungsweise, sondern folgt aus textkritischen oder ästhetischen Bedenken – Problemstellungen also, die eher der Dichtung Homers gerecht werden, da das erste Kriterium das Werk selbst als Maßstab setzt, das zweite sich innerhalb eines künstlerischen Verstehenwollens bewegt. So birgt sich hinter der detaillierten Sammeltätigkeit Wowers der Ansatz zu einer werk- und wertgerechten Interpretation der Dichtung Homers, die die Allegorese als einziges Mittel der Sinnbestimmung überwindet; denn diese bedeutet für Wower nicht mehr bestmögliche Auflösung der poetischen ›Geheimnisse‹, sondern nur ›Hilfe‹ für eine leichter und allgemeiner verständliche Aussage: weniger Exegese, mehr Paraphrase [25]!

Kaspar Barth, von Taubmann als Wunderkind gefördert, das schon mit zwölf Jahren »in drei Tagen zweitausend Verse aus dem Homer ins Lateinische übersetzt haben« soll [26], und anfangs befreundet mit Opitz und Buchner, hat in seinen ADVERSARIORVM COMMENTARIORVM LIBRI LX (1624) [27] eine Fülle von Miszellaneen gesammelt, die eine möglichst totale Skizzierung aller philologischen Fakten und Theorien bieten. Aus den ca. 100 Textstellen, die Homer betreffen und das gesamte humanistische Wissen über ihn ausbreiten [28], sei nur ein Kapitel herausgegriffen, in dem gegen Scaligers abfällige Homerbewertung polemisiert wird [29]. ›Ein beständiger Fehler‹ durchzieht nach Barths Ansicht ›alle ansonsten göttlichen Ausführungen‹ Scaligers, ›indem er sich abmüht, Vergil dem Homer gegenüberzustellen oder sogar vorzuziehen‹ [30]. Für Barth bleibt Homers Epik ›unvergleichliche Poesie‹ [31], und so hoch auch Vergil eingestuft werden mag, an Homers Größe reicht er nicht heran. Barth tadelt nicht nur Scaligers ungerechtfertigte Homerverachtung, er wirft Scaliger sogar fehlendes Urteilsvermögen vor; denn er habe keineswegs den ›weise verborgenen und gleichsam von der allgemeinen Erfahrung der Menschheit abgeschlossenen‹ Sinn der homerischen Dichtung begriffen [32]. Vollkommene Kunst, wie sie Barth demnach in Homers Poesie verwirklicht sieht, bedarf eines sehr hoch entwickelten Kunstverständnisses, und dies wird durch Scaligers subjektive Vorliebe für Vergil verdeckt.

b) Epigonale Auslegungen und neue Variationen

Daß Homer – trotz Scaliger, bzw. auch ohne Beachtung seiner Theorien – in Deutschland weitgehend als großer Dichter anerkannt war, beweisen die Schriften einiger mehr wissenschaftlicher Autoren. So verfaßt *Wolfgang Seber* einen homerischen Wortindex (1604) [33], und der Gothaer Rektor *Andreas Wilke* hätte etwa zur gleichen Zeit einem weniger bedeutenden Verfasser bestimmt nicht ein so ausgiebig belegtes Werk gewidmet, wie er es mit der konsequenten Nachprüfung eines biographischen Teilaspektes, der angeblichen Blindheit Homers, getan hat [34]. Zuerst sammelt er die Zitate, die für diesen Zustand sprechen, sei er von Geburt an oder wegen irgendeines Krankheitsfalles, dann alle Gegenargumente, und schließlich fällt er nach dem juristischen Agon der Rede und Gegenrede das ›Urteil‹: Die Blindheit Homers sei lediglich eine ›Fiktion‹ [35]. Wegen dieser Behauptung wird Wilke in Epigrammen gleichsam als ›Arzt‹ Homers gepriesen [36].

Nicht nur das Lebensschicksal des Dichters, auch dessen Werk wird eingehend analysiert. Dabei genügt dem ›Praeceptor‹ und ›Diaconus‹ *Johannes Scharlach* nicht einmal mehr die handfeste meistersingerliche Moralisierung der Odyssee. Den besten und größten »Tugend Spiegel« besitze jeder Christ in der Bibel; jedoch hat nach Scharlachs Meinung Homer gleichfalls – diesmal nur aus der Sicht der Menschen – ein »Weltlich Tugendspiegelein« geschaffen [37]. Eine solche Deutung gelingt, indem die einzelnen Handlungsabschnitte »In kurtze Regeln / vnd Exempel« gefaßt werden. Die Odyssee wird also umfunktioniert zu einem ›Ratgeber in allen Lebenslagen‹, zur »anleitung« für ein frommes Verhalten [38]. Besonders an die Jugend wendet sich Scharlach; für diese sind »etzliche Regeln«, die »vielleicht sehr leppisch klingen« [39], immer noch gut genug! So lautet Scharlachs summarische Formel für das komplexe Epos:

> Guts thun: vnd böses leiden!
> Sol kein Mensch fliehn noch meiden [40].

Auf einen übereinfachen Nenner wird fast jedes Ereignis gebracht. Zuerst eine »Regel«, das Verhaltensmuster, dann ein literarisches »Exempel«, die Paraphrasierung einer Homerszene – der Erzählwille weicht der Erziehungsabsicht, die Poesie der Didaktik. Damit wird auch die oft in sich abgeschlossene Einzelszene »auf ein Ziel gerichtet« [41]: auf den christlichen Gott. Der biblische ›Wirklichkeitsbegriff‹ wird an den homerischen ›Wirklichkeitsbegriff‹ angelegt und verfehlt diesen daher völlig. Aus ›realistischen‹ Fiktionen liest Scharlach stets gültige Vorschriften heraus, und die ›märchenhaften‹ Fiktionen deutet er in farblose Allegorien um. Wie sehr ihm die homerische Dichtung verschlossen bleibt, mögen einige Beispiele beweisen, die grundsätzliche Veränderungen aufzeigen:

1) Verstoß gegen den homerischen Kontext: Der Aufforderung Telemachs, seine Mutter solle in ihr Zimmer gehen, gehorcht Penelope, als sei es recht und natürlich, daß die Mutter widerspruchslos dem Sohn folgt [42]; dagegen verwundert sich die homerische Penelope über das selbstbewußte Auftreten ihres Kindes, an dem sie das erste Reifen zum Manne bemerkt.

2) Moralische Korrektur: »Vnzüchtige Liebe vnnd Bulerey / wird von Gott hart gerochen vnd gestrafft«; die Göttin Kalypso fällt bei Zeus (!) in Ungnade, weil sie mit unkeuschen Gedanken an dem reinen Helden Odysseus hängt [43]!

3) Metaphorische Identifikation: Skylla und Charybdis werden beide als ›Abbilder eines großen Tyrannen‹ verstanden [44].

4) Christliche Symbolik: Odysseus erhält von Christus »gute sicherung«; denn er läßt sich binden an den »Mastbawm (ein Abbildt CHristi des rechten Bawms des Lebens) welcher mitten im Schifflein (dem Abbilde Christlicher Kirchen) zum öffentlichen Panier auffgerichtet stehet« [45].

5) Umprägung der Gesamtstruktur – In den ersten vier Büchern überwiegt ein

statischer Eindruck: ein Fürstenspiegel wird entworfen, Hof und höfisches Verhalten werden idealisiert; eine Entwicklung Telemachs läßt sich nicht erkennen. Eine ›äußere Dynamik‹ bestimmt die nächsten vier Bücher, die das Leben in der Fremde, und d. h. in der Gefahr, zeichnen und die Bewährung des christlich-absolutistisch erzogenen Menschen am Widerstand des Neuartigen, Verführerischen preisen. Danach folgt eine mehr ›innere Dynamik‹, die den Kampf gegen Unkultur (Polyphem) und Laster (Kirke u. a.) registriert; psychologische Ansätze erscheinen schon hier archetypisch in der literarischen Form des Märchens.

Eine Fortsetzung von Scharlachs Werk, das die ersten zwölf Bücher der Odyssee nach ethischen und religiösen Kategorien ›katalogisiert‹, ist nicht nachweisbar. Eine derartige Auslegung entspricht jedenfalls der damaligen Methode der Homerdeutung. Das Werk Homers wird kaum in seiner Eigenart beleuchtet, dagegen wird all das wichtig, was in das eigene Zeitkolorit übertragbar und umformbar ist. *Johann Friedrich Salveld* entwirft 1618 seinen PRINCEPS CHRISTIANVS ET PERFECTVS, dessen Vollkommenheit erst durch zahlreiche Zitate und Exempel aus Homers Dichtung erreicht wird [46], und auch *Salomon Neugebauer* beruft sich 1619 bei einigen seiner SYMBOLA HEROICA auf die vorbildlichen homerischen Situationen und Leitsätze [47].

Jeder Christ, nicht nur der adlige Held, ist dagegen Thema in dem emblematischen Werk *Hiren schleifer* (1618) [48], und deshalb wertet der Verfasser *Aegidius Albertinus*, traditioneller Allegorese folgend, homerische Figuren in allgemeinmenschliche Typen, bzw. in Personifikationen allgemeinmenschlicher Verhaltensweisen um. Die Beispiele, die mehrere, aber keine ambivalenten Deutungen bieten:
1) Odysseus, der mit Aias um des Achill Schild und Helm, Sinnbilder für »die Göttliche tugenten«, streitet, wird verstanden als »hoffertiger« Mann, weil er sich mit fremden Waffen falsche »Ehr vnd Glory« anmaßt, oder als Erscheinungsform des »Teuffels«, der die am Grab des Aias klagende Jungfrau, hier »die heilige kirch«, »jrer maisten tugenten beraubt« [49].
2) Die göttliche Kirke erfährt sogar eine dreifache negative Auslegung: einmal bedeutet sie »die begierdt deß Golds / Silber vnnd Reichthumb« [50], zum andern »die liebliche wollüst / illusiones, spott / betrug vnd bezauberungen« [51] und im ›dritten Discurs‹ »die Wahrsagerinnen / Vnholden vnd Hexen« [52].
3) Unter den Sirenen wird »die wollüst deß Fleisches / welche die Seelen / so im Meer diser Welt schiffen / zum sündigen raitzen« [53], versinnbildlicht; in dieser Episode erscheint Odysseus ausnahmsweise nicht als Warnbild, sondern als »ein weiser Man oder ein gemüt / welches voller weißheit ist«, der »seiner Gesellen Ohren / das ist / seiner fünff leiblichen sinnen mit dem Wachs deß verstandts« verschließt und der sich selbst »an den Baum des Creutzes oder den Mastbaum der mortification vnd buß« fesselt [54].

Neben solchen Verwendungs- und Interpretations-Methoden der homerischen Dichtung wirken manche Äußerungen des schon Opitz nicht mehr bekannten *Theobald Hoeck* neuartiger, ohne tatsächlich viel Neues auszusagen. Dennoch läßt sich in seiner Gedichtsammlung *Schönes Blumenfeldt* (1601) ein gefühlsmäßiges Erfassen von Eigenheiten und Ähnlichkeiten verschiedener Sprachen ablesen:

Die Deutsche Sprach kan mit keiner art /
Als mit der Griechischen so zahrt /
Mehr gmainschafft haben je /
Wie es d Weisen bekandt hie [55].

Diese Feststellung steht zwar im Zusammenhang mit den zeitüblichen Erörterungen
über den Ursprung der deutschen Sprache; dennoch dürfte Hoeck mit der Bezeichnung ›zart‹ auch intuitiv auf Fähigkeiten beider Sprachen anspielen, die sie weitgehend vom Lateinischen abheben: auf die Variationsbreite der Ausdrucksmöglichkeiten und auf die Wiedergabe sensitiver Eindrücke durch sprachliche Bildungen,
durch Klangmalerei. Und diese Eigenschaften führen von der normalen Sprachver-
wendung zur poetischen Sprachform, von Hoecks Kenntnis des Griechischen, die
bewiesen ist [56], zu seiner Kenntnis der homerischen Dichtung, die vermutet
werden kann. Denn mehrere Andeutungen weisen darauf hin. Auch wenn die gewählten Szenen zu den traditionellen Themen gehören und sie ebenfalls in traditioneller Manier ausgelegt werden: sie sind überzeugend in den Kontext eingefügt
und unterstreichen Hoecks persönliches Urteil. So datiert er den »vrsprung der
Deutschen Sprach« von einer Zeit her, »ehe daß auff Erdt / Troia zerstört« [57].
Dem schnellen Wandel der Fortuna, die aus »Craesus eben / . . . morgen frü (den
homerischen) Irus« macht, stellt er die christliche Tugend der »Demüttigkeit« gegenüber [58]. Die Gemeinschaft zwischen Venus und Mars dient ihm als Exempel
für das Leben des Soldaten, der zwischen »Streit« und »Buelen« hin und her eilt
[59], und er selbst, »Irrent vmbgschweifft am wilden Meer der Liebe«, fühlt sich
nach einem wenig glücklich verlaufenen achtjährigen Liebesabenteuer »Gleich wie
Vlysses der gedultig Ritter«, der »Manch Abenthewr so bitter« erlebt hat [60].
Eine allgemeine Sentenz entnimmt er der Kirke-Episode: Erst durch Selbstbewußtsein wird ein Lebewesen zu einem Menschen erhoben; daher

wer offtmals besser /
Manch Mensch wür nie geboren /
Der wie ein Viech sein selbs ist ein vergesser [61].

Diese Textstellen zeigen noch deutlich die humanistische Anschauung von der mustergültigen Aussagekraft antiker Literatur: wesentlich ist v. a. der übermittelte
Gehalt. Allmählich ändert sich jedoch die Begründung für dichterische Größe: die
Beherrschung der Form wird zum Maßstab. Auch *Georg Rudolph Weckherlin* betont besonders die Form seiner Gedichte. Diese beziehen sich zudem meist auf den
französischen Dichterkreis der Pléjade und keineswegs auf antike Autoren. Viele
homerische Entlehnungen [62] sind daher lediglich Imitationen seiner literarischen
Vorbilder Ronsard und Du Bellay. So die bei beiden nachweisbare Kontamination
zweier Homerstellen, in denen Lieblichkeit und Macht der Rede gepriesen werden:
der ›Honigfluß‹ (Il. I 249) [63] und das ›Schneegestöber‹ (Il. III 221 f.) des klugen
Redners Odysseus, der jedoch nach Weckherlins hyperbolischem Odenlob noch von
einem englischen Adligen an Wirkung übertroffen werde [64]. Zur Adaptation
romanischer Ansichten gehört auch die Charakterisierung Homers, der als »der
subtil Griech« eingeschätzt wird [65]. Diese Bezeichnung, verbunden mit den poeti-

schen Absichten und Ergebnissen der Pléjade, läßt vermuten, daß Homer zu einem scharfsinnig-feinfühligen Artisten umgedeutet und so auch von Weckherlin gesehen wird, zumal der Deutsche eine »Vorliebe für (den noch höher stilisierten) Vergil« hegt [66].

Der Dialog »Ulysses und Sirene«, in dem der Held allein durch seine moralische Standfestigkeit und nicht mehr durch eine List den Verlockungen widersteht, ist ebenfalls keine Eigenschöpfung [67], wohl aber die Eindeutschung des Namens Eos, die »Röthin« [68]. Die Wechselfälle am Hofe versinnbildlicht auch die Meerfahrt des Odysseus: die Sirenen führen die Unvorsichtigen ins Verderben, Odysseus dagegen rettet sich durch ›Beständigkeit‹ und ›göttliche Gnade‹ [69]. In einem anderen Kontext prophezeien die ansonsten nur unglückbringenden Sirenen jedoch sogar den Sieg Deutschlands und die heldenhafte Rolle des ›odysseischen‹ Königs Gustav Adolf [70]; dessen Heroisierung wird jedoch durch die menschenmögliche Vollkommenheit des Grafen von Mansfeld übertroffen, der mehr noch als Achill und Odysseus in einer Person darstellt [71].

Klischeehafte Homeräußerungen, stereotype Beurteilungen: ein humanistisches Erbe, das nur noch übernommen und nicht mehr überprüft wird. Die Ausnahme bilden einige wenige Wissenschaftler, ihre Wirkung aber bleibt gering. Neu ist der Ansatz zu einem Formbewußtsein; während in den romanischen Literaturen Vergil fast überall das einzig vollkommene poetische Werk zugestanden wird, stellt man in Deutschland neben ihn meist noch Homer – eine Parallelisierung, die ziemlich reflexionslos erfolgt. Manchmal läßt sich sogar eine Bevorzugung Homers erkennen, ohne daß dies jedoch bei einer Konfrontation ausgesagt würde. In einem solchen Fall mag der beinahe endlose ›Reichtum‹ der griechischen Epen aufgefallen sein, ein Anzeichen von Größe, wie man vermuten, aber nicht feststellen und erst recht nicht beschreiben konnte. Ein epigonales Verharren, das dann in der Barockepoche überwunden wird?

2. Das Homerbild des Opitz und seiner Nachfolger

a) Das ›poetologische‹ Homermuster

In den ersten Phasen der Barockzeit bleiben die humanistischen Grundzüge und damit auch die zum Schema erstarrte Homerbewertung gültig. Die Neuorientierung auf die deutsche Sprache und die deutsche Dichtung erfordert eine solche Geistestätigkeit, daß eine gleichzeitige Neuorientierung in antiken Sprachen und Dichtungen entfallen muß. Doch wird die Übernahme des Längstbekannten nicht als Kritiklosigkeit verstanden; im Gegenteil: im Laufe der Zeit haben sich diese Vorstellungen zu Normen herausgebildet und können deshalb nun als unbestreitbare Wahrheiten zitiert werden.

In dem von *Konrad Bachmann* zusammengestellten PRAECEPTIONUM POETICAE COMPENDIUM (1632) wird Homer als »Auctoritas« geführt [72], und *Christoph Lehmann* belegt einige Abschnitte seines FLORILEGIUM POLITICUM (1638) mit home-

rischen Beispielen, die er sentenziös deutet, z. B. unter »Geschäfft«: »Vlyssem vnd
Diomedem haben die Griechen ins Läger vor die Statt Troja geschickt / einen erfahrnen Weisen Mann / vnd einen Obristen / Rath vnd That / Hertz vnd Händ«
[73], unter »Heucheley«: »Ein Fürst were glückselig / wann er das Kraut Moli
wider seine Heuchler am Hoff haben könnte« [74], und unter »Wolthat«: »Cyclopische wolthaten geben Tyrannen« [75]!

Zahlreicher und ausführlicher werden diese für die poetische Praxis bestimmten
Anthologien erst etwa eine Generation später. 1662 ist *Michael Bergmanns* »Deutsches AERARIUM POETICUM« erschienen [76]. In seinem Kanon einiger weniger Dichter befindet sich auch Homer, »Du König / Vater der Poeten, Der Poeten Fürst /
Printz. Der Grichen Wunder=Werck« [77]; er ist gleichsam *die* zeitlich und wertmäßig primäre Personifikation unvergänglicher hoher »Poeterey«, die als ›theolo-
gisches Organ‹ und als ›Ausdruck der Natur‹ definiert wird [78]. *Johannes Matthäus Meyfarts* MELLIFICIUM ORATORIUM aus demselben Jahr weist keine Sentenzen-
sammlung über Vergil auf, wohl aber eine über Homer, dem man nicht nacheifern,
nur intellektuell folgen kann, da er in sich alle Arten poetischen und philosophischen
Wissens berge [79]. Dennoch bildet gerade ein vollkommenes Werk wie die Epik
Homers die geeignete literarische Vorlage für die Imitationstechnik, die nach Meyfarts Meinung eine Dichtung erst kunstvoll ausgestaltet [80]. 1663 folgt der »Jüngst=
Erbaute Hoch=Teutsche Parnasz« *Gottfrieds von Peschwitz,* der die alphabetisch angeordneten Begriffe mit Textbeispielen barocker Autoren füllt. Unter »Homerus«
wird eine poetische Wendung Johann Rists angegeben:

Der Poeten Haupt und Licht [81].

Formelhaft kehrt sie bei der Verdeutlichung des Stichworts ›Poesie‹ wieder; denn
Homers Name ist gleichbedeutend mit vollendeter Dichtung, die unvergänglich
bleibt und Affekte zu lenken vermag [82]. *Melchior Weinrichs* AERARIUM POETICUM
(1677) bietet eine reichhaltige Auswahl lateinischer Substantive, Adjektive und
ganzer Satzteile für die kunstvolle Ausschmückung der Person Homers in der zeitgenössischen Dichtung [83]; es überwiegen die Vorstellungen vom ›Seher‹ und vom
›Historiker‹, der mit großer Gelehrsamkeit und mit ethischer Gewissenhaftigkeit
die Erinnerung an Vergangenes wahrt.

Die Summe aller Aerarien und Florilegien: ein vielfältiges Angebot an Homer-
auffassungen, aber keine neuen Aspekte; nicht einmal die Umrißgebungen, sämtlich
aus der Tradition entnommen, wirken einheitlich und können daher nicht überzeugen. Mag das noch mit der punktuellen Perspektivik dieser literarischen Form erklärt werden: wenn ein ähnlich wirres Homerbild auch in den Barockpoetiken bis
etwa in die achtziger Jahre vorherrscht, müssen wir dies als eine zeittypische Kon-
vention betrachten – und als zeitbedingte Unkenntnis. Denn es fehlt meistens schon
an der schulischen Einführung in griechische Sprache und Dichtung, verursacht durch
politische Ereignisse und soziale Umschichtungen; aber auch in der Wissenschaft
wird das früher zusammengetragene Material, wenn überhaupt beachtet, nur mehr
wiederholt. Ein äußeres Zeichen: ein einziges Mal wird während dieser Epoche das
homerische Werk gedruckt – in Basel im Jahr 1651 [84]. Und dennoch: obwohl

Homers Dichtung wieder vergessen zu werden droht – nicht der Name freilich, auch nicht eine mehr vage Vorstellung von seinen Epen –, werden der Autor und sein Werk in den Poetiken oft angeführt. Eine Paradoxie, allerdings nur scheinbar; denn die Äußerungen über Homer bilden einen integrierenden Bestandteil der allgemeinen dichtungstheoretischen Problemstellungen, zielen also primär keineswegs auf eine Homerinterpretation, da aus ihnen Einsichten in Wesen und Ursprung, Absicht und Wirkung der Dichtung gewonnen werden sollen. Wenn wir uns bewußt sind, einen zwar beweiskräftigen, an sich aber nebensächlichen Fall damit zum Hauptthema zu erheben, können wir nun allerdings umgekehrt Rückschlüsse von dem allgemeinen Poesieentwurf auf einen exzeptionellen Poeten wie Homer ziehen. Die Betrachtung, auf die wir uns dabei beschränken, will beantworten, was für eine ›Poeterey‹ Homer nach damaliger Ansicht mit seiner Epik geschaffen hat und wie diese eingestuft und bewertet wird.

Schon der Titel von *Martin Opitz'* früher lateinischer Schrift *Aristarchus* schließt assoziativ Homer mit ein; denn der alexandrinische Gelehrte ist besonders berühmt als Herausgeber der homerischen Werke. Der große Dichter und der große Philologe: beide umreißen als Pole das literarische Leben des griechischsprachigen Kulturbereiches [85]. Zugleich enthüllt dieser Name, der »gleichbedeutend mit Sprachrichtigkeit und Gewissenhaftigkeit« ist [86], das Programm des Opitz: Er will für die verachtete ›lingua Teutonica‹ normative Richtlinien aufstellen. Beispiele für den kommenden großen deutschen Dichter bietet wiederum Homer: Opitz zitiert ihn einmal und verschmilzt zweimal homerische Wendungen zu einer Phrase [87]. Die Homerauffassung, die Opitz dann in seinem *Buch von der Deutschen Poeterey* andeutet, geht in ihren Grundzügen v. a. zurück auf die Meinungen Barths, der den Griechen gegen Scaligers Vorurteil verteidigt hat [88]. Aber Opitz verwendet auch antike Zitate, die zwar schon der traditionellen Überlieferung angehören, ihm aber erst von Wowers Traktat her bekannt sind. Er nennt Homer »einen viel wissenden vnnd aller dinge erfahrenen Menschen« und »einen Vater der freyen Künste« [89]. Aus dem Kontext wird der Grund für diese Angaben ersichtlich. Mit der Spannweite der homerischen Dichtung will Opitz die gewaltige Dimension der »Poeterey« umreißen, die nicht »bloß in ihr selber« besteht, sondern »alle andere künste vnd wissenschafften in sich helt« [90]. Diese sehr weite Begriffsbestimmung wird bei der Betrachtung frühester Poesie etwas eingegrenzt. Zuerst ist Homer als ein bedeutender Vertreter dieses Anfangsstadiums ›Theologe‹, der den esoterischen »vnterricht von Göttlichen sachen« [91] durch Fabeln allgemein verstehbar macht, dann auch ›Philosoph‹, und zwar ein das praktische Leben beeinflussender Moralphilosoph, da er die noch »fast viehischen Menschen« [92] kultiviert habe. Wenn nicht die ›rhetorische‹ Prosa auffiele, könnte man Herodot mit Homer verwechseln; denn es ist »der Poeten lehre zwar sonsten behalten / aber die abmessung der wörter vnd verse auffgelöset« [93]: Im Kern seiner Aussage ist Homer demnach auch schon ›Historiker‹ gewesen. Seine Dichtung können wir nach Opitz als eine theologische, philosophische und historische Einheit auffassen. Zur Deutung eines Wortkunstwerkes werden noch immer außerpoetische Faktoren herangezogen; dichtungsimmanente Kategorien verbieten sich eigentlich bei dem enzyklopädischen Anspruch, den große Poesie erfüllen muß. Doch

Opitz berücksichtigt ansatzweise auch Fragen der ›Inspiration‹, und er differenziert das Thema ›Mimesis‹: Nachahmung dürfe nicht ›naturalistisch‹ vorgehen, sondern müsse der ›Wahrscheinlichkeit‹ folgen und (bzw. oder) die Wirklichkeit ›idealisieren‹ [94]. Diese Aussagen müssen wir mit der (vorläufigen) Definition der homerischen Dichtung verbinden, um nicht ein falsches, da einseitiges Bild nachzuzeichnen. Dann erst können wir gerecht beurteilen, was Opitz unter vollkommener Poesie verstanden hat – und dazu zählt für ihn unbezweifelbar die homerische Epik, so wenig er mit ihr auch vertraut sein mag. Frömmigkeit und Gelehrsamkeit Homers machen ihn noch nicht zu einem großen Poeten, er beherrscht auch hervorragend die Imitationstechnik und ist zudem »ἐνφαντασιωτός« [95], d. h. er verwirklicht eine seltene Begabung, in der sich eigenes Können und göttliche Gnade vereinen.

Opitz' Vorrangstellung in der damaligen Zeit bleibt unbestritten; v. a. seine Poetik gibt die Norm für jede weitere Poesie. Nach Opitz eine Poetik zu verfassen, heißt vorerst noch soviel, wie nach Homer eine Ilias zu dichten, heißt also: aussichtsloses Unterfangen. Tatsächlich wird zu Lebzeiten von Opitz keine weitere Poetik mehr veröffentlicht [96]. Auch aus diesem Grund erscheint das Ausmaß der Trauer verständlich, als Opitz stirbt. *Paul Fleming* beklagt seinen Tod, indem er Opitz auf die gleiche Ranghöhe erhebt wie die antiken Klassiker:

> So zeuch auch du hin in dein Elyserfeld,
> du Pindar, du Homer, du Maro unsrer Zeiten,
> und untermenge dich mit diesen großen Leuten,
> die ganz in deinen Geist sich hatten hier verstellt [97].

Noch der junge *Quirinus Kuhlmann* dichtet auf ihn ein Epitaphion, mit dem er sich selbst in »eine schlesisch-poetische Traditionshierarchie« [98] stellt:

> 1. Grab Martin Opitzs / des Schlesiens Homerus.
> IN dieser Gruft ligt hir Apollo selbst versencket
> Des Deutschen Helicons / der alle hat getränket
> Mit seinem göldnen Mund / und wi ein großes Meer
> Sich in gantz Schlesien ergoßen hin und her.

In einer schon wahnsinnsnahen Selbstüberschätzung sagt Kuhlmann später von sich: »Es ward in mir gehoffet / erwartet / geprisen ein ander Opitz / ein neuer Homerus« u. a. [99].

Da es nach 1624 also vorerst noch an weiteren Poetiken mangelt, sehen wir uns auf einige werkimmanente Aussagen über Homer und seine Dichtung verwiesen. Neben vielen Anspielungen auf homerische Personen und Situationen stellt Fleming den Übersetzer von Tassos *Befreitem Jerusalem,* Dietrich von dem Werder, in ein und dieselbe künstlerische Ahnenreihe mit Homer und Vergil [100]. Wie hoch dabei Homer von ihm eingestuft wird, erhellt aus einem anderen Gedicht [101]; Fleming zählt diejenigen Persönlichkeiten auf, die stellvertretend für die größtmögliche Ausprägung bestimmter Eigenschaften stehen, z. B. Simson für Kraft und Salomon für Weisheit. Die vollkommenste »Beredsamkeit«, das zeittypische Attribut für die Poesie, wird von Homer verkörpert; sein Name gilt als Kennzeichen für den höchsten Grad der Dichtung.

Die gleiche Vorbildlichkeit besitzt Homer für *Simon Dach*, der schon in seiner Einladung zur Antrittsvorlesung von 1639 auf Homer eingeht [102]; durch seine Nähe zur Musik fühlt sich Dach wohl etwas wesensverwandt mit dem antiken Rhapsoden, zu dem er nur aufzublicken wagt. Mehrmals führt auch er homerische Szenen und Figuren an, v. a. Achill und Odysseus. Während Dach in seiner Zeit diese beiden Heroenideale noch übertroffen sieht:

> Vieleicht gleicht dir Vlysses kaum,
> Wie sehr mit ihm Homer mag pralen [103],

und

> Daß mir es mein Homer verzeih'
> Vlysses kömpt hie gar nicht bey [104],

so bleibt Homer selbst doch unübertroffen! Dachs bescheidene Haltung spricht aus den Zeilen:

> Ich weiß, ich bin bey weiten
> Homerus gleichen nicht,
> Ob darumb meinen Seiten
> Auch alles Lob gebricht [105]?

Verewigung ist das Ziel jeder echten Poesie [106], und Homer hat seinen Ruhm erlangt, da er dieses Ziel »mit weiser Zungen / Und mit kunst=gemässer Hand« erreicht hat [107]. Seine Einmaligkeit innerhalb des griechischen Kulturkreises ruft wieder die Bezugsetzung zu dem einmaligen Deutschen, zu Opitz, hervor [108].

Die Einführung des Daktylus, des wichtigsten Bauelements des Hexameters, in das poetische Programm der deutschen Dichtung durch den Wittenberger Universitätsprofessor *Augustus Buchner* kann selbstverständlich noch nicht als Beginn einer tieferen Einsicht in Homers Epik verstanden werden. Auch wenn Buchners erst 1665 gedruckte *Anleitung Zur Deutschen Poeterey* und der gleichzeitig herausgegebene POET mehr als ein Jahrzehnt nach Opitz' Buch 1638 konzipiert waren: die Ergebnisse, die Homer betreffen, gehen kaum über Opitz hinaus. Homer ist für ihn der »Brunnen ... (für) die Invention und anstellung der Sachen« und zudem »der Ursprung und Qvell aller Zierde / Schmuckes und Ansehnligkeit der Reden« [109]; nach der mustergültigen Vorlage seiner Dichtung haben schon Vergil und Horaz wesentliche Abschnitte nachgestaltet, und gerade wegen dieser Imitationstechnik sind sie »die zwey vollkomnesten Poeten« [110] geworden, denen nun deutsche Dichter nachstreben müßten. Priorität, und sei sie mit noch so großartigen Leistungen verbunden wie die Homers, bedeutet gegenüber der formalen Beherrschung des Kunsthandwerkes nur Vorstufe, notwendig zwar innerhalb eines oganisch verstandenen Literaturprozesses [111], keineswegs aber den Höhepunkt.

Daß diese Auffassung vielleicht »nicht der Feder Buchners entstamme, sondern eine ausführliche Nachschrift seiner Vorlesungen über Poetik war« [112], legt der *Discurs Von der Materie des Poeten* nahe. Die Position Homers erscheint zeitlich und wertmäßig verändert. In der ersten Phase vorhomerischer Poesie habe man sich nur mit »natürlichen Sachen / von Ursprung der Dinge / und Fortpflanzung derselben« beschäftigt, danach seien »allerley Händel / so bey den Menschen vorzugehen pflegen« beschrieben worden [113]. Erst Homer hat schließlich das kosmisch-physikalische Thema mit dem irdisch-ethischen Ideal verbunden, hat »von den Göttern / von Natur des Himmels ... Meldung und Unterricht gethan« und gleichfalls »unter des Agamemnonis / Nestoris / Achillis / Ulyßis und vieler anderen Personen / vielfältige Exempel der Tugenden und Laster fürgestellet« [114]. Erst er hat also die für Buchner konstitutiv mit Philosophie identische »Poeterey« geschaffen, da sein Werk »alle Göttliche und Menschliche Sachen in sich begreiffet« [115]. Es erfüllt mit dieser Blickrichtung die Forderung nach einer poetischen Einheit der Religions- und der Moralphilosophie und nimmt deswegen auch eine Vorrangstellung innerhalb der Dichtung ein.

Den Beginn der *Zwey Bücher Von der Kunst Hochdeutsche Verse und Lieder zu machen* (1642) bilden Rechtfertigung und Entstehung der Poesie im allgemeinen. Diese zielt für den Verfasser *Johann Peter Titz* stets auf Tugend. Erfüllt sie diese Forderung nicht und bezweckt sie stattdessen eine Anleitung zu Lastern, so muß sie gemieden werden. Gegenüber unsittlichen Schriften kann jeder die richtige Verhaltensweise an Homers »bekandte(r) Fabel von Vlysses vnd den Sirenen« ablesen: die Ohren vor dem »süssen / aber schädlichen Gesang« verschließen oder sich zumindest »an den Mastbaum der Vernunfft anbinden lassen« [116]. Die homerische Episode lehrt für Titz darüber hinaus die Korrelation von moralischer Festigkeit und intellektueller Einsicht, wie sie jede echte Dichtung anzeigen soll.

Die Entstehung der Poesie wird wie bei Aristoteles anthropologisch begründet, und die Begründungen selbst stammen letztlich auch von Aristoteles. Die eine Ursache liegt im Nachahmungstrieb; Gegenstand der Nachahmung ist die Wirklichkeit [117]. Doch Titz läßt auch die Fiktion gelten, sofern sie Wirkliches wiederzugeben ›scheint‹: die Als-Ob-Dichtung spricht wie in Homers Parabel von Kirkes Zauberei die Wahrheit ›allegorisch‹ aus [118]. Homer vermittelt also »durch feine Bilder viel nützliche Geschichten / heilsame Lehren« [119] und beweist deswegen die Urverwandtschaft von Philosophie und Poesie. Die zweite Ursache für die Entstehung der Poesie deckt deren substantielle Übereinstimmung mit einer weiteren Kunst- und Geistesform, der Musik, auf: »Die liebe zum Singen vnd der Harmony« [120]. Aus der Harmonie sind »die Verse / vnd auß den Versen die Lieder entsprungen« [121], und »Lieder oder Gesänge« nennt auch Homer seine Epen, wie es der Anfang der Ilias belegt [122]. Obwohl die ursprüngliche Trias aus Poesie, Philosophie und Musik später gespalten wurde [123]: Homer hat nach Titz diese Einheit noch in seiner Dichtung gewahrt, indem er in seinen Fabeln »Weißheit« verkündet und als Sprachrohr der angerufenen Göttin sein Thema ›besungen‹ hat.

Dennoch erreicht Homer nicht Vergils Vollkommenheit; denn der römische Autor konnte die griechische Vorlage als brauchbares Material für sein neues Epos benutzen, konnte daran seine Technik verfeinern und so als Imitator den Imitierten übertreffen, wie ja auch nach Ansicht von Titz »offters die Schüler ihre Lehrmeister übertroffen haben« [124]. Diese Überschätzung Vergils leitet Titz aus Scaligers Kriterien ab; »dem scharffen Kunstrichter« folgt er auch am Beispiel der Epitheta, die Homer als stehende Wendungen selbst in den unterschiedlichsten Situationen verwendet hat, so daß er »gestrafft« werden muß, während Vergil »im Gegentheil höchlich gelobet« wird, weil er sie »zu der Sachen insonderlich dienlich« eingesetzt hat [125]. Titz' anfänglich sehr positive Homerbewertung erfährt also durch die Beschäftigung mit Scaligers Gedankengängen eine beträchtliche Einbuße.

Aus einem anderen Grund schätzt *Justus Georg Schottel* in seinen frühen Schriften die Dichtung Homers nur abfällig ein. Religiöser Purismus verbietet ihm heidnische Literatur: »Wir haben ja unsere Christliche Religion und die schüldige Pflicht unseren GOtt auffs höchste zuloben: also daß ... die Trojanischen Mährleins und derogleichen / lauter Affenwerck / Kinderspiel und nichts hergegen zuhalten seyn« [126]. Außerdem leugnet Schottel den griechischen Ursprung des Abendlandes [127]; diesen »Fabelmessigen Ruhm und das jrrige Geplauder der Griechen / die da alles und jedes jhnen allein als den Uhranfängeren zuschreiben / und zu Lehreren der Welt sich außruffen dürffen«, widerlegt er mit dem Hinweis, »daß zu den Zeiten des Trojanischen Krieges keine Gesetze noch Wissenschafften bey den Griechen beschrieben gewesen. Homerus, aber lange hernach / war der erste / der etwas schrifftliches bey jhnen auffgesetzt hat« [128]. Zum religiösen Purismus, der das Nicht-Christliche ausscheidet, kommt die nationale Blickrichtung, die alles Außerdeutsche abwertet. Im griechischen Kulturkreis bleibt Homer zwar der erste Literat, steht aber nicht am Anfang einer völkischen Entwicklung. Dieser an sich richtigen Feststellung folgt leider keine daraus resultierende Deutung des homerischen Werkes, was allerdings wegen des polemischen Ansatzes auch nicht erwartet werden konnte.

Von dieser einseitigen Position wendet sich Schottel jedoch bald ab und vertritt die in seiner Zeit vorherrschende allegorische Auffassung, nach der »die Alten / und darunter vornemlich die Griechen / unter den Fabeln / und ertichteten Nahmen und Tahten vermeinter Götter / nicht auf solche alberne / und oftmals / dem Ansehen nach / gantz ungereimte Geschichte und Mährlein an sich selbst / sonderen auf dero klugreiche Andeutung / und verborgenen Verstand vielmehr jhr Absehen gehabt« haben [129]. Er verabsolutiert nun auch diese Ansicht. Die ›Alten‹, unter denen er gleichzeitig und gleichrangig Griechen, Kelten und Ägypter versteht [130], haben schon alles Spätere vorgeprägt:

> Was geschicht / ist schon geschehn /
> Was man siht / ist schon gesehn:
> Fast nichts neues in der Welt /
> Kan uns werden vorgestelt [131].

Zu diesen Alten zählt Schottel sicherlich, wenn auch zu diesem Zeitpunkt noch nicht ausdrücklich erwähnt, Homer.

Diese philantikische Haltung scheint die einstige religiös-nationale Ausrichtung auszuschließen. In Schottels Hauptwerk *Ausführliche Arbeit Von der Teutschen HaubtSprache* (1663) [132] finden sich jedoch beide Tendenzen, zwar nicht ›synthetisch‹ vereint, aber auch nicht als Widersprüche gegeneinander abgewogen; sie bleiben *nebeneinander* bestehen. So hat Homer (neben Vergil) »unschetzbares« [133] geleistet; als Beleg dafür wird ausführlich Quintilians Homerlob zitiert [134]. Aber er kann nur bedingt ein Vorbild sein für die deutsche Sprache und Dichtung, die sich »nach der frömden Lehrsetzen nicht meisteren und bilden« lassen [135] und eigenen

Gesetzen folgen müssen. Beispielhaft zeigt sich dies bei der Erwähnung der Skylla und Charybdis [136]. Die Abkehr von der poetischen Verwendung südlicher Seefahrermärchen entspringt dem Ansatz zu einer germanischen Sagenforschung, die sich auf die »Irrländische Historie« [137] beruft: aus germanischem Stoff soll die deutsche Dichtung schöpfen und nicht wesensfremde Inhalte nachahmen. Allerdings wird diese nur kurz angedeutete Mythostheorie sogleich mit einer rationalistischen Auflösung des ›Mythischen‹ verwischt, wenn nicht sogar verdrängt. Denn diese germanischen Meerungeheuer lassen sich »oben bey Norwegen« lokalisieren, wo sich Ebbe und Flut mit besonderer »Gewaltsamkeit« abwechseln. Da deren »Ungestümigkeit« so einmalig ist, hält es Schottel für möglich, daß die reale Grundlage für Homers Fiktionen Skylla und Charybdis, die bezeichnenderweise bald nach Odysseus' Hadesfahrt auftauchen, gerade in »diesem Norwegischen Wasserwüten ... und Irrländischen Höllengeheule« entdeckt werden kann [138].

Johann Klaj entwirft in seiner *Lobrede der Teutschen Poeterey* (1645) den manieristisch übersteigerten Typus eines »poeta rhetor« [139]. Er betont daher v. a. die Eigenschaft einer jeden Sprache, die das Material für eine poetische Umformung bietet. Das Griechische betrachtet er als eine »versüssete« Sprache [140], und ihr bekanntester Autor, Homer, der indirekt bei der Darstellung der Poesie als Verewigung heroischer Taten durch Alexanders Vorliebe für das »Buch«, die Ilias, erwähnt wird [141], besticht wohl erst recht durch ›Süßigkeit‹; diese Bezeichnung dürfte, nach Klajs poetischer Praxis zu schließen, die möglichst umfassende Fähigkeit einer ›synästhetischen‹ Wortfindung umschreiben. Leider führt Klaj sonst nur noch die traditionelle Heimatsehnsucht des Odysseus an, der »Sein armes / rauhes und gleichsam wie ein Schwalbennest an die Steinklippen angehängtes Vaterland / Ithaca / derer jhm angebotenen Vnsterblichkeit vorgezogen« [142]; mit diesem literarischen Zitat will Klaj die gleichsam selbstverständliche Liebe eines jeden Deutschen zu seiner Muttersprache stärken. Hätte Klaj sich mit Homers Epik beschäftigt, könnten wir eine eigenwillige Interpretation vermuten, die möglicherweise weniger auf den ›Nutzen‹ als auf die Klangwirkung der homerischen Dichtung einginge.

Diese Hypothese wird auch nicht hinfällig, wenn für Klaj letztlich »der Schöpfergott eine Art Urdichter, das Poesie-Machen eine überkonfessionelle Religionsübung« ist; denn diese Auffassung gibt seinem »Formalästhetizimus« erst die »tiefere Bedeutung« [143]. Und von hier aus läßt sich das Titelbild seiner »Lobrede« so erklären, wie es *Georg Philipp Harsdörffer* getan hat [144]. Ein Philosoph, keltisch ein Witdod, spricht:

> Mein blaulich=gold=glentzend=befedertes Haupt
> Hat jenen Homerischen Pfauen beraubt /.

Diese merkwürdige Vorstellung meint Harsdörffer durch eine gleichfalls merkwürdige Erklärung aufzulösen: »die Seele Pythagorae sey eine Pfauen Seele gewesen / nach seinem Tod aber in Homerum, und nach ihn in Ennium gefahren« [145]. Für unseren Problemkomplex genügt der Hinweis, daß mit der Lehre der Metempsychose hier die dreimalige Wiederholung einer an sich einmaligen Leistung durch zeitlich getrennte Persönlichkeiten verstanden wird. Homer, das Mittelglied in dieser episch-philosophischen Geniekette, zeigt durch sein ›erhabenes‹ Werk die vollkommene Einheit von formaler Anmut und gedanklicher Tiefe, zeigt »Der schönen Gedanken buntleuchtende Gaben«. Und selbst in dem erlesenen Kreis nimmt er eine solche Ausnahmestellung ein, daß der Pfau, das Sinnbild dieser menschenmöglichen Größe, nach ihm benannt wird [146].

b) Zwiespalt zwischen Poesie und Religion

Unergiebig für unsere Fragestellung erweisen sich mehrere weitere Poetiken. *Johann Rists* pseudonym herausgegebene *Rettung der Edlen Teütschen Hauptsprache* (1642) widmet sich ohne jegliche antike Anleihen der schon im Titel erkennbaren Aufgabe [147]. In anderem Zusammenhang wird deutlich, daß Rist Vorbilder, wenn er sie überhaupt gelten läßt, fast ausschließlich im lateinischen Kulturgebiet sucht [148]. Erwähnt er dennoch Homer, dann in einem wenig differenzierten Sinn: So spricht er von Alexanders Begeisterung für historische Darstellungen, weshalb er sich »an deß Homeri Schrifften ... erlustigte« [149]. Homers Werk mag gerade noch als historisches Quellenmaterial berücksichtigt werden; als Christ müsse man sich scharf gegen »viele wunderseltzame Grillen« und »erdichtete Götzen« wenden [150]; selbst ein so großer Held wie Achill zeige eine verderbliche Anfälligkeit, da er durch seine Liebe zur Briseis zur Wollust und dann zur Feigheit getrieben worden sei [151]. Während an dieser Stelle Bedenken gegen Homers Dichtung geäußert werden, setzt Rist im folgenden Zitat die geläufige rhetorische Verwendung eines ›exemplum‹ ein: Das homerische Kriegsgemälde verblasse gegenüber der Grausamkeit der Zeitgeschichte.

> Schweig nun, Homerus, schweig und laß dein Troja fahren
> Du kanst dein Klagen jetzt im Schreiben wol erspahren
> Das Ilion im Fewr, jedoch durch Trug und List
> (Versteh das grosse Pferd) so gar zerstöret ist.
> Hie ist ein andre Stadt ... [152].

Gewaltiger als das Troja-Thema sei Eroberung und Zerstörung der Stadt Magdeburg (10. Mai 1631), deren Unglück selbst Homers Beredsamkeit nicht hätte dichterisch gestalten können! Die Realität beschwört den Unsagbarkeitstopos herauf – aber bis an die Grenze des Unsagbaren ist demnach Homer gelangt. An das Unheil des dreißigjährigen Krieges erinnert auch *Andreas Gryphius* in einem Epigramm, indem er einen homerischen Formelvers ins Gegenteil verkehrt:

> VLysses wundtscht den rauch von Vaterland zu schawen
> Mir mus für dessen rauch / des Brandes zeichen grawen [153].

Das sehnsüchtige Verlangen wird ummotiviert zu einem Bild des Entsetzens.

Rist fordert jedoch vor seiner Umkehr zu einem religiös-ethischen Purismus auf, »Homerus (zu) ehren« [154], und bekennt, daß »Homerus Nahm ... Das Lob der Ewigkeit« erlangt habe [155]. In dem an Klaj gerichteten *Lob der Poeten* heißt es:

Wer wüste von den Helden doch
ein einzigs Wort zu sagen noch,
welch' Ilium bezwungen
wenn der Poeten Haubt und Licht,
Homerus Ihre Thaten nicht
der Nachwelt vorgesungen:
Ein hochbegabter Tichter schreibt
ein Werk, das nach dem Tode bleibt [156].

Er gestaltet sogar in seinem Jugenddrama IRENAROMACHIA (1630) die homerische Szenerie der Götterversammlung nach, und – eine ironische Verfremdung – in dieser Homerimitation wird der griechische Autor als »der hochweise und gelarte Homerus« selbst von Athene erwähnt [157]! Entscheidender als diese Gegenbeispiele ist aber Rists endgültige Absage an die Antike, die sich durch seinen christlich-deutschen Standpunkt erklärt.

In der anonym erschienenen Schrift *Der Teutschen Sprach Ehren=Krantz* (1644) [158] steigert der Verfasser *Johann Heinrich Schill* seine nationale Vorliebe durch eine aussagekräftige Veränderung literarischer Gegebenheiten: Gegen die Wahrheit deutscher Geschichte seien die poetisch-rhetorisch ausgeschmückten Handlungen der Griechen nur »der frösch vnd mäuse streit / davon Homerus viel stattliches dings schreibt«, seien »deß zierrats der wort entblößt« nur »ein Kurtzweil vnd geringschätziges Werck« [159]. ›Teutsche‹ Historie zeigt also etwa soviel Realitätswert, wie die homerische Epik, v. a. die Ilias, Kunstwert besitzt: Heroische Größe wird hier fast lediglich als Fiktion ausgelegt, dort aber zum Faktum erklärt. Außerdem »ist die gantze Grichische Art zu reden / als auch die Wörter selbsten ... dem teutschen ähnlich« [160]. Diese sprachliche Parallelisierung, die auf die inhaltliche Analogie folgt, führt schließlich zu der merkwürdigen Identifizierung: »Homerus hat teutsch geredt« [161]; denn – aufgrund falscher Etymologien – hat sich angeblich das griechische Volk der Milesier in Deutschland niedergelassen! Die Konsequenzen können selbst weiter durchdacht und als phantastische Spekulationen entlarvt werden. Für *Johannes Konrad Dietrich* ist und bleibt Homer unbestritten der ›Pater omnis scientiae‹ [162] – eine Aussage, die ohne eine Begründung dogmatisch klingt. – *Johann Henrich Hadewig* gibt eine *Kurtze und richtige Anleitung* (1650) zur deutschen Poesie, erwähnt auch zweimal Homer [163], aber die Aussage ist völlig belanglos und scheint überhaupt nur eingesetzt, um Hadewigs Homerkenntnis als eine Selbstverständlichkeit auszulegen. Ähnlich mutet uns die katalogartige Nennung Homers bei *Alhard Moller* an, wenn Homer, einer unter vielen, »in das Gedächtnüß Buuch der nachkömmlingschaft eingeschrieben« wird [164].

Dieses fast gänzliche Fehlen einer Stellungnahme zu Homer und seinem Werk hat v. a. zwei Gründe: einmal die Hinwendung zu deutscher Sprache und Dichtung, wozu auch eine aus streng christlicher Sicht verständliche Absage an die heidnisch-antike Literatur gezählt werden kann, und zum anderen der Topos vom ›großen Homer‹, an den alle glauben, auch die vielen, die nicht einmal sein Werk kennen [165]: der Name Homer beginnt wieder zur bloßen Formel zu erstarren, allerdings nicht mehr so generell wie im Mittelalter, da immer noch (deutlich sichtbar) die humanistischen Bemühungen gerade um diesen Dichter nachwirken.

Und dennoch beschäftigen sich für Andreas Gryphius immer noch zu viele Wissenschaftler mit Homer:

> Denckt nur / wie viel anitzt zu jenem Schreiber schreiben /
> Der von den Helden sang / die Asien verheert /
> Und Pergamus geschleifft / und Trojen umgekehrt [166].

Sein »Straff=Gedichte« tadelt die ›heuchelnde‹ Kalliope, die Muse der epischen Dichtungsgattung, die nur die Schein-Welt behandle und nicht zur göttlichen »Warheit« hinführe.

Zwei Werke mögen die Positionen der erneuten Abwendung von Homer erhellen. Im Ansatz vertreten sie eine polare Auffassung, im Ergebnis nähern sie sich einander.

Balthasar Gockels polemische Schrift *Heidnische Poeterey / Christlich corrigiert vnd verbessert* (1647) verwirft jegliche Nachahmung »heydnischer Abgötterey« und beruft sich dabei auf *Georg Pasor,* einen Lexikographen zum Neuen Testament, der alle modernen Dichter, die antike Mythologie verwenden, anprangert: sie seien gottlose ›Fabulanten‹ und lediglich ›Kopisten‹ Homers [167]. Der religiöse Vorwurf wird mit künstlerischer Unselbständigkeit verbunden; jeder von der Antike beeinflußte Autor gilt diesem Glaubensfanatiker als polytheistischer Homeride. Soweit geht Gockel jedoch nicht: Heidnische Poesie ist für ihn dann erlaubt, wenn sie von heidnischen Religionsvorstellungen ›gesäubert‹ wird. Daß sie dabei einen wesentlichen Hintergrund verliert, dürfte Gockel wohl kaum bemerkt haben. – Paul Gerhardt ändert nichts an der homerischen Vorlage: die Epik dieses »Weltskribenten« zeige nur »Glanz und Schein«:

> Was Homerus hat gesungen
> Und des Maro hoher Geist,
> Wird gerühmet und gepreist
> Und hat alle Welt durchdrungen;
> Aber wenn der Tod uns trifft,
> Was hilft da Homerus' Schrift [168]?

In Anbetracht des ›Wesentlichen‹, im diesseitigen Leben die Bewährungsprobe für das jenseitige Leben zu bestehen, behält volle Gültigkeit nur mehr »Gottes Wort«, das in dem einzig wahren Buch, der Bibel, festgelegt ist.

Dagegen betont *Hans Just Winckelmann* in seiner apologetischen NUTZ= und SCHUTZSCHRIFT *Vor Das merkwürdige alterthum* (1657) das »auf verborgene Art« dargebotene Wissen und den »zur Erlernung guter Sitten« beitragenden Nutzen antiker Literatur [169]. Der wichtigste Gewährsmann ist Homer. Dessen gesamtes Werk durchzieht »die allerälteste ... Lehrart«, da er seine umfassende »Weißheit in Geist=Welt= und natürlichen Sachen / verblümter weise« durch Fabeln verkündet [170]. Homer hat demnach »Lehrgedichte« verfaßt, mit seiner Batrachomyomachie sogar zusätzlich noch eine Spezialform, die Tierfabel, entwickelt [171]. »Lehrgedichte« bieten jedoch nicht nur allgemeinmenschliche Erkenntnisse und Verhaltensweisen, sie zielen auch auf konkrete historische Situationen. Wiederum ist Homer der erste und überragende poetische Verarbeiter historischer Fakten, indem er mit der Gestalt Achills einen Heroen gepriesen hat, den selbst ein

Weltenherrscher wie Alexander der Große für nachahmenswert hält [172]. Geschichte und Lehre in einem ist Homers Dichtung; denn Poetisierung heißt Paradig-
matisierung des Historischen, heißt Herauslösung einer idealen Konstante aus dem
realen Veränderungsprozeß.

Wie selbstverständlich der Name Homer – gelobt oder getadelt – erwähnt wird,
wie oberflächlich, bzw. traditionell-schablonenhaft jedoch die Kenntnis seiner Werke
ist: dies zeigt sich beispielhaft an dem ›Autodidakten‹ *Grimmelshausen*. Schon die
merkwürdige Gestalt auf dem Titelkupfer seines *Simplicissimus Teutsch,* die dann
in der »Continuatio« als Baldanders-Figur auftritt, erscheint als Erneuerung des
homerischen »Protheus« [173] und verkörpert als werkimmanentes Symbol das Leben in seiner Mannigfaltigkeit und Wandlungsfähigkeit. Proteisch erweist sich der
gesamte *Ratio Status,* die ambivalente, zwischen den Polen aber variationsreiche
Grundlage des menschlichen Zustandes [174]. Dieser proteischen Ur-Sache versucht Grimmelshausen mit einer Methode gerecht zu werden, die dialektisch vor-
geht. Seinen Diskurs über die *Poeterey* teilt er in »Satz«, »Gegensatz« und »Nach-
klang« auf. Jeder Aspekt wird mit Anspielungen auf Homer belegt. Die These bildet den Preis der Dichtung: Grimmelshausen zitiert Demokrit, der »von Homero
(sagt), es were unmüglich gewesen / daß er ein so herrlich Gedicht ohne Antrieb
einer Göttlichen Inspiration hette machen können« [175]. Dieser überirdische »Antrieb« befähigt zu solchen Leistungen, »daß Zeno und Aristoteles den meisten
Theil ihrer Philosophia von Homero entlehnet und gelernet« [176]. Theologische
Begründung und philosophischer Inhalt: aus beiden rechtfertigt sich die große Bewunderung für »die Poemata Homeri«, die Alexander der Große »vor seinen
besten Schatz hielte / und höher als die Reichthumb Darii aestimirte« [177]. – Die
Antithese zielt auf die Beseitigung der Dichtung: Denn schon »Die Athenienser
strafften Homerum umb 50. Drachmas als einen Narren / wiewohl er der vortreff-
lichste Ertz=Poet: und aller Poeten Philosophus gewesen« [178]; vorgeworfen werden ihm Phantasterei und Unvernunft – mit Recht, denn wenn Ovid, Vergil, Hesiod
etc. »und Homerus von Clio angeblasen / und in ihre Furores entzückt werden /
daß alsdann ihr Hirn mit Poetischen Dünsten der Thorheit solchergestalt über-
näbelt und angefüllt sey / daß beynahe kein Platz mehr übrig bleibt / dahin sich die
Gedanckhen uff Verrichtungen anderer nötigen Geschäfften logiren könten; ...
dürffte mancher aus seinen Gebärden urtheilen und darauff schweren / er were gar
verruckt im Kopff!« [179] – Die Einseitigkeit beider Ansichten hebt die Synthese
auf: »einen Zoilum, der alles tadelt« [180], sogar den unvergleichlichen Homer,
wird es immer geben, einmalig aber ist die Würde des Menschenbildes, das ein Poet
wie Homer beschreibt – ein ethisches Ideal hat er durch sein enkomiastisches Schildern der »keuschen Penelope« aufgestellt [181]. Weitere Ideale hat Homer in seinen Kriegshelden verkörpert [182]. Doch Tapferkeit ist nicht immer angebracht;
manchmal erweist sich »Mummerey«, wie sie Odysseus und Achill gewählt haben,
um nicht in den Krieg ziehen zu müssen [183], als klügeres Verhalten: So vergleicht sich auch der junge Simplicissimus, als er seine »Narrn=Kappe« mit einem
»Weiber=Kleid« vertauscht hat, mit dem unter den Töchtern des Lykomedes verborgenen Peliden [184]. Als Jäger von Soest wünscht er sich sogar »offt den Troja-

nischen Krieg« [185], dessen Dauer ihm viele neue Abenteuer ermöglichen würde. Die Tugenden dagegen, die Odysseus während seiner langen Irrfahrt bewiesen hat, zeigen eine starke moralische Wirkkraft, so daß Grimmelshausen öfters bestimmte homerische Fabeln bearbeitet. Den Vorbericht zum zweiten Teil des *Wunderbarlichen Vogelnestes* unterzeichnet »Nemonius Secretar«; diese Anspielung auf die odysseische Namensmaske, vor Polyphem als ›Niemand‹ aufzutreten, wird verstärkt durch die groteske Eindeutschung des »Οὖτις« (Od. IX 366) als »Nullander« [186]. Simplicissimus denkt nach über das Glück und empfindet es als »der Syrenen Art ... / die dem jenigen am übelsten wollen / denen sie sich am geneigtesten erzeigen / und einen der Ursach halber desto höher hebt / damit es ihn hernach desto tieffer stürtze« [187]. Häufig behandelt Grimmelshausen die Kirke-Episode, z. B. in der *Courasche;* diese »Ertzbetrügerin und Landstörtzerin« erklärt ihr Verhältnis mit Simplicissimus am Sauerbrunnen durch das mythologische Beispielmuster: »ich tractirte ihn / wie etwann die Circe den irrenden Ulissem« [188]. – Die homerischen Fabeln entsprechen der christlich-moralischen Wertwelt der Gebote und Verbote. Darüber hinaus gewinnen sie für Grimmelshausen Vorbildcharakter, weil sie das Wesen der Dichtung verdeutlichen: Sie sowie der »Fröschkrieg« [189] sind gleichsam die verzuckerte Hülle des bitteren Kernes, sie versüßen die ›Wahrheit‹ und machen sie dadurch für viele Menschen erst annehmbar [190]; neben den ethischen Tugenden fördert Dichtung also auch die dianoetischen Tugenden.

Überall nur traditionelle Vorlagen, die eine unmittelbare Kenntnis der homerischen Epik nicht voraussetzen – aber welche Behandlung der Klischees! Hier hat ein Dichter die Inhalte ausgesucht, die nahtlos in sein Konzept eingefügt werden konnten, und somit verraten die homerischen Bestandteile, die sich bei dem ›ungebildeten Autodidakten‹ Grimmelshausen finden lassen, stets seine eigene, unverwechselbar poetisch-›satyrische‹ Diktion.

Angriff gegen die Dichtung, Verteidigung der Dichtung: die polaren Positionen Gockels und Winckelmanns wirken gegen Grimmelshausens souveräne Form der dichterischen Mimesis lediglich wie dichtungsferne Dogmen. Dennoch bleibt gerade dieser Zwiespalt zwischen Beharren in christlicher Strenge und der Einsicht in die poetische Kraft antiker Literatur gültig. Er durchzieht auch das Werk *Philipp von Zesens.* In seiner Poetik *Hoch=Deutscher Helikon* (⁴1656) erwähnt er die dichterische Fähigkeit, Vergangenes unvergänglich zu machen; dieses erreicht sie durch ihre ›Lieblichkeit‹ und ihre ›Anmut‹ [191]. Der Schwerpunkt liegt für Zesen demnach auf der kunstvollen Ausschmückung des Themas. Seine Theorie vom Ornatus als dem eigentlich poetischen Merkmal wendet er auf die bekanntesten der »edeln Poeten« an; deren Reihe beginnt mit Homer:

> Homerus ist längsten in asche verkehret /
> doch lebet sein nahme / sein ehren=lob grünt;
> sein' ehre wird täglich in schriften vermehret /
> das seinem beruffe zur ewigkeit dient [192].

Den einseitigen Poesiebegriff erweitert Zesen in seiner poetologischen Fortsetzung *Hochdeutsche Helikonische Hechel* (1668), indem er zusätzlich die intellektuelle Aussagekraft eines Wortkunstwerks betont. Ein »volkommener Dichtmeister« [193]

muß danach streben, mit seiner Leistung jederzeit den Anspruch einer allüberragen-
den Größe zu erfüllen, ja diese Forderung mit dem Einsatz seiner ganzen Person zu
befolgen, auch wenn er dabei sein Leben verlieren sollte. Diese für jeden wahren
Dichter existenzbestimmende Notwendigkeit zeigt Zesen am Beispiel Homers: Der
»Keiser der Griechischen Dichtmeister« hat diesen dichtungseigenen Zwang einer
Annäherung an absolute Geltung bewiesen; denn er habe in dem Augenblick »vor
schaam und verdrus« den Tod gewählt, als er nicht einmal das Rätsel eines einfältigen Fischers habe lösen und folglich »dem höchsten ruhme« nicht mehr gerecht
werden können [194]. Das Scheitern selbst dieses ›vollkommenen‹ Homer dürfte
letztlich daher rühren, daß er als Heide nicht die für Zesen eben absolut gültige
christliche Wertwelt gekannt hat; auch die banale oder lächerliche Motivierung
seines Scheiterns ändert nichts daran, daß Homer als Nicht-Christ eben irgendwie
scheitern *mußte*. Dies läßt sich bekräftigen mit Zesens Absage an die »heidnischen
abgöttischen nahmen«, die »wir Kristen« verwerfen müssen [195]. So bezeichnet
Zesen in seinem mythologischen Kompendium *Der erdichteten Heidnischen Gottheiten / ... Herkunft und Begäbnisse* (1688) die Heiden »in vielen Dingen / als des
wahren ewigen GOttes Affen« [196]. Nach dieser Grundeinstellung wird auch
Homer beurteilt; denn er ist schließlich nur »der Götter Lobsänger« [197]. Dennoch bewahrt er bei der Umsetzung mythischer Fabeln in poetische Episoden weitgehend zeitlose Größe, und dies, obwohl Zesen fast überall die moralisierende
Allegorese vermeidet! Selbst Abschnitte, die z. B. »Zirzes« Zauberkünste [198] und
das Gegengift Moly sowie die Lotosfrucht [199] betreffen, werden lediglich paraphrasiert, nicht traditionell ausgelegt; manchmal überwiegt dabei eine rationalistische Gleichsetzung wie bei »Zille« und »Karibdis«, die als »Fluht und Ebbe« verstanden werden, während »das Mährlein von den bällenden Hunden« am Unterleib
der Skylla das »erschrökliche Gereusche der See« versinnbildlicht [200]. Aber es
bleibt das uneinheitlich schillernde Ergebnis: Die theologische Bedenklichkeit vermischt sich mit der Erkenntnis vom poetischen Wert der homerischen Mythologie.

Zesen wird scharf angegriffen von *Gottfried Wilhelm Sacer;* in der Beurteilung
Homers unterscheiden sich beide jedoch kaum. Sacers karikierende und parodisie-
rende Satire *Reime dich / oder ich fresse dich* (1673) entwirft ein Zerrbild Homers,
der »Fratzen hergeschnitten« habe und deshalb »selber vor unsinnig und wahn-
witzig geachtet« worden sei: »Und eben dieser Homerus wird vor einen Vater aller
Griechischen Poeten gehalten« [201]! Schon von daher erübrige sich jede Beschäftigung mit griechischer Literatur: ein Rat, der adressiert ist an – Hans Wurst [202]!
Dieses »Verhöhnen kulturpatriotischer Strebungen« [203], die den ›reinen‹ deutschen Dichter, unabhängig von jeder ausländischen Tradition, proklamieren, beweist also gerade, wie hoch Sacer Homer einschätzt. Die homerische Dichtung bildet gleichsam das poetische Urmodell für jeden angehenden Dichter. Denn noch
immer gilt, daß deutsche Poesie »ohne Hülffe der Grichen und Lateiner« sich nicht
verwirklichen läßt [204] und die »besten Dichtergriffe ... aus (deren) Schrifften
abgemerckt« werden müssen [205] – um wieviel mehr aus den Epen Homers, der
als Vater aller antiken Autoren angesehen wird [206]! Grotesk wirkt es jedoch,
wenn dieser ungebildet-eingebildete Typus eines Hans-Wurst-Poeten von einem

gleichrangigen ›Kollegen‹ gar noch als »Deutscher Homerus« gepriesen wird, wie es Sacer in bissiger Übersteigerung seiner satirischen Absicht formuliert [207].

Einen satirischen Ansatz läßt auch schon *Johann Balthasar Schupps* Schreibweise erkennen. Wie Sacer bejaht er zudem die Gültigkeit der Antike, seine Begründungen reichen jedoch tiefer und zielen auf die Eigengesetzlichkeit antiker Poesie. Deren »fabelhafftige inventiones« dürfen nicht aus intellektueller Sicht als Lügen- und Phantasiegebilde abgewertet werden, sondern erweisen sich als das spezifisch Poetische, gleichsam als »die Seele« der jeweiligen Dichtung [208]. Diese mehr formelle Andersartigkeit enthüllt sich als besondere, eben poetische Darstellungsmethode der allgemeinen (also nicht nur poetischen) »Weißheit« [209]. Denn »vollkommene Weisheit bestehet« in der Lehre vom »wol=Leben« und ›Wohl-Reden‹ [210]. Das eine ist die Aufgabe des ›Geschicht-Beschreibers‹ [211], das andere die des ›Redners‹ [212]: beide Aufgaben erfüllt Homer in einer Person; er ist »so wol ein Redner / als ein Poet gewesen« [213]. Deshalb deutet Schupp Homers Werke als »Oratorische und Poetische Erfindungen«, in denen sich die ›scharfsinnigste Philosophie‹ birgt: »Alle die verborgne Dienung der Natur / alle Unterrichtungen der Bürgerlichen Klugheit / alle Lehren der Sitten ... hat Homerus vor längst ... begriffen« [214]. Ein gewaltiges Homerlob! Aber so sehr sich Schupp auch anfangs bemüht hat, Homers Dichtung als eine poetische Eigenform zu verstehen: er gelangt schließlich doch zu der traditionellen Formel des ›poeta doctus‹. Um die Größe eines solchen Dichters zu erfassen, bedarf es der ›Kongenialität‹ eines ›lector doctus‹. Schupp selbst jedoch bedauert, daß er die »heiligen Sachen« des Alterutms nicht »mit (seinem) Verstand vollkömmlich begreiffe«, obwohl er sie so sehr »ehre« [215]. ›Verborgene Theologie‹ kann er als christlicher Theologe nicht in Homers Epik entdecken, aber eben ›verborgene Philosophie‹, die eine humanistische Wertwelt in hoher künstlicher Vollendung bietet. Doch auch dies ahnt und fühlt er eigentlich nur mehr, denn für eine wissenschaftliche Erklärung des zeitlich-räumlich-gedanklichen Unterschiedes fehlen auch ihm immer noch die Voraussetzungen. So verharrt er letztlich – wie Zesen und mit ihm viele andere – in der ambivalenten Haltung, einerseits – vom ästhetischen Standpunkt aus – das homerische Werk zu bewundern, andererseits – aus religiöser Überzeugung – es abzulehnen und dessen »eitele Fabeln« zu verwerfen, die – für den Protestanten eine Häresie – auf dem Tridentinischen Konzil sogar »in Glaubenslehr verwandelt« worden seien [216]. Schupps Konflikt, den er je nach der Situation zu lösen versucht: Er will Homer zu der verdienten Größe verhelfen und kann ihn nicht einmal innerhalb des eigenen Denkansatzes rechtfertigen. Deshalb läßt sich seine uneinheitlich-unsichere Homerauffassung nur zwischen den Polen einer preisenden Anerkennung Homers und einer tiefen Ratlosigkeit ihm gegenüber abstecken.

Balthasar Kindermann betrachtet Schupp als ›seinen Meister‹ [217]; auf Schupp geht auch die Anlage des Textes *Teutscher Wolredner* (»gemehret von dem Spaten«, d. i. Kaspar Stieler, im Jahr 1680) zurück. Ebenso bewegt sich Kindermanns Schrift *Der Deutsche Poet* (1664) in den gleichen Problemkreisen. Seinen Antworten mangelt es jedoch an dem Mut zur persönlichen Geschmacksbildung und an der Gewissenhaftigkeit der persönlichen Entscheidung, wie Schupp sie bewiesen hat. Daher wirkt auch Kindermanns theologische Absage an Homer, der als heidnischer Poet die ›Wahrheit‹ des christlichen Gottes verfehlt habe [218], genausowenig überzeugend wie seine philosophische Erhöhung des Poeten Homer, den schon Opitz »als einen vielwissenden / und allerdinge erfahrnen Menschen . . . rühmet« [219].

Diese Vereinfachungen übernommener Anschauungen verfälschen den ursprünglich echten Konflikt zwischen künstlerischer Einsicht und religiöser Forderung zu einer flachen Kompromißlösung: Soweit Homer Überirdisches berührt, wird seine Dichtung als Frevel abgetan, der ›Rest‹ behält seine tradierte Großartigkeit.

Auch für *Sigmund von Birken* muß jede Dichtung letztlich von einer »christlich-moralischen Leitidee« durchdrungen sein [220]. Dennoch sieht er die Möglichkeit einer Homerverehrung. Er geht auf den dargestellten Inhalt der Werke ein und zeigt deren Unterscheidungsmerkmale auf. Epik gliedert sich für ihn in drei Formen der ›Geschichtschriften‹: historische Berichte, die er »Annales oder Jahrbücher« nennt, ›Gedichtgeschichten‹ und ›Geschichtgedichte‹, von denen nur die beiden letzten zur Poesie zählen [221]. So wird Opitz als »unser Teutscher Homerus« aufgeführt, weil er *Barclays* »Argenis künstlich geteutschet« [222]. Dieser Roman gehört jedoch zu den »ganz-erdichteten Historien«, die gelobt werden, weil sie »durch lehr-hafte beispiele« zur Tugend anleiten [223] und daher »Gottes Ehre« fördern [224], ist demnach ein Geschichtgedicht, während Birken Homers Epen als Gedichtgeschichten einordnet [225]. Denn Ilias und Odyssee berichten »warhafte Historie«, bieten folglich Tatsachenmaterial, fügen aber den realen »haupt-umständen« noch »neben-umstände« hinzu und durchbrechen außerdem den chronologischen Ablauf der Geschichte durch eine andere ›Ordnung der Sachen‹: »Auf diese art wurde bei den Heiden die allererste und älteste Historie, und zwar von Homerus dem Fürsten der heidnischen kunstdichtere, zu zeiten des Profeten Elias, poetisch und in gebundener rede geschrieben« [226]. Diese poetisierte Historiographie Homers bewahrt der »Nachwelt« die »rühmlichen Thaten« großer Persönlichkeiten, weshalb Birken Ilias und Odyssee auch als »Helden Gedichte / oder Carmina Heroica« bezeichnet [227]. Trotz der gemeinsamen Funktion des Erinnerns unterscheidet Birken Geschichtsschreibung als Darstellung des Realen von der Dichtung als Beschreibung des Potentiellen [228], und gerade bei der Betonung des Kunstcharakters verweist er besonders auf »Homeri und anderer Griechischer Poeten Schriften« [229] zur Erlernung und Übung der poetischen Technik, nicht jedoch als Zielrichtung einer christlichen Dichtung. Damit befreit Birken sich aus dem ästhetisch-religiösen Konflikt, indem er dem ›Ästhetischen‹, worin er Homers Vorrangstellung anerkennt, eigentlich nur eine ›materielle‹ Bedeutung zumißt, während es ihm letztlich einzig auf das ›Ideelle‹, den Preis des christlichen Gottes, ankommt.

Diese christliche Teleologisierung der Dichtung findet sich kaum bei *Georg Neumark*. In seinen literaturwissenschaftlichen Bemerkungen deutet er die Vorbildlichkeit zweier Werke an: Vergils Aeneis und Homers Odyssee, die beide von einem »fürtrefflichen Helden« berichten [230] und durch eine menschliche Fähigkeit, die ›Kunstfertigkeit‹, und durch überirdische Gnade, die »Göttliche Gewalt«, bestechen [231]. Selbst bei dem überragenden geistesgeschichtlichen Rang, den Neumark den Griechen zuschreibt, fällt eine Ausnahmeerscheinung wie der »Göttliche Homerus«

besonders auf, der – nach einer sehr frei wiedergegebenen Textstelle aus Quintilians rhetorischem Lehrbuch – »als ein unergründetes Meer der Wohlredenheit / der Poesie allen Pracht und Schmuck ertheilet hat« [232]. Die gesellschaftliche Aufgabe der Dichtung erfüllt Homer, indem er Kommunikationsmöglichkeiten bei festlichen Zusammenkünften erweitert: Der Gesang führt zur »Erweckung der Frölichkeit« und steigert das gemeinsame Erleben durch den Preis einstiger Helden zu einer ästhetisch-ethischen »Aufmunterung« aller Teilnehmer [233].

Von der Wirkung der Poesie geht Neumark auf ihren ›Inhalt‹ über, auf die Fabel, bei der er zwei Formen unterscheidet: die reine Fiktion, wie sie Homer in seiner Batrachomyomachie gewählt habe, und die aus Wahrem und Erfundenem gemischte Fiktion, etwa des Odysseus Sirenenabenteuer, das er als ›Parabel‹, eine Sonderform dieser Fabelart, versteht [234]. So sehr Neumark Homer lobt: seine historische Glaubwürdigkeit zweifelt er, indem er Vossius folgt, stark an; er behauptet sogar, Homer habe den ursprünglich historischen Stoff schließlich soweit poetisiert, daß die Wirklichkeit einer prohellenischen Idealisierung weichen mußte [235]. Auch sei es nicht gesichert, ob Penelope wirklich die treue Ehegattin gewesen sei und ob Patroklos nicht vielleicht wie bei Aischylos, der Homers Version widerspricht, jünger als Achill gewesen sei [236]. Dennoch: diese mutmaßlichen ›Verfälschungen‹ des wahren Sachverhalts gelten Neumark keineswegs auch als poetische Verstöße, ebensowenig wie er die religiösen Vorbehalte unterstützt, die schon in der Antike von Pythagoras und Platon gegen Homer wegen seiner frevlerischen Anthropomorphisierung der Götter erhoben und innerhalb des Christentums noch mehrfach intensiviert worden sind. Denn Neumark, wiederum Vossius folgend, weist darauf hin, daß es sich bei Homers Mythologisierung eher umgekehrt um eine Vergöttlichung von Menschen, besonders von Königen, gehandelt habe und die theologische Polemik eine legitime poetische Eigenart daher im Kern verfehle [237]. Ohne dies deutlich auszusprechen, könnte er in dieser (historisch gesehen) scholastischen apoetischen Religiosität einen entscheidenden Grund für die »grosse Verachtung« gefunden haben, in die die ›Poeterey‹ in seiner Zeit gefallen ist und die er unter Berufung auf Daniel Heinsius sehr beklagt: dieser erinnert an Alexander, der Homers Epik richtig als »preciosissimum humani animi opus« eingeschätzt habe [238]. Die Forderung nach einem echten Kunstverständnis sollte auch in Deutschland möglich sein, und gemäß den Satzungen der Fruchtbringenden Gesellschaft setzt Neumark als Objekt einer kunstverständigen Bewunderung v. a. deutsche Dichtung voraus. Denn ein jeder sollte in seiner eigenen Nationalsprache dichten; so ist ja auch den Autoren Homer und Vergil, seinen poetischen Vorbildern, gerade deswegen das »Lob der Unsterblichkeit gelungen«, weil sie in ihrer »Mutterzungen« gedichtet haben [239].

Das Wesen der Dichtung jedoch ist für Neumark weder Übereinstimmung mit historischen Fakten noch Wahrung des christlichen Glaubensgehaltes, auch nicht eine in Handlung und Sinnbildlichkeit umgesetzte Philosophie, wie sie noch *Martin Kempe*, der seine *Poetischen* TAFELN erläutert, aus der homerischen Poesie entwickelt [240]: Dichtung ist für Neumark eine eigenständige Literaturform, die soziale Wirkung zeigt, und so sieht er das exzeptionelle Werk Homers, auch wenn

er dessen Eigenart nur von allgemeinen Andersartigkeiten abgrenzt, ohne es selbst
– aus sich heraus – erklären zu können. Der Vergleich mit anderen ›Poetologen‹
zeigt, daß mit Neumarks Schlußfolgerung eine entscheidende Voraussetzung gewonnen worden ist und daß erst auf dieser Basis eine gerechtere Homerbeurteilung
möglich wird. Ansätze dazu entwickeln sich in den nächsten Jahren und Jahrzehn-
ten, allerdings kaum auf wissenschaftlichem Gebiet.

3. Homers Werk in ›polyhistorischer‹ Sicht

In den wissenschaftlichen und halbwissenschaftlichen Texten, die während der
zweiten Hälfte des 17. Jahrhunderts und noch bis weit ins 18. Jahrhundert hinein
erscheinen, fehlen fast gänzlich neue Gedanken zu einer Interpretation Homers.
Dennoch enthält das oft nur umrißhafte Homerbild deutlichere Akzentuierungen,
und die einzelnen traditionellen Gesichtspunkte, aus denen es entstanden ist, werden nun mit dem Anspruch auf weitgehende Vollständigkeit gesammelt, um es nach
allen Seiten hin abzurunden. Diese Summierung aller Homeraussagen bestimmt
schließlich auch die Bewertung Homers: Auf ihn läßt sich beinahe jede Betrachtung
zurückführen, jedes Thema kann mit einer Homerstelle belegt werden, und für
jedes Problem findet man bei ihm Antwort und Richtlinie. Homer ist folglich der
erste und größte ›Polyhistor‹. Dieses zeittypische Wort deutet selbstverständlich an,
daß die Epoche ihn nach ihrer eigenen Idealvorstellung, einer intellektuellen Totalität, beurteilt. Das Dichterische bleibt dabei, falls es überhaupt noch beachtet wird,
Nebensache, auch für die Autoren, die kein Gesamtbild entwerfen und stattdessen
einen Homeraspekt bis ins Detail verfolgen.

Wegen der traditionellen Grundeinstellung genügt eine Skizzierung all dieser
Texte, die in zwei Gruppen eingeteilt werden: zuerst die Werke, die auf Homer
nur innerhalb eines breiteren Problemkreises eingehen, dann solche, die sich ausschließlich mit Homer beschäftigen.

a) Homer in verschiedenartigen Sammelwerken

In der lesebuchartigen ACERRA PHILOLOGIA (1651) des *Peter Lauremberg* finden
wir verschiedene »außerlesene nützliche / lüstige / vnd denckwürdige HISTORIEN
UND DISCURSEN« aus Homers Epik [241]. Natürlich wird vorrangig der Inhalt, besonders der der Odyssee, nacherzählt. Aber der leicht dahinfließenden Paraphrase
folgt sogleich das bekannte ›fabula docet‹, das v. a. die Mythen der Sirenen, der
Kirke und der Skylla und Charybdis moralisiert [242]; auch »Ulysses ist ein Exempel eines ausbündigen Politici, der seinesgleichen / so lange die Welt gestanden / an
Verschlagenheit / Beredsamkeit / Tapfferkeit / Weisheit / vnd dergleichen Tugenden
nicht gehabt« [243]. Und dem Lob des Helden schließt sich das ähnlich formulierte
Gesamtlob Homers an; denn seine »Schrifften« sind »so fürtrefflich ... / daß so
lange die Welt gestanden / jhres gleichen nicht gesehen worden« [244]. Dennoch:
Homers Dichtung vermittelt zwar ›Welt‹ durch die historisch-sagenhaften Erzäh-

lungen, die – sinnbildlich ausgelegt – Beispielhaftigkeit und daher auch aktuelle Gültigkeit besitzen, aber vor und nach der ›Welt‹ und über der ›Welt‹, in die ›Welt‹ einwirkend, bleibt die Bibel Maßstab für alles Menschliche. Deshalb wird das Odysseuslob sogleich durch die Hinwendung zu Jesus Christus und das Homerlob durch die Hinwendung zur »H. Schrifft« relativiert [245] und als großartige, jedoch rein weltimmanente Aussage begriffen, zumal die poetischen Götter nur »lauter erdichtetes Ding« sind [246].

Während in *Henninius'* DISSERTATIO PARADOXA (1684) Homer lediglich herangezogen wird, um die These zu belegen, ›daß die griechische Sprache nicht nach den Akzenten vorgetragen werden muß‹ [247], versucht *Gerhard Johannes Vossius* im ersten Buch seiner Schrift DE VETERVM POETARVM TEMPORIBVS (1654) eine kritisch überprüfte Datierung der Lebenszeit Homers zu geben. Er ordnet Homer kurz vor oder zu der Zeit des sagenumwobenen Romgründers Romulus ein und billigt Homer außerdem literarische Priorität zu, da er die Entstehung der orphischen Hymnen ins sechste vorchristliche Jahrhundert verlegt und unter Musaios den spätantiken Verfasser der Liebesgeschichte von Hero und Leander versteht [248]. *Tobias Magirus* sammelt dagegen in seinem EPONYMOLOGIUM CRITICUM (1687) antike Aussagen über Homer, die vielseitig gefächert sind und stichwortartige Ansätze zu einer Homerbetrachtung liefern. Wenige Angaben erläutern Namen, Herkunft und Vaterland, führen seine Gottähnlichkeit an, betonen den Gedankenreichtum seines Werkes, seine Vorrangstellung auf jedem wissenschaftlichen und künstlerischen Gebiet und seinen trotz Scaligers Einwänden zeitlosen Nachruhm [249]. Ähnlich mutet das Verfahren *Georg Horns* an. Dieser nennt die Odyssee »integrum Homeri librum« und findet in beiden Epen »semina omnium artium« etc. [250]. Nach seiner Einteilung der griechischen Geistesgeschichte zu schließen, dürfte er Homers Werke als ›heroische‹, wenn auch mitunter ›fabulöse‹ Erzählungen bezeichnen [251].

In *Gronovius'* zwölfbändiger Traktatsammlung THESAVRVS GRAECARVM ANTIQVITATVM (1697 ff.) finden sich beinahe alle Ansichten über Homer vereinigt, ausgesprochen von den verschiedensten europäischen Autoren der Neuzeit, darunter auch vom Herausgeber, der viele homerische »Memorabilia temporis mythici« beschreibt und viermal ausgiebig auf den ›überragenden‹ Homer eingeht [252]. Sogar 14 Bände umfaßt die BIBLIOTHECA GRAECA (1705 ff.), die von einem einzigen Mann, von *Johann Albert Fabricius*, mit staunenswerter Ausführlichkeit und Genauigkeit zusammengetragen worden ist. Ausführlichkeit und Genauigkeit: dies gilt besonders für seine 117 seitigen Erörterungen über Homer [253], die bestechen durch eine kaum wiederholbare Belesenheit in Sekundär- und Tertiärliteratur. Homer ist schon durch die Fülle der Autoren, die sich mit ihm beschäftigt haben, ohne jeglichen Zweifel legitimiert und in seiner Größe bestätigt. Die Kapitel beschreiben Leben (1) und Werk Homers (2), gehen auf Scholien und Kommentierungen ein (3), liefern mehrere Angaben zur Textkritik (4) und bieten eine Fundgrube antiker (5) und moderner Homerinterpretatoren (6), die in ihrer Gesamtheit die ›polyhistorische‹ Deutung der homerischen Dichtung unterstreichen: »Omnigena Homeri Doctrina« [254]! Homerimitation und Homerfortsetzung runden den Homerabschnitt des Fabricius ab, der einen vielschichtigen Einblick in die Homerphilologie bis zu seiner

Zeit gibt, ohne bei der erdrückenden Anhäufung von Fakten persönlich Stellung zu nehmen [255].

Programmatisch wirkt der POLYHISTOR (1688 ff.), der Titel eines Werkes, in dem *Daniel Georg Morhof* die Geschichte der Gelehrsamkeit abrollen läßt [256]. Newald bescheinigt Morhof ein ›selbständiges Urteil‹, auch wenn seine »Gedanken noch im Humanismus wurzeln« [257]. Die Bemerkungen zu Homer im Abschnitt über Dichtungen entspringen jedoch keiner wissenschaftlichen Selbständigkeit; Morhof beruft sich stattdessen auf den Engländer Jakob Duport [258], von dem 1660 eine ausgezeichnete Motiv- und Sentenzsammlung aus Homers Epik erschienen ist. Diese GNOMOLOGIA [259] führt Belegstellen aus der Bibel und aus anderen Schriftstellern an, um Parallelen und Anspielungen, Parodien und Umgestaltungen aufzuzeigen. Auch Morhofs andere Aussagen werden antiken und neuzeitlichen Texten entnommen. Selbst seine Wertung, die Ilias übertreffe die Odyssee, da in dieser die Einheitlichkeit der Handlung durch nebensächliche Fabeln aufgelöst sei, während jene überall epische Gesetzlichkeit wahre [260], stammt nicht aus eigener vergleichender Homerbeschäftigung, sondern geht v. a. auf die bildhaften Mutmaßungen des *Pseudo-Longinos* zurück, die dieser Autor in seiner Schrift *Vom Erhabenen* über die unterschiedlichen Entstehungszeiten der beiden Epen aufgestellt hat [261].

Aus rationalistischer Betrachtungsweise, die sich schon von Scaliger ableiten läßt und nun dem Zeitgeschmack zu entsprechen beginnt, verfehlt *Gottlieb Stolle* in seiner vielfach aufgelegten INTRODVCTIO IN HISTORIAM LITTERARIAM die poetische Eigenart des homerischen Werkes. Seine »aufklärerisch nüchterne Haltung« bestimmt seine Homerkritik: »›daß man die Pferde und Schiffs-Schnäbel redend eingeführet‹, das wirke ›auch sehr abgeschmackt‹« [262]. Dieses negative Ergebnis eines Einzelaspektes färbt auf die Einschätzung der gesamten Dichtung Homers ab, ›die so viel an Lob nicht verdient hat‹, wie Stolle meint [263]. Die Worte selbst einer Persönlichkeit wie Lipsius, der Homer enthusiastisch preist, können für Stolle lediglich ›nicht ohne mitleidige Rührung gelesen‹ werden, und ›ein anderes Beispiel einer allzu großen Verehrung‹, Claudius Belurgerius, hat, wie Stolle boshaft bemerkt, ›offensichtlich durch das Lesen Homers Verstand und Einsicht verloren‹ [264]! Die Homerliebhaber werden beleidigt, Homer wird getadelt. Dazu gehört auch die sog. analytische Homerauffassung, die Stolle als einer der ersten vertritt [265]. Ob er den theoretischen Ansatz von den frühesten Autoren übernommen oder von den in ihrer historischen Glaubwürdigkeit umstrittenen antiken Nachrichten über die peisistratische Redaktion abgeleitet hat: er stellt jedenfalls die Hypothese auf, daß Homers Epen »aus unterschiedenen Gedichten, die man hernach an einander gehangen und zwey Wercke daraus gemacht« [266], entstanden seien, ursprünglich also unverbundene Einzeldichtungen waren. In Stolles Homerkonzeption bedeutet diese spätere Kompilation vieler Kleinepen zu den beiden Großepen eine weitere Abwertung der homerischen Wortkunst.

Der Homerartikel in *Zedlers* »UNIVERSAL LEXICON aller Wissenschafften und Künste« bietet (v. a. bibliographisch) Ausführlichkeit, soweit sie innerhalb des lexikalischen Gesamtprogramms erreichbar ist. Bedeutung erlangt er jedoch erst durch die besondere Perspektive, aus der hier ein Werturteil gewagt wird. Homer kann – so

fordert der Verfasser, bei dem selbstverständlich schon eine ganz andere geistesge-
schichtliche Situation als z. B. noch bei Vossius vorausgesetzt werden muß – nur
dann gerecht eingestuft werden, wenn man lernt, seine poetische Größe historisch zu
entwickeln. Deshalb berücksichtigt er die »Sitten seiner Zeiten . . ., da eine gewiße,
rohe und wilde Art, mit grosser Stärcke und Unerschrockenheit begleitet, die vor-
trefflichste Tugend und Vollkommenheit ausmachen muste« [267]. Lege man dagegen die augenblickliche Moral und »die gesunde Vernunft« an, werde Homers
Leistung aus fehlendem historischem Verständnis herabgewürdigt. »Wo man aber
vielmehr betrachtet, wie gut und geschickt Homerus dasjenige ausgedrucket habe,
was er nach denen Sitten solcher Zeit anzeigen wollen, so kan man ihm nicht wohl
den Namen eines grossen Dichters und Redners streitig machen« [268].

b) Werke über Homer

Der Dichter – ein ›proteischer‹ Wissenschaftler?

Mehrere Autoren beschäftigen sich in einzelnen Werken ausschließlich mit Homer,
indem sie Teilaspekte beleuchten oder eine Gesamtübersicht anstreben. So überprüft
Nikolaus Bergmann in seiner Dissertation (1679) die Frage, inwieweit Homers
Epen Aussagen über Theologie – und d. h. christliche Theologie – bieten. ›Existentia‹
und ›Essentia‹ Gottes sieht er bei Homer beschrieben, allerdings nicht so klar und
eindeutig wie in der Heiligen Schrift [269]. Gottes ›Perfectio‹, die sich in den nur
ihm eigenen Attributen der Unitas, Simplicitas, Immutabilitas, Immortalitas, Aeter-
nitas und Invisibilitas sowie in den Tugenden der Omnipotentia, Omniscientia,
Omnipraesentia, Sapientia, Bonitas, Sanctitas und Justitia zeigt, beweist Homer
nach Ansicht Bergmanns an vielen Stellen [270]. Da er ebenso auch Gottes ›Opera‹,
die einmalige ›Creatio‹ und die immerwährende ›Providentia‹, ›mit der Klarheit
seiner nüchternen Vernunft erkennt‹ [271], wahrt er durch all diese Übereinstimmungen die Dogmen des christlichen Glaubens, und sein Werk kann als unbedenk-
liche Poetisierung theologischer ›Wahrheiten‹ aufgefaßt werden, ohne daß Bergmann auch noch die homerische Fabel christlich umprägt. Denn er bezeichnet die
Identifizierungsversuche des belgischen Theologen *Jakob Hugo* als ›süße Verrückt-
heit‹ und lehnt dessen Konzeption ab, nach der unter der Geschichte Trojas eine
Präfiguration vom Fall Jerusalems verstanden und mit den Geschehnissen in der
Ilias Leben, Wundertaten und Passion Christi sowie das Schicksal der Kirche im
römischen Reich prophezeit werde [272].

Nicht soweit geht der Engländer *Zacharias Boganus* in seinem Werk HOMERUS
'EBPAI'ZΩN (1658), in dem zuerst die Ilias, dann die Odyssee Gesang für Gesang nach
den Stellen durchsucht wird, die der Bibel entlehnt scheinen und daraufhin mit Bibel-
zitaten belegt werden. Die totale Umdeutung der gesamten homerischen Epik, nicht
nur ihres religiösen und weltanschaulichen Hintergrundes, in Allegorien biblischer
Geschichtsabschnitte erfolgt erst durch *Gerhard Croese* (1704). Während Homer
sonst mitunter ›hebräisiert‹ haben soll: hier wird Homer selbst sogar zum EBPAIOΣ
gemacht! Sein Werk ist eine poetische Beschreibung der ›Historia Sacra‹: die Odys-

see beziehe sich auf das Leben »derer Patriarchen, den Auszug Loths aus Sodoma, und Mosis Tod«, die Ilias auf »die Eroberung und Zerstörung der Stadt Jericho und anderer Städte, wie auch anderer Begebenheiten derer Israeliten« [273]. Nur in zwei Dingen weicht Homers Epik, dieses »sacrae scripturae ectypon« [274], von der Bibel ab: in der zeitlichen und räumlichen Anordnung des Geschehens und in den singulären Fabeln wie den Fiktionen der Skylla, der Kirke etc., die Croese als besondere Eigenart des ingeniösen Poeten Homer anerkennt [275]. Weil sonst jedoch inhaltliche Übereinstimmung vorherrscht und damit die christliche Wahrheit unangetastet bleibt, kann überhaupt erst eine gerechtere Einschätzung der poetischen Leistung Homers erfolgen, und so preist Croese auch ›den Geschmack Homers, die Größe seines Genies und seine Redefülle‹, die höchstes Lob verdiene [276]. Croeses Versuch, eine weitgreifende »Convenientia Homeri cum S. (= Sacra) S. (= Scriptura)« herzustellen [277], erweist sich allerdings als eine Extremposition, die schon von seinen Zeitgenossen als überspitzt, wenn nicht gar als absurd abgelehnt wird.

Nach dem Thema ›Homer als Theologe‹ wird auch das Thema ›Homer als Philosoph‹ wieder aufgegriffen. Während *Johann Georg Dietericus* diese Gleichsetzung bestätigt, indem er sich auf historische ›Autoritäten‹ beruft [278], verneint *Lorenz Hagemann* die traditionelle Auffassung vom Philosophen Homer. Seine antihistorische ›rationalistische‹ Haltung läßt sich von den erwähnten Namen ableiten: als ›Praeses‹ seiner QUAESTIO ... AN HOMERVS FVERIT PHILOSOPHVS MORALIS (1712) wird Gottlieb Stolle erwähnt, im Text selbst werden sehr häufig ›modernistische‹ französische, mitunter englische Autoren zitiert, einmal auch Christian Thomasius [279]. Hagemanns Kritik geht von den fragwürdigen Homerviten aus, befaßt sich mit der unhomerischen Batrachomyomachie und führt Platons berühmtes Homerverdikt an [280]. Dennoch betont er, daß Homer seine Vorrangstellung unter den ›heroischen Poeten‹ verdient habe [281] und daß er keineswegs beabsichtige, ihm dieses Lob streitig zu machen [282]; aber bei dem ›studium philosophicum‹ wolle er nicht Homer, sondern den Philosophen folgen. Diese Abgrenzung einer poetischen Aussage von einer philosophischen Aussage darf demnach keineswegs negativ verstanden werden; sie versucht im Gegenteil, der jeweiligen Eigenart gerecht zu werden. Die provokatorische Feststellung, ›Homer verdiene nicht den Namen eines Moralphilosophen‹ [283], wertet nicht Homer ab, sondern hebt ihn als Dichter ab von einem Philosophen, dessen Werk eine andere Zielsetzung verfolgt, nämlich die ›Doctrina Moralis atque politica‹ [284]. Was für den einen Hauptinhalt bedeutet, gibt für den anderen höchstens das Material ab, das er dann in Poesie umformt [285]. Auch wenn in Homers Epik moralpolitische Weisheit – v. a. in der Person des Odysseus [286] – bewundert werden kann: es geht ihr letztlich nicht um die philosophische Lehre, sondern um poetische Fiktionen. Indem sich Hagemann dagegen wendet, Dichtung didaktisch auszuschlachten, sie als Allegorisierung eines philosophischen Sinns oder eines historischen Faktums anzusehen, hebt er die Notwendigkeit einer dichtungsimmanenten Homerbetrachtung hervor. Diese gehört jedoch nicht mehr zu seiner eigenen Fragestellung und wird lediglich mit dem Hinweis auf den Fiktionscharakter der homerischen Dichtung umrissen [287].

Als epigonales Werk, besonders gegenüber Hagemanns Position, erweist sich der

HOMERUS REDIVIVUS (!) (1711) eines nur mit dem Monogramm *A. S. R.* genannten Verfassers. Von diesem wird die Odyssee als ein vielseitiges ›Vademecum‹ angeboten, das »auf alle Stände und Persohnen / Zucht und Lebens=Arthen / Sitten und Gewonheiten / Weißheit / Künste und Wissenschafften / die Oeconomie, Politic und Theologie, kurtzumb / auf aller Menschen Zustände« [288] einen nützlichen Ratschlag zu geben vermag. Als Ziele seines Werkes nennt der Autor »erstlich die Ehre GOttes / hernach die Behauptung der Wahrheit / drittens / die Beförderung der Tugend« [289], und diese religiös-wissenschaftlich-moralische Grundabsicht legt er nun an sein Objekt an, auch dort, wo die Exegese mehr als herbeigezogen erscheint. So folgen der »Quint-Essentz« eines jeden der ersten acht Odyssee-Gesänge, einer einfachen Inhaltswiedergabe, die allegorisch verflachenden [290] und christlich verfälschenden [291] »Reflexiones«. Einige Beispiele, die neben den überwiegend traditionellen Auslegungen auffallen (die Nummerierung folgt den Gesängen):

1. Der Heide Homer widerlegt »Gottes=lästerliche Atheisten und Deisten«, aus des Odysseus göttlichem Gegner Poseidon wird der »Sathan« [292].
2. Die objektive Charakterschilderung Homers verengt sich zu einer Schwarz-Weiß-Typisierung der Freier und des Telemach [293].
3. und 4. Die Reisen an die Höfe Nestors und Menelaos' fördern die Entwicklung (!) Telemachs zum ›Perfectus Christianus Princeps‹.
5. Der Aufenthalt bei Kalypso wird damit beschönigt, daß Odysseus während dieser Zeit möglichst viele »Künste und Wissenschafften«, worin diese Göttin »sehr fähig ware«, wegen »seinen Unterthanen in Ithaca« erlernen wollte [294].

Aus der Deutung der drei Bücher, die das Leben am Hof des Alkinoos schildern, läßt sich die Gesamtauffassung des Autors über die Odyssee ablesen. »Wie das gantze Werck Homeri / so ist auch diese Odyssea (6) eine allegorische Staats=Sitten= und Hauß=Lehr« [295]; ähnlich heißt es bei der ›Auslegung‹ des 7. und des 8. Gesangs: »Die gantze Odyssea ist ein eytel Gewebe der Tugenden« und »ein eytel Gewebe der Weißheit« [296].

Die ›polyhistorische‹ Interpretation bestätigen weitere Autoren, die der Dichtung Homers Fakten für verschiedene wissenschaftliche Disziplinen entnehmen. So erwähnt *Christoph Weigel* in seiner bebilderten Kurzfassung einer Weltchronik die Ereignisse um Troja und dürfte sich dabei v. a. auf Homer berufen, da er auch die Szene andeutet, in der Odysseus beim Fußbad durch die Amme Eurykleia wiedererkannt wird [297]. Außerdem wird in einem anderen Werk Weigels Homers gesamte Erzählung von den Taten und Erlebnissen des Odysseus in einem »kurtzen Begriff und Extract« paraphrasiert [298].

Erasmus Francisci, dessen Schriften schon vor den oben erwähnten Werken veröffentlicht worden sind, findet in seinem vierbändigen tragischen Historiengemälde *Der Hohe Traur=Saal* ein Sinnbild für das »Steigen und Fallen grosser Herren« in dem ›Homerischen Riesen‹ Polyphem vorgebildet [299]. Dessen Einäugigkeit bedeutet ihm die hybride Allmacht eines Tyrannen, dessen Größe sogleich schon seinen Sturz herausfordert. In dieser mythischen Figur sieht er demnach das historische Grundgesetz personifiziert, das er mit unzähligen Exempeln belegt [300]. Francisci zitiert Homer nicht, um durch ihn historische Fakten zu bestätigen, sondern um eine seiner Ansicht nach wohl ›geschichtsphilosophische‹ Erkenntnis zu verdeutlichen. In einem anderen Zusammenhang geht er vorsichtig mit Homers Glaubwürdigkeit um. Denn er weiß, daß man »auf der Poeten Beschreibungen nicht gründlich bauen« kann, da sie »nicht selten den alten Leuten die Sitten und Gebräuche gegenwärtiger Zeiten antichten« [301]. Dichtung und Wirklichkeit sind für ihn zweierlei Seinsformen. Homer hat mit Sicherheit »die Obersten der Griechischen / und Trojanischen Armeen / nach seinen selbsteigenen Einfällen / auf poetische Art / heraus gestafirt / gerüstet / bewehret / und mundirt«. Dennoch wahrt ein Dichter wie Homer neben seiner zeittypischen Ausrichtung auch noch die archaische Eigenprägung der längst vergangenen Zeit, und daher folgert Francisci, Homer »habe aus der Antiquität / so viel Nachricht gehabt«, daß er das Kolorit des Trojanischen Krieges nachzuzeichnen vermochte [302]. Eine ähnlich ambivalente Dichtungsauffassung, halb Fiktion, halb Faktizität, vertritt Francisci bei den »Vorverkündigungen«, die Sterbende aussprechen. Wenn Homer dem Patroklos, der »vor seiner Scheidung und letztem Athem=Zuge / seinem Überwinder / und Ertödter / dem Hector / geweissagt / er würde auch nicht länger leben«, und dem Hektor, der Achills Ende »geprophezeyet« habe, »ein gleiches ... wol angedichtet« hat [303], diese Aussagen daher nur poetische Vorgriffe seien, so glaubt Francisci doch an die Realität ähnlicher Visionen, die Heiden und Christen beim Anblick des Todes erschaut hatten. Für ihn hat Homer also wirkliche Vorkommnisse in seine poetische Fiktion eingefügt, und das Ergebnis, die Dichtung, bietet sich dar als Einheit aus individueller Phantasie und historischer Exaktheit; daher muß bei jeder Textstelle genau geprüft werden, ob die jeweiligen poetischen Äußerungen für eine wissenschaftliche Untersuchung brauchbar oder unbrauchbar sind. Es fällt jedoch auf, daß Francisci dem Homer einen hohen Wahrheitsgehalt zuerkennt.

Unbestritten bleibt der Wahrheitsgehalt der homerischen Dichtung für *Johannes Lauremberg* [304]. Die Beschreibungen in seinem Werk GRAECIA ANTIQUA (1660) fußen jedoch weniger auf dem Historiker Homer als auf dem Geographen Homer! Fast jede griechische Landschaft wird mit Homerversen vorgestellt, v. a. die Inseln und unter diesen besonders die Inseln des Jonischen Meeres als Gegenden, zu denen Odysseus bei seinen Irrfahrten gekommen sei [305]. Durch seine Epen erweist sich Homer demnach auch für die antikhellenische Topographie als wichtiger Gewährsmann.

Wohl ohne den (in einem Sammelband vor seinem Text abgedruckten) Satz »Hippocrates legit Homerum« zu kennen, überprüft *Georg Wolfgang Wedelius* in zwei Schriften sogar die medizinische Glaubwürdigkeit Homers. Zuerst setzt er sich 1692 mit dem Thema DE NEPENTHE HOMERI auseinander. Dieses Mittel, das in Vers 221 im vierten Gesang der Odyssee erwähnt wird, beseitigt das Leid und macht alle Übel vergessen. Wedel deutet mehrere Auffassungen an, daß es »moraliter« oder »metaphorice« zu verstehen sei [306], als Liebestrank, besonders starker Wein oder Opium – jedenfalls ist es ein Mittel, das den Schmerz stillt und zudem allheilende Kraft besitzen soll [307]. Der Titel seiner Schrift von 1707 lautet DE THYO HOMERI, womit auf die Odyssee-Stelle V 60 angespielt wird: die guten Düfte um

Kalypsos Grotte entströmen dem zypressenartigen Lebensbaum; dessen Herkunft und Bedeutung versucht Wedel mit Hilfe meist antiker Fachliteratur zu erforschen.

Dichtung als Kultur- und Geistesgeschichte

All diese Kriterien, die an die homerische Dichtung angelegt werden, sei es die theologische, philosophische und historische Perspektive oder die geographische und medizinische Zitierung, führen zu überwiegend außerpoetischen Ergebnissen [308]. *Eberhard Feithius* setzt sich sogar ein nichtliterarisches Ziel. Um dieses zu erreichen, geht er jedoch von Homers Dichtung als Basis seiner Betrachtung aus, die durch ein sehr tiefreichendes Einfühlungsvermögen in die Lebensweise und Eigenart der homerischen Zeit besticht. Seine ANTIQUITATUM HOMERICARUM LIBRI IV (1677) zeichnen eine ausschließlich aus der ›polyhistorischen‹ Poesie Homers entwickelte griechische Sozial- und Kulturgeschichte. Zuerst werden die religiösen Vorstellungen und Bräuche erwähnt, dann die Institutionen vom komplexen Staatsgebilde bis zu der kleinsten Zelle, der Familie; daraufhin beschreibt Feithius alltägliche Handlungsabläufe und Verwendungsweisen der üblichen Gebrauchsgegenstände, und schließlich berücksichtigt er das Nicht-Alltägliche, die Formen des ›Homo ludens‹ und v. a. die Kriegsausrüstungen und Kriegssituationen [309]. Trotz der umgekehrten Absicht und der dadurch bedingten deduktiven Methode: dieses Werk kann hervorragend als Einführung in die homerische Dichtung benutzt werden. Nicht nur die Genauigkeit des Beschriebenen hilft dem, der sich mit Homers Epik beschäftigen will: hier wird eine umfassende Gesamtschau der homerischen ›Welt‹ geboten, und diese quantitativ und qualitativ bedeutende Analyse wird der poetischen Vorlage zudem noch annäherungsweise historisch gerecht.

Eine brauchbare Ergänzung zu diesem Werk liefert *Jakob Friedrich Reimmanns* fünfzig Jahre später erschienene ILIAS POST HOMERUM (1728). Seine ebenfalls polyhistorische Absicht läßt sich am ehesten als ›Geistesgeschichte‹ der homerischen Zeit umschreiben; denn er behandelt in fünf Abschnitten die Philosophie, die ›populären‹ Künste und die ›instrumentalen‹ Künste, die theoretischen und die praktischen Wissenschaften. Dabei stellt er Homer in den geschichtlichen Prozeß hinein, sieht ihn also abhängig von anderen Kulturen [310], ohne dabei jedoch seine hervorragende Rolle und seine starke Wirkung auf die Nachfolgenden zu leugnen [311]. Im einzelnen wird dann genau sein Beitrag zur »Encyclopaedia« untersucht [312], und Reimmann scheidet von seinem objektiv-distanzierten Standpunkt aus bei jeder Thematik Tradiertes von Originalem. Er gelangt somit zu einem abgewogenen Homerbild, dessen Komplexität aus zahlreichen Analysen gewonnen ist. Eine sog. ›creatio ex nihilo‹ wird ausgeschlossen, da Homer auf den Formelreichtum einer langen Überlieferung zurückgreifen kann; dennoch wird seine individuelle Schöpfergröße unterstrichen: Er verfügt eigenwillig über das schon Vorhandene und verbindet es mit völlig Neuartigem. Mögen die einzelnen Aussagen oft historisch überholt sein: der Gesamtentwurf besticht durch den Versuch, aus Widersprüchlichkeiten die ›synthetische‹ Wahrheit über Homer herauszufinden. Selbst der modernen Philologie gelingt es selten, die beiden polaren Thesen – Hüter der Tradition und indi-

vidueller Schöpfer – so aufeinander abzustimmen, wie Reimmann es überall prakti-
ziert, ohne es jedoch einmal deutlich als Ergebnis seiner vielfältigen Untersuchungen
zu formulieren: Homer ist ihm später Vollender und Neugestalter in einem!

Leben und Schriften

Solch hohe Ansprüche können wir nicht einmal an Texte anlegen, die rein wissenschaftliche Aufgaben verfolgen und sich ausdrücklich auf die Homerphilologie festgelegt haben. Reichhaltiges Quellenmaterial breitet *Johann Rudolf Wettstein* in
seiner Dissertation DE FATO SCRIPTORUM HOMERI PER OMNIA SECULA (1684) aus [313].
Nach der Scheidung der zweifelhaften Werke von den unstreitig Homer zuerkann-
ten Epen Ilias und Odyssee beginnt Wettstein den historischen Abriß mit der Theorie der verstreuten Einzellieder, die dann ihre heutige Form durch die peisistratische
Redaktion erfahren haben sollen [314]. Antike Textkritik und überwiegend enkomiastische Homeranalyse nehmen den Hauptteil der Untersuchung ein, die Neuzeit
wird dagegen nur kurz gestreift. Die ›barbarischen‹ Jahrhunderte ohne Kenntnis
Homers beenden erst Nikolaus Vallas Übersetzungsbemühungen um einige Bücher
der Ilias (1474) und die ›Editio princeps‹ der homerischen Dichtung durch Demetrios
Chalkondylas (1488) [315]. Weitere Drucke werden von Wettstein genannt, ebenso einige Standardwerke zu Homer und bedeutende Persönlichkeiten, die sich mit
Homer auseinandergesetzt haben. Eine eigene Wertung gibt Wettstein höchstens
indirekt; daß er Homer jedoch mit traditionellen Formeln preist, beweisen Stellen
aus einer anderen Schrift, in der er Homer als »perennis ille fons Vatum, et scaturigo
eloquentiae« und als »Parens bonarum literarum« bezeichnet [316].

Als ein Werk, das in Anlage und Methodik ebenso wie Wettsteins Dissertation
auf Ludolph Küsters im nächsten Absatz behandelte Schrift eingewirkt hat, mutet
die Ausgabe von HOMERI ILIADIS LIBER IX (1661) zunächst nicht an. Der rein griechischen Edition, die zu Schulzwecken verwendet werden soll, folgen jedoch die DE
HOMERI VITA ET SCRIPTIS COLLECTANEA des Magdeburger Schuldirektors *Johann
Sander*. Der zweiteilige Aufbau erhellt schon aus den Überschriften des Gesamttextes
und der einzelnen Kapitel. Diese berichten zuerst von der Person: »De AEtate Homeri« (1) – »De Patria Homeri« (2) – »De Parentibus et studiis Homeri« (3) – »De
morte Homeri« (4); dann von dem Werk: »De scriptis Homeri» (5) – »De Homericorum Scriptorum stylo et dictione« (6) – »De scriptorum Homericorum dignitate
et φιλομήροις« (7) – »De Inscriptionibus librorum Homericorum et ῥαψωδίαις«
(8) [317]. – Durch all diese Ausführungen soll die Ausnahmestellung Homers bewiesen werden. Sander hält dabei mit seiner Meinung zurück; er will lediglich
Material bieten und einen für die Schüler geeigneten Kanon meist antiker Homeraussagen aufstellen. Eigene Sätze verbinden eigentlich nur die verschiedenen Zitate.
Eine Ausnahme bildet z. B. seine Absage an Platons Homerverdikt; unter Berufung
auf den gelehrten Pastor Martin Beer (1617–1692) plädiert auch er »pro nostra
adsertione, de usu politico Homericorum operum« [318].

Die Themen, die den Menschen Homer und seine Dichtung betreffen, stellt
Ludolph Küster in seiner HISTORIA CRITICA HOMERI (1696) zusammen. Alle Ergeb-

nisse der Homerphilologie erscheinen hier in einer umfassenden Gesamtschau. Die Kapitelüberschriften deuten die angestrebte Totalität dieser ersten Homer-›Monographie‹ an. Der erste Teil enthält folgende Abschnitte:
»De patria & aetate Homeri« (1) – »De publica auctoritate & gloria Homeri apud Graecos« (2) – »De auctoritate & gloria, qua Homerus privatim inter eruditos Graeciae excelluit« (3) – »De celebritate Homeri inter populos extra Graeciam & praecipue Latinos« (4) – »De Homeri Apotheosi« (5) – »De vituperio & contemptu Homeri« (6) [319]. Diesen Überschriften ist nichts weiter hinzuzufügen; denn der Text, der Homers Leben und Wirkungsgeschichte möglichst ausführlich nachzuzeichnen versucht, bietet nur Altbekanntes. – Auch der zweite Teil, in dem Küster das dichterische Werk Homers von mehreren Gesichtspunkten aus beleuchtet, wahrt dieselben Darstellungsprinzipien. Die einzelnen Abschnitte sind überschrieben: »De Scriptis Homeri« (1) – »De Iliade & Odyssea« (2) – »De fato Scriptorum Homeri« (3) – »De Rhapsodis« (4) – »De Criticis & Homeri emendatoribus« (5) – »De Homeri interpretibus, aliisque, qui de Homero scripserunt« (6) – »De iis, qui ultimis hisce seculis de Homero bene mereri voluerunt« (7) [320]. Soweit sich thematische Übereinstimmungen mit der Schrift Wettsteins feststellen lassen, decken sich auch dessen Aussagen mit den hier formulierten Ergebnissen. Darüber hinaus finden sich auch einige axiomatisch gesetzte Thesen. So ist Homer für Küster kein historischer, sondern ein epischer Poet und sein Verfahren daher unchronologisch [321]; außerdem muß bei der Deutung der beiden Epen die Mitte zwischen den Extremen einer rein ›werkimmanenten‹ Interpretation und einer allegorischen Exegese eingehalten werden [322]. Deutlicher umreißt er seinen eigenen Standpunkt kaum. Auch die neuzeitlichen Beschäftigungen mit Homer werden in dem kürzesten Kapitel auf lediglich drei Seiten abgehandelt; Küster beschränkt sich dabei auf eine Addition der Editionen, Kommentare und lateinischen Fassungen. Eine Wertung kann demnach nicht sein Ziel gewesen sein, sondern ein objektives Zusammentragen des reichhaltigen literaturgeschichtlichen Materials, das über Leben und Werk Homers vorliegt. Dennoch nimmt Homer für Küster unbezweifelbar eine Ausnahmerolle ein, und dieser gesamten ›Monographie‹ läßt sich auch ohne Äußerungen persönlichen Urteils stets Küsters unerschütterliche Überzeugung von der zeitlosen Größe homerischer Dichtung entnehmen.

Die Apotheose des Dichters

Die ANNOTATIONES PHILOLOGICAE zum sechsten Buch der Ilias, die *Tobias Eckhard* seinen OBSERVATIONES anfügt und in denen er wie Boganus Parallelen zur Hl. Schrift aufzeigen will, bieten keineswegs neue Gesichtspunkte zu einer Homerbetrachtung [323], ebensowenig wie *Hieronymus Freyers* Textanalyse des siebten Buches der Ilias [324]. Dennoch beweisen diese Schriften das immer stärker werdende Interesse an der Homerphilologie; die Kenntnis der homerischen Epik erstreckt sich allmählich wieder auf einen breiten Kreis der Gebildeten, und die christlich oder wissenschaftlich begründete oder sogar schon poetisch erahnte Bewunderung für diesen Autor festigt sich zusehends mehr. Äußerer Anlaß dafür ist die sog. Apotheose Homers, ein klassizistisches Relief, das dem Bildhauer Archelaos von Priene zugeschrieben wird und das im 17. Jahrhundert in der Nähe Roms gefunden worden ist. Literarische Quelle ist ein Werk des manieristischen Enzyklopädisten und wissenschaftlichen Phantasten, des Jesuiten *Athanasius Kircher* [325]: LATIUM, Amsterdam 1671. Hier wird erstmals der Stein beschrieben und gedeutet [326]; die Abbildung erweckt den Eindruck einer komplexen Komposition, deren Gesamtabsicht klar ist, deren zahlreiche Details jedoch eher verwirren. Homer, der Inbegriff höchster menschlicher Vollkommenheit, wird gepriesen von einem Dichter, der bei einem Agon zu Ehren Homers gesiegt hat; auf Homer weist alles hin, was in Personifikationen erscheint, v. a. Mythos und Geschichte, Dichtung und Rede sowie die Vierergruppe aus APETH – MNHMH – ΠΙΣΤΙΣ – ΣΟΦΙΑ; zu seiner Erhöhung treten Apollon und die Musen auf, und die Verherrlichung Homers steigert sich bis hin zu der obersten Gottheit, zu Zeus. Hiermit ist der Kreis geschlossen: Homers poetische Instanz, die Muse, leitet als Tochter des Zeus über zu dem letztmöglichen Bezugspunkt, in dem seine Dichtung kulminiert, und von dieser allbestimmenden göttlichen Macht wird auch die Aufnahme des Menschen Homer in die überirdische Sphäre angeordnet.

Mit diesem Steinrelief beschäftigt sich der Deventer Bürgermeister *Gisbert Cuperus* ausführlich in seinem Werk APOTHEOSIS VEL CONSECRATIO HOMERI (1683). Aus dem umfangreichen, besonders antiken Schrifttum über Homer führt er Belegstellen für die Berechtigung dieser hohen Ehrung an. Das summarische Ergebnis all dieser Zitate deutet darauf hin, daß Cuper aus seiner polyhistorischen Sicht Homer schließlich – zum Polyhistor macht! Der Polyhistor Homer: unter Hinweis auf dieses Relief, das Zeichen homerischer Vollkommenheit, lassen sich alle Aspekte einer Homerbetrachtung unbedenklich zu einem vielseitigen Gesamtbild zusammenfügen. Dessen Skizzierung sähe etwa so aus: Sein Werk stellt sich dar als FABVLOSA NARRATIO, non FABULA [327]; seiner Dichtung fehlt es also auch nicht an Phantasie [328]. Da Homer durch Form den Inhalt gebändigt hat, gilt er als ›Führer der gesamten Philologie‹ [329]. Aufgrund der historischen Konstellation muß er notwendigerweise als Autodidakt erscheinen [330]; die Bedeutung des individuell Erreichten erhebt ihn zum einmaligen ›Originalgenie‹. Die Fülle des Gedanklichen zeigt an, daß der Kern seiner Poesie in der Philosophie liegt [331]. Diese erstreckt sich auf die Bereiche der DIVINA & HUMANA [332]. Das Göttliche umfaßt jedes Objekt, das unter die Bezeichnung »Physica« fällt [333]. Deshalb genügt hierbei nicht die Charakterisierung Homers als ›Theologe‹ [334]; seine Gestaltung erfaßt die »universa natura« [335] – umso mehr, da er als ein in die ›Natur‹ Eingeweihter genau um ihre Geheimnisse und Hintergründe weiß [336]. Die menschliche Zielrichtung seiner Philosophie beleuchtet jedes Thema von einer hohen ethischen Perspektive aus [337]; darunter fällt beispielsweise die Historie als Stoff seiner Epen [338] und die Rhetorik [339] als sozialpolitisches Ideal eines Menschen, der im Wort die Brücke zwischen reiner Gedanklichkeit und deren Verwirklichung entdeckt hat. Zusammengefaßt erweist sich die homerische Dichtung als polyhistorisches Konglomerat, das Verschiedenstes in sich vereint: Theologie und Anthropologie, Wissenschaft und Phantasie – viel Interesse für ›Tatsächliches‹, dem Cuper mit

Akribie nachgeht, wenig Verständnis für die Poesie, die nach zeitüblicher Auffassung kaum von der Rhetorik unterschieden wird.

So wird die Bewertung Homers bis zur enthusiastischen Homerfeier hochstilisiert. Und wenn wir bedenken, wie viele Fähigkeiten Homer zugeschrieben werden und wie großartig er sie alle auch noch verwirklicht haben soll, erscheint uns diese Begeisterung keinesfalls abwegig. Aber daß sie uns dennoch stutzig macht, hängt ja eben mit der Begründung dieser Homerbegeisterung zusammen. Vergeblich suchen wir einen Ansatz, der vorrangig das Dichterische beachtet, der die außerpoetischen Faktoren nicht beiseiteläßt, sie aber gerade besonders unter dem Aspekt ihrer Poetisierung berücksichtigt. Homerische Dichtung wird bei diesen Autoren zum Universallexikon, dessen dichterische Gestaltung zwar gefällt, aber letztlich Nebensache bleibt. Die konstitutiv am Faktischen orientierte Fiktion wird umgeändert in philosophisch begründete und ornamental ausgefeilte Faktizität. Wegen dieser Wesensverlagerung wirkt der Beitrag dieser Autoren trotz ihres Homerlobes eher dichtungsfremd und hemmt eine philologiegerechte Bearbeitung.

1. Die Odyssee als heroischer Roman

Etwa zur gleichen Zeit wie Cuper und die meisten der ›polyhistorischen‹ Gelehrten, ungefähr um 1680, setzt eine neue Homerbetrachtung ein. Ihre früheste deutsche Ausprägung findet sich in *Daniel Georg Morhofs* poetologisch-literaturgeschichtlicher Schrift *Unterricht Von Der Teutschen Sprache und Poesie* (1682). Zunächst mutet uns dies keineswegs so an, denn Morhof beleuchtet Homers Rolle im europäischen Kontext, und das Ergebnis zeigt das bekannte Wechselspiel zwischen Selbstbescheidung und Selbstübersteigerung der Dichter und Literaturkritiker, die sich mit Homer auseinandersetzen und ihn meist mit Vergil vergleichen [1]. Auch wenn Morhof Homer erwähnt, um bestimmte Aspekte der deutschen Sprache und Dichtung zu belegen, bleibt dies immer noch im Rahmen der traditionellen Vorstellungen. Ein Beispiel bietet die Behandlung des ›Numerus poeticus‹, auf dem »vornehmblich ... Homeri und Virgilii Vortrefflichkeit beruhet« und durch den sie »ihre Carmina unvergleichlich gemacht« haben: »je mehr er von ihnen in acht genommen worden / je vortrefflicher ist ihre dictio und Elocutio gewesen. Dieses macht des Homeri Poesie so herrlich / daher auch Athenaeus davor hält / daß keine Carmina besser zu singen seyn / als Homeri« [2]. Weitere Zitate verstärken das althergebrachte Homerbild, ohne ihm eine eigene Nuance zu verleihen. Und dennoch: bei der Besprechung der »Heldengedichte« weist Morhof ansatzweise einer neuen Homerbetrachtung den Weg, den er methodologisch rechtfertigt, selbst aber nicht einschlägt. Ihm geht es zweifellos vielmehr um die Rolle Homers für die Theorie des Romans, und dies auch nur, weil die Theorie des Romans sich zunächst an der des Epos orientiert, womit unmittelbar auf den griechischen Epiker verwiesen wird. Nachdem Morhof Vergil wegen des angeblich höchsten Kriteriums der ›Imitatio‹ als *die* epische Norm aufgestellt hat, erwähnt er »eine andere Art der Gedichte / aber in ungebundener Rede / welche dennoch mit gutem Fuge Helden=Gedichte genennt werden können. Denn sie sind von den andern nicht unterschieden / als nur bloß an dem metro. Es hat aber Aristoteles zugegeben / daß auch ein Poema ohne Metro seyn könne. Solche sind die so genannten Romainen« [3].

Folglich: der Roman ist ein Epos ohne Metrum. Die Bezeichnung ›Romaine‹ wendet Morhof lediglich auf die Literaturwerke an, die auch historisch darunter verstanden werden, weitet die Definition also nicht aus, indem er terminologische Grenzen verwischt. Doch wird deutlich, daß er das Unterscheidungsmerkmal, das Versmaß, nur als Nebensache, als formale Sonderheit, ansieht; substantiell gelten ihm Roman und Epos als identische Begriffe der ›heroischen‹ Gattung.

Als Hauptquelle dieses Teilabschnitts seiner Poetik gibt Morhof *Huets* »Traité de l'origine des Romans« (1670) an, den *Eberhard Werner Happel* als »vollständige Übersetzung der Erstfassung« [4] mosaikartig in verschiedene Kapitel seines Romans *Der Insulanische Mandorell* (1682) einsetzt. Pierre Daniel Huets Apologie achtet das Formale ebenfalls recht gering, da »die Mythen ... in höherem Maße« poetisch seien »als die Metren«, berücksichtigt neben dieser ästhetischen Komponente auch den »gesellschaftlichen Nutzen der Romanlektüre« [5] und hebt v. a. ihre ethisch-intellektuelle Belehrung hervor: Wie die Ilias Homers können die Romane »auff eine weit lehrsamere und durchdringende weise« Sitten aufzeigen und den Verstand schärfen »als die allerbesten Philosophi« [6]. Außerdem beweist ihre Herkunft für Huet den unbezweifelbar hohen Rang dieser epischen Eigenart: Am Beginn jeglicher Romanliteratur steht Homer, nicht dessen gesamtes Werk, sondern einzig und allein die Odyssee. Nicht daß die Odyssee als Roman gekennzeichnet würde, aber in ihr liegen schon die Keime, aus denen dann die neue Form des Romans erwächst, besonders das Motiv der Reise, das eine Fülle von Romanthemen in sich birgt: die in der Fremde erlebten ›wunderlichen‹ Abenteuer, die das ›Fabulieren‹ geradezu herausfordern, Kämpfe, Schiffbruch u. a., schließlich die Rückkehr in die Heimat, die sich in einer Rahmenkomposition als Pendant zur anfänglichen Abfahrt in die Ferne anbietet. So wird im Grunde jeder, nicht nur der angeblich erste, zumindest in Auszügen greifbare Roman des Antonios Diogenes »nach dem Vorbilde der Odyssea Homeri« gedichtet [7]. Doch die Odyssee ist nicht nur der Archetyp, sie bleibt auch verbindliches Muster, dem z. B. der Syrer Jamblichos in seinem Werk *Babyloniaka* nur sehr unvollkommen gerecht wird, da er »den Leser nicht alsobald / wie er wohl hette thun können / zum Zweck geleitet / nach dem vorbilde Homeri in seiner Odyssen« [8].

Die Odyssee als Archetyp und Paradigma der modernen Romanliteratur: dies gilt in großem Umriß auch für *Albrecht Christian Rotth*, einen ›Aristoteliker‹ [9] in der Nachfolge Morhofs. Sein dreiteiliges Werk *Vollständige Deutsche Poesie* (1688) fußt, was den Roman betrifft, ebenfalls auf Huets Traktat, den Rotth in der Übersetzung Happels kommentarlos abdruckt [10]. Als Einleitung dienen einige Vorbemerkungen, die eine kurze Romanpoetik entwerfen. Unterschiede zum Epos sieht Rotth lediglich in dem STYLUS, der Prosafassung, und in der Akzentverschiebung der »Materie«, einer »Liebes=Geschichte« statt »eines vornehmen Heldens=That« [11]. Während der erste Gesichtspunkt nicht wesentlich erscheint, läßt sich der zweite höchstens theoretisch aufrechterhalten, da Heldentum und Liebe sehr eng aufeinander bezogene Motivfelder darstellen und da zudem in dem ›poetischen Ideal‹, der Odyssee, die ›Liebe‹ die Haupttriebfeder des Helden ausmacht. Ansonsten »kommen ... die Romaine in der Ordnung mit den Epicis gantz überein«, und wegen dieser weitgehenden Identität von Roman und »Helden=Gedichte« kann Rotth auf ein Exempel verzichten, »wie in den vorigen aus dem Homero geschehen« [12]. Die Odyssee ist also in gleicher Weise Norm für das Epos wie für den Roman.

Die Einzigartigkeit, die ihr beigemessen wird, muß sich für einen Poetologen wie Rotth an der Erfüllung verschiedenster Regeln und Gesetze ablesen lassen; deren Formulierungen werden häufig antiken und zeitgenössischen französischen Autoren entnommen. Die Forderung nach einer »wahrhaftige(n) Geschicht« fällt auf; ausdrücklich wird jedoch darauf hingewiesen, daß diese lediglich das Erzählgerüst des Epos bilden darf, das dann mit zahlreichen Fiktionen »ausgeschmückt« werden soll [13]. Schon hierbei deutet sich an, daß Rotth keineswegs nur starre Schemata befolgt, sondern auch echtes Einfühlungsvermögen in das Wesen des Dichterischen besitzt, wie es der folgende Satz verrät: »Wenn ich demnach die CAUSAM EFFICIENTEM ansehe / die ein solches Gedichte verfertigen kan / so ist es nicht ein ieder Verßmacher / sondern einer der sinnreichsten Poeten / der das Geschicke hat alle Poetische Kunst in einem Wercke zugleich sehen zu lassen« [14]. Dieser außergewöhnliche Fall ist nach seiner Meinung dreimal verwirklicht: bei Homer, dann bei Vergil und schließlich noch bei Tasso. Aus deren unerreichbaren Werken entwickelt Rotth nun die normative *und* deskriptive Definition des Epos:

Dieses ist

»ein solches Gedichte / in welchem sich ein sinreicher Poet eines vornehmen und berühmten Heldens löbliche That / die endlich zu einem glücklichem Ende gediehen zu erzehlen vorgenommen / dieselbe auch durch seine sinnreiche Ordnung / Zusatz / und einmischung allerhand Neben / Sachen dermassen artig in heroischen Versen vorzutragen weiß / daß er nicht alleine den Leser immer bey der Lust erhält / sondern auch daß Verwunderung und Liebe gegen die Tugend erwecket wird« [15].

Trotz Vergil und Tasso: für Rotth ist Homer der »älteste und berühmteste Poet« [16] – und außerdem (wie es die Gleichsetzung der Odyssee mit dem Roman zeigt) ein zeitloser und demnach stets ›gegenwärtiger‹ Autor. Es verwundert daher auch nicht, wenn Rotth seine epische Theorie mustergültig mit einem ausführlichen »abriß« der Odyssee belegen will. Die Beschreibung der »Materie« betont besonders das ›Romanhafte‹ dieses Epos: »Ulysses reiset von der Insel Calypso nach Ithaca in sein Vaterland zu den seinigen« [17] – die Reise, deren weite Erstreckung und lange Dauer viele Episoden ermöglicht, bietet das Erzählmodell mit all seinen spannungssteigernden Polarisierungen wie Ferne und Nähe, Fremdartigem und Vertrautem, Notlage und Errettung, Haß und Liebe ... Nach dem Aufzeigen der Gesamtstruktur, die den epischen Erzählfluß erahnen läßt, wendet sich Rotth jedem einzelnen Gesang zu und zerlegt den Inhalt in verschiedene Handlungsabschnitte – eine Analyse, die 55 Seiten umfaßt und eine tiefe Einsicht in die Vorlage zeigt. Dabei untersucht Rotth sehr genau, wie Homer ein Thema in ›dramatische‹ Situationen umsetzt, wie das epische Geschehen – in Einzelszenen aufgeteilt – systematisch aufgebaut und durch Bindeglieder wie Vor- und Rückverweise verankert wird [18]. Zuerst ein paraphrasierender Satz als Einleitung, dann die Interpretation des dichterischen Kompositionsgefüges – oder mit den Worten Rotths: »Diese Materie schmücket der Poet durch seine Poetische Erfindungen aus / und trägt sie also auf Poetische Manier vor« [19]. V. a. der Auftritt neuer Personen, der Wechsel der Redenden und die Veränderung des Ortes gliedern die Gesamtheit in eine Abfolge von Teileinheiten und kennzeichnen damit Rotths Dramatisierung des Epischen – eine wichtige Erkenntnis, denn »an die Stelle des gleichförmigen Flusses, des geruhsamen Reihens ist hier bereits ein kunstvolles Verknüpfen und Beziehen, Ballen und Steigern getreten« [20]. – Eine Szenenfülle taucht besonders in der Erzählung von den mehrsträngigen Seeabenteuern auf (IX–XII), ebenso bei der Verbindung verschiedener Handlungseinheiten vor der Entscheidung (XVI–XIX) und bei dem Finale, in dem alle Fäden zusammenlaufen. Szenenärmer dagegen erweisen sich die Telemachie, Odysseus' Abreise von Kalypso zu den Phäaken, die Nekyia und die erste Zeit seiner Ankunft in Ithaka [21].

Folgende Liste gibt die Anzahl der von Rotth in jedem Buch abgesonderten Szenen an:

I:	7	IX:	4/3/12	XVII:	9/13
II:	8	X:	4/2/14	XVIII:	10/19
III:	6	XI:	4	XIX:	4/9/8
IV:	10	XII:	5/2/3/9	XX:	16
V:	9	XIII:	14	XXI:	11
VI:	11	XIV:	9	XXII:	10/5
VII:	7	XV:	9	XXIII:	10/2
VIII:	9	XVI:	4/7/5	XXIV:	4/8/12

Diese Feststellung dramatischer Teilstücke der Odyssee, deren Aufbau auch eine dramatische Klimax erkennen läßt, widerspricht keineswegs der anfänglichen These von der Odyssee als romanhafter Fabel. Wenn auch nicht besonders ausgesprochen, so wird doch deutlich, daß Rotth unter der Odyssee ein Kunstwerk versteht, das sowohl nach epischen als auch nach dramatischen ›Gesetzen‹ konzipiert ist. Gerade wegen dieser Odyssee besitzt Homer für ihn einmalige Größe.

Von Huets Traktat und den ersten beiden deutschen Poetiken, die diesen verarbeiten, ist auch *Magnus Daniel Omeis* beeinflußt. Im fünften Kapitel seines Werkes *Gründliche Anleitung zur Teutschen accuraten Reim= und Ticht=kunst* (1704) behandelt er die »Helden-Gedichte und Romans«. Die Definition des Epos wird fast wörtlich von Rotth übernommen, ebenso die Vorrangstellung der Odyssee; der Roman unterscheidet sich lediglich durch die »meinst-ungebundene (!) Rede« [22] und bleibt wohl wie Rollenhagens *Froschmeuseler* der ›Imitatio Homeri‹ verpflichtet [23]. Als übernommene Ansichten zeigen sich auch andere Äußerungen Omeis'. Nach Aristoteles weist er auf die Möglichkeit einer Peripetie von Unglück in Glück hin und erwähnt als Beispiel die Odyssee, die damit einer weiteren Roman-Forderung, dem glücklichen Ausgang, entspricht [24]. Daß Omeis voraussetzt, jeder deutsche Dichter müsse »absonderlich den Homerum (u. a.) ... fleißig gelesen« haben, um seine Erfindungskraft zu ›verfertigen‹ [25], kann kaum mehr überraschen. Traditionell klingt auch der Satz: »Nach Davids und seines Sohnes Salomo ... weisester Regierung / ließ sich in Griechenland hören Homerus / der Fürst selbiger Poesie / und Vatter der Mythischen / das ist / der allerältesten Philosophie« [26]. Weniger das Zusammenspiel poetischer und philosophischer Elemente im Werk Homers erscheint hierbei wichtig als die Betonung des ›Mythos‹, dessen sich die Dichtung stets und die Philosophie während ihres Anfangsstadiums gleichermaßen bedienen. Deshalb fügt Omeis seiner Poetik eine *Teutsche Mythologie* an; während Zesen den Kern der poetischen Fabeln nicht berühre, will er jedoch unter Berufung auf Athanasius Kircher den ›verborgenen Sinn‹ offenlegen [27]. Eine »Teutsche Mythologie«, aber mit griechischen Namen – ein Widersinn? »Wir führen die heidnische Bilder und derer Namen an und auf; aber wir beten sie nicht an« [28]! Dies geschieht, indem der Inhalt zwar gewahrt, aber in bekannter christlicher Allegorese ausgelegt wird: homerische Figuren wie Kirke, die Sirenen, Skylla und Charybdis treten natürlich als Warnbilder auf und verkörpern mehrere Formen der ›Wollust‹ [29], die Helden Achill, dessen »viel ritterlich= und herrliche Thaten ... Homerus in seiner Ilias beschreibet«, und Odysseus, das »Beispiel eines ausbündigen Politici, der am Verstand / List / Beredsamkeit und anderen Tugenden / fast nicht seines gleichen (hat) ... und von GOtt aus allen Nöhten errettet« wird, zeigen dagegen ethische Vorbildlichkeit [30].

Während Omeis alte Vorstellungen zumindest mit neuen Erkenntnissen verbindet, wiederholt *Johann Christoph Männling* in seiner Poetik *Der Europaeische Helicon, Oder Musen=Berg* (1704) nur die barocken Gedanken, indem er sie in hymnischem Pathos vorträgt. Dichtung bedeutet ihm verborgene Weisheit; deshalb nennt er Homer den »Adler unter den Gelehrten« und führt eine Textstelle Meyfarts an: »Von Homero hat man gedichtet / es fielen aus seinem Munde die schönsten Blumen und Gewürtze / welche so wol die Philosophi als auch die Juristen / Aerzte / Mahler / Poeten und andere in ihre Körbe samleten« [31].

Im Gegensatz zu Männling befindet sich *Jakob Volckmann,* der sich in seiner Schrift DE FABULIS ROMANENSIBUS ANTIQUIS ET RECENTIORIBUS (1703) der zeitgenössischen Romandiskussion zuwendet. Seine Aufgabe sieht er nicht in einem eigenen Beitrag, sondern in der Zusammenstellung der bisher vertretenen Thesen. So greift er hauptsächlich auf Huet zurück und referiert dessen antike Quellen, die »ad Odysseae Homericae, & errorum Ulyssis imitationem« verfaßt seien [32]. Mit dieser literaturgeschichtlichen Tatsache verbindet er die (nach P. Rapins Definition in der COMPARAISON D'HOMERE ET DE VIRGILE) dreifache Wurzel der Fabel-Entstehung: danach entwickelt die Fabel des Romans ein mögliches, aber nicht ein tatsächliches Geschehen und grenzt sich gegen die mythologische Fabel, die auch Unmögliches gestalte, und gegen die historische Fabel, die nur das Wirkliche berücksichtige, als mittlere Form ab; Homers Epik enthält alle drei Arten, vorrangig die (nun veraltete) mythologische Form und die romantypische Fiktion des Potentiellen, das wahrscheinlich wirken muß [33].

Daß bisher nur Werke erwähnt wurden, die *für* den Roman plädierten, darf nicht darüber hinwegtäuschen, wie häufig und wie heftig diese neue Art epischen Erzählens angegriffen worden ist. Bekannt ist ja noch Schillers Ablehnung, die mehr auf ästhetischen Prinzipien beruht [34]; ausschlaggebend in der Wende vom 17. zum 18. Jahrhundert sind jedoch v. a. moralische Bedenken.

Eine besonders scharfe Polemik stammt von dem orthodoxen Schweizer Theologen *Gotthard Heidegger.* Schon im »Vorbericht« seines Werkes »MYTHOSCOPIA ROMANTICA: oder DISCOURS Von den so benanten ROMANS« (1698) steckt Heidegger seinen romanfeindlichen Standpunkt ab, der sich schließlich zu einem religiös begründeten Einwand gegen jegliche Dichtung ausweitet. Seine zeittypische Gleichsetzung von Epos und Roman kann kaum verwundern; bedenklich ist es jedoch, wenn er die Theorie des Romans auf die des Epos überträgt und deshalb auch das antike Epos stets schon als ›Roman‹ bezeichnet [35]. So werden Homers und Vergils ›Romane‹ kritisiert, weil sie »in der Historia antiqua auch die Gelehrte selbst vil hundert Jahr her allerhand grobe Falschheiten« [36] haben glauben lassen. Außerdem hätten die »Wissenschafften«, die die Griechen u. a. aus den Werken Homers ableiteten, ihren Ursprung in der oft wertlosen ›Weisheit‹ ägyptischer Priester [37]. Homers Dichtung ist also weder geistiges Eigentum, noch ist sie für einen Christen zu irgendetwas nützlich. Ähnlich heißt es dann im DISCOURS selbst, daß schon »Homerus, ja andre vor ihm / ... die Reglen der Roman-Schreiberey völlig kund gehabt« haben; als historische Persönlichkeit und damit auch als Vorläufer Homers faßt Heidegger sogar den in der Odyssee auftretenden Sänger Demodokos auf [38]. »Perfecte Romans« haben Homer und Vergil »so wol der Materi / als der Einrichtung halber« geschrieben; aber dieses ›Perfekte‹ besteht aus Unwahrem und Sündhaftem: Deshalb hat Platon zu Recht »Homerum um seiner Fablen willen / auß seiner projectierten vollkomnen und glückseeligen Gemein außbannisiert« [39].

Allerdings deutet Heidegger nun doch eine differenziertere Beurteilung an. Unter Berufung auf Horaz zählt er Homers Dichtung eher zu den »Politische(n) Physicalische(n) und sittliche(n) Compendia«, deren Fragwürdigkeit und Fehlerhaftigkeit nicht geleugnet werden können, als zu den »magere(n) geistlose(n) Träume(n)« der neuzeitlichen Romanliteratur [40]. Das Verdikt richtet sich gegen alle Romane, worunter er auch Epen zählt, aber innerhalb dieses Verdiktes gibt es Wertabstufungen, und danach sind die ›modernen‹ Liebes-Geschichten aus religiös-moralischen Erwägungen weitaus gefährlicher als Homers Helden-Geschichten. Heidegger selbst wählt zu Beginn seiner polemischen Schrift ein homerisches Thema, um die antithetische Haltung der Bewunderer und der Gegner des Romans zu umreißen: Sinnbild ist ihm »der Streit der Trojanischen Grandes; als die Griechische Alliirte wegen der entführten Helena das Schwert entbotten« (Il. VII 345 ff.) [41]. Das Ergebnis dieses Streites kennzeichnet jedoch den verderblichen Fortgang der homerischen Handlung und verdeutlicht darüber hinaus die schädliche Wirkung dieser unglückseligen Leidenschaft auf die Leser. Heideggers Standpunkt vertritt der »recht=gesinnete« Antenor, der für die Rückgabe Helenas und damit für die Beendigung des Krieges stimmt. Kein Fall Trojas, also auch keine Ilias: das wäre die puritanisch-›rationalistische‹ Antwort Heideggers, der Homers Dichtung (wie jede Dichtung) grundsätzlich zwar ebenfalls ablehnt, sie aber immer noch der riesigen Flut der angeblich lasterhaften neuen Romane vorzieht.

Verhindern kann Heidegger die Fülle der Odyssee-Themen, die nun – angeregt durch den Aufschwung des Romans – in den verschiedensten Formen aufgegriffen werden, genausowenig wie andere Dichtungskritiker. Literarische Bearbeitungen dieses homerischen Epos werden schließlich sogar ›Mode‹, verursacht durch den ungeheuren Erfolg eines französischen Romans: der *Aventures de Télémaque* von *Fénelon* [42]. Dieses »wundervolle epische Lehrgedicht in Prosa« [43], das vor allem pädagogisch-psychologische und sozial-philosophische Möglichkeiten der odysseischen Telemachie ausschöpft, wird schon 1700, ein Jahr nach seiner Veröffentlichung, von *August Bohse*, der sich hinter dem Pseudonym Talander verbirgt, ins Deutsche übersetzt. Die deutsche Fassung wahrt zwar weitgehende Treue zum Original, rückt es aber etwas in die Nähe eines mehr höfisch-galanten Staats-

romanes [44]. Diese verengte Weltsicht erweitert dann wieder ein späterer Übersetzer: *Ludwig Ernst von Faramond*, dessen ›pietistische‹ Version zwischen 1733
und 1788 allein neunmal aufgelegt wird [45].

   Wenig Anklang bei den Zeitgenossen findet *Benjamin Neukirchs* Behandlung der
Vorlage. Dennoch müssen wir gerade dieses Werk eingehender betrachten, weil es
sich – oft sehr eigenwillig – von Fénelon zu lösen versucht und außerdem dessen
Prosatext – in ein Epos zurückverwandelt! Vielleicht liegt eben in der Fehlein-
schätzung des gängigen Publikumsgeschmacks der Grund für das geringe Interesse
an den nur zweimal, 1727 und 1739, gedruckten *Begebenheiten Des Printzen von*
ITHACA. Selbst Gottsched, ansonsten Anhänger Neukirchs und Herausgeber seiner
Gedichte, kritisiert dessen spätes Werk, dem es an »Einbildungskraft« fehle; dagegen verteidigt er die »mythologischen und andern moralischen und politischen
Anmerckungen«, die Neukirch dem Epos angefügt hat [46]. Sie lassen eindeutig erkennen, daß Neukirch auf dem Umweg über Fénelon wieder auf die homerische
Dichtung zurückgreift; mit großer Gelehrsamkeit deckt er viele Parallelen auf, erklärt Textstellen unter Verweis auf das griechische Original, typisiert die Personen
in Schwarz-Weiß-Malerei und legt das Geschehen meist allegorisch aus. Einen didaktischen Wert gesteht Gottsched diesen Anmerkungen zu, wenn sie auch »nur bey
jungen Herren ... ihren Nutzen haben« [47]; dies erscheint jedoch folgerichtig, da
der Hauptheld Telemach selbst ein junger Mensch ist, mit dem sich gerade die jugendlichen Leser leichter identifizieren können.

   Neukirch wollte aber mit den Anmerkungen wohl mehr als nur pädagogische
Ausrichtung und literaturwissenschaftliche Beweisführung. Bezieht man die Ge-
samtkonzeption im alexandrinischen Versmaß und die Einteilung in 24 Bücher mit
ein, so wird deutlich, daß Neukirch sich um eine Erneuerung des homerischen Epos
bemüht – und daran deshalb scheitern muß, weil er es letztlich – mit den Augen
Vergils – als eine Fürstendedikation ansieht. Bei aller künstlerischen Achtung vor
Fénelon: Neukirch schätzt das metrische Erzählen höher ein als die prosaische Form
des Romans, den er demnach weder substantiell noch wertmäßig mit dem Epos
gleichsetzt [48]. Außerdem wirft er Fénelon vor, gegen eine »Haupt=Regel in Hel-
den=Gedichten ... (zu) verstossen«: Er »verlässet ... den Telemach, und wendet
sich zu einer Geschichte von andern Personen« [49]; dennoch will er, Neukirch, das
vorliegende Kompositionsgefüge nicht durchbrechen, obwohl sich die Regel schon
durch einige Umstellungen wiederherstellen ließe. Er verändert aber die Satzperio-
den und erweitert den *Télémaque* durch eigene Gedanken, die »mit der Materie
selber verbindlich seyn« [50]. Schließlich tadelt er an Fénelon noch zweierlei: daß
er in die heidnische Welt zuviel christliches Gedankengut hineinprojiziere und daß
er ein zu idealistisches Menschenbild zeichne [51]. Gleichbleibt in beiden Fällen die
Darstellung einer Entwicklung: Am Anfang der Knabe Telemach, am Ende der er-
wachsene Sohn, der sich seines klugen Vaters ebenbürtig erweist. Diese kontinuier-
lich aufsteigende Linie, die Fénelon wahrt, stuft Neukirch in drei verschiedene
Phasen ab, die der äußerlichen Scheidung in drei Teile entsprechen: »In dem Ersten
gehet Telemach die Versuchungen und anklebende Fehler der Jugend durch, darum
ist dieser Theil mit so vielen moralischen Anmerckungen ausgepicket. In dem An-

dern führet er sich klüger auf, und tritt die Verrichtungen eines Helden an. Und dieser wird ... (mit) mehr politischen Anmerckungen begleitet werden. In dem Dritten wird Telemach ein vollkommener Mann« [52].

Neukirch beabsichtigt mit seiner Versifizierung zweierlei: die Erhöhung des aktuellen Werkes und die Wiederherstellung antiker Geisteshaltung. Seine Fénelon-Übertragung sollte wieder zurückführen zu dem ursprünglichen Original, zu Homers Epik. Diese auch formgetreu nachzuahmen, ist das Ziel von Neukirchs Poetisierung des Prosa-Textes. Der geringe Erfolg seiner ›Re-Homerisierung‹ zeigt jedoch deutlich, daß Homer auf solche Weise nicht mehr (bzw. noch nicht) wirksam werden kann.

Ob von Fénelon abhängig oder nicht: die Fabel der Odyssee entspricht in vielfacher Hinsicht dem Geschmack des breiten Publikums; ihr Held, dessen Charakter in der Überlieferung mannigfaltig schillert, kann vieldeutig verstanden werden und bietet sich demnach für mehrere formelhafte Verhaltensweisen als Idealmuster an. So entwirft noch in demselben Jahr, in welchem der »Télémaque« erschienen ist, der Emblematiker *Johann Michael von der Ketten* eine Gnomensammlung, die sich um die eine Person Odysseus rankt. Die ›Inscriptiones‹ des APELLES SYMBOLICUS unterstreichen einzelne signifikante Züge: die äußere Erscheinung des Odysseus – ET DISERTUS ERAT, SED NON FORMOSUS; seine Charakterfestigkeit – VESTIS NON MUTAT ULYSSEM; seine eheliche Treue – MORA PROBATUR AMOR; sein großer Ruhm – SI MINUS ERRASSET, NOTUS MINUS ESSET; seine Weisheit – SAPIENS, NON GRANDIS ULYSSES; schließlich die Macht seines Wortes gegenüber der Macht der Tat, wie sie die Kontrastfigur Diomedes ausübt – ULYSSIS CONSILIO, DIOMEDIS ROBORE [53].

Diese Vielschichtigkeit in der Persönlichkeit des Odysseus ermöglicht sogar die Austauschbarkeit einer Wertung. Die Veränderung des Kontextes bewirkt auch eine Veränderung in der Auffassung ein und desselben Abenteuers, der Begegnung mit den Sirenen. *Laurentius von Schnüffis* spielt in seiner bewußt naiven Gegenreformationsdichtung *Mirantisches Flötlein* (1682) [54] zweimal auf diese homerische Episode als sinnbildlichen Vorgang der »Geistliche(n) Schäfferey« an, und beide Stellen stehen in ihrer Bedeutung antithetisch gegenüber. Im ersten Teil des dreistufigen Werkes, das die Hohe Lied-Allegorese in die Form zeitgemäßer Bukolik umsetzt, klagt Clorinda, die »aus dem schädlichen Sünden=Schlaff« erwachende Seele [55], über ihre Lasterhaftigkeit und sehnt sich nach der rettenden Nähe Christi, der unter der Maske des Hirten Daphnis auftritt. Jedoch:

> Niemand / auch in die Weit
> Ist / der mein Klagen höre /
> Vergebens ich verzehre
>   Die heil=versaumte Zeit:
>   Daphnis hat / wie Ulyss,
> Die Ohren dick verstopffet /
> Sein Hertz von Myrrhen tropffet /
>   Der Tod ist mir gewiß [56].

Odysseus als Parallelfigur zu Christus! Daß diese Identifizierung Laurentius von Schnüffis lediglich gelingt, indem er die homerische Vorlage etwas verändert – nur die Gefährten des Odysseus haben »Die Ohren dick verstopffet«, während er selbst sich an den Mast des Schiffes binden läßt –, ist nicht entscheidend. Entscheidender aber ist – unter Beibehaltung der Veränderung – die Aufhebung dieser Identifizierung durch eine andere Identifizierung. Nun wird gerade die Gegenposition zu Christus, die sündige Seele, die sich erst am Ende zur liebenden Vereinigung mit dem Göttlichen läutert, mit dem Verhalten des Odysseus gleichgeschaltet. Daphnis

> Sagte mir (Clorinda) / ich solte nicht
> 　　　　　　　Wider Pflicht
> 　Seine Lieb verschertzen;
> Aber sein Ermahnungs=Lehr
> War' an mir verlohren /
> Dann ich gab' ihm nur Gehör
> Mit Ulysses=Ohren [57].

Odysseus als Parallelfigur zum sündigen Menschen – dieselbe literarische Quelle dient zwei polaren Einstellungen zur Exegese! Ein Faktum wird aus dem ursprünglichen Text herausgelöst und als poetische Formel in einen neuen Zusammenhang eingesetzt. Dabei kann es – je nach Stellenwert – die Funktion eines positiven oder negativen Wertes erhalten. Bei Laurentius von Schnüffis überwiegt die positive Auslegung; denn noch zweimal werden die ›Welt-Sirenen‹ angeführt, die »die Falschheit der Welt sammt ihren schnöden Wollüsten« verkörpern [58] – Odysseus' Reaktion erläutert sinnbildlich Clorindas Reue und Buße. Auch andere homerische Fabeln kennzeichnen die Verführungen durch ein nur diesseitig ausgerichtetes Leben: Skylla und Charybdis [59] genauso wie Kirke [60]. In dem letzten Teil des Werkes, der allmählichen ›unio mystica‹ der menschlichen Seele mit Christus, erinnert Clorinda an Penelope, die Personifikation christlicher Constantia:

> Es läßt sich durch kein Weh'
> Die wahre Lieb zertrennen /
> Das gabe zu erkennen
> Gar schön Penelope [61].

Das Ziel einer solchen Dichtung: die absolute Umkehrung verschiedenster, auch artfremder Teile in die einer höfisch-gebildeten Gesellschaftsschicht vorgetragene »Missionsdichtung der Gegenreformation« [62]. Die homerischen Märchen- und Sagen-Gestalten »werden voraussetzungslos auf die christliche Heilswahrheit bezogen, sodaß die antike Welt ihr Eigensein völlig verliert und nur noch der Verkörperung der Offenbarung dient« [63].

2. Dramatisierung und Eposerneuerung

Zu dem gleichen Zweck dramatisieren einige Autoren, meist Ordensgeistliche, die Handlung der Odyssee. Schon der Jesuit *Jakob Masen* hat unter Berufung auf Aristoteles das poetologische ›licet‹ gegeben, ein Dichter könne »Iliadem, ac Odysseam in Tragoedias permutare« [64]. Er selbst bietet zwar keine derartigen Beispiele, aber seine Musterstücke, für die er drei Quellenmöglichkeiten angibt –›Historien‹, ›Parabeln‹ und ›Fabeln‹ [65] –, erwähnen zumindest homerische Personen und Szenen – und dies nicht nur in der Form der Tragödie [66]. Daß Anspielungen auf Homers Epen in einem ›historischen‹ Drama weniger und in einer ›Comoedia fabulosa‹ mehr auftauchen, ist nicht verwunderlich. Auffällig und kennzeichnend ist aber die häufige Verwendung in den ›parabolischen‹ Mischspielen. Dem Handlungsablauf dieser dramatischen Sonderform folgt eine Interpretation, die durch den Kontext christlich festgelegt wird. Figuren Homers fixieren die Personen des Schauspiels, und homerische Fiktionen schematisieren die Handlung: aus dem Original abstrahierte ›Formeln‹, mit denen der Dichter arbeiten kann und die in jeder Dichtung paradigmatisch verwendbar sind. Sie veranschaulichen nicht nur den jeweiligen Menschen und die jeweilige Situation, sie heben die im Drama vollzogene Aktualisierung wieder auf und legen das einmalige Geschehen als analoge Wiederkehr einer bestimmten Grundkonstellation aus: das Konkrete, Zufällige wird relativiert, die Substanz, das Wesentliche wird aufgedeckt. Mit dieser Doppelfunktion erreicht der Dichter zugleich Steigerung der Bildlichkeit und Vertiefung der Gedanklichkeit. Die neu vollzogene poetische Kombination aus Sinnlich-Wahrnehmbarem und Geistig-Erfaßbarem macht unter Umprägung des weltanschaulichen Hintergrundes das homerische ›Bild‹ schließlich zu einem christlichen ›Sinnbild‹.

Wesentlich deutlicher als bei den kleinen Einsprengseln Masens zeigt sich diese christliche Beispielhaftigkeit der homerischen Epik bei den folgenden Odyssee-Dramen.

Simon Rettenpachers »PRUDENTIA VICTRIX, SEV Vlysses post longos errores in Patriam redux« (1680) weist schon im ersten Teil des typisch barocken Doppeltitels [67] auf den eigentlichen Haupthelden hin: auf die Klugheit in der Person der Pallas Athene. Homers »Illustre documentum« trägt zu der summarischen Feststellung bei: »PRudentia omnes difficultatum nodos solvit, exsuperat labores« [68]. Dieses allegorisch-mythologische Singspiel, »dessen Melodien von Rettenpacher selbst komponiert« sind [69], bildet den festlichen Rahmen für den Besuch Kaiser Leopolds I. und seiner Gattin in Kremsmünster. Die preisenden Szenen zu Beginn und am Ende bestimmen daher auch den Grundton einer mehr gefühlsmäßigen Aufweichung des heroischen Themas, das »besonders in den ersten beiden Akten nur einen dünnen Faden« dramatischer Verknüpfung besitzt [70]; erst in dem dritten, dem letzten Akt ballt sich das Geschehen zu einer dichten Abfolge der Ereignisse zusammen, und den »sentimentaleren Sinn« [71] löst – als scharfer Kontrast zu lyrischen Passagen wie dem schönen Lied Penelopes, die zwischen Hoffnung und Furcht schwankt (II 2) – das unmenschliche Ausmaß der Rache an den Freiern ab. Daß »homerischer Geist und Ton (wenig) erstrebt war . . . (und) in dieser Gattung auch unmöglich gewesen wäre« [72], mag als Gesamturteil zutreffen. Dennoch wahrt Homer – selbst in dieser ›verfremdeten‹ Umformung – eine solche Eigengesetzlichkeit, daß der *Vlysses* von der sonstigen Dramenproduktion Rettenpachers deutlich genug absticht; außerdem läßt sich an einigen Stellen, eben v. a. im dritten Akt und dort besonders durch den Umschlag des Auftretens Odysseus' von vorsichtiger Zurückhaltung in grausame Vergeltung, ein tieferes Verständnis für dieses Epos Homers erkennen.

Die fünfaktige Tragödie *Penelope* des Jesuiten *Andreas Friz,* die auch in einer deutschen Übersetzung aus dem Jahr 1762 vorliegt, behält die klischeehafte Vorstellung von Penelope als »Muster der ehelichen Treue« bei [73]; die Eingriffe in das homerische Heimkehrerepos sind aber sehr tiefgreifend. Nach der Manier Senecas und der französischen Klassik [74] verlegt Friz das eigentliche Geschehen in das Innere der Personen, verdeutlicht ihre Stimmungen und Leidenschaften. Selbst Odysseus und Penelope sind unsicher und ruhelos, besitzen nicht mehr das unerschütterliche Vertrauen zueinander; die Angst vor dem Treuebruch des anderen erweckt in Odysseus Rachegefühle und in Penelope Selbstmordgedanken. Die ›Individualität‹ eines Menschen ist zerbrochen, widersprüchlich zeigen sich Benehmen und Empfinden, Tat und Gesinnung. Iphikrat allein, der (erfundene) Bruder Penelopes, erblickt hinter jeder ›Verstellung‹ das Wesen, verzweifelt jedoch fast an seiner Ohnmacht, die anderen von der verborgenen Wahrheit überzeugen zu können. Vergeblich scheint er zu warnen:

das Gemüth, du weißt es, das Gemüth hat seine unerforschlichen Gänge! nicht allzeit ist die äußere Gestalt ein allzu getreuer Dollmetsch des Hertzens: die betrüglichen Gesichtszüge! sie täuschen sehr oft [75].

Der Mensch tritt nicht so auf, wie er wirklich ist, meint jedoch, der andere sei tatsächlich so, wie er sich gibt, und muß ihn daher verkennen. Die Mißverständnisse häufen sich durch Zufälle, die – falsch ausgelegt – die schlimmsten Befürchtungen bestätigen. Der so verwirrte Mensch, hin und her gerissen von den widerstreitenden Stimmen in seinem Innern, vom Chor der Jungfrauen und vom Chor der Furien [76], von treuer Liebe und enttäuschter Raserei, ist alles andere als ein antiker Held. Eine solche ›psychologische‹ *Charakterisierung* der dramatischen Personen ist zur Zeit des Andreas Friz ebenso wenig üblich wie der durch eine Überfülle *äußeren Geschehens* bewegte Handlungsablauf. Dessen Zuspitzung erreicht Friz durch viele theatralische Effekte wie Tod, Gift, Asche u. ä.; am Ende stellen diese sich jedoch meist als blinde Motive heraus und ermöglichen somit den glücklichen Ausgang: die endgültige Beruhigung des zuvor ruhelosen Zustandes. Wahrscheinlich durch die Aeneis beeinflußt wählt Friz als übermenschlichen Gegenspieler des Odysseus nicht Poseidon, sondern Aphrodite als »die Mutter des Aeneas, die Schutzgöttin Helenas«; diese hat ihn, den »Urheber der allgemeinen Ruhe« des griechischen Volkes, das durch das trojanische Pferd Ilion endlich erobern konnte, zehn Jahre lang auf dem Meer umhertreiben und »keine Ruhestatt finden« lassen [77]. Auch den Heimgekehrten ›beunruhigt‹ sie weiterhin durch die Furien seines Zweifelns [78], und erst am Ende erlischt ihre Macht durch die allbesiegende Beständigkeit der Liebe Penelopes:

Sey er auch von seinem Vaterlande, sey er von Ithaka ausgeschlossen: in diesem Herzen herrschet er auch abwesend, und er wird forthin immer, auch den Göttern zum Trotze, herrschen [79]. –

Auch der Jesuit *Ignaz Weitenauer* hat eine Odysseus-Tragödie geschrieben; doch das

Thema seines MORS ULYSSIS [80] ist erst posthomerisch. Das indogermanische Motiv vom Vater-Sohn-Kampf findet er bei Hyginus, der in seinem mythologischen Handbuch auf Apollodor zurückgreifen konnte: Telegonos, der Sohn des Odysseus und der Kirke, sucht seinen Vater und verwundet diesen tödlich, bevor er ihn erkannt hat [81].

Während die Handlung daher für unseren Zusammenhang unwichtig ist, bleibt die Frage nach dem Charakterbild des Odysseus noch zu klären. Aus pädagogischer Absicht überwiegt dabei die negative Zeichnung des einstigen Helden, der wegen seiner Unredlichkeit den Tod verdient hat. Odysseus selbst klagt, »daß seine Verschlagenheit ihn in immer neue Schwierigkeiten bringe. Aber nicht nur er belehrt die Zuschauer, daß Wahrheit über List gehe. Nach dem Dichter ist der Nachteil eines falschen Wesens siebenfach. Darum versucht er, in den sieben Persönlichkeiten seines Stückes je eine Schwäche und ihre bösen Folgen darzutun; der Held selbst vereint alle in sich und muß seinen Fehler mit dem Tod büßen« [82].

Das nachhomerische Geschehen weist jedoch auch Rückgriffe auf homerische Episoden auf, z. B. die Erinnerungen an Polyphem und an die Kikonen sowie Anspielungen auf Ereignisse in der Ilias [83]. Außerdem führt Weitenauer in der Einleitung zu seinem Drama »die früheren Bearbeitungen des gleichen Stoffes an und nimmt dazu Stellung«; bei dieser Art »stoffgeschichtlicher Literaturbetrachtung« [84] hebt Weitenauer das völlig andere Odysseus-Bild Homers hervor, der seinem Helden »magna omnia« zuschreibe: »sapientiam admirabilem, vim ingenii singularem, moderatricem negotiorum omnium prudentiam, sagacitatem acutissimam, eloquentiam flexanimam, patientiam laborum, animique fortitudinem in adversis invictam« [85]. Dieser homerischen Idealisierung tritt Weitenauer entschieden entgegen, wie es seine Begründung für den Tod des Odysseus beweist: »Ulysses periret, quia dolosis consiliis usus erat, non periturus, si aperte candideque agere maluisset« [86].

Jegliche heroische Größe wird in der Komödie *Ulysses von Ithaca* [87] geleugnet. In dieser »geistvollen Literaturpersiflage aristophaneischer Prägung« [88] verzichtet der Autor *Ludwig Holberg* auf jede religiös-moralische Tendenz und erreicht durch Vermischung mehrerer Kulturbereiche und Überlagerung verschiedener Zeitebenen eine phantastisch-groteske Wirkung, deren satirisch-aggressiver Unterton deutlich hörbar bleibt. Eigentlicher Hauptheld ist Chilian, der Diener des Odysseus, eine Gestalt, die dem Thersites in Shakespeares Drama *Troilus und Cressida* ähnelt. Chilian durchblickt die Feigheit und Eitelkeit der großen Helden, die ohne Verstand und Gewissen Kriege anzetteln; seine bittere Einsicht in die Nutzlosigkeit eines vernünftigen Ratschlages und in die Dummheit der herrschenden Gesellschaftsschicht heißt ihn warten, einen günstigen Augenblick wählen und unauffällig seinen Vorteil suchen. Angebliche Jungfrauen wie Helena und Penelope erweisen sich als Huren, die großsprecherischen Helden laufen bei dem ersten Anzeichen einer Gefahr davon – dennoch bleibt deren Ruhm bestehen, weil das unwürdige Verhalten von lügnerischen Lobrednern in ein vorbildliches Benehmen verfälscht wird. Der Ausgangspunkt im Vorspiel: Schon die Götter bestechen und lassen sich bestechen; die Schlußwendung im Nachspiel: Odysseus, der bisher seine

Untergebenen ausgenutzt hat, wird von zwei Wucher treibenden Juden ausgenutzt
[89]. Mit dieser vollkommenen Desillusionierung des menschlichen Lebens übt
Ludwig Holberg keineswegs Kritik an der homerischen Welt, er will durch seine
Odyssee-Parodie zeitgebundene und typische Formen der weitverbreiteten Sinn-
losigkeit und Oberflächlichkeit aufzeigen; dagegen setzt er ein Heilmittel: den ge-
sunden Menschenverstand, der aus des Odysseus Diener Chilian spricht.

    Während diese Dramatisierungen viele originelle Züge aus dem altbekannten
Thema herausholen, schöpfen die Libretti musikalischer Behandlungen des Odys-
seus-Stoffes lediglich aus der traditionellen Vorstellung von homerischer Epik. Das
Ergebnis läuft entweder auf Verflachung und Verniedlichung der ursprünglichen
Größe oder auf deren statisch-monumentale Repräsentation hinaus. Das Vorbild
für die meisten musikalischen Bearbeitungen dürfte *Monteverdis* faszinierendes Ge-
samtkunstwerk der Oper *Il ritorno d'Ulisse in patria* (1641) gewesen sein. Erreicht
worden ist es von keinem Nachfolgenden, weder von *J. D. Heinichen*, der das
Thema ›Helena und Paris‹ gewählt hat (1709) [90], noch von *R. Keiser*, der in
zwei Spielen Odysseus den weiblichen Kontrastfiguren Kirke und Penelope begegnen läßt (1696) [91]; auch *J. F. Keibs* Singspiel um Penelope (1690) sowie die
Opern *Ulysses* von *G. J. Vogler* (1721) und *Kalypso* von *G. Ph. Telemann* (1727)
[92] kommen nicht annähernd an Monteverdis Fähigkeit heran, den heroischen Inhalt in Musik umzusetzen.

    Das gleiche gilt noch für das Solothurner Singspiel »HOMERUS *Der Siebenfache
Burger*« (1752), obwohl in dieser Festveranstaltung nicht ein Ausschnitt aus der
Dichtung Homers, sondern der Dichter selbst zum Thema erhoben wird [93]. Die
Personen des Stückes, das eine Allegorie auf interne Schweizer Verhältnisse darstellt, sind neben dem Haupthelden, der durch »Verstand, Wissenschafft, und Er-
fahrenheit« seinen poetischen »Ehren=Ruhm« so weit gesteigert hat, »daß sieben
mächtige Städt um ihne gestritten« [94]: die sieben Städte sowie die göttliche Lob-
rednerin Homers, Pallas Athene, und der menschliche Gegenspieler, die lächerlich-
eifersüchtige ›Homergeißel‹ Zoilos. Homers Größe eint schließlich, als der Lästerer
vertrieben ist, alle Streitenden und bringt dem ganzen Griechenland Frieden und
Glück, Liebe und Ehre; die beiden Epen verfaßt Homer deshalb als Zeichen seiner
»Treu« und seiner »Danckbarkeit« der Heimat gegenüber [95].

    Fast alle diese musikalischen Versuche unterstreichen ebenso wie die vorange-
gangenen Beispiele: die Odyssee ist – besonders während der Zeit zwischen Spät-
barock und Frühaufklärung – ›in Mode‹. Sie erweist sich als ein aktuelles und vielseitig geeignetes Dichtungsmodell. In ihm meinen die einen die Urform des Romans
zu entdecken, andere beharren darauf, es weiterhin als Vorbild für jedes Epos anzusehen; man überträgt den antiken Gehalt in die christliche Vorstellungswelt und
dramatisiert die Handlung, der entweder – Homer ›imitierend‹ – Mustergültigkeit
oder – Homer ›pervertierend‹ – moralische, bzw. soziale Anklage entnommen
wird.

    Schon 1645 wird sogar eine Art ›Reiseführer‹ nach der Hauptperson der Odyssee
VLYSSES GERMANICVS [96] genannt. Mehr als nur Reisebeschreibung, mitunter auch
Fürstenspiegel ist *Sigmund von Birkens* »Hoch Fürstlicher Brandenburgischer VLYS-

SES« (1668) – ein Werk, das die homerischen Fabeln als Allegorisierung christlicher Tugenden und Laster deutet:

Der Cyclopische *Hochmut* / wolte ihn (Odysseus) verschlucken: aber er blendete ihn und grube ihm das plumbe Stirnfenster des *Eigensinns* aus dem Kopffe; entkame auch aus dessen Höl-Hölle / indem er einem *demütigen* Schaf sich unten an die Bauch-Wolle anhängte. Er besprache sich zwar mit der *schönen Verführerinn* Circe: aber ihr Gifttrank konde ihn nicht in ein Vieh verwandeln / weil ihn die *Weißheit* mit einem Kraut darwider versehen. Er hörte zwar / die *Wollust* Sirenen / lieblich singen: aber die *Vernunft* hatte ihn / an den Mast der *Beständigkeit* / fäst angehäftet / daß er ihnen nicht zugelaufen [97].

Dem Geschmack dieser Epoche entspricht die Ilias dagegen weitaus weniger. Dennoch fordert gleichsam ein Buchtitel wie VLYSSES GERMANICVS auch einen ACHILLES GERMANICUS heraus. Und tatsächlich ist ein solches Werk 1702 in Wien erschienen. Dabei überrascht v. a., wer als »Der Teutsche ACHILLES« gepriesen wird: kein gegenwärtiger Herrscher, sondern – ein mittelalterlicher Kaiser, Otto I., der »bey Augspurg im Rieß die Vandalen mit Frombkeit vnd Stärcke Siegreich überwunden« hat [98]. Diesem historischen Geschehen, das in sechs Abschnitte mit je zwei Szenen aufgegliedert wird, geht als Einleitung jeweils eine poetische Parallelhandlung voraus:Achills Kampf um Troja. Die poetisch-historische Verzahnung bietet Dramenparaphrase und deren Exegese in einem: der geistige Sinn des griechischen Wortes erfüllt sich in der deutschen Wirklichkeit. Mit anderen Worten: Was Homer symbolisch vorgeformt hat, ereignet sich tatsächlich im Jahr 955. Die erste INDUCTIO: Achill, der sich am Frieden erfreut, wird »zu dem Trojanischen Krieg abgeordnet« [99] – übereinstimmend folgen Ottos feierliche Hofhaltung und die Vorbereitung zum Feldzug. Dann wird die Gegenseite beleuchtet: Apoll bereitet den Hektor vor, Überläufer ermuntern den Heerführer der Vandalen. Nun erhält Achill die von Hephaistos geschmiedeten Waffen, und Otto stärkt sich durch ein Gebet zu Gott: beide werden somit unverwundbar! Sie beseitigen die ersten Hindernisse und besiegen dann ihre stärksten Gegner; schließlich erhält jeder von ihnen den verdienten Triumph. Damit sind die Wechselbeziehungen von Dichtung und Geschichte, von Fiktion und Faktizität abgeschlossen. Die Analogie geht in Identifikation über, denn Zeus erscheint inmitten der historischen Szenerie als »ein Sigreicher Begwältiger deß vnzeitigen Hochmuths«: Das mythologische Beispiel vom Sturz Phaëtons illustriert die Niederlage der Vandalen [100].

In anderen Werken stammt die Wahl des Ilias-Schauplatzes wohl eher von der Beschäftigung mit Vergils Epos her. Sehr ausführlich schildert *Andreas Heinrich Buchholtz* das ›artige Gemälde‹ von der »Belagerung der Stadt Troja«, zählt die Feldherren beider Heere auf und faßt schließlich zusammen: »kein denkwürdiger Kampff der Grichischen und Trojanischen Helden (war) ausgelassen«; die Erwähnung eines jeden Namens, eines jeden Ereignisses gipfelt jedoch in der Behauptung: »Eneas Bildniß war das Ansehnlichste« [101]. Auch wenn schon Homer diesen Heroen besonders hervorgehoben hat [102]: die Vorrangstellung des Aeneas hat erst Vergil begründet. Ebenfalls auf Vergil beruft sich *Kaspar Stieler* in seinem Gedichtzyklus *Die Geharnschte Venus* (1660). Wer die trojanische Titelheldin verletzen wolle, müsse schon ein zweiter Diomedes sein [103]: die Homerimitation des römischen Dichters wird ohne Kenntnis des Originals übernommen, ähnlich wie die Bezugsetzung zwischen dem Brand Trojas und dem Brand der Liebe [104], eine Vorstellung, die schon in dem anonymen Liederbuch *Venus-Gärtlein* (1656) Volksgut geworden ist [105].

Das Thema ›Liebe‹ wählt auch *Christian Henrich Postel*, jedoch behandelt er es unter dem für ihn und seine Zeit sehr reizvollen Gesichtspunkt, »was die List einer verschmitzeten Frauen auszurichten vermögte« [106]. Diesen Einblick in die weibliche Privatsphäre gewährt ihm – das 14. Buch der Ilias, in dem die Betäubung des Zeus durch Hera geschildert wird! Diesem Abschnitt (Verse 153–363), den er original abdruckt, stellt er eine deutsche Übersetzung gegenüber – und dies, obwohl er selbst im Vorwort die Unmöglichkeit einer Übersetzung der homerischen Epik betont hat. Als Gründe gibt er an: den weltanschaulichen Unterschied, von dem aus man den »heidnischen Aberglauben« ablehnen müsse, und vor allem die Einsicht, daß »alle seine Übersetzungen in verständigen Ohren ... abgeschmackt« klingen; deshalb wird es jeden Homerliebhaber »eckeln« vor der »Lateinische(n) Übersetzung von Wort zu Wort«, vor der »alte(n) Teutsche(n) in Knückel=Reimen / oder auch eine(r) Frantzösische(n) oder Holländische(n) in ungebundener Rede« [107]. Nur einige wenige Ausnahmen bestätigen für Postel diese Regel: Homers »Schatz= Grube aller Köstligkeiten« ersteht höchstens noch ein zweites Mal im Werk seiner schöpferischen Nachahmer Vergil, Tasso und Milton [108], und als gelungene Übertragungen sind die lateinische Fassung Eobans und die neuesten englischen und französischen Versuche gültig [109]. Besonders den französischen Versionen fühlt er sich verpflichtet, als sich »bemühet von dem Sinn des Homerus nichtes ab= oder hinzu zu thun; sondern soviel möglich auch seine Worte aus zudrükken / doch gleichwol so / daß ich mich nicht sclavisch an die Worte; sondern vielmehr an den Verstand gebunden«; er zielt also auf »kein ander Gedicht«, sondern auf Bewahrung des homerischen Gehaltes, der sich nun auch »rein Teutsch« entschlüsseln soll [110]. Das Ergebnis sieht jedoch wesentlich anders aus: Homers göttliches Täuschungsmotiv gibt nur das Handlungsgerüst für die dürftige Erzählung eines skandalösen, heiter-erotischen Abenteuers, bei dem französische Galanterie und französischer Esprit überwiegen. Die gleiche Homerauffassung vertritt Postel in seinem eigenen poetischen Beitrag, in dem *Lob=Gesang der List*. Dieser Hymnus soll frei nach Homer gestaltet sein und ihm weitgehend gerecht werden. Der Anfang verfehlt noch nicht unbedingt die homerische Tonlage:

> DIch grosse Königin der Götter wil ich singen
> Die du des Himmels Haupt / der Erden Göttin bist /
> Mein Mund soll deinen Ruhm biß an die Sternen bringen /
> Und zeigen meinem Volck den Preiß der grossen List [111].

Dann jedoch verläßt Postel sofort seine Vorlage. Er schreibt die überragenden Kräfte aller Göttinnen wie Athene, Aphrodite und Artemis der einen Hera zu, deren mannigfaltiges Wesen nur mit vielen Namen umfaßt werden kann, und belegt deren Macht mit mythologischen, biblischen und historischen Beispielen; den Kern aller siegbringenden Tugenden bildet die List, dieser Grundzug der Hera, wie er von Homer in seiner Ilias durch eine Fabel aufgezeigt worden ist.

> Wer muß nicht ans Gestirn den Ruhm der Juno schreiben
> Wann Jupiter durch dich in ihren Arm erliegt?
> Denn was Homer vom Wehrt des Zauber=Gürtels singet
> Den Cypris Hand gelöst von ihrer zarten Schooß /
> Sind lauter Tugenden dadurch dis Band umringet
> Als deine Würckung sich in dessen Schlingen goß [112].

Der List kommt im Werk Homers, besonders in der Odyssee, entscheidende Bedeutung zu. Postel erwähnt den Odysseus, durch dessen List Troja erst zerstört werden konnte; nur durch eine List vermag er dem Kyklopen Polyphem zu entrinnen, und sogar seine Gattin, »die keusche Weberin«, täuscht die unerwünschten Freier mit einer List [113]. Nach diesen und anderen Belegen schließt Postel seinen Hymnus auf Hera, die Personifikation der List, mit folgenden Versen ab:

> So sei nun dem geneigt / o Göttin! der dich ehret;
> Komm in gewünschter Huld zu dem der dich rufft an.
> Du komst / du komst / es ist mein Lob=Gesang erhöret /
> Mein Geist versichert schon / daß er dich spühren kan [114].

Unerschütterlich bleibt – trotz der verfälschenden Angleichung Homers an das Zeitkolorit und trotz der einseitigen Hervorhebung der List – Postels enzyklopädisches Gesamturteil über das allseitige Genie Homer: »alle Worte dieses Wunder= Poeten« zielen auf »hohe Geheimnissen und verborgene Sachen ..., es sei in der Welt=Weißheit; in der Natur=Kündigung; in der Staats=Klugheit; in der Sitten= Lehre; in der Geschicht= Himmel= und Erd=Beschreibung; in der Rede=Kunst oder wie eine Wissenschafft möge Nahmen haben ... Kurtz / was unsern Gottes=Gelehrten die Heil. Schrifft; Denen Rechts=verständigen die Bücher der Gesetze; Denen Artzenei=kündigen Hippocrates oder Galenus; Denen Welt=weisen Aristoteles oder Cartesius / das war ihnen *allein Homerus*« [115].

Diesem umfassenden Lob folgt eine »Lebens=Beschreibung des Homerus« [116]. Darin werden neben den üblichen Hypothesen in den antiken Viten die ›sehr zweifelhaften‹ Werke abgetrennt von den unstreitig eigenen Epen Ilias und Odyssee, »deren Eintheilung« jedoch erst später erfolgt sei [117]. Auch »seine Schreib=Ahrt« wird nach rhetorisch-poetischen Regeln der epischen Stilnorm charakterisiert als »reich / rein / allenthalben gleich und ihr selbstähnlich« [118] – eine ›klassizistische‹ Bewertung, die Puritas und Ornatus genauso betont wie Geschlossenheit der Form und Übereinstimmung der Teile mit dem Ganzen. – Eine wissenschaftliche Leistung stellt dagegen erst der Abschluß des gesamten Buches dar: eine umfangreiche Kommentierung dieser Ilias-Episode um Zeus und Hera, zuerst lediglich eine Übersetzung des Textes von Eustathios, dessen Belesenheit und Interpretationsvermögen Postel achtet, auch wenn einige Behauptungen nun nicht mehr haltbar seien [119], dann Postels eigener Anmerkungsapparat, in dem er alles Bekannte, selbst Entlegenes und Unwichtiges, kompilatorisch-eklektisch zusammenträgt. Mitunter zeigt Postel sogar Übernahmen homerischer Motive bei antiken und modernen Autoren auf. Apodiktisch erklärt er die dreifache Quellenkunde, die er betrieben hat, mit seiner Überzeugung, daß Homer aus »erstlich seinen Auslägern / vors andre seinen Nachahmern und vors dritte den alten Weltweisen und Geschichtsschreibern kan verstanden werden« [120].

Postel will jedoch mehr als Homer verständlich machen. Es geht ihm ähnlich wie Benjamin Neukirch um die Erneuerung des Epos, und Erneuerung des Epos heißt zugleich auch Imitation Homers, zu dem sich als zweites unerreichbares Vorbild Vergil gesellt. Nach diesen Richtlinien ist sein ›Heldengedicht‹ *Der grosse Wittekind* (1724) angelegt, der wie Homers Epen 24 Gesänge haben sollte, aber Fragment geblieben ist. Die vorhandenen zehn Bücher erweisen sich jedoch im Gesamteindruck unhomerisch, da ihre politisch-historische Thematik – mehr im Sinne Vergils – auf ein ›teutsch‹-nationales Preislied eingeengt wird [121]. Dennoch berücksichtigt Postel vorrangig Homers Dichtung, und das bedeutet bei seiner Hochschätzung des Epos im Gegensatz zu den Romanliebhabern Ilias *und* Odyssee. Deshalb werden auch die verschiedensten Teile beider Werke ausgiebig als idealepisches Material in den neuen Handlungsverlauf eingesetzt: besonders viele Gleichnisse, ganze Episoden oder deren Einzelszenen, Gegenstände und Sinnbilder, stereotype Formeln, mythologische Anspielungen und Gnomen, die Beschreibung eines Schlachtentodes, eine Landschaftsschilderung etc. – disparate Elemente, die sich in einen andersartigen Kompositionszusammenhang einfügen müssen. Die Mosaik-Technik wendet Postel im einzelnen manchmal so geschickt an, daß die homerische Vorlage im Kontext unlösbar verankert wird und beinahe wie eigene Erfindung wirkt. Doch die Fülle dieser Einschübe zerstört immer mehr das neue Thema; die beabsichtigte Erhöhung des deutschen Helden durch homerische Reminiszenzen wird vereitelt, weil die ständig angeführten Parallelfabeln den eigentlichen Inhalt überwuchern. So verrät Postels Epos *Der grosse Wittekind* eine umfassende, mitunter auch tiefgreifende Homerkenntnis, aber die bei einer eigenen Dichtung, und sei sie bewußte Homernachahmung, »falsch angewendete Gelehrsamkeit« [122] zeigt letztlich nur an, daß Homer in dieser Form nicht mehr ›wiedergeboren‹ werden kann, während er mit der Odyssee durch den Aufschwung der neuen epischen Erzählweise, des Romans, wieder entscheidend an Bedeutung und poetischem Wert hinzugewonnen hat.

3. Der Widerstreit in den ›rationalistischen‹ Stellungnahmen

Ein Dichter wie *Daniel Casper von Lohenstein* vertritt neben zeittypischen Verwendungsweisen von homerischen Personen und Szenen, die er als poetische Beispielglieder v. a. in seine ›Reyen‹ einsetzt [123], noch weitgehend die polyhistorische Auffassung von Homer. In den Anmerkungen zu seinen Dramen zitiert Lohenstein homerische Verse, um damit die historische Glaubwürdigkeit einer eigenen Textstelle zu belegen: In der CLEOPATRA Zeilen aus der Ilias und in der AGRIPPINA Zeilen aus der Odyssee [124]. Es fällt auf, daß er den Ilias-Abschnitt in Versmaß und Reim wiedergibt, während die Übersetzung der Odyssee in Prosa aufgelöst wird. Diese Unterschiedlichkeit in der Eindeutschung läßt auch eine Unterschiedlichkeit in der Auffassung von beiden Epen vermuten: die inhaltliche *und* formale ›Strenge‹ der Ilias verpflichtet zur festen Bindung ans Original, ihre archaische Tönung kann nur in einer Annäherung an die ihr eigene Diktion gewahrt werden; dagegen scheint die Odyssee in Thema und Gestaltung nicht so sehr an die Zeit ihrer Entstehung gebunden und vermag deshalb auch eher in einer zeitgemäßen Ausprägung wie der des Romans erneuert zu werden. Diese Erkenntnis von der Andersartigkeit beider Epen ist für Lohenstein jedoch nur nebensächlich, wichtig bleibt ihm allein, daß er sich auf Homer als autoritativen Gewährsmann für die wissenschaftliche Stimmigkeit seiner Dichtung berufen kann. Der Wert Homers ergibt sich demnach erst durch die Deutung seiner Poesie als ›metaphorische‹ Ausdrucksform für unumstößliche Fakten und ideale Vorstellungsmodelle.

Dieses Homerbild stellt lediglich eine Variante der v. a. spätantiken Interpretation Homers als eines enzyklopädischen Autors dar, trotz ›rationalistischer‹ Anzeichen immer noch bestimmt von dem Eindruck einer übermächtigen Tradition. Dagegen wirkt die Übernahme einer homerischen Szene bei *Johann Christian Hallmann* originell. In dem Schauspiel ADELHEIDE heißt es:

> Ich glaube / daß die See nicht so viel Klippen find't /
> Als Syrten und Charybd in meiner Seele sind [125]!

Die homerische Mythologie wird zum sinnbildlichen Ausdruck einer psychischen Regung verwendet. Märchenhafte Fabelfiguren aus der griechischen Dichtung als poetische Angstsymbole im Innern eines Menschen: diese kurze Anmerkung hebt sich von der sonst üblichen ›emblematischen‹ Typenzeichnung deutlich ab. Der Mythos gewährt einen Einblick in die Seelenverfassung der handelnden Person. Hiermit eröffnet eine eigenwillige Deutung Möglichkeiten, die in dieser Zeit jedoch nicht weiter aufgegriffen werden [126]; auf ähnliche Weise vertieft später Grillparzer seine Medea-Trilogie, und erst O'Neill, der sich ausdrücklich auf Freud beruft, nutzt dieses Verfahren voll aus.

Traditionelle Ansichten wechseln mit neuartigen Theorien ab in *Benjamin Neukirchs* Vorrede zu seiner Anthologie *Herrn von Hoffmannswaldau und andrer Deutschen auserlesener und bißher ungedruckter Gedichte* (1697). So entsteht ein guter Poet erst durch »lesung und unterscheidung« der besten literarischen Vorlagen, von denen »Unter denen Griechen ... in heroischen gedichten den vorzug Homerus« besitzt [127]. Wenn jedoch die notwendige Grundlage, das poetische Talent, fehlt, wird trotz fleißigsten Übens niemand ein Dichter; das Befolgen der Regeln macht noch kein Genie. Nur die, »welche die natur dazu erkohren«, können vielleicht einen Rang wie die gefeierten antiken Vorbilder erreichen. Aber »Es sind keine seltzamere thiere / als Poeten: Denn sie lassen sich / wie die paradieß=vögel / alle tausend jahre kaum einmahl sehen« [128]. Die Seltenheit der wirklich großen und einmaligen Dichter hindert Neukirch, in den häufig üblichen nationalen Optimismus einzustimmen.

Wir dürffen uns mit unsrer Poesie so klug nicht düncken / daß wir die ausländer dagegen verkleinern wolten. Denn wir haben noch einen grossen berg vor uns / und werden noch lange klettern müssen / ehe wir auff den gipfel kommen / auff welchem von denen Griechen Homerus und Sophocles, von denen Römern Horatius und Maro gesessen [129].

Homer als einer der wenigen poetischen ›Gipfel‹ – und dies nicht, weil er als vielseitiger Wissenschaftler gepriesen, sondern – als poetisches Genie verstanden wird!

Keine ausgeformte Theorie, die Neukirch anbietet, kaum mehr als eine Andeutung, aber ein Gedanke, der von der zweiten Hälfte des 18. Jahrhunderts an weitgehende Anerkennung finden sollte.

Vorerst jedoch bleibt es beim Ansatz, und selbst dieser wird bald wieder zugedeckt, wie es der allmähliche Geschmackswandel in der siebenbändigen Anthologie aufzeigt. Die »früher postulierte Höhe des Poetischen« weicht der Vielfalt an Gedichten ›pedantischer Versemacher‹ [130]. Selbst Neukirch kann sich davon nicht gänzlich freimachen, wenn er mit dem Gedicht *Auf die Krönung Sr. Königl. Maj. in Preussen* einen Satz seiner einstigen »Vorrede« zu bestätigen versucht: »Die fürnehmsten von den alten Poeten lebten bey hofe« [131] und – wie zu ergänzen wäre – schrieben demnach gesellschaftskonforme Hofdichtung. Dem unvergleichlichen Ausmaß der Macht, die der preußische Herrscher immer mehr steigere, widerspricht das ständige Schwinden poetischer Fähigkeiten. Angesichts eigenen Unvermögens wächst das Idealbild Homer zu einem bedrückenden Mahnmal unerreichbarer Größe:

> WElt=gepriesener Homer /
> Dessen kunst mit dir verschwunden;
> Warum warstu doch so sehr
> An Achillens zeit gebunden?
> Heute solt'stu lebend seyn;
> Da die ungestimmte flöten
> So viel hungriger poeten
> Fast auf allen gassen schreyn /
> Und dennoch mit ihrem klingen
> Kaum ein hartes lied erzwingen.
>
> O wie kommt es / (düncket mich /)
> Würdest du für eyfer fragen /
> Da die muntre Brennen sich
> Durch die halbe welt geschlagen;
> Da der Barbar sie gescheut /
> Da die Römer / da die Griechen
> Ihrer strengen faust gewichen /
> Daß doch diese tapferkeit /
> Die sich ja noch nie verlohren /
> Keinen dichter hat gebohren?
>
> Mich empfing ein solches land /
> Wo die helden menschen waren;
> Gleichwohl wust' ich mit verstand
> Sie den göttern bey zu paaren?
> Hätt ich in der Marck gelebt /
> Wo man mehr von einem helden /
> Als von göttern / weiß zu melden /
> Ach wo hätt' ich hingestrebt!
> Ach was hätten unsre zungen
> Nicht für thaten abgesungen!
>
> O Homer! du klagest recht.
> Denn da macht und hoheit steiget /
> Ist die poesie so schlecht /
> Daß sie nichts / als schüler / zeiget [132].

Der Kulturpessimismus Neukirchs kann nicht allein nach dem Kontext ausgewertet werden. Gerade wegen seiner Überzeugung vom Niedergang der Dichtung in seiner Zeit wird ihm besonders *die* poetische Norm bewußt: das homerische Werk. Seinen Schöpfer ruft er an, läßt er zu Wort kommen. Neukirch wendet keinen Unsagbarkeitstopos an – im Gegenteil: Homers poetisches Vermögen hätte das neue Thema noch besser bewältigt, da er nun nicht mehr »tausend schöne lügen« erfinden müßte, um unbedeutendere Menschen zu gottähnlichen Helden zu erheben; er brauchte sich nur wahrheitsgetreu an die Wirklichkeit zu halten und würde damit schon eine würdige Entsprechung zwischen ›Inhalt‹ und ›Form‹ erreichen.

Dem Gedicht Neukirchs ähneln die Verse *Georg Wilhelm von Hohendorfs*:

> Wie kommt es Teutschland doch / daß deiner tichter geist /
> In kleinen sachen groß / und klein in grossen heist:
> Daß wenn dein tapfres heer so viel Achilles zehlet
> Als männer in der schlacht / dir ein Homerus fehlet [133]?

Dieser Topos wahrt weiterhin die unbezweifelbare Größe Homers. Auch entspricht seine Einmaligkeit, die Neukirch sehr betont hat, der bisherigen Sachlage, aber das Erscheinen eines sog. ›zweiten Homers‹ wird zumindest als erhoffte Möglichkeit offengehalten [134].

Im fünften Teil der Anthologie lehnt dagegen *G. S. Keßler* die homerische Dichtung völlig ab. Vorbild vermag für ihn nur ein Autor zu sein, der die biblische ›Wahrheit‹ vertritt; denn es

> ... kan das heilge blat mehr wahrer helden stellen,
> Als uns Homerens schrifft in dummen fabeln zeigt [135].

Noch schärfer urteilt ein nur nach den Initialen *E. G.* bekannter Dichter, wenn er von dem »lügen=schmied, Homer« [136], spricht:

> ES soll was wunderlichs in Neukirchs augen seyn,
> Daß der Homerus sich an seine Zeit gebunden.
> Allein mich nimmt hiebey gantz kein verwundern ein;
> Ich habe grund genung für meine meynung funden:
> Denn sollte dort ein held in dem gedichte stehn,
> So musten fratz' und lüg in einem paare gehn [137].

Wie die Bedeutung des (frühen) Griechentums abgewertet wird, so auch ihr berühmtester Poet. Das geringe Einfühlungsvermögen in fremdartige Gegebenheiten verführt zu einer maßlosen Selbstüberschätzung, die noch durch eine orthodox christliche Position gestützt wird. Nach der Meinung des Verfassers der anonymen Vorrede zum sechsten Band der Anthologie stehen im Einklang mit dem Glauben außerdem Vernunft und Sittlichkeit.

Des Homeri und Hesiodi gedichte möchten tausend fabeln in sich halten, wenn sie nur in den schrancken der vernunft geblieben, nicht wieder die ehrerbietung gegen Gott und die regeln der ehrbarkeit angestossen, oder wenn ihre fabeln nicht vor wahrheiten wären verkaufft worden [138].

Der größte Vorwurf, den man Homer machen kann: seine angebliche Unwahrheit, die nach der zeitgemäßen Auffassung von Religion, Moral und Intellekt bewiesen wird. Unwahrheit bringt Verderben; so haben seine »ärgerliche wercke ... die leute zum aberglauben, und zu allerhand liederlichen leben angeführet« [139]. Damit ist nun eine Umkehrung bis ins Extrem erreicht: anfangs »lehrmeister der guten sitten«, wie ihn Neukirch bezeichnet [140], schließlich Verführer zur Sünde – statt überschwenglichen Lobes erfährt Homer jetzt nur mehr Tadel und Mißbilligung.

Keiner dieser beiden polaren Standpunkte kennzeichnet jedoch das zeittypische Homerbild. Eher gelten die Deutungen, wie sie in einer anderen Anthologie, *C. F. Weichmanns* sechsbändiger *Poesie der Nieder=Sachsen* (1721 ff.), überwiegend zum Ausdruck kommt. So dient die Erwähnung Homers zum Preis der eigenen Generation. Was bei Homer noch Fiktion war, erfüllt sich nun für den Herausgeber Weichmann in der Wirklichkeit: Die Ruhmestaten eines neuzeitlichen Königs hat Homer visionär schon ›zum voraus beschrieben‹ [141]. Auch sieht Weichmann den sagenhaften Helden Achill in der Gestalt eines zeitgenössischen Grafen zum zweitenmal verkörpert; dessen Größe ersteht »in einem Blick« vor unseren Augen, während »wir beym Homer auf tausend Seiten lesen« müssen, um einen Gesamteindruck von der Persönlichkeit zu erhalten [142].

»Homerens weise Sprüchlein« verlieren für *Johann Richey* niemals ihre zeitlose Aussage [143]; deshalb wünscht er zu einer Vermählung all das, was die Dichter

> ... gedacht, seit dem bey seiner Ilias
> Homer den grauen Kopf, wer weiß wie sehr, zerrieben [144].

Ebenso besitzt für den Autor *Zimmermann* schon jeder Mensch ein ewiges Leben, »Von dem nur Ein Homer gedichtet« hat [145]. In Homers Kunstwerk erkennt *Friedrich von Hagedorn* den echten Maßstab für große Poesie; Schreiberlinge, die damit prahlen, sogar »den Homer beschämen« zu wollen [146], geben sich folglich selbst der Lächerlichkeit preis. Diese Auffassung steigert Hagedorn noch durch die Charakterisierung eines unwichtigen, aber von sich eingenommenen Schwätzers:

> Er will nichts vom Homer, und nichts vom Maro, halten.
> Sein Eckel scheint gerecht: er folgt dem Hadrian.
> So ists: es hat Stertin an Fehlern vielen Alten,
> Allein an Tugenden noch keinem, gleich getan [147].

Diese eindeutige Vorrangstellung Homers und Vergils bestreitet *Johann Hartwig Mayer.* Er vergleicht diese antiken Autoren und Petrarca mit Brockes und wertet sie diesem gegenüber ab, weil der Hamburger Kaufmannssohn ganz »ungemein«, d. h. eigenständig und einmalig sei [148].

Trotz allen hyperbolischen Preisens einer zeitgenössischen Leistung sind die meisten Autoren jedoch keineswegs von einer poetischen Originalität überzeugt. So klagt denn auch *Johann Julius Surland* über die moderne Literatur, deren ›Flickwerke‹ »mit was altem Tuch aus dem Homer vermenget« seien. Aber selbst die vorbildliche antike Literatur nützt nichts, da sie der Wahrheit widerspricht und stattdessen nur »Mummerey« anbietet:

> Lies den Ovidius / durchblätt're den Homer!

Übrigbleibt letztlich nur die bittere Feststellung, die angeblich auch die Dichtung als ›irreale‹ Kunstform bestätigt:

»Die Ehrlichkeit ist längst aus dieser Welt verbannt« [149].

Die *Polarität* und die *Variabilität*, die sich als summarische Ergebnisse einer Homereinschätzung aus den beiden Anthologien folgern lassen, können wir auch bei einzelnen Autoren nachvollziehen. Herausgegriffen seien einige Schriftsteller, die das literarische Leben ihrer Zeit bestimmten, an ihrer Spitze der höfische Gelegenheitsdichter *Johann Ulrich König.* Von ihm stammt ein Widmungsschreiben, in dem er die Vorzüge des Odysseus und des Achill in einem Adligen vereint sieht. Mit eigenen Worten könne er diesen jedoch nicht preisen, weshalb er pessimistisch verkündet: »Ich hasse mich selbsten, weil ich *weniger die Kräfften als den Willen* habe, derselben (hochgestellten Persönlichkeit) Homer zu werden« [150]. Eine richtige Erkenntnis, in die sich etwas unechtes Selbstmitleid mischt: der Traum, Größe zu erlangen, und die Wirklichkeit, Größe zu verfehlen, werden an dem Ideal Homer gemessen. Dessen poetische Leistung wird noch immer mit der traditionellen Metapher als menschliche Niederschrift eines göttlichen ›Diktates‹ erklärt:

> Apollo sprach zum Musen=Chor:
> Homer schrieb nach, ich sang ihm vor [151].

Ähnliches ereignet sich für den Enkomiasten König in seiner Gegenwart: was Apoll für Homer bedeutet hat, bedeutet nun »die mittlere Gratie« für den dichtenden Freiherrn von Canitz [152]. Ansonsten gibt sich König verzweifelt wegen des allgewaltigen Einflusses der antiken Vorbilder, dieser »unwiedersprechliche(n) Zeugen von dem herrlichen Geschmack« [153], der sich vollkommen ausgeprägt bei Homer findet. Trotz seiner Bewunderung versucht König sich von dieser Literatur als einziger Norm zu lösen und den eigenen schöpferischen Beitrag aufzuwerten. Die Art, in der er beiden Forderungen gerecht werden will, umreißt er in einigen Versen:

> Gieb, daß ich *fremd* und *lebhaft* dichte,
> Daß ich mich ...
> *Nachahmend* nach den Alten richte,
> *Erhaben,* glücklich ausgedrückt.
> Laß aber mich zugleich *vernünftig sittsam* schreiben,
> So fruchtbar die *Erfindungskrafft*
> Mir *neue Bilder* auch erschafft ...
> Laß mich *der Alten Kunst* ergründen ...
> Gieb, daß ich *schmackhaft* nur und *edel* wählen mag ...
> So folg ich zwar *der Alten Spur,*
> Doch auch der *teutschen Sprachnatur* [154].

Die Grenze für die postulierte Imitationstechnik liegt nach Königs Meinung in der »besondere(n) Eigenschafft« einer jeden Sprache, »die sich nicht nach den andern bequemet«. Das gültige Muster hat Vergil geschaffen: eine ›verändernde Nachahmung‹, die sich dem »Vorgänger« Homer verpflichtet weiß, seine Verse jedoch nach lateinischen Maßstäben umformt [155].

Homer bleibt das bestimmende Vorbild, auch wenn die aktuelle historische Wirklichkeit sich am aussagekräftigsten erweisen sollte, wie es in einem Preisgedicht auf die Heldentaten des verstorbenen schwedischen Königs Karl XI. heißt:

Von Ihm schreibt sonder Kunst der Helden wahren Preiß,
Wer seiner Thaten Zahl kaum anzudeuten weiß,
Zum Zeugnis, daß Sein Ruhm von eignem Werth mehr schimmert,
Als wo mit fremden Schein Homerens Firniß glimmert [156].

Der Verfasser *Karl Gustav Heräus* achtet lediglich jede Form der Kunst geringer als eine (allerdings poetisch erhöhte) geschichtliche Tatsache. Im Bereich der Kunst jedoch behält Homer auch für ihn weiterhin eine beispiellose Größe, ähnlich wie für *Bartholomäus Feind,* dem Homer als »der grösseste und vollkommenste Poet der Welt« gilt [157]. Feind verteidigt den griechischen Epiker außerdem gegen moralische Vorwürfe; denn es sei »Homeri Intention gewesen / an den Achilles der Welt einen / an allen Tugenden vollkommenen / Helden vorzustellen«, und wenn dieser auch nach ›modernen‹ Vorstellungen »etwas grausam« erscheinen mag, so müsse man stets berücksichtigen, »daß Homerus nach dem Etat seiner Zeit geschrieben« hat [158].

In den ›Etat seiner Zeit‹ wandelt *Johann von Besser* homerische Personen und Szenen um. Er erinnert an die Abschiedsszene zwischen Hektor und Andromache, um persönliches Leid auszudrücken; doch dessen Ausmaß übersteigt angeblich noch den in der literarischen Analogie geschilderten Trennungsschmerz, da Andromache »zum wenigsten in ihrer Schwieger=Eltern Hause bey ihrer Anverwandtschafft« gesichert leben konnte, während Bessers Gattin, »von allen verlassen, allein zurück geblieben« ist. Die zwei Jahre ihrer Einsamkeit seien dieser ›neuen Penelope‹ »zu einer Probier=Schule ihrer Tugend gediehen«. Denn: »Das Hof=Leben ist vielen Versuchungen unterworffen; ihre Beständigkeit aber ward dadurch bewehrter« [159]. Diesen Hof-Topos behandelt der dichtende *Freiherr von Canitz* in einigen Satiren: den äußeren Glanz und die innere Verderbtheit sieht er in der homerischen Kirke versinnbildlicht, die sich »galant« gibt, sich aber schließlich als Personifikation der »Unzucht« entlarvt [160].

Den zeittypischen hyperbolischen Stil verwendet auch *Christian Gryphius,* v. a. wenn er Ereignisse aus der deutschen Geschichte erwähnt, die für ihn die wichtigste Bedeutung besitzen. Über dem Preis des nationalen Heroentums vergißt er jedoch nicht die Anerkennung für den unerreichten Dichter der heroischen Gattung, für Homer. Ein Kaiser wie Barbarossa vereinigt nach seiner Meinung die Tugenden mehrerer antiker Helden in sich, aber kein Autor hat über ihn geschrieben; allein sein Name bleibt ewig, da die ›Wahrheit‹ sogar die poetische Aussagekraft eines Homer übertreffen kann [161] – aber eben nur diese historische ›Wahrheit‹ und keineswegs ein anderer Dichter, auch nicht Christian Gryphius selbst, der sich von einem unmöglichen Unterfangen zurückruft:

Doch wo gerath ich hin? darff mein geringer Kiel
Sich in den Ocean des grossen Lobes wagen?
Ach nein! hier mag Homer und Tassus etwas sagen,
Für mich und meine Faust ist dieses Werck zuviel [162].

Diese Einsicht in die Begrenztheit der eigenen Begabung verbindet sich mit einer literarhistorischen Betrachtungsweise: in der dramatischen Sonderform eines Schulactus versucht Gryphius, die Quellen »Der / Teutschen / Rätzel-Weißheit« (1692) aufzudecken. Die »Fabel-Übung« eröffnet die als Person aufgeführte Poesie, indem sie sich als »der Fabeln erste Mutter« bezeichnet; aufgestellt hat diese Behauptung als erster »Mein edelster Homer«, der dann auch bald selbst das Wort ergreift. Teils Bekenntnis, er sei »gleichsam der Groß-Vater, wie aller Getichte, also insonderlich der Fabeln«, teils Rechtfertigung, er habe trotz Platons Kritik »alle lobens- und tadelnswürdige Eigenschafften, vollkommener Staats-Männer abgebildet«: so gliedert Homer seine Rede, in der er in Übereinstimmung mit Opitz, dem literarischen Gesetzgeber der Neuzeit, sein zeitliches und wertmäßiges poetisches Primat betont. Eindeutig begrüßt er zudem zeitgemäße Veränderungen, die den Geist des Originals wahren – wie Rollenhagens und Baldes Bearbeitungen der Batrachomyomachie, mit der er, Homer, bewiesen habe, daß er nicht nur »von tiefsinnigen und ernsthaften«, sondern auch »von lustigen Sachen« reden kann –; dagegen lehnt er eine Prosafassung seiner Epen ab, weil »also der Poetischen Wolredenheit gleichsam das Leben benommen« wird [163].

Zum Thema eines anderen Schulactus nimmt der Autor *Johann Leonhard Frisch* das Horaz-Zitat »ut pictura poesis«, das er traditionell falsch auffaßt als Gleichsetzung zwischen »Dicht= und Mahler=Kunst« [164]. Nach Frisch hat Homer in der Batrachomyomachie das epische Erzählen ›anschaubar‹ gemacht und schon »bey dem kleinsten Thier die zarteste Kunst gebraucht«. Umwieviel eher

> ... spührt man, wann die Kunst der *Menschen* Hertzen mahlet!
> Man weinet, wann das Bild die nassen Wangen wischt,
> Recht! rufft man, wann Ulyß den Polyphem bezahlet,
> Weil noch im grossen Aug' des Brandes Spitze zischt.
> Ein solches Mahlen muß ein rechter Dichter können,
> Nicht eine Verß=Figur von Schreiber=Hand gemacht [165].

Homers Dichtung besitzt in reinster Ausprägung die geforderte ›Bildlichkeit‹, die als Wesen der Poesie begriffen wird. Da nur das ›Vorstellbare‹ überzeugt, nähert sich diese Literaturauffassung einem ›realistischeren‹ Konzept. Wichtiger als die Beherrschung der Form erscheint der Reichtum an »Erfahrung«. Wer auf diese Weise Homer nachahmt, erreicht große Dichtung, die ihre Wirkung auf den Leser nicht verfehlt. Weniger eine ästhetische oder moralische, eher eine psychagogische Wirkung: die ›vorgezeichnete Wirklichkeit‹ soll nacherlebt und nachgelitten werden. In der rhetorischen Komponente des ›movere‹ liegt die wichtigste Funktion dieser bildhaften Dichtkunst.

Die typische Homerbewertung seiner Zeit übernimmt schließlich auch *Johann Christian Günther,* der ansonsten so gern als Vorläufer einer persönlich ausgerichteten Lyrik interpretiert wird. Seine Forderung lautet:

> Die Alten gehn dir vor; die nimm und lis mit Fleiß [166].

Als Homers exemplarische Eigenart hebt er die ›Lebendigkeit‹ seiner Epik hervor: er »bewegt und lodert« [167]. Mit den hervorragendsten Vertretern der Dichtung verewigt er die »Vergängligkeit« [168] und beseitigt die »Sterbligkeit« [169]. Die esoterische »Weißheit« macht er »in den Bildern« allgemeinverständlich [170], und auch die »Warheit hüllt (er) . . . in Fabeln netter Lieder, / Weil doch des Pöbels Blick ihr Feuer schwer verträgt«; diese theologisch-philosophische ›Tatsache‹ poetisiert Homer, indem er seine Götter »in Rauch und Nebel« niederfahren läßt [171] und sie

> . . . sichtbar macht,
> In herrlicher Person und mit so seltnen Blicken,
> Die theils mit Freundligkeit und theils mit Ernst entzücken [172].

Eine solche Einsicht in das Wesen des homerischen Götterapparates darf nicht darüber hinwegtäuschen, daß Günther letztlich doch wieder eine altbekannte Deutung vornimmt: die verborgene »Warheit« entschlüsseln »des Homer berühmte Fabeln« durch ihre allegorische Ausdrucksweise [173]. Mehr Wert besitzt jedoch eine literarische Form, in der die Wahrheit in buchstäblichem Wortsinn erscheint, in der Zeichen und Ding zusammenfallen. Deshalb kann kein weltlicher Dichter, nicht einmal Homer, gegen »Davids Harfe« bestehen, mit der Gott selbst zu den Menschen spricht [174].

Das vielseitige Homerbild dieser Epoche, das durch die Pole *erbittertster Ablehnung* und *begeisterter Anerkennung* abgegrenzt wird, ist v. a. von einer heftigen französischen Literaturfehde abhängig, von der *Querelle des anciens et des modernes* (1687 ff.) [175]. Die Standpunkte, die sich besonders schroff gerade bei der Beurteilung Homers scheiden, werden von deutschen Autoren meist ungeprüft und etwas entschärft übernommen. Eine negative Einstellung zu Homer gewinnt zudem an Bedeutung, weil einige Persönlichkeiten der frühen Aufklärung die Postulate der Vernunft und Sittlichkeit in der griechischen Epik nicht erfüllt sehen und die Dichtung deshalb entscheidend abwerten.

Christian Weise nimmt in dieser Auseinandersetzung noch eine vermittelnde Haltung ein. Nach seiner traditionell klingenden Theorie stellt der vollkommene Poet »in artigen und annehmlichen Gedichten die Göttliche und Menschliche Weißheit« vor. Mustergültig hat Homer diese theologisch-philosophische Grundthematik in sinnbildliche Fabeln übertragen, und er ist deshalb auch zu Recht »in allen Schulen so sehr aestimirt und getrieben worden / nicht / daß die jungen Leute solten lernen Verse machen / sondern / daß sie von den arcanis der Götter / der Opfer / und aller Tugenden etwas ausführliches begriffen solten« [176].

Ein absoluter Maßstab kann von Homers Werk jedoch nicht abgeleitet werden. Damit geht Christian Weise von dem dichtungstheoretischen Ansatz zu einer literarhistorischen Wertung über: Homer mag das Welt- und Menschenbild seiner Zeit zutreffend ausgedrückt haben, diese Vorstellungen erweisen sich jedoch in einer neuen Zeit, die in der Religion vom Christentum und in der Wissenschaft von einer Fortschrittsgläubigkeit geprägt ist, als überholte, oft sogar unsinnige Lehrmeinungen. »Also ist es kein Wunder / daß mancher in den alten Poeten weniger findet / als die Leute vorzeiten darinne gesucht haben« [177]. Was von Homer dann noch übrigbleibt, erfüllt nicht mehr die Forderung nach einem didaktischen Nutzen; es dient lediglich »zum Zeitvertreib« [178], und diese Geringschätzung führt schließlich dazu, daß eine Beschäftigung mit Homer im Grunde als unwesentlich erachtet wird.

Scaligers abwertende Charakterisierung Homers als eines Volksdichters greift *Leibniz* wieder auf und festigt sein negatives Urteil durch Argumente, die den abfälligen Äußerungen Heraklits und Xenophanes' über Homer entnommen scheinen: Er habe »die Götter und Helden lächerlich vorgestellet, weil er nicht wie Virgilius für einen Augustus etwas Majestätisches, sondern für den griechischen Pöbel, dem er seine Aufsätze vorgelesen, was Lustiges habe machen wollen« [179]. Dennoch »zeige er an vielen Orten einen großen Geist und schwinge sich hoch, wenn er wolle« [180]; ein Beispiel dafür liefert er nach Leibniz mit der Motivierung der heroischen Taten, die er »vornehmlich ... unter göttlicher Einwirkung« geschehen lasse [181].

Scharfen Tadel erteilt *Christian Thomasius* der ›poetischen Autorität‹ Homer: den griechischen Epiker und seinen römischen Nachfolger Vergil könne er keineswegs »als unvergleichliche Leute überall herausstreichen und recommendieren ...; denn gescheite Leute haben nicht ohne Grund vieles an ihnen zu erinnern gefunden« [182]. Homers Dichtung nützt weder einem Juristen noch einem Theologen: entschuldigen ließe sich noch, daß man sich »in Entscheidung einiger Streitigkeiten zuweilen poetischer Zeugnisse« bediene [183], bedenklich aber müsse es einen Christen stimmen, wenn er bei 90% seiner dichtenden Glaubensgenossen das heidnische Werk Homers und nur bei 10% die Verse des doch gewiß ebenso guten christlichen Autors Prudentius finde [184]. Dem Einwand Huets, man dürfe trotz religiöser Überzeugung nicht einfach den »consens so vieler Jahre / so vieler Völcker / so vieler vortreflicher Männer / die den Homerum und Virgilium bewundert haben«, als Irrtum abtun, begegnet Thomasius mit dem wenig stichhaltigen Widerspruch, dann »würde man auch das Sauffen und die Hurerey vertheydigen können«, da diese ebenfalls schon öfters gelobt worden seien [185]. Seine Abwertung Homers führt schließlich zu einer Aufwertung des antiken Homergegners Zoilos: Besteht »doch sein crimen in nichts anders ... / als daß er dem Homero seine Fehler entdeckt« hat! Jeder Christ sollte ihm deshalb dankbar sein, weil er sowie Lukian und andere »heut zu Tage berühmte Ingenia« Homers gottlose »grobe Schnitzer angemercket« haben [186]. Eine von diesen Verfehlungen: Homer verstoße gegen das πρέπον, da er seine »Heröes so fürgestellet / ... nicht als wenn sie Menschen sondern Engel / ja gar halbe Götter wären« [187]. Der letzte Vorwurf berührt im Gegensatz zu den vorigen außerpoetischen Kategorien erstmalig auch eine poetologische Forderung, der Homer demnach ebenfalls nicht gerecht wird. Eine unchristliche und in sich selbst unstimmige Dichtung: so erscheint Christian Thomasius die homerische Epik. Ein vorurteilsloser Leser kann folglich nach seiner Meinung »mehr Artigkeit und Iudicium in Hans Sachsen als in Homero antreffen« [188]!

Leibniz und Thomasius erneuern im Grunde nur den Vorwurf, den einige Philosophen seit Platon in traditioneller Form gegen Homers Dichtung erhoben haben [189]. Der historische Ansatzpunkt der Kritik liegt in der Errichtung einer Idealethik. Deren Wertkanon vermögen die homerischen Epen nicht zu entsprechen; ihre ›Wirklichkeitsnähe‹ verhindert die geforderte Stilisierung zu einem paradigmatischen ›hohen‹ Menschentypus, wie ihn Vergil aufgestellt hat. Gegen die Aeneis erscheinen Ilias und Odyssee amoralisch und schließlich auch areligiös, da Homer seinen Göttern menschliche Vergehen zuschreibt. Diese Begründungen für den Tadel bleiben gültig, erweitert wird die Angriffsfläche durch ›rationalistische‹ Einwände: dem Maßstab eines aufgeklärten Geistes kann Homer nicht mehr genügen, da er gegen das oberste Kriterium, gegen die Vernunft, verstößt. Zu den moralischen und religiösen Bedenken kommt nun nach der zeittypischen philosophischen Anschauung der geringe Intelligenzgrad in der homerischen Poesie hinzu.

4. Abschluß und Neuansatz: das Gesetz und das Wunderbare

Die Kritik an Homer, die in der Geisteswissenschaft dieser Epoche verbreitet ist, wirkt nicht auf die entscheidenden dichtungstheoretischen Aussagen der nachfolgenden Zeit ein: auf Gottscheds Poetik und Bodmers und Breitingers literaturwissenschaftliche Beiträge [190]. Im Gegenteil: die Meinung der Philosophen wird scharf bekämpft; denn »man muß sich wundern, wenn andere gelehrte Männer neuerer Zeiten, auch wohl solche, denen Homer billig bekannter hätte seyn sollen, ihn bisweilen einen griechischen Meistersänger, oder Fabelhans genennet; ja ihn wohl gar mit unserm Hans Sachs verglichen haben: mit dem er doch nicht die allergeringste Aehnlichkeit hat« [191]. In den Werken Gottscheds sowie Bodmers und Breitingers überwiegt daher das Homerlob, und doch unterscheiden sich die Arbeit des einen und die Untersuchungen der anderen wesentlich voneinander.

Johann Christoph Gottsched bildet mit seiner Auffassung den Abschluß humanistischer Forschungen und barocker Wertungen [192]. In dem *Versuch einer Critischen Dichtkunst* (⁴1751) übernimmt er in eklektischem Verfahren eine Fülle von vorgeformten Bemerkungen zu Homer, die seine Beeinflussung durch die klassizistische französische Philologie aufzeigen. Faßt er dagegen einen selbständigen Gedanken, dann deutet dieser eher seine Unkenntnis der homerischen Dichtung an. Als er den Musenanruf mit der Erinnerung an ›verborgene‹ Dinge rechtfertigt, erwähnt er den Beginn des großen Schiffskatalogs; dieser homerische Abschnitt befindet sich am Ende des *zweiten* Buches und nicht, wie Gottsched behauptet, »am Ende des *ersten* Buches der Ilias« [193]! Andere Äußerungen, die eine tiefe Kenntnis des homerischen Originals vermuten ließen, erweisen sich als Zitate. Als »die älteste Gattung der Gedichte« gibt er die Lieder an, die Homer in seine Epik eingeflochten hat – eine Auskunft, die aus einer französischen Quelle stammt [194]. Auf französische Autoren beruft sich Gottsched auch an weiteren Textstellen, in denen Homer gepriesen wird. So führt er La Motte an, während er den dreifachen »Endzweck« des griechischen Dichters als »völlig erreichet« bezeichnet: Homer habe – trotz einiger »Schnitzer«, die Gottsched nicht zu »canonisiren« beabsichtigt, die er aber »mehr seinen Zeiten, als ihm selbst« zurechnet [195] – »alle Schönheiten der Poesie in einem Meisterstücke verknüpfen, die gemeine Wohlfahrt seiner Griechen befördern, und sich selbst dadurch in besondre Hochachtung setzen wollen«. Dies gelingt ihm, weil er »Alle diese Kunstgriffe ... zu verbinden gewußt« hat. In seiner komplexen Epik vereinigt er sogar Gegensätze: Er »erzählt wahre Geschichte« *und* »erdichtet Fabeln« [196]. Die Fiktion, die dem historischen Faktum widersprechen kann, be-

darf lediglich der »poetische(n) Wahrscheinlichkeit«; die Wirklichkeit mag dabei
außeracht gelassen werden, wie Homer die Szene mit Hektors Tod »so künstlich«
gestaltet, »daß man mit den Gedanken ganz auf die beyden Helden verfällt, und
die beyden Armeen darüber ganz vergißt« [197]. Und doch: bei der Schilderung
der unbegreiflichen handwerklichen Fähigkeiten des Hephaistos hat Homer »sich
versehen, und die Wahrscheinlichkeit nicht recht beobachtet« [198].

Dennoch bleibt Homer *die poetische Autorität,* schon allein deshalb, weil die
wichtigsten ›Gesetzgeber‹ der Dichtung, Aristoteles und Horaz, immer wieder auf
ihn zurückgegriffen haben [199]. Dieses normative Homerurteil ist für Gottsched
entscheidender als jedes eigene Erfassen eines Kunstwerkes, zu dem er wohl auch
nicht fähig wäre. Die ›Regeln der antiken Theoretiker‹ sind ›primäre‹ Kategorien
[200]; nach ihnen erst wird die Einschätzung eines Dichters wie Homer bestimmt,
den Gottsched nun nach der Wahl seiner literarischen Gattung bewertet. Treffende
Bemerkungen zu dieser Fragestellung haben erneut französische Wissenschaftler geprägt. Daher wird Gottscheds *Hauptstück. Von der Epopee, oder dem Heldengedichte* [201] außer einigen Anspielungen auf Wendungen Boileaus [202] eindeutig
»durch die moralische Auslegung Le Bossu's beherrscht, die mehrmals mit mehr oder
weniger Umständlichkeit vorgetragen wird« [203]. Auch wenn Gottsched selbst in
der vierten Auflage seiner Poetik die Normen durch den Einschub eines Kapitels
über den Roman etwas auflockert: letztlich sind doch »die besten unter den alten
Romanschreibern ... dem Muster der Odyssee« gefolgt [204] und haben dadurch
das Epos als das unumstrittene »rechte Hauptwerk und Meisterstück der ganzen
Poesie« anerkannt [205]. Das vollkommenste Epos hinwiederum hat Homer gedichtet, »der allererste, der dergleichen Werk unternommen, und mit solchem
Glücke, oder vielmehr mit solcher Geschicklichkeit ausgeführet hat; daß er bis auf
den heutigen Tag den Beyfall aller Verständigen verdienet hat, und allen seinen
Nachfolgern zum Muster vorgeleget wird« [206]. Die Ilias, weil sie vier poetologische Forderungen wahrt: die Einheit der Handlung, die Dichte der Zeit, die
›pathetische Fabel‹ und die »moralische Wahrheit« [207] – die Odyssee, weil sie
»für hohe und niedrige erbaulich« ist: sie bietet eine Fülle an »moralischen Lehren«
[208]. Beide Epen stellen den absoluten Maßstab der Dichtung dar, sie müssen
nachgeahmt, können aber nicht erreicht oder gar übertroffen werden. Ein gewaltiges
Homerlob! Und doch klingt Gottscheds Urteil nicht überzeugend. Zu sehr ist es aus
Thesen anderer Autoren zusammengesetzt, zu sehr wird außerdem die poetische Gesetzlichkeit betont – und dies schon im »historischkritischen Theile«, auf den erst der
›dogmatische‹ folgt [209]! In ihm wird nochmals hauptsächlich Homers Epik zur
Beweisführung herangezogen, wiederum ohne eigene Gedanken und ohne jegliches
ästhetische Einfühlungsvermögen. Verständlicherweise kommt es Gottsched auch gar
nicht auf das homerische Wortkunstwerk an; es dient ihm im Rahmen seiner Poetik
lediglich zur deskriptiven Ausgestaltung einer allgemeinverbindlichen Idealpoesie,
und als solche versteht er Homers Epik, weil ihr »die Hochachtung und Bewunderung des tiefsinnigsten unter allen Weltweisen, Aristotels«, gegolten hat [210].
Nach Meinung des autoritätsgläubigen Literaturprofessors kann sich dieser größte
›Kunstverständige‹ unmöglich geirrt haben. Deshalb schließt sich Gottsched beden-

kenlos dessen Homersicht an, ohne eine persönliche Stellungnahme auch nur zu versuchen [211].

Die bewußt traditionelle und unselbständige Homerbewertung Gottscheds wirkt wie eine definitive Zusammenfassung aller bisher gültigen Aussagen. Und doch entsteht schon zur gleichen Zeit der vorläufige Entwurf zu einem neuen Homerbild. Zwar greifen auch *Johann Jakob Bodmer* und *Johann Jakob Breitinger* auf die überlieferten Gedanken zurück, aber sie verbinden das Alte mit dem Ansatz zu einer eigenen Dichtungskonzeption, die sich am ehesten mit der Hervorhebung des ›Wunderbaren‹ kennzeichnen läßt. Dennoch betont Gottsched – allerdings in der vierten (!) Auflage seiner *Critischen Dichtkunst* –, Homer sei »sonderlich darinn zu loben, daß er auch den natürlichsten Dingen, durch seine Beschreibungen ein *wunderbares* Ansehen zu geben gewußt«, und er, Gottsched, habe dies aufgezeigt, nicht erst diese »Schule des *Wunderbaren*«, aus der »die seltsamsten und ungereimtesten Erfindungen entstanden« seien [212]. Aber die Angabe Gottscheds ist falsch. Den Ruhm, einen spezifisch poetischen Begriff konsequent durchdacht zu haben, kann er den beiden Schweizer Literaturtheoretikern nicht nehmen. Diese stützen sich ebenfalls noch auf französische Quellen, setzen sich aber auch mit den Schriften englischer Autoren auseinander und gelangen dadurch zu einer tieferen Durchdringung der homerischen Epik [213].

Eine solche Behauptung scheinen ihre ersten Veröffentlichungen zu widerlegen. In dem frühen Werk *Die Discourse der Mahlern* (1721 ff.) behalten sie weitgehend die traditionelle Auffassung »ut pictura poesis« bei. Und noch 1740 schreibt Breitinger, indem er einen Abschnitt Popes interpretiert:

Die beyden Gedichte, die Ilias und die Odyssea, können wir als zween reichlich versehene *Bilder=Sääle* betrachten, in welchen eine unzehlige Menge der vortrefflichsten Originalien und Meisterstücke dieses berühmten Kunst=Mahlers aufgestellet, und zur Schaue vorgeleget werden [214].

Dagegen erschüttert Bodmer schon 1741 in den *Critischen Betrachtungen über die poetischen Gemälde der Dichter* diese Vorstellung von der Dichtung Homers als ›Bildersaal‹ durch seine *Wirkungstheorie* [215], die er mit zwei Beispielen aus der Odyssee belegt: Die poetische Fähigkeit des Sängers Demodokos wird nicht bildhaft nachgezeichnet, sondern mittelbar in ihrer Wirkung auf die Zuhörer beschrieben, und ebenso zeigt Homer die Geschicklichkeit der tanzenden Phäaken an dem Beifall des Odysseus und nicht durch das ›Abmalen‹ der Tanzbewegungen [216]. Auch die Problematik eines passiven Helden gehört in diesen Zusammenhang. In den *Critischen Briefen* (1746) wird hingewiesen auf die Untätigkeit des Achill, den Homer »in allen achtzehn erstern Büchern der Ilias unter den Zelten (hat) sitzen lassen«: dieses Verhalten zeigt überdeutlich die Ohnmacht der anderen und unterstreicht damit umso mehr die eine überragende »Dapferkeit«, die die Griechen dringend benötigen [217].

Dichtung unterscheidet sich nicht nur von der Malerei. Jeder Versuch, die poetische Mythologie Homers allegorisch aufzufassen und »in ein System einer natürlichen Philosophie« umzuwandeln, wird abgelehnt [218]. Die Dichtung geht nicht von der ›Vernunft‹, sondern von der ›Einbildungskraft‹ aus: die Fabel von Kirke umschreibt wertfrei »die natürliche Magie« einer schönen Frau, die Männer in ihren Bann zieht. Die Ilias wird sogar »gleichsam das Zauber=Buch der Schönen« genannt: »man findet darinnen die erstaunlichen Zauber=Wercke der grossen Zauberin Helena, die durch einen Blick gantze Armeen auf die Wahlstatt geführt, Städte in den Brand gelegt, und Länder verheeret hat« [219]. Das bedeutet keineswegs eine verborgene Morallehre, das läßt sich nicht durch irgendeine Übertragung in eine andere Sinngebung entschlüsseln: die *Mythologie* soll als Mythologie und als nichts anderes verstanden werden, denn in ihr wird die *Eigenart der Poesie* erkennbar. Die Dichtung wird demnach in Umrissen als eine autonome Seinsweise definiert. Als solche kann sie auch eine ›Bewußtseinserhellung‹ herbeiführen; zumindest sollte sie jedoch den ›Willen zur Tat‹ stärken. Deshalb gelingt Homer mit Nestors Rede zur Aufmunterung der verzagten Griechen eine »geschickte Nachahmung« [220]. Diese offenbart das spezielle Wesen der Dichtung, die auch auf ein spezielles Ziel gerichtet ist: die *Einbildungskraft* verursacht eine ›Betroffenheit‹ im Zuhörer, bzw. im Leser. Erst in der jeweiligen Begegnung von ›objektiviertem Geist‹ und ›personalem Geist‹ [221] verwirklicht sich ein echtes Kunstwerk, und es ist daher besonders kennzeichnend, wenn Homer diesen Vorgang in seiner Epik ›nachahmt‹ und mit dieser Nachahmung Eigenart *und* Absicht der Dichtung zugleich aufzeigt: Odysseus ist ergriffen vom Gesang über den Untergang Trojas [222].

Solche Gedanken, die sich lediglich im Ansatz bei Bodmer und Breitinger finden lassen, mußten weitergeführt werden, um die Fülle von neuen Ideen anzudeuten, die durch sie angeregt werden konnten. Bahnbrechend erweisen sich die beiden Schweizer Literaturwissenschaftler auch durch andere Themen, die sie aufgreifen. Bodmer ermöglicht dichtungstheoretisch das homerisierende Epos Klopstocks, indem er in seiner *Critischen Abhandlung von dem Wunderbaren in der Poesie und dessen Verbindung mit dem Wahrscheinlichen* (1740) Miltons homerisierendes Epos rechtfertigt. Diese Verteidigungsschrift geht bis auf die Vorlage zurück. Denn selbst Homer wird von jedem Vorwurf der ›*Unglaubwürdigkeit*‹ befreit, da er seine »wunderbare Dinge« an »das aberglaubige Religions=Systema seiner Zeit« anpassen mußte, um überzeugend zu wirken [223]. – Das »für die Erläuterung Homers ... wichtigste deutsche Buch vor Herder« [224], Breitingers *Critische Abhandlung Von der Natur den Absichten und dem Gebrauche der Gleichnisse* (1740), behandelt einen wesentlichen Teilaspekt der homerischen Epik. Im Register sind alle herangezogenen ›Exempel aus der Ilias und aus der Odyssea‹ aufgeführt [225]. Mit wissenschaftlicher Genauigkeit *und* ästhetischer Begeisterung untersucht Breitinger die verschiedenen Arten der Gleichnisse und ihre Besonderheiten. Die Selbständigkeit des homerischen Gleichnisses erkennt er nicht, aber es gelingen ihm einige subtile Einsichten, die ein echtes künstlerisches Nachempfinden verraten. So entdeckt er, daß Homer mit einem »Gleichniß=Bild« zwei getrennte Bereiche miteinander kunstvoll verbindet: Als Penelope ihren Gatten unerwartet wiedersieht, wird sie mit verunglückten Seeleuten verglichen, die sich überraschenderweise an Land zu retten vermögen (Od. XXIII 233 ff.).

Ein solch geschickter Mahler ist Homerus, daß er auch selbst die verborgensten Regungen des Hertzens gleichsam sichtbar machen und empfindlich vorstellen kan. Das Gleichniß=Bild

ist desto richtiger, weil es vom Meer hergenommen, welches Ulyssen in der That auf seinen
Reisen am fatalsten gewesen war, und ihn immer weiter von seinem väterlichen Reiche
verschlagen hatte. Man kans als eine Allegorie ansehen, worinne das abentheuerliche Schicksal dieses Helden kurtz=begriffen vorgestellet wird [226].

Wie hier ein Abschnitt aus der Odyssee gelobt wird, so auch das gesamte Werk und
die Ilias. Beide Epen sind für Breitinger wertmäßig gleich, ungleich jedoch zeigen
sich ihr ›Charakter‹ und ihre ›Materie‹ [227]. Diese Verschiedenheit verdeutlicht
Breitinger an den bezeichnenderweise andersgearteten Gleichnissen:

Gleichwie die Odyssea uns Exempel von Gleichniß=Bildern leyhet, welche die zärtlichern
und sanftern Leidenschaften zu erhöhen dienen, so wird man in der Ilias hingegen dergleichen Vorbilder von wildern und ungestümern Aufwallungen in grosser Menge wahr-
nehmen können [228].

Trotz des Feingefühls, das Breitinger im Detail erkennen läßt, hält er an der traditionellen Vorstellung vom ›Maler‹ Homer fest. Allerdings versteht er diese Beurteilung vorrangig ›psychologisch‹: Homer ist für ihn der vollkommene ›Affekten-
Maler‹. Ebenso wie für Bodmer: nach dessen Meinung hat Homer die menschliche
Wirklichkeit »abgeschildert«, hat also »die Natur selbst ... nachgeahmet« [229].
Ein weiterer Begriff, der neu gewertet wird: die ›Natur‹ erscheint nicht mehr roh
und abstoßend; in ihr werden in unverfälschter Form Reinheit und Echtheit sichtbar, ihre verschwenderische Fülle und ihre ungestüme Gewalt beeindrucken den be-
trachtenden Menschen [230]. Aus diesem Grunde erfährt auch Homer eine beachtliche Aufwertung gegenüber Vergil, der diese Nähe zum Ursprünglichen nur mehr
›künstlich‹ erreichen kann [231]. Angeregt durch Pope erweitert Breitinger seine
Homercharakterisierung durch die Hervorhebung neuer Merkmale, die diesen
Gegensatz zwischen Homer und Vergil vertiefen:

Homer ist viel ausführlicher und genauer in Aussetzung derjenigen Umstände, welche
dienen, die Sachen sichtbar vor Augen zu stellen, und seinen Gemählden viel Bewegung,
Handlung und Leben mitzutheilen: Hingegen ist Virgil viel kürtzer, und sucht seinen
besten Vortheil in Beywörtern, so die Gestalten und Beschaffenheiten der Dinge erklären;
die Begriffe liegen bey ihm viel enger zusammengepresset; und seine Gemählde haben ein
kunstreicheres Aussehen, da in den Homerischen Schildereyen die Kunst mehr in der Wahl
der Gedancken und vortheilhaftigsten Umstände, als in der Höhe und dem Glantz der
Farben bestehet, und unter einem einfältigen und natürlichen Ansehen verstecket lieget
[232].

Diese Unterschiede stellt Breitinger fest, ohne sie wertmäßig gegeneinander auszu-
spielen. Und doch verbirgt er nicht seine persönliche Vorliebe für Homer. Er findet
sogar schon die Worte, die später programmatisch werden sollten:

Die Homerische (Darstellungsart) hat einen *Original=Character,* und machet sich dem
mehreren Haufen angenehm; die Virgilische hat viel mehr Kunst, und ist gelehrter. Homer
war der *gröste Genius,* Virgil der *beste Künstler* [233].

Höchstmögliche Größe bedeutet mehr als höchstmögliche Fertigkeit. Denn ein be-
gabter Dichter könnte vielleicht die künstlerische Leistung Vergils wiederholen;
aber Homer ist *der* allüberragende *Naturdichter,* der nur *nacherlebt* werden kann.
Seine Dichtung ist und bleibt *ein einmaliges Kunstwerk:*

Ich betrachte erstlich den Homer als einen *Original=Geist*, der diese Wercke, welche zwar
der erste Versuch in dieser Gattung Schriften und doch zugleich das Muster aller andern gewesen, die seit der Zeit geschrieben worden sind, so wohl als sie es auch der künftigen
seyn werden, *ohne einen Vorgänger* aus seinem eigenen Kopfe hervorgebracht hat; und ich
schreibe ihm in dieser Absicht die Erfindung aller dieser Gleichnisse als dem ersten Urheber
vor eigen zu; daher leite ich nun einen Schluß auf den Reichthum seiner unbeschränckten
Wissenschaft, und seines vortrefflichen Witzes, zwey Stücke, in welchen beyden ich *unter
allen seinen Nachfolgern seines gleichen nicht* finden kan [234].

*

Hiermit prägt Breitinger schon die Umrisse eines neuen Homerbildes, das dann in
einer neuen Epoche nach neuen Gesichtspunkten entwickelt wird. Zu dessen Ausgestaltung liefert die humanistische und barocke Tradition nur noch kleine Bauelemente. Sie scheint von der ›modernen‹ Homerauffassung, die von der zweiten
Hälfte des 18. Jahrhunderts an in Deutschland ansetzt, allmählich immer mehr
ausgelöscht zu werden. Und doch zeigt diese alte Tradition, die zu Beginn des
Humanismus noch keineswegs als Tradition verstanden werden konnte und die
erst langsam eine 200 Jahre währende Gültigkeit erlangt hatte, bis in unsere Zeit
ihre unversiegbare Wirkkraft. Denn wir haben sehen gelernt, wie einseitig die Betrachtungsweise der nachfolgenden Homerbewertung gewesen ist.

Bestimmt worden ist diese andere Form der Aneignung durch mehrere Faktoren:
so durch den *Messias* Klopstocks, der in der Nachfolge Miltons die homerische Epik
christlich zu erneuern versucht, durch Winckelmanns Sicht der Antike, deren ›apolli-
nischer‹ Geist auch das homerische Werk erfüllt, durch die Begeisterung für *Ossian,*
die Naturstimmungen und Gefühlsregungen heraufbeschwört, durch die ›roman-
tische‹ Wissenschaftstheorie Herders, der in Homers Dichtung den vollkommensten
Ausdruck der ›Urpoesie‹ erblickt, durch den Enthusiasmus der Geniedichter, der
seine höchste Gestaltung in Goethes Gedicht *Künstlers Morgenlied* erfährt, durch
die Entwicklung einer poetischen Sprache, die eine wesentliche Steigerung der Aussage ermöglicht, und durch die ›klassischen‹ Bemühungen um die ›Wiedergeburt‹
Homers, die in der Übersetzungsleistung von Voß gipfeln [235].

Trotz der Bewunderung für all diese Bestrebungen, die schließlich zu einer sehr
vertieften Homererfassung in Deutschland geführt haben, darf nicht vergessen werden, daß die Einstufung Homers als Originalgenie nur eine einseitige Bewertung
darstellt. Dennoch ist man heute immer noch bereit, die Klassik als die Zeit zu
feiern, in der Homer ›erst eigentlich‹ wiedererstanden sei, und jede frühere Epoche
so abzuurteilen, als hätten einige wenige Homers Werk zwar lesen, aber niemals
verstehen können. Zu einer gerechteren Einschätzung der vorklassischen Homerbewertung wollte die vorliegende Arbeit einen Beitrag liefern. Gerade die Ergebnisse
neuerer Forschung haben wieder ein verändertes Homerbild entworfen: seine Dichtung ist Wahrung der Tradition und zugleich auch Neuschöpfung, ist erstmalige
schriftliche Fixierung früherer mündlicher Improvisationen und künstlerisch bewußte eigenständige Gestaltung [236]. Diese ›synthetische‹ Bewertung findet ihre
literaturgeschichtliche ›These‹ in dem langen Zeitraum zwischen Humanismus und
Aufklärung. Damals bereits hat sich die Vorstellung von Homer behauptet, daß er
das gesamte überlieferte Wissen in eine einheitliche Poesie zusammengefaßt habe

und daß er mit dieser ›Totalität‹ seiner Erfahrung am Anfang der schriftlichen Dichtung stehe. Wenn wir diese Deutungsversuche geringschätzen, müssen wir folgerichtig verkennen, daß in ihnen wesentliche Bestandteile unserer heutigen Wertung enthalten sind – mehr noch als in dem einen Aspekt der ›Originalität‹, zumal dieser mitunter auch schon vor Breitinger erahnt worden ist.

Homer als eine Dichterpersönlichkeit, die aus der Fülle traditioneller Gegebenheiten heraus bewußt eigenschöpferisch gestaltet hat: so stellen wir uns zur Zeit den oder die Verfasser vor, die sich hinter den vollendeten Kunstwerken der Ilias und der Odyssee verbergen. Diese frühgriechischen Dichtungen behalten innerhalb der Weltliteratur ihre gewichtige Sonderstellung, die sich letztlich einer Erklärung immer entziehen und einen geheimnisvollen Zauber bewahren wird. Sie fordern jede Generation zu neuer Auseinandersetzung, zu neuer Betrachtungsweise heraus. In diesem Sinn verstehen wir die Worte Hofmannsthals: »das Homerische Gedicht hat sich wiederum gewandelt. Diese unausdeutbaren Gebilde sind Leben, zweifelhaft, doppelblickend wie alles Leben. Sie machen unausgesetzte Wandlungen durch«.

ANHANG

ANMERKUNGEN

Zu den Vorbemerkungen

1 Zitiert nach Wolfgang Stammler: *Von der Mystik zum Barock (1400–1600)*, ²Stuttgart 1950, S. 36.
2 *Versuch einer Critischen Dichtkunst.* Unveränderter photomechanischer Nachdruck der Ausgabe ⁴Leipzig 1751, Darmstadt 1962, S. 469 f.

Zu I. Kurzer Abriß der homerischen Wirkungsgeschichte

1 Siehe *Tusculum*, S. 305.
2 *GdT*, S. 317.
3 *Ebda*, S. 345.
4 In: *LAW*, Sp. 1373. Die Verfasserfrage ist nicht völlig geklärt; unter dem Artikel »Ilias latina« wird in der *RE* für Balbius Italicus gestimmt.
5 *LAW*, Sp. 1373. Buch 1–5 erstreckt sich auf 537 Verse, dagegen referieren nur vier Verse das 17. Buch.
6 Lübker, S. 951 f.
7 In Anlehnung an Ernst Robert Curtius' Werk *Europäische Literatur und lateinisches Mittelalter* (⁶Bern/München 1967).
8 Lesky, S. 916.
9 *Ebda.*
10 Karl Borinski: *Die Antike in Poetik und Kunsttheorie. Vom Ausgang des klassischen Altertums bis auf Goethe und Wilhelm von Humboldt*, Leipzig 1914, S. 11:
   »Dat Phrygius Dares veraci limite causas
   Exitii Troiae seditionis onus.
   Instruit in Trojam Graecos et pandit Homerus,
   Quae vehat unda rates, Argolicumque dolum«.
11 Nach einem Vortrag von Hugo Buchthal über *Illustrationen der Trojasage in Venedig im 14. Jh.* (gehalten in Mainz am 22. 5. 1968). Siehe dazu auch in Buchthals Werk »Historia Troiana. Studies in the History of Mediaeval Secular Illustration« (London 1971) v. a. den Bildteil.
12 Elisabeth Frenzel: *Stoffe der Weltliteratur*, Stuttgart 1962, S. 641 f.
13 Helmut de Boor: *Die höfische Literatur*, 2. Bd. der *Geschichte der deutschen Literatur*, ⁶München 1964, S. 50 f.
14 *Historia troiana Guidonis*, Straßburg 1486, p. a 1ʳ: »homerus apud grecos eius historie puram et simplicem veritatem in versata vestigia variauit fingens multa quae non fuerunt«. Wie Homer so auch Vergil und Ovid, »qui in exprimenda veritate troiani casus nimium defecerunt« (p. o 7ʳ).
15 Siehe Karin Schneider: *Der ›Trojanische Krieg‹ im späten Mittelalter*, Berlin 1968, S. 77.
16 Zitiert nach Goedeke, Bd. 1, S. 372.
17 Karin Schneider, *a. a. O.*, S. 77.
18 *Ebda*, S. 73 ff.

19 Darüber bei Karin Schneider, a. a. O., S. 102 ff.; Goedekes Angaben werden mitunter revidiert.

20 Gustav Bauch: *Geschichte des Leipziger Frühhumanismus,* 22. Beiheft zum Centralblatt für Bibliothekswesen, Leipzig 1899, S. 71.

21 *Ebda,* S. 93.

22 Elisabeth Frenzel, a. a. O., S. 642. Dort werden beide Aussagen als Gründe angegeben, jedoch ist m. E. erst der zweite Grund maßgebend für das weitere Schicksal dieser Werke.

23 Karl Borinski, a. a. O., S. 12.

24 *Ebda.*

25 Deshalb spielt in einem Gedicht Alkuin (oder ein Alkuin-Schüler) nicht auf eine Beschäftigung mit Homer an, sondern meint unter dieser Namensverschlüsselung den Freund Angilbert, wenn er die einsame Zelle beklagt, die nunmehr »nec Flaccus (Alkuin) nec vatis Homerus« bewohnt (Josef Eberle, Hrsg. und Übers.: *Psalterium Profanum,* Zürich 1962, S. 70).

26 Manitius, I S. 495 f.: »Dieser Homer hat, während er die Gegenden der Welt schilderte, durch den reichlichen Genuß von Dinkelbrot Leibschmerzen bekommen und sucht unter Zurücklassung seines Gedichtes an Vergil eine Insel auf. Dabei begegnet ihm Orcus, der auf seinem Dreizack eine Laus sitzen hat. Darüber muß er so lachen, daß er sich mit dem Finger bekreuzt und all seinen gelehrten Kram von Ilion über Bord wirft und die mythologischen Ungeheuer von sich weichen heißt; ... (er) wendet sich fortan zur Besingung des heiligen Gallus, über den Ermenrich nun selbst einiges schreiben will«. Manitius, dem der Verfasser auch für mehrere folgende Beispiele aus dem Mittelalter verpflichtet ist, meint, diese Behauptung Ermenrichs kontrastiere zu anderen Werkstellen (I S. 496); doch läßt sich auch der nächste Textbeleg in diesem Sinne deuten. – Grundsätzlich muß bemerkt werden, daß sich im lateinischen Mittelalter die Anwendung ›europäischer‹ Zitate auf die Literatur einer bestimmten ›Nation‹ methodologisch rechtfertigen läßt, da der Begriff ›Nationalliteratur‹ durch eine übernationale Sprachgemeinschaft fragwürdig erscheint. In ihr sind die Texte Ausdruck einer ›Gesamtanschauung‹, zu der ein Einzelner meist nur ›typisch‹ (und nicht individuell) Stellung nimmt.

27 Manitius, I S. 260: »Graeca cerneris Homerus, Latina Vergilius, In Hebrea quoque Philo ...«

28 Manitius, III S. 900: »Cessit ei Cicero, cessit Maro, cessit Homerus«.

29 Manitius, II S. 531.

30 Josef Eberle, a. a. O., S. 205.

31 Manitius, III S. 975.

32 Josef Eberle, a. a. O., S. 174: »enutritus in Piero, / eruditus sub Homero«.

33 Spätestens seit dem Griechen Hipponax, im 6. Jh. v. Chr. in Ephesos geboren, bekannte Thematik in der Lyrik: Armut, die sich in schonungsloser Selbstanalyse zeigt. Anfangs ironisch und bissig kommt mitunter auch soziale Anklage und dann in der byzantinischen Literatur eine stereotype Wehleidigkeit und Bettelei hinzu. Vielleicht ist Hugo angeregt worden von dem genialen Theodoros Prodromos, der sich wegen seiner Armut selbst Ptochoprodromos nannte. Von ihm stammt neben dem »traurigsten Klagelied, das die stets zur Armut verdammte Zunft der Grammatiker je angestimmt hat« (Karl Krumbacher, *Geschichte der byzantinischen Literatur,* [2]München 1897, S. 805), der »Katzenmäusekrieg«, eine dramatische Parodie auf die pseudohomerische Batrachomyomachie (beide Werke zweisprachig hg. von Helmut Ahlborn, Berlin 1968).

34 Manitius, II S. 500.

35 Manitius, III S. 684. – Vgl. dazu Eduard Stemplinger: *Studien zum Fortleben Homers* (in: *Studien zur vgl. Lit. gesch.,* hg. von Max Koch, Bd. 6, München 1906, S. 14). Stemplinger nennt folgende Werke: A. P. Manutius' *Homerocenta* von 1501 und H. Stephanus' *Homeri Centones* von 1578 (es folgen noch spätere ›Centonen‹).

36 Siehe Karl Borinski, *a. a. O.*, S. 22.

37 Manitius, II S. 454 f.

38 Georg Finsler: *Homer in der Neuzeit von Dante bis Goethe*, Leipzig/Berlin 1912, S. 8 f. — Christian Hofmann von Hofmannswaldau bezeichnet Chaucer als einen »englischen Homeros, wie ihn die Landes=Leute nennen« (*Deutsche Übersetzungen und Gedichte*, Breslau 1710, Vorrede, unpaginiert).

39 Manitius, II S. 505.

40 Manitius, III S. 12 und S. 181.

41 Manitius, III S. 317.

42 *Ebda*, Anm. 2.

43 So zitiert von Karl Hartfelder (*Heidelberg und der Humanismus*. In: Zs. f. Allg. Gesch., 2. Bd., Stuttgart 1885, S. 195) und von Gustav Bauch (*Die Anfänge des Humanismus in Ingolstadt*, München/Leipzig 1901, S. 87).

44 Georg Finsler, *a. a. O.*, S. 9 ff.

45 *Ebda*, S. 13 ff.

46 Zu Dantes Odyssee-Umdeutung siehe bei Sebastian Brant!

47 Borinski sieht in Petrarca den »Begründer der cäsarischen Dynastie europäischer Großliteraten ... über Erasmus bis auf Voltaire und Goethe« (*a. a. O.*, S. 107).

48 *GdT*, S. 525.

49 Zitiert bei Alfred Gudeman (*Grundriß der Geschichte der klassischen Philologie*, ²Leipzig/Berlin 1909, S. 172, Anm. 1). Die Briefstelle vor diesem Ausruf, ebenfalls dort zitiert, lautet: »Homerus tuus apud me mutus, immo vero ego apud illum surdus sum. Gaudeo tamen vel aspectu solo et saepe illum amplexus ac suspirans dico ...« (es folgt der schon erwähnte Text).

50 Georg Finsler, *a. a. O.*, S. 18 f.

51 *GdT*, S. 530 (syntaktisch verändertes Zitat).

52 *Ebda*, S. 561.

53 *Ebda*.

54 »Daselbst (noch in Venedig) leret er die kriechischen schrift, die bey sybenhundert iar in der still vnd schweigung gelegen was vnd widerumb durch ine an das liecht gebracht ward« (aus: Hartmann Schedels *Buch der Chroniken*, abgedruckt in dem 2. Bd. der von Hans Rupprich hg. Reihe VIII der *Deutschen Literatur in Entwicklungsreihen*, Leipzig 1935, S. 109).

55 Darüber ausführlich in: *GdT*, S. 561 ff.; ebenso in: Georg Finsler, *a. a. O.*, S. 20 ff.

Zu II. Humanistische Homerbewertungen

1. Homer-Rezeption im Frühhumanismus

1 *GdT*, S. 569.

2 Voigt schreibt über ihn, der Homer in seinem Testament als größten Wert ansieht: »vielleicht seit vielen Jahrhunderten der erste Abendländer, dem die volle Hoheit Homers wirklich in die Seele geleuchtet, der ihn mit leidenschaftlicher Hingebung in sich aufnahm, sich nach ihm bildete, ihm zu folgen strebte« (I S. 585).

3 *GdT*, S. 569.

4 *Probleme und Gestalten des deutschen Humanismus*, Berlin 1963, S. 123.

5 Abgedruckt in dem ersten Bd. der von Hans Rupprich hg. Reihe VIII der *Deutschen Literatur in Entwicklungsreihen* (*Humanismus und Renaissance*, Leipzig 1938) auf den Seiten 182–197.

6 *Ebda*, S. 183 (Od. VIII 266 ff.).

7 *Ebda*, S. 193: »ut sine Marte Amor numquam esset«.

8 *Ebda*, S. 194: »Grata Charybdis«.

9 *Ebda,* »Estne magicis artibus curandum? – Equidem non. Cum Cirches Dulichium illum Ulyssem ducem retinere nequivit«.

10 *Briefe, Dichtungen.* Übersetzt von Max Mell und Ursula Abel und mit einem Nachwort vers. von Gerhard Bürck, München 1966, S. 246.

11 Hans Rupprich, *a. a. O.,* S. 28.

12 Enea Silvio Piccolomini, *a. a. O.,* S. 124 (Brief vom 1. Juni, Wien 1444, an Wilhelm von Stein). – Alexander preist jedoch Achill und nicht Hektor!

13 Philostratus alias Wolfgang Forchtenauer.

14 *Ebda,* S. 186: »... aut Maeonio illo Homero, aut Mantuano illo Virgilio certat?«

15 Hans Rupprich, *a. a. O.,* S. 253.

16 Der Pseudolukianische *Goldene Esel* (in der lateinischen Version Poggios) entstammt als einzige Übertragung der griechisch-römischen Antike!

17 *Vom Gottesstaat,* v. a. Buch 6–10.

18 *Translationen von Niclas von Wyle,* hg. durch Adelbert von Keller, Stuttgart 1861, S. 251 f.

19 *Ebda,* S. 330 (in der 16. Schrift, einem halbwegs eigenen Beitrag zum »lobe frowen«).

20 Albrecht von Eyb: *Margarita poetica,* Straßburg 1503, p. 147 L.

21 *Ebda,* p. 149 C.

22 *Ebda,* p. 227 P.

23 *Ebda,* p. 221 D.

24 *AT,* Prediger Salomon I, XII; Homer, z. B. *Il.* VI 146 ff. und *Od.* XVIII 129 ff.

25 *De vanitate et miseria humane vite. liber domini Johannis tritemij,* Mainz 1495.

26 *Ebda,* p. A 4ʳ.

27 Hans Rupprich, *a. a. O.,* S. 197 ff.

28 *Ebda,* S. 198: »Ars oratoria non est aliud nisi rhetorica«.

29 *Ebda,* S. 199 (Od. III 267 ff.).

30 *Ebda,* S. 202: »Quasdam delectandi causas finxerunt poetae, quasdam ad naturas rerum, nonnullas autem ad mores hominum interpretati sunt«.

31 *Ebda,* S. 199.

32 V. 73 f.

33 Vgl. dazu Ernst Robert Curtius: *Europäische Literatur und lateinisches Mittelalter,* ⁶Bern/München 1967, S. 447.

34 Den schon die frühchristliche Apologetik von Josephus übernimmt und der zur Tradition christlicher Argumentation zählt (siehe Ernst Robert Curtius, *a. a. O.,* S. 443).

35 In dieser Bedeutung verwendet Peuerbach das lateinische Verb: »... cum testimonio magni Basilii aliorumque sanctissimorum etiam veteres gentilesque poetae recipiendi (!) sint« (Hans Rupprich, *a. a. O.,* S. 209).

36 *Ebda,* S. 207.

37 *Ebda.*

38 *Ebda.* Siehe Anm. 12 (Eneas Fehler – Hektor anstatt Achill – wird richtiggestellt).

39 Vgl. *ebda,* S. 206.

40 Abgedruckt in dem 2. Bd. der von Hans Rupprich hg. Reihe VIII der *Deutschen Literatur in Entwicklungsreihen* (*Humanismus und Renaissance,* Leipzig 1935) auf S. 93 ff.

41 W. Wattenbach: *Peter Luder, der erste humanistische Lehrer in Heidelberg* (in: Zs. f. die Gesch. des Oberrheins, 22. Bd., Karlsruhe 1869, S. 33 ff.).

42 *Ebda,* S. 103: »Legimus autem Homerum gentilem Graecorum poetam« in Erfurter Umarbeitungen verändert zu »Homerum gentilem et Graecorum quidem poetam maximam« (unter der Textvariante f.).

43 *Ebda.*

44 *Ebda:* »Quanto rectius nos qui Christiani sumus ... Spiritus sancti numen implorare debemus«. Für den Christen wird also eine *Steigerung* des göttlichen Anrufes gefordert, *nicht eine Absage an Homer,* wie es Karl Hartfelder fälschlich behauptet (*Heidelberg und der Humanismus.* In: Zs. f. Allg. Gesch., Bd. 2, Stuttgart 1885, S. 184)!

45 Vgl. *Matth.* 3, 2 und 4, 17 »μετανοεῖτε«.

46 W. Wattenbach, *a. a. O.*, S. 106 f.

47 Abgedruckt bei L. Bertalot: *Humanistische Vorlesungsankündigungen in Deutschland im 15. Jh.*; in: Zs. f. Gesch. der Erziehung und des Unterrichts, Neue Folge der Mitteilungen, 5. Jg., Berlin 1915, S. 12 (Nr. 23).

48 Gustav Bauch: *Die Universität Erfurt im Zeitalter des Frühhumanismus*, Breslau 1904, S. 97 f. Der Titel von Bogers Schrift: *Inuectiua contra garrulum declamatorem poesim inter sermocinandum floccifacientem.*

49 Gustav Bauch: *Geschichte des Leipziger Frühhumanismus*, 22. Beiheft zum Centralblatt für Bibliothekswesen, Leipzig 1899, S. 82. Der Titel von Bredekopfs Schrift: *Tractatulus succinctus artis poetice quedam generalia depromens.*

50 Siehe: *Rodolphi Agricole Phrysij. Viri vtriusque Literaturae peritissimi, nonnulla opuscula hac sequuntur serie*, Antwerpen 1511.

51 Georg Ihm: *Der Humanist Rudolf Agricola, sein Leben und seine Schriften* (in: Sammlung der bedeutendsten pädagogischen Schriften aus alter und neuer Zeit, Bd. 15, Paderborn 1893, S. 13). Ihm zitiert Karl Hartfelders Ausgabe *Unedierte Briefe von Rudolf Agricola* (in: Festschrift der badischen Gymnasien, Karlsruhe 1886, S. 1 ff.); dort S. 18 (Brief-Nr. 10).

52 Der erste Druck der Werke Homers erfolgt erst 1488!

53 In: *Nonnulla opuscula, a. a. O.*, p. C 6ᵛ (geschrieben um die Jahreswende 1482/83).

54 *Il.* IX 442 f. Die Übersetzung Georg Ihms (*a. a. O.*, S. 72) ist ungenau. Statt »einen Mann suchen, der – wie Phoinix bei Homer – lehren, reden und handeln kann« muß es heißen: »der – wie Phoinix, jener Lehrer Achills, bei Homer – lehren kann zu reden und zu handeln«. Vgl. dazu Cicero, *De Oratore* III 57: Phoinix erzieht den Achill zum »oratorem verborum actoremque rerum«.

55 *Johann Reuchlins Briefwechsel.* Gesammelt und hg. von Ludwig Geiger, Stuttgart 1875, S. 7.

56 Der Titel des Gedichtes: *de vtilitate Graecae linguae* (*Carmina et grauia et elegantia*, Deventer 1503, p. D 3ᵛ).

57 *Dialogi*, Deventer 1503, p. M 2ᵛ ff.

58 *Ebda*, p. M 4ʳ.

59 Vgl. *De Rhetorica Dialogus* (*ebda*, p. N 3ᵛ). Hegius verwendet die Worte »docilitas« und »attentio«.

60 Siehe *ebda*, p. L 5ᵛ: Homer als ›Princeps litterarum‹.

61 *Carmina, a. a. O.*, p. C 3ᵛ f.

62 *Dialogi, a. a. O.*, p. A 8ᵛ.

63 *Oratio habita in enarrationem Dionysij halicarnassij*, Deventer (1517), p. A 1ʳ (siehe auch *ebda*, p. A 3ʳ).

64 Nach D. Reichling: *Johannes Murmellius. Sein Leben und seine Werke*, Freiburg 1880, S. 102. Auch Erasmus und Hermann Busch haben noch Alexander Hegius gehört.

65 Straßburg 1498, p. 170ᵛ ff.

66 Schott spricht von »ingenium & doctrina« (*a. a. O.*, p. 172ʳ).

67 Entstehungsgeschichtlich wird die Musik gleichgesetzt mit der Dichtung.

68 *Ebda*, p. 162ʳ:

> »Fortibus Archiuum ceptis / dum pergama flammae
> Subruerunt: Vates doctus Homerus erat«.

Schott faßt dies als ›Voraussage‹ auf, da Homer in der Ilias den Untergang der Stadt nicht direkt, sondern durch Präfigurationen schildert. Schott verfälscht – wahrscheinlich unabsichtlich – die historische Ferne Homers zu den trojanischen Kriegsereignissen so sehr, daß Homer ein Zeitgenosse seiner eigenen Helden zu sein scheint.

69 *Ebda*, p. 162ᵛ:

> »Meonidem illa canens equabis: & arte Mineruae
> Germanum aeterno nomen honore feres«.

70 *Ebda*, p. 155ʳ.

71 Auf dem Titelblatt der posthumen Prager Ausgabe von 1563 (*LVCVBRATIONES ORAtoriae*) lautet ein Vierzeiler von Georg Fabricius:
»Fortis erat, facundus erat, bene caut' Vlysses,
Et praesens illi numine Pallas erat:
Cuncta Bohuslao sunt haec: verum addidit ipsi
Musa canora decus, dulcis Apollo Lyram«.
Auch Hieronymus Balbus würdigt Bohuslaus mit dem »exemplar Vlysses« (*ebda*, p. Y 2ᵛ).

72 Ellinger, I S. 414. *Ebda:* »auf dem Weg zu den Ruinen von Troja« verfaßt er sogar eine Elegie, in der jedoch »mehr die persönliche Stimmung als der Eindruck des Geschauten festgehalten wird«.

73 *LVCVBRATIONES ORAtoriae, a. a. O.*, p. 156ᵛ.

74 Der Plural bezieht sich auf Homer und die nachfolgenden Rhapsoden, die mit homerischer Technik homerische Stoffe verbreiteten; im weitesten Sinne ließe sich zu dieser Gruppe auch noch Vergil zählen.

75 *Ebda*, p. 59ʳ.

76 *Ebda*, p. 17ᵛ.

77 *Ebda*, p. 76ʳ. Vgl. dazu A. Gudeman, *a. a. O.*, S. 4.

78 Bohuslaus spricht von ›Verbrechen‹ und ›Sakrileg‹ (*ebda*, p. 177ᵛ).

79 *Ebda*, p. 60ʳ.

80 *Recognitio in genera vatum et carmina eorundem*.

81 V. 73 f. (*ebda*, p. A 2ᵛ).

82 *Ebda*, p. A 4ᵛ. Dieses Zitat wird in der literarischen Tradition noch 1520 von Johann Caesarius auf die beiden Werke als Komplementärbegriffe der Torheit und der Weisheit angewendet. In der Widmung der *Dialektik* an Hermann von Neuenaar schreibt Caesarius: »In quo ante omnia Homeri poesim aliud nihil quam virtutis laudem esse (Basilius cognomento Magnus) dicit, ut qui sicut in Iliade regum ac populorum stultitiam veluti depingit, ita in Odyssea sapientiam ipsam ubique commendat, simul commonstrans quam rara sit inter mortales ipsa, unius exemplo, nempe Ulyssis« (Hans Rupprich, 2. Bd., *a. a. O.*, S. 162 f.).

83 Nadler, I S. 322.

84 *Recognitio . . ., a. a. O.*, p. B 1ᵛ.

85 *Ebda*, p. B 2ᵛ: »Ferocem iram atque insaniam frenandam suadet Juuenalis (!) pone ire frena modumque Homerus procul hinc procul ira recedat«. Homer als ›castigator morum‹ bleibt auf derselben Ebene wie Juvenal!

86 *Ebda*, p. B 3ʳ: »Sperne voluptates nocet empta dolore voluptas«.

87 *Ebda*, v. a. p. c 1ʳ.

88 *Ebda*, p. b 6 f.

89 *Tom. V*, 709 b.

90 Erwähnt *ebda*, zu Beginn von p. b 3ʳ.

91 *Ebda*, p. b 3ᵛ: »Alterum est pars poetica. Alterum diuinus furor«. Auch mit der Ableitung des Poeten vom griechischen ποιῶ weist Lupinus treffend auf die Technik hin (*ebda*, p. b 3ʳ). Anschließend bedauert er die Wiedergabe griechischer Zitate in lateinischen Buchstaben, da diese Umschriftart durch das Fehlen griechischer Drucktypen erforderlich sei (*ebda*).

92 *Ebda*, p. c 1ʳ.

93 *Ebda*, p. c 2ᵛ und p. c 6ʳ.

94 Wie Herodots Geschichtswerk später mit Kleio eingeleitet wird. Gleichzeitig steht Kleio für die Antriebskraft jeder künstlerischen und wissenschaftlichen Tätigkeit, die ein erfolgreiches Ergebnis verspricht: für den Willensakt, der allen Arbeitsphasen vorangeht (*ebda*, p. c 4ʳ).

95 *Ebda*, p. d 1ʳ. Es folgt eine Menge weiterer Ausdrücke, die Machtfülle, Einheit und Ewigkeit Gottes preisen.

96 *Ebda*, p. d 3ᵛ.

97 *Ebda*.

98 *Ebda*, p. e 6ʳ f. Lupinus weist auf das sog. ›homerische Gelächter‹ hin, das sich an dem ›Schnaufen‹ des Gottes Hephaistos während seiner Mundschenktätigkeit entzündet.

99 *Ebda*, p. e 1ᵛ. Vgl. dazu auch Gustav Bauch (*Geschichte des Leipziger Frühhumanismus*, 22. Beiheft zum Centralblatt für Bibliothekswesen, Leipzig 1899, S. 64), der Lupinus paraphrasiert: Platon »billigt die Dichter, die Loblieder und Hymnen auf die Heroen singen ... Daher hat vielleicht der hl. Thomas die Poesie an den Schwanz der Dialektik gesetzt; aber er dachte dabei eben nicht an die homerische Poesie, sondern, wie Aeneas Silvius meint, an die Poesie seiner Zeit und nahm Poeta für einen Versemacher oder kunstlosen Dichter«. Aus dieser Aussage spricht ein für die damalige Epoche überraschender Versuch einer historisch gerechten Deutung.

100 Vgl. *ebda*, p. e 6ᵛ.

101 *Idea. Ein Beitrag zur Begriffsgeschichte der älteren Kunsttheorie*, ²Berlin 1960, S. 1 f.

102 Lupinus, *a. a. O.*, p. c 3ʳ.

103 Beide Werke werden ausführlich von Gustav Bauch paraphrasiert (In: *Geschichte des Leipziger Frühhumanismus, a. a. O.*, S. 104 ff. und S. 114 ff.).

104 *Ebda*, S. 105. Wahrscheinlich doch Hermann Busch. Bauchs Konstruktion, nach der der Angegriffene ein Sigismund Buchwald aus Breslau sei, überzeugt nicht.

105 Inhaltswiedergabe nach Gustav Bauch, *a. a. O.*, S. 108 ff.

106 *Ebda*, S. 129.

107 Erschienen 1545 in Basel.

108 *Ebda*, S. 1.

109 *Ebda*, S. 2: »Exempla plurima sunt apud Poetarum parentem Homerum, multa apud eius aemulatorem Virgilium«.

110 In: Hans Rupprich, 2. Bd., *a. a. O.*, S. 133. Vgl. Lukian, Bd. IV, S. 3 ff.: »ΤΡΑΓΩιΔΟ-ΠΟΔΑΓΡΑ«.

111 In einer ›Comedia‹ Ayrers wird nicht nur Achill, sondern auch Odysseus und Priamos von der Podagra geplagt; Podagra ist (wie schon in dem vorausgehenden Fastnachtsspiel Nr. 37, S. 2491 ff.) das Kind, das Aphrodite und Ares bei ihrem Ehebruch zeugten (in: *Ayrers Dramen*, hg. von Adelbert von Keller, Stuttgart 1865, 4. Bd., S. 2527 ff.).

112 Nach einer Vorlage Lukians, Bd. II. S. 3 ff.: »ΠΩΣ ΔΕΙ ΙΣΤΟΡΙΑΝ ΣΥΓΓΡΑΦΕΙΝ«.

113 *OPERA POLITICA, HISTORICA, PHILOLOGICA ET EPISTOLICA*, Frankfurt 1665, S. 59.

114 Die Nürnberger Ausgabe aus dem Jahr 1493 bietet die von Georg Alt übersetzte Fassung.

115 *Erga* 109 ff.

116 *Dan.* 2.

117 Siehe 16. bis 18. Buch.

118 Augustinus: *Vom Gottesstaat*, Zürich 1955, Bd. II, S. 444.

119 Hartmann Schedel, *a. a. O.*, »Blat« 43ʳ.

120 *Ebda*: 108 Jahre »schier alweg plind« gibt Schedel an.

121 *Ebda* (ebenso die folgenden vier Angaben).

122 *Ebda*, Blatt 36 f.

123 Abgedruckt in: *Der Briefwechsel des Konrad Celtis*. Gesammelt, hg. und erl. von Hans Rupprich, Humanistenbriefe, Bd. III, München 1934; siehe Brief-Nr. 221. Die folgenden Zitate stehen auf S. 368.

124 Vorgeprägt ist diese Auffassung etwa in Ovids »fecunda licentia vatum« etc. (*Amores III* 12, 41 f.).

125 Pforzheim 1507, p. 3 bᵛ (bei Horaz V. 73 f.).

126 *OPVSCVLVM HENRICI BEbelij*, Straßburg 1513. Darin: APOLOGIA Bebelij contra aduersarium suum, p. B 1ʳ (bei Martial: *Epigramme*, 5. Buch, 10, 8). — Noch 1708

dichtet Erdmann Uhse (unter dem Pseudonym Orpheus Hommer): »Homer sucht
Bettlern gleich durch Singen Brodt und Gaben« (*Neu eröffnetes Musen=Cabinet*, Leipzig 1708, S. 761; in einer Anm. wird auf Herodots und Plutarchs Homerviten verwiesen).

127 Abgedruckt im Anschluß an Bebels Apologie.

128 *Ebda*, p. Dd 2ʳ.

129 *Ebda*.

130 *Ebda*: »mille annis post obitum«.

131 Ludwig Geiger: *Renaissance und Humanismus in Italien und Deutschland*, Berlin 1882,
S. 276.

132 *Ebda*, S. 319 f.

133 Εισαγωγη προς των γραμματων ελληνων. – Mehr als zehn Jahre später ein weiteres
Beispiel im Elsaß: Dort »gilt der Straßburger Otmar Nachtigall (Luscinnis oder Lusci-
nius, 1487–1535) als Begründer des griechischen Unterrichts durch Einschaltung des
Griechischen in seinen Lehrplan, durch Herausgabe des ersten griechischen Leitfadens
(*Elementale Introductiorum*, Straßburg 1512), durch Drucklegung des ersten Homer
(*Ilias* 1516)«! (zitiert bei Otto Kluge: *Die griechischen Studien in Renaissance und
Humanismus*, Zs. f. Gesch. der Erziehung und des Unterrichts, 24. Jg., Berlin 1934,
S. 19).

134 Wie es Gustav Bauch vermutet (*Die Anfänge des Studiums der griechischen Sprache
und Litteratur in Norddeutschland*, in: Mitteilungen der Gesellschaft für deutsche Er-
ziehungs- und Schulgeschichte, Bd. VI, Berlin 1896, S. 70).

135 *ENCHIRIDION, a. a. O.*, p. A 2ᵛ.

136 *Ebda*, p. 2ʳ ff.

137 *Ebda*, p. cc 1ᵛ ff.

138 *Ebda*, p. E 3ʳ ff.

139 *Ebda*, p. D 2ᵛ ff.

140 Kurt Adel: Einleitung zu *Konrad Celtis. Poeta laureatus* (Graz/Wien 1960), u. a. S. 12
und 17.

141 Harry C. Schnur (Hrsg.): *Lateinische Gedichte deutscher Humanisten*. Lateinisch/
Deutsch. Stuttgart 1966, S. 40:
>   »Quid superest, o Roma ...
>   ... Virtus scriptaque sola manent«
(Epigramm »Ad Romam, dum illam intraret«).

142 *Ebda*, S. 54:
>   »Barbarus sermo fugiatque, ut atrum
>   subruat omne«
(Ende des Gedichts »Ad Apollinem repertorem poetices ut ab Italis ad Germanos
veniat«).

143 Siehe *ebda*, S. 46 ff. (»Ad Sigismundum Fusilium Vratislaviensem«).

144 Das Lob, das Celtis von fast allen Humanisten erfährt, übernimmt Bohuslaus von
Lobkowitz-Hassenstein uneingeschränkt erst 1501. Zuvor tadelt er ihn, da Celtis einige
Verse habe abdrucken lassen, die ursprünglich von ihm, Bohuslaus, verfaßt worden
seien. Der böhmische Adlige reagiert nur sarkastisch darauf: Celtis solle nur plündern,
soviel er wolle, und »auch den Vergil und Homerische Gedichte sich ruhig zuschreiben« (Gustav Bauch: *Geschichte des Leipziger Frühhumanismus, a. a. O.*, S. 207).

145 *Ebda*, p. 1ᵛ: »mellifluis poetarum carminibus«.

146 *Ebda*, p. 2ʳ: »sacrorum carmina vatum«. Vgl. dazu: *Fünf Bücher Epigramme von Konrad Celtes*. Hg. von Karl Hartfelder, Berlin 1881, S. 15: »... Maeonius ... vates«.

147 *Ebda*, p. 2ᵛ: »Carmine meonio me duce ...«

148 *Ebda*, p. 16ʳ: »Poema heroicum ... quo genere Virgilius noster longe alios excelluit«.

149 *Ebda*, p. 20ᵛ; vgl. dazu auch das Epigramm »Ad Georgium, ducem Bavariae«: »...

Et mea Meonio resonabunt carmina plectro . . .« (*Fünf Bücher Epigramme, a. a. O.,* S. 97).

150 *Fünf Bücher Epigramme, a. a. O.,* S. 59:
>»Sed propter nummos nemo velit esse poeta,
>Quandoquidem nullas novit Homerus opus«
(Schlußpointe des Epigramms »De potentia nummi«).

151 *Ebda,* S. 90.

152 Das Verb ›lustrare‹ besitzt zwei Bedeutungen: ›durchwandern‹ und ›erhellen‹. Die ausdrückliche Hervorhebung der paarweisen Rhapsodie wahrt eine lockere Assoziation zu dem Augenpaar.

153 Siehe v. a. den Wert des Griechischen (bei Hans Rupprich, 2. Bd., *a. a. O.,* S. 236). Daß die Grammatik sich unbedingt auf die griechische Sprache erstrecken müsse, geht auch aus der Mainzer Schrift *lucubraciuncule bonarum septem artium liberalium* (1494) des sechzehnjährigen humanistischen Agitationsschriftstellers Theoderich Gresemund d. J. hervor.

154 Harry C. Schnur (Hrsg.), *a. a. O.,* S. 48: »tres sacras . . . linguas«.

155 In des Celtis Vita heißt es: »Primusque eloquentiam Romanam, quantum Germano homini concessum, cum rudimentis Graecae linguae in Germaniam retulit« (in: *CONRADI CELTIS Protucij, primi in Germania poetae coronati, libri Odarum quatuor, cum Epodo,* Straßburg 1513, p. b 2ʳ).

156 *Fünf Bücher Epigramme, a. a. O.,* S. 84: »... Et qua divinum scripsit Homerus opus«.

157 Auch nicht durch kirchliche Einwände! Celtis hat selbst den berühmten Brief des hl. Hieronymus hg., der häufig zur Verteidigung des Studiums heidnischer Schriftsteller herangezogen wird als Beweis, daß selbst ein Kirchenvater darin keine Gefahr für den christlichen Glauben gesehen hat (in: *Conradi Celtis quae Vindobonae prelo subicienda curavit OPVSCVLA,* edidit Kurt Adel, Leipzig 1966).

158 Über die Beziehung von Astronomie und Griechisch-Studien siehe Gustav Bauch (*Die Anfänge des Humanismus in Ingolstadt,* München/Leipzig 1901, S. 93 ff.) und Joseph Ritter von Aschbach (*Geschichte der Wiener Universität,* Wien 1865 ff., S. 545). Schon Peuerbachs Tätigkeit und des Celtis Institution des Wiener ›Collegium poetarum et mathematicorum‹ deuten die Einheitlichkeit einer geisteswissenschaftlichen und einer naturwissenschaftlichen Bildung an.

159 Siehe Gustav Bauch: *Die Reception des Humanismus in Wien,* Breslau 1903, S. 139.

160 *Der Briefwechsel, a. a. O.,* S. 555. Die bischöfliche Diözesanbibliothek zu Alba Julia in Rumänien leugnet die Inhaltsangabe des Celtis. Doch sowohl Rupprichs als auch des Verfassers Feststellungen bleiben nur Hypothesen ohne unbedingten Wahrheitsanspruch, solange eine eigene Einsicht in das Original verwehrt ist.

161 *Ebda,* S. 542.

162 *Ebda,* S. 554: »Vix tandem litteras ac Homerum tibi extorsi« – ein starker Ausdruck: extorqueo = abnötigen, aus der Hand reißen! Auch wenn die Übertreibung als Stilmittel berücksichtigt wird, kennzeichnet dieser Ausdruck die große Bedeutung der Literatur für die Humanisten – und die große Bedeutung Homers für Pirckheimer! Eine Haltung, die manchmal in Bibliomanie ausartet und deren Oberflächlichkeit und Äußerlichkeit schon in der gleichen Epoche karikiert wird.

163 Jedenfalls spricht die bischöfliche Diözesanbibliothek zu Alba Julia nur von dem ersten Band!

164 Ersichtlich aus dessen Erwiderungsschreiben vom 14. März 1504 (in: *Der Briefwechsel des Konrad Celtis, a. a. O.,* S. 554).

165 Der alte Gegensatz Wort – Tat.

166 Siehe Joachim Dyck: *Ticht-Kunst. Deutsche Barockpoetik und rhetorische Tradition,* Bad Homburg/Berlin/Zürich 1966, S. 121.

167 *Oratio de studio humanarum disciplinarum et laude poetarum,* Freiburg 1496, p. b 2ʳ: »... poeta omnium virtutum tam ciuilium: quam bellicarum verus ... buccinator«.

168 *Ebda*, p. b 3ʳ. Kurz vor dieser Stelle spricht Locher vom »aeternum nomen«.

169 *Panegyricus Jacobi Philomusi laureati poete Augustissimo Maximiliano,* Straßburg 1497, p. B 4ᵛ (In: *Libri philomusi. Panegyrici ...,* Straßburg 1497).

170 *Ebda*, p. C 3ʳ:
> »Prisca velim sileant veterum certamina muse
> Et rebus pangant carmina digna nouis«.

171 In dem 1497 gedruckten *Dyalogus de heresiarchis (ebda)* nennt Locher schon den Terminus ›Emblem‹ (p. K 1ʳ).

172 *Ebda*, p. E 4ᵛ (im 1. Akt des »tragici ludi Spectaculum«).

173 Im 13. Kap. der Schrift *In Exhortatione Recepta et Juditium Contra venenum Turcorum* (erwähnt bei: Gustav Bauch, *Die Anfänge des Humanismus in Ingolstadt,* München/Leipzig 1901, Anm. 2 auf S. 21).

174 Im ersten Epodos-Gedicht seiner *libri Odarum quatuor* (Straßburg 1513), das an Kaiser Friedrich III. gerichtet ist: »DVM CONTRA TVRCOS PRINCIPES CONVOCASSET« (p. N 4ʳ).

175 Deren merkwürdiger Titel *Vitiosa sterilis Mule / ad musam: roscida lepiditate predictam / Comparatio* (Nürnberg 1506) erklärt sich aus einer scholastischen Bezeichnung der Poeten als Maulesel und der Musen als Mauleselinnen.

176 Vielleicht kennt Locher schon zu dieser Zeit die Mythologiebücher des Fulgentius, die er später in einer eigenen Bearbeitung hg. hat (Augsburg 1521). Dann könnte ihn der Aufbau dieses Werkes, eines Dialoges zwischen Kalliope und einem Autor, zu seinem *Hortamen Calliopes et phoebi Mutuum contra Mulotheologum* angeregt haben.

177 *Ebda*, p. B 1ʳ.

178 *Ebda:* »Ex te (Calliope) ... processit homaerus«. Vgl. dazu auch eine ähnliche Vorstellung in Hölderlins *Hymne an den Genius Griechenlands* (Kl. Stuttg. Ausgabe, Bd. 1, S. 127). Statt des Genius der hohen Muse nennt Hölderlin diesen untraditionell »Erstgeborner / Der hohen Natur«, der verkörpert in Orpheus und Homer erscheint, und preist Homers Werkinhalt als liebende Umfassung des Alls im Gesang (*ebda*, S. 128).

179 *Vitiosa sterilis Mule ... Comparatio, a. a. O.,* p. B 1ʳ: »pectora docta«.

180 *Ebda*, p. B 6ʳ. Vgl. den späteren Bund der ›Rosenkreuzer‹ mit dem Schriftsteller Johann Valentin Andreae.

181 Ihr Titel: *Currus sacre theologie triumphalis.*

182 *Opus aureum Clau. Claudiani De raptu Proserpinae,* Nürnberg 1518, p. B 4ʳ:
> »In vno Virgilii mentem et musam Homeri /
> Claudianum Roma et reges posuerunt«.

183 *Ebda*, p. B 2ᵛ.

184 *Ebda*, p. B 4ʳ.

185 Augsburg 1521, p. B 2ᵛ und p. B 3ʳ.

186 *Ebda*, p. B 3ᵛ: »Meonius Homerus Poetarum Archetypon, Heroico carmine princeps«.

187 *Stultifera Nauis Narragonice profectionis ...,* Straßburg 1497. Das Schlußdistichon lautet:
> »Efficere arginus vix hoc potuisset Homerus:
> Qui lusit veterum praelia magna ducum« (p. 4ᵛ).

188 *Das Narrenschiff.* Nach der Erstausgabe (Basel 1494) mit den Zusätzen der Ausgaben von 1495 und 1499 sowie den Holzschnitten der deutschen Originalausgaben. Hg. von Manfred Lemmer, ²Tübingen 1968, S. 217.

189 *Ebda*, S. 33.

190 *Ebda*, S. 80; vgl. auch S. 289.

191 *Ebda*, S. 290 ff.

192 *Ebda*, S. 291. Vgl. Schlußsentenz des 36. Kap., S. 90.

193 *Ebda*, S. 292, V. 69 f.

194 Vgl. hierzu das 66. Kap. »von erfarung aller land«, v. a. V. 131 ff.! Auch hier wird
    Odysseus als Beispiel erwähnt.
195 *Ebda*, S. 169, V. 153 f.:
              »Denn wem syn synn zu wandeln stot
              Der mag nit gentzlich dienen got«.
196 So ist auch die Inschrift auf dem Apollon-Tempel in Delphi – Γνῶθι σεαυτόν – auf-
    zufassen und nicht, wie häufig zitiert, als Aufforderung zur Selbstanalyse (siehe Hans
    Poeschel: *Die griechische Sprache*, ⁵München 1968, S. 223 f.).
197 Vgl. hierzu die 1968 uraufgeführte Oper *Odysseus* von Luigi Dallapiccola, der als
    Komponist und Librettist ebenfalls die List bei Polyphem als Ausgangspunkt nimmt:
    Odysseus irrt umher, weil seine Identität fragwürdig geworden ist; auf der Suche nach
    seinem eigenen Ich erhält er nur sinnlose Silben zur Antwort.
198 *Jakob Wimphelings pädagogische Schriften.* Übersetzt, erl. und mit einer Einl. vers.
    von Joseph Freundgen, Paderborn 1898, S. 150.
199 *Contra turpem Libellum philomusi Continentur In hoc opusculo a Jacobo W. (Wim-
    phelingo)*, Heidelberg 1510, p. b 1ʳ.
200 Straßburg 1509.
201 *Ebda*, p. 4ʳ. Siehe: *Vom Gottesstaat*, 8. Buch, v. a. Kap. 18 und 21.
202 *Ebda*, p. 7ʳ.
203 *Ebda*, p. 13ᵛ.
204 Nach traditioneller Vorstellung deutet Murner die Fabel zweifach. Hier gilt die erste
    Art: »... latens sententia vel ad imitandas virtetes (!) / vel ad deuitanda vitia ...«
    (*ebda*, p. 14ᵛ).
205 *Ebda*, p. 18ᵛ.
206 *Thome murner Argentini diuinarum litterarum baccalaurij Crawuienzis ordinis mino-
    rum honestorum poematum condigua laudatio Impudicorum vero miranda Castigatio*,
    Straßburg um 1503. – Der Text kann als unsystematische Vorstufe zur späteren Ab-
    handlung eingeschätzt werden. Die patristische Argumentation ist schon vorhanden,
    doch ohne den später bemerkbaren Einfluß Lochers lassen sich »Laudatio« und »Casti-
    gatio« höchstens als Ansatz zu einer ›Poetik‹ deuten. Hingewiesen sei hier auf den An-
    fang des Abschnitts: »Non esse indignum aliena scripta in propria commntare« (!),
    p. a 5ᵛ.
207 *Briefe der Dunkelmänner.* Übersetzt von Wilhelm Binder, revidiert, mit Anm. und
    einem Nachwort vers. von Peter Amelung, München 1964, S. 218 f. – Zur richtigen
    Einschätzung muß man den Unterschied beider Teile berücksichtigen. Werden im ersten
    Teil mit karikierender Komik und ironischer Überlegenheit eine selbstsichere Haltung
    und eine humane Gesinnung deutlich, die entlarven wollen, um zu bessern, so über-
    wiegen im zweiten Teil Aggression und Gehässigkeit; die gegnerischen Mittel werden
    übernommen, der Kampf spielt sich auf derselben Ebene ab, und der Angriff zielt auf
    Zerstörung. Die Absicht dieses Briefes ist daher schärfer, als es der witzige Einfall zu-
    zulassen scheint.
208 *Epistolae obscurorum virorum.* Hg. von Aloys Bömer, Heidelberg 1924, Bd. II, S. 164.
209 *Briefe der Dunkelmänner*, a. a. O., S. 219: Das Buch »handle von gewissen Männern,
    Griechen genannt, welche mit anderen Männern, Trojaner genannt, die ich auch schon
    früher habe nennen hören, Krieg geführt hätten. Und jene Trojaner hätten eine große
    Stadt gehabt und jene Griechen sich vor die Stadt gelegt und seien wohl zehn Jahre
    davor gelegen; dann hätten die Trojaner verschiedene Male Ausfälle gegen sie ge-
    macht, sich tüchtig mit ihnen herumgeschlagen und einander auf entsetzliche Weise
    niedergemacht, so daß das ganze Feld voll Blut gewesen sei« usw.
210 *Epistolae obscurorum virorum*, a. a. O., Bd. II, S. 158.
211 D. Reichling (*Ortwin Gratius. Sein Leben und Wirken*, Heiligenstadt 1884) widmet
    ihm eine Ehrenrettung. Begrüßenswert bleibt diese Untersuchung, solange sie das in
    der Karikatur verzerrte Bild wieder der Wirklichkeit annähert. Wenn dies allerdings

nur gelingt, indem andere Personen verzeichnet werden, da der Verfasser von einem einseitigen moralisch-religiösen Standpunkt wissenschaftliche Leistung und Lebenswandel beurteilt, wird dieser Versuch fragwürdig.

212 Köln 1508.

213 *Ebda*, p. A 5^r.

214 Vgl. *ebda*, p. B 1^r und p. C 2^r.

215 *Ebda*, p. E 6^r. Als Topos wird auch Alexanders Homerlob nicht vergessen (*ebda*, p. C 2^v).

216 *Ebda*, p. G 2^v.

217 Gratius ordnet ihn und andere antike Autoren all dem zu, »Quid ... superest« (*ebda*, p. G 3^r).

218 Seinen Namen begreift er als Diminutivum von ›Rauch‹; als »Räuchlein«, der sich – in griechische Sprachform und lateinische Orthographie gebracht – Capnion nennt, erscheint Reuchlin in fast allen Schriften.

219 Ernst Robert Curtius, *a. a. O.*, S. 486 ff.

220 *De Verbo Mirifico (1494)*, Faksimile-Neudruck, Stuttgart/Bad Cannstatt 1964, p. A 3^v.

221 Ludwig Geiger: *Johann Reuchlin, sein Leben und seine Werke*, Leipzig 1871, S. 65.

222 *Ebda*. In der Vorrede zur Übersetzung des »Constantinus magnus« werden die Sachsen, Meißner und Thüringer als Nachfolger der antiken Axener, Myser und Tyrigeten bezeichnet.

223 *Ebda*, S. 14.

224 *Ebda*, S. 26 f.

225 *Ebda*, S. 33 f.

226 Ersichtlich aus einem Brief des Griechen vom 16. Juni 1491 (in: *Johann Reuchlins Briefwechsel*. Gesammelt und hg. von Ludwig Geiger, Stuttgart 1875, S. 30).

227 Ähnlich wie Johannes Rhagius Aesticampianus, der Celtis um Bücher und »um die Gedichte Homers« bittet (Gustav Bauch: *Johannes Rhagius Aesticampianus in Krakau, seine erste Reise nach Italien und sein Aufenthalt in Mainz*. In: Archiv für Litt.gesch., XII. Bd., Leipzig 1884, S. 328). Derselbe Autor verwendet eine homerische Reminiszenz, um seine Sehnsucht nach der Heimat auszudrücken: »wie Odysseus bei Kalypso (weile er) in der Ferne« (*ebda*, S. 344).

228 *Johann Reuchlins Briefwechsel, a. a. O.*, S. 27.

229 *Ebda*, S. 28.

230 Nur durch Tritheims Angabe belegt (*Cathalogus illustrium virorum germaniam suis ingenijs et lucubrationibus omnifariam exornantium*, Mainz 1495, p. 61^v: »Monomachiam quoque iliados homeri de paridis et menelai duello: in linguam germanicam metrice vertit«). Ludwig Geiger (*a. a. O.*, S. 67 f.) vermutet, daß sich Dalbergs Dank im Brief vom 12. Dez. 1491 auf die Übersendung dieser Übersetzung bezieht.

231 Ludwig Geiger, *a. a. O.*, S. 95 f.

232 *Der Briefwechsel des Konrad Celtis, a. a. O.*, S. 185.

233 *Johann Reuchlins Briefwechsel, a. a. O.*, S. 46 (Brief-Nr. 50 vom 25. Juli 1495).

234 Siehe Karl Morneweg: *Johann von Dalberg, ein deutscher Humanist und Bischof (1455–1503)*, Heidelberg 1887, S. 349. – Wie stark sich Dalberg der homerischen Welt verwandt fühlt, zeigt auch ein Brief des Jakob Sadolet (1477–1547), eines frommen katholischen Theologen und großen Verehrers antiker Studien, der Dalberg am 26. Okt. 1502 über den Tod der Mutter hinweghelfen will und ihn deswegen mit Hinweisen aus seinem Interessengebiet anspricht. Er beginnt ihn »nicht mit den Tröstungen des christlichen Glaubens, sondern mit Beispielen von Seelengröße und Standhaftigkeit, die er dem klassischen Alterthum entlehnt, aufzurichten. Der wichtigste Gewährsmann ist ihm dabei Homer, auf den er immer und immer wieder zurückkommt und (aus dessen Werk er) oft lange Stellen ..., stets in lateinischer Uebersetzung (in Versen) mittheilt« (*ebda*, S. 298).

235 Siehe Anm. 226.

236 *Doctor Johannes Reuchlins* ... *Augenspiegel* (Tübingen 1511), Faksimile-Neudruck, München 1961.
237 *Ebda*, p. 13^v.
238 *Ebda*, p. 11^r.
239 *Ebda*, p. 11^v.
240 *Ebda*.
241 *Ebda*, p. 11^r.
242 *Ebda*, p. 11^v.
243 Die Textstelle aus der *Defensio* Reuchlins, die 1513 in Tübingen erschienen ist, bei Geiger (*a. a. O.*, S. 99; im Original: *Augenspiegel, a. a. O.*, p. G 4^v): »cui non solum dulcedine carminis cedit Homerus, sed etiam veritatis splendore«.
244 *Johann Reuchlins Komödien. Ein Beitrag zur Geschichte des lateinischen Schuldramas von Hugo Holstein*, Halle 1888, S. 23. Mit dem Chorgesang am Ende des *Sergius* stimmt nur der Anfangsrefrain überein. Weitere Analogien, die Holstein sehen will (*a. a. O.*, S. 129), lassen sich jedoch kaum feststellen.
245 In der Vorrede zum dritten Buch der *Rudimenta Hebraica* (*Johann Reuchlins Briefwechsel, a. a. O.*, S. 95) sieht Reuchlin Thersites, den Verleumder Agamemnons, als unbewußte Präfiguration des Schicksals Homers, der seinen Verleumder in Zoilos gefunden habe.
246 *Johann Reuchlins Komödien, a. a. O.*, S. 32. – Dietrich von Pleningen vergleicht Reuchlin mit Homer (in: *Johann Reuchlins Briefwechsel, a. a. O.*, S. 103, Brief vom 6. Febr. 1508).
247 *Ebda*, S. 84.
248 *Ebda*.
249 *Johann Reuchlins Briefwechsel, a. a. O.*, S. 305 f.
250 Vgl. dazu die Einleitung des Cordus-Hrsg. Karl Krause (*Epigrammata 1520*, Berlin 1892, S. XXIII).
251 *EVRICII CORDI SIMESVSII HESSI, OPERA POETICA*, Helmstedt 1614, S. 169:
»Sed male turpavit natiuum interpres honorem:
Pulcher equus quondam nunc rudis est asinus«.
252 *Ebda*, S. 172.
253 *Ebda*, S. 162.
254 Freie Wiedergabe aus dem 61. Epigramm des 1. Buches:
»Ipse suum veniat lecturus carmen Homerus:
Sit nisi gratuitus displicet ille labor«
(in: *OPERA POETICA, a. a. O.*, S. 199).
255 Friedrich Dedekind: *Grobianus*. Verdeutscht von Kaspar Scheidt. Abdruck der Erstausgabe (1551). Neudrucke deutscher Literaturwerke Nr. 34/35, ^{2}Halle 1966, S. 4.
256 Vgl. dazu das 99. Epigramm des 2. Buches (*OPERA POETICA, a. a. O.*, S. 234 f.). Der Originalvers lautet:
»Victus Vergilius, victus tibi cedit Homerus«.
257 *Ebda*, S. 33 ff. (Diese 6. Ekloge zweisprachig abgedruckt bei: Harry C. Schnur, Hrsg., *Lateinische Gedichte deutscher Humanisten, a. a. O.*, S. 68 ff.). Vgl. auch das 6. Epigramm des 2. Buches, *ebda*, S. 211.
258 *Ebda*, S. 426.
259 *Hermanni Buschij Spicilegium XXXV. illustrium philosophorum auctoritates vtilesque sententias continens* ... *Oestrum in Tilmannum Heuerlingum eiusdem*, Leipzig 1507, p. E 1^v.
260 Abgedruckt bei Hans Rupprich, 2. Bd., *a. a. O.*, S. 149. – Ironie des historischen Augenblicks: Der feste Anhänger Reuchlins feiert die Stadt, in der etwa im gleichen Jahr 1508 der Grundstein zum Streit mit Reuchlin gelegt wird!
261 *Vallum humanitatis*, Köln 1518, p. A 3^r. Das Cicero-Zitat (*De Oratore III* 137) weist nur unwesentliche Abweichungen auf.

262 *Ebda*, p. C 2ʳ.

263 *Ebda*, p. D 2ʳ f.

264 Hugo Rahner: *Griechische Mythen in christlicher Deutung*, Darmstadt 1966, S. 299.

265 Themen des 4. und 5. Kapitels.

266 *Vallum humanitatis, a. a. O.*, p. I 3ᵛ ff.

267 *Ebda*, p. I 4ᵛ.

268 *Ebda:* »Musa ad celebrandam illustrium heroum memoriam excitat« (vgl. *Od.* VIII 73).

269 Vgl. Buschs Ausführungen im 8. und letzten Kapitel, *ebda*, p. M 1ʳ. Auch Platon wendet sich nach Busch nur gegen frevlerische und schädliche Dichtung (*ebda*, p. K 2ʳ).

270 Busch beruft sich auf die Poetik des Aristoteles (*ebda*, p. K 3ʳ).

271 Abgedruckt in: *Ulrichs von Hutten Schriften* (*Opera quae reperiri potuerunt omnia*). Hg. von Eduard Böcking, Leipzig 1859 ff., Bd. III: *Poemata*, S. 295 ff.

272 *Ebda*, S. 289 ff.

273 Der scharfe Ton eines Epigramms, das gegen das Rom Alexanders VI. gerichtet ist, ähnelt Huttens Perspektive. Der Autor Theoderich Gresemund verwendet ebenfalls eine homerische Vorlage, die Odyssee-Episode zwischen Aphrodite und Ares. Gresemund parodiert das mythische Geschehen durch die bittere Zeitkritik, »dass Venus für den Ehebruch mit Mars sich von diesem habe Rom schenken lassen und dort nun gebiete« (Gustav Bauch: *Johannes Rhagius Aesticampianus in Krakau, seine erste Reise nach Italien und sein Aufenthalt in Mainz, a. a. O.*, S. 355).

274 Abgedruckt in: *Ulrichs von Hutten Schriften, a. a. O.*, S. 107 ff. – Auch von Wolfgang Schmelzl gibt es ein Gedicht mit dem Titel *Der Nemo* (Josef Maria Wagner: *Oesterreichische Dichter des XVI. Jh.*, in: Serapeum, 25. Jg., Leipzig 1864, S. 276).

275 Titel des Epigramms: »IOCVS DE NEMINE EX ODISSEA HOMERI« (*ebda*, S. 108).

276 Konrad Mut, der ein Epigramm an Crotus Rubeanus zur zweiten erweiterten Ausgabe des *Nemo* verfaßt (*ebda*, S. 109), geht noch genauer auf Homer zurück. Dieser Nemo sei ›vielgewandt‹ (das ›Epitheton ornans‹ zu Odysseus) und gleiche daher dem sich ständig wandelnden Meergreis Proteus (vgl. *Od.* IV 384 ff.).

277 D. F. Strauß(*Ulrich von Hutten*, Leipzig 1858, 1. Bd., S. 150) übersetzt die (58.) Zeile: »Niemand reiche den rechten Studien den verdienten Lohn«.

278 *Ebda*.

279 QVI ET AVLA INSCRIBITVR, abgedruckt in: *Ulrichs von Hutten Schriften, a. a. O.*, Bd. IV: *Dialogi*, S. 44 ff.

280 Siehe dazu Olga Gewerstock: *Lucian und Hutten. Zur Geschichte des Dialogs im 16. Jh.*, Berlin 1924, S. 70. Die zwei Vorlagen: Lukian, Bd. I, S. 402 ff.: ΠΕΡΙ ΤΩΝ ΕΠΙ ΜΙΣΘΩ ΣΥΝΟΝΤΩΝ; Enea Silvio Piccolomoni: *Briefe, Dichtungen, a. a. O.*, S. 152 ff., v. a. S. 154 und S. 174.

281 Dies ist nicht so bei den literarischen Vorlagen!

282 *Ulrichs von Hutten Schriften, a. a. O.*, S. 53.

283 *Ebda*, S. 55.

284 *Ebda*, S. 61.

285 *Ebda*, S. 64 f.

286 *Ebda*, S. 69.

287 Joachim von Watt verbindet in einem Brief vom 12. Jan. 1512 den Mythos um Odysseus als eines »constantiae et fortitudinis exemplar« mit den persönlichen Erlebnissen Huttens, in dessen Biographie Figuren wie etwa Alkinoos und Polyphem, Skylla, Kalypso und Nausikaa als Antonomasien auftauchten (*Ulrichs von Hutten Schriften, a. a. O., Epistolae I*, S. 22 f.).

288 Z. B. *ebda*, Bd. IV, S. 93: Hutten verwendet Vers 31 aus dem ersten Gesang der Ilias im *Fortuna*-Dialog; ebenfalls dort (S. 82) spielt er an auf die Genealogie der Litai (*Il.* IX 502). Siehe auch die Epigramme an Kaiser Maximilian, bei denen er griechische

Zeilen einfügt oder deren lateinische Übersetzungen bietet (*ebda,* Bd. III, S. 223 – Nr. 38; S. 224 f. – Nr. 45; S. 227 – Nr. 53; S. 264 f. – Nr. 141).

289 *Phalarismus, ebda,* Bd. IV, S. 9 (nur vorhanden in der erweiterten deutschen Fassung). Der Satz stammt aus *Il.* II 24 und wird in griechischer Schrift neben anderen Originalzitaten auch in einem Brief (*ebda,* Bd. I, S. 35 f.) erwähnt.

290 *Inspicientes, ebda,* Bd. IV, S. 306: »Auch gebiete ich dir, das du pfeil zu richtest, vnnd den Teûtschen pestilentz vnnd gehen tott zu schiessest, vff das vil pfründen vnd geystlicher lehen ledig werden . . .«

291 *Ebda,* Bd. II, S. 21. In einem Brief bemerkt Udelonus Cymbrus Cusanus (*ebda,* Bd. III, S. 467) über die Verbrennung von Luthers Büchern, gegen die Verleumder Luthers müsse man sich wie Odysseus die Ohren verstopfen.

292 Z. B. *ebda,* Bd. III, S. 11:
»Edidit Huttenus, lector, tibi, candide, carmen
Conspicuum dulci Maeonioque sono«
(Einführung zum Lied des »VIR BONVS«). – Heroische Stoffe bedürfen der kongruenten homerischen Form, des Hexameters – eine Forderung, die Hutten in seiner *ARS VERSIFICANDI* aufstellt (*ebda,* Bd. III, S. 102, Z. 289).

293 Siehe *ebda,* Bd. I, S. 457 f.

294 *Ebda,* Bd. III, S. 159.

295 Zitiert nach der von Fritz Mauthner hg. zweibändigen Münchener Ausgabe von 1913, die einer damals 200 Jahre alten anonymen Kölner Übersetzung – trotz deren schlechter und ungenauer Wiedergabe, aber wegen der gewahrten Nähe zum humanistischen Zeitkolorit – folgt.

296 *Ebda,* S. 36.

297 *Ebda,* S. 39.

298 *Ebda,* S. 40.

299 *Ebda,* S. 84.

300 *Ebda,* S. 180.

301 *Ebda,* Bd. II, S. 148.

Zu II. Humanistische Homerbewertungen

2. Das Homerbild der großen Humanisten

1 Erasmus von Rotterdam: *Ausgewählte Schriften.* Lateinisch/Deutsch. Hg. von Werner Welzig, 8 Bde., Darmstadt 1967 ff., Bd. I, S. 3.

2 *DESIDERII ERASMI ROTERODAMI OPERA OMNIA. Emendatoria et auctiora studio Jo. Clerici.* 10 Bde (in 11), Nachdruck der Ausgabe Leiden 1703 ff., Hildesheim 1961 f., Bd. IV, Sp. 757 (DE SENECTVTIS INCOMMODIS). – Sogar als Lüge wird die homerische Dichtung gekennzeichnet (Erasmus von Rotterdam, *a. a. O.,* Bd. VI, S. 367); man beachte die ›Bildung‹ des Metzgers! – Bei der Wiedergabe lukianischer Dialoge mußte Erasmus auch die durch den Kontext relativierte Homertypisierung als eines blinden Possenreißers kennenlernen (*DESIDERII ERASMI ROTERODAMI OPERA OMNIA, a. a. O.,* Bd. I, Sp. 186 und 247); doch in sein eigenes Werk übernimmt er diesen volkstümlichen antiken Topos nicht (ein Topos, der soziale Grundlagen hat: Der ›nutzlose‹ Blinde sucht nach einer Beschäftigung, die ihm und der Gesellschaft ›nutzt‹ – er findet sie z. B. in dem Beruf des Sängers).

3 *Opus Epistolarum Des. Erasmi Roterodami.* Denuo recognitum et auctum per P. S. Allen, 12 Bde, Oxford 1906 ff., Bd. VI, S. 44: »Oratorem Ciceronis publice non vtique infrequenti auditorio ipse infans, quod ridere possis, expono; priuatim Homeri Iliada, Graecum poema homo barbarus«.

4 *Ebda*, Bd. I, S. 305 f.: »ITANE vt medico tuo (nescio cui) gratificeris, me vnico taedii mei spolatio spolias? nam munere quidem, non audeo dicere. Ego quidem ita autoris ardeo amore, vt cum intelligere nequeam, aspectu tamen ipso recreer ac pascar. Caeterum vehementer iniquum ratus tibi vlla in re vel parum aequea aduersari, praesertim in rebus afflictis, Homeri partem ad te mitto, vt et medici istius improbitati satisfaciat, et ne ego omni solatio destituar ...« (Die verkürzte Übersetzung bei: Jan Huizinga, *Erasmus*. Deutsch von Werner Kaegi, ⁴Basel 1951, S. 57; dort auch der folgende Hinweis auf Petrarca).

5 Siehe Lesky, S. 575, Anm. 3.

6 *Über die Würde des Menschen. Nebst einigen Briefen Pico della Mirandolas.* Ausgew. und übertr. von H. W. Rüssel, Fribourg/Frankfurt/Wien o. J., S. 91. – Vor Pico della Mirandola schon ähnlich von Rudolf Agricola formuliert (siehe bei: Hans Rupprich, *a. a. O.*, 2. Bd., S. 32); vgl. dazu auch die Position Opitz' und anderer.

7 Auch Erasmus nimmt einmal diese dichtungsfeindliche Haltung ein: in der Einleitung zu seinen Hieronymus-Scholien aus dem Jahr 1516. Georg Finsler (*a. a. O.*, S. 377) paraphrasiert den Text, beachtet jedoch nicht den rein heilsgeschichtlichen Kontext, in dem die Beschäftigung mit profaner Literatur nur wie ein Abirren vom christlichen Weg aussehen konnte: »Homer ... zeichne die Götter so, wie kein wohlgeordneter Staat seine Beamten haben möchte; die Frauen der Götter so, wie kein rechtschaffener Bürger seine Gemahlin wünschte oder ertrüge. Kein verständiger Familienvater möchte Kinder haben, wie die homerischen Götter, und Alexander hätte den Achilles nicht um den Herold seines Ruhmes beneidet, wenn er die Pflichten eines wahren Fürsten richtig verstanden hätte«.

8 *DESIDERII ERASMI ROTERODAMI OPERA OMNIA*, *a. a. O.*, Bd. IX, Sp. 92 f.

9 *Carminum liber II* 16, 27 f.

10 *DE PUERIS AD VIRTUTEM AC LITERAS LIBERALITER INSTITUENDIS.* In: *OPERA OMNIA, a. a. O.*, Bd. I, Sp. 485 ff.

11 *Ebda*, Sp. 510: »ad linguae cognitionem« und »ad dictionis copiam«.

12 Z. B. *ebda*, Sp. 640 (in den »COLLOQUIA FAMILIARIA«) und Sp. 523 (in dem Traktat »DE STUDIO BONARUM LITERARUM«).

13 In dem Traktat »DE CONTEMPTU MUNDI«, *ebda*, Bd. V, Sp. 1241.

14 Siehe: *Opus Epistolarum Des. Erasmi Roterodami, a. a. O.*, Bd. IX, S. 134: »Moly ... vt homines simus et a pecudum genere segregemur ...«

15 *OPERA OMNIA, a. a. O.*, Bd. V, Sp. 65 ff.: »EPISTOLA DE VIRTVTE AMPLECTENDA« (nicht im Briefteil, sondern im Anschluß an das »ENCHIRIDION«).

16 *Ebda*, Sp. 67: »Poetae mirabiles rerum omnium adumbratores divinis mentibus«.

17 *Ebda*: »Diis, id est, beatis mentibus«.

18 *Ebda*, Bd. IV, Sp. 616 (Interpretation der Isokrates-Rede »AD NICOCLEM REGEM«).

19 Quintilian: *Institutionis oratoriae libri duodecim*, XII 10, 59.

20 *Opus Epistolarum, a. a. O.*, Bd. VIII, S. 166 f.

21 *OPERA OMNIA, a. a. O.*, Bd. I; »DE RATIONE CONSCRIBENDI EPISTOLAS LIBER«, Sp. 390: »Homeri, non Poeseos modo, sed omnis etiam Philosophiae parentis«.

22 Quintilian, X 1, 46. In: *OPERA OMNIA, a. a. O.*, Bd. V: »DE VIRTVTE AMPLECTENDA« (Sp. 67).

23 *OPERA OMNIA, a. a. O.*, Bd. I, Sp. 541 (»DE LAUDE ARTIS MEDICAE DECLAMATIO«).

24 Siehe *Opus Epistolarum, a. a. O.*, Bd. II, S. 206.

25 Ein Gedanke, für den Erasmus eine frühe kriegerische Belegstelle findet: Dem Menschen, dem die Natur »am meisten vergönnt, dem gewährt sie nach Homer, daß er zugleich ein tapferer Streiter und ein trefflicher König sei« (*Ausgewählte Schriften, a. a. O.*, Bd. VI, S. 537).

26 Erasmus von Rotterdam: *Briefe*. Verdeutscht und hg. von Walther Köhler, Wiesbaden 1947, S. 134 f.
27 INSTITUTIO PRINCIPIS CHRISTIANI. In: *OPERA OMNIA, a. a. O.*, Bd. IV.
28 *Ebda*, Sp. 604.
29 *Ebda*, Sp. 581, 605 und 606. Vgl. auch: *Ausgewählte Schriften, a. a. O.*, Bd. VI, S. 509 (mit nachträglicher Steigerung): »Um wieviel schädlicher ist es, einen so großen Teil des Tages durch den Schlaf zu vertun?«
30 *OPERA OMNIA, a. a. O.*, Bd. IV, Sp. 201. Bezeichnenderweise erwähnt Erasmus den antiken Alexander und nicht den christlichen Karl den Großen, obwohl sich an diesem die Verbindung von Macht und Poesie noch bis in den privaten Bereich nachverfolgen ließe: Karl verheiratet Bertha, eine seiner Töchter, mit Angilbert, dem Dichter, der den Akademie-Namen Homer trägt (die thematische Vorlage zu der unter veränderten Namen in vielen Nationalliteraturen behandelten Liebesgeschichte zwischen Eginhard und Emma). Die griechische Anekdote ist zwar pointierter, aber die historische Vergangenheit der eigenen Umgebung bleibt einem Humanisten wie Erasmus fremd und glanzlos.
31 *Ebda*.
32 Vgl. dazu: *Opus Epistolarum, a. a. O.*, Bd. X, S. 167.
33 *OPERA OMNIA, a. a. O.*, Bd. II, CHILIADIS TERTIAE CENTURIA VIII–X, Sp. 908–950.
34 *Ebda*, Sp. 908.
35 Alfred Gudeman, *a. a. O.*, S. 13 f.
36 Z. B. Xenophanes und Heraklit, deren Meinungen Erasmus – ohne Namensnennungen – bei der Interpretation der Dialoge Lukians erwähnt (*OPERA OMNIA, a. a. O.*, Bd. I, Sp. 301). Siehe: Walther Kranz (Hrsg. und Übers.), *Vorsokratische Denker*, Berlin 1959, S. 59 und S. 79.
37 *Od.* XI 334 und XVII 518.
38 *Europäische Literatur und lateinisches Mittelalter*, [6]Bern/München 1967, S. 210.
39 *OPERA OMNIA, a. a. O.*, Bd. I, Sp. 90 f.: »DE EXEMPLO FABVLOSO« (ein Kapitel aus: »DE DVPLICI COPIA VERBORVM AC RERVM«).
40 *Ausgewählte Schriften, a. a. O.*, Bd. I, S. 85.
41 *Ebda*, S. 83.
42 *Ebda*, S. 85: »Das Wichtigste ist aber schließlich, daß alles zu Christus hinführt«.
43 *Ebda*, S. 195: »Bei den Dichtern und in den platonischen Büchern hatten sie, die die Gelehrtesten des ganzen Altertums waren, sich auf das vorbereitet, was in den göttlichen Geheimnissen zu tun war«.
44 Ernst Friedrich Ohly: *Vom geistigen Sinn des Wortes im Mittelalter*. In: ZfdA 89 (1958/59), S. 10.
45 *Ausgewählte Schriften, a. a. O.*, S. 195.
46 *Ebda*; nur Platoniker und Pythagoreer werden wegen der ›Antithese‹ zu Aristoteles genannt.
47 *Ebda*, S. 193.
48 *Europäische Literatur und lateinisches Mittelalter, a. a. O.*, S. 212.
49 Vgl. die Angaben Werner Welzigs (*Ausgewählte Schriften, a. a. O.*, Bd. I, S. VIII).
50 Gerade das Neue Testament weist hin auf den geistigen Sinn des Wortes und legitimiert dieses Verfahren durch die Gleichnisse Christi, die zur geheimnisvollen ›Verwandlung‹ der buchstäblichen Bedeutung in die religiöse Verkündung anleiten. Vgl. *Ausgewählte Schriften, a. a. O.*, Bd. III (Theologische Methodenlehre!), S. 423 und 427.
51 *Ebda*, S. 423.
52 *Ebda*.
53 *Ebda*, S. 461. Vgl. auch u. a. Luthers Stellung zur Allegorese und die einschlägigen Bemerkungen in Melanchthons Rhetorik.
54 *Ebda*, S. 423: »Es ist genug, wenn wir das, was sich in den heiligen Schriften findet,

allegorisch anwenden, falls es die Sache so erfordert; wir brauchen da selbst nichts hineinzudichten«.

55 *Ebda*, S. 425. In dieser Hinsicht gilt auch der Satz Jan Huizingas: »Alles, was Symbolik und Allegorie war, blieb ihm im Grunde fremd und gleichgültig, wenn er auch hie und da einmal mit Allegorien einen Versuch machte« (*Erasmus, a. a. O.*, S. 115). Allerdings darf man hier nicht verallgemeinern, wie es Huizinga beabsichtigt. Dann würde man nur zu einer ebenso einseitigen Charakteristik gelangen wie Ernst Robert Curtius mit seiner konträren Formulierung (*Europäische Literatur und lateinisches Mittelalter, a. a. O.*, S. 212).

56 *Ausgewählte Schriften, a. a. O.*, Bd. III, S. 425, Anm. 401: »Die homerischen Sagen etwa wurden wie die alttestamentlichen Schriften (von der Theologenschule zu Alexandria) in Hinblick auf Christus allegorisch ausgelegt«.

57 *Ebda*, S. 425.

58 *Ebda*, S. 431: »Der geistige Gehalt nimmt je nach der Mannigfaltigkeit der Dinge, auf die er bezogen wird, je nach den verschiedenen Zeiten gleichsam eine neue Gestalt an«.

59 *Opus Epistolarum, a. a. O.*, Bd. IX, S. 177.

60 *OPERA OMNIA, a. a. O.*, Bd. IV, Sp. 401 f.: »Argumenti levitas, et ludicrum«.

61 *Ebda*, Sp. 405.

62 Ähnliche Ausführungen: *ebda*, Sp. 416 f.

63 Daran verdeutlicht sich wieder die Doppelrolle der Torheit, die Jan Huizinga so umreißt: »Durch das ganze Werk hin klingen ständig zwei Themen durcheinander: das von der heilsamen Torheit, die die wahre Weisheit ist, und das von der eingebildeten Weisheit, die lauter Torheit ist« (Erasmus, *a. a. O.*, S. 84).

64 *OPERA OMNIA, a. a. O.*, Sp. 417: »ad Homericum exemplar«.

65 Über die Schauspielmetaphern für das menschliche Leben vgl. Ernst Robert Curtius: *Europäische Literatur und lateinisches Mittelalter, a. a. O.*, S. 148 ff.

66 Erasmus von Rotterdam: *Lob der Torheit* (mit Handzeichnungen von Hans Holbein d. J.). Übers. und hg. von Uwe Schultz, Bremen 1966, S. 63 (lateinischer Text: *OPERA OMNIA, a. a. O.*, Sp. 455). Vgl dazu Augustinus: *Vom Gottesstaat*, 4. Buch, 30. Kap. (Augustinus setzt sich mit einem Cicero-Zitat – *De divin*. 2, 28 – auseinander).

67 Im christlichen Glauben wird dies gerechtfertigt durch den Gedanken vom Menschen als Ebenbild Gottes. Zur beschränkten, aber erkenntnismäßig bedingten Vorstellungskraft des Menschen, soweit es Außermenschliches betrifft, vgl. z. B. den Ausspruch des Xenophanes: »Doch wenn Hände die Ochsen und Rosse oder Löwen hätten oder malen könnten mit Händen und Werke bilden wie die Menschen, so würden die Rosse roßähnliche und die Ochsen ochsenähnliche Götterformen malen und Körper bilden so wie jede Art gerade selbst ihre Gestalt hätte« (Walther Kranz, Übers. und Hrsg.: *Vorsokratische Denker*, Berlin 1959, S. 59).

68 Die Erzählhaltung, die später in den Dichtungstheorien als ›olympisch‹ gekennzeichnet wird, ist keine poetische Metapher, sondern ein wissenschaftlicher Terminus, was einen ursprünglichen Übergang von der Metapher zum Terminus jedoch nicht ausschließt.

69 *OPERA OMNIA, a. a. O.*, Bd. I, Sp. 3 ff.: »DE DVPLICI COPIA VERBORVM AC RERVM«.

70 *Ebda*, Sp. 4: »Homerus . . . mirabilis . . . tum copia, tum brevitate«.

71 *Ebda*, Sp. 58.

72 *Ebda*, Sp. 58 f.

73 *Ebda*, Sp. 77 (Beginn des zweiten Abschnitts).

74 *Ebda*, Sp. 1021 (Erasmus erwähnt ihn neben Cicero!).

75 Siehe: Ernst Robert Curtius, *Europäische Literatur und lateinisches Mittelalter, a. a. O.*, S. 155 ff.

76 Erasmus von Rotterdam: *Briefe, a. a. O.*, S. 113. Auch in dem »PANEGYRICUS PHILIPPO BURGUNDIONVM PRINCIPI DICTUS« (*OPERA OMNIA, a. a. O.*, Bd. IV, Sp. 529) gibt Erasmus diese Homerstelle wieder.

77 Der Topos, der dann auch auf die gesamte homerische Poesie übertragen wird.

78 *OPERA OMNIA, a. a. O.,* Bd. IV, Sp. 414.

79 SIVE DE LINGVAE VSV ATQVE ABVSV LIBER VTILISSIMVS (in: *OPERA OMNIA, a. a. O.,* Bd. IV, Sp. 657 ff.).

80 Vgl. *Il.* II 211 ff.

81 *OPERA OMNIA, a. a. O.,* Sp. 662 f. Auf Sp. 684 f. streift Erasmus eine ähnliche Thematik und beleuchtet dabei Odysseus noch etwas genauer. – In einem Brief an Beatus Rhenanus schreibt er von einem jungen Mann mit außergewöhnlicher Klugheit: »Er redet nicht viel, aber wie Menelaos bei Homer, sehr nachdrücklich, ja, verständig« (Erasmus von Rotterdam: *Briefe, a. a. O.,* S. 211).

82 πτερόεντα – also keine »geflügelten (!) Worte«.

83 *OPERA OMNIA, a. a. O.,* Sp. 681.

84 Auch die homerische Formel vom ›Gehege der Zähne‹ begreift Erasmus als bildlichen Ausdruck für die ›Anatomie des Mundes‹: »geminum vallum ac repagula dentium triginta duorum (nam & Homerus significanter ἕρκος ὀδόντων appellat)« (*ebda,* Sp. 662). Der Aufenthalt hinter der doppelten Verschanzung gewährt Schutz und Sicherheit, bedeutet demnach Schweigen, und wer den ›Schutz‹ verläßt, wer redet, muß dies im richtigen und erfolgversprechenden Augenblick tun (als Sprichwort auch eingereiht unter die Homer-Centurien in den »ADAGIA«, *ebda,* Bd. II, Sp. 909, mit dem Lemma: »In absurdum locutum«).

85 Eine Bemerkung bei der Kommentierung der pseudo-ovidianischen Elegie »Nux« (*OPERA OMNIA, a. a. O.,* Bd. I, Sp. 1191).

86 *Ebda:* »modestiae causa«.

87 *Ebda,* Bd. IV, Sp. 544: »fons ingeniorum«; »vox infatigabilis«.

88 *Ebda:* »sine Musis negat sibi sufficere«.

89 Siehe: Ernst Robert Curtius, *Europäische Literatur und lateinisches Mittelalter, a. a. O.,* S. 168 ff.

90 Bei Karl Schlechta wiedergegebene Briefstelle (*Erasmus von Rotterdam,* Hamburg 1940, S. 78).

91 Erasmus von Rotterdam: *Briefe, a. a. O.,* S. 323.

92 Ernst Robert Curtius: *Europäische Literatur und lateinisches Mittelalter,* S. 443: »die heiligen Schriften der Juden sind weit älter als die der hellenischen Dichter und Weisen«.

93 *Ebda,* S. 444.

94 Nadler, Bd. I, S. 375.

95 Dabei dürfen Tradition und Neubeginn nicht gegeneinander ausgespielt werden, stattdessen müssen die Bezüge untereinander aufgedeckt werden. Vgl. etwa die Positionen Carl Otto Conradys (*Lateinische Dichtungstradition und deutsche Lyrik des 17. Jh.,* Bonn 1962) und Friedrich-Wilhelm Wentzlaff-Eggeberts (*Dichtung und Sprache des jungen Gryphius. Die Überwindung der lateinischen Tradition und die Entwicklung zum deutschen Stil,* ²Berlin 1966).

96 Celtis wählt eine Einzelgestalt, Hrotsvith von Gandersheim, Vadian beschäftigt sich dagegen – wenn auch nur andeutungsweise – überblickartig mit dem gesamten Mittelalter.

97 *IOACHIMI VADIANI HELVETII, de Poetica & Carminis ratione, Liber,* Wien 1518, p. c 1ʳ ff.

98 *Ebda,* p. e 3ᵛ.

99 Vgl. *ebda,* p. c 3ᵛ f.

100 Vgl. Nadler, Bd. I, S. 375 f.

101 *De Poetica & Carminis ratione, a. a. O.,* p. c 1ᵛ: Diodorus Siculus, Plinius, Eusebius, Pausanias, Lucan.

102 *Ebda.*

103 Für ihn gilt das Wort Senecas: »Victi victoribus leges dederunt« (Fr. 41 bei Augustin, *civ. dei* 6, 11).

104 Vgl. Helmut Rahn: *Morphologie der antiken Literatur*, Darmstadt 1969.

105 *De Poetica* & *Carminis ratione, a. a.* O., p. c 1ᵛ: »... illum omnium artium receptaculum, omnisque vrbanitatis & elegantiae scrinium Homerus emersit, cui hoc insigne fortuna per suae eruditionis praestantiam adiecit, vt exactissima omnis posteritatis diligentia, ex suarum gratiarum nitore atque imagine duceretur« (die Übertragung löst sich stellenweise von der lateinischen Konstruktion und Wortgebung).

106 *Ebda*, p. c 1ᵛ f. – In einem Enkomion auf Celtis wird dieser von Vadian in die lange Ahnenreihe der Poeten eingereiht. An deren Anfang steht neben den sagenhaften Orpheus und Musaios Homer; im Zusammenhang mit ihm werden jedoch nur sechs Städte genannt (*CONRADI CELTIS ... libri Odarum quatuor, a. a.* O., p. a 5ʳ f.).

107 *De Poetica* & *Carminis ratione*, p. c 2ʳ. Bei Macrobius: *Sat.* V 3, 16; siehe auch KLL, S. 120: »bekanntlich konnte VERGIL auf den Vorwurf seiner Kritiker, er habe doch das meiste von Homer übernommen, antworten: ›Warum versuchen meine Kritiker nicht dieselben Plagiate? Dann würden sie bald genug einsehen, daß es leichter ist, dem Herkules die Keule als dem Homer einen Vers zu entreißen‹«.

108 *De Poetica* & *Carminis ratione, a. a.* O., p. e 3ᵛ.

109 *Ebda;* v. a. das Wort »lepor« geht weiter über das horazische »dulce« (*De arte poetica*, V. 343) hinaus.

110 Vgl. *ebda*, p. f 1ᵛ f.

111 *Ebda*, p. e 4ᵛ f.

112 *Ebda*, p. f 1ʳ f.

113 *Ebda*, p. f 1ᵛ.

114 *Ebda*, p. f 1ᵛ f.: »Illam vero Poesim / quae laudes canat Deorum: patria instituta describat: mores edoceat, probos viros extollat, improbos deprimat / acceptam a Platone videri ...«

115 Vadian selbst beschreibt die Dichtungsart solcher Autoren mit dem Wort »imitantur« (*ebda*).

116 Vgl. Erwin Panofsky: *Idea, a. a.* O., S. 1 f. – Die Dichtung, die ›Inspirationskunst‹ ist, bleibt jederzeit ein fester Bestandteil des platonischen Denkmodells.

117 Josef Nadler: *Joachim von Watt. De poetica et carminis ratione* (in: Anzeiger der Österreichischen Akademie der Wissenschaften, Philosophisch-historische Klasse, 86. Jg., 1949, Nr. 16, S. 280 f.). Siehe auch: Nadler, Bd. 2, S. 214 (Spießheimer, latinisiert Cuspinianus).

118 *De Poetica* & *Carminis ratione, a. a.* O., p. n 3ʳ ff.

119 *Ebda*, p. s 2ʳ.

120 Vgl. *ebda*, p. s 3ᵛ f.

121 *Ebda*, p. s 3ᵛ.

122 *Ebda*.

123 *Ebda*, p. s 4ʳ: »Illum ego tam diuinum & praecellentem Vatem ab studiosis Poeticae imo humanitatis tyronibus insinuari volo, & ita volui vt nihil in eo penitus latere eos videatur«.

124 *Ebda*, p. v 3ᵛ.

125 Siehe: *ebda*, p. v 3ᵛ (»Typus«) und p. s 4ʳ (»archetypus«).

126 *Ebda*, p. s 4ʳ.

127 *Ebda*.

128 *Melanchthons Werke*, III. Bd.: Humanistische Schriften. Hg. von Richard Nürnberger, Gütersloh 1961, S. 29 ff.

129 *Ebda*, S. 31. – Die Homererwähnungen in seiner ersten, 1517 in Tübingen gehaltenen Rede »De artibus liberalibus« (*ebda*, S. 17 ff.) sind mehr oder weniger unergiebig: vgl. S. 20 und S. 25 (indirekte Erwähnung: S. 22).

130 *Ebda*, S. 39.

131 Vgl.: *Philippi Melanthonis Opera quae supersunt omnia edidit Carolus Gottlieb Bret-schneider.* Corpus Reformatorum, Halle/Braunschweig 1834 ff., Bd. XIII, Sp. 497 (Elementa Rhetorices, Abschnitt »De imitatione«): »Caeterum ut Virgilius ab Homero multos versos sumpsit, ita decebit et nos interdum aliquod membrum aliunde mutuari, si tamen habeatur ratio decori. Serviendum est enim temporibus ac locis, quemadmodum Virgilius, etsi ad imaginem Homeri se totum composuit, tamen illa prudenter vitavit, quae Romanis moribus non congruebant«.

132 *Melanchthons Werke,* III. Bd.: Humanistische Schriften, *a. a. O.,* S. 41: weiterhin »habemus et Pauli epistolam ad Titum«.

133 *Philipp Melanchthon als Praeceptor Germaniae,* Berlin 1889.

134 *Opera quae supersunt omnia, a. a. O.,* Bd. XXVIII, Anhang Sp. 9 f.

135 *Ebda,* Bd. X, Sp. 483.

136 Vgl. etwa: *ebda,* Bd. XVIII, Sp. 124 ff.

137 Die Beispiele finden sich: *ebda,* Sp. 121 ff.

138 *Ebda,* Bd. XX, Sp. 144 ff.

139 *Ebda,* Bd. XVIII, Sp. 124 ff.: »Qui mos est meus, delegi e poeta non tam grammaticae exercitationis, quam morum exemplum, quo intelligas, qui sit genuinus poematum usus ... Ratio vero, qua involucra illa explicamus, μυθολογία dicitur, quae, ut variae res a poetis aguntur, multiplex est, alia ad naturae scientiam καὶ φυσιολογίαν, alia ad historiam rerum gestarum pertinet, alia mores format ... Quod artificium sive Homero autore coepit, sive aliis conditoribus, qui annis Homerum superant, sunt enim plerique, profecto quantum intelligo, universum Homero debemus ... Itaque Thersiten Homericum interpretor, quem is factiosum ac sceleratum a consiliis principum Graeciae finxit, magnam universo exercitui pestem ...« etc.

140 Vgl. auch Melanchthons »διδασκαλικὸν genus«, das im Unterschied zu den üblichen drei Genera der Gerichts-, Staats- und Festrede auf die Rede in der Kirche, die Predigt, eingeht (*ebda,* Bd. XIII, Sp. 421: »Elementa Rhetorices«).

141 *Ebda,* Bd. XVIII, Sp. 125 ff. (datiert auf 1535).

142 *Ebda,* Sp. 127 f. (auch: *ebda,* Bd. X, Sp. 484; danach auf 1523 datiert).

143 *Melanchthons Werke,* III. Bd.: Humanistische Schriften, *a. a. O.,* S. 43 ff.

144 Siehe das Vorwort Richard Nürnbergers: *ebda,* S. 43. Vgl. dazu auch: *Opera quae supersunt omnia, a. a. O.,* Bd. XIII, Sp. 473: »fabulae poetarum, ut apud Homerum Cyclopes, qui significant allegorice homines barbaros« (Elementa Rhetorices).

145 *Melanchthons Werke,* III. Bd.: Humanistische Schriften, a. a. O., S. 51. Auch das Gegenbeispiel Thersites wird erneut erwähnt.

146 *Ebda.*

147 *Ebda,* S. 52.

148 *Opera quae supersunt omnia, a. a. O.,* Bd. XX, Sp. 188 f. – Bei der Schildbeschreibung – *Il.* XVIII 468 ff. – zieht Melanchthon die beiden Zeilen 604 und 605 in einen Hexameter zusammen. Dabei fällt die für den Kontext wichtige Erwähnung des Sängers weg. Der Text erscheint so eher als isolierbare Einheit und eignet sich so besser für Melanchthons vordergründig sprachlichen und hintergründig moralischen Zweck.

149 Siehe Karl Hartfelder: *Philipp Melanchthon als Praeceptor Germaniae, a. a. O.,* S. 557 f.

150 *Opera quae supersunt omnia, a. a. O.,* Bd. X, Sp. 485 f.

151 *Ebda,* Bd. XVIII, Sp. 127 ff.: IX 32–49 (1535), 63 f. (1523), 252–258 (1523), 438–443 (1523). Auch XV 494–499 (vollständig abgedruckt: *ebda,* Bd. X, Sp. 666) und XVIII 107, wobei die zwei letzten Beispiele innerhalb der Rede sentenziösen Charakter besitzen.

152 Schon das Textbeispiel aus dem homerischen Hermeshymnus (V. 29–55, abgedruckt: *ebda,* Bd. XVIII, Sp. 155 f.; Melanchthon führt es in seiner *Grammatica Graeca integra* von 1518 an: *ebda,* Bd. XX, Sp. 147) zeigt sein Interesse an werkimmanenten dichtungstheoretischen Einlagen. Diesmal jedoch ironisch gebrochen: Der gerade geborene

Gott ›erfindet‹ die (von der Musik inspirierte) Poesie. In der ältesten uns erhaltenen Declamatio, wahrscheinlich 1517 in Tübingen gehalten, spielt Melanchthon darauf an. Wieviel Saiten hat das Musikinstrument des Hermes? Genau soviel, wieviel es an Artes liberales gibt. Neben der Geschichte muß in das Studium der Künste jedoch unbedingt die Beschäftigung mit der Poesie eingeschlossen werden. Auch die Lehre des Quadrivium darf nicht vernachlässigt werden; denn den Saiten des Hermes entsprechen auf alle Fälle diese vier Wissenszweige, von denen der bekannteste und glänzendste, die Astronomie, der Muse Urania geweiht ist (siehe: *Melanchthons Werke*, III. Bd.: Humanistische Schriften, *a. a. O.*, S. 17 und S. 25; vgl. dazu auch: Wilhelm Maurer, *Der junge Melanchthon zwischen Humanismus und Reformation*, Göttingen 1967, Bd. I, S. 55).

153 *Opera quae supersunt omnia, a. a. O.*, Bd. XVIII, Sp. 129 f. (1523).

154 Vgl. dazu die sachliche Skizze Walter Margs: *Homer über die Dichtung* (Orbis Antiquus, Heft 11, Münster 1957, S. 16).

155 *Opera quae supersunt omnia, a. a. O.*, Bd. XVIII, Sp. 131 f.

156 *Ebda*, Bd. II, Sp. 818 (in einem Brief an Simon Grynaeus aus dem Jahr 1535). Vgl. dazu auch den Text, der die Bedeutung einer ›literarischen‹ Fürstenerziehung mit der signifikativen Aussage der homerischen Schildbeschreibung in Beziehung setzt (in den von Hans Zwicker hg. *Supplementa Melanchthonia*, 2. Abteilung: Philologische Schriften, Leipzig 1911, S. 166 f.).

157 *Melanchthons Werke*, III. Bd.: Humanistische Schriften, *a. a. O.*, S. 22 (1517).

158 *Ebda*, S. 90 (1536).

159 De utilitate fabularum. In: *Opera quae supersunt omnia, a. a. O.*, Bd. XI, Sp. 116 ff.

160 *Ebda*, Sp. 118: »Homeri Poetae prudentiam tantopere mirantur eruditi, ut supra communem mortalium sortem vehant, planeque sentiant, divina quadam vi mentem illius percitam fuisse«.

161 *Ebda*.

162 *Ebda*, Bd. XVIII, Sp. 141 f.

163 *Ebda*, Sp. 142.

164 *Ebda*, Sp. 142 f.

165 *Ebda*, Bd. XI, Sp. 118: »... eruditi ... At (!) is pueris, quos in Graecia passim docebat, bellum ranarum et murium scripsit ...«

166 *Ebda:* »... ut simul teneros animos lepidissima fabula delectaret, simul doceret ...«

167 Vgl. die Scholien: *ebda*, Bd. XVIII, Sp. 141 ff.

168 Siehe *ebda*, Sp. 137 ff.

169 *Ebda*, Sp. 137 f.

170 *Ebda*, Sp. 144: »modestia Homeri«. Die formelhafte Wendung: »v. 20. μιχθεὶς ἐν φιλότητι«.

171 *Ebda*, Sp. 141 ff. (das Epigramm auch *ebda*, Bd. X, Sp. 661). Der Inhalt des Vorworts wurde zum größten Teil schon zur Deutung der Rede »De utilitate fabularum« herangezogen; umgekehrt eignen sich Formulierungen der Rede zur Erklärung des knappen Eingangstextes.

172 »odium bellorum ac turbarum« (*ebda*, Bd. XI, Sp. 118) und »odium turbarum et seditionum« (*ebda*, Bd. XVIII, Sp. 143); »tolerantiae studium« (*ebda*, Bd. XI, Sp. 118).

173 *Ebda*, Sp. 118 f.

174 *Ebda*, Bd. XVIII, Sp. 143: »(Homeri) fabulas ... non oscitantem et minime dormitantem philosophorum sapientiam dixeris«.

175 Gerade in der heutigen Literaturwissenschaft sollte man vorsichtig sein mit einem Werturteil für oder gegen eine der beiden Deutungen. Jede vermag Aspekte zu erhellen, die der anderen notwendig entgehen müssen. Sie sollten daher beide als Möglichkeiten kombiniert werden, um auch von diesem Standpunkt zu einer (wenn auch von Jost Hermand anders verstandenen) ›synthetischen Interpretation‹ vorzudringen.

176 *Opera quae supersunt omnia, a. a. O.*, Bd. XVIII, Sp. 133 f.

177 *Ebda.* Im Gegenteil: Homer wird zum Beweis herangezogen; »Nam Mysos Henetorum partem fuisse nihil dubium est, et pars Mysorum fuerunt Citei, ut Homerus testatur, quos Ebraei vocant Cithim« (Brief an Georg Spalatin, *ebda,* Bd. III, Sp. 1090). Vgl. dazu auch *ebda,* Bd. XII, Sp. 34 ff., v. a. 36 f. und 40.

178 *Ebda,* Bd. XVIII, Sp. 135 f.:
>»Talis mens hominum est, qualis fortuna dierum,
>Quam variis vicibus divina potentia mutat«.

179 *Ebda,* Bd. II, Sp. 557. Verwiesen sei auf Karl Hartfelder: *Philipp Melanchthon als Praeceptor Germaniae, a. a.* O., S. 83.

180 *Philipp Melanchthon als Praeceptor Germaniae, a. a.* O., S. 83.

181 *Opera quae supersunt omnia,* Bd. X, Sp. 545.

182 *Ebda,* Bd. XI, Sp. 397 ff.

183 Jedoch sogar von einer »Homer-Ausgabe seines Freundes Winsheim« (Karl Hart-felder: *Philipp Melanchthon als Praeceptor Germaniae, a. a.* O., S. 536) zu reden, ver-bietet uns das Fehlen jeglichen Beweismaterials. Der etwa 1501 geborene Veit Oertel ist auch Vortragender von Melanchthons »Oratio de studiis linguae Graecae« aus dem Jahr 1549. Siehe die Anmerkungen Richard Nürnbergers: »Er hat Melanchthon in sei-nen griechischen Vorlesungen gelegentlich vertreten. 1541 erhielt er die ›griechische Lektion‹ an der Universität, 1550 Doktor der Medizin, gest. 1570 in Wittenberg. Er hielt 1560 Melanchthon die Grabrede« (*Melanchthons Werke,* III. Bd.: Humanistische Schriften, *a. a.* O., S. 135).

184 *Opera quae supersunt omnia, a. a.* O., Bd. XI, Sp. 398.

185 *Ebda,* Sp. 399.

186 *Ebda,* Sp. 400.

187 *Ebda.*

188 *Ebda:* »exuperatque Homeri splendor omnem orationem«.

189 *Ebda:* »... ad tanti scriptoris praeconium conferemus«.

190 Kontextgerechte Übersetzung des lateinischen Terminus »voluptas« (*ebda*).

191 *Ebda,* Sp. 401: »ingentes et innumerabiles Homerici poematis divitias ...« und »divina miracula«.

192 *Ebda:* »... ita fulgore Homerici carminis ingeniorum aciem praestringi solere«.

193 *Ebda,* Sp. 402.

194 *Ebda,* Sp. 403: »quae velut pondus et autoritatem legum habent, quaeque merito ut oracula aut divina responsa singulari cum religione observari, memoriaeque mandari, et semper ob oculos haberi debebant«. Zu »oracula« vgl. *ebda,* Sp. 236.

195 *Ebda,* Sp. 403: »suavitatis et humanitatis morum nullus eo melior Magister«.

196 *Ebda:* »reliquique Poetae, velut rivuli ex Homero, ceu perenni fonte scaturiant«.

197 *Ebda,* Sp. 403 f.: »gravissima ac sanctissima dogmata dulcissimis et iucundissimis iconibus poeticis«.

198 *Ebda,* Sp. 402: »speciosum et illustre exemplum«.

199 *Ebda:* »libertas dicendi, et patientia audiendi«.

200 *Ebda.* Vgl. dazu eine ähnliche Anspielung in den von Hans Zwicker hg. *Supplementa Melanchthonia,* 2. Abteilung: Philologische Schriften, Leipzig 1911, S. 25. Auch der zeittypische Vergleich der Türken mit den Kyklopen läßt sich bei Melanchthon auf-finden: *Opera quae supersunt omnia, a. a.* O., Bd. XI, Sp. 635.

201 Klaus Kaczerowsky (Hrsg.): *Flugschriften des Bauernkrieges* (Rowohlts Klassiker der Literatur und der Wissenschaft, Deutsche Literatur, Bd. 33), Hamburg 1970, S. 123.

202 *Opera quae supersunt omnia, a. a.* O., Bd. XI, Sp. 404.

203 *Ebda.*

204 *Ebda,* Sp. 405. Vgl. dazu auch *ebda,* Sp. 384.

205 *Ebda;* vgl. auch *ebda,* Sp. 72.

206 *Ebda,* Sp. 405: »... pietas erga parentes, coniugem, liberos, et in Principe praecipue erga cives ac subditos, quam Homerus summam Ulyssi tribuit«.

207 Z. B. bei Polyphem, der sinnbildlich für einen Tyrannen steht (*ebda*, Sp. 406).

208 *Ebda*, Sp. 406: »... tribuitque ei orationem similiter fluminibus hibernis nivibus auctis fluentem ... Fingit item eum regi et custodiri a Minerva, ut ostendat magnos viros Deo curae esse, eiusque auxilio subnixos, res tantas efficere«. Auch das von Hermes überreichte Kraut Moly zeigt diese göttliche Gnade, vgl. *ebda*, Sp. 39 und 84; auch Sp. 193 – eine Stelle, die zum homerischen Lob der Medizin überleitet (Sp. 194 und 202).

209 Vgl. dazu die vagen Ausführungen: *ebda*, Sp. 406 und 408.

210 Vgl. *ebda*, Sp. 405 f.: »virum prudentissimum et constantissimum« und »patientissimum«.

211 *Ebda*, Sp. 406 f.: »... pecudem esse, non hominem existimem, qui non Homeri lectione permulceatur«.

212 *Ebda*, Sp. 406.

213 *Ebda*, Sp. 407.

214 *Ebda*, Sp. 408: »... ea quae nostris studiis et moribus propiora sunt«.

215 *Ebda*. Darunter versteht er Bemerkungen Homers »de principiis rerum, de motu corporum coelestium et astrorum, de elementis, de mundo et eo duplici, de constitutione hominis, de anima et eius partibus, de sede potentiarum animae, de singulis potentiis, de affectibus, iisque laudatis et vitiosis, de ratione porro atque intellectu, sensuque et adpetitu cum eo perenni dimicatione depugnante, de illa diviniore et item bruta parte hominis«.

216 *Ebda*.

217 *Ebda*, Sp. 407: »... ut magnum et magni ingenii habitum sit, eius virtutes non quidem aemulatione, quod impossibile est, sed saltem intellectu sequi«. Auch des Fabius (Quintilian) metaphorische Wendung vom ›homerischen Ozean‹ (*ebda*) soll diese Vorrangstellung unterstreichen.

218 Man kann hierbei an Walter Müller-Seidels »Spannungsgefüge von geschichtlicher Relativität und übergeschichtlichem Postulat« denken (*Probleme der literarischen Wertung*, ²Stuttgart 1969, S. 62). Doch stimmen wir grundsätzlich nur den Ausführungen zu, die um Interpretationskriterien kreisen. Wenn wir nicht von Wertungskriterien sprechen wollen (ohne sie zu leugnen), müssen wir auch den Begriff »Postulat« (bzw. Norm) ändern; wir schlagen ›Konstanz‹ vor und nennen die beiden Spannungselemente vorsichtiger ›geschichtliche Relativierungen und übergeschichtliche Konstanzen‹.

219 *Opera quae supersunt omnia*, a. a. O., Bd. XI, Sp. 410: »... consentanea communi sensui«. Ein Gegenargument gegen Platons Homerkritik, mit der sich Melanchthon im Folgenden auseinandersetzt.

220 *Ebda*, Sp. 409 ff.

221 *Ebda*, Sp. 409.

222 *Ebda*: »Difficile esse inter tantos homines disceptare, ut si duo viri, ambo boni, ambo graves et honesti, ambo amici, de re quapiam seria et gravi sententiis discrepent«.

223 *Ebda*, Sp. 410: »... allusisse ad mores hominum, ad naturam rerum, involvisse his poeticis iconibus seria et gravia dogmata, ut mos fuit illorum temporum«.

224 *Ebda*, Sp. 409.

225 Wiederum Rückgriff auf Chrysostomos: Dieser sage, »Homerum τὰ μὲν κατὰ δόξαν, τάδε κατ᾽ ἀληθείαν posuisse« (*ebda*, Sp. 410).

226 *Ebda*: »Quod vero praeter haec allegorica quaedam admiscuit, facile intelligi potest ...«

227 *Ebda*, Sp. 410 f.: »... crimen Homero obiicitur a Platone, putatur enim metum mortis incutere hominibus, cum terribilia et qualia ipse pingit apud inferos, sibi post hanc vitam proponant, atque ita lectione Homerici poematis animi robur enervari videtur. Sed nos ad hoc breviter respondebimus, Homerum voluisse celebrare illam sententiam de immortalitate animarum, quam omnium seculorum cordatiores et honestiores viri tenuerunt«.

228 *Ebda*, Sp. 411 f. Vgl. dazu den Nachruf Melanchthons auf Kaiser Maximilian (1519), in dem dieser mit Odysseus in Beziehung gebracht wird (*ebda*, Sp. 27 und 31).

229 *Ebda*, Sp. 411: »Atque haec sunt illa capitalia crimina, propter quae a Platone Homerus exilio mulctatur, relegatur ab urbe Platonica in nescio quas solas terras, ad Scythas credo aut Garamantes, neque id temere, nam Chrysostomus testis est, etiam Barbaros et Graecarum disciplinarum rudes, permulctos Homerici carminis dulcedine, coepisse hanc unam ob causam Graecas literas degustare, ut hoc poema perdiscere possent, et apud Indos id etiam decantari solitum. Ad quamcunque igitur gentem e Graecia sua relegaverit Homerum Plato, iam velut Dei alicuius adventu statim cultiorem humanioremque usu ipsius et consuetudine fecerit«.

230 *Ebda*, Sp. 412.

231 *Ebda*.

232 *Ebda*: »at certe mentem, quae praestantior, quae immortalis pars nostri est, ingentibus ac longe nobilioribus, aeternisque divitiis cumulat, ornat, ditatque«.

233 Thukydides I 22, 4.

234 *Opera quae supersunt omnia*, a. a. O., Bd. XI, Sp. 413: »Nam si propter inopiam et contemptum excluduntur haec studia, excludatur eadem opera humanitas, excludatur virtus et honestas, quae sunt alumnae Musarum, quarumque parens ac nutricius Homerus est, excludatur quidquid vere bonum, sanctum, piumque est in mundo ...«

235 Vgl. die moderne Forderung nach der Notwendigkeit der ›permanenten Weiterbildung‹!

236 Karl Hartfelder: *Philipp Melanchthon als Praeceptor Germaniae*, a. a. O., S. 83, Anm. 1.

237 Der Wortlaut dieser Ergänzung: »Sed quam gratus sit Homerus erga hos, qui mendicantem benigne exceperunt, multis in locis ostendit, ubi hospites suos celebrat. Quare non dubitetis, aliquid officii in hunc mendicum conferre. Wittenb. 1543« (*Opera quae supersunt omnia*, a. a. O., Bd. V, Sp. 274).

238 *Opera quae supersunt omnia*, a. a. O., Bd. X, Sp. 590 (Quellenangabe Sp. 591):

»Nocturna versate manu, versate diurna,
    Maionii, iuvenes, utile vatis opus
Humanae speculum vitae quod dicitur, in quo
    Affectus populi cernitis atque Ducum,
Quodque simul monstrat, quae sint discrimina morum,
    Quae lex distinxit non violanda Dei,
Quae deceant homines, habeant quae facta secundos
    Eventus, iusto cuncta regente Deo,
Et quae sint summa cura studioque cavenda,
    Quae sequitur laesi vindicis ira Dei.
Ne dubita, semper delicta atrocia poenas
    Et subitas clades post mala facta sequi.
Hanc quicunque legit doctrinam transferat arte
    Ad sese, ut mores hinc regat ipse suos.
Civilis vitae normam viditque docetque
    Quanquam oculis senior captus Homerus erat«.

Zu Zeile 14 vgl. die Rede »De studio doctrinae Paulinae« aus dem Jahr 1520: »Extant vivendi formulae, aliae divinitus proditae, aliae ab ingeniosis hominibus conscriptae, quale et Hesiodi, item Homeri poema ...« (*ebda*, Bd. XI, Sp. 35).

239 Vgl. *ebda*, Bd. XI, Sp. 677, 722, 739, 742, 768, 834, 909 f. (siehe dazu: Wilhelm Maurer, *Der junge Melanchthon zwischen Humanismus und Reformation*, Göttingen 1967, Bd. II, S. 122), 977, 987. Außerdem Bd. XII, Sp. 5, 47, 103, 111, 117, 121, 207, 249, 252, 255, 261, 266, 326, 338.

240 *Ebda*, Bd. XI, Sp. 863.

241 *Ebda,* Sp. 875: »lingua dulcissima atque eruditissima« – und das in der Rede »De studio linguae Ebracae« aus demselben Jahr 1549!

242 *Ebda,* Bd. XII, Sp. 216.

243 Vgl. dazu auch: *ebda,* Sp. 220.

244 *Ebda,* Sp. 775.

245 Siehe: *Melanchthons Werke,* III. Bd.: Humanistische Schriften, *a. a. O.,* S. 147.

246 Oswald Gottlieb Schmidt: *Luther's Bekanntschaft mit den alten Classikern,* Leipzig 1883, S. 50.

247 *Homer in der Neuzeit von Dante bis Goethe,* Leipzig/Berlin 1912, S. 381.

248 *Werke.* Kritische Gesamtausgabe, Weimar 1883 ff. Tischreden, Bd. 5, S. 357: »Laudatur Homerus, laudatur Virgilius, quod magnas res brevi aliquo verbo complectuntur, et campus, ubi Troia fuit, omnia hausit et absorpsit ne ruinis quidem relictis« (1546).

249 *Ebda,* Tischreden, Bd. 1, S. 119: »Terencius, Homerus et similes poetae sind keine munch gewesen, sonder haben gesehen, wie es den leuten gehet, id quod ignorant monachi«.

250 *Ebda,* S. 381.

251 *Ebda,* S. 208. Siehe auch die »vorred uber die Judith«, ebenso »uber den Tobiam« und »auff die stuck Esther und Daniel«. In: Paul Rebhun, *Ein Geistlich Spiel von der Gotfürchtigen und keuschen Frauen Susannen* (1536). Kritisch hg. von Hans-Gert Roloff, Stuttgart 1967, S. 83 f.

252 *Ebda,* Tischreden, Bd. 1, S. 339: »Ich gläube, daß sich Erasmus sehr ärgere an solcher Einfältigkeit S. Johannis und denkt, er redt nicht wie Homerus, Cicero, Demosthenes, Virgilius, noch auch wie wir nach der Vernunft. Aber Gottes Urtheil ist vil anders«.

253 *COMMENTARII IN LIBRVM PRIMVM ILIADOS HOMERI,* Auctore IOACHIMO CAMERARIO, Frankfurt 1584; *COMMENTARII IN LIBRVM SECVNDVM HOMERICAE ILIADOS,* Auctore IOACHIMO CAMERARIO, Frankfurt 1584 (zitierte Ausgaben).

254 *Ebda,* p. + 3^r.

255 *COMMENTARII IN LIBRVM PRIMVM ILIADOS HOMERI, a. a. O.,* S. 1.

256 *Ebda,* S. 1 f.: »Apollinem autorem esse eorum librorum qui sub Homeri nomine feruntur, qui illius praescriptione diuinam maiestatem tegere voluisset«.

257 *Ebda,* S. 6: »... non solum Homerum parentem esse eloquentiae, sed etiam magistrum atque doctorem, qui non modo ... speciosissima ... opera elaborauerit, sed alijs etiam ad imitandum proposuerit«.

258 *Ebda,* S. 7: »instructio quidem certe cum summa humani generis vtilitate est coniuncta«.

259 Vgl. *ebda,* S. 6.

260 *Ebda,* S. 7: »Reliqua sunt doctrinae genera duo, de Natura & Moribus. In quibus vnum Homerum tum multis dissentientibus decretis atque placitis Sapientum, occasionem praebuisse, & suppeditasse materiam disputationum, apertum & clarum esse putant«.

261 *Ebda,* S. 14 ff.: »DE AVTORE«.

262 *Ebda,* S. 15 (im Apollon-Hymnus V. 172).

263 *Ebda,* S. 17 ff. – Die Behauptung Finslers, Camerarius kenne nicht die Poetik des Aristoteles (*Homer in der Neuzeit, a. a. O.,* S. 381), widerlegt eine Stelle aus dem Kommentar zum zweiten Buch der Ilias (S. 30). Um den Text weiß Camerarius, jedoch zweifelt er an der Verfasserschaft des Aristoteles. Ohne die traditionell gesicherte Autorität fehlt diesem Werk seine ›Gültigkeit‹, und ›Gültigkeit‹ kann auch noch für Camerarius letztlich nur eine nichtaristotelische, demnach normative Poetik besitzen. Vielleicht liegt v. a. hierin der Grund seines Bedenkens, der sonst (auch von ihm) anerkannten Persönlichkeit ein deskriptives Traktat zuzuschreiben.

264 *COMMENTARII IN LIBRVM PRIMVM ILIADOS HOMERI, a. a. O.,* S. 18.

265 *Ebda,* S. 19.

266 Dieser Abschnitt trägt die Überschrift: »DE TITVLO OPERIS« (*ebda,* S. 19 ff.).

267 *Ebda,* S. 21 f.

268 *Ebda*, S. 21.

269 *Ebda*, S. 22 f.

270 Georg Finsler: *Homer in der Neuzeit, a. a.* O., S. 381.

271 *COMMENTARII IN LIBRVM PRIMVM ILIADOS HOMERI, a. a.* O., S. 25 ff.

272 *Ebda*, S. 29.

273 *Ebda*, S. 30: »exemplum vitae«; »mirificam ... instructionem vitae, & praecepta virtutis«.

274 Im Gegensatz zum Renaissance-Typus.

275 Der Zukunftsaspekt wird hier nicht gesondert beachtet, aber ist schon durch die Seher-gestalt des Kalchas (*ebda*, S. 42 ff., bs. S. 43 f.) miteingeschlossen.

276 *Ebda*, S. 30 ff.

277 *Ebda*, S. 32 f.

278 Vgl. etwa: *ebda*, S. 46.

279 *Ebda*, S. 78 ff.

280 *Ebda*, S. 116 ff.

281 Noch am Ende des Kommentars zum ersten Buch der Ilias: »cuius lectio & voluptatem & vtilitatem studiosis artium atque literarum bonarum maximam est allatura« (*ebda*, S. 75).

282 *COMMENTARII IN LIBRVM SECVNDVM HOMERICAE ILIADOS, a. a.* O., S. 20: »exempla ... eximia deliberationum & suasoriae materiae«.

283 *Ebda*, S. 35.

284 *Ebda*, S. 48 f.

285 *Ebda*, S. 47.

286 *Ebda*, S. 89. Vgl. dazu: Walter Marg, *Homer über die Dichtung, a. a.* O., S. 38, Anm. 3. Es scheint m. E. jedoch weniger um eine ›Relativierung‹ der Achillhandlung zu gehen. Zumindest faßt Camerarius diesen Werkteil eher als ›Klimax‹ der Achillhandlung auf.

287 In den »ANNOTATIVNCVLAE PAVCAE« zu der *SYNTAXIS LINGVAE GRAE-CAE* des Johannes Varennius (²Basel 1536, S. 169 ff.) verwendet Camerarius wie der Belgier Homerzitate nur als grammatikalische Beispiele.

288 *OPVS VTRVMQVE HOMERI ILIADOS ET ODYSSEAE DILIGENTI OPERA Iacobi MICYLLI & Ioachimi CAMERARII recognitum.* – Micyllus widmet seine sonstigen Studien hauptsächlich der Metrik. Vgl. dazu die Werke: *De Re metrica libri tres* (Frankfurt 1551) und *RATIO EXAMINANDORVM VERSVVM, AD VSVM & exercitationem puerorum* (Frankfurt 1556).

289 *OPVS VTRVMQVE HOMERI, a. a.* O., p. A 2ʳ ff.

290 Vgl. Hans Rupprich: *Vom späten Mittelalter bis zum Barock.* 1. Teil: Das ausgehende Mittelalter, Humanismus und Renaissance (1370–1520), München 1970, S. 432 f.

291 *OPVS VTRVMQVE HOMERI, a. a.* O., p. A 2ʳ: »... renascentem hunc Poetam ...«

292 *Ebda*, p. A 3ʳ: »... tempore crescens ad non attingendam altitudinem peruenit (Home-rus)«. Vgl. dazu Dürers Begriff der »widererwaxsung« (in: Hans Rupprich, *a. a.* O., S. 432).

293 *Philipp Melanchthon als Praeceptor Germaniae, a. a.* O., S. 291.

294 Professor des Hebräischen, Griechischen und Lateinischen (1499–1569). Die Ausgaben: ΟΜΗΡΟΥ ΙΛΙΑΣ. Ἡ τῆς αὐτῆς πολυπλόκος ἀνάγνωσις, Straßburg 1542; ΟΔΥΣ-ΣΕΙΑ. Βατραχομυομαχία. ὕμνοι (und: ΟΜΗΡΟΥ ΒΙΟΣ). Η τῶν αὐτῶν πολυπλόκος ἀνάγνωσις, Straßburg 1542.

295 ΟΜΗΡΟΥ ΙΛΙΑΣ, *a. a.* O., p. A 2ʳ: »... totius humanitatis, tum principem, tum parentem«. In der griechischen Fassung steht für ›humanitas‹ »παιδεία«.

296 In: *Briefwechsel des Beatus Rhenanus.* Gesammelt und hg. von Adalbert Horawitz und Karl Hartfelder, Leipzig 1886, S. 600, Nr. 23: »PAVLVS CORTESIVS IN SENTEN-TIAS«, Basel 1513.

297 Die bei Homer nicht geleugnet werden soll, aber im Vergleich zu Vergil fast unbe-deutend erscheint.

298 Beteiligt soll Rhenanus auch an einer zweisprachigen Ausgabe der Batrachomyomachie

gewesen sein (in: *Briefwechsel des Beatus Rhenanus, a. a.* O., S. 606, Nr. 42 a: »HO-MERI BATRACHOMYOMACHIA«, Basel 1518). Hingewiesen sei an dieser Stelle auch auf den von Zwingli in einem Brief an Rhenanus erwähnten Basler Buchdrucker Andreas Cratander, der 1520 die ersten zwei Gesänge der Odyssee hg. hat (*ebda,* S. 164, Anm. 3).

299 Vgl. *ebda,* S. 134.

300 Siehe *ebda,* S. 384.

301 Z. B. *ebda,* S. 402 und 413.

302 Siehe neben Erasmus und Zwingli u. a.: Johannes Aventinus (*ebda,* S. 368), Otto Brunfels (*ebda,* S. 200), Albert Burer (*ebda,* S. 181, 192 – identisch mit Rhenanus' zwölf Jahre später verwendetem Zitat: *ebda,* S. 402), Michael Hummelberger (*ebda,* S. 64), Wolfgang Schiver (*ebda,* S. 278: dreimalige Homeranspielung) und Ulrich Zasius (*ebda,* S. 231).

303 *Huldreich Zwinglis sämtliche Werke.* Unter Mitwirkung des Zwingli-Vereins in Zürich hg. von Emil Egli und Georg Finsler, Bd. 1 ff., Berlin 1905 ff., Bd. 5, S. 430 (dazu die lateinische Vorlage: *ebda,* Bd. 2, S. 536).

304 Vgl. *ebda,* Bd. 5, S. 437.

305 *Ebda.*

306 *Ebda.*

307 *Ebda,* Bd. 7, S. 304, Anm. 6.

308 *Ebda,* S. 590 und Anm. 4 auf derselben Seite.

309 ³Basel 1532.

310 Homerzitate zu »ΕΙΣ ΤΟΝ ΑΝΘΡΟΠΙΝΟΝ ΒΙΟΝ« ebda S. 155, zu »ΕΙΣ ΦΥΣΙΝ ΚΑΙ ΗΘΟΣ« ebda S. 159 f., zu »ΕΙΣ ΦΙΛΟΥΣ, ΞΕΝΟΥΣ ΚΟΛακας καὶ ἀχαρίστους« ebda S. 163 f., zu »ΕΙΣ ΑΡΧΟΝΤΑΣ, ΔΗΜΟΝ καὶ δοῦλον« ebda S. 164 ff., zu »ΕΙΣ ΠΟΛΕΜΟΝ ΚΑΙ ΠΑΤΡΙΔΑ« ebda S. 166 f. und zu »ΕΙΣ ΘΑΝΑΤΟΝ« ebda S. 179.

311 Siehe: *Huldreich Zwinglis sämtliche Werke, a. a.* O., Bd. 7, S. 589, Anm. 1; Jöcher (4. Erg. Bd.). In beiden Quellenangaben wird diese Vermutung jedoch nicht geäußert. – Briefliche Nachfragen an die Öffentliche Bibliothek der Universität Basel und an die Zentralbibliothek Zürich haben keine weitere Klärung dieser vagen Angaben ermöglicht.

312 Erschienen in Zürich.

313 Vgl. die zwei Jahrhunderte später erschienene Ausgabe: *INCERTI SCRIPTORIS GRAECI FABULAE ALIQUOT HOMERICAE DE ULIXIS ERRORIBUS ETHICE EXPLICATAE Vertit, notasque necessarias adjecit JOHANNES COLUMBUS,* Leiden 1745.

314 *MORALIS INTERPRETATIO ERrorum Vlyßis Homerici, a. a.* O., p. A 2ʳ: »explicatio enim est plane Christiana, et religioni nostrae commodißima«.

315 *Ebda,* p. A 2ʳ: »Legi, probaui (womit Prüfung *und* Billigung verstanden wird), in Latinam linguam transtuli«.

316 *Ebda,* p. A 3ᵛ–p. B 6ʳ: FABVLA I–XI.

317 *COMMENTATIO PORPHYRII Philosophi de Nympharum antro in XIII. libro Odysseae Homericae,* multiplici cognitione rerum uariarum instructißima. *EX COMMENTARIIS PROCLI Lycij,* Philosophi Platonici in libros Platonis de Republ. *apologiae quaedam pro Homero, et fabularum aliquot enarrationes.*

318 Lesky, S. 940. Angehängt wird deshalb von Gessner noch ein weiterer kurzer Abschnitt: »QVOMODO ANIMA EX SVperiori mundi parte ad inferna haec dilabatur, ex Macrobij in somnium Scipionis lib. 1. cap. 12« (*ebda,* p. D 6ᵛ f.).

319 *Ebda,* p. B 7ᵛ f.: »interpretationem ... a nobis Latine redditam, non eleganti, sed facili dilucidoque stilo«.

320 *Ebda,* p. D 8ᵛ: »Apparebit sane ex hoc opusculo cur olim poetae theologi dicti sint, et poesis theologiae nomen et primae philosophiae, etiam apud philosophos merita sit«.

321 *Ebda*: »omnes enim hic de dijs fabulae, non iuxta Grammaticorum uulgus historice, physice aut ethice tractantur, sed theologicis et metaphysicis rationibus explanantur«.
322 *Ebda*: »absolutißima Homeri sapientia«.
323 *Ebda*, p. 14ᵛ f.

Zu II. Humanistische Homerbewertungen

3. Homer-Rezeption im Späthumanismus

1 *HELII EOBANI HESSI, POETAE EXCELLENTISS. ET Amicorum ipsius, Epistolarum familiarum Libri XII,* Marburg 1543.
2 *Ebda*, S. 46: »Ego, quod mireris, Iliada nunc uerto«.
3 Vgl. *ebda*, S. 194 f., 151, 153 u. ö.
4 *Ebda*, S. 64.
5 *POETARVM OMNIVM SECVLORVM LONGE PRINCIPIS HOMERI ILIAS, HOC EST, DE REBVS AD Troiam gestis descriptio, iam recens Latino carmine reddita, HELIO EOBANO HESSO Interprete,* Basel 1540. Des Micyllus' Gedicht an den Leser befindet sich auf dem Titelblatt der Ausgabe:
>»Maeoniden Latia memorantem praelia uoce,
>Versaque in Ausonios Dorica uerba modos,
>Castraque cum castris Danaum mutata Latinis,
>Et cum Romanis pallia Graeca togis,
>Rem toties coeptam, sed nulli rite peractam,
>Serior en aetas attamen ista dedit.
>Hanc laudem multiuatum petiere priorum,
>Sed propriam solus, quam ferat, Hessus habet«.
6 Siehe etwa: *ebda*, p. Tt 1ᵛ.
7 *Ebda*, p. α 2ʳ ff.
8 *Ebda*, p. α 2ʳ.
9 *Ebda*, S. 1.
10 Vgl. dazu: *ebda*, S. 477 f.: »Clypei Achillis elegantißima et admirabilis descriptio: ut in quo totius pene naturae rerum imaginem depinxerit«.
11 Vgl. dazu: *ebda*, S. 605 f.: »Priami ad Achillem oratio supplex«; »Miseretur Priamum Achilles«.
12 Abgedruckt in: *OPERVM HELII EOBANI HESSI FARRAGINES DVAE,* Schwäbisch Hall 1539, p. 55ᵛ ff.
13 *Ebda*, p. 75ᵛ ff.
14 Z. B. *ebda*, p. 4ʳ, 168ʳ, 228ᵛ u. ö.
15 Z. B. *VRBS NORIMBERGA* (*ebda*, »POSTERIOR FARRAGO«, etwa p. 26ᵛ) u. ö.
16 Z. B. *ebda*, »POSTERIOR FARRAGO«, p. 34ʳ, 39ᵛ u. ö.
17 Z. B. *ebda* (1. Teil), p. 242ᵛ f., 290ʳ f. u. ö.
18 Z. B. *ebda*, p. 181ʳ, 204ʳ, 215ʳ, 221ʳ f. u. ö.
19 *Ebda*, p. 259ʳ f.
20 Seine *Elegia in commendationum Homeri de bello Trojani* von 1539, die noch 1961 von Winfried Zehetmeier (*Simon Schaidenreisser, Leben und Schriften,* Diss. München 1961, S. 47, Anm. 4) mit der Signatur: »St. Bibl. Mü. 4° PO lat. 912ᵃ/5« angegeben wird, ist dort – laut Stempel – »nicht mehr vorhanden«.
21 Wilpert, S. 793.
22 *EX ODYSSEA HOMERI LIBRI QVATVor Elegiaco carmine redditi per IOANNEM PRASSINVM,* Wittenberg 1539.
23 *Ebda*, p. A 2ʳ.
24 *Odysseae HOMERI LIBRI XXIIII. NVPER A SIMONE LEMNIO EMporico Rheto Curiensi, Heroico Latino carmine facti,* Basel 1549.

25 Z. B.: »Jupiter ad deos«.
26 Neben dem Prooimion steht: »Inuocatio cum propositione«.
27 Z. B.: »Alludit . . .«
28 Z. B.: »Pietas Vlyssis«.
29 *Odysseae HOMERI LIBRI XXIIII, a. a.* O., S. 1.
30 *Ebda*, p. γ 1ᵛ ff.
31 In: Ellinger, Bd. II, S. 96.
32 *POEMATVM IOANNIS STIGELII LIBER I ff.*, Jena 1566 ff.; Bd. VI, p. G 6ʳ und Bd. VII, p. F 3ʳ–p. G 3ʳ.
33 *Ebda*, Bd. VII, p. F 4ʳ. Diesen sechs Zeilen entsprechen im Original die vier Verse 488 bis 491.
34 *Ebda*, Bd. VI, p. G 3ʳ f.
35 *Ebda*, Bd. VI, p. F 3ʳ f.
36 *Ebda*, Bd. IX, p. F 7ʳ f.:
> »Et gladium et remum, calamumque infige sepulchro
> His ego bellator, nauita, Rhetor eram«.
37 Ellinger, Bd. II, S. 93.
38 *Ebda*, S. 92.
39 *POEMATVM IOANNIS STIGELII LIBER I ff.*, a. a. O., Bd. IV, p. K 8ʳ–p. M 1ᵛ.
40 *Ebda*, p. L 3ʳ: »Vim superat Virtus, vincit prudentia ferrum«.
41 *Ebda*, p. L 7ᵛ: »Nec desunt iuuenes Heroum exempla sequentes«.
42 *Ebda*, Bd. IV, p. C 7ᵛ–p. C 8ᵛ.
43 *Ebda*, p. C 8ʳ.
44 *Ebda*:
> »Tota quibus vitae depicta refulget imago,
> Qualis et in speculo forma nitere solet«.
45 *Ebda*, p. C 8ᵛ.
46 *Ebda*:
> »Aurea Maeonides commonstrat munera Vates,
> Colligite haec auida nocte dieque manu«.
47 Siehe v. a.: *DE CARMINIBVS AD VETERVM IMITATIONEM ARTIFICIOSE COMPONENDIS* (in: *Poemata GEORGII SABINI*, Leipzig 1581, S. 486 ff.; meist nur Beispiele aus lateinischer Lyrik, keine einzige Erwähnung Homers).
48 *Ebda*, S. 78: »Immortale suo carmine nomen habet«.
49 *Ebda*, S. 424: »Et sicut Homerus in catalogo nauium: totius Graeciae quasi quandam χωρογραφίαν pingit: Ita HVTTENVS aptißime describit omnes Germaniae partes, regiones, gentes, flumina«.
50 *Ebda*, S. 458, spricht Sabinus von der »Graeca historia« und erwähnt dabei auch Homer; S. 462 fährt er fort: »Clara est igitur antiquitas vestrae gentis. Nam Heneti celebrantur Homeri carmine, et Herodoti monumentis . . .«
51 Erwähnt bei: Ellinger, Bd. I, S. 486. – Vgl. schon den Brief an Erasmus (*Opus Epistolarum Des. Erasmi Roterodami, a. a.* O., Bd. VI, S. 44); in Ursinus' *CHRONICARVM MVNDI EPITOME* (Frankfurt 1534) wird Homer am Ende des dritten Weltalters aufgeführt.
52 Ellinger, Bd. I, S. 486.
53 Tatius hat auch den ›Trojanischen Krieg‹ des Dares übersetzt (Augsburg 1540); vgl. dazu Rudolf Pfeiffer: *Die Meistersingerschule in Augsburg und der Homerübersetzer Johannes Spreng*, München/Leipzig 1919, S. 72.
54 Ellinger, Bd. II, S. 207.
55 *MARCI TATII ALPINI Progymnasmata*, Augsburg 1533, p. C 2ʳ, C 8ʳ, E 3ʳ, F 7ʳ f.
56 Sogar noch ein Poet wie der erst 1557 geborene Jurist Georg Tilenius ließe sich in diese Epigonenreihe einordnen (*Poematum libri octo*, Leipzig, 1597; posthume Ausgabe); vgl. S. 333, 386, 451, 498, 585, 604, 643 f.

Zu III. Das Homerbild in der Zeit zwischen Barock und Humanismus

1 Erschienen in Altdorf unter dem vollständigen Titel *Von der Meister=Singer* / *ORIGINE, PRAESTANTIA, VTILITATE, ET INSTITVTIS, SERMONE VERNACVLO LIBER.*

2 *Ebda*, S. 466.

3 *Ayrers Dramen*, hg. von Adelbert von Keller, Stuttgart 1864 f., Bd. I, S. 551.

4 *Ebda*, S. 525 und S. 533.

5 *Odyssea, Das seind die aller zierlichsten vnd lustigsten vier vnd zwaintzig bücher des eltisten kunstreichesten Vatters aller Poeten Homeri* / *von der Zehen järigen irrfart des weltweisen Kriechischen Fürstens Vlyssis* / *beschriben* / *vnnd erst durch Maister Simon Schaidenreisser* / *genant Mineruium* / *diser zeit der Fürstlichen statt München stattschreiber* / *mit fleiß zu Teütsch tranßferiert* / *mit argumenten vnd kurtzen scholijs erkläret* / *auch mit beschreibung des lebens Homeri gemert* / *nit vnlustig zulesen*, Augsburg 1537.

6 *Ebda*, p. 2ʳ.

7 *Ebda*, p. 2ᵛ.

8 *Ebda* (im Original jedoch: »fürgespiegelt«).

9 *Ebda*, p. 3ʳ.

10 *Ebda*, p. 6ʳ f.

11 *Ebda*, p. Iʳ.

12 Siehe Winfried Zehetmeier: *Simon Minervius Schaidenreisser, Leben und Schriften.* Diss. München 1961, S. 44 f.

13 *Odyssea, a. a. O.*, p. 5ʳ.

14 *Ebda*, p. Iʳ. Auch einige besonders sentenziöse Stellen werden gereimt, so etwa Odysseus' Wünsche für Nausikaas Zukunft (*ebda*, p. XXIIIIʳ) und der Gesang der Sirenen (*ebda*, p. LIIʳ).

15 Winfried Zehetmeier, *a. a. O.*, S. 59.

16 *Ebda*, S. 60.

17 *Ebda*, S. 61 ff. (genaue Analysen).

18 Die Illustration zum ersten Gesang, wiederholt als ›Motto‹ zum fünften Gesang, gibt die Götterversammlung wieder; vor den vier Büchern, in denen Odysseus seine Abenteuer erzählt, fehlen die Illustrationen – wohl bewußt, da das Märchenhafte kaum in zeittypischer Gestaltung dargestellt werden konnte (vor dem 21. und dem 24. Gesang fehlen die Illustrationen ebenfalls; vielleicht bietet sich deren Inhalt weniger zu einem neuen Bildmotiv an). Vgl. eine Briefstelle Schillers, der sich gegen die zeitliche Vorverlegung der »Räuber« wehrt: »Mit einem Wort, es ginge dem Stück wie einem Holzstich, den ich in einer Ausgabe des Virgil gefunden. Die Trojaner hatten schöne Husarenstiefel, und der König Agamemnon führte ein paar Pistolen in seinem Hulfter« (*Briefe*, hg. von Gerhard Fricke, München 1955, S. 23). Anders dagegen die 24 Kupferstiche zur Ilias, in denen Crispin de Passe ein zeitloseres und kunstvolleres *SPECVLVM HEROICVM Principis omnium temporum Poetarum HOMERI* (Utrecht 1613) entwirft; Buchüberschrift und Explikation, die den Inhalt wiedergeben, sowie ein moralisierendes Motto stammen von J. Hillaire.

19 M. E. trifft Zehetmeiers Annahme, Schaidenreisser sei sich des ›Gestaltwandels‹ bewußt geworden (*a. a. O.*, S. 105), nicht zu; denn in der selbstsicheren Erzähldiktion Schaidenreissers findet sich nirgendwo ein Zweifel an der Originaltreue seiner Übersetzung.

20 Eine weitere Gegenposition zu Zehetmeier: Dessen Einwände gegen eine solche Deutung beachten nur die Teile, die nicht unbedingt zur Odyssee gehören, z. B. Widmung und Glossen (*a. a. O.*, S. 104 f.).

21 Siehe v. a. Wilhelm Abele: *Die antiken Quellen des Hans Sachs.* Beilage zum Programm der Realanstalt in Cannstatt, I (1897) S. 9 ff., II (1899) S. 129.

22 *Metamorphosen* III 316 ff.

23 Hans Sachs: *Sämtliche Werke*. Hg. von Adelbert von Keller und E. Goetze, Stuttgart 1870ff., Bd. IV, S. 3.

24 *Ebda*, S. 30.

25 *Ebda*, Bd. XX, S. 542.

26 *Ebda*, S. 543 f.

27 *Ebda*, Bd. II, S. 148 ff. (»Historia. Das urteil Paridis«), Bd. VII, S. 41 ff. (»Ein comedi, das judicium Paridis«) und Bd. XXIII, S. 232 f. (»Der traum Paridis«).

28 *Ebda*, Bd. II, S. 153.

29 *Ebda*, Bd. XX, S. 282 ff.

30 *Ebda*, Bd. XXII, S. 452 f.

31 *Ebda*, Bd. XXVI, S. 153.

32 *Ebda*, Bd. VII, S. 355 ff.

33 *Ebda*, Bd. XII, S. 279 ff.

34 *Ebda*, Bd. II, S. 154 ff.

35 *Ebda*, Bd. XXII, S. 322 f.

36 *Thomas Murners Deutsche Schriften*, hg. von Franz Schultz, Berlin/Leipzig 1918 ff.; Bd. V (hg. von Eduard Fuchs), S. 27 f. Murners Gewährsleute für die ›homerische‹ Textstelle dürften jedoch Vergil und Ovid gewesen sein; vgl. *ebda*, S. 27:

>»Pariden gefesslet hatt
>Helena, die dochter meyn,
>Das er ir diener muste syn.
>Ich hab vmb kert syns vatters reich«. –

Der Künstler Jost Amman, der auch mit Hans Sachs zusammengearbeitet hat, bildet in seinem *Wapen Vnd Stammbuch* (Frankfurt 1589, S. 89) »CIRCE ET VLYSSES« ab: Die ›Zauberin‹ will dem Helden gerade den Becher reichen (die ›Subscriptio‹ bleibt im bekannten Vorstellungsbereich).

37 *Sämtliche Werke*, a. a. O., Bd. XII, S. 64 ff.

38 *Ebda*, S. 85.

39 *Ebda*, Bd. XXI, S. 286 f.

40 *Ebda*, Bd. XII, S. 84 f.

41 *Ebda*, Bd. III, S. 403 (»Der verkert Hirsch«, S. 402 ff.).

42 *Ebda*, S. 405.

43 *Ebda*, Bd. VII, S. 410 ff. (»Ulisses mit den meerwundern der Syrenen«).

44 *Ebda*, S. 413. Vgl. Jost Amman, *Wapen Vnd Stammbuch*, Frankfurt 1589, S. 81: Eine Sirene stellt die »VANITAS« dar; die Erklärung dazu lautet:

>»Wer stoltz fürnemig ist vnd wildt /
>Der gleicht sich eben diesem Bildt.
>Mit hochmuth grosse ding fürnimpt /
>Doch jm der hon vnd spott gezimpt«.

45 *Sämtliche Werke*, a. a. O., Bd. II, S. 158 (»Historia. Ulisses an dem feygenbaum«, S. 158 ff.).

46 *Ebda*, S. 159.

47 *Ebda*, Bd. XXI, S. 132 ff.

48 *Ebda*, Bd. III, S. 395 ff.

49 *Ebda*, S. 397.

50 *Ebda*, S. 400.

51 *Ebda*, S. 399.

52 *Ebda*, S. 400.

53 *Ebda*, Bd. II, S. 162 (Die »Historia«, S. 161 ff.).

54 *Ebda*, Bd. XII, S. 342 ff.

55 *Ebda*, Bd. VII, S. 408 (»Protheus, der meer-gott«, S. 405 ff.).

56 *Ebda*, Bd. II, S. 164 ff.

57 *Ebda*, Bd. XII, S. 384 f.

58 *Odyssea, a. a. O.,* p. 5ʳ. Genaueres darüber vgl. Winfried Zehetmeier, *a. a. O.,* S. 144 ff.

59 *Odyssea, a. a. O.,* z. B. p. XIʳ.

60 Rudolf Pfeiffer: *Die Meistersingerschule in Augsburg und der Homerübersetzer Johannes Spreng,* München/Leipzig 1919, S. 64.

61 Ingrid Urban: *Antike Dichtung in den weltlichen Liedern des Meistersängers Johannes Spreng.* In: Euphorion 55 (1961), S. 147.

62 *ILIAS HOMERI. Das ist: HOMERI, deß vralten / fürtrefflichen Griechischen Poeten / XXIIII. Bücher. Von dem gewaltigen Krieg der Griechen / wider die Troianer / auch langwirigen Belägerung / vnnd Zerstörung der Königlichen Statt Troia ... In artliche Reimen gebracht / von weilund Magistro Johann Sprengen,* Augsburg 1610.

63 Newald, S. 55.

64 *ILIAS HOMERI, a. a. O.,* S. 1.

65 *Ebda.*

66 *Ebda,* S. 264.

67 Rudolf Pfeiffer, *a. a. O.,* S. 81.

68 *Ebda.*

69 *Ebda,* S. 87.

70 Herder will »für eine Homerübersetzung ein an der Sprache des 16. Jh. gekräftigtes Deutsch« (Rezension von Küttners Ilias in den Frankfurter gelehrten Anzeigen). In: Rudolf Pfeiffer, *a. a. O.,* S. 86; ebenfalls dort: »Goethe ruft in einer ärgerlichen Absage an den deutschen Hexameter aus«, daß wir

> »... uns patriotisch fügen,
> An Knittelversen uns begnügen«

sollten.

71 *ILIAS HOMERI Die Bücher von dem Khrig so zwischen den Grichen und Troianern vor der stat Troja beschehen. Homeri des viertreflichen weitberümbten Poeten und geschichtschreibers In griechischer sprach von Im gar woll und herrlich beschriben und durch mich Johannem Baptis: Rexium verteütscht, allen lustig zulesen.* 1584 (Hg. von Richard Newald. Kleine Texte für Vorlesungen und Übungen, Bd. 159, Berlin 1929; die Ausgabe enthält die vier Gesänge 1, 6, 18 und 24).

72 Richard Newald: *Die erste deutsche Iliasübersetzung in Prosa des Johannes Baptista Rexius* (1584) In: ZfdPh 54 (1929), S. 342.

73 Newald, S. 54.

74 *ILIAS HOMERI, a. a. O.,* S. 5.

75 Newald, S. 55.

76 *Die erste deutsche Iliasübersetzung in Prosa, a. a. O.,* S. 347.

77 *Ebda,* S. 348.

78 *Ebda,* S. 351.

79 *Ebda,* S. 352.

80 *Ebda,* S. 355.

81 *HENRICI PANTALEONIS IN HOMERVM GRAECA PHRASI LATINE LO-QVENTEM, ad Reuerendum* & *illustrem uirum D. CASPARVM, celeberrimi monasterij S. Blasij Abbatem, Epigramma* (abgedruckt auf dem Vorderblatt der Edition: *HOMERI OPERA GRAECO-latina, quae quidem nunc extant, omnia ... In haec operam suam contulit SEBASTIANVS CASTALIO,* ³Basel 1567).

82 *Ebda;* vgl. dazu folgende Originalverse:

> »Omnibus his doctis pater est, et fons, et origo:
> Gentibus hicque dedit dogmata sancta simul ...
> Per Vatem rerum sollers Natura locuta,
> Dicere quae multos, aut agitare uetat ...
> Clarius hic alijs uirtutis praemia certa
> Explicat, et Diuum munera magna docet ...«

83 *Ebda.*

84 Der Ersttitel dieser Ausgabe (Basel 1558) ist griechisch.

85 Siehe das Wort ›concinno‹ (im Titel).

86 Dem Text wird die zeittypische Homerbetrachtung eines Ausländers vorangestellt: »DE GRAECIS LITERIS, ET HOMERI LECTIONE ET IMITATIONE, AD ORNAtissimum Praesidem & ad humaniss. & doctiss. Gymnasii Magdalenaei socios, apud Oxonienses, Laurentij Humfridi Epistola«. Bei der Homerdeutung zeigt sich noch eine weitgehend gesamteuropäische Literaturbetrachtung.

87 *Opus aureum ET SCHOLASTICVM ... EDITA OMNIA STVdia & cura Michaelis Neandri,* Leipzig 1577, Bd. I, S. 27. Vgl. auch dessen Werke *Graecae linguae EROTE- MATA* (Basel 1561) und *ELEGANTIAE GRAECAE LINGVAE* (Basel 1583).

88 *Opus aureum, a. a. O.,* Bd. I, S. 80 f.

89 *Ebda,* S. 139; fast wörtlich auch im Vorwort zur Tryphiodoros-Übersetzung, wo Neander auch die ›Quellen‹ dieser Zitate angibt: Platon, Athenaios, Plutarch, Strabo, Herakleidos Pontikos, Quintilian, Valerius und Apulejus (*ebda,* Bd. II, S. 125).

90 *Ebda,* Bd. II, S. 124 ff.

91 *Ebda;* vgl. v. a. S. 125 f.

92 Siehe *ebda,* S. 128: »ibi namque desijt Homerus, morte forte immatura praeuentus, seu quibuscunque alijs causis impeditus«.

93 Sinnbildlich der Name und der Vorgang: Hektor, der ›Erhalter‹, der nichts mehr er= halten kann, wird vor den Mauern Trojas geschleift; später werden die Mauern selbst geschleift werden.

94 *Opus aureum, a. a. O.,* Bd. II, S. 9 (PRAEFATIO).

95 Ἰλιὰς Κοίντου Σμυρναίου; *SEV QVINTI CALABRI PARALEIPOMENA, Id est, Derelicta ab HOMERO, XIV. libris comprehensa ... Latine olim reddita et correcta A LAVRENTIO RHODOMANO,* Hanau 1604.

96 *Ebda,* p. A 1ʳ ff.

97 *Ebda,* p. Ddd 2ʳ ff.

98 *Ebda* abgedruckt: *DIONIS CHRYSOSTOMI Oratio De ILIO NON CAPTO.*

99 *Ebda,* p. Sss 2ᵛ ff.

100 *Ebda,* p. Mmm 2ʳ ff.

101 *Ebda,* p. Mmm 3ʳ.

102 *Ebda,* p. + + 8ʳ.

103 Newald, S. 49.

104 Vgl. *FRIDERICI TAVBMANNI, Franci Columbae Poeticae, sive Carminum vario- rum LIBER,* Wittenberg 1594, etwa S. 106, 170 und 217 f. – Der Wittenberger Pro- fessor für klassische Philologie, Erasmus Schmid, preist in seiner Leichenrede Taub- mann selbst auf ähnlich hyperbolische Weise: »Taubmanni similem non tam sperare, quam optare nobis licet. Optat Agamemnon apud Homerum decem Nestores, quorum prudenti consilio & impigra opera uti posset. Nos si decem Taubmannos, ah qvid decem! si unicum Taubmannum successorem haberemus, non esset nunc, qvod res literaria tam solicite vindicem ac Patronum qvaereret, vel non ejus similem vix dari qvereremur« (in: *TAVBMANNIANA Oder Des Sinnreichen Poetens / Friederich Taubmanns Nachdenckliches Leben ...,* Frankfurt/Leipzig 1710, S. 27).

105 *TAVBMANNIANA, a. a. O.,* S. 288.

106 *Ebda,* S. 50.

107 *OPERVM POETICORVM NICODEMI FRISCHLINI POETAE, ORATORIS ET PHILOSOPHI pars scenica,* Straßburg 1589, S. 285.

108 *Ebda,* S. 317; wegen der ›Anwesenheit‹ Ciceros und Caesars wirken die weiteren Anachronismen kaum mehr verfremdend.

109 *Ebda,* S. 486.

110 *Ebda,* p.):(4ᵛ (PRAEFATIO):

> »At non, Troiani casus memorator, Homerus
> Occidit: illius stat sine morte decus«.

Diese positive Einstellung Frischlins zu Homer darf nicht übersehen werden – trotz seines professoralen Gegners Martin Crusius (1526–1607), der »ein Verehrer Homers und perfekter Gräzist« war (Otto Kluge: *Die griechischen Studien in Renaissance und Humanismus*. In: Zs. f. Gesch. der Erziehung und des Unterrichts, 24. Jg., Berlin 1934, S. 51).

111 Siehe v. a. seine *ELEGIA ... AD Publium Virgilium Maronem, Poetarum Principem* (in: *OPERVM POETICORVM NICODEMI FRISCHLINI ... PARS EPICA*, Straßburg 1612, S. 127 ff.).

112 *PARS EPICA, a. a. O.*, S. 1 ff.

113 *Ebda*, S. 10 f.

114 *Ebda*, S. 13 f.

115 *Ebda*, S. 16 u. ö., z. B. – in einem anderen Text – S. 482 und 484.

116 *Ebda*, S. 14.

117 Der ersten Auflage von 1565 folgen weitere 1571, 1586 und 1604 (hier wird die Ausgabe Basel 1586 zitiert).

118 *Ebda*, z. B. Sp. 491 (Geburt), Sp. 37 (Blindheit), Sp. 3809 und 3882 (Wanderungen), Sp. 2226 (Amt), Sp. 1164 (Zweikampf), Sp. 25 (Tod) und Sp. 979 (Ehrungen).

119 So *ebda*, Sp. 2226 und Sp. 4371.

120 *Ebda*, Sp. 1186.

121 Siehe zu diesem Absatz, *ebda*, Sp. 1138: »... apud Homerum formae Tragoediae: actiones grandes, & a communi opinione alienae, deorum apparationes orationes ..., quibus quaeuis ingenia, quiuis mores exprimantur. In summa, nihil aliud sunt Homeri poemata, quam fabulae, quae in scena agantur ... Omnino enim humanae naturae consentaneum est ...«

122 *Matthaei Dresseri RHETORICAE INVENTIONIS, DISPOSITIONIS ET ELOCVTIONIS Libri Quatuor*, Leipzig 1585; siehe S. 4 und S. 6.

123 *Ebda*, S. 10 f.

124 *Ebda*, S. 34 f.

125 Vgl. u. a. *ebda*, S. 106, 264 f., 300 f., 349, 357, 821 f.

126 *Ebda*, S. 1050 ff.

127 Vgl. dazu etwa: *ebda*, S. 955 f.

128 *Gymnasmatum LITTERATVRAE GRAECAE LIBRI TRES ...*, Leipzig 1574, S. 244 ff.

129 *Ebda*, S. 266 ff.

130 *DISPVTATIO DE IVRE BELLI, ebda*, S. 301 ff.

131 *Ebda*, S. 241 ff.

132 *Ebda*, S. 236 ff.

133 *GEORGII FABRICII CHEMNICENSIS, De re Poetica Libri VII*, Leipzig 1571, S. 394.

134 *Ebda*, S. 347 und S. 455.

135 *Ebda*, S. 756: »... Homeri, qui scripsit sapienter«.

136 *Lustgart Newer Deutscher Poeterei, in fünff Büchern beschrieben / vnd gedicht durch Matthiam Holtzwart von Harburg*, Straßburg 1568, p. 13ʳ (Anmerkung) und p. 14ᵛ.

137 *Ebda*, p. 66ʳ (Text und Anmerkung am rechten Rand).

138 *Ebda*, p. 82ʳ; wiederum wird Ilion aufgeführt (*ebda*, p. 89ʳ).

139 *Ebda*, p. 128ᵛ; auch Teiresias wird herbeizitiert (*ebda*, p. 107ᵛ).

140 *Ebda*, p. 145ᵛ ff.; unabhängig davon treten später auch noch Aiolos (p. 153ʳ) und Minos (p. 168ʳ) auf.

141 *Ebda*, p. 169ʳ ff.

142 *Ebda*, p. 172ᵛ.

143 *Ebda*, p. 171ʳ.

144 *Flöh Hatz, Weiber Tratz*. Hg. von Alois Haas, Stuttgart 1967, S. 140.

145 *Ebda*, S. 62 f.

146 Das Zitat wurde dem Nachwort des Herausgebers Alois Haas entnommen (*ebda*, S. 158), dessen allgemeine Deutung hier auf ein Detail übertragen worden ist.

147 *Johann Fischart's sämmtliche Dichtungen*. Hg. und mit Erl. vers. von Heinrich Kurz, Leipzig 1866 f., Bd. III, S. 9 ff.; das Musikinstrument ist jedoch aus einer Schildkröte, nicht aus einer Schnecke verfertigt worden.

148 *Ebda*, Bd. II, S. 187:
> »Die Arbeit trägt darvon den Sig,
> Vnd macht, das man hoch daher flig
> Mit Fama, der Rumgöttin herlich,
> Dan was gschicht schwärlich, das würd ehrlich«.

149 Vgl. dazu die Einleitung des Herausgebers Karl Goedeke (in: Georg Rollenhagen, *Froschmeuseler*. Deutsche Dichter des 16. Jh., Bd. 8 und 9, Leipzig 1876, S. X).

150 Georg Rollenhagen, *a. a. O.*, Bd. 8, S. 5 ff.

151 *Ebda*, Bd. 9, S. 288. Vgl. schon etwas früher:
> »Abr was hilft will, was hilft erbeit,
> Wenn got zuwider ist der streit!«
(*ebda*, S. 279).

152 Dies betont auch Peter Dahlmann in seinem *Schauplatz Der Masquirten und Demasquirten Gelehrten bey ihren verdeckten und nunmehro entdeckten Schrifften*, Leipzig 1710, S. 682: »Es hat der Author in diesem Buch ad imitationem Batrachomyomachiae Homericae den geistlichen und weltlichen Zustand des Teutschen Reichs recht sinnreich und satyrice abgemahlet und stringiret. Derowegen kan es mit sonderlichem Nutzen und plaisir durchgelesen werden«.

153 Georg Rollenhagen: *Froschmeuseler, a. a. O.*, Bd. I, S. 18.

154 *Ebda*, Bd. II, S. 51.

155 *Ebda*, Bd. I, S. 178.

156 *Ebda*, S. 21.

157 *Ebda*, S. 40 (der gesamte Exkurs reicht von S. 22 bis S. 43).

158 *Ebda*, S. 43.

159 *Ebda*.

160 *Ebda*, S. 62; ein wesentliches Baugesetz dieser Komik liegt in der assoziativen Verfertigung der Gedanken: nach zwei (bzw. drei) Zeilen wird sofort Odysseus angeführt.

161 Erschienen in Magdeburg. Die Vorlage: Lukian, Bd. II, S. 51 ff.: ΑΛΗΘΟΥΣ ΙΣΤΟΡΙΑΣ ΛΟΓΟΙ.

162 *Vier Bücher Wunderbarlicher ... Reysen, a. a. O.*, S. 124 f.

163 O. Vogelreuter: *Geschichte des griechischen Unterrichts an deutschen Schulen seit der Reformation*, Hannover 1891, S. 20.

164 Darin sind Schriften von Altdorf, Augsburg, Magdeburg und Straßburg enthalten.

165 Georg Lurz (Hrsg.): *Mittelschulgeschichtliche Dokumente Altbayerns einschließlich Regensburgs*, Berlin 1907 f.

166 Vgl. *ebda*, S. 386 f.

167 So in Altdorf: vgl. *INSTITVTIONIS LITERATAE, SIVE DE DISCENDI ATQVE DOcendi ratione, a. a. O.*, S. 192.

168 O. Vogelreuter, *a. a. O.*, S. 25. Siehe Wolfs ›Würdigung‹ und ›Nutzanwendung‹ Homers: »Homeri poesin propterea in majore esse pretio arbitror, quod eos, qui Barbaros oppugnarunt, praeclaris laudibus extulit: nostrosque majores artem ejus propterea honoratam esse voluisse, tum in certaminibus musicis, tum in educatione puerorum: ut saepe carmina illa audientes, inimicitias, quae nobis cum Barbaris intercederent, edisceremus: et virtutem nostrorum qui ad Trojam militarunt, admirantes, eorundem facinorum gloriam adamaremus« (in: *DE HOMERI VITA ET SCRIPTIS ex optimis*

graecis ac lattinis Scriptoribus COLLECTANEA, Cura IOANNIS SANDERI,
Magdeburg 1661, S. 50).

169 O. Vogelreuter, *a. a. O.,* S. 28 f.

170 Zitiert nach Otto Kluge: *Die griechischen Studien in Renaissance und Humanismus*
(in: Zs. f. Gesch. der Erziehung und des Unterrichts, 24. Jg., Berlin 1934, S. 39). Ebda
Kluges Feststellung: »Die ars siegt über die moralitas« (Anm. 5). – Vergeblich war
die Bestellung folgenden Werkes: »Bedroti und Sturms Vorreden unter dem Titel:
Οʹμήϱου ἐξηγήτης, Straßburg 1539« (Zedlers Homer-Artikel, S. 737).

171 »Gehalten In der Fürstlichen Hauptstatt München Durch Johann Mayer«, München
1607. Vgl. auch das Drama Georg Gotthardts: *Die Zerstörung von Troja* (1598), angegeben von Eduard Stemplinger (*Studien zum Fortleben Homers.* In: Studien zur
vergl. Lit.gesch., hg. von Max Koch, Bd. 6, München 1906, S. 15).

172 *Die Leistungen der Jesuiten auf dem Gebiete der dramatischen Kunst.* Bibliographisch
dargestellt von Emil Weller. In: Serapeum, 25. Jg., Leipzig 1864, S. 175). – Emil Weller führt dieses Stück also zu Recht in seiner Bibliographie jesuitischer Dramenprojekte
an (*ebda*, S. 191, Nr. 14). Zwar schreibt Richard Newald, daß der Verfasser, ein
»Lederschneider«, sich ohne Erfolg um die Aufführungsrechte bewirbt; aber er deutet
auch an, daß die Ablehnung an der deutschen Sprache des Textes und an dem jesuiti-
schen »Anspruch auf das Theatermonopol« liege (Newald, S. 97), also nicht an der
Stoffwahl und an mangelnder Qualität.

173 *Auszzug oder Summarischer Innhalt, a. a. O.,* p. A 7ᵛ.

174 Newald, S. 56.

Zum Exkurs. Vorausweisende ausländische Dichtungstheorien

1 Die Form der versifizierten Poetik geht auf Horaz zurück. – Vidas Werk wird zitiert
nach der Ausgabe: *MARCI HIERONYMI VIDAE CREMONENSIS De arte Poetica
Lib. III,* Lyon 1536.

2 Siehe Bruno Markwardt: *Geschichte der deutschen Poetik,* Bd. I: Barock und Frühaufklärung, ³Berlin 1964, S. 19.

3 *De arte Poetica, a. a. O.,* S. 8.

4 Siehe Martin Opitz: *Buch von der Deutschen Poeterey* (1624). Nach der Edition von
Wilhelm Braune neu hg. von Richard Alewyn, Tübingen 1963. Vgl. dazu Rolf Bachem:
*Dichtung als verborgene Theologie. Ein dichtungstheoretischer Topos vom Barock bis
zur Goethezeit und seine Vorbilder,* Diss. Bonn 1955.

5 *De arte Poetica, a. a. O.,* S. 8, u. a.:

>»Haud multus labor autores tibi prodere Graios,
>Quos inter potitur sceptris insignis Homerus.
>Hunc omnes alij obseruant, hinc pectore numen
>Concipiunt uates, blandumque Heliconis amorem.
>Felices quos illa aetas, quos protulit illi
>Proxima, diuino quanto quisque ortus Homero
>Vicinus magis, est tanto praestantior omnis ...«

6 *Ebda,* S. 9:

>»... Vergilius, qui mox ueterum squalore, situque
>Deterso in melius mira omnia rettulit arte
>Vocem, animumque Deo similis. date lilia plenis
>Pierides calathis, tantoque assurgite alumno.
>Vnus hic ingenio praestanti gentis Achiuae
>Diuinos uates longe superauit, et arte,
>Aureus, immortale sonans, stupet ipsa, pauetque,
>Quamuis ingentem miretur Graecia Homerum«.

7 *Geschichte der deutschen Poetik, a. a. O.,* S. 20; vgl. jedoch Martin Opitz: *Buch von der Deutschen Poeterey, a. a. O.,* S. 20:»setzet viel das zwar hingehöret / aber newe vnd vnverhoffet ist / vntermenget allerley fabeln / historien / ... vnd was sonsten zue erweckung der verwunderung in den gemütern von nöthen ist«.

8 *De arte Poetica, a. a. O.,* S. 25 ff.

9 *Ebda,* S. 43: »... ut magni exuuias indutus Homeri«.

10 *Ebda:* »Vt belli studijs, ita doctis artibus omnes«.

11 Das dritte Buch bietet den »sprachlich formale(n) und metrische(n) Anweisungsteil« (Markwardt, *a. a. O.,* S. 20). Da sich kein Berührungspunkt mit der hier gestellten Thematik findet, kann es übergangen werden.

12 Zitiert nach dem Faksimile-Neudruck der Ausgabe von Lyon 1561 mit einer Einleitung von August Buck, Stuttgart/Bad Cannstatt 1964.

13 *Ebda,* S. XX (Einleitung). Bewußte Veränderung des Originals: August Buck versteht unter ›Experimentierfeld‹ das 16. Jh. in Italien!

14 Auf Probleme der Hermeneutik kann hier nicht näher eingegangen werden; verwiesen sei nur auf Heideggers fundamentalontologischen Denkansatz, den Emil Staiger übernimmt (*Die Kunst der Interpretation,* ⁵Zürich/Freiburg 1967, S. 11 ff.), und v. a. auf Gadamers Verstehensbedingungen, die in dem Sammelband *Hermeneutik und Ideologiekritik* (hg. von Jürgen Habermas u. a., Frankfurt 1971) abgedruckt sind und von mehreren Wissenschaftlern kritisch untersucht werden.

15 E. Brinkschulte: *Julius Caesar Scaligers kunsttheoretische Anschauungen und Hauptquellen,* Bonn 1914, S. 18.

16 Julius Caesar Scaliger: *Poetices libri septem, a. a. O.,* S. 5: »Poetarum autem modi tres: secundum spiritum, secundum aetatem, secundum subiectum«. *Ebda,* S. 6: »Ita habes causas tres. Materiam, Formam, Efficientem«.

17 Am Beispiel des Aischylos, der durch den Genuß von Alkohol den Schaffensprozeß eingeleitet habe (*ebda,* S. 5).

18 *Ebda:* »... cui caelitus aduenit illa diuina vis, aut vltro nec opinanti, aut simpliciter inuocanti. Quo in numero seipsum ponit Hesiodus: Homerus autem ponitur ab omnibus«.

19 *Ebda.*

20 *Ebda:* »Historiam meram«.

21 Scaliger zitiert Aristoteles (*ebda*).

22 *Ebda:* »Deinde quis nescit omnibus Epicis Poetis historiam esse pro argumento, quam illi aut adumbratam, aut illustratam, certe alia facie quum ostendunt, ex historia conficiunt Poema. Nam quid aliud Homerus?«

23 *Ebda:* »Vetus illud priscum, rude, incultum: quod sui tantum suscipionem sine nominis memoria reliquit. nisi in eo tanquam principem, Apollinem censeamus. Alterum illud venerandum, a quo primum Theologia & Mysteria. inter quos Orpheus, Musaeus, Linus: Olympum quoque inter vetustos Plato nominat«. Vgl. dazu auch noch Arnold Hausers *Sozialgeschichte der Kunst und Literatur,* München 1953, Bd. I, S. 1 ff. und S. 9 ff.

24 *Ebda.*

25 *Ebda,* S. 10 ff.; vgl. schon Pseudo-Longinos: *Vom Erhabenen.* Griechisch und deutsch von Reinhard Brandt, Darmstadt 1966, S. 47: »die ›Ilias‹ (erfüllte er) ... ganz mit dramatischem Leben und Kampf; die ›Odyssee‹ bringt meist Erzählungen«. *Ebda,* S. 49: Im Alter schwinde das (der Tragödie eigene) Pathos (nach dem 11. Kap. der Poetik des Aristoteles). »Ein Beispiel dafür sind seine (Homers) Lebensschilderungen aus dem Haus des Odysseus. Sie muten an wie eine Komödie, die vom Alltag handelt«.

26 *Poetices libri septem, a. a. O.,* S. 10 f.: »In Iliade autem nullum Tragoediae filum: si totam simul consideres. vno enim tenore perpetuae mortes. Iam incipit a peste: quae plus hominum absumpsit, quam vniuersam bellum. Ea desinit in vnius tantum morte:

a cuius nomine nulla inscriptio. Et quum sit inscriptum opus Ilias, non interit in ea Ilium, sed in Odyssea«.

27 *Ebda*, S. 10: »... legendum prius Odysseam censeo. Est enim remissiore stylo«.

28 *Ebda*, S. 11: »Contra in Odysseae tractu vnus tantum moritur Elpenor, isque ebrius. Nam caeterorum sociorum interitus vnico pene verbo inuoluitur sine affectu vllo propemodum«.

29 *Ebda*.

30 *Ebda*: »Iam est imago nuptiarum, coniuuia, cantus, saltationes«.

31 *Ebda:* »In fine autem & proci interficiuntur: & interuenit θεὸς ἀπὸ μηχανῆς: quod Tragoediae proprium est«.

32 *Ebda*, S. 10: »Probatio quoque falsa. Aiunt enim Iliadem priorem Odyssea. Iliadem Tragoediae modulum, Comoediae Odysseam ... Ad haec, non omnia ad Homerum referenda, tamquam ad normam, censeo: sed & ipsum ad normam«.

33 *Ebda*, S. 11: Neque vero Homerus ipse tam docuit vel Comoediam vel Tragoediam, quam est edoctus ab agrestibus atque aniculis in Ithaca & Chio & alibi, fabellas, quas operibus intertextas accomodaret«.

34 Selbst der Topos vom gelobten Land- und getadelten Stadtleben enthüllt sich in einer so sehr gesellschaftshierarchisch bestimmten Literaturauffassung als dialektische Spielerei und keineswegs als echtes persönliches Anliegen – wie ja auch schon in dem literarischen Vorbild des Horaz (*Ep.* 2), der das breit ausgeführte Landlob in der Pointe parodiert. Bezeichnenderweise wird diese Ode in der Tradition oft zitiert, aber meist gerade ohne ihre (humoristisch-relativierende) Pointe!

35 *Poetices libri septem, a. a.* O., S. 45 f.

36 *Ebda*: »Epicorum materia declaratur, dux, miles, classis, equus, victoria«.

37 *Ebda*: »... quemadmodum oratio tametsi competit omni hominum dictioni, tamen vni eloquentiae attributa est: cuius author solus Orator appelletur ... Rhapsodiae autem cognomentum Pisistrati opera inuentum putant. qui quum Homeri carmina sparsa ac diuulsa offendisset, atque digessisset«.

38 *Ebda*: »AElianus in XIII. variae historiae, Homeri carmina dissita ac pene discerpta fuisse scribit: quae particulatim canerent prisci. Pugnam ad naues δολωνείαν, vbi Vlysses & Diomedes abeunt speculatum. ex qua Rhesi tragoediam fecit Euripides, siue vt ego puto, Sophocles. ἀριστείαν Diomedis. Nauium catalogum. πατροκλείαν, in qua Patrocli gloria, & mors. λύτρα, qua Priamus redimit Hectoris cadauer. Parentalia ad Patrocli tumulum. Foederis icti violationem, quam ὁρκίων ἀφάνισιν vocant. Haec in Iliade. Illa in Odyssea. τὰ ἐν πύλῳ, id est, Telemachi peregrinatio: sicut τὰ ἐν λακεδαίμονι. καλυψοῦς antrum. Vlyssis nauigatio in rate. Alcinoi ἀπόλογοι. κυκλωπεία. νεκυῖα. κίρκης πιπτρα. Procorum caedes. τὰ ἐν ἀγρῷ & alia, vt supra diximus«.

39 *Ebda*: »Quare Homeri carmina ob excellentiam poetae ita esse dicta existimaui: propterea quod & aliis praeferrentur, & frequentius recitarentur ab iis qui sunt ὁμηρίδαι appellati, siue ab officio, siue vt aliqui voluere, quod ex eius familia illius cantum tanquam haeredes circumferrent«. – Im zweiten Buch der Poetik (HYLE, S. 55 ff.) beleuchtet Scaliger die ›Materie‹ der Dichtung, unter der er formal Metrik und substantièll Rhythmik versteht. Von den Daktylen bezeichnet er den katalektischen Sechsfüßer als bekannteste und vollendete Kombination (S. 78). Dieser ›heroische Vers‹, mit dem Homer von Kriegen singt, zeigt sich variabel genug, um auch noch die Form für die homerischen Hymnen abzugeben (*ebda*).

40 *POETICES LIBER TERTIVS*, S. 80 ff.

41 Vgl. u. a.: Roland Barthes, *Kritik und Wahrheit* (edition suhrkamp), Frankfurt 1967, S. 65.

42 *Poetices libri septem, a. a.* O., S. 86 ff.

43 *Ebda*, u. a. S. 82 und S. 97.

44 *Ebda*, S. 80 f. Vgl. Spinozas Formel: »Essentia involvit existentiam«.

45 *Ebda*, S. 85.

46 Gedanken, die v. a. zwischen S. 92 und 108 auftauchen.

47 *Ebda*, S. 100. Begründet wird diese Vorrangstellung Vergils v. a. durch dessen Kunstgriff, die positiven Züge der homerischen Haupthelden in einer Gestalt zusammenzufügen; S. 107: »Mirifice vero Poeta cum & Achillis fortitudinem, & Vlyssis prudentiam in vno AEnea exprimere conarerur (!): ac praeterea augeret pietate ...«

48 *Ebda*, S. 108: »Qualis igitur persona, talis ei debetur oratio«.

49 *Ebda*, S. 113: »DE QVATVOR VIRTVtibus poetae«.

50 *Ebda*.

51 *Ebda*, S. 114: »Ille apud Circem desidet sub adulterio, hic sub coniugio«.

52 *Ebda*, S. 115: »Ac Martis quidem personam in bella non deduxit Poeta noster: noluit enim in hoc Homerum imitari: sed e caelo vim tantum immittit«.

53 *Ebda*, S. 117: »solus Maro verus poeta est«.

54 *Ebda*, S. 118: »... Non vt Homerus, qui etiam coquinam procurantem Achillem vocat celerem. Sed AEneam aliquando pium audimus, aliquando patrem: item fortem, & Mauortium«.

55 *Ebda*, S. 119: »Praeterea quum alius a Poeta quam ab historiis ordo instituatur, id omnino propter varietatem factum est«.

56 *Ebda*.

57 FIGVRA, S. 120 ff.

58 *Ebda*, S. 135 (gewöhnlicher Terminus: Digressio).

59 *Ebda*, S. 163.

60 *POETICES LIBER QVARTVS*, S. 174 ff.

61 *Ebda*, S. 180.

62 *Ebda*, S. 176: »Thucydides pressus, cohaerens, sibi & instans, & subiens, breuis. Homeri oratio ampla, plena, fusa ...«

63 *Ebda*, S. 214 ff.

64 *HOMERI ET VIRGILII LOCA*. CAPVT III, S. 216–245.

65 *Ebda*, S. XVIII (Einleitung).

66 *Ebda*, S. 216: »HOmeri epitheta saepe frigida, aut puerilia, aut locis inepta«.

67 *Ebda*.

68 *Ebda*, S. 222.

69 Im »HYPERCRITICVS«, dem letzten Buch der Poetik, das hier nicht weiter beachtet werden muß, nennt Scaliger u. a. Agamemnon, der sich zu Beginn der Ilias Achill gegenüber nicht gerade königlich benimmt (S. 337).

70 *Ebda*, S. 337: »quis enim dicat Homeri nugas esse potiores praeceptis philosophorum?«

71 *Ebda*, S. 217: »Quis enim dicat primum motorem dormire? at enim, inquit, πάντων θεῶν. & sane cum somnus datus sit rebus materiatis ad virium reparationem: dii Homerici si dormiunt, etiam pereunt«.

72 *Ebda*, S. 233: »Sic etiam in militari prudentia fuit excellentior Maro«.

73 *Ebda*, S. 232: »Homerica autem plebeiis« (sc. verbis descripta est).

74 Die beiden letzten Bücher der Poetik – HYPERCRITICVS, S. 295 ff. (siehe jedoch Anm. 69 und 70), und EPINOMIS, S. 346 ff. – tragen nichts mehr zur gestellten Thematik bei.

75 *Ebda*, S. 215.

76 *Ebda*, S. 218.

77 *Ebda*, S. 233: »Pulcherrima Homeri in eodem libro duo carmina, & spectatae simplicitatis,

$$\Omega^{\mbox{'}}\varsigma\ \delta^{\mbox{'}}\grave{\epsilon}\nu\ \grave{o}\nu\epsilon\acute{\iota}\varrho\psi\ o\grave{\upsilon}\ \delta\acute{\upsilon}\nu\alpha\tau\alpha\iota\ \varphi\epsilon\acute{\upsilon}\gamma o\nu\tau\alpha\ \delta\iota\acute{\omega}\varkappa\epsilon\iota\nu:$$
$$O\check{\upsilon}\tau^{\mbox{'}}\ \check{\alpha}\varrho^{\mbox{'}}\ \acute{o}\ \tau\grave{o}\nu\ \delta\acute{\upsilon}\nu\alpha\tau\alpha\iota\ \acute{\upsilon}\pi o\varphi\epsilon\acute{\upsilon}\gamma\epsilon\iota\nu\ o\check{\upsilon}\vartheta^{\mbox{'}}\ \acute{o}\ \delta\iota\acute{\omega}\varkappa\epsilon\iota\nu\text{«}$$

(*Il.* XXII 199 f.).

Zu IV. Barocke Homerbewertungen

1 *POETICA LATINA NOVA, METHODO PERSPICUA TRADITA ... PER SCHOLAE GIESSENAE NONnullos Professores Philosophos,* Gießen 1607. – Zitiert nach der text-, aber nicht seitengleichen Ausgabe: *POETICA, Praeceptis, Commentariis, Observationibus, Exemplis, EX VETERIBUS ET RECENTIBUS POETIS, studiose conscripta, PER ACADEMIAE GISSENAE NONNVLLOS PROFESSORES,* [3]Gießen 1617. – Zur Verfasserfrage: Zuerst wurden die Namen mehrerer Professoren gesucht, die zu jener Zeit in Gießen tätig waren, dann konnte Jöchers *Allgemeines Gelehrten=LEXICON* nach den Schriften dieser Professoren befragt werden, bis sich schließlich die Anonymität des Autorenkollektivs auflösen ließ.

2 *Ebda,* S. 362: »EPOS est carmen mixtum de illustribus illustrium personarum actionibus« (LIBER II, CAPUT XI).

3 Einfacher als in der modernen Dichtungstheorie: dies hat der Autor verfaßt – ob es seine eigene Meinung ist oder nicht, ist unwichtig –, dort läßt er Personen zu Wort kommen.

4 *POETICA, a. a. O.,* S. 363: »Argumentum petitur ab historicis, neque enim decet prorsus fictum esse«. Im Folgenden wird zwischen ›Historischem‹ und ›Fiktivem‹ allerdings nicht immer scharf getrennt.

5 Vgl. dazu Wilhelm Vosskamp: *Untersuchungen zur Zeit- und Geschichtsauffassung im 17. Jh. bei Gryphius und Lohenstein,* Bonn 1967, S. 48 ff.

6 Im neunten Kapitel seiner Poetik steht der Satz: »ἡ μὲν γὰρ ποίησις μᾶλλον τὰ καθόλου, ἡ δ᾽ ἱστορία τὰ καθ᾽ ἕκαστον λέγει«.

7 *POETICA, a. a. O.,* S. 363 ff.

8 *Ebda,* S. 363: »Sic Homerus non ordine a primo belli Troiani anno, sed medio, vel ut alii volunt extremo, in quem scilicet ira Achillis incidit: et per anticipationem deinceps anteacta describit«. Anders verfährt Ovid in seinen »Metamorphosen«, da er vom Beginn des Weltalls an erzählt; doch sein Werk reiht die Gießener Poetik nicht in die epische Gattung ein, sie nennt es »historica fabulosa« (*ebda*).

9 *Ebda,* S. 364.

10 *Ebda,* S. 364 ff.

11 *Ebda,* S. 364: »Sic Homerus Iliadis initio tantum irae Achilleae mentionem facit, quia ultra caedem Hectoris non erat progressurus«.

12 Bei christlichen Autoren die Anrufung Gottes (*ebda*).

13 *Ebda.*

14 In der modernen Forschung überwiegt natürlich der letzte Aspekt. Vgl. dazu Volker Klotz: *Muse und Helios. Über epische Anfangsnöte und -weisen.* In: Romananfänge (hg. von Norbert Miller), Berlin 1965, S. 12.

15 *POETICA, a. a. O.,* S. 365: »Tales sunt fabulae illae mirabiles in Homer. Odyssea et Iliade, quae semper aliquid veri habent falso mixtum«.

16 *Ebda:* »Atque narrationes istae saepe rerum futurarum semina spargunt, ut: Patrocli caedes Achillem excitat ad Hectoris caedem ...«

17 *Ebda:* »Narratio sit perspicua«. – Die beiden folgenden Gesichtspunkte – »STYLUS« (*ebda,* S. 366 ff.) und »GENUS CARMINIS« (*ebda,* S. 368) – sind mehr allgemein gehalten.

18 *Ebda,* S. 368 (in dem Abschnitt »POETAE«).

19 *Ebda:* »Inter quos qualis dignitatis ordo sit, prolixe disserentem vide Scal. lib. 5. et 6. speciatim de Homero et Virgilio Macrobium. l. 5. Saturnal. cuius tamen iudicio Scaliger paulo est iniquior: siquidem omnia Homerica deprimit, ut Virgiliana tantum extollat sicut ille contra Homerum extulerat studiosius: tum suas utrique laudes reliquere aequum sit, ob circumstantiarum diversitatem«.

20 Zitiert nach der Ausgabe: *JOAN. A. WOWER DE POLYMATHIA TRACTATIO: INTEGRI OPERIS DE STUDIIS VETERUM* ἈΠΟΣΠΑΣΜ᾽ΆΤΙΟΝ, Leipzig 1665.

21 *Ebda*, S. 20 (nach Zitaten Strabons und Plutarchs).

22 *Ebda*.

23 *Ebda*, S. 86 f.: »Proclus in Homerum duo fabularum genera tradit. Alterum pueris educandis aptum, moralem virtutem docens, utile omnibus & commuue (!), & facile intellectu; alterum vero mysticum, Deo nos conjugens, paucissimis aptum, arcanum, nec cuiquam patens, nisi post diutina sacrificia, & mysteriorum traditionem ...«

24 *Ebda*, S. 177: »Inprimis vero Homerus apud omnes reus, quod humana ad Deos trans- ferens, eorum majestatem contaminarit, quo nomine Plato illum republica sua ejecit. Heraclides vero Ponticus & Proclus omnia illa, quae indigne finxisse Homerum arguit Plato, detorquent ad allegorias, atque hac ratione eum defendunt«.

25 *Ebda*, S. 179: »auxilium allegoriae« (bezogen auf die Porphyrios-Schrift Περὶ ἄντρου). – Der zweite Gesichtspunkt der ›kritischen‹ Methode, die Emendatio, die v. a. im 18. Kapitel behandelt wird, berücksichtigt antike Homerausgaben von Peisistratos an (*ebda*, S. 191 f. und S. 198 ff.).

26 Johannes Hoffmeister: *Kaspar von Barths Leben, Werke und sein Deutscher Phönix*, Heidelberg 1931, S. 2.

27 Erschienen in Frankfurt. Zum Terminus ›Adversaria‹ siehe bei J. Hoffmeister, *a. a. O.*, S. 29.

28 Vgl. auch seine (bei J. Hoffmeister abgedruckte) Dichtung *Teutscher Phoenix*, S. 39 f.

29 *CASP. BARTHI ADVERSARIORVM COMMENTARIORVM LIBRI LX*, Frank- furt 1624, Sp. 2230 f. (LIB. XLVII, CAPUT XXII).

30 *Ebda*, Sp. 2231: »Et haec Virgiliana imitatio adeo mihi omni comparationi Homerum eximere videtur, ut illum ipsum Scaligerum uno perpetuo errore totos suos illos divinos de Poetica Commentarios attaminasse saepius dixerim, dum Virgilium Homero oppo- nere, aut etiam praeferre molitur«.

31 *Ebda*: »De Homero memini & nos alibi nonihil (!) aliter scripsisse; illud tamen dubitabile non est, universam Poesim nihil umquam illi comparabile habuisse«.

32 *Ebda*: »... perspiciens videlicet quicquid post Homerum inveniri in Poeta posset, jam non publicum, sed ab eodem occupatum esse adeoque sapienter conditum & velut seclusum a communi mortalitatis usu, ut non nisi summo artificio inde peti quippiam possit«.

33 *INDEX VOCABVLORVM IN HOMERI NON TANTVM ILIADE ATQVE ODYSSEA Sed caeteris etiam quotquot extant poematis ... Studio M. WOLFGANGI SEBERI SVLANI EDITVS*, Heidelberg 1604. Für ein solches Werk selbstverständlich das Homerlob: »Tanta fuit omnibus seculis Homeri judicata dignitas, ut, cum multi laudes eius celebrare ausi fuerint, plerique tamen plene illas se assecutos negare haud erubuerint« (p. *2ʳ).

34 *Coeci Homeri CVRATIO VARIAM, VTILEM, ET IVCVNDAM PHILOlogiam continens: VNA Cum breuibus & necessarijs notis: FACTA a M. ANDREA VVILKIO*, Leipzig 1605.

35 *Ebda*, S. 87: »... removero, falsam illorum opinionem, et sententiam, qui veram ponunt; veram horum, qui vera sublata, fictitiam reponunt Poetae COECITATEM«. – S. 121 ff. folgen zahlreiche »NOTAE« zu allen drei fingierten Reden.

36 Z. B. *ebda*, p. B 1ᵛ: »Salue VVILKIADE, dator assertorque salutis / Maeoniae ...« Der Autor des Gedichtes, aus dem diese Zeilen stammen, heißt Johann Weitz.

37 *SPECULI VIRTVTVM HOMERICARUM CODICILLUS PRIMUS. Das ist: Welt- lichs Tugendspiegeleins erstes Buch. Auß den zwölff ersten Büchern Odysseae, des fürtreffentlichen Griechischen Tichters HOMERI. In kurtze Regeln / vnd Exempel ge- fasset vnd gestellet / Durch M. JOHANNEM SCHARLAchium*, Magdeburg 1617 (Als »Tugend Spiegel« wird die Bibel in der Vorrede p. A 7ᵛ bezeichnet).

38 *Ebda*, p. A 8ʳ (Vorrede).

39 *Ebda*, p. B 1ᵛ.

40 *Ebda*, p. B 4ʳ.

41 Erich Auerbach: *Mimesis,* ⁴Bern/München 1967, S. 14 f.; siehe v. a. die Skizzierung der beiden ›Stilarten‹ (*ebda,* S. 26). Zwei Einwände gegen Auerbachs Deutung des homerischen Wirklichkeitsbegriffes: zumindest Telemach ist ein Mensch, der am Ende *nicht* in der gleichen entwicklungsgeschichtlichen Lage verharrt wie am Anfang (*ebda,* S. 14), und außerdem ist auch Odysseus während der Telemachie in einem »rein örtlichen Hintergrund« (S. 15) und dennoch ständig ›anwesend‹.

42 Erstes Buch, 52. Regel: »Wenn Regenten vnd Haußväter / Waisen Raht schaffen / die Weichbilder vnd Vnterthanen gehorsamen: So gibts Frewde vnnd Friede im Hause vnd in der Stadt«.

43 Fünftes Buch. 22. Regel.

44 Zwölftes Buch, 13. und 22. Regel (jeweils erstmals).

45 Zwölftes Buch, 10. Regel. Vgl. v. a. auch die Auslegung des Feigenbaums (*ebda,* 77. Regel).

46 Siehe den Index dieses in Frankfurt erschienenen Werkes. Vgl. dazu den Satz des Altdorfer Lehrers Christoph Colerus aus einer 1621 datierten Schrift: »Crediderim non minus turpe fore homini Politico Homerum non legisse, quam fuit illi paedagogo, non habuisse, cui propterea colaphum impegit Alcibiades« (in Jakob Duports *HOMERI Poetarum omnium seculorum facile Principis GNOMOLOGIA,* Cambridge 1660, innerhalb des alphabetisch angeordneten Abschnitts »ELOGIA seu TESTIMONIA DE HOMERO«).

47 *Selectorum SYMBOLORVM HEROICORVM CENTVRIA GEMINA* ..., Frankfurt 1619, etwa S. 17 f., 45 f., 197 f., 227, 253 und 353 f.

48 In München erschienen.

49 Aegidius Albertinus: *Hiren schleifer,* München (1618), S. 230 f. Die Pictura bezieht sich auf Emblem Nr. IX aus Andreas Alciatis »Emblematum libellus« (Nachdruck der von Wolfgang Hunger übersetzten Ausgabe Paris 1542), Darmstadt 1967, S. 34.

50 Aegidius Albertinus, *a. a. O.,* S. 351.

51 *Ebda,* S. 353.

52 *Ebda,* S. 361.

53 *Ebda,* S. 419.

54 *Ebda.*

55 *Schönes Blumenfeldt,* (Lignitz) 1601, p. 83ᵛ f.

56 Max Koch, Hrsg. des Neudrucks Halle 1899, sieht sie belegt »durch die Herausgabe des ›Commentarium‹« (S. XLIII).

57 *Schönes Blumenfeldt, a. a. O.,* p. 81ᵛ.

58 *Ebda,* p. 71ʳ.

59 *Ebda,* p. 25ᵛ.

60 *Ebda,* p. 8ᵛ.

61 *Ebda,* p. 28ᵛ.

62 *Georg Rudolf Weckherlins Gedichte,* hg. von Hermann Fischer, Stuttgart 1894 ff., Bd. I, S. 109 und S. 151.

63 Jedoch auf Nestor und nicht auf Odysseus bezogen.

64 *Georg Rudolf Weckherlins Gedichte, a. a. O.,* Bd. I, S. 233 f., und (ohne diese persönliche Wendung) *ebda,* S. 134. – Auch Christian Hofmann von Hofmannswaldau lobt Ronsard, aber mit Einschränkungen: Er hat »meiner Meynung nach / dem Griechischen und Lateinischen Poeten / besonders dem Homero und Pindaro ... fast gar zu knechtisch angehangen / und in vielen Fällen den natürlichen Verstand / und der Sprache zu viel gethan« (*Deutsche Übersetzungen und Gedichte,* Breslau 1710, Vorrede, unpaginiert).

65 *Georg Rudolf Weckherlins Gedichte, a. a. O.,* S. 134 (nach Du Bellay).

66 Newald, S. 43.

67 *Georg Rudolf Weckherlins Gedichte, a. a. O.,* S. 279 ff. Schon Herder hat eine Vorlage des Engländers Samuel Daniel nachgewiesen; Ronsards *Chant des Sereines* besitzt

lediglich eine entfernte Ähnlichkeit (vgl. die Anmerkungen des Hrsg. zu diesem Text).

68 Z. B. *ebda*, S. 229.

69 *Ebda*, S. 255 f.

70 *Ebda*, S. 281 f. – Eine Umwandlung der Verderben bringenden Sirenen in eine christliche Deutung siehe z. B. auch bei Friedrich von Spee, *TRVTZNACHTIGAL, Oder Geistlichs=Poetisch LVSTVVALDLEIN*, Köln 1949, S. 163 (ihre beispiellose Sangeskunst wenden die Sirenen nicht zur Verführung der Menschen an, sondern zur lobenden Verkündung Gottes).

71 *Georg Rudolf Weckherlins Gedichte, a. a. O.*, S. 224:
>»Er ist ja so geschwind und weiß,
>Daß ihm an kriegslist, raht, sorg, fleiß
>Und kundschafft muß Ulisses weichen:
>Indem scharmützel, sturm und schlacht
>Ist ihm an dapferkeit und macht
>Achilles auch nicht zuvergleichen«. –

Siehe außerdem noch *ebda*, S. 216 und 246 (Homers Lob des Weines).

72 *PRAECEPTIONUM POETICAE COMPENDIUM* ..., Marburg 1632, S. 42 (und in der alphabetischen Reihenfolge).

73 *FLORILEGIUM POLITICUM. Politischer Blumengarten* ..., Frankfurt 1638, S. 274.

74 *Ebda*, S. 384.

75 *Ebda*, S. 884; vgl. noch *ebda*, S. 344 und S. 798.

76 Vgl. jedoch Andreas Tschernings schon 1659 in Lübeck erschienenes *Unvorgreiffliches Bedencken über etliche mißbräuche in der deutschen Schreib= und Sprach=Kunst / insonderheit der edlen Poeterey*, dem eine deutsche »Schatzkammer« mit poetischen Beispielen angehängt ist (auch mit Anspielungen auf Homer, der v. a. von Opitz erwähnt wird: S. 230, 233, 287, 296 und 326 f.). H. H. Borcherdt spricht davon, daß bei Tscherning »ein direktes Verhältnis zur Antike selbstverständlich« sei (*Andreas Tscherning. Ein Beitrag zur Literatur- und Kultur-Geschichte des 17. Jh.*, München/ Leipzig 1912, S. 95). Einige Belege, die für eine Homerkenntnis sprechen könnten: In der Dedikation zu seiner Lyriksammlung *Deutscher Getichte Früling* (Rostock 1642) nennt er Homer den »König aller Poeten«, der »bey den Alten ... ein Vorbild« von solchem Ausmaß war, daß jeder griechische Literat »überall seinem Vater (Homer) ähnlich bleibet«; außerdem einige Anspielungen in Gedichten: *Ebda*, S. 62, 111, 151, 186, 212, 217 f., 248, 362 und – als Einschränkung des Homerlobes – S. 282:
>»Was wunder daß vielleicht der blind' Homerus leugt?
>Weil er mit Ohren nur / nicht mit den Augen zeugt«.

77 *Deutsches AERARIUM POETICUM Oder Poetische Schatzkammer*, Jena 1662, S. 514.

78 Vgl. *ebda*, S. 512 f. Siehe auch über Achill (S. 523) und Odysseus, den »Kern der Helden« (S. 526; über Penelope S. 527).

79 *MELLEFICIUM ORATORIUM* ..., Leipzig 1662, S. 617 (nach einem Quintilian-Zitat).

80 Vgl. dazu *ebda* die PRAEFATIO Meyfarts.

81 *Jüngst=Erbauter Hoch=Teutscher Parnasz* ..., Jena 1663, S. 329.

82 *Ebda*, S. 603 f.; vgl. auch S. 51, 151, 501, 738, 745 f. und 759 f.

83 *AERARIUM POETICUM* ..., Frankfurt 1677, S. 1215 f.; siehe noch u. a. S. 1224, 1298 und 1326. – Anzuführen wäre auch noch Jakob Sorgers *Homerus enucleatus, sive Phraseologia Homerica, in qua optimae quaeque phrases per omnia homeri opera dispersae ordine alphabetico colliguntur, ita ut instar locorum communium esse possint* (angegeben von Paul Böckmann, *Formgeschichte der deutschen Dichtung*, Bd. 1, [8]Hamburg 1967, S. 347).

84 Vgl. Georg Finsler, *a. a. O.*, S. 388.

85 Opitz selbst will sich in seinem Gedicht *ZLATNA* von den gesellschaftlichen Verpflich-

tungen zurückziehen und nur noch als Philologe leben; in dem Katalog bedeutender Autoren findet sich natürlich auch »Homerus vnser Printz« (*Weltliche Poemata* 1644. 1. Teil hg. von Erich Trunz, Tübingen 1967, S. 216).

86 Martin Opitz: *Gesammelte Werke.* Kritische Ausgabe hg. von George Schulz-Behrend, Bd. I, Stuttgart 1968, S. 57, Anm. 7.

87 *Ebda*, S. 64; S. 72 und 73.

88 Vgl. dazu Karl Borinski, *a. a. O.,* Bd. II, S. 12. Siehe auch den Opitz-Kommentator Hanmann, der Scaliger als autoritäre Kapazität anerkennt und dies – wahrscheinlich, ohne sich der Problematik seiner Argumentation bewußt zu werden – mit einem Homerlob zu bekräftigen versucht: denn wie Fragen des Stils zu lösen sind, »achte ich zu gedencken allhier so vnnötig zu seyn / als nach dem Homer Iliaden zu schreiben: Weil solches Scaliger im Lateinischen sehr weitleufftig ausgeführet« (in: Marian Szyrocki, Hrsg.: *Poetik des Barock.* Rowohlts Klassiker der Literatur und der Wissenschaft, Deutsche Literatur, Bd. 23, Hamburg 1968, S. 256).

89 *Buch von der Deutschen Poeterey* (1624). Nach der Edition von Wilhelm Braune neu hg. von Richard Alewyn, Tübingen 1963, S. 10.

90 *Ebda.*

91 *Ebda*, S. 7. Noch Christian Hofmann von Hofmannswaldau versteht unter den »ersten GOttes=Lehrer(n) bey den Griechen« Homer und andere (sagenhafte) Poeten (*Deutsche Übersetzungen und Gedichte*, Breslau 1710, Vorrede, unpag.).

92 *Ebda*, S. 8.

93 *Ebda*, S. 9 (Opitz beruft sich auf Casaubon; vgl. aber schon Aristoteles' *Poetik*, 9. Kap.).

94 *Ebda*, S. 11; »warhafftig« sind Homers Epitheta nach Strabon-Opitz (*ebda*, S. 30).

95 *Ebda*, S. 11.

96 Selbst Buchners ›Konzepte‹ von 1638 nicht, die erst 1665 hg. worden sind (siehe weiter unten).

97 *Paul Flemings deutsche Gedichte.* Hg. von J. M. Lappenberg, Stuttgart 1865, S. 458. Daß die Nachricht von Opitz' Tod im Juni 1638 eine Falschmeldung war (Marian Szyrocki: *Martin Opitz*, Berlin 1956, S. 130), ändert nichts an der Aussage. Während bei dieser barocken Aufreihung Homer lediglich unter anderen vorbildlichen Mustern erwähnt wird, weist Friedrich Logau in epigrammatischer Zuspitzung nur auf das eine überragende, das lateinische Ideal hin:

> »Vom Opitio.
> Im Latein sind viel Poeten, immer aber ein Virgil;
> Deutsche haben einen Opitz, Tichter sonsten eben viel«

(*Sämmtliche Sinngedichte*, hg. von Gustav Eitner, Tübingen 1872, S. 428). Doch finden sich bei Logau auch einige homerische Anspielungen, z. B. S. 87, 156, 280, 282, 544 und 550. V. a. die Pointierung der homerischen Wendung ἕρκος ὀδόντων (z. B. *Il.* IV 350):

> »Die Zunge wohnt mit Fleiß im weißen Bein-Gehäge;
> Dann diß ist ihre Gräntz, in der sie sich bewege;
> Wächst aber wo die Zung und steiget über Zaun,
> Derselbten traue du! ich wil ihr nimmer traun«

(*ebda*, S. 157).

98 Walter Dietze: *Quirinus Kuhlmann. Ketzer und Poet,* Berlin 1963, S. 26 (dort ist auch das Gedicht abgedruckt).

99 *Ebda*, S. 23; siehe auch S. 41.

100 *Paul Flemings deutsche Gedichte, a. a. O.,* S. 464 f. Vgl. sogar noch die Tassoübertragung aus dem Jahr 1744 von Johann Friedrich Kopp, der in der Vorrede besonders auf Homer eingeht und in dem Werk Tassos »die schönsten Charactere der Homerischen und Virgilianischen Helden« wiederentdeckt. Auf dem Titelkupfer ehren dieselben antiken Autoren den italienischen Dichter; Homer wird als blinder Mann ge-

zeichnet, sein Haupt ist umkränzt, eine Lyra liegt neben seinen beiden Epen. Die Subscriptio lautet:

> »Zween Meister sah Torqvat als seine Lehrer an
> Und hat es ihnen gleich, wo nicht zuvor, gethan.
> So glücklich ihm Homer und Maro vorgesungen,
> So glücklich ist auch Ihm sein Heldenlied gelungen«.

101 *Paul Flemings deutsche Gedichte, a. a. O.,* S. 30 f.

102 Simon Dach: *Gedichte.* Hg. von Walther Ziesemer, Halle 1936 ff., Bd. II, S. 334 f. – Die »innige Vertrautheit des jungen Poeten (gemeint ist Johannes Scheffler) mit Homer« (H. L. Held in der Einleitung zu seiner dreibändigen Ausgabe des Angelus Silesius, ³München 1949 ff., Bd. I, S. 18) wird angedeutet in einem frühen Gedicht von 1641, das er seinem Rektor Elias Major vom Breslauer Elisabethgymnasium widmet: Παιδεύει με κλυτοῦ τὸν καλλοπισμόν 'Ομήρου (*ebda,* S. 215; das Gedicht ist jedoch nicht in Hexametern abgefaßt, sondern in Distichen). – Martin Bircher vermutet, daß auch der unschöpferische, mehr reproduzierende Johann Wilhelm von Stubenberg mehrere Autoren, darunter Homer, »wohl größtenteils in den Originaltexten kannte« (Berlin 1968, S. 220).

103 Simon Dach: *Gedichte, a. a. O.,* Bd. II, S. 92.

104 *Ebda,* Bd. IV, S. 105.

105 *Ebda,* Bd. I, S. 130. Ebenso, Bd. IV, S. 346:

> »Homerus, weis ich, bin ich nicht,
> Doch Phöbus wil mir günstig niesen
> Vnd saget mir daß mein Geticht
> Nicht sey vom Helicon verwiesen
> Vnd werde nicht mit mir vergehn«.

106 *Ebda,* Bd. IV, S. 236.

107 *Ebda,* Bd. II, S. 253.

108 *Ebda,* Bd. II, S. 323.

109 *Anleitung zur deutschen Poeterey / Poet.* Hg. von Marian Szyrocki, Tübingen 1966, S. 14 * (eine Passage aus der unrechtmäßigen Ausgabe des *Weg-Weiser* von 1663). Buchner wird von Gotthilf Treuer gepriesen als »Der Pindar und Homer / Virgil und Cicero / der Ruhm der Teutschen Erden« (*Deutscher Dädalus / Oder Poetisches LEXICON,* Berlin 1675, S. 239). Vgl. *ebda* u. a. S. 61, 819 und 956.

110 *Anleitung . . ., a. a. O.,* S. 14 *.

111 Eine solche Annahme muß nicht ohne weiteres auf einem echt historischen Bewußtsein beruhen!

112 *Anleitung . . .,* S. 5 * (Nachwort Marian Szyrockis). Dieses Zitat steht zwar in einem anderen Zusammenhang, dürfte aber auch für dieses Teilproblem Gültigkeit haben.

113 *Ebda,* S. (20).

114 *Ebda,* S. (21) f.

115 *Ebda,* S. (22).

116 *Johann Peter Titzens Zwey Bücher Von der Kunst Hochdeutsche Verse und Lieder zu machen,* Danzig 1642, p. A 3ᵛ.

117 Diese meint Titz mit der Formulierung: »die sachen so, wie sie in der Warheit beschaffen sind« (*ebda,* p. A 4ᵛ).

118 *Ebda:* »nur ertichtet . . ., als ob es warhafftig also were«.

119 *Ebda.*

120 *Ebda,* p. A 4ʳ. Musik und Dichtung sind nicht trennbar; denn die Musiker werden genannt nach »den Musen / die für Göttinnen vnd Fürsteherinnen der Weißheit / der Poeterey vnd Singekunst / gehalten worden« (*ebda,* p. A 5ᵛ).

121 *Ebda,* p. A 5ᵛ.

122 *Ebda,* p. A 6ʳ.

123 *Ebda,* p. A 5ᵛ.

124 *Ebda*, p. P 6ʳ. Vgl. dazu auch G. Ph. Harsdörffer, für den poetische Imitation »ein rühmlicher Diebstal« ist und der Vergils Homer-›Benutzung‹ erwähnt (*Poetischer Trichter*. Reprographischer Nachdruck der Ausgabe Nürnberg 1648 ff., Darmstadt 1969, 1. Teil, S. 102; ebenso 3. Teil, S. 42).

125 *Zwey Bücher, a. a.* O., p. R 2ʳ.

126 *JUSTI-GEORGII SCHOTTELII Einbeccensis, Teutsche Sprachkunst*, Braunschweig 1641, S. 146.

127 Vgl. Karl Jaspers: *Vom Ursprung und Ziel der Geschichte* (Fischer-Bücherei 91), Frankfurt/Hamburg 1955, S. 71 f.

128 *Teutsche Sprachkunst, a. a.* O., S. 68.

129 *Fruchtbringender Lustgarte*. Hg. von Marianne Burkhard. Mit einem Nachwort von Max Wehrli (Reprographischer Nachdruck der Ausgabe Wolfenbüttel 1647), München 1967, S. 210.

130 Vgl. auch *ebda*, S. 214.

131 *Ebda*, S. 216.

132 Hg. von Wolfgang Hecht, 2 Bde, Tübingen 1967.

133 *Ebda*, S. 107.

134 *Ebda*, S. 107 f.

135 *Ebda*, S. 108.

136 *Ebda*, S. 1012.

137 *Ebda*, S. 1027.

138 *Ebda*.

139 *Redeoratorien und Lobrede der Teutschen Poeterey*. Hg. von Conrad Wiedemann, Tübingen 1965, S. 12 * (Nachwort des Hrsg.).

140 *Ebda*, S. (386).

141 *Ebda*, S. (404).

142 *Ebda*, S. (386).

143 *Ebda*, S. 15 * (Nachwort des Hrsg.).

144 *Ebda*, S. (377): Bild; S. (384): Erklärung.

145 Vgl. dazu auch: G. Ph. Harsdörffer, *Frauenzimmer Gesprächspiele*. Hg. von Irmgard Böttcher, Tübingen 1968 ff., Bd. I, S. 13 ff. Siehe auch S. 182 f. in Harsdörffers *SPECI-MEN PHILOLOGIAE GERMANIAE*, Nürnberg 1646. Quelle dieser Vorstellung: Ennius, Annalium Lib. I (*Ennianae Poesis Reliquiae iteris curis recensuit Johannes Vahlen*, Leipzig 1903, S. 3 f., v. a. Anm. zu XI auf S. 4).

146 In anderem Zusammenhang erfährt dieses Sinnbild des Pfaus eine negative Ausdeutung: vgl. *Frauenzimmer Gesprächspiele, a. a.* O., Bd. VII, S. 109. – Harsdörffer, der in seinen »Frauenzimmer Gesprächspielen« öfters Homer erwähnt, kann hier übergangen werden; fast alle seine Aussagen lassen sich als emblematische ›Subscriptiones‹ erkennen, die von verschiedenen Vorbildern, u. a. von Saavedra, abhängig sind. Einige Topoi unter dem Stichwort »Poët / Poëterey« (*Poetischer Trichter, a. a.* O., Bd. III, S. 377 f.) spielen auf Homer an. Bemerkenswert die Unterscheidung zwischen geschichtlicher Wahrheit und poetischer Wahrheit: »Achilles ist gantz ein ander Held in Homero, und wider ein andrer in dictis Cretensium« (Vorrede zu Stubenbergs *Eromena*-Übersetzung von 1650, abgedruckt in: *Theorie und Technik des Romans im 17. und 18. Jh.*, hg. von Dieter Kimpel und Conrad Wiedemann, Tübingen 1970, Bd. I, S. 8). Ansonsten bevorzugt Harsdörffer jedoch eher Vergil (siehe dazu Anm. 124).

147 *BAPTISTAE ARMATI, VATIS THALOSI. Rettung der Edlen Teütschen Hauptsprache*, Hamburg 1642.

148 So etwa in: *Die Aller Edelste Belustigung Kunst= und Tugendliebender Gemüther …*, Frankfurt 1666, S. 228.

149 *Die Alleredelste Zeit=Verkürtzung Der Gantzen Welt …*, Frankfurt 1668, S. 127. Nur Sprichwortcharakter hat ein Satz wie dieser: Nach Schottel noch etwas über Dicht-

kunst zu sagen, heiße »nach dem Homerus eine Ilias zu schreiben« (*Die Aller Edelste Belustigung, a. a. O.*, p. B 12ᵛ).

150 *Das Friedewünschende Teutschland In einem Schauspiele öffentlich vorgestellet und beschrieben Durch JOHAN RISTEN*, o. O. 1648, S. 45 f.

151 Siehe: *JOHANN: RISTEN. P. H. Kriegs vnd Friedens Spiegel*, Hamburg 1640, Vers 215 ff. und 491 f. und dazu die Erklärungen, v. a. zu Vers 216.

152 *JOHANNIS RISTII HOLSATI Poetischer Lust=Garte*, Hamburg 1638, S. 164.

153 Andreas Gryphius: *Gesamtausgabe der deutschsprachigen Werke*. Hg. von Marian Szyrocki und Hugh Powell, Bd. 2, Tübingen 1964, S. 165 (Gemeint sein kann mit diesem Epigramm das Grauen des gesamten Krieges, vielleicht auch ganz konkret der Brand von Freystadt).

154 *JOHANNIS RISTII MUSA TEUTONICA*, Hamburg 1634 (Einleitungsgedicht).

155 *Ebda*: »An den Neid / Daß der Poeten Lob ewig bleibe«.

156 *Johann Risten Poetischer Schauplatz*, Hamburg 1646, S. 153.

157 *Sämtliche Werke*. Unter Mitwirkung von Helga Mannack hg. von Eberhard Mannack, Berlin 1967 ff., Bd. I, S. 32. Ob Rist tatsächlich der Verfasser dieses Werkes ist (*ebda*, S. 283 f.), erscheint in unserem Zusammenhang kaum wesentlich.

158 Darin auch mittelalterliche Texte: gotisches Vaterunser, Otfrid-Stellen, Gedichte Dietmars von Aist und Heinrichs von Morungen.

159 *Der Teutschen Sprach Ehren=Krantz*, Straßburg 1644, S. 147.

160 *Ebda*, S. 289.

161 *Ebda*, im Register zu S. 292.

162 *SPECILLVM Chrestomathiae Graecae JOH. CVNRADI DIETERICI*, Marburg 1649, S. 63.

163 *Kurtze und richtige Anleitung*, Rinteln 1650, S. 20, 125.

164 In der ›Dedicatio‹ zum *TYROCINIUM POESEOS TEVTONICAE*, Braunschweig 1656.

165 Vgl. Joachim Dyck: *Ticht-Kunst*, Bad Homburg/Berlin/Zürich 1966, S. 127: »Der gelehrte Dichter des 17. Jh. braucht Homer nicht gelesen zu haben, um zu wissen, daß er in ihm ein Idealbild seines Standes vor sich hat. Der Blick in die Schatzkammer tradierter Argumente genügt, um Homer als Ahnherrn gebildeten Dichtertums auszuweisen. Mühelos kann das Zeitideal in ihn zurückprojiziert werden«.

166 Andreas Gryphius: *Gesamtausgabe der deutschsprachigen Werke*. Hg. von Marian Szyrocki und Hugh Powell, Bd. 3, Tübingen 1964, S. 183. – Außer einigen mythologischen Anspielungen erwähnt Gryphius zweimal die »Belägerung von Troja« in den Lustspielen *Herr Peter Squentz* und *HORRIBILICRIBRIFAX* (*ebda*, Bd. 7, Tübingen 1969, S. 14 und S. 109), einmal als Prahlerei mit theatralischen Fähigkeiten, zum anderen als Prahlerei mit der körperlichen Kraft. Der Übersetzung der *FELICITAS* des Nicolaus Causinus fügt Gryphius einige Anmerkungen bei; als Quelle für ein Beispiel im »Reyen der Streitenden Kirche« gibt er Homer an:

> »Ich wil nicht Rhesus schnelle Wagen hoffen!
> Gott ruffe nur! so steht der Himmel offen«

(*Ebda*, Bd. 6, Tübingen 1966, S. 26 und 67). Vgl. dazu das Original:

> »Non peto Rhesi celeres quadrigas,
> Tu iube tantum Sator alme mundi«

(*TRAGOEDIAE SACRAE AVTHORE P. NICOLAO CAVSSINO*, Paris 1620, S. 188). Trotz der Negation fällt eine leichte Verschiebung zu einem mehr stoisch ausgerichteten Christentum bei Gryphius auf: Statt »Non peto« heißt es in der Übersetzung »Ich wil nicht ... hoffen«!

167 *Heidnische Poeterey*, Tübingen 1647, S. 9 (im Original p. 21: »Homeri simii«). Georg Pasor lebte (nach Zedler) von 1570 bis 1637.

168 *Dichtungen und Schriften*, hg. und textkritisch durchgesehen von Eberhard von Cranach-Sichart, München 1957; 57. Ode: Weltskribenten und Poeten, S. 163 f.

169 *NUTZ= und SCHUTZSCHRIFT Vor Das merkwürdige Alterthum* ..., Oldenburg
    1657, S. 14; unter der ›verborgenen Art‹ wird auch die emblematische Verschlüsselung
    verstanden (*ebda*, S. 8 f.).
170 *Ebda*, S. 13.
171 *Ebda*, S. 29 f.
172 Vgl. *ebda*, S. 37 f., besonders aber S. 166 f. in Winckelmanns Werk *AMMERGAU-
    ISCHE FRÜLINGSLUST*, Oldenburg 1656.
173 *Der Abentheurliche Simplicissimus Teutsch* und *Continuatio des abentheurlichen Sim-
    plicissimi*. Hg. von Rolf Tarot, Tübingen 1967, S. 507.
174 *Simplicianischer Zweyköpffiger Ratio Status*. Hg. von Rolf Tarot, Tübingen 1968,
    S. 10: »ob er gleich 100000 fältig / so bestehet er doch principaliter nur in zweyerley
    Gestalt«. Die Kontraste ›gut‹ und ›böse‹ werden mit den beiden augustinischen Staats-
    formen – ›Civitas Dei‹ und ›Civitas terrena‹ – konfrontiert. Demnach ergeben sich
    auch für den ›Guten‹ eine Fülle von Existenzmöglichkeiten; jede einzelne bietet nur
    eine Teillösung, die ihre gegenteilige Ergänzung fordert: im Menschen ist daher not-
    wendig seine ständige Verwandlungsfähigkeit angelegt, nicht wegen des Anpassungs-
    vermögens, sondern wegen des Schicksals des Probierenmüssens; nur so vermag er sich
    einer Totalperspektive anzunähern. Statt einer Entwicklung ein ständiges Experimen-
    tieren: das ist die typische Verhaltensweise des Simplicissimus, wie schließlich sogar die
    gesamte Welt für Gott ein – »Probierstein« ist (*Simplicissimus Teutsch*, a. a. O.,
    S. 423).
175 *Satyrischer Pilgram*. Hg. von Wolfgang Bender, Tübingen 1970, S. 90.
176 *Ebda*.
177 *Ebda*, S. 91. Siehe auch: *Simplicissimus Teutsch*, a. a. O., S. 521; *Das wunderbarliche
    Vogelnest*, hg. von Rolf Tarot, Tübingen 1970, S. 145.
178 *Satyrischer Pilgram*, a. a. O., S. 92.
179 *Ebda*, S. 93. Vgl. *ebda*, S. 128 f.: »Und wann ich eben die Warheit bekennen müste /
    oder solte / so wiste ich nicht eigentlich zu sagen / ob die jenige so gar Unrecht haben /
    so die Philosophiam nur für Fabelwerck gehalten / sintemalen bewust / daß die erste /
    so damit umgangen / meistentheils Poeten gewesen / als Prometheus, Linus, Orpheus,
    Musaeus und Homerus« und daß die späteren »meistentheils aus dem Homero ge-
    nommen« (im »Gegensatz« des Diskurses über die Philosophie). Siehe auch die Mars-
    Venus-Episode und andere Laster der antiken Götter, weswegen Hesiod und Homer
    verdientermaßen »in das höllisch Hauß« geschickt werden müßten (*Simplicissimus
    Teutsch*, a. a. O., S. 217 f.).
180 *Satyrischer Pilgram*, a. a. O., S. 94; *ebda*, S. 8 ff. und S. 66. Außerdem: *Simplicissimus
    Teutsch*, a. a. O., S. 217, und *Wunderbarliches Vogelnest*, a. a. O., S. 100.
181 *Satyrischer Pilgram*, a. a. O., S. 95. Vgl. dagegen die Warnbilder: »Da läst Hanibal
    seine Ehr in den Deliciis Campaniae ...; Die Heroes liegen gleichsam in Banden der
    Liebe gefangen / gleich wie ... Paris bey der Helena ..., Achilles bey der Briseide ...«
    (*ebda*, S. 108 – bezeichnenderweise im »Gegensatz« des Diskurses über die Liebe).
182 *Ebda*, S. 155 f. Außerdem *ebda*, S. 68 (Homer verleiht dem Agamemnon die Schönheit
    als äußeren Ausdruck seiner königlichen Macht); *Wunderbarliches Vogelnest*, a. a. O.,
    S. 286 und S. 289.
183 *Satyrischer Pilgram*, a. a. O., S. 132.
184 *Simplicissimus Teutsch*, a. a. O., S. 168.
185 *Ebda*, S. 188.
186 *Das wunderbarliche Vogelnest*, a. a. O., S. 147.
187 *Simplicissimus Teutsch*, a. a. O., S. 255.
188 *Lebensbeschreibung der Ertzbetrügerin und Landstörtzerin Courasche*. Hg. von Wolf-
    gang Bender, Tübingen 1967, S. 129. Weitere Belege: *Simplicissimus Teutsch*, a. a. O.,
    S. 79, 82, 113, 577; *Das wunderbarliche Vogelnest*, a. a. O., S. 276.
189 *Satyrischer Pilgram*, a. a. O., S. 11.

190 *Das wunderbarliche Vogelnest, a. a. O.,* S. 149: »Verständige Leut / denen es gedeyet / werden den Kern schon zu finden / und ihnen zu Nutz zu machen wissen; Man weiß wol / wie ungern die Patienten die bittere / ob gleich heylsame Pillulen verschlucken / dahingegen aber die übergüldte oder verzuckerte leicht zu sich nehmen«. – Vgl. zu all diesen Beispielen die mehr gekünstelten Homeranspielungen Johann Beers in seinem Werk *Printz Adimantus und der Königlichen Princeßin Ormizella Liebes-Geschicht* (hg. von Hans Pörnbacher, Stuttgart 1967, S. 23, 26, 42 f., 51, 56 f.).
191 *Hoch=Deutscher Helikon,* [4]Jena 1656, S. 142.
192 *Ebda,* S. 143 f.
193 *Hochdeutsche Helikonische Hechel / oder des Rosenmohndes zweite Woche,* Hamburg 1668, S. 8.
194 *Ebda.*
195 *Ebda,* S. 119.
196 *Der erdichteten Heidnischen Gottheiten / wie auch Als= und Halb=Gottheiten Herkunfft und Begäbnisse,* Nürnberg 1688, p.) (3ʳ.
197 *Ebda,* S. 651.
198 Vgl. dagegen etwa Daniel Fabers Pamphlet *Die Höllische Zauberin CIRCE,* Magdeburg/Leipzig 1699, v. a. S. 39.
199 *Der erdichteten Heidnischen Gottheiten / wie auch Als= und Halb=Gottheiten Herkunfft und Begäbnisse, a. a. O.,* S. 349 und S. 705 f.
200 *Ebda,* S. 104.
201 *Reime dich / oder ich fresse dich,* Northausen 1673, S. 20 f.
202 Siehe auch Joachim Rachels achte Satire *Der Poet:*

>»Jetzund wenn einer nur kan einen Reim herschwatzen:
Die Leber ist vom Huhn / und nicht von einer Katzen:
Da heist er ein Poet. Komm edler Palatin /
Leg deinen Lorbeer=Krantz zu seinen Füssen hin.
Was mag doch Griechenland Homerus Wercke loben?«

In: *JOACHIMI RACHELII LONDINENSIS. Zehn Neuverbesserte Teutsche Satyrische Gedichte* (Berlin 1720), S. 95 (Rachel soll die Ilias ›traktiert‹ und »einige Bücher in lateinische Verse übersetzt« haben. In: August Sach, *Joachim Rachel, ein Dichter und Schulmann des 17. Jh.,* Schleswig 1869, S. 39).
Ähnlich auch ein satirisches Gedicht Daniels von Czepko:

>»An einen spitzfindigen Schul Fuchs.
Man sagt, daß Aleph dir und Gimmel sey bekannt,
Daß du viel Grecken solst von dem Homerus wißen,
Die Verse lauffen dir auff ihren eignen Füßen,
Und haben beßre Wort als Lehren und Verstand«.

In: *Daniel von Czepko, Weltliche Dichtungen.* Hg. von Werner Milch, Breslau 1932, S. 362.
203 Bruno Markwardt, *a. a. O.,* S. 200. Markwardt weist mit Recht darauf hin, daß sich die Bestimmung von Sacers Standort v. a. »durch ironische Brechungen zweiten Grades« (*ebda,* S. 199) erschwert.
204 *Nützliche Erinnerungen Wegen der Deutschen Poeterey,* Alten Stettin 1661, S. 60. Ähnlich drückt es Johann Ludwig Prasch in seiner Schrift *Gründliche Anzeige / VON Fürtrefflichkeit und Verbesserung Teutscher Poesie* (Regensburg 1680) aus: Die »Teutsche Sprach= Dicht= und Reim=kunst« würde wesentlich verbessert, »Wann wir uns der behenden Griff und herrlichen Schätze besser gebrauchten / so verborgen liegen bey Homero« und anderen (S. 3).
205 *Nützliche Erinnerungen Wegen der Deutschen Poeterey, a. a. O.,* S. 59.
206 *Reime dich / oder ich fresse dich, a. a. O.,* S. 19 (in der Form der Parodie): »DAß man aber dir auch anmuthen wolte / daß dir es zukäme / dich ein wenig in den alten Poeten der Griechen und Lateiner umbzusehen / das ist ein falscher Wahn«.

207 *Ebda*, S. 135; die Charakterisierung dieses Hans Wurst-Poeten: *ebda*, S. 22 f.: »ein gebohrner Deutscher Mann / leer von andern Sprachen allen / voll von Einbildung / frey von Künsten / Wissenschafften / Regulen / und Gesetzen / fähig die Worte zu verstümpeln / geschickt ohne Ordnung zu sprechen / ohne Maaß zu lügen / und viel Bögen ohne Verstand zu füllen / sich erhebend in einem erkaufften / erschmeichelten / oder erbettelten Lorber=Krantze«.

208 *Doct: Joh: Balth: SCHUPPII Schrifften*, (Hanau 1663), S. 571 (RELATION aus dem PARNASSO).

209 *Ebda*, S. 540 (Von der Einbildung / Oder vorgefasten eingebildeten Meynunge der Menschen).

210 *Ebda*, S. 867 (Der Ungeschickte Redner, eine von Balthasar Kindermann übersetzte Schrift Schupps).

211 *Ebda* (das Lob des poetischen ›Historiographen‹ Homer stimmt Schupp auch in seiner Schrift *SALOMO Oder Regenten=Spiegel, ebda*, S. 44, an).

212 *Ebda* (siehe auch Schupps ›rhetorischen Katalog‹ der ›Oxymora‹, die allein der allge-lobte »Nemo, der Niemandt«, verwirklichen kann; in: *Von der Kunst reich zu werden, ebda*, S. 745 f.).

213 *Ebda.*

214 *Ebda.*

215 *Ebda*, S. 849.

216 *Ebda*, S. 555 (Von der Einbildung / Oder vorgefasten eingebildeten Meynunge der Menschen).

217 Siehe Schupps lateinische Schrift, die Kindermann als *Der Ungeschickte Redner / Mit Einwilligung seines Meisters übersetzet* (vgl. Anm. 210).

218 *Der Deutsche Poët ...*, Wittenberg 1664, S. 9. Vgl. dazu: *VISIONES DE DON DE QVEVEDO. Das ist: Wunderliche satyrische vnd warhafftige Gesichte Philander von Sittewalt*, (Frankfurt) 1645, S. 271 f.: »Aber die Poeten waren noch lächerlicher zu-hören / dann sie wolten Gott mit gewalt vberreden Er were Jupiter ... Aber es war dem Homero vnd Virgilio an statt der andern geantwortet / daß die schöne Attributa, so jhrem vermeinten Gott Jupiter zugeeignet / sie der Thorheit genugsam bezüchtigen thäten / vnd ohne Noth wäre weitter Zeugnuß anzuhören wider sie«.

219 *Der Deutsche Poët, a. a. O.*, S. 18. Die Dichtung bedarf der philosophischen Inhalte, denn Kindermann meint: »wie unwahr es sey / daß die Poeterey allein in ihr selbst be-stehe« (*ebda*).

220 Bruno Markwardt, *a. a. O.*, S. 116. Den Beleg liefern seine Vorrede zu Herzog Anton Ulrichs *Aramena* (1669) und seine schon um 1650 bekannte, aber erst 1679 in Nürn-berg gedruckte Poetik *Teutsche Rede-bind= und Dicht-kunst / oder kurze Anweisung zur Teutschen Poesy / mit Geistlichen Exempeln*.

221 *Theorie und Technik des Romans im 17. und 18. Jh.*, hg. von Dieter Kimpel und Con-rad Wiedemann, Tübingen 1970, Bd. I, S. 11.

222 *Ebda*, S. 13.

223 *Ebda*, S. 12.

224 *Ebda*, S. 15. Außerdem: *Teutsche Rede-bind= und Dicht-kunst, a. a. O.*, S. 185: »Ehre Gottes«.

225 Bezeichnenderweise trennt Birken Homers Epik noch substantiell von der neuzeit-lichen Romanliteratur, obwohl er die zeitgenössischen Tendenzen einer fast vollständi-gen Identifizierung von Epos und Roman kennt, die v. a. zu einer stärkeren Beachtung der Odyssee führt (*Teutsche Rede-bind= und Dicht-kunst, a. a. O.*, S. 64 f.).

226 *Theorie und Technik des Romans im 17. und 18. Jh., a. a. O.*, S. 11. In seiner Poetik ordnet er Homer »Nach Davids und seines Sohns zeiten« (Vorrede, Nr. 9) ein.

227 *Teutsche Rede-bind= und Dicht-kunst, a. a. O.*, Vorrede Nr. 16 und S. 301 f.

228 *Ebda*, S. 306.

229 *Ebda*, S. 175.

230 In seinem »Eintritt Zur Poeterey« (in: *Poetische TAFELN / Oder Gründliche Anwei-sung zur Teutschen Verskunst*, Jena 1667, S. 2).

231 *Ebda*, S. 4 (bezogen auf den Homeriden Ion in dem gleichnamigen Dialog Platons).

232 *Ebda*, S. 10.

233 *Ebda*, S. 13 f. Vgl. die herangezogenen Homerzitate: *Od.* I 152 und VIII 72 f. (*ebda*, S. 14).

234 *Ebda*, S. 35; siehe auch schon *ebda*, S. 12.

235 *Ebda*, S. 36.

236 *Ebda*, S. 36 f.

237 *Ebda*, S. 42 f. Hingewiesen sei auf ein Epigramm Logaus, der den Menschen der Ge-genwart tadelt und nicht etwa die anthropomorphe Theologie Homers:
> »Vergötterung der Helden.
> Es wolln ietzund nicht mehr auß Helden Götter werden;
> Das macht, ihr Himmel ist hinieden auff der Erden«

(*Sämmtliche Sinngedichte*, hg. von Gustav Eitner, Tübingen 1872, S. 41). Vgl. dazu Ciceros Stellungnahme: »Fingebat haec Homerus et humana ad deos transferebat; divina mallem ad nos« (*Tusc.* 1, 26).

238 *Eintritt Zur Poeterey, a. a. O.*, S. 50 f.

239 *Der Neu=Sprossende Teutsche Palmbaum*, Weimar 1668, S. 340; ähnlich schon von Julius Wilhelm Zincgref im Vorwort zur Ausgabe *Teutsche Poemata* von Opitz aus dem Jahr 1624 formuliert. Wie Opitz für die deutsche Sprache so hat Homer für die griechische Sprache den Weg gebahnt; doch »Homerus hette lang Hebreisch schreiben müssen, biß ihme in dieser Sprach die Oberstell, die er im Grichischen erworben, hette gebüren mögen« (*Teutsche Poemata*, hg. von Georg Witkowski, Halle 1902, S. 2).

240 *Poetische TAFELN, a. a. O.*, S. 58 (Anmerkungen).

241 *Verneuwerte vnd Vermehrte ACERRA PHILOLOGICA Daß ist Vierhundert auß-erlesene nützliche / lustige / vnd denckwürdige HISTORIEN UND DISCURSEN*, Amsterdam 1651. Siehe W. Killy: Zur Geschichte des deutschen Lesebuches (In: *Germa-nistik – eine deutsche Wissenschaft*, edition suhrkamp 204, Frankfurt 1967, S. 45 ff.).

242 *ACERRA PHILOLOGICA, a. a. O.*, S. 153, 166, 489 f.

243 *Ebda*, S. 226.

244 *Ebda*, S. 208.

245 *Ebda*, S. 226 f. und S. 209.

246 *Ebda*, S. 85.

247 *HENRICI CHRISTIANI HENNINII* ΕΛΛΗΝΙΣΜΟΣ ΟΡΘΩΙΔΟΣ. *Seu Graecam Linguam non esse Pronunciandam secundum Accentus; DISSERTATIO PARADOXA*, Utrecht 1684. Vgl. auch Isaac Vossius' *de ACCENTIBUS GRAECANICIS Sententia* (*ebda*).

248 *GERARDI IOANNIS VOSSII DE VETERVM POETARVM TEMPORIBVS LIBRI DVO, QVI SINT DE POETIS GRAECIS ET LATINIS*, Amsterdam 1654, S. 8 f. – Die von Vossius erwähnte »Homerica majestas« (*ebda*, S. 3) hängt hauptsächlich von den Spekulationen um die sibyllinischen Orakel ab. – Zur Bestimmung der Lebenszeit Homers vgl. auch Johann Heinrich Boeclerus' fragmentarische Universalgeschichte, die mit Homer beginnt (abgedruckt im X. Bd. des von Jakob Gronovius hg. *THE-SAVRVS GRAECARVM ANTIQVITATVM*, Leiden 1697 ff., Sp. 919 f.).

249 *TOBIAE MAGIRI EPONYMOLOGIUM CRITICUM . . .*, Frankfurt/Leipzig 1687, S. 450 ff. Die hier zitierte Ausgabe ist eine posthume, von Christian Wilhelm Eyben vorgenommene Erweiterung einer früheren Edition aus dem Jahr 1644.

250 Georg Horn: *HISTORIAE PHILOSOPHICAE LIBRI SEPTEM*. Abgedruckt in: *HERMANNI CONRINGII De SCRIPTORIBUS XVI. post Christum Natum Seculosum COMMENTARIUS*, Breslau 1703, S. 30 f.

251 *Ebda*, S. 28 und S. 30. Zedler zitiert ein Werk Horns mit dem Titel: *Vlysses siue Studiosum peregrinantem*, Leiden 1668.

252 *THESAVRVS GRAECARVM ANTIQVITATVM, Contextus & designatus ab JA-
COBO GRONOVIO*, Leiden 1697 ff., vgl. Bd. I, v. a. Bd. II. Über Homer p. 18ʳ ff.;
abgebildet werden mehrere Münzen mit dem Bildnis Homers. Auch der Numismatiker
Ezechiel Spanheim führt zahlreiche Bildmotive der Münzen, v. a. antiker Münzen, auf
Homer zurück (*DISSERTATIONES DE PRAESTANTIA ET USU NUMISMATUM
ANTIQUORUM*, London/Amsterdam 1706 f., S. 246 f., 251 u. ö.); vgl. ebenfalls Jakob
*Spons Italiänische / Dalmatische / Griechische und Orientalische Reise=Beschreibung
..., aus dem Französischen ins Teutsche übersetzt durch J. Menudier*, Nürnberg 1681,
S. 28 und S. 119.

253 *BIBLIOTHECA GRAECA ...*, Hamburg 1705 ff., Bd. II, S. 253 bis 369.

254 *Ebda*, S. 342. – Sehr häufig wird Ludolph Küsters *HISTORIA CRITICA HOMERI*
(Frankfurt 1696) erwähnt, eine Darstellung, der sich Fabricius verpflichtet fühlt (siehe
weiter unten).

255 Vgl. dagegen Johann Matthias Gesners sehr engagierte ›Beobachtung‹, die den Bil-
dungsdünkel eines Neugriechen anprangert: »... valde est ridiculum, nostrum, quando
demonstrare vult, eruditos esse Graecos, & a literaria supellectile minime imparatos,
provocare ad HOMERI opera Politicis versibus expressa; BERTOLDI curiositates;
SPANUM, quem vocat librum impium, in contumeliam CHRYSOSTOMI ab Ethnico
quodam concinnatum; MERCADAM, quae est fabula Romanensis de Iudaea puella, et
juvene Graeco, & nugas similes: cum vero negare non potest, philosophiae & mathe-
seos plane esse rudes Graecos, eo confugere, ut dicat; haec ad salutem aeternam nihil
prodesse: Si enim nihil aliud discitis Graeci, quam quod ἀμέσως salutem promovere
aeternam possit, quid HOMERUM in idioma vestrum transfertis, quid a fabulis
Romanensibus, & Satyris expectatis« (*DE ERVDITIONE GRAECORVM QVI
NVNC VIVVNT OBSERVATIONES ...*, Leipzig 1716, S. 28).

256 Zitiert nach der posthumen Ausgabe *POLYHISTOR, IN TRES TOMOS, LITERA-
RIUM, ... PHILOSOPHICUM ET PRACTICUM*, Lübeck 1708 (Morhofs Literaturgeschichte wird an anderer Stelle behandelt).

257 Newald, S. 408.

258 *POLYHISTOR, a. a. O.*, S. 27. – Morhof nennt diesen Abschnitt über Dichtung den
›literarischen‹ Teil!

259 *HOMERI Poetarum omnium seculorum facile Principis GNOMOLOGIA ..., Per
JACOBUM DUPORTUM*, Cambridge 1660.

260 *POLYHISTOR, a. a. O.*, S. 335.

261 Pseudo-Longinos: *Vom Erhabenen*. Griechisch und deutsch von Reinhard Brandt,
Darmstadt 1966, S. 49: »Daher könnte man den Homer der ›Odyssee‹ mit der nieder-
gehenden Sonne vergleichen, die ihre Größe bewahrt, wenn ihre Kraft erlischt«.

262 Bruno Markwardt, *a. a. O.*, S. 430.

263 *INTRODVCTIO IN HISTORIAM LITTERARIAM ...*, ⁵Jena 1738, S. 221: »Ilias
& odyssea tantum laudis non merentur«.

264 *Ebda*, S. 222. Dort ist auch der Lipsius-Text abgedruckt; daraus u. a.: »Is HOMERVS
est, o apex ingeniorum! o fastigium et culmen scientiae! prudentiae! sapientiae!«

265 Die analytische Homerauffassung ist methodologisch exakt erst von Wolf in seinen
berühmten »Prolegomena ad Homerum« begründet, aber schon von François Hédelin
d'Aubignac, Vico, Wood und (teilweise) von Heyne vertreten worden (siehe Lesky,
S. 51, und A. Gudeman, *a. a. O.*, S. 221).

266 Zitiert bei Bruno Markwardt, *a. a. O.*, S. 430.

267 Zedler, Sp. 737.

268 *Ebda*.

269 *DE THEOLOGIA HOMERI DISSERTATIO PHILOLOGICA*, Leipzig 1679, p. A 3ʳ.

270 *Ebda*, p. A 4ʳ ff.

271 *Ebda*, p. C 1ʳ.

272 *Ebda* (im Vorwort).
273 Zitiert nach der summarischen Angabe in Zedlers Homerartikel, Sp. 736. Vgl. Croeses »DEDICATIO«, p. * 4ᵛ f. und p. * 6ʳ, v. a. S. 32 der »INTRODUCTIO«!
274 ΟΜΗΡΟΣ ΕΒΡΑΙΟΣ . . ., Dortrecht 1704, S. 15.
275 Siehe *ebda*, S. 33.
276 *Ebda*, S. 38: »jam demum Homeri subtilitatem, magnitudinem ingenii, ubertatem dicendi possumus statuere dignissimam esse summa laude«.
277 Die Gesamttendenz seines Werkes *ebda*, S. 157 formuliert.
278 Nach Lorenz Hagemanns *QVAESTIO HISTORICO PHILOSOPHICA, AN HOME-RVS FVERIT PHILOSOPHVS MORALIS* (Jena 1712, S. 5 und S. 14) heißt Dietrichs Dissertation *de philosophia Homeri* und ist 1704 in Wittenberg erschienen.
279 *QVAESTIO HISTORICO PHILOSOPHICA, a. a. O.,* S. 10.
280 *Ebda*, S. 7 f.
281 *Ebda*, S. 11.
282 *Ebda*, S. 14: ». . . maneat ipsum honor promeritus, quem & antiquitate & carminum elegantia merito suo sibi vindicat«.
283 *Ebda*, S. 4 f.
284 *Ebda*, S. 6.
285 *Ebda*, S. 11 spricht Hagemann von der »transformata sapientia«.
286 *Ebda.*
287 Siehe v. a. *ebda*, S. 8.
288 Das Zitat ist dem Titel dieses Werkes entnommen.
289 *HOMERUS REDIVIVIUS* . . ., Augsburg 1711, S. 15.
290 Die Interpretation der Kalypso-Szene, daß »alles auf allegorische Weise zu verstehen« sei (*ebda*, S. 162), läßt sich unbedenklich verallgemeinern.
291 Dies führt bis zu der ›Christianisierung‹ Homers; denn Helenas »mehr Christliche / als Heydnische Rede . . . (bestättiget) uns die Mutmassung . . . / daß Homerus in seinen Reisen / vermittelst der Jüdischen Lehr und der Sibylle ein grosses Liecht von dem wahren Gott müsse empfangen haben« (*ebda*, S. 142).
292 *Ebda*, S. 37 f.
293 *Ebda*, S. 69.
294 *Ebda*, S. 159.
295 *Ebda*, S. 170.
296 *Ebda*, S. 189 und S. 199.
297 *Die Welt in einer Nuß* . . ., Nürnberg o. J. (unpaginiert).
298 *SCULPTURA HISTORIARUM ET TEMPORUM MEMORATRIX* (geschrieben von Gregor Andreas Schmidt), Nürnberg 1697, S. 50 ff. – Weigel und die beiden folgenden Autoren werden wegen besserer Übersichtlichkeit hier eingeordnet, obwohl sie sich nicht ausschließlich mit Homer befaßt haben.
299 Siehe die »Zuschrifft« zum 2. Bd. des vierbändigen Werkes: *Der Hohe Traur=Saal / oder Steigen und Fallen grosser Herren,* Nürnberg 1669 ff.
300 Eine weitere mythologische Figur erfährt durch Erasmus Francisci ebenfalls eine negative Ausdeutung: *Der Höllische Proteus Oder Tausendkünstige Versteller,* Nürnberg 1725; siehe v. a. S. 32 f. (Vorrede).
301 *Neu=polirter Geschicht=Kunst= und Sitten=Spiegel ausländischer Völcker,* Nürnberg 1670, S. 621; das spezielle Thema: lederne Wehrgehänge, an denen das Schwert gehangen haben soll.
302 *Ebda.*
303 *Die Ehre der Verblichenen alten Heiden / Jüden und Christen* . . ., Nürnberg 1690, S. 84; über Patroklos siehe *ebda*, S. 61 f.
304 Vgl. dazu etwa: *V. CL. JOANNIS LAURENBERGI GRAECIA ANTIQUA,* Amsterdam 1660, S. 55 f.: »At vero ego Homeri versibus & auctoritate plus quam reliqui tribuens nullum arbitror e Niobis liberis superstitem mansisse«.

305 *Ebda*, v. a. S. 43 f.
306 *PROPEMPTICON INAUGURALE De NEPENTHE HOMERI*, Jena 1692, S. 4 f.
307 *Ebda*, S. 7 und S. 2.
308 Diese außerpoetischen Kriterien verbindet Johann Michael Dilherr mit artifiziellen Zielsetzungen und führt sie alle auf Homer zurück: »Ingeniorum ille scientiarumque fons Homerus, et humanae terminus admirationis, quem antiquitas veneranda ore patulo vomentem ita repraesentavit, ut defluentes ab eius ore liquores ac flores in amphoris et canistris colligerent Philosophi, Iurisconsulti, Oratores, Astrologi, Poetae, Medici, Pictores« (zitiert in Johannes Sanders *DE HOMERI VITA ET SCRIPTIS ex optimis graecis ac latinis Scriptoribus COLLECTANEA*, Magdeburg 1661, S. 64). Vgl. dazu Pseudo-Longinos: »War Herodot allein ganz dem Homer ergeben ('Ομηρι-κώτατος)? Schon vor ihm Stesichoros und Archilochos, und am meisten von diesen allen hat ihn Platon nachgeahmt, der aus dem Quell der homerischen Epen unzählige Bäche ins eigene Werk geleitet hat« (*Vom Erhabenen*. Griechisch und deutsch von Reinhard Brandt, Darmstadt 1966, S. 59).
309 Auszug aus dem *INDEX CAPITUM* – Liber Primus: De Diis veterum Graecorum; De ritu Sacrificandi. Liber Secundus: De Statu Imperii; De ritu Nuptiarum. Liber Tertius: De Cibo veterum Graecorum; De indumento capitis, pedum; aliisque corporis ornamentis. Liber Quartus: De variis ludorum generibus; De Bello.
310 *ILIAS POST HOMERUM HOC EST INCUNABULA OMNIUM SCIENTIARUM EX HOMERO ERUTA ET SYSTEMATICE DESCRIPTA*, Lemgo 1728, S. 1 ff. – In Reimmanns *POESIS GERMANORVM CANONICA et APOCRYPHA* (1703) wird die »Rede=Kunst« von dem »Misosophus« mit »Der Circe Zauber=Stab« (S. 240) verglichen, während der »Philosophus« sie als »Ulysses Moly-Kraut« (S. 241) bezeichnet. *Ebda*, S. 267, die Anwendung einer homerischen Vorstellung (*Od.* XIX 562 f.):
      »Ich kam an eine Stadt mit zwey erhabnen Pforten /
      Die eine war vom Horn / die andre Helffenbein«. –
Unwesentlich sind einige Homer-Erwähnungen in Reimmanns *Versuch einer Einleitung In die HISTORIAM LITERARIAM* (1708 ff.).
311 *ILIAS POST HOMERUM, a. a. O.*, S. 5 ff.
312 Zusammengefaßt im zweiten Kapitel der ersten Sektion (*ebda*, S. 12 ff.).
313 Abgedruckt in dem Werk: *PRO GRAECA ET GENUINA LINGVAE GRAECAE PRONUNCIATIONE contra novam atque a viris doctis passim propugnatam pronunciandi rationem ORATIONES APOLOGETICAE*, Basel 1686.
314 *Ebda*, S. 148 f.
315 *Ebda*, S. 164.
316 *Ebda* abgedruckt: *DE LINGVAE GRAECAE PRONUNCIATIONE*, S. 22 und S. 124. Vgl. auch S. 56, 59 f., 72 f. und 133 der ebenfalls dort abgedruckten *DISSERTATIO EPISTOLICA DE ACCENTIBUS GRAECORUM* sowie die antiken Homererwähnungen auf S. 97, 205, 209, 211, 214 und 273 in dem Einzeldruck *FLORES ELOQVENTIAE, sive SENTENTIAE ET FORMULAE SELECTIORES*, Basel 1684.
317 *HOMERI ILIADIS LIBER IX ...*, Magdeburg 1661, S. 2 (1), S. 8 (2), S. 15 (3), S. 25 (4), S. 28 (5), S. 37 (6), S. 42 (7), S. 70 (8; darin eine kurze Inhaltswiedergabe der iliadischen Einzelgesänge, S. 71 ff.).
318 *Ebda*, S. 54.
319 *HISTORIA CRITICA HOMERI ...*, Frankfurt 1696, S. 1 (1), S. 12 (2), S. 24 (3), S. 32 (4), S. 40 (5), S. 47 (6).
320 *Ebda*, S. 62 (1), S. 67 (2), S. 77 (3), S. 86 (4), S. 94 (5), S. 106 (6), S. 125 (7).
321 *Ebda*, S. 70 ff.
322 *Ebda*, S. 76 ff.
323 *OBSERVATIONES PHILOLOGICAE ... ACCEDIT EIUSDEM GENERIS DISSERTATIO EX HOMERI ILIADE Z*, Quedlinburg/Anhalt 1733. Vgl. auch die Werke Hermanns von der Hardt: dessen *DVRVS ULYSSES. DVRVM A STIRPE*

GENVS (Helmstedt 1742) ist nur indirekt Homer verpflichtet; diese ›emblematische‹ Abhandlung fußt v. a. auf Vergil und Ovid. Außerdem: *CIRCE HOMERI CIRRHA PHOCIDIS Libro X. Odysseae,* Helmstedt 1716, und *Jubilaeum Graeciae ... Nitidissimo mellitissimoque HOMERI CARMINE* Βατραχομυομαχίᾳ ... *celebratum,* Helmstedt 1717.

324 Abgedruckt in dessen *FASCICVLVS POEMATVM GRAECORVM EX ANTIQVIS AC RECENTIORIBVS POETIS COLLECTVS,* Halle 1715 (eingesehen wurde die Ausgabe Magdeburg 1738).

325 Über ihn siehe v. a.: Gustav René Hocke, *Die Welt als Labyrinth* (Rowohlts deutsche Enzyklopädie 50/51), Hamburg 1957, und ders., *Manierismus in der Literatur* (Rowohlts deutsche Enzyklopädie 82/83), Hamburg 1959.

326 *LATIUM. ID EST, NOVA & PARALLELA LATII tum VETERIS tum NOVI DESCRIPTIO,* Amsterdam 1671, S. 81–87.

327 *APOTHEOSIS VEL CONSECRATIO HOMERI* ..., Amsterdam 1683, S. 125.

328 Vgl. *ebda,* S. 64.

329 *Ebda,* S. 5.

330 Vgl. *ebda,* S. 86.

331 Siehe *ebda,* S. 117.

332 *Ebda,* S. 125.

333 *Ebda.*

334 *Ebda,* S.111; vgl. auch *ebda,* S. 90 und S. 113.

335 *Ebda,* S. 129.

336 Vgl. dazu *ebda,* S. 87; daher läßt sich Homer auch als erster Geograph bezeichnen (*ebda,* S. 128).

337 Siehe darüber *ebda,* S. 125.

338 *Ebda,* S. 76 f.

339 *Ebda,* S. 113.

Zu V. Homerbewertungen in Spätbarock und Aufklärung

1 *Unterricht von der Teutschen Sprache und Poesie.* Hg. von Henning Boetius, Bad Homburg/Berlin/Zürich 1969, S. 94, 97 (Franzosen), 102 f., 107, 109 (Italiener), 115 (Spanier) und 139 (Niederländer).

2 *Ebda,* S. 267 und 272; weitere Textstellen: S. 151, 253, 266, 290 und 343. Vgl. auch: *Daniel Georg Morhofen Teutsche Gedichte,* Kiel 1682, S. 180: das ›Zeitbuch‹ wird gegen »das Buch das ewig ist und machet« abgegrenzt; als Beleg die rhetorische Frage: »Wer wüste vom Achill / wenn ihn Homer nicht nennt?« Siehe außerdem: *Ebda,* S. 364 f.

3 *Unterricht von der Teutschen Sprache und Poesie,* a. a. O., S. 330.

4 Nachwort von Hans Hinterhäuser in: Pierre Daniel Huet, *Traité de l'Origine des Romans.* Faksimiledrucke nach der Erstausgabe von 1670 und der Happelschen Übersetzung von 1682, Stuttgart 1966, S. * 26.

5 *Ebda,* S. * 12 f.

6 *Ebda,* S. 158 (in der Übersetzung; S. 96 im Original).

7 *Ebda,* S. 118 (in der Übersetzung; S. 29 im Original). *Ebda:* »kurtze Zeit nach Alexander, wie Plotinus meinet« (im Original wird dagegen Photios angegeben); heutige Datierung: wahrscheinlich 2. Jh. n. Chr.

8 *Ebda,* S. 121 (in der Übersetzung; S. 34 im Original).

9 Bruno Markwardt, *a. a. O.,* S. 242.

10 *Vollständige Deutsche Poesie ... III. Eine richtige Einleitung zu den vor andern so beniemten Poetischen Gedichten,* Leipzig 1688, S. 354 ff.

11 *Ebda*, S. 348 f.
12 *Ebda*, S. 352.
13 *Ebda*, S. 278.
14 *Ebda*, S. 269 f.
15 *Ebda*, S. 291.
16 *Ebda*.
17 *Ebda*, S. 292. Nach der Insel sei dann auch ihre Bewohnerin, die Nymphe Kalypso, genannt.
18 Rotth spricht zwar nicht von Elementen des Dramas, doch seine ›Ergebnisse‹ fordern diese Bezeichnung heraus; vgl. dazu auch seine (aristotelische) Hervorhebung der »That« bei der Definition des Epos (Anm. 15)!
19 *Ebda*, S. 293.
20 Lesky, S. 49 (bezogen auf die Ilias). Ein Gegenbeispiel liefert Hesiods Werk *Erga*; dessen rein epischen Aufbau analysiert Walter Nicolai (*Hesiods Erga. Beobachtungen zum Aufbau*, Heidelberg 1964, S. 9 f. u. ö.) mit den (undramatischen) Termini ›Blöcke‹ und ›Zellen‹.
21 Siehe den dritten Teil der Poetik *Vollständige Deutsche Poesie, a. a. O.*, S. 293–347.
22 *Gründliche Anleitung zur Teutschen accuraten Reim= und Ticht=kunst*, Nürnberg 1704, S. 214, 216 f.
23 *Ebda*, S. 32.
24 *Ebda*, S. 228.
25 *Ebda*, S. 137.
26 *Ebda*, S. 4 f.
27 *Teutsche Mythologie*, Nürnberg 1704, S. 15, 12. Nach Kircher zählt Omeis folgende acht Sensus auf: historicus, physicus, medicus, tropologicus, anagogicus, allegoricus, politicus, chemicus.
28 *Ebda*, S. 9.
29 *Ebda*, S. 77, 235, 239.
30 *Ebda*, S. 20 und 269. Vgl. die ›Vorstufe‹ zu dieser *Teutschen Mythologie*: Andreas Christian Eschenbachs *SVB PRAESIDIO RECTORIS h. t. MAGNIFICI DN. M. MAGNI DANIELIS OMEISII* gedruckte *ETHICA MYTHOLOGICA sive Dissertatio DE FABVLARVM POETICARVM SENSV MORALI*, Altdorf 1684, v. a. S. 5, 9 ff., 17 ff. u. ö. Heranzuziehen wäre auch Omeis' Werk *THEATRVM VIRTVTVM AC VITIORVM AB ARISTOTELE IN NICOMACHIIS OMISSORVM*, Altdorf 1682, z. B. S. 27, 42, 45 f., 51, 68 f., 71 und 74 (wenn Homer innerhalb dieser Moralphilosophie auch kaum ›mythologisch‹, sondern eher ›gnomisch‹ exzerpiert wird).
31 *Der Europaeische Helicon, Oder Musen=Berg*, Alten Stettin 1704, S. 2, 7, 3 (siehe auch Kap. IV, Anm. 82). Vgl. Männlings *Denckwürdige Curiositäten*, Frankfurt/Leipzig 1713, S. 4, 166 und 381.
32 *DE FABVLIS ROMANENSIBUS ANTIQUIS ET RECENTIORIBUS*, Kiel 1703, S. 7.
33 *Ebda*, S. 5. Die drei Wurzeln: »1. ex naturali connexione actionis principalis, & juxta partium illam componentium proportione. 2. ex legitimo verisimilium & admirabilium temperamento. 3. ex apta circumstantiarum convenientia cum actione principali« (*ebda*).
34 Siehe *Briefe*, hg. von Gerhard Fricke, München 1955, S. 165 f. (ähnlich S. 181, unterschiedlich jedoch S. 164).
35 Daß Heidegger als Romankritiker dennoch nicht einfach beiseitegelassen werden kann, wie es Bruno Markwardt getan hat, zeigen Dieter Kafitz (*Lohensteins Arminius. Disputatorisches Verfahren und Lehrgehalt in einem Roman zwischen Barock und Aufklärung*, Stuttgart 1970, S. 50, Anm. 108) und Walter Ernst Schäfer (in seinem Nachwort zur Textausgabe der *MYTHOSCOPIA ROMANTICA*, Bad Homburg/Berlin/Zürich 1969, S. 323 ff.), indem sie sich u. a. auf J. J. Bodmers Urteil stützen.

36 *MYTHOSCOPIA ROMANTICA oder Discours von den so benanten Romans.* Faksimileausgabe nach dem Originaldruck von 1698 (Zürich). Hg. von Walter Ernst Schäfer, Bad Homburg/Berlin/Zürich, p. *** 2^v.

37 *Ebda*, p. ** 4^r.

38 *Ebda*, S. 25 f.

39 *Ebda*, S. 77.

40 *Ebda*, S. 82 f.

41 *Ebda*, S. 12.

42 Darüber ausführlich in dem materialreichen Werk Noémi Hepps, *Homère en France au XVIIe Siècle*, Paris 1968, S. 595 ff. Auch für alle übrigen französischen Einflüsse auf die deutsche Homerbetrachtung sei auf dieses Werk verwiesen. — Der *Télémaque* wird schon von Jakob Volckmann erwähnt, jedoch des Verfassers »nomen me fugit« (*DE FABVLIS ROMANENSIBUS ANTIQUIS ET RECENTIORIBUS, a. a. O.*, S. 27).

43 Leo Just: *Fénelons Wirkung in Deutschland.* In: *Fénelon. Persönlichkeit und Werk.* Festschrift zur 300. Wiederkehr seines Geburtstages, hg. von Johannes Kraus und Joseph Calvet, Baden-Baden 1953, S. 39.

44 *Ebda*, v. a. S. 41.

45 Siehe *ebda*, v. a. S. 44 f. Sogar Schulausgaben sowie eine Latinisierung erwähnt Leo Just.

46 Gottscheds Vorrede, in: *Herrn Benjamin Neukirchs ... auserlesene Gedichte*, Regensburg 1744 (unpaginiert).

47 *Ebda*.

48 Vorrede zu: *Die Begebenheiten Des Printzen von ITHACA, Oder: Der seinen Vater Ulysses suchende Telemach, Erster Theil*, Berlin/Potsdam 1738, p.) (6^r: »Ein jeder weiß, daß ein grosser Unterschied zwischen ungebundener und gebundener Rede sey«.

49 *Ebda*, Vorrede, p.) (5^v f.

50 *Ebda*, p.) (6^v.

51 Siehe z. B. *Ebda*, S. 222 und 297.

52 *Ebda*, Vorrede, p.) (6^v.

53 *APELLES SYMBOLICUS*, Amsterdam/Danzig 1699, Bd. I, S. 280 f. und Bd. II, S. 517 (letztes Zitat).

54 Zitiert nach dem reprographischen Nachdruck der Ausgabe Frankfurt 1711 (mit einem Vorwort zum Neudruck von Annemarei Daiger), Darmstadt 1968. — Die Beurteilung des Werkes hängt davon ab, ob das Ausmaß dieser ›bewußten Naivität‹ den Interpreten noch überzeugt oder ihm schon übertrieben vorkommt.

55 *Mirantisches Flötlein, a. a. O.*, S. 15.

56 *Ebda*, S. 28.

57 *Ebda*, S. 136.

58 *Ebda*, S. 59 und 127 (Zitat S. 53). Ebenfalls: Laurentius von Schnifis, *Philotheus oder des Miranten Weg.* Hg. und eingel. von E. Thurnher, Bregenz 1962, S. 8 und 54.

59 *Mirantisches Flötlein, a. a. O.*, S. 127; vgl. auch: *Philotheus oder des Miranten Weg, a. a. O.*, S. 9, 16, 58 und 69.

60 *Mirantisches Flötlein, a. a. O.*, S. 55 f.

61 *Ebda*, S. 286 f. Früher jedoch hat Clorinda, ähnlich wie Odysseus, »heimlich kein / Penelopeisches Leben« geführt (*ebda*, S. 86). Als Kontrastfigur zu Penelope: Klytaimnestra (*Philotheus oder des Miranten Weg, a. a. O.*, S. 28 und Anm. auf S. 136).

62 Annemarei Daiger: Vorwort zum Neudruck, *a. a. O.*, S. IX.

63 E. Thurnher: Einleitung zu *Philotheus oder des Miranten Weg, a. a. O.*, S. XL.

64 *PALAESTRA Eloquentiae Ligatae. DRAMATICA Pars III. et ultima*, Köln 1664, S. 1 (siehe auch *ebda*, S. 8, 12, 17, 26 und 29).

65 *Ebda*, S. 131.

66 Siehe *ebda*, S. 151, 166 f., 170, 181, 222, 224, 230 f., 235, 242, 290, 390, 392, 407, 412 f., 425, 440, 442, 450 f., 456 und 476.

67 Nicht typisch jedoch die Abfolge, die wohl der *PIETAS VICTRIX* des Nikolaus Avancini nachgebildet ist. In Avancinis und ähnlich in Jakob Bidermanns Dramen (besonders im *PHILEMON MARTYR*) treten die homerischen Götter auf der Bühne als Gegenspieler auf. Um in ihnen die ›lasterhafte Heidenwelt‹ zu verkörpern, bedarf es keiner Allegorese. Die Vorstellung ihres Himmels wird nicht zu halten versucht, da die dramatische Struktur eines christlichen Theaterstückes sowohl seine Ablehnung (Antithese zum christlichen Heilsgeschehen) als auch die Illusion seiner Existenz (jedoch nicht als Himmel, sondern als Hölle) bedingt!

68 *SELECTA DRAMATA Diversis temporibus Conscripta, & in Scena recitata,* Salzburg 1683, S. 480. – Die Anspielungen auf Homer in anderen Dramen sind sehr gering und unergiebig; vgl. *ebda,* S. 106, 126, 147, 161 und 175.

69 Hildegard Pfanner: *Das dramatische Werk Simon Rettenpachers.* Innsbrucker Beiträge zur Kulturwissenschaft, Sonderheft 2, Innsbruck 1954, S. 8.

70 *Ebda,* S. 19.

71 *Ebda,* S. 23.

72 *Ebda,* S. 19.

73 *Trauerspiele,* Wien 1762, S. 268. Jesuitendichtung gehört – wie ihre Theorie – auch dann noch in den Rahmen dieser Arbeit, wenn sie zeitlich darüber hinausgeht; denn ihre Eigenart bleibt letztlich immer eng mit dem barocken Literaturgehalt verbunden – sogar dieses eher ›modern‹-psychologisch anmutende Drama.

74 Ähnlich wie seine Ordensbrüder Franz Noël und Anton Claus (Newald, S. 103).

75 *Trauerspiele, a. a. O.,* S. 294.

76 In den Anmerkungen heißt es: »Weil es sich ereignen könnte, daß Jemandem diese Chöre, als etwas in den neuen Trauerspielen ungewöhnliches vorkämen, so hat man für gut erachtet, die Art, wie selbe füglich mögen ausgelassen werden, auch hier beysetzen« (*ebda,* S. 371). Zu weiteren Veränderungen: »Ob aber auch die Heftigkeit der Affecte in ihrer völligen Stärke beybehalten werde, ist eine Frage, die ich hier nicht entscheiden will« (*ebda,* S. 374).

77 *Ebda,* S. 267.

78 *Ebda,* S. 307.

79 *Ebda,* S. 367.

80 In dem Sammelband *TRAGOEDIAE AUTUMNALES,* Augsburg/Freiburg 1758, S. 191 ff.

81 Hunger, S. 243, 247.

82 Hubert Becher: *Die geistige Entwicklungsgeschichte des Jesuitendramas.* In: DVjs. 19 (1941), S. 303. Vgl. Weitenauers Einleitung: »Totius Tragoediae summa in hanc veritatem contrahitur: Illa in agendo calliditas ... I. Nec omnes, nec semper latebis. II. Deprehenso astu, in odium & invidiam incurres. III. Etiam cum latebis, fortassis alius, consiliorum tuorum ignarus, tibi damnum afferet. IV. Etiamsi nunc evadas, existet olim non leve incommodum. V. Alii contra te tuis artibus pugnabant; etiam a quibus minime omnium expectes, vel quorum adeo opera in negotiis usus fueris. VI. Gravem quoque vindictam parere tibi calliditas haec potest. VII. Per quae maxime tutum te opinaris, ea te fortasse pessumdabunt«.

83 *TRAGOEDIAE AUTUMNALES, a. a. O.,* S. 216, 226; 261. S. 217 und 239.

84 Newald, S. 103.

85 *TRAGOEDIAE AUTUMNALES, a. a. O.,* S. 195 f.

86 *Ebda,* S. 195.

87 »Oder ein deutsches Schauspiel in fünf Handlungen nach dem alten verdorbenen Geschmack eingerichtet« (zitiert nach der Ausgabe im vierten Band der *Dänische(n) Schaubühne,* Kopenhagen/Leipzig 1756).

88 Otto C. A. zur Nedden und Karl H. Ruppel (Hrsg.): *Reclams Schauspielführer,* ⁶Stuttgart 1960, S. 208.

89 Bei der nachfolgenden antisemitischen Äußerung des Odysseus wird die frühere Vor-

stellung von seiner Verwandtschaft mit Ahasver (*Ulysses von Ithaca, a. a. O.,* S. 272) wieder außeracht gelassen.

90 Unbekannt ist der Komponist der Oper *Paris und Helena* (1650), deren Text von David Schirmer stammt. Das gleiche Thema ist auch Inhalt eines *Opera-Ballet(s) von dem judicio Paridis und der Helena Raub* (1679).

91 Text von Friedrich Christian Bressand. Keiser hat außerdem ein Singspiel *Circe* aus italienischen Arien zusammengestellt und ergänzt; der Text des J. Mauricius ist von Johann Philipp Praetorius übersetzt worden (1734).

92 Text von Johann Philipp Praetorius.

93 Vgl. auch Heinz Kindermann, *Theatergeschichte Europas,* III. Band, Das Theater der Barockzeit, Salzburg 1959, S. 487: »und schließlich folgte (während des Wiener Faschings von 1631!) Prospero Bonarellis Ballet *Allegrezzo del mondo,* in dem Göttinnen unter der Führung Homers sich vorstellten, getanzt von den Erzherzoginnen und elf Hofdamen«.

94 *HOMERUS Der Siebenfache Burger,* Solothurn 1752, p. A 2ᵛ (Inhalt).

95 *Ebda,* p. E 2ʳ.

96 *ID EST TOTIVS GERMANIAE REGIONVM, CIVITATVM, FLVviorum, Montium, Sylvarum brevis et accurata descriptio,* Köln 1645.

97 *Hoch Fürstlicher Brandenburgischer VLYSSES ...,* Bayreuth 1668, p.):( ):( ):(1ᵛ (Widmung). – Vgl. auch noch Johannes Columbus' Edition und Übersetzung: *INCERTI SCRIPTORIS GRAECI FABULAE ALIQUOT HOMERICAE DE ULIXIS ERRORIBUS ETHICE EXPLICATAE,* Leiden 1745.

98 Zitiert nach dem Titeltext des *ACHILLES GERMANICUS,* Wien 1702.

99 *Ebda,* p. A 4ʳ.

100 *Ebda,* p. B 2ᵛ.

101 *Des Christlichen Teutschen Groß=Fürsten Herkules Und Der Böhmischen Königlichen Fräulein Valiska Wunder=Geschichte,* Braunschweig 1728, S. 48 f.

102 *Il.* V 312, 455; XX 290, 336 – Textstellen, in denen Aineas jedesmal von Gottheiten entrückt und dadurch gerettet wird. Daraus hat sich die Vorstellung von Homers Beziehungen zu den troischen Aineaden entwickelt (siehe u. a. Karl Reinhardt: *Die Ilias und ihr Dichter,* Göttingen 1961, S. 507).

103 *Die Geharnschte Venus oder Liebes=Lieder im Kriege gedichtet.* Reprographischer Nachdruck der Ausgabe Hamburg 1660. Hg. von Herbert Zeman, mit Beiträgen von Kathi Meyer-Baer und Bernhard Billeter, München 1968, p. A 3ʳ f. (Vorrede).

104 *Ebda,* S. 3, 7 f.; dagegen »die listige Penelope« (*ebda,* S. 55).

105 Nach dem Drucke von 1656 hg. von Max Freiherrn von Waldberg (Neudrucke deutscher Litteraturwerke des XVI. und XVII. Jh., Nr. 86–89), Halle 1890, S. 71. Vgl. auch Hunold-Menantes, der Heldentum und Liebe als Korrelativbegriffe auffaßt (*Der Europaeischen Höfe / Liebes= Und Helden=Geschichte / Der Galanten Welt zur vergnügten Curiosité ans Licht gestellet,* Hamburg 1715, S. 1025).

106 *Die Listige Juno ...,* Hamburg 1700, p. b 8ᵛ (Vorrede).

107 *Ebda,* p. a 5ʳ (Vorrede).

108 *Ebda,* p. a 5ᵛ (Vorrede).

109 *Ebda,* p. a 6ʳ (Vorrede).

110 *Ebda,* p. a 7ʳ f. (Vorrede).

111 *Ebda,* p. c 1ʳ.

112 *Ebda,* p. c 5ᵛ.

113 *Ebda,* p. c 6ʳ f.

114 *Ebda,* p. c 7ᵛ.

115 *Ebda,* p. b 2ᵛ f. (Vorrede).

116 *Ebda,* p. b 4ʳ ff.

117 *Ebda,* p. b 7ᵛ.

118 *Ebda,* p. b 8ʳ.

119 *Ebda*, p. b 1ʳ f. (Vorrede).

120 *Ebda*, p. b 2ʳ (Vorrede).

121 Vgl. dazu den Anfang der Vorrede des Herausgebers C. F. Weichmann: »Teutschland hat bisher von Helden=Gedichten entweder gar nichts, oder wenigstens nichts rechtes, aufzuweisen, ungeachtet unsere Sprache, und, was noch mehr, unser Temperament, vor vielen andern itzt gebräuchlichen Sprachen, und der Gemühts=Beschaffenheit verschiedener Nationen, sich vornemlich dazu schieket« (*Der grosse Wittekind*, Hamburg 1724, unpaginiert). Daß man Postel wegen seines ›deutschen Epos‹ feierte, »konnte dazu verführen, ihn an Klopstock heranzurücken« (Newald, S. 342).

122 Newald, S. 341.

123 Vgl. *Sämtliche Trauerspiele*. Kritische Gesamtausgabe, hg. von Klaus Günther Just (Bibliothek des Literarischen Vereins, Bd. 292 ff.), Stuttgart 1953 ff., Bd. 1, S. 37, 64 f., 67 (*IBRAHIM BASSA*); 101, 153, 175 (*IBRAHIM SULTAN*); Bd. 2, S. 37, 46, 52, 54, 87, 107, 110, 139 (*AGRIPPINA*); 170, 200, 245, 266, 268, 278 (*EPICHARIS*); Bd. 3, S. 48, 55 ff., 72, 79 f., 84, 101, 173 (*CLEOPATRA*); 247, 309, 315, 324, 330 (*SOPHONISBE*).

124 *Ebda*, Bd. 2, S. 138 und Bd. 3, S. 168.

125 *Trauer= Freuden= und Schäffer=Spiele*, Breslau 1684, S. 69 (jedes Schauspiel einzeln paginiert). Vgl. auch die traditionellen Auffassungen Hallmanns, z. B. *ebda*, S. 53; *URANIA*, S. 29, 75 ff.; *THEODORICUS*, S. 1 u. ö. Ähnlich bei August Adolf von Haugwitz, *PRODROMUS POETICUS, Oder: Poetischer Vortrab . . .*, Dresden 1684, z. B. S. 43 (Text des ›Mischspiels‹ *SOLIMAN*, dazu S. 94 in den Anmerkungen) und S. 72 (*Ebda*, S. 109 f. in den Anmerkungen).

126 Vgl. jedoch den Ansatz zu einer individuellen Charakterisierung in Lohensteins *CLEOPATRA*, 4. Akt, letzte Szene vor dem ›Reyen‹ (entscheidende Begegnung zwischen Augustus und Cleopatra)!

127 Vorrede, in: *Herrn von Hoffmannswaldau und andrer Deutschen auserlesener und bißher ungedruckter Gedichte erster theil* (Nach einem Druck vom Jahre 1697 mit einer kritischen Einleitung und Lesarten hg. von Angelo George de Capua und Ernst Alfred Philippson), Tübingen 1961, S. 19.

128 *Ebda*, S. 6 f.

129 *Ebda*, S. 6.

130 Vorrede der Hrsg. Angelo George de Capua und Erika Alma Metzger zum dritten Teil dieser Anthologie (nach dem Erstdruck vom Jahre 1703), Tübingen 1970, S. XI.

131 Vorrede zum ersten Teil der Anthologie, *a. a. O.*, S. 7.

132 *Der Anthologie »dritter Theil«, a. a. O.*, S. 256 f.

133 *Ebda*, S. 286.

134 Vgl. dazu Erdmann Uhse (Hrsg.), *Neu eröffnetes Musen=Kabinet*, Leipzig 1704, S. 855 ff.

135 *Der Anthologie »fünffter theil«*, Frankfurt/Leipzig 1734, S. 131.

136 *Der Anthologie »sechster Theil«*, Leipzig 1743, S. 226.

137 *Ebda*, S. 80 f.

138 *Ebda*, Vorrede, 8. Abschnitt (der Autor dieser Vorrede könnte derselbe sein wie der, der sich hinter den Initialen E. G. verbirgt).

139 *Ebda*, Vorrede, 16. Abschnitt.

140 *Der Anthologie »erster theil«, a. a. O.*, S. 7 (Vorrede). Diese allgemeine Charakterisierung eines Dichters bezieht Neukirch in einer »Satyre« speziell auf Homer:

> »Viel Große lieben wohl noch Alexanders Schwert,
> Nicht aber auch die Kost die seinen Geist ernährt,
> Sie jauchzen wohl mit ihm, wenn ihre Drommel klinget,
> Nicht aber, wenn Homer von weisen Sitten singet«

(*Auserlesene Gedichte, a. a. O.*, S. 142).

141 *Poesie der Nieder=Sachsen*, Erster Theil, Hamburg 1721, S. 40. – Es fällt übrigens auf,

daß der v. a. in der Zuschrift zum zweiten Teil (Hamburg 1723) proklamierte Wandel
vom Hofpoeten zum ›freien‹ (= bürgerlichen) Dichter der hamburgischen Republik
– analog zu den alten griechischen Republiken – kaum der literarischen Praxis entspricht!

142 *Ebda*, Erster Theil, *a. a. O.*, S. 72.

143 *Ebda*, Vierter Theil, Hamburg 1732, S. 102.

144 *Ebda*, S. 178.

145 *Ebda*, Fünfter Theil, Hamburg 1738, S. 118 (von demselben Verfasser siehe auch im
›sechsten Teil‹ dieser Anthologie S. 241 f.).

146 *Ebda*, Vierter Theil, *a. a. O.*, S. 356.

147 *Ebda*, Fünfter Theil, *a. a. O.*, S. 316. Über Stertinius vgl. Horaz, u. a. *Serm.* II 3,
296. – Ein unbedeutender Autor, Jakob Vogel, maßt sich sogar an, Homer in Deutschland zu ›ersetzen‹; wegen seiner ›Einfältigkeit‹ wird er von Christian Weise scharf
kritisiert (*Curiöse Gedancken Von Deutschen Versen*, o. O. 1693, S. 9 f.). Eher habe
Martin Opitz das Recht, auf den gleichen Rang in Deutschland erhoben zu werden wie
Homer in Griechenland (*Ebda*, S. 46).

148 *Ebda*, Dritter Theil, Hamburg 1726, S. 104. Vgl. dazu Georg Finsler, *a. a. O.*, S. 391:
Weichmann »preist (in seiner Vorrede zu Brockes *Irdischem Vergnügen in Gott* 1721)
an Brockes die glückliche Wahl der Worte, die stets auf die Sache paßten, im Gegensatz zu Homer, der seine Personen stets mit denselben Beiwörtern belege, obgleich die
veränderten Umstände manchmal notwendig eine Abwechslung erfordert hätten«
(traditioneller Vorwurf seit Scaliger!).

149 *Ebda*, Zweyter Theil, Hamburg 1723, S. 83 und 85.

150 In: *Des Herrn von Besser Schrifften* ..., Leipzig 1732 (Dedecatio (!)). Vgl. auch
Bödickers Lob der poetischen Fähigkeit, »Ulyssens Witz« und »Achillens grosses
Hertze« zu verewigen (*ebda*, S. LXXXV).

151 Vorwort Königs, in: *Des Freyherrn von Caniz Gedichte* ..., Leipzig/Berlin 1727, S. VI.

152 *Ebda*, S. V.

153 *Ebda*, S. 229 (Königs *Untersuchung Von dem Guten Geschmack In der Dicht= und
Rede-Kunst*).

154 *Des Herrn von Königs Gedichte*, Dresden 1745, S. 90 f.

155 *Untersuchung Von der Beschaffenheit der einsylbigen Wörter in der teutschen Ticht=
Kunst*, in: *Des Herrn von Besser Schrifften*, Leipzig 1732, S. 844.

156 Carl Gustav Heräus: *Gedichte und Lateinische Inschriften*, Nürnberg 1721, S. 136.

157 *Deutsche Gedichte* ..., Stade 1708, S. 82.

158 *Ebda*, S. 331 f., vgl. noch *ebda*, S. 100 f.

159 *Schrifften*, Leipzig 1732, S. 366; vgl. dazu: *ebda*, S. 319. Außerdem: *ebda*, S. 100, 344 f.
sowie im zweiten Band von Neukirchs Anthologie (*a. a. O.*) S. 271.

160 *Gedichte*, Leipzig/Berlin 1727, S. 130. – Je nach dem Gesichtspunkt wird die ›Liebe‹
in der mythologischen Figur Kirkes positiv oder negativ gewertet. In Hunold-Menantes' Werk *Galante, Verliebte Und Satyrische Gedichte* (Hamburg 1704, S. 146) sagt
›Seladon‹:

> »Kurtz / wenn Cupido selbst die Wahrheit wil gestehen:
> Die gröste Liebe bleibt die gröste Zauberin;
> Die Zirze / welche kan aus Menschen Thiere machen«.

Darauf antwortet ›Cupido‹:

> »Und Engel / wenn man sich recht in die Liebe schickt«.

161 *Der Deutschen Sprache unterschiedene Alter und nach und nach zunehmendes Wachsthum*, Breslau 1708, S. 75; vgl. auch *ebda*, S. 37.

162 *Poetische Wälder*, ³Breslau/Leipzig 1718, S. 93. Hingewiesen sei auf das Wort »Ocean«:
vielleicht eine Anspielung auf Quintilians Topos vom ›Ozean‹ Homer! – Weitere Erwähnungen homerischer Personen und Figuren: *ebda*, S. 153, 159, 172, 302 und 438.

163 *Der / Teutschen / Rätzel-Weißheit / Ersten / Auß Rätzeln / Spruch-Wörtern / und
Fabeln / bestehenden / Theil*, Breslau 1692, S. 70 ff.

164 Frisch kennt auch das Simonides-Zitat, wie diese Zeile beweist:
»Ein schweigendes Gedicht, ein redendes Gemähld«
(*Die entdeckte und verworffene Unsauberkeit der falschen Dicht- und Reim-Kunst*, Berlin 1700. Abgedruckt und mit Anm. versehen in: *Schriften des Vereins für die Geschichte Berlins*, H. 26, Berlin 1890, S. 36). Ginge er nur davon aus, so wäre sein Standpunkt gerechtfertigt.

165 *Ebda*, S. 36 f.

166 *Sämtliche Werke*. Historisch-kritische Gesamtausgabe, hg. von Wilhelm Krämer. Reprographischer Nachdruck der sechsbändigen Ausgabe Stuttgart 1930 ff. (Bibliothek des Literarischen Vereins, Bde. 275 ff.), Darmstadt 1964, Bd. II, S. 90.

167 *Ebda*.

168 *Ebda*, S. 203.

169 *Ebda*, Bd. IV, S. 192. Deshalb bedauert Günther das Fehlen eines Homer in der deutschen Vergangenheit (*ebda*) und in der deutschen Gegenwart (*ebda*, S. 333).

170 *Ebda*, Bd. II, S. 203. Siehe auch *ebda*, Bd. IV, S. 157:
»Den herrlichsten Geschmack der Weißheitsfrüchte ...,
Die Maro und Homer in göldnen Schalen bringen
Und mit Verstand und Kunst in kluge Fabeln zwingen«.

171 *Ebda*, Bd. III, S. 77.

172 *Ebda*, Bd. VI, S. 94.

173 Siehe *ebda*, Bd. IV, S. 174.

174 *Ebda*, Bd. II, S. 251. Auch die historische Wirklichkeit zeigt sich letzlich mächtiger als jegliche Dichtung: vgl. *ebda*, Bd. IV, S. 140:
»O Prinz, o großer Prinz! Wie weit,
Wie weit entfernstu dich dem Neide
Und auch so gar der Möglichkeit,
Daß etwas deinen Kranz bschneide!
Homer, behalt dir den Achill!
Aeneas bleibe, wo er will!
Sie sind am längsten groß gewesen,
Sie weichen doch mit Ehren aus ...« —
Weitere Homer-Erwähnungen Günthers (neben vielen Anspielungen auf homerische Figuren und Szenen): *ebda*, Bd. III, S. 32, 84, 178; Bd. IV, S. 95, 295; Bd. V, S. 138. Außerdem: *Die Von THEODOSIO bereute ... Eifersucht* (Reprographischer Nachdruck der Ausgabe Frankfurt/Leipzig 1733), Darmstadt 1968, S. 34 (im Original S. 276).

175 Darüber ausführlich bei: Werner Krauss/Hans Kortum, *Antike und Moderne in der Literaturdiskussion des 18. Jh.*, Berlin 1966, und bei: Noémi Hepp, *Homère en France au XVIIe Siècle*, Paris 1968, S. 521 ff. — 1735 wird die *Querelle* ins Deutsche übersetzt von Georg Heinrich Ayrer; dieser fügt noch eine *Dissertatio de comparatione eruditionis antiquae et recensioris* an, in der er einen mittleren Standpunkt vertritt (siehe Georg Finsler, *a. a. O.*, S. 392).

176 *Curiöse Gedancken Von Deutschen Versen*, o. O. 1693, S. 6. Deshalb auch: »Nach dem Muster des Masenius Palaestra eloq. lig. I 489 ff., der die Aeneis nach Haupthandlung und Episoden zergliedert hatte, versucht er dasselbe bei der Odyssee« (zitiert nach Karl Borinski: *Die Poetik der Renaissance und die Anfänge der litterarischen Kritik in Deutschland*, Berlin 1886, S. 360, Anm. 7).

177 *Ebda*, S. 7.

178 *Ebda*.

179 Georg Finsler, *a. a. O.*, S. 389. Vgl. Leibniz' Schrift *Die Theodizee* (Übersetzung von Arthur Buchenau. Einführender Essay von Morris Stockhammer, Hamburg 1968, S. 297): »Homer und mehrere andere Dichter waren anderer Ansicht, und das Volk stimmte ihnen bei«.

180 Georg Finsler, *a. a. O.*, S. 389.
181 *Die Theodizee*, *a. a. O.*, S. 339.
182 *Von dem Studio der Poesie.* In: *Deutsche Literatur in Entwicklungsreihen*, Reihe Aufklärung, Bd. 1, hg. von Fritz Brüggemann, Weimar/Leipzig; Wien/Leipzig 1928, S. 123.
183 *Ebda.*
184 *Freymüthige Lustige und Ernsthaffte jedoch Vernunfft= und Gesetzmässige Gedancken Oder Monats=Gespräche, über allerhand, fürnehmlich aber Neue Bücher, Durch alle zwölff Monate des 1688. und 1689. Jahrs durchgeführet*, Halle 1690, S. 818 (Oktober 1689).
185 *Ebda*, S. 819.
186 *Ebda*, S. 1055 f. (Dezember 1689). Vgl. Christian Gryphius' *APPARATVS SIVE DISSERTATIO ISAGOGICA DE SCRIPTORIBVS HISTORIAM SECVLI XVII ILLVSTRANTIBVS*, Leipzig 1710, S. 21: »... immo interdum defecisse videatur bonus noster Homerus, odio interdum etiam & gratiae multa tribuens, vt non inepte monuit CI. THOMASIVS in priori dialogorum menstruorum parte«.
187 *Monats=Gespräche*, *a. a. O.*, S. 731 (September 1689).
188 Georg Finsler, *a. a. O.*, S. 389.
189 *Ebda*: »die Gedichte Virgils und Klopstocks fielen ins Edle, die Homers und Milton's ins Abenteuerliche, und die alten Gesänge von Homer bis Ossian, von Orpheus bis zu den Propheten verdankten das Glänzende ihres Vortrags bloß dem Mangel an Mitteln ihre Begriffe auszudrücken«.
190 Die Behandlung dieses Abschnitts kann kurz gefaßt werden: einerseits, um weitere Wiederholungen zu vermeiden, und andererseits, weil die Stellung dieser Autoren zu Homer in der Sekundärliteratur schon ausführlich erörtert worden ist. Verwiesen sei nur auf Borinski, Finsler, Markwardt und andere Wissenschaftler, die in ihren Werken über die zweite Hälfte des 18. Jh. den Entwicklungsgang einer Homerbewertung skizzieren, z. B. Hanns W. Eppelsheimer: *Homer – Ein Originalgenie*, Fulda 1948, und Fritz Wagner: *Herders Homerbild, seine Wurzeln und Wirkungen*, Diss. Köln 1960.
191 Johann Christoph Gottsched: *Versuch einer Critischen Dichtkunst* (Unveränderter photomechanischer Nachdruck der Ausgabe ⁴Leipzig 1751), Darmstadt 1962, S. 472.
192 Vgl. in seiner ›Rede auf Opitz‹ die zwei Beispiele, in denen er Homer zur Stärkung seiner traditionellen Ansichten heranzieht (*Schriften zu Theorie und Praxis aufklärender Literatur.* Hg. von Uwe-K. Ketelsen, Rowohlts Klassiker der Literatur und der Wissenschaft, Deutsche Literatur Bd. 36, Hamburg 1970, S. 132 f.).
193 *Versuch einer Critischen Dichtkunst*, *a. a. O.*, S. 176 (ein Fehler in ›vierter Auflage‹!).
194 *Ebda*, S. 420: »davon de la Nauze in den Memoires de l'Acad. des belles Lettres«.
195 *Ebda*, S. 90. Auf ähnliche Weise erklärt Gottsched Homers ›sündige‹ Götterwelt: »Kann man nun Homers Götter nicht allezeit auf diese allegorische Art, wegen ihrer Charactere entschuldigen: so kann man doch die Fehler, die er begangen haben möchte, leicht auf die Grobheit seiner Zeiten schieben« (*ebda*, S. 501).
196 *Ebda*, S. 90.
197 *Ebda*, S. 200 f.
198 *Ebda*, S. 202.
199 Vgl. dazu: *ebda*, S. 222: »Sind denn Aristotels Rhetorik und Poetik deswegen zu verwerfen, weil ihr Urheber selbst weder ein großer Redner, noch ein Poet gewesen? Seine Regeln sind doch richtig, und seine Urtheile von so vielen poetischen und oratorischen Werken seiner Zeit bleiben wohl gegründet; so lange Vernunft und Geschmack in der Welt seyn wird. Zudem habe ich mir ja keine neue Gesetze und Kunstregeln ausgesonnen: ich sage nur Anfängern in der Poesie, was ich von den Alten für poetische Regeln gelernet habe, und wie man die Gedichte danach prüfen müsse. Horaz machte es auch so ...«
200 Newald, S. 491.
201 *Versuch einer Critischen Dichtkunst*, *a. a. O.*, S. 469 ff.

202 Die Homerwürdigung in Boileaus *L'Art poétique:* »Man könnte meinen, daß der erfahrene Homer, um gefällig zu unterhalten, Venus ihren Gürtel geraubt habe. Sein Werk ist eine unerschöpfliche Fundgrube anmutiger und gefälliger Dinge; alles, was er berührte, verwandelte sich zu Gold. Alles erhält unter seiner Hand einen neuen Reiz. Er ist stets abwechslungsreich, nie langweilig, und eine angenehme Wärme belebt seine Verse. Er verliert sich nicht in umständlichen und überlangen Wendungen. Wie von selbst, gleichsam ohne Ordnungsprinzip verläuft und entfaltet sich sein Stoff; alles ereignet sich ohne Schwerfälligkeit, ohne angestrengte Künstelei. Jeder Vers, jedes Wort ist unabdingbar der Entwicklung der Ereignisse verknüpft. Darum liebt seine Werke; bringt ihnen eine ernste und strenge Liebe entgegen: sich an ihnen zu erfreuen ist allein schon Gewinn« (übersetzt und hg. von Ute und Heinz Ludwig Arnold, Stuttgart 1967, S. 56).

203 Georg Finsler, *a. a. O.,* S. 394. Siehe auch die Angaben über »Gottscheds Bemühungen für eine Übersetzung Homers« (*ebda,* S. 394 f.). – Erwähnt werden möge zu den französischen Autoren nochmals Noémi Hepps Werk *Homère en France au XVIIe Siècle,* Paris 1968.

204 *Versuch einer Critischen Dichtkunst, a. a. O.,* S. 515. Markwardt weist ebenfalls darauf hin (*Geschichte der deutschen Poetik,* Bd. II, Aufklärung, Rokoko, Sturm und Drang, Berlin 1956, S. 67).

205 *Versuch einer Critischen Dichtkunst, a. a. O.,* S. 469.

206 *Ebda.*

207 *Ebda,* S. 471 f. (der dritte Gesichtspunkt: *Ebda,* S. 488).

208 *Ebda,* S. 473.

209 *Ebda,* S. 485 ff.

210 *Ebda,* S. 469.

211 Über den Plan einer Aristoteles-Übersetzung und über dessen Scheitern vgl.: *Gottsched und seine Zeit.* Auszüge aus seinem Briefwechsel zus.gestellt und erl. von Theodor Wilhelm Danzel (Reprographischer Nachdruck der Ausgabe Leipzig 1848), Hildesheim 1970, S. 145 f.

212 *Versuch einer Critischen Dichtkunst, a. a. O.,* S. 197. *Ebda*: »Einige haben dadurch meine Meister werden wollen, nachdem ich ihnen die Bahn gebrochen hatte«. Vgl. dagegen den Abschluß dieses Kapitels in der Erstausgabe von 1730: »Man sehe hier nochmals des Herrn Bodmers gründliche Gedanken von der Beredsamkeit nach, wo verschiedene Stellen der Poeten von dieser Gattung (des Wunderbaren) gründlich geprüfet und beurteilet werden« (*Schriften zu Theorie und Praxis aufklärender Literatur,* *a. a. O.,* S. 55).

213 Ihre Gedanken müssen hier nur mehr skizzenhaft dargeboten werden, weil schon Georg Finsler (*a. a. O.,* S. 395 ff.) sie ausführlich nachgezeichnet hat. Außerdem leiten sie über zu der neuen Bewertung Homers, die nicht mehr in den zeitlichen Rahmen dieser Arbeit gehört. Deshalb werden auch nur diejenigen Werke, die bis ungefähr 1740 vorgelegen haben, beachtet. Eine Stellungnahme z. B. zu Bodmers Homer-Übersetzung entfällt daher in unserem Zusammenhang.

214 *Critische Dichtkunst.* Faksimiledruck nach der Ausgabe von 1740 (Zürich), Stuttgart 1966, Bd. 1, S. 35 f. Vgl. Karl Borinski: *Die Antike in Poetik und Kunsttheorie,* *a. a. O.,* Bd. II, S. 142 ff.

215 Wie sie später Lessing in seinem Laokoon-Traktat breit ausgeführt hat.

216 Diese beiden Stellen gibt an: Georg Finsler, *a. a. O.,* S. 406.

217 Johann Jakob Bodmer/Johann Jakob Breitinger: *Critische Briefe* (Reprographischer Nachdruck der Ausgabe Zürich 1746), Hildesheim 1969, S. 114.

218 *Ebda,* S. 123.

219 Johann Jakob Bodmer/Johann Jakob Breitinger: *Die Discourse der Mahlern* (Reprographischer Nachdruck der Ausgabe Zürich 1721 ff.), Hildesheim 1969, »Dritter Theil«, S. 140 f.

220 Bodmer greift auf ein Beispiel seines Briefpartners Calepio zurück: *Brief-Wechsel von der Natur des Poetischen Geschmackes* (Faksimiledruck nach der Ausgabe von 1740 (Zürich), Stuttgart 1966, S. 65 f.; Calepios Text: *ebda*, S. 32 f.).

221 Nach Nicolai Hartmanns Begriffsbildungen in dem Werk *Das Problem des geistigen Seins*, ²Berlin 1949.

222 Vgl. Anm. 216 und den dazugehörigen Text im Darstellungsteil.

223 *Critische Abhandlung von dem Wunderbaren in der Poesie.* Faksimiledruck nach der Ausgabe von 1740 (Zürich), Stuttgart 1966, S. 162 f.

224 Georg Finsler, *a. a. O.*, S. 398 (Finsler widmet diesem Werk mehrere Seiten paraphrasierender Auslegung).

225 *Critische Abhandlung von der Natur, den Absichten und dem Gebrauche der Gleichnisse.* Faksimiledruck nach der Ausgabe von 1740 (Zürich), Stuttgart 1967, p. Kk 1ʳ ff.

226 *Ebda*, S. 82.

227 Vgl.: *Critische Dichtkunst, a. a. O.*, Bd. I, S. 36 f., wo Breitinger sich gegen Longins abwertende Einschätzung der Odyssee wendet.

228 *Critische Abhandlung von der Natur, den Absichten und dem Gebrauche der Gleichnisse, a. a. O.*, S. 89.

229 *Critische Abhandlung von dem Wunderbaren in der Poesie, a. a. O.*, S. 25 f.; offen läßt Bodmer die Frage, ob Milton ebenfalls diese ›Natur‹ oder »das Muster derselben in dem Griechischen Poeten, der ihr gefolget«, imitiert hat (*ebda*). Vgl. auch Georg Finsler (*a. a. O.*, S. 405), der in ähnlichem Zusammenhang Bodmers *Critische Betrachtungen über die poetischen Gemälde der Dichter* erwähnt.

230 Vgl. Karl Borinski: *Die Antike in Poetik und Kunsttheorie, a. a. O.*, Bd. II, S. 199 f.

231 Hier zeigt sich Schillers Gegensatzpaar ›Naiv-Sentimentalisch‹ schon vorbereitet.

232 *Critische Dichtkunst, a. a. O.*, Bd. I, S. 41.

233 *Ebda*, S. 43.

234 *Critische Abhandlung von der Natur, den Absichten und dem Gebrauche der Gleichnisse, a. a. O.*, S. 277. Die Möglichkeit von Vorgängern läßt Breitinger offen. Wenn es sie wirklich gegeben hätte, müßten sie so unbedeutend gewesen sein, daß sie Homers Originalität keineswegs beeinträchtigen könnten. Aber selbst diese Möglichkeit »ist nicht wahrscheinlich« (*ebda*, S. 278).

235 Aus der unübersehbaren Fülle der Fachliteratur zu diesem Abschnitt sei nur verwiesen auf einige wenige Werke, die fast wahllos herausgegriffen wurden:
Richard Benz: *Wandlung des Bildes der Antike im 18. Jh.* In: *Antike und Abendland*, hg. von Bruno Snell, Hamburg 1945. –
Ernst Grumach: *Goethe und die Antike.* Eine Sammlung, 2 Bde., Potsdam 1949. –
Karl Justi: *Winckelmann und seine Zeitgenossen*, 2 Bde., ⁴Leipzig 1943. –
Max Kommerell: *Lessing und Aristoteles. Untersuchung über die Theorie der Tragödie*, ⁴Frankfurt 1970. –
Hermann August Korff: *Geist der Goethezeit. Versuch einer ideellen Entwicklung der klassisch-romantischen Literaturgeschichte*, 4 Bde., ⁶Leipzig 1962 ff. –
Walther Rehm: *Griechentum und Goethezeit. Geschichte eines Glaubens*, ⁴Bern/München 1968. –
Wolfgang Schadewaldt: *Goethestudien. Natur und Altertum*, Zürich 1963. –
Fritz Strich: *Deutsche Klassik und Romantik oder Vollendung und Unendlichkeit*, ⁴Bern 1949. –
Humphrey Trevelyan: *Goethe und die Griechen. Eine Monographie*, Hamburg 1949. –
Fritz Wagner: *Herders Homerbild. Seine Wurzeln und Wirkungen*, Diss. Köln 1960. –
Max Wegner: *Goethes Anschauung antiker Kunst*, Berlin 1944. –
Friedrich-Wilhelm Wentzlaff-Eggebert: *Schillers Weg zu Goethe*, ²Berlin 1963. –
Zu Ossian siehe v. a.: *Doctor Blairs … Critische Abhandlung über die Gedichte Ossians, des Sohnes Fingals.* Aus dem Englischen übersetzt von Otto August Heinrich Oelrichs, Hannover/Osnabrück 1785, S. 64: »Da Homer unter allen großen Dichtern

der einzige ist, dessen Weise und Zeiten, denjenigen Ossians am nächsten kommen, so ist es sehr natürlich, in einigen Stücken, eine Vergleichung zwischen dem Griechischen und Celtischen Barden anzustellen«.

236 Eine klare Darstellung, die das Erarbeitete kurz zusammenfaßt, findet sich in Cecil Maurice Bowras Werk *Höhepunkte griechischer Literatur* (Stuttgart/Berlin/Köln/Mainz 1968, S. 33 f.).

LITERATURVERZEICHNIS

1. Antike Texte

Anthologia Graeca. Griechisch – deutsch ed. Hermann Beckby, ²München 1965 f.

Aristoteles: De arte poetica liber. Recognovit brevique adnotatione critica instruxit Rudolfus Kassel, Oxford 1965.

– Vom Himmel. Von der Seele. Von der Dichtkunst. Eingel. und neu übertr. von Olof Gigon (Die Bibliothek der Alten Welt), Zürich 1950.

– Die Nikomachische Ethik. Eingel., übertr. und mit Anmerkungen von Olof Gigon (Die Bibliothek der Alten Welt), ²Zürich 1967.

Augustinus: Vom Gottesstaat. Eingel. und neu übertr. von Wilhelm Thimme (Die Bibliothek der Alten Welt), 2 Bde, Zürich 1955.

Boethius: Trost der Philosophie. Lateinisch – deutsch. Hg. und übertr. von Ernst Gegenschatz und Olof Gigon. Eingel. und erl. von Olof Gigon (Die Bibliothek der Alten Welt), ²Zürich 1969.

Cicero: Rhetorica. Recognovit brevique adnotatione critica instruxit A. S. Wilkins, Oxford 1902 u. ö.

– Gespräche in Tusculum. Lateinisch – deutsch ed. Olof Gigon, ²München 1970.

Dares Phrygius: De excidio Troiae historia rec. Ferdinandus Meister, Leipzig 1873.

Dictys Cretensis: Ephemeridos belli Troiani libri sex rec. Ferdinandus Meister, Leipzig 1872.

Dion Chrysostomos: Sämtliche Reden. Eingel., übers. und erl. von Winfried Elliger. Hg. von Walter Rüegg (Die Bibliothek der Alten Welt), Zürich 1967.

Ennius: Poesis Reliquiae iteris curis recensuit Johannes Vahlen, Leipzig 1903.

Heliodor: Aithiopika. Übertr. von Rudolf Reymer mit einem Essay und einer Bibliographie von Otto Weinrich (Rowohlts Klassiker der Literatur und der Wissenschaft, Griechische Literatur, Bd. 5), Hamburg 1962.

Heraklitos Mythologos: Quaestiones Homericae. Ediderunt Societas Philologiae Bonnensis Sodales. Prolegomena scripsit Franciscus Oelmann, Leipzig 1910.

Herodot: Historiae. Recognovit brevique adnotatione critica instruxit Carolus Hude, Oxford 1908 u. ö.

Hesiod: Carmina recensuit Aloisius Rzach, Stuttgart 1958.

– Sämtliche Gedichte. Übers. und erl. von Walter Marg (Die Bibliothek der Alten Welt), Zürich 1970.

Homer: Opera recognoverunt brevique adnotatione critica instruxerunt David B. Monro et Thomas W. Allen, Tom. I–V, Oxford 1902 ff. u. ö.

– Ilias. Griechisch – deutsch. Übertr. von Hans Rupé, ²München 1961.

– Odyssee. Griechisch – deutsch. Übertr. von Anton Weiher, ²München 1961.

– Homerische Hymnen. Griechisch – deutsch. Hg. von Anton Weiher, ²München 1961.

– Pseudo-Homer: Der Froschmäusekrieg (mit: Theodoros Prodromos, Der Katzenmäusekrieg). Griechisch – deutsch von Helmut Ahlborn, Berlin 1968.

– Scholien:
Scholia Graeca in Homeri Iliadem ex codicibus aucta et emendata edidit Gulielmus Dindorfius, Oxford 1877 ff.
Scholia Graeca in Homeri Odysseam ex codicibus aucta et emendata edidit Gulielmus Dindorfius, Oxford 1855.

– Byzantinische Kommentare:
Eustathius Archiepiscopus Thessalonicensis: Commentarii ad Homeri Iliadem et Odysseam. Edidit G. Stallbaum (Nachdruck der Ausgabe Leipzig 1825 ff.), Tom. I–VII in 4 Bden, Hildesheim 1960.
Tzetzes: Antehomerica, Homerica et Posthomerica. Ex recensione Immanuelis Bekkeri. Accedunt Excerpta ex chrestomathia Procli, Berlin 1816.

– Konkordanzen:
Prendergast, Guy Lushington: A complete Concordance to the Iliad of Homer. New edition completely revised and enlarged by Benedetto Marzullo, Hildesheim 1962.
Dunbar, Henry: A complete Concordance to the Odyssey of Homer. New edition completely revised and enlarged by Benedetto Marzullo, Hildesheim 1962.

Horaz: Sämtliche Werke. Lateinisch – deutsch ed. Burger-Färber-Schöne, ⁴München 1967.
Kranz, Walther (Hrsg. und Übers.): Vorsokratische Denker. Auswahl aus dem Überlieferten. Griechisch – deutsch, Berlin 1959.
Pseudo-Longinos: Vom Erhabenen. Griechisch – deutsch. Übers. und hg. von Reinhard Brandt, Darmstadt 1966.
Lukian: Lucianus ex recensione Caroli Jacobitz (Reprographischer Nachdruck der Ausgabe Leipzig 1836 ff.), 4 Bde, Hildesheim 1966.
Macrobius: Saturnalia apparatu critico instruxit, In Somnium Scipionis Commentarios selecta varietate lectionis ornavit Jacobus Willis, Leipzig 1963.
– Commentary on the Dream of Scipio. Translated with an Introduction and Notes by William Harris Stahl, New York 1952.
Martial: Epigramme. Eingel. und im antiken Versmaß übertr. von Rudolf Helm (Die Bibliothek der Alten Welt), Zürich 1957.
Migne, J. P. (Hrsg.): Patrologiae Cursus completus, seu bibliotheca universalis ... omnium SS. patrum, doctorum scriptorumque ecclesiasticorum, sive Latinorum, sive Graecorum, Paris 1844 ff.
Nonnos: Dionysiaka. Verdeutscht von Thassilo von Scheffer (Sammlung Dieterich, Bd. 98), ²Wiesbaden o. J.
Ovid: Amores. Lateinisch – deutsch edd. Walter Marg und Richard Harder, ³München 1968.
– Liebeskunst. Lateinisch – deutsch ed. Franz Burger, ¹¹München 1969.
– Metamorphosen. Lateinisch – deutsch. In deutsche Hexameter übertr. und mit dem Text hg. von Erich Rösch, ⁴München 1968.
Pindar: Siegesgesänge und Fragmente. Griechisch – deutsch ed. Oskar Werner, München 1967.
Platon: Opera recognovit brevique adnotatione critica instruxit Joannes Burnet, Tom. I–V, Oxford 1900 ff. u. ö.
– Sämtliche Werke. In der Übersetzung von Friedrich Schleiermacher hg. von Walter F. Otto, Ernesto Grassi und Gert Plamböck (Rowohlts Klassiker der Literatur und der Wissenschaft, Griechische Philosophie, Bd. 1 ff.), Bd. 1–6, Hamburg 1957 ff.
Porphyrios: Opuscula selecta iterum recognovit Augustus Nauck (Reprographischer Nachdruck der Ausgabe Leipzig 1886), Hildesheim 1963.
Proklos: In Platonis Timaeum Commentaria edidit Ernestus Diehl (Reprographischer Nachdruck der Ausgabe Leipzig 1903 ff.), 3 Bde, Amsterdam 1965.
– A. Severyns, Recherches sur la Chrestomathie de Proclos. La Vita Homeri et les sommaires du Cycle, Paris 1963.
Quintilian: Institutionis oratoriae libri duodecim. Recognovit brevique adnotatione critica instruxit M. Winterbottom, 2 Bde, Oxford 1970.
Quintus Smyrnaeus: Posthomericorum Libri XIV. Recensuit prolegomenis et adnotatione critica instruxit Arminius Koechly (Unveränderter Nachdruck der Ausgabe Leipzig 1850), Amsterdam 1968.
Simonides/Bakchylides: Gedichte. Griechisch – deutsch hg. von Oskar Werner, München 1969.

Thukydides: Historiae. Recognovit brevique adnotatione critica instruxit Henricus Stuart Jones, Oxford 1900 f. u. ö.

Vergil: Aeneis. Lateinisch – deutsch ed. Johannes Götte, ²München 1965.

2. Quellen[1])

A. S. R.: HOMERUS REDIVIVIUS, Das ist: Der vor zwey tausend Jahren verblichene und wider erstandene / blinde / und doch alles sehende HOMERUS, Mit der Quint-Essenz seiner Odysseen, und deren vernünfftigen Reflexionen / auf alle Stände und Per-sohnen / Zucht und Lebens=Arthen / Sitten und Gewonheiten / Weißheit / Künste und Wissenschafften / die Oeconomie, Politic und Theologie, kurtzumb / auf aller Menschen Zustände Sinn= und Lehr=reichlich gerichtet und an Tag gelegt, Augsburg 1711.

ACHILLES GERMANICUS, SEU OTHO I. IMPERATOR, ... Das ist: Der Teutsche ACHILLES, oder OTHO I. Röm. Kayser / welcher bey Augspurg im Rieß die Vandalen mit Frombkeit vnd Stärke Siegreich überwunden, Wien 1702.

Agricola, Rudolf: Nonnulla opuscula hac sequuntur serie, Antwerpen 1511.

– DE INVENTIONE DIALECTICA LIBRI OMNES (Reprint der Ausgabe Köln 1523), Frankfurt 1967.

– Unedierte Briefe. Hg. von Karl Hartfelder. In: Festschrift der badischen Gymnasien, Karlsruhe 1886, S. 1 ff.

Agrippa von Nettesheim, Heinrich Cornelius: Die Eitelkeit und Unsicherheit der Wissen-schaften und die Verteidigungsschrift. Hg. von Fritz Mauthner, 2 Bde, München 1913.

– De occulta Philosophia. Auswahl, Einführung und Kommentar von Willy Schrödter, Remagen 1967.

Albertinus, Aegidius: Hiren schleifer, München (1618).

Alciati, Andreas: Emblematum liber, Augsburg 1531.

– OMNIA ANDREAE ALCIATI V. C. EMBLEMATA: CVM COMMENTARIIS ... PER CLAVDIVM MINOEM, Antwerpen 1577.

– Emblematum libellus (Nachdruck der von Wolfgang Hunger übers. Ausgabe Paris 1542), Darmstadt 1967.

Aler, Paul: PRAXIS POETICA, SIVE METHODUS Quodcunque genus carminis facile, & eleganter componendi, Köln 1702.

– POESIS VARIA, DIVERSO TEMPORE VARIIS OPUSCULIS EDITA, Köln 1702.

Amman, Jost: Wapen Vnd Stammbuch Darinnen der Keys. Majest. Chur vnd Fürsten / Graffen / Freyherrn / deren vom Adel / und Mit Kunstreichen Figuren ... gerissen, sampt jren Symbolis, vnnd mit Deutschen Reymen geziert, Frankfurt 1589.

Anton Ulrich Herzog von Braunschweig: BALLET Der Natur / Oder: Fürstliche Frühlings= Lust / In der Braunschweigischen Residenz=Festung angestellet, Wolfenbüttel 1660.

Avancini, Nikolaus: POESIS DRAMATICA, PARS I–V, Köln/Duderstadt/Rom 1674 ff.

– POESIS LYRICA ... Qua continentur LYRICORUM LIBRI IV. ET EPODON LIBER UNUS, Wien 1670.

Ayrer, Jakob: Dramen. Hg. von Adelbert von Keller (Bibliothek des Literarischen Vereins, Bde 76 ff.), 5 Bde, Stuttgart 1864 f.

Bachmann, Conrad: PRAECEPTIONUM POETICAE COMPENDIUM MAXIMAM PARTEM E GIESSENA, ET PRIVATIS OBSERVATIONIBUS, ... collectum, Mar-burg 1632.

1 Wegen des Umfangs des dargebotenen Materials mußte auf Anhänge verzichtet werden. Geplant waren: Jesuitische Homertheorie und Homerpraxis; Homer in der Emblematik; Motivuntersuchungen (Catena aurea; Zwei Fässer des Zeus). Die für diese Anhänge notwendigen Werke sind jedoch zumindest in diesem Quellenverzeichnis mitangeführt.

Balde, Jakob: BATRACHOMYOMACHIA HOMERI Tuba Romana Cantata, Ingolstadt 1637.
– POEMA DE VANITATE MVNDI, München 1638.
– Dichtungen. Lateinisch und Deutsch in Auswahl hg. und übers. von Max Wehrli, Köln/ Olten 1963.
Barinus, Jakob: Recognitio in genera vatum et carmina eorundem, Leipzig 1494.
Barth, Caspar: ADVERSARIORVM COMMENTARIORVM LIBRI LX, Frankfurt 1624.
Bauhusius, Bernhard: EPIGRAMMATVM LIBRI V, Köln 1618.
Bebel, Heinrich: ARS VERSIFICANDI ET CARMInum condendorum. Pforzheim 1507.
– OPVSCVLVM ... de institutione puerorum ... ITEM. Opusculum qui auctores legendi sint ad comparationem eloquentiae ... ITEM. Oratio de vtilitate eloquentiae, & quae res faciat pueros eloquentes. Apologia & defensio Bebelij contra aduersarios suos, Straßburg 1513.
Beer, Johann: Printz Adimantus und der Königlichen Princeßin Ormizella Liebes-Geschicht, hg. von Hans Pörnbacher, Stuttgart 1967.
Bergmann, Michael: Deutsches AERARIUM POETICUM Oder Poetische Schatzkammer / Daß ist Poetische Nahmen / Regens=Arthen und Beschreibungen / so wol Geist= als Weltlicher Sachen / Gedicht und Handlungen / Zu verfertigung eines zierlichen und sauberen Reims / auff allerhand fürfallenden Begebenheiten ..., Jena 1662.
Bergmann, Nikolaus: DE THEOLOGIA HOMERI DISSERTATIO PHILOLOGICA, Leipzig 1679.
Bertalot, Ludwig: Humanistische Vorlesungsankündigungen in Deutschland im 15. Jh.; in: Zs. f. Gesch. der Erziehung und des Unterrichts, Neue Folge der Mitteilungen, 5. Jg., Berlin 1915, S. 1 ff.
Besser, Johann von: Schrifften, 2 Bde, Leipzig 1732.
Bidermann, Jakob: EPIGRAMMATVM LIBRI TRES, Köln 1620.
– LUDI THEATRALES SACRI. SIVE OPERA COMICA POSTHUMA, München 1666.
– HEROIDUM EPISTOLAE, Dillingen 1694.
– Philemon Martyr. Lateinisch und Deutsch hg. und übers. von Max Wehrli, Köln/Olten 1960.
Birken, Sigmund von: Hoch Fürstlicher Brandenburgischer VLYSSES: oder Verlauf der Länder Reise / Welche Der Durchleuchtigste Fürst und Herr Herr Christian Ernst ... Durch Teutschland / Frankreich / Italien und die Niderlande / Auch nach den Spanischen Frontieren / hochlöblichst verrichtet: Aus Denen mit Fleiß gehaltenen Reis-Diariis zusammengetragen und beschrieben, Bayreuth 1668.
– Teutsche Rede- bind= und Dicht-Kunst / oder kurze Anweisung zur Teutschen Poesy / mit Geistlichen Exempeln ... Samt dem Schauspiel Psyche und Einem Hirten-Gedichte, Nürnberg 1679.
Bocchi, Achille: SYMBOLICARVM QVAESTIONVM, De vniuerso genere, quas serio ludebat, LIBRI QVINQVE, Bologna 1574.
Bodmer, Johann Jakob: Brief-Wechsel von der Natur des Poetischen Geschmackes. Faksimiledruck nach der Ausgabe von 1736 (Zürich), Stuttgart 1966.
– Critische Abhandlung von dem Wunderbaren in der Poesie. Faksimiledruck nach der Ausgabe von 1740 (Zürich), Stuttgart 1966.
– Homers Werke. Aus dem Griechischen übersetzt von dem Dichter der Noachide, Zürich 1778.
Bodmer, Johann Jakob/Breitinger, Johann Jakob: Die Discourse der Mahlern (Reprographischer Nachdruck der Ausgabe Zürich 1721 ff.), Hildesheim 1969.
– Critische Briefe (Reprographischer Nachdruck der Ausgabe Zürich 1746), Hildesheim 1969.
Boeclerus, Johann Heinrich: DE SCRIPTORIBVS GRAECIS ET LATINIS, AB HOMERO ... COMMENTATIO (zitiert nach dem Abdruck in J. A. Fabricius' BIBLIOTHECA GRAECA, Hamburg 1705 ff., Bd. X, Sp. 919 ff.).

Boganus, Zacharias: HOMERUS 'EBPAI'ZΩN: SIVE, Comparatio HOMERI cum SCRIPTORIBUS SACRIS quoad normam loquendi, Oxford 1658.
Boileau, Nicolas: L'Art poétique. Die Dichtkunst. Übers. und hg. von Ute und Heinz Ludwig Arnold, Stuttgart 1967.
Boissard, Johann Jakob: Emblematum liber, Frankfurt 1593.
– Emblematum liber. EMBLEMES LATINS ... avec l'interpretation françoise du I. Pierre Ioly Messin, Metz 1588.
Bornitz, Jakob: EMBLEMATA ETHICO POLITICA Ingenua atque erudita interpretatione nunc primum illustrata Per M. Nicolaum Meerfeldt, Mainz 1669.
Bosch, Jakob: SYMBOLOGRAPHIA SIVE DE ARTE SYMBOLICA SERMONES SEPTEM, Augsburg/Dillingen 1702.
Brant, Sebastian: Das Narrenschiff. Nach der Erstausgabe (Basel 1494) mit den Zusätzen der Ausgaben von 1495 und 1499 sowie den Holzschnitten der deutschen Originalausgaben hg. von Manfred Lemmer, ²Tübingen 1968.
– Varia ... Carmina, Basel 1498.
Breitinger, Johann Jakob: Critische Dichtkunst. Faksimiledruck nach der Ausgabe von 1740 (Zürich), 2 Bde, Stuttgart 1966.
– Critische Abhandlung von der Natur, den Absichten und dem Gebrauche der Gleichnisse. Faksimiledruck nach der Ausgabe von 1740 (Zürich), Stuttgart 1967.
Bressand, Friedrich Christian: PENELOPE, Oder Des ULYSSES Anderer Theil / In einem Sing=Spiele / Auf dem Braunschweigischen Schau=Platze vorzustellen, Braunschweig 1696.
– ULYSSES Wiederkunfft / In einem Sing=Spiel Auf dem grossen Braunschweigischen Theatro vorgestellet, Braunschweig 1708.
Buchholtz, Andreas Heinrich: Des Christlichen Teutschen Groß=Fürsten Herkules Und Der Böhmischen Königlichen Fräulein Valiska Wunder=Geschichte, Braunschweig 1728.
Buchner, August: Anleitung zur deutschen Poeterey / Poet. Hg. von Marian Szyrocki (Reprographischer Nachdruck der beiden Ausgaben Wittenberg 1665), Tübingen 1966.
Busch, Hermann (von dem): Spicilegium XXXV. illustrium philosophorum auctoritates vtilesque sententias continens ... Oestrum in Tilmannum Heuerlingum eiusdem, Leipzig 1507.
– Vallum humanitatis, pro studijs politioribus susceptum, Köln 1518.
Bucoldianus, Gerhard: DE INVENTIONE, ET AMPLIFICATIone Oratoria: seu Vsu locorum, Libri tres, Straßburg 1534.
Butschky, Samuel von Rutinfeld: Perfertischer Muusen Schlüssel / Zur Schreibrichtigkeit / der Hooch=deutschen Haupt=Spraache, Leipzig 1645.
Camerarius, Joachim (d. Ä.): COMMENTARII IN LIBRVM PRIMVM ILIADOS HOMERI, Frankfurt 1584.
– COMMENTARII IN LIBRVM SECVNDVM HOMERICAE ILIADOS, Frankfurt 1584.
Camerarius, Joachim/Micyllus, Jakob: OPVS VTRVMQVE HOMERI ILIADOS ET ODYSSEAE ... Porphyrii philosophi Homericarum quaestionum liber. Eiusdem de Nympharum antro in Odyssaea opusculum, Basel 1541.
Canitz, Friedrich Rudolf Ludwig Freiherr von: Gedichte, Leipzig/Berlin 1727.
Cartari, Vincenzo: LE IMAGINI CON LA SPOSITIONE DEI DEI DEGLI ANTICHI, Venedig 1556.
– Neu=eröffneter Götzen=Tempel / ... Zum ersten mahl ins Deutsche gegeben mit des weyland gewesenen Churfürstlichen Geheimbden Raths / Herrn PAULI HACHEMBERGS, hin und wieder beygetragener gelahrten Vermehrung Und LXXXIIX. Kupffer=Figuren geziehret, Frankfurt 1711.
Castalio, Sebastian: HOMERI OPERA GRAECO-latina, quae quidem nunc extant, omnia, ³Basel 1567.
Caussin, Nicolas: TRAGOEDIAE SACRAE, Paris 1620.
Celander: Der verliebte Student oder Poussieren geht über Studieren. Neuausgabe anhand

der Originalausgabe von 1709 bearbeitet und hg. von Helmut Fleskamp (Exquisit Bücher, Nr. 27), München 1969.

Celtis, Konrad:) Ars versificandi et carminum, (Leipzig 1486).

– Libri Odarum quatuor, cum Epodo, Straßburg 1513.

– Fünf Bücher Epigramme. Hg. von Karl Hartfelder, Berlin 1881.

– Quattuor Libri Amorum, hg. von Felicitas Pindter, Leipzig 1934.

– Der Briefwechsel. Gesammelt, hg. und erl. von Hans Rupprich, Humanistenbriefe, Bd. III, München 1934.

– Poeta laureatus. Ausgew., übers. und eingel. von Kurt Adel, Graz/Wien 1960.

– OPVSCVLA edidit Kurt Adel, Leipzig 1966.

Ceporinus, Jakob: COMPENDIVM GRAMMATICAE GRAEcae, ³Basel 1532.

Claus Anton: TRAGOEDIAE LUDIS AUTUMNALIBUS DATAE, Augsburg 1741.

– Trauerspiele nebst seinen kritischen Anmerkungen über dieselben, Augsburg 1776.

Columbus, Johannes: INCERTI SCRIPTORIS FABULAE ALIQUOT HOMERICAE DE ULIXIS ERRORIBUS ETHICE EXPLICATAE, Leiden 1745.

Columna, Guido de:) Historia Troiana, Straßburg 1486.

Comes, Natalis: MYTHOLOGIAE, SIVE EXPLIcationum fabularum, Libri decem, Frankfurt 1581.

Cordus, Euricius: OPERA POETICA, Helmstedt 1614.

– Epigrammata (1520). Hg. von Karl Krause (Lateinische Literaturdenkmäler des XV. und XVI. Jh., Heft 5), Berlin 1892.

Cousin, Jean: Le Livre de Fortune, Paris/London 1883.

Croese, Gerhard: OMHPOΣ EBPAIOΣ. Sive HISTORIA HEBRAEORUM ab HOMERO Hebraicis nominibus ac sententiis conscripta in ODYSSEA & ILIADE, Dortrecht 1704.

Croll, Oswald: BASILICA CHYMICA oder Alchijmistisch Königlich Kleijnod, Frankfurt (1629).

– Tractat Von den jnnerlichen Signaturn / oder Zeichen aller Dinge, Frankfurt 1629.

Cuper, Gisbert: APOTHEOSIS VEL CONSECRATIO HOMERI. SIVE, Lapis antiquissimus in quo Poetarum Principis HOMERI Consecratio sculpta est, Amsterdam 1683.

Cuspinian, Johann: Briefwechsel, gesammelt, hg. und erl. von Hans Ankwicz von Kleehoven, Humanistenbriefe, Bd. II, München 1933.

Czepko, Daniel von: Geistliche Schriften, hg. von Werner Milch (Fotomechanischer Nachdruck der Ausgabe Breslau 1930), Darmstadt 1963.

– Weltliche Dichtungen, hg. von Werner Milch (Fotomechanischer Nachdruck der Ausgabe Breslau 1932), Darmstadt 1963.

Dach, Simon: Gedichte, hg. von Walther Ziesemer. Schriften der Königsberger Gelehrten Gesellschaft, Sonderreihe Bd. 4–7, Halle 1936 ff.

Dahlmann, Peter: Schauplatz Der Masquirten und Demasquirten Gelehrten bey ihren verdeckten und nunmehro entdeckten Schrifften, Leipzig 1710.

Dedekind, Friedrich: Grobianus. Verdeutscht von Kaspar Scheidt. Abdruck der Erstausgabe (1551). Neudrucke deutscher Literaturwerke, Nr. 34/35, ²Halle 1966.

Deken, Johannes: OBSERVATIONES POETICAE, Hildesheim 1707.

Dietrich, Johann Konrad: SPECILLVM Chrestomathiae Graecae, Marburg 1649.

Donatus, Alexander: ARS POETICA SIVE INSTITVTIONVM ARTIS POETICAE Libri Tres, Köln 1633.

Draudius, Georg: BIBLIOTHECA CLASSICA, Siue Catalogus Officinalis, Frankfurt 1625.

Dresser, Matthäus: Gymnasmatum LITTERATVRAE GRAECAE LIBRI TRES, ORATIONVM, EPISTOLARVM, ET POEMATVM EX AVTORIBVS PROFANIS ET SACRIS cum exemplis recentibus plurimis modum scribendi monstrantibus, Leipzig 1574.

– RHETORICAE INVENTIONIS, DISPOSITIONIS ET ELOCVTIONIS Libri Quatuor, Leipzig 1585.

Drexel, Hieremias: Sonnenwend, das ist / von Gleichförmigkeit deß Menschlichen Willens mit dem Willen Gottes, München 1631.

Duport, Jakob: HOMERI Poetarum omnium seculorum facile Principis GNOMOLOGIA, Duplici Parallelismo illustrata; UNO Ex Locis S. Scripturae, quibus Gnomae Homericae aut prope affines, aut non prorsus absimiles. ALTERO Ex Gentium Scriptoribus; ubi Citationes, Parodiae, Allusiones, & denique loci Paralleli, Cambridge 1660.

Eberle, Josef (Hrsg. und Übers.): Psalterium Profanum. Weltliche Gedichte des lateinischen Mittelalters, Zürich 1962.

Eckhard, Tobias: OBSERVATIONES PHILOLOGICAE ... ACCEDIT EIUSDEM GENERIS DISSERTATIO EX HOMERI ILIADE Z, Quedlinburg/Anhalt 1733.

Ellinger, Georg (Hrsg): Deutsche Lyriker des 16. Jh. (Lateinische Literaturdenkmäler des XV. und XVI. Jh., Heft 7), Berlin 1893.

EMBLEMATA ANNIVERSARIA ACADEMIAE NORIBERGENSIS, Altdorf 1617.

Epistolae obscurorum virorum. Hg. von Aloys Bömer, Heidelberg 1924.

– Briefe der Dunkelmänner. Übers. von Wilhelm Binder, rev., mit Anm. und einem Nachwort vers. von Peter Amelung (Die Fundgrube, Nr. 5), München 1964.

Erasmus von Rotterdam: Opera Omnia. Emendatoria et auctiora studio Jo. Clerici (Nachdruck der Ausgabe Leiden 1703 ff.), Tom. I–X (in 11 Bden), Hildesheim 1961 f.

– Ausgewählte Schriften. Lateinisch und deutsch. Hg. von Werner Welzig, 8 Bde, Darmstadt 1967 ff.

– Lob der Torheit (mit den Handzeichnungen von Hans Holbein d. J.). Übers. und hg. von Uwe Schultz, Bremen 1966.

– Opus Epistolarum ... Denuo recognitum et auctum per P. S. Allen, 12 Bde, Oxford 1906 ff.

– Briefe. Verdeutscht und hg. von Walther Köhler, Wiesbaden 1947.

Erdödi, Johannes von: CATENA JOVIS AVREA, Siue Vinculum Geniale, Ingolstadt 1613.

Eschenbach, Andreas Christian: ETHICA MYTHOLOGICA sive Dissertatio DE FABVLARVM POETICARVM SENSV MORALI ... SVB PRAESIDIO ... MAGNI DANIELIS OMEISII, Altdorf 1684.

Eschenbrender, Panthaleon: THEATRUM LYRICUM ... Phrases, Loci communes, Comparationes, Synonyma, Epitheta, Sententiae, et elegantiae Poeticae, Köln 1749.

– TYROCINIUM POETICUM, SIVE NOTA, CLARISSIMA, ET FACILLIMA MANUDUCTIO Ad Artem Poeticam, ⁸Köln/Frankfurt 1763.

Eyb, Albrecht von: Margarita poetica, Straßburg 1503.

Faber, Daniel: Die Höllische Zauberin CIRCE ..., Magdeburg/Leipzig 1699.

Fabricius, Georg: De re Poetica Libri VII, Leipzig 1571.

Fabricius, Johann Albert: BIBLIOTHECA GRAECA ..., 14 Bde, Hamburg 1705 ff.

Feind, Bartholomäus: Gedichte ..., Stade 1708.

Feithius, Eberhard: ANTIQUITATUM HOMERICARUM LIBRI IV., Leiden 1677.

Fischart, Johann: Sämmtliche Dichtungen. Hg. und mit Erl. vers. von Heinrich Kurz (Deutsche Bibliothek, Bd. 8–10), Leipzig 1866 f.

– Flöh Hatz, Weiber Tratz. Hg. von Alois Haas, Stuttgart 1967.

Fleming, Paul: Poemata Latina. Hg. von J. M. Lappenberg (Reprographischer Nachdruck der Ausgabe Stuttgart 1863), Amsterdam 1969.

– Deutsche Gedichte. Hg. von J. M. Lappenberg (Reprographischer Nachdruck der Ausgabe Stuttgart 1865), 2 Bde, Darmstadt 1965.

– Teütsche Poemata (Reprographischer Nachdruck der Ausgabe Lübeck 1642), Hildesheim 1969.

Francisci, Erasmus: Der Hohe Traur=Saal / oder Steigen und Fallen grosser Herren, 4 Bde, Nürnberg 1669 ff.

– Neu=polirter Geschicht= Kunst= und Sitten=Spiegel ausländischer Völcker, Nürnberg 1670.

– Die Ehre der Verblichenen alten Heiden / Jüden und Christen . . ., Nürnberg 1690.

– Der Höllische Proteus Oder Tausendkünstige Versteller, Nürnberg 1725.

Frauendorf, Johann Christoph: Das verstöhrte TROJA. In einem Singe=Spiel vorgestellet Auf dem grossen Braunschweigischen Theatro, Braunschweig 1706.

Freyer, Hieronymus: FASCICVLVS POEMATVM GRAECORVM EX ANTIQUIS AC RECENTIORIBVS POETIS COLLECTVS, Magdeburg 1738.

Frisch, Johann Leonhard: Die entdeckte und verworffene Unsauberkeit der falschen Dicht- und Reim-Kunst, Berlin 1700. Abgedruckt und mit Anm. vers. in: Schriften des Vereins für die Geschichte Berlins, Heft 26, Berlin 1890.

Frischlin, Nicodemus: Oratio DE STVDIIS LINGVARVM ET LIBERALIVM ARTIVM, Frankfurt 1575.

– OPERVM POETICORVM . . . pars scenica, Straßburg 1589.

– OPERVM POETICORVM . . . PARS EPICA, Straßburg 1612.

Friz, Andreas: TRAGOEDIAE ET ORATIONES, Wien 1764.

– Trauerspiele von einigen bemeldter Gesellschaft (Gesellschaft JEsu) aus dem Lateinischen übersetzt, Wien 1762.

Garzoni, Thomas: LA PIAZZA VNIVERSALE DI TVTTE LE PROFESSIONI DEL MONDO, Venedig 1626.

Gerbel, Nikolaus: In descriptionem Graeciae Sophiani, praefatio, Basel 1545.

Gerhardt, Paul: Dichtungen und Schriften. Hg. und textkritisch durchgesehen von Eberhard von Cranach-Sichart, München 1957.

Gesner, Conrad: MORALIS INTERPRETATIO ERrorum Vlyßis Homerici. COMMEN-TATIO PORPHYRII Philosophi de Nympharum antro in XIII. libro Odysseae Home-ricae . . . EX COMMENTARIIS PROCLI Lycij, Philosophi Platonici in libros de Repub. apologiae, quaedam pro Homero, et fabularum aliquot enarrationes, Zürich (1542).

Gesner, Johann Matthias: DE ERVDITIONE GRAECORVM QVI NVNC VIVVNT OBSERVATIONES CONTRA ALEX. HELLADIVM NAT. GRAECVM, Leipzig 1716.

– ΧΡΗΣΤΟΜΑΘΕΙΑΙ CHRESTOMATHIA GRAECA SIVE LOCI ILLVSTRES EX OPTIMIS SCRIPTORIBVS, ⁴Leipzig 1753.

Giovio, Paolo: DIALOGO DELL' IMPRESE MILITARI ET AMOROSE, Lyon 1559.

Gockel, Balthasar: Heidnische Poeterey / Christlich corrigiert vnd verbessert, Tübingen 1647.

Goldhagen, Hermann: RHETORICA EXPLICATA ET APPLICATA AD ELOQUEN-TIAM CIVILEM ET ECCLESIASTICAM, Mannheim 1753.

Gottsched, Johann Christoph: Versuch einer Critischen Dichtkunst. Unveränderter photo-mechanischer Nachdruck der Ausgabe ⁴Leipzig 1751, Darmstadt 1962.

– Schriften zu Theorie und Praxis aufklärender Literatur. Hg. von Uwe-K. Ketelsen (Rowohlts Klassiker der Literatur und der Wissenschaft, Deutsche Literatur, Bd. 36), Hamburg 1970.

– Gottsched und seine Zeit. Auszüge aus seinem Briefwechsel zusammengestellt und erl. von Theodor Wilhelm Danzel (Reprographischer Nachdruck der Ausgabe Leipzig 1848), Hildesheim 1970.

Gratius, Ortwin: Orationes quodlibetice, Köln 1508.

Gresemund, Theodor: Lucubraciuncule bonarum septem artium liberalium Apologiam eiusdemque cum philosophia dialogum et orationem ad rerum publicarum rectores in se complectentes, Mainz 1494.

Gretser, Jakob: OPERA OMNIA, Regensburg 1734 ff.

Grimmelshausen, Hans Jakob Christoffel von: Gesammelte Werke in Einzelausgaben. Unter Mitarbeit von Wolfgang Bender und Franz Günter Sieveke hg. von Rolf Tarot, 14 Bde, Tübingen 1967 ff.

Gronovius, Jakob: THESAVRVS GRAECARVM ANTIQVITATVM, Tom. 1–12 (in 13 Bden), Leiden 1697 ff.

Gryphius, Andreas: Freuden und Trauer=Spiele auch Oden und Sonnette, Leipzig 1663.

– DISSERTATIONES FUNEBRES, Oder Leich=Abdanckungen, Leipzig 1667.

– Gesamtausgabe der deutschsprachigen Werke. Hg. von Marian Szyrocki und Hugh Powell, 10 Bde, Tübingen 1963 ff.

– Lateinische und deutsche Jugenddichtungen. Hg. von Friedrich-Wilhelm Wentzlaff-Eggebert (Reprographischer Nachdruck der Ausgabe Stuttgart 1938), Darmstadt 1961.

Gryphius, Christian: Der / Teutschen / Rätzel-Weißheit / Ersten / Auß Rätzeln / Spruch-Wörtern / und Fabeln / bestehenden / Theil, Breslau 1692.

– Der Deutschen Sprache unterschiedene Alter und nach und nach Zunehmendes Wachsthum, Breslau 1708.

– APPARATVS SIVE DISSERTATIO ISAGOGICA DE SCRIPTORIBVS HISTORIAM SECVLI XVII ILLVSTRANTIBVS, Leipzig 1710.

– Poetische Wälder, ³Breslau/Leipzig 1718.

Günther, Johann Christian: Sämtliche Werke. Historisch-kritische Gesamtausgabe hg. von Wilhelm Krämer (Reprographischer Nachdruck der Ausgabe Stuttgart 1930 ff.), 6 Bde, Darmstadt 1964.

– Die von Theodosio bereute Eifersucht. Reprographischer Auszug aus der Ausgabe Frankfurt/Leipzig 1733, Darmstadt 1968.

Hadewig, Johann Henrich: Kurtze und richtige Anleitung / Wie in unser Teutschen Muttersprache Ein Teutsches Getichte zierlich und ohne Fehler könne verfertiget werden, Rinteln 1650.

Hagemann, Lorenz: QVAESTIO HISTORICO PHILOSOPHICA, AN HOMERVS FVERIT PHILOSOPHVS MORALIS ... PRAESIDE M. GOTTLIEB STOLLEN, Jena 1712.

Hallmann, Johann Christian: Trauer= Freuden= und Schäffer=Spiele / Nebst Einer Beschreibung Aller Obristen Hertzoge über das gantze Land Schlesien, Breslau (1684).

Hardt, Hermann von der: CIRCE HOMERI CIRRHA PHOCIDIS Libro X. Odysseae, Helmstedt 1716.

– Jubilaeum Graeciae ... Nitidissimo mellitissimoque HOMERI CARMINE Βατραχομυομαχία, Helmstedt 1717.

– DVRVS ULYSSES. DVRVM A STIRPE GENVS, Helmstedt 1742.

Harsdörffer, Georg Philipp: SPECIMEN PHILOLOGIAE GERMANIAE, Nürnberg 1646.

– Frauenzimmer Gesprächspiele. Hg. von Irmgard Böttcher (Reprographischer Nachdruck der Ausgabe Nürnberg 1644 ff.), Tübingen 1968 ff.

– Poetischer Trichter. Reprographischer Nachdruck der Ausgabe Nürnberg 1648 ff., Darmstadt 1969.

Haugwitz, August Adolf von: PRODROMOS POETICUS, Oder: Poetischer Vortrab / bestehende aus unterschiedenen Trauer= und Lust=Spielen / Sonnetten / Oden / Elegien / Bey= oder Überschriften und andern Deutschen Poetischen Gedichten, Dresden 1684.

Hederer, Edgar (Hrsg): Deutsche Dichtung des Barock, München (1954).

Hederich, Benjamin: Gründliches mythologisches Lexikon (verbessert von Johann Joachim Schwaben). Reprographischer Nachdruck der Ausgabe Leipzig 1770, Darmstadt 1967.

Hegius, Alexander: Dialogi ..., Deventer 1503.

– Carmina et grauia et elegantia: cum ceteris eius opusculis quae subjiciunt, Deventer 1503.

Heidegger, Gotthard: MYTHOSCOPIA ROMANTICA oder Discours von den so benanten Romans. Hg. von Walter Ernst Schäfer (Faksimileausgabe nach dem Originaldruck Zürich 1698), Bad Homburg/Berlin/Zürich 1969.

Heinsius, Daniel: POEMATA LATINA ET GRAECA, Amsterdam 1649.

Helwich, Christoph/Bachmann, Conrad:) POETICA LATINA NOVA, METHODO PER-
SPICUA TRADITA ... PER SCHOLAE GIESSENAE NONnullos Professores Philo-
sophos, Gießen 1607.
– POETICA, Praeceptis, Commentariis, Observationibus, Exemplis, EX VETERIBUS ET
RECENTIBUS POETIS, studiose conscripta, PER ACADEMIAE GISSENAE NON-
NVLLOS PROFESSORES, [3]Gießen 1617.
Henninius, Heinrich Christian: ΕΛΛΗΝΙΣΜΟΣ ΟΡΘΩΙΔΟΣ. Seu Graecam Linguam
non esse Pronunciandam secundum Accentus; DISSERTATIO PARADOXA, Utrecht
1684.
Heräus, Carl Gustav: Gedichte Und Lateinische Inschriften, Nürnberg 1721.
Herold, Johann: Heydenweldt vnd irer Götter anfängcklicher vrsprung / ... Diodori des
Siciliers vnder den Griechen berhümptsten Gschichtschreibers sechs Bücher / ... Dictys
des Candioten wharhaffte beschreibung / von Troianischen krieg / ... Hori eins vor drey-
tausent jaren / in Aegypten Künigs vnd Priesters / gebildte waarzeichen, Basel 1554.
Hessus, Helius Eobanus: FARRAGINES DVAE, Schwäbisch Hall 1539.
– POETARVM OMNIVM SECVLORVM LONGE PRINCIPIS HOMERI ILIAS, HOC
EST, DE REBVS AD Troiam gestis descriptio, Basel 1540.
– Epistolarum familiarium Libri XII., Marburg 1543.
Hoeck, Theobald: Schönes Blumenfeldt / Auff jetzigen Allgemeinen gantz betrübten Standt /
fürnemblich aber den Hoff=Practicanten vnd sonsten menigklichen in seinem Beruff vnd
Wesen zu guttem vnd besten gestellet, (Lignitz) 1601.
– Schoenes Blumenfeld. Abdruck der Ausgabe von 1601 hg. von Max Koch (Neudrucke
deutscher Literaturwerke des XVI. und XVII. Jh., Nr. 157–159), Halle 1899.
Hofmannswaldau, Christian Hofmann von: Deutsche Rede=Übungen, Leipzig 1702.
– Deutsche Übersetzungen und Gedichte, Breslau 1710.
Holberg, Ludwig von: Die Dänische Schaubühne ... nun in die deutsche Sprache übersetzet.
Vierter Band, Kopenhagen/Leipzig 1758.
Holtzwart, Mathias: Emblematum Tyrocinia. Nach der Ausgabe von Straßburg 1581 hg
von Peter von Düffel und Klaus Schmidt, Stuttgart 1968.
– Lustgart Newer Deutscher Poeteri, in fünff Büchern beschriben / vnd gedicht, Straßburg
1568.
HOMERUS Der Siebenfache Burger Vorgestellt in einem Sing=Spiel, Da Der Hochwürdige
Gnädige Herr HERR AUGUSTINUS Abt des Eximirten Gotts=Haus zu St. URBAN,
... mit dem Hohen Stand Solothurn Gewöhnlicher massen das Burger=Recht erneuert,
Solothurn 1752.
Horn, Georg: HISTORIAE PHILOSOPHICAE LIBRI SEPTEM (zitiert nach dem Ab-
druck in: HERMANNI CONRINGII De SCRIPTORIBUS XVI. post Christum Natum
Seculorum COMMENTARIUS, Breslau 1703).
Horozco, Juan de: EMBLEMAS MORALES, Saragossa 1604.
Huet, Pierre Daniel: Traité de l'Origine des Romans. Faksimiledrucke nach der Erstaus-
gabe von 1670 und der Happelschen Übersetzung von 1682 mit einem Nachwort von
Hans Hinterhäuser, Stuttgart 1966.
Hutten, Ulrich von: Schriften (Opera quae reperiri potuerunt omnia). Hg. von Eduard
Böcking, 7 Bde, Leipzig 1859 ff.
– Deutsche Schriften. Hg. und mit Anm. vers. von Peter Ukena. Nachwort von Dietrich
Kurze. Übersetzung des Pirckheimer-Briefes von Annemarie Holborn, München 1970.
INSTITVTIONES LITERATAE, SIVE DE DISCENDI ATQVE DOcendi ratione,
3 Bde, Thorn 1586 ff.
Isselburg, Peter: EMBLEMATA POLITICA ..., (Nürnberg 1617).
Junius, Hadrian: ΚΕΡΑΣ ΑΜΑΛΘΕΙΑΣ, Η ΩΚΕΑΝΟΣ ΤΩΝ ΕΞΗΓΗΣΕΩΝ ΟΜΗΡΙ-
ΚΩΝ ... COPIAE CORNV SIVE OCEANVS ENARRATIONVM HOMERI-
CARVM, EX EVSTATHII in eundem commentarijs concinnatarum, Basel 1558.
– EMBLEMATA. EIVSDEM AENIGMATVM LIBELLVS, Antwerpen 1569.

Juvencius, Joseph: INSTITUTIONES POETICAE, Köln 1726.

Kaczerowsky, Klaus (Hrsg.): Flugschriften des Bauernkrieges (Rowohlts Klassiker der Literatur und der Wissenschaft, Deutsche Literatur, Bd. 33), Hamburg 1970.

Ketten, Johannes Michael von der: APELLES SYMBOLICUS, 2 Bde, Amsterdam/Danzig 1699.

Kimpel, Dieter/Wiedemann, Conrad (Hrsg.): Theorie und Technik des Romans im 17. und 18. Jh., 2 Bde, Tübingen 1970.

Kindermann, Balthasar: Der Deutsche Poët / Darinnen gantz deutlich und ausführlich gelehret wird / welcher gestalt ein zierliches Gedicht / auf allerley Begebenheit / ... So wohl hohen als niederen Standes=Personen / in gar kurtzer Zeit / kan wol erfunden und ausgeputzet werden, Wittenberg 1664.

– Teutscher Wolredner Auf allerhand Begebenheiten im Stats= und Hauswesen gerichtet ... gemehret von dem Spaten (Kaspar Stieler), Wittenberg 1680.

Kircher, Athanasius: OBELISCVS PAMPHILIVS, HOC EST, INTERPRETATIO Noua & hucusque intentata OBELISCI HIEROGLYPHICI, Rom 1650.

– OEDIPVS AEGYPTIACVS. HOC EST Vniversalis Hieroglyphicae Veterum Doctrinae temporum iniuria abolitae INSTAVRATIO, Tom. I–III (in 4 Bden), Rom 1652 ff.

– MAGNES SIVE DE ARTE MAGNETICA OPVS TRIPARTITVM, ³Rom 1654.

– POLYGRAPHIA NOVA ET VNIVERSALIS EX COMBINATORIA ARTE DETECTA, Rom 1663.

– ARS MAGNA SCIENDI, Amsterdam 1669.

– LATIUM. ID EST, NOVA & PARALLELA LATII tum VETERIS tum NOVI DESCRIPTIO, Amsterdam 1671.

– ARS MAGNA LUCIS ET UMBRAE, Amsterdam 1671.

– PRINCIPIS CHRISTIANI ARCHETYPON POLITICUM SIVE SAPIENTIA REGNATRIX, Amsterdam 1672.

Kirchweger, Anton Joseph?) AUREA CATENA HOMERI. Oder: Eine Beschreibung Von dem Ursprung Der Natur und natürlichen Dingen, Frankfurt/Leipzig 1723.

Klaj, Johann: Redeoratorien und »Lobrede der Teutschen Poeterey«. Hg. von Conrad Wiedemann (Nachdrucke verschiedener originaler Einzelausgaben), Tübingen 1965.

– Friedensdichtungen und kleine poetische Schriften. Hg. von Conrad Wiedemann (Nachdrucke verschiedener originaler Einzelausgaben), Tübingen 1968.

Knesebeck, Franz Julius von dem: Dreiständige Sinnbilder Zu Fruchtbringendem Nutzen, Braunschweig 1643.

König, Johann Ulrich von: Gedichte, Dresden 1745.

Kopp, Johann Friedrich: Versuch einer poetischen Uebersetzung des Tassoischen Heldengedichts genannt Gottfried, oder das Befreyte Jerusalem, Leipzig 1744.

Küster, Ludolph: HISTORIA CRITICA HOMERI, Qua De Scriptis ejus tam deperditis, quam exstantibus, spuriis & genuinis; De fatis, judiciis, studiisque hominum, quae idem Poeta per omnia secula expertus est; nec non De Rhapsodis, Criticis, omnibusque iis, qui aliquam in illustrando Homero, tam priscis, quam nostris seculis operam posuerunt, agitur, Frankfurt 1696.

Landsberger, Johannes: Dialogus recommendationis exprobrationisque poetices, Leipzig 1494.

Lange, Joseph: LOCI COMMUNES, sive FLORILEGIUM RERUM ET MATERIARUM SELECTARUM ..., Straßburg 1613.

Laster=Lohn Oder Tragödia von der zehen=jährigen Belägerung / darauf erfolgten Erober= und erbärmlichen Zerstörung der weltberühmten Statt Troja ..., Schwäbisch Hall 1655.

Lauremberg, Johannes: GRAECIA ANTIQUA, Amsterdam 1660.

Lauremberg, Peter: Verneuwerte vnd Vermehrte ACERRA PHILOLOGICA Daß ist Vierhundert außerlesene nützliche / lüstige / vnd denckwürdige HISTORIEN UND DISCURSEN, Zusammen gebracht auß den berühmtesten Griechischen vnd Lateinischen Scribenten ..., Amsterdam 1651.

– EUPHRADIA: SIVE Prompta ac parabilis eloquentia, Rostock 1634.

Lehmann, Christopher: FLORILEGIUM POLITICVM. Politischer Blumengarten ..., Frankfurt 1638.

Leibniz, Gottfried Wilhelm: Die Theodizee. Übersetzung von Artur Buchenau. Einführender Essay von Morris Stockhammer, Hamburg 1968.

Lemnius, Simon: Odysseae HOMERI LIBRI XXIIII ... ACCESSIT ET BATRACHOmyomachia Homeri, Basel 1549.

Lersner: ULYSSES, In einem Musicalischen Schau=Spiel, Kopenhagen 1722.

Listrius, Gerhard: Oratio habita in enarrationem Dionysij halicarnasij, Deventer (1517).

Lobkowitz-Hassenstein, Bohuslaus von: LVCVBRATIONES ORAtoriae, Prag 1563.

Locher, Jakob: Oratio de studio humanarum disciplinarum et laude poetarum Extemporalis, Freiburg (1496/97).

– Libri philomusi. Panegyrici ad Regem Tragedia de Thurcis et Suldano Dyalogus de heresiarchis, Straßburg 1497.

– Stultifera Nauis Narragonice profectionis ... iam pridem Per Jacobum Locher ... in latinum traducta eloquium, Straßburg 1497.

– Vitiosa sterilis mule / ad musam: roscida lepiditate predictam / Comparatio. Currus sacre theologie triumphalis, Nürnberg 1506.

– (Hrsg.) Opus aureum Clau. Claudiani De raptu Proserpinae, Nürnberg 1518.

– FVLGENTIVS PLACIADES IN MYTHOLOGIIS ... Scholia Paraphrastica a Philomuso Addita sunt, quibus affectata uerba, & loca fulgentij obscuriora declarantur, Augsburg 1521.

Logau, Friedrich von: Deutscher Sinn=Getichte Drey Tausend, Breslau (1654).

– Sämmtliche Sinngedichte. Hg. von Gustav Eitner (Bibliothek des Literarischen Vereins, Bd. 113), Tübingen 1872.

Lohenstein, Daniel Casper von: Sämtliche Trauerspiele. Kritische Gesamtausgabe, hg. von Klaus Günther Just (Bibliothek des Literarischen Vereins, Bd. 292 ff.), 3 Bde, Stuttgart 1953 ff.

Lonicerus, Johann: OMHPOY IΛIAΣ, Straßburg 1542.

– OΔYΣΣEIA. Bατραχομυομαχία. ὕμνοι, (Straßburg) 1542.

Lotichius Secundus,Peter: POEMATA OMNIA ... Notis et Praefatione instruxit PETRUS BURMANNUS SECUNDUS, Amsterdam 1754.

– Elegieen. Aus dem Lateinischen übers. von Ernst Gottlob Köstlin, hg. von Friedrich Blume, Halle 1826.

Lupinus Calidomius, Matthäus: Carmina de quolibet ... disputato. Et questio de poetis a republica minime pellendis, Leipzig 1500.

Lurz, Georg (Hrsg.): Mittelschulgeschichtliche Dokumente Altbayerns einschließlich Regensburgs, 2 Bde, Berlin 1907 f.

Luther, Martin: Werke. Kritische Gesamtausgabe, Weimar 1883 ff.

Männling, Johann Christoph: Der Europaeische Helicon, Oder Musen=Berg / Das ist Kurtze und deutliche Anweisung Zu der Deutschen Dicht=Kunst, Alten Stettin 1704.

– Denckwürdige Curiositäten Derer / So wohl Inn= als Ausländischer Abergläubischen Albertäten Als Der weiten Welt allgemeinen Götzens, Frankfurt/Leipzig 1713.

Magirus, Tobias: EPONYMOLOGIUM CRITICUM, DESCRIPTIONES, ELOGIA ET CENSURAS PERSONARUM AC RERUM ... Ex variis Scriptoribus collecta, Nunc duplo quam olim auctius editum Cura CHRISTIANI WILHELMI EYBENII, Frankfurt/Leipzig 1687.

Maier, Michael: Septimana Philosophica, Qua AENIGMATA AVREOLA DE OMNI NATVRAE GENERE, Frankfurt 1620.

– SCRUTINIUM CHYMICUM, Per OCULTIS ET INTELLECTUI accurate accomodata, figuris cupro appositissime incisa, ingeniosissima EMBLEMATA, Frankfurt 1687.

Marschalk, Nikolaus: ENCHIRIDION POETARVM CLARISSIMORVM, Erfurt 1502.

292   Literaturverzeichnis

– Εισαγωγη προς των γραμματων ελληνων, Elementale Introductorium in Ideoma Grae-
canicum, Erfurt 1501.
Masen, Jakob: SPECVLVM IMAGINVM VERITATIS OCCVLTAE, Köln 1649.
– PALAESTRA STYLI ROMANI, Köln 1659.
– PALAESTRA ORATORIA, Köln 1659.
– PALAESTRA Eloquentiae Ligatae, 3 Tle, Köln 1682 f.
Mayer, Johann: Außzug oder Summarischer Innhalt / der Tragoedien von der Zerstörung
der herrlichen Statt Troya, München 1607.
Meissner, Daniel:) SCIOGRAPHIA COSMICA. Daß ist: Newes Emblematisches Büchlein
. . ., Nürnberg 1637 f.
Melanchthon, Philipp: Opera quae supersunt omnia edidit Carolus Gottlieb Bretschneider.
Corpus Reformatorum (Reprint der Ausgabe Braunschweig 1834 ff.), 28 Bde, New York/
London/Frankfurt 1963.
– Supplementa Melanchthonia. Werke Melanchthons, die im Corpus Reformatorum ver-
mißt werden, hg. von der Melanchthon-Kommission des Vereins für Reformationsge-
schichte, 2. Abteilung: Philologische Schriften, hg. von Hanns Zwicker, Leipzig 1911.
– Melanchthons Werke, Bd. III: Humanistische Schriften. Hg. von Richard Nürnberger,
Gütersloh 1961.
Menantes (Christian Friedrich Hunold): Galante, Verliebte Und Satyrische Gedichte /
Erster Und Anderer Theil, Hamburg 1704.
– Der Europaeischen Höfe / Liebes= Und Helden=Geschichte . . ., Hamburg 1715.
– Die Allerneueste Art, zur Reinen und Galanten Poesie zu gelangen, Hamburg 1728.
Meursius, Johannes: DE GLORIA LIBER VNVS, Leiden 1601.
Meyfart, Johannes Matthäus: MELLIFICIUM ORATORIUM, In quo ELOQVENTIAE
FLORES E VARIIS ORATORUM viridariis defracti, & suas in areolas antehac sunt
digesti, Leipzig 1662.
Micyllus, Jakob: De Re metrica libri tres, Frankfurt 1551.
– RATIO EXAMINANDORVM VERSVVM, AD VSVM & exercitationem puerorum
. . ., Frankfurt 1556.
Moller, Alhard: Binde= Lust VND Namen=Freüde, Braunschweig 1656.
– TYROCINIUM POESEOS TEVTONICAE, Das ist: Eine kunst= und grund=richtige
Einleitung ZUR Deutschen Verß= und Reimkunst, Braunschweig (1656).
Morhof, Daniel Georg: Unterricht von der Teutschen Sprache und Poesie. Hg. von Hen-
ning Boetius, Bad Homburg/Berlin/Zürich 1969.
– Teutsche Gedichte, Kiel 1682.
– STENTOR ΥΑΛΟΚΛΑΣΤΗΣ sive de Scypho vitreo per certum humanae vocis sonum
fracto, Kiel 1683.
– OPERA POETICA, Lübeck 1697.
– POLYHISTOR, IN TRES TOMOS, LITERARIUM, ... PHILOSOPHICUM ET
PRACTICUM, 2 Bde, Lübeck 1708.
Moscherosch, Hans Michael: VISIONES DE DON DE QVEVEDO. Das ist: Wunderliche
satyrische vnd warhafftige Gesichte Philander von Sittewalt, (Frankfurt) 1645.
Mosellanus, Peter: PAEDOLOGIA, Mainz 1520.
– PROGYMNASMATA, Ingolstadt 1532.
Murmellius, Johannes: ORATIVNCVLAE VARIAE PVErorum usui expositae, Straßburg
1544.
Murner, Thomas: Honestorum poematum condigua laudatio Impudicorum vero miranda
Castigatio, Straßburg 1503 (?).
– De augustiniana hieronymianaque reformatione poetarum, Straßburg 1509.
– Deutsche Schriften, hg. von Franz Schultz, Berlin/Leipzig 1918 ff.
Naogeorgus, Thomas: Pammachius. Hg. von Johannes Bolte und Erich Schmidt (Lateinische
Literaturdenkmäler des XV. und XVI. Jh., Heft 3), Berlin 1891.
Nazarei, Judas (Joachim von Watt?): Vom alten und neuen Gott, Glauben und Lehre

(1521). Mit Abhandlung und Kommentar hg. von Eduard Kück (Neudrucke deutscher Literaturwerke, Nr. 142/143), Halle 1896.

Neander, Michael: Graecae linguae EROTEMATA, Basel 1561.

– Opus aureum ET SCHOLASTICVM, Leipzig 1577.

– ELEGANTIAE GRAECAE LINGVAE, SEV LOCVTIONVM GRAECARVM FOR-MVLAE, Leipzig 1583.

Neugebauer, Salomon: Selectorum SYMBOLORVM HEROICORVM CENTVRIA GE-MINA, Frankfurt 1619.

Neukirch, Benjamin: Die Begebenheiten Des Printzen von ITHACA, Oder: Der seinen Vater Ulysses suchende Telemach, 3 Tle, Berlin/Potsdam 1738 und Frankfurt/Leipzig 1739.

– Auserlesene Gedichte aus verschiedenen poetischen Schriften gesammelt und mit einer Vorrede von dem Leben des Dichters begleitet von Joh. Christoph Gottscheden, Regensburg 1744.

– Anthologie: Herrn von Hoffmannswaldau und andrer Deutschen auserlesener und bißher ungedruckter Gedichte, Theil 1–3, Hg. von Angelo George de Capua/Ernst Alfred Philippson/Erika Alma Metzger, Tübingen 1961 ff.

– Anthologie: Herrn von Hoffmannswaldau und andrer Deutschen auserlesener und bißher ungedruckter Gedichte, 7 Bde, Leipzig 1697 ff.

Neukirch, Johann Georg: Anfangs=Gründe zur Reinen Teutschen POESIE Itziger Zeit, Halle 1724.

Neumark, Georg: Poetische TAFELN / Oder Gründliche Anweisung zur Teutschen Verskunst aus den vornehmsten Authorn in funfzehen Tafeln zusammen gefasset, Jena 1667.

– Der Neu=Sprossende Teutsche Palmbaum (Reprographischer Nachdruck der Ausgabe Weimar 1668), München 1970.

Neumayr, Franz: IDEA POESEOS SIVE METHODICA INSTITUTIO DE PRAE-CEPTIS, PRAXI, ET USU ARTIS . . ., München/Ingolstadt 1755.

Noël, Franz: OPUSCULA POETICA, Frankfurt 1717.

Oecolampadius, Johannes: GRAECAE LITERATVRAE DRAGMATA, Basel 1523.

Omeis, Magnus Daniel: THEATRVM VIRTVTVM AC VITIORVM AB ARISTOTELE IN NICOMACHIIS OMISSORVM, Altdorf 1682.

– Gründliche Anleitung Zur Teutschen accuraten Reim= und Ticht=kunst / . . . Hierauf folgt eine Teutsche Mythologie . . . wie auch eine Zugabe von etlich-gebundenen Ehr= Lehr= und Leich=Gedichten, Nürnberg 1704.

Opitz, Martin: Gesammelte Werke. Kritische Ausgabe hg. von George Schulz-Behrend, 5 Bde, Stuttgart 1968 ff.

– Teutsche Poemata. Abdruck der Ausgabe von 1624. Hg. von Georg Witkowski, Halle 1902.

– Geistliche Poemata (1638). Hg. von Erich Trunz, Tübingen 1966.

– Weltliche Poemata (1644). Hg. von Erich Trunz, 2 Bde, Tübingen 1967 ff.

– Buch von der Deutschen Poeterey (1624). Nach der Edition von Wilhelm Braune neu hg. von Richard Alewyn, Tübingen 1963.

– Jugendschriften vor 1619 (Faksimileausgabe). Hg. von Jörg-Ulrich Fechner, Stuttgart 1970.

Oraeus, Heinrich: VIRIDARIUM HIEROGLYPHICO-MORALE. IN QUO VIRTUTES ET VITIA . . . illustrantur, Frankfurt 1619.

Pantaleon, Heinrich: PROSOPOGRAPHIAE HEROVM ATQVE ILLVSTRIVM VIRO-RVM TOTIVS Germaniae, 3 Tle, Basel 1565.

– Gedicht über Homer (zitiert nach der Homerausgabe Castalios, ³Basel 1567).

Paradin, Claude: SYMBOLA HEROICA, Antwerpen 1567.

Passe, Crispin de: SPECVLVM HEROICVM Principis omnium temporum Poetarum HOMERI, Id est argumenta XXIIII. librorum Iliados . . . Chacque livre redigé en argument Poeticque Par le Sieur I. Hillaire, Utrecht 1613.

Perriere, Guillaume de la: LA MOROSOPHIE, Lyon 1553.
– Le TheaTRE DES BONS ENgins ..., Paris 1539.
Peschwitz, Gottfried von: Jüngst=Erbauter Hoch=Teutscher Parnasz ..., Jena 1663.
Piccolomini, Enea Silvio: Briefe, Dichtungen. Übers. von Max Mell und Ursula Abel und mit einem Nachwort vers. von Gerhart Bürck, München 1966.
Picinelli, Philippo: MUNDUS SYMBOLICUS, IN EMBLEMATUM VNIVERSITATE FORMATUS ..., 2 Bde, Köln 1694.
Pico della Mirandola, Giovanni: Über die Würde des Menschen. Nebst einigen Briefen und seiner Lebensbeschreibung, ausgew. und übertr. von H. W. Rüssel (Lux et Humanitas, Bd. 5), Fribourg/Frankfurt/Wien o. J.
Pierius, Johannes: HIEROGLYPHICA SIVE DE SACRIS AEGYPTIORVM LITERIS COMMENTARII, Basel 1556.
Pircher, Sigmund: EPIGRAMMA BEATI GRYPHII i. e. Letztes Ehren=Gedächtniß, o. O. 1665.
Pirckheimer, Willibald: OPERA POLITICA, HISTORICA, PHILOLOGICA ET EPISTOLICA, Frankfurt 1665.
Pontanus, Jakob: POETICARVM INSTITVTIONVM LIBRI TRES. Eiusdem TYROCINIVM POETICVM, Ingolstadt 1594.
– FLORIDORVM LIBRI OCTO, ⁴Ingolstadt 1602.
Postel, Christian Henrich: Die Listige Juno ..., Hamburg 1700.
– Der grosse Wittekind ... Mit einer Vorrede von Postels Leben und Schriften, auch zwey Registern der in diesem Werke enthaltenen Beschreibungen und Gleichnisse von C. F. Weichmann, Hamburg 1724.
Praetorius, Johann Philipp: CALYPSO Oder Sieg der Weißheit Ueber Die Liebe, Hamburg 1727.
Prasch, Johann Ludwig: Gründliche Anzeige / VON Fürtrefflichkeit und Verbesserung Teutscher Poesie. Samt einer Poetischen Zugabe, Regensburg 1680.
Prassinus, Johannes: EX ODYSSEA HOMERI LIBRI QVATVor Elegiaco carmine, Wittenberg 1539.
Rachel, Joachim: Zehn Neu verbesserte Teutsche Satyrische Gedichte, ⁴Freiburg o. J.
Radau, Michael: ORATOR EXTEMPORANEUS Seu ARTIS ORATORIAE BREVIARIUM BIPARTITUM, Amsterdam 1655.
Rapin, R. P.: LA COMPARAISON D'HOMERE, ET DE VIRGILE. In: OEUVRES DIVERSES, Bd. I, Amsterdam 1693.
Rebhun, Paul: Ein Geistlich Spiel von der Gotfürchtigen und keuschen Frauen Susannen (1536). Kritisch hg. von Hans-Gert Roloff, Stuttgart 1967.
Reimmann, Jakob Friedrich: POESIS GERMANORUM CANONICA et APOCRYPHA Bekandte und Unbekandte POESIE der Teutschen, Leipzig 1703.
– Versuch einer Einleitung In die HISTORIAM LITERARIAM, 6 Tle, Halle 1708 ff.
– ILIAS POST HOMERUM HOC EST INCUNABULA OMNIUM SCIENTIARUM EX HOMERO ERUTA ET SYSTEMATICE DESCRIPTA, Lemgo 1728.
Rettenpacher, Simon: SELECTA DRAMATA Diversis temporibus Conscripta, & in Scena recitata, Salzburg 1683.
Reuchlin, Johannes: De Verbo Mirifico (1494). DE ARTE CABALISTICA (1517). Faksimile-Neudruck in einem Bd., Stuttgart/Bad Cannstatt 1964.
– Augenspiegel (Faksimile-Neudruck der Ausgabe Tübingen 1511), München 1961.
– Komödien. Ein Beitrag zur Geschichte des lateinischen Schuldramas von Hugo Holstein, Halle 1888.
– Briefwechsel. Gesammelt und hg. von Ludwig Geiger (Reprographischer Nachdruck der Ausgabe Stuttgart 1875), Hildesheim 1962.
Reusner, Nikolaus: POLYANTHEA, Siue PARADISVS POETICVS ..., Basel (1579).
– PICTA POESIS OVIDIANA, Frankfurt 1580.
– EMBLEMATA ..., Frankfurt 1581.

– ICONES sive IMAGINES VIRORVM LITERIS ILLVSTRIVM, Straßburg 1587.

Rexius, Johannes Baptista: ILIAS HOMERI Die Bücher von dem Khrig so zwischen den Grichen und Troianern vor der stat Troja beschehen. Homeri des viertreflichen weitberümbten Poeten und geschichtschreibers In griechischer sprach von Im gar woll und herrlich beschriben, (St. Florian) 1584. Vier Gesänge hg. von Richard Newald (Kleine Texte für Vorlesungen und Übungen, Bd. 159), Berlin 1929.

Rhenanus, Beatus: Briefwechsel. Gesammelt und hg. von Adalbert Horawitz und Karl Hartfelder, Leipzig 1886.

Ripa, Cesare: Erneuerte ICONOLOGIA oder Bilder=Sprach ... übersetzt von L. S. D. (Lorenz Strauß), Frankfurt 1669 f.

Rist, Johann: Sämtliche Werke. Unter Mitwirkung von Helga Mannack hg. von Eberhard Mannack, Berlin 1967 ff.

– MUSA TEUTONICA Das ist: Teutscher Poetischer Miscellaneen ERSTER THEIL, Hamburg 1634.

= Poetischer Lust=Garte Das ist: Allerhand anmuhtige Gedichte, Hamburg 1638.

– Kriegs vnd Friedens Spiegel, Hamburg 1640.

– Rettung der Edlen Teütschen Hauptsprache, Hamburg 1642.

– Poetischer Schauplatz / Auff welchem allerhand Waaren ... zu finden, Hamburg 1646.

– Das Friedewünschende Teutschland In einem Schauspiele öffentlich vorgestellt und beschrieben, o. O. 1648.

– Hamburgisches Fried= und Freüdenfeür / Von dem Edlen und Mannfesten Herrn Titus Hektor, Hamburg 1650.

– Die Aller Edelste Belustigung Kunst= und Tugendliebender Gemühter / ... die Vierte / und zwahr Eine Aprilens Vnterredung, Frankfurt 1666.

– Die alleredelste Erfindung Der Gantzen Welt / ... die Fünffte / Und zwar eine Mäyens= Vnterredungen, Frankfurt 1667.

– Die alleredelste Zeit=Verkürtzung Der Gantzen Welt: ... die Sechste / Und zwar eine Brachmonats=Unterredungen, Frankfurt 1668.

Rizzi, Urbano: Der versöhnte ACHILLES ..., Wolfenbüttel 1716.

Rollenhagen, Gabriel: Vier Bücher Wunderbarlicher bisz daher vnerhörter / vnd vngleublicher Indianischer Reysen / durch die Lufft / Wasser / Land / Helle / Paradiss / vnd den Himmel ..., Magdeburg 1605.

– NVCLEVS EMBLEMATVM SELECTISSIMORVM ..., 2 Bde, Arnheim 1611 ff.

Rollenhagen, Georg: Froschmeuseler. Hg. von Karl Goedeke (Deutsche Dichter des 16. Jh., Bd. 8 und 9), Leipzig 1876.

Rosemann, Lorenz: Ἰλιὰς Κοΐντου Σμυρναίου; SEV QVINTI CALABRI PARALEIPOMENA, Id est, Derelicta ab HOMERO, XIV. libris comprehensa ... Nunc accessit EPITOME GEMINA, tum Homeri et Cointi, tum vniuersa Historiae Troianae. Itemque DIONIS CHRYSOSTOMI Oratio de ILIO NON CAPTO, Hanau 1604.

Rotth, Albrecht Christian: Vollständige Deutsche Poesie / in drey Theilen / ... III. Eine richtige Einleitung zu den vor andern so beniemten Poetischen Gedichten, Leipzig 1688.

Rupprich, Hans (Hrsg.): Humanismus und Renaissance (Reihe VIII der Deutschen Literatur in Entwicklungsreihen). Reprographischer Nachdruck der Ausgaben Leipzig 1938 und 1935, 2 Bde, Darmstadt 1964.

Ruscelli, Girolamo: LE IMPRESE ILLVSTRI CON ESPOSITIONI, ET DISCORSI, Venedig 1566.

Saavedra-Fajardo, Diego de: IDEA Principis Christiano Politico 101 Sijmbolis expressa, Amsterdam 1660.

– EIN ABRISS Eines Christlich-Politischen PRINTZENS / In CI. Sinn-bildern vnd mercklichen Symbolischen Sprüchen, Amsterdam 1655.

Sabinus, Georg: Poemata, Leipzig 1581.

Sacer, Gottfried Wilhelm:) Reime dich / oder ich fresse dich / Das ist / deutlicher zu geben / ANTIPERICATAMETANAPARBEUGEDAMPHIRRIBIFICATIONES POETICAE,

oder Schellen= und Scheltenswürdige Thorheit Boeotischer Poeten in Deutschland, Northausen 1673.
— Nützliche Erinnerungen Wegen der Deutschen Poeterey, Alten Stettin 1661.
Sachs, Hans: Sämtliche Werke. Hg. von Adelbert von Keller und E. Goetze (Reprographischer Nachdruck der Ausgabe Stuttgart 1870 ff.), 26 Bde, Hildesheim 1964.
Sadolet, Jakob: Opera quae exstant omnia, Mainz 1607.
Salveld, Johann Friedrich: PRINCEPS CHRISTIANVS ET PERFECTVS, Frankfurt 1618.
Sambucus, Johannes: EMBLEMATA, ET ALIQVOT NVMMI ANTIQVI OPERIS, [3]Antwerpen 1569.
— ICONES VETERVM ALIQVOT, AC RECENTIVM MEDICORVM, PHILOSOPHORVMQVE ELEGIOLIS SVIS EDITAE, Antwerpen 1574.
Sander, Johannes: HOMERI ILIADIS LIBER IX. In usum studiosae juventutis seorsim editus. ACCESSERVNT DE HOMERI VITA ET SCRIPTIS ex optimis graecis ac latinis Scriptoribus COLLECTANEA, Magdeburg 1661.
Sarbiewski, Maciej Kazimierz: Praecepta Poetica, Breslau/Krakau 1958.
— De Perfecta Poesi, sive Vergilius et Homerus, Breslau 1954.
Scaliger, Julius Caesar: Poetices libri septem. Faksimile-Neudruck der Ausgabe von Lyon 1561 mit einer Einleitung von August Buck, Stuttgart/Bad Cannstatt 1964.
Schaidenreisser, Simon: Odyssea, Das seind die aller zierlichsten vnd lustigsten vier vnd zwaintzig bücher des eltisten kunstreichsten Vatters aller Poeten Homeri / von der Zehen järigen irrfart des weltweisen Kriechischen Fürstens Vlyssis, Augsburg 1537.
Scharlach, Johannes: SPECULI VIRTVTVM HOMERICARUM CODICILLUS PRIMUS. Das ist: Weltlichs Tugendspiegeleins erstes Buch. Auß den zwölff ersten Büchern Odysseae, des fürtreffentlichen Griechischen Tichters HOMERI. In kurtze Regeln / vnd Exempel gefasset vnd gestellet, Magdeburg 1617.
Schedel, Hartmann:) Das buch der Cronicken und geschichten mit figuren und pildnussen von anbeginn der welt bis auf dise unsere Zeit. Durch georgium alten ... in diss teutsch gebracht, Nürnberg 1493.
Scheffler, Johannes (Angelus Silesius): Sämtliche Poetische Werke, hg. und eingel. von H. L. Held, 3 Bde, [3]München 1949 ff.
Schill, Johann Heinrich:) Der Teutschen Sprach Ehren=Krantz ..., Straßburg 1644.
Schnüffis, Laurentius von: Mirantisches Flötlein Oder Geistliche Schäfferey (Reprographischer Nachdruck der dritten Auflage Frankfurt 1711). Mit einem Vorwort von Annemarei Daiger, Darmstadt 1968.
— Philotheus oder des Miranten Weg. Hg. und eingel. von E. Thurnher, Bregenz (1962).
Schnur, Harry C. (Hrsg.): Lateinische Gedichte deutscher Humanisten. Lateinisch und deutsch, Stuttgart 1966.
Schöne, Albrecht (Hrsg.): Das Zeitalter des Barock. Texte und Zeugnisse (Die deutsche Literatur, 3. Bd.), München 1963.
Schott, Peter: Lucubraciunculae ornatissimae, Straßburg 1498.
Schottel, Justus Georg: Teutsche Sprachkunst, Braunschweig 1641.
— Teutsche Reim= oder Verskunst, Frankfurt 1656.
— Fruchtbringender Lustgarte. Hg. von Marianne Burkhard, mit einem Nachwort von Max Wehrli (Reprographischer Nachdruck der Ausgabe Wolfenbüttel 1647), München 1967.
— Ausführliche Arbeit Von der Teutschen HaubtSprache (1663). Hg. von Wolfgang Hecht, 2 Bde, Tübingen 1967.
Schupp, Johann Balthasar: Schrifften, (Hanau 1663).
— Streitschriften, hg. von Carl Vogt (Neudrucke deutscher Literaturwerke des XVI. und XVII. Jh., Nr. 222–224 und 225–227), Halle 1911.
Seber, Wolfgang: INDEX VOCABVLORVM IN HOMERI NON TANTVM ILIADE ATQVE ODYSSEA Sed caeteris etiam quotquot extant poematis, Heidelberg 1604.

Secundus, Johannes: OPERA QVAE REPERIRI POTVERVNT OMNIA, Leiden 1619.

Sieber, Just: Barclaisches Türcken=Bild / oder / der Türcken und ihres Wesens Beschreibung . . ., Nürnberg 1684.

Spanhemius, Ezechiel: DISSERTATIONES DE PRAESTANTIA ET USU NUMISMATUM ANTIQUORUM, London/Amsterdam 1706 f.

Spee, Friedrich von: TRVTZNACHTIGAL, Oder Geistlichs=Poetisch LVSTVVALDLEIN, Köln 1649.

Spon, Jakob: Italiänische / Dalmatische / Griechiische und Orientalische Reise=Beschreibung. Worinn Allerhand merkwürdige / vormals in Europa unbekannte / Antiquitäten / enthalten, Nürnberg 1681.

Spreng, Johann: ILIAS HOMERI. Das ist: HOMERI, deß vralten / fürtrefflichen Griechischen Poeten / XXIIII. Bücher. VOn dem gewaltigen Krieg der Griechen / wider die Troianer / auch langwirigen Belägerung / vnnd Zerstörung der Königlichen Statt Troia, Augsburg 1610.

Stieler, Kaspar: Die Geharnschte Venus oder Liebes=Lieder im Kriege gedichtet. Hg. von Herbert Zeman, mit Beitr. von Kathi Meyer-Baer und Bernhard Billeter (Reprographischer Nachdruck der Ausgabe Hamburg 1660), München 1968.

Stigel, Johannes: POEMATVM . . . LIBER I.–IX., Jena 1566 ff.

Stolle, Gottlieb: INTRODVCTIO IN HISTORIAM LITTERARIAM IN GRATIAM CVLTORVM ELEGANTIORVM LITTERARVM ET PHILOSOPHIAE CONSCRIPTA, ⁵Jena 1728.

Stosch, Siegmund von: Last= und Ehren= auch Daher immerbleibende Danck= und Denck= Seule / Bey vollbrachter Leichbestattung Des weiland Wol=Edlen / Groß=Achtbahren und Hochgelehrten Herrn ANDREAE GRYPHII, o. O. 1665.

Szyrocki, Marian (Hrsg.): Poetik des Barock (Rowohlts Klassiker der Literatur und der Wissenschaft, Deutsche Literatur, Bd. 23), Hamburg 1968.

Tatius Alpinus, Marcus: Progymnasmata, Augsburg 1533.

Taubmann, Friedrich: Columbae Poeticae, sive Carminum variorum LIBER, Wittenberg 1594.

– TAVBMANNIANA Oder Des Sinnreichen Poetens / Friedrich Taubmanns Nachdenckliches Leben / Scharffsinnige Sprüche / Kluge Hof= und schertzhaffte Studenten=Reden / wie auch Dessen Denckwürdige Gedichte / artige Begebenheiten / Und was dem allen gleichförmig, Frankfurt/Leipzig 1710.

Thomasius, Christian: Freymüthige Lustige und Ernsthaffte jedoch Vernunfft= und Gesetz= mäßige Gedancken Oder Monats=Gespräche, über allerhand, fürnehmlich aber Neue Bücher, Durch alle zwölff Monate des 1688. und 1689. Jahrs durchgeführet, Halle 1690.

– CAUTELAE CIRCA PRAECOGNITA JURISPRUDENTIAE IN USUM AUDITORII THOMASIANI, Halle 1710.

– Von Nachahmung der Franzosen. In: Deutsche Literaturdenkmale des 18. und 19. Jh., hg. von A. Sauer, Nr. 51, Stuttgart 1894.

– Von dem Studio der Poesie. In: Deutsche Literatur in Entwicklungsreihen, Reihe Aufklärung, Bd. 1, hg. von Fritz Brüggemann, Weimar/Leipzig; Wien/Leipzig 1928.

Tilenius, Georg: Poematum libri octo. Editi STVDIO ET OPERA IOHANNIS MEHLII, Leipzig 1597.

Titz, Johann Peter:Zwey Bücher Von der Kunst Hochdeutsche Verse und Lieder zu machen, Danzig 1642.

Treuer, Gotthilff: Deutscher Dädalus / Oder Poetisches LEXICON . . . Mit einer Vorrede Herrn Augusti Buchners, Berlin 1675.

Trithemius, Johannes: De laude scriptorum pulcherrimus tractatus, Mainz 1494.

– De vanitate et miseria humane vite, Mainz 1495.

– Cathalogus illustrium virorum germaniam suis ingenijs et lucubrationibus omnifariam exornantium, Mainz 1495.

Tscherning, Andreas: Deutscher Getichte Früling, Rostock (1642).

– Unvorgreiffliches Bedencken über etliche mißbräuche in der deutschen Schreib= und Sprach=kunst / insonderheit der edlen Poeterey. Wie auch Kurtzer Entwurff oder Abrieß einer deutschen Schatzkammer, Lübeck 1659.

– Semicenturia SCHEDIASMATUM, Rostock 1643.

Typotius, Jakob: SYMBOLA Diuina & Humana PONTIFICVM IMPERATORVM REGVM, Tom. I, Prag 1601.

– SYMBOLA uaria Diuersorum PRINCIPVM . . ., Tom. II, Prag 1602.

– SYMBOLA VARIA DIVERSORVM PRINCIPVM, Tom. III, Prag 1603.

Uhse, Erdmann: Des neu=eröffneten Musen=Cabinets aufgedeckte Poetische Wercke, Leipzig 1708.

– (Hrsg.) Neu eröffnetes Musen=Kabinet / In welchem auserlesene Gedichte vor die Liebhaber der Teutschen Poesie zu befinden, Leipzig 1704.

Varennius, Johannes: SYNTAXIS LINGVAE GRAECAE, ²Basel 1536.

Venus-Gärtlein. Ein Liederbuch des XVII. Jh. Nach dem Drucke von 1656 hg. von Max Freiherrn von Waldberg (Neudrucke deutscher Literaturwerke des XVI. und XVII. Jh., Nr. 86–89), Halle 1890.

Vida, Marcus Hieronymus: De arte Poetica Lib. III., Lyon 1536.

VLYSSES GERMANICVS ID EST TOTIVS GERMANIAE . . . brevis et accurata descriptio, Köln 1645.

Volckmann, Jakob: DE FABULIS ROMANENSIBUS ANTIQUIS ET RECENTIORIBUS . . . PRAESIDE GEORGIO PASCHIO, Kiel 1703.

Vondel, Jost van den: DE WERKEN. Uitgegeven door Mr. J. van Lennep. Herzien en bijgewerkt door J. H. W. Unger (1664–1667), Leiden o. J.

Vossius, Gerhard Johannes: DE VETERVM POETARVM TEMPORIBVS LIBRI DVO, QVI SVNT DE POETIS GRAECIS ET LATINIS, Amsterdam 1654.

Vossius, Isaac: De ACCENTIBUS GRAECANICIS Sententia, Utrecht 1684.

Wagenseil, Johann Christoph: DE GERMANE PHONASCORVM Von Der Meister=Singer / ORIGINE, PRAESTANTIA, VTILITATE, ET INSTITVTIS, SERMONE VERNACVLO LIBER, Altdorf 1697.

Watt, Joachim von: De Poetica & Carminis ratione, Liber ad Melchiorem Vadianum fratrem, Wien 1518.

– Begründung der Literaturwissenschaft. Übertragung (einiger Textstellen) und Anmerkungen von Josef Nadler. In: Wiener Renaissance, hg. von Otto Rommel. Klassiker der Wiener Kultur, Bd. I, Wien/Zürich 1947, S. 282 ff.

Weckherlin, Georg Rudolf: Gedichte, hg. von Hermann Fischer (Reprographischer Nachdruck der Ausgabe Stuttgart 1894 ff.), 3 Bde, Darmstadt 1968.

Wedel, Georg Wolfgang: PROPEMPTICON INAUGURALE De NEPENTHE HOMERI, Jena 1692.

– Propempticon Inaugurale, DE THYO HOMERI, Jena 1707.

Weichmann, Christian Friedrich (Hrsg.): Poesie der Nieder=Sachsen, 6 Bde, Hamburg 1721 ff.

Weigel, Christoph: Die Welt in einer Nuß oder Die Historien vom Anfang Der Welt samt deren Zeit-Rechnung biß auff unsere Zeit, Nürnberg o. J.

– SCULPTURA HISTORIARUM ET TEMPORUM MEMORATRIX, Nürnberg 1697.

Weinrich, Melchior: AERARIUM POETICUM, Hoc est, Phrases & nomina Poetica . . ., Frankfurt 1677.

Weise, Christian: Curiöse Gedancken Von Deutschen Versen, o. O. 1693.

Weitenauer, Ignaz: TRAGOEDIAE AUTUMNALES, Augsburg/Freiburg 1758.

– Zweifel von der deutschen Sprache, Augsburg/Freiburg 1764.

Werder, Diedrich von dem: Gottfried, Oder Erlösetes Jerusalem, ²Frankfurt 1651.

Wettstein, Johann Rudolf: PRO GRAECA ET GENUINA LINGVAE GRAECAE PRONUNCIATIONE . . . ORATIONES APOLOGETICAE . . . III. DISSERTATIO INAUGURALIS de fato Scriptorum Homeri per omnia secula, Basel 1686.

– FLORES ELOQVENTIAE, sive SENTENTIAE ET FORMULAE SELECTIORES, Basel 1684.

Wilke, Andreas: ORATIONVM ... PLEIAS III. Coeci HOMERI curatio, Hanau 1614.

– Coeci Homeri CVRATIO VARIAM, VTILEM, ET IVCVNDAM PHILOlogiam continens, Leipzig 1605.

Wimpheling, Jakob: De arte metrificandi. Libellus, Straßburg 1505.

– Contra turpem Libellum philomusi, Heidelberg 1510.

– Pädagogische Schriften. Übers., erl. und mit einer Einl. vers. von Joseph Freundgen (Sammlung der bedeutendsten pädagogischen Schriften aus alter und neuer Zeit, Bd. 13), Paderborn 1898.

– OPERA SELECTA. I. ADOLESCENTIA. Eingel., kommentiert und hg. von Otto Herding, München 1965.

Winckelmann, Hans Just: AMMERGAUISCHE FRÜLINGSLUST / in Fünf Tagzeiten vorgestellet ..., Oldenburg 1656.

– NUTZ= und SCHUTZSCHRIFT Vor Das merkwürdige Alterthum / erspriesliches Wachsthum / Christliche Gewonheit und kunstmässige Lehrart Der Gemählden / Sinnbildern / Lehrgeschichten / Gleichnissen / Beyspielen / und Gedächtniskunst, Oldenburg 1657.

– PROTEUS. Das ist: Eine unglaubliche Lustnützliche Lehrart / in kurzer Zeit ohne Müh Deutsch= und Lateinische Vers zumachen, Oldenburg 1657.

Wower, Johannes A.: DE POLYMATHIA TRACTATIO ... EDITIO NOVA, CUM PRAEFATIONE M. JACOBI THOMASII, Leipzig 1665.

Wyle, Niklas von: Translationen, hg. durch Adelbert von Keller (Bibliothek des Literarischen Vereins, Bd. 57), Stuttgart 1861.

Zesen, Philipp von: Durch= aus vermehrter und zum viert= und letzten Mahl in vier teilen ausgefärtigter Hoch=Deutscher Helikon / oder Grund=richtige Anleitung zur Hochdeutschen Dicht= und Reim=kunst, Jena 1656.

– Hochdeutsche Helikonische Hechel / oder des Rosenmohndes zweite Woche: darinnen von der Hochdeutschen reinen Dichtkunst / und derselben fehlern ... gehandelt wird, Hamburg 1668.

– Der erdichteten Heidnischen Gottheiten / wie auch Als= und Halb-Gottheiten Herkunft und Begäbnisse, Nürnberg 1688.

Zincgref, Julius Wilhelm: SAPIENTIA PICTA. Das ist / Künstliche Sinnreiche Bildnussen vnd Figuren, Frankfurt 1624.

– Teutscher Nation Klug=außgesprochene Weißheit / ... von Griechen Apophthegmata genant, 3 Tle, Frankfurt/Leipzig 1683.

Zwinger, Jakob: GRAECARVM DIALECTORVM HYPOTYPOSIS, (Lyon 1652).

Zwinger, Theodor: THEATRVM HVMANAE VITAE, Basel 1586.

Zwingli, Ulrich: Sämtliche Werke. Unter Mitwirkung des Zwingli-Vereins in Zürich hg. von Emil Egli und Georg Finsler (Corpus Reformatorum), Berlin 1905 ff.

3. Sekundärliteratur

Zur Literatur über die behandelten Zeitabschnitte sei auf folgende Bibliographien verwiesen:

Internationale Bibliographie zur Geschichte der deutschen Literatur, Teil 1: Von den Anfängen bis 1789. Erarbeitet von deutschen, sowjetischen u. a. Wissenschaftlern unter Leitung und Gesamtredaktion von Günter Albrecht und Günther Dahlke, Berlin 1969, S. 685 f., S. 747 ff. u. ö.

James E. Engel: Renaissance, Humanismus, Reformation (Handbuch der deutschen Literaturgeschichte, Abt. 2, Bd. 4), Bern/München 1969.

Hans Rupprich: Vom späten Mittelalter bis zum Barock. 4. Bd. der Geschichte der deutschen Literatur, Teil 1, München 1970, S. 775 ff. (für den darstellenden Teil dieser Untersuchung konnte dieses Werk leider nicht mehr herangezogen werden).

Richard Newald: Vom Späthumanismus zur Empfindsamkeit. 5. Bd. der Geschichte der deutschen Literatur, ⁴München 1963, S. 25 u. ö.; S. 522 ff.

*

Abele, Wilhelm: Die antiken Quellen des Hans Sachs. Beilage zum Programm der Realanstalt, Bad Cannstatt 1897 ff.

Alewyn, Richard (Hrsg.): Deutsche Barockforschung. Dokumentation einer Epoche, ³Köln/ Berlin 1968.

Aschbach, Joseph Ritter von: Geschichte der Wiener Universität, Wien 1865 ff.

Auerbach, Erich: Mimesis. Dargestellte Wirklichkeit in der abendländischen Literatur, ⁴Bern/München 1967.

Bachem, Rolf: Dichtung als verborgene Theologie. Ein dichtungstheoretischer Topos vom Barock bis zur Goethezeit und seine Vorbilder, Diss. Bonn 1955.

Barthes, Roland: Kritik und Wahrheit (edition suhrkamp 218), Frankfurt 1967.

Bauch, Gustav: Johannes Rhagius Aesticampianus in Krakau, seine erste Reise nach Italien und sein Aufenthalt in Mainz. In: Arch. f. Lit.gesch., Bd. 12, Leipzig 1884, S. 321 ff.

– Die Anfänge des Studiums der griechischen Sprache und Litteratur in Norddeutschland. In: Mitteilungen der Gesellschaft f. dt. Erziehungs- und Schulgesch., Bd. 6, Berlin 1896, S. 47 ff. und S. 163 ff.

– Geschichte des Leipziger Frühhumanismus. 22. Beiheft zum Centralblatt für Bibliothekswesen, Leipzig 1899.

– Die Anfänge des Humanismus in Ingolstadt, München/Leipzig 1901.

– Die Reception des Humanismus in Wien, Breslau 1903.

– Die Universität Erfurt im Zeitalter des Frühhumanismus, Breslau 1904.

– Aus der Geschichte des Mainzer Humanismus, Darmstadt 1903.

Becher, Hubert: Die geistige Entwicklungsgeschichte des Jesuitendramas. In: DVjs. 19 (1941), S. 269 ff.

Behrens, Irene: Die Lehre von der Einteilung der Dichtkunst, vornehmlich vom 16. bis 19. Jh., Halle 1940.

Benz, Richard: Wandel des Bildes der Antike im 18. Jh. In: Antike und Abendland, hg. von Bruno Snell, Hamburg 1945.

Berger, K.: Zur Antikenauffassung in der Kunsttheorie und Dichtung des frühen 18. Jh. In: Zs. f. Ästhetik und allg. Kunstwiss. 37, 1943.

Bircher, Martin: Johann Wilhelm von Stubenberg (1619–1663) und sein Freundeskreis, Berlin 1968.

Blair, Robert: Critische Abhandlung über die Gedichte Ossians, des Sohnes Fingals. Aus dem Englischen übersetzt von Otto August Heinrich Oelrichs, Hannover/Osnabrück 1785.

Böckmann, Paul: Formgeschichte der deutschen Dichtung. Bd. 1: Von der Sinnbildsprache zur Ausdruckssprache, ³Hamburg 1967.

Boor, Helmut de: Die höfische Literatur. 2. Bd. der Geschichte der deutschen Literatur, ⁶München 1964.

Borcherdt, Hans Heinrich: Andreas Tscherning. Ein Beitrag zur Literatur- und Kulturgeschichte des 17. Jh., München/Leipzig 1912.

Borinski, Karl: Die Poetik der Renaissance und die Anfänge der litterarischen Kritik in Deutschland, Berlin 1886.

– Das Epos der Renaissance. In: Vs. f. Kultur und Litteratur der Renaissance, hg. von Ludwig Geiger, 1. Jg., Leipzig 1886, S. 187 ff.

– Die Antike in Poetik und Kunsttheorie. Vom Ausgang des klassischen Altertums bis auf Goethe und Wilhelm von Humboldt (Reprographischer Nachdruck der zweibändigen Ausgabe Leipzig 1914 ff.), Darmstadt 1965.

Bowra, Cecil Maurice: Heldendichtung. Eine vergleichende Phänomenologie der heroischen Poesie aller Völker und Zeiten, Stuttgart 1964.

– Höhepunkte griechischer Literatur. Von Homer zu Theokrit, Stuttgart/Berlin/Köln/ Mainz 1968.

Braitmaier, Friedrich: Über die Schätzung Homers und Virgils von C. Scaliger bis Herder. In: Korrespondenz-Blatt für die Gelehrten- und Realschulen Württembergs, 33. Jg., Tübingen 1886.

Brinkschulte, E.: Julius Caesar Scaligers kunsttheoretische Anschauungen und deren Hauptquellen, Bonn 1914.

Buchthal, Hugo: Historia Troiana. Studies in the History of Mediaeval Secular Illustration, London 1971.

Buck, August: Italienische Dichtungslehren vom Mittelalter bis zum Ausgang der Renaissance, 94. Beiheft zur Zs. f. Roman. Philologie, Tübingen 1952.

– Die humanistische Tradition in der Romania, Bad Homburg/Berlin/Zürich 1968.

Burckhardt, Jakob: Geschichte der Renaissance in Italien, ³Stuttgart 1891.

– Kunst und Kultur der Renaissance in Italien, Köln 1953.

Burger, Heinz Otto: Renaissance, Humanismus, Reformation. Deutsche Literatur im europäischen Kontext, Bad Homburg/Berlin/Zürich 1969.

– (Hrsg.) Annalen der deutschen Literatur. Bd. 2: Vom Humanismus bis zu Goethes Tod, ²Stuttgart 1962.

Campenhausen, Hans Freiherr von: Griechische Kirchenväter, Stuttgart/Berlin/Köln/Mainz 1955.

– Lateinische Kirchenväter, Stuttgart/Berlin/Köln/Mainz 1960.

Cholevius, Carl Leo: Geschichte der deutschen Poesie nach ihren antiken Elementen. Erster Theil. Von der christlich-römischen Cultur des Mittelalters bis zu Wieland's französischer Gräcität, Leipzig 1854.

Clements, Robert J.: Picta Poesis. Literary and Humanistic Theory in Renaissance Emblem Books, Rom 1960.

Conrady, Carl Otto: Lateinische Dichtungstradition und deutsche Lyrik des 17. Jh., Bonn 1962.

Croce, Benedetto: Die Dichtung. Einführung in die Kritik und Geschichte der Dichtung und Literatur. Ins Deutsche übertr. von Wolfgang Eitel, mit einem einführenden Vorwort von Johannes Hösle, Tübingen 1970.

Curtius, Ernst Robert: Europäische Literatur und lateinisches Mittelalter, ⁶Bern/München 1967.

Dietze, Walter: Quirinus Kuhlmann. Ketzer und Poet, Berlin 1963.

Dodds, Erec Robertson: Die Griechen und das Irrationale, Darmstadt 1970.

Dorn, Wilhelm: Benjamin Neukirch. Sein Leben und seine Werke. Ein Beitrag zur Geschichte der Zweiten Schlesischen Schule, Weimar 1897.

Durišin, D.: Die wichtigsten Typen literarischer Beziehungen und Zusammenhänge. In: Aktuelle Probleme der Vergleichenden Literaturforschung, hg. von Gerhard Ziegengeist, Berlin 1968.

Duhr, Bernhard: Geschichte der Jesuiten in den Ländern deutscher Zunge im XVI. Jh., Freiburg 1907.

Dyck, Joachim: Ticht-Kunst. Deutsche Barockpoetik und rhetorische Tradition, Bad Homburg/Berlin/Zürich 1966.

Eckert, Willehad Paul: Erasmus von Rotterdam, 2 Bde, Köln 1968.

Eppelsheimer, Hanns W.: Homer – Ein Originalgenie. Essays, Fulda 1948.

Faber du Faur, Curt von: Der Aristarchus. Eine Neubewertung, PMLA Vol. 69/3, 1954, S. 566 ff.

– German Baroque Literature. A Catalogue of the Collection in the Yale University Library, New Haven/Glückstadt 1958..

Finsler, Georg: Homer in der Neuzeit von Dante bis Goethe, Leipzig/Berlin 1912.

Fischer, Ludwig: Gebundene Rede und Rhetorik in der literarischen Theorie des Barock in Deutschland, Tübingen 1968.

Flemming, Willi: Geschichte des Jesuitentheaters in den Landen deutscher Zunge, Berlin 1923.

Fletcher, Angus: Allegory. The Theory of a Symbolic Mode, ²Ithaca N. Y. 1965.

Fränkel, Hermann: Dichtung und Philosophie des frühen Griechentums. Eine Geschichte der griechischen Epik, Lyrik und Prosa bis zur Mitte des fünften Jh., ²München 1962.

Frels, Wilhelm: Deutsche Dichterhandschriften von 1400 bis 1900, Leipzig 1934.

Frenzel, Elisabeth: Stoffe der Weltliteratur, Stuttgart 1962.

Friedländer, Ludwig: Schicksale der Homerischen Poesie. In: Deutsche Rundschau, Bd. 46, Berlin 1886, S. 209 ff.

Geiger, Ludwig: Johann Reuchlin. Sein Leben und seine Werke (Reprint der Ausgabe Leipzig 1871), Nieuwkoop 1964.

– Renaissance und Humanismus in Italien und Deutschland, Berlin 1882.

Gewerstock, Olga: Lucian und Hutten. Zur Geschichte des Dialogs im 16. Jh., Berlin 1924.

Grønbech, Vilhelm: Griechische Geistesgeschichte (Rowohlts deutsche Enzyklopädie, Bd. 215/216 und Bd. 274/275), Hamburg 1965 ff.

Grumach, Ernst: Goethe und die Antike, Potsdam 1949.

Gudeman, Alfred: Grundriß der Geschichte der klassischen Philologie (Reprographischer Nachdruck der zweiten Auflage Leipzig/Berlin 1909), Darmstadt 1967.

Habermas, Jürgen/Henrich, Dieter/Taubes, Jacob (Hrsg.): Hermeneutik und Ideologiekritik. Mit Beiträgen von Karl-Otto Apel, Claus v. Bormann, Rüdiger Bubner, Hans-Georg Gadamer, Hans Joachim Giegel, Jürgen Habermas. Theorie-Diskussion, Frankfurt 1971.

Hankamer, Paul: Deutsche Gegenreformation und deutsches Barock, ²Stuttgart 1947.

Harder, Richard: Eigenart der Griechen. Einführung in die griechische Kultur. Hg. von Walter Marg (Herder-Bücherei 120), Freiburg 1962.

Hartfelder, Karl: Heidelberg und der Humanismus. In: Zs. f. Allgem. Gesch., 2. Bd., Stuttgart 1885, S. 177 ff., 671 ff.

– Philipp Melanchthon als Praeceptor Germaniae (Reprint der Ausgabe Berlin 1889), Nieuwkoop 1964.

Hartmann, Nicolai: Das Problem des geistigen Seins, ²Berlin 1949.

Hauser, Arnold: Sozialgeschichte der Kunst und Literatur, 2 Bde, München 1953.

Hehle: Der Schwäbische Humanist Jakob Locher Philomusus (1471–1528), eine kultur- und literarhistorische Skizze. In: Programm des Königlichen Gymnasiums, Ehingen 1873 f.

Heitz, Paul (Hrsg.): Frankfurter und Mainzer Drucker- und Verlegerzeichen bis in das 17. Jh., Straßburg 1896.

Henrich, Anton: Die lyrischen Dichtungen Jakob Baldes. 122. Heft der Quellen und Forschungen zur Sprach- und Culturgesch. der germanischen Völker, Straßburg 1915.

Hepp, Noémi: Homère en France au XVIIᵉ Siècle, Paris 1968.

Herdt, A.: Quellen und Vorbilder zu Georg Rollenhagens Froschmeuseler und seine Einwirkung auf Jakob Baldes Batrachomyomachia, Diss. Straßburg 1910.

Hermand, Jost: Synthetisches Interpretieren. Zur Methodik der Literaturwissenschaft, München 1968.

Hildebrandt-Günther, Renate: Antike Rhetorik und deutsche literarische Theorie im 17. Jh., Marburg 1966.

Hocke, Gustav René: Die Welt als Labyrinth. Manier und Manie in der europäischen Kunst (Rowohlts deutsche Enzyklopädie, Bd. 50/51), Hamburg 1957.

– Manierismus in der Literatur. Sprach-Alchimie und esoterische Kombinationskunst (Rowohlts deutsche Enzyklopädie, Bd. 82/83), Hamburg 1959.

Hoffmeister, Johannes: Kaspar von Barths Leben, Werke und sein Deutscher Phönix, Heidelberg 1931.

Holborn, Hajo: Ulrich von Hutten, ²Göttingen 1968.

Huizinga, Jan: Erasmus. Deutsch von Werner Kaegi, ⁴Basel 1951.

Ihm, Georg: Der Humanist Rudolf Agricola, sein Leben und seine Schriften. In: Sammlung der bedeutendsten pädagogischen Schriften aus alter und neuer Zeit, Bd. 15, Paderborn 1893.

Jaeger, Werner: Paideia. Die Formung des griechischen Menschen, 3 Bde, ³Berlin 1954 ff.

Jaspers, Karl: Vom Ursprung und Ziel der Geschichte (Fischer-Bücherei 91), Frankfurt/ Hamburg 1955.

Jöns, Dietrich Walter: Das »Sinnen-Bild«. Studien zur allegorischen Bildlichkeit bei Andreas Gryphius, Stuttgart 1966.

Jonckbloet, W. J. A.: Geschichte der niederländischen Literatur, übers. von W. Berg, Bd. 1, Leipzig 1870.

Just, Leo: Fénelons Wirkung in Deutschland. In: Fénelon. Persönlichkeit und Werk. Festschrift zur 300. Wiederkehr seines Geburtstages hg. von Johannes Kraus und Joseph Calvet, Baden-Baden 1953, S. 35 ff.

Justi, Carl: Winckelmann und seine Zeitgenossen, 2 Bde, ⁴Leipzig 1943.

Kafitz, Dieter: Lohensteins »Arminius«. Disputatorisches Verfahren und Lehrgehalt in einem Roman zwischen Barock und Aufklärung, Stuttgart 1970.

Kaufmann, Georg: Die Geschichte der Deutschen Universitäten, Stuttgart 1888 ff.

Killy, Walther: Zur Geschichte des deutschen Lesebuchs. In: Germanistik – eine deutsche Wissenschaft (edition suhrkamp 204), Frankfurt 1967.

Kindermann, Heinz: Theatergeschichte Europas. Bd. III: Das Theater der Barockzeit, Salzburg 1959.

Kirchner, Gottfried: Fortuna in Dichtung und Emblematik des Barock. Tradition und Bedeutungswandel eines Motivs, Stuttgart 1969.

Kluge, Friedrich: Etymologisches Wörterbuch der deutschen Sprache, bearbeitet von Walther Mitzka, ²⁰Berlin 1967.

Kluge, Otto: Die griechischen Studien in Renaissance und Humanismus. In: Zs. f. Gesch. der Erziehung und des Unterrichts, Jg. 24, Berlin 1934, S. 1 ff.

Kommerell, Max: Lessing und Aristoteles. Untersuchung über die Theorie der Tragödie, ⁴Frankfurt 1970.

Kopp, Hermann: Aurea Catena Homeri, Braunschweig 1880.

Korff, Hermann August: Geist der Goethezeit. Versuch einer ideellen Entwicklung der klassisch-romantischen Literaturgeschichte, ⁶Leipzig 1962 ff.

Krafft, Karl/Crecelius, W.: Mittheilungen über Alexander Hegius und seine Schüler, sowie andere gleichzeitige Gelehrte, aus den Werken des Johannes Butzbach. In: Zs. des Bergischen Geschichtsvereins, Bd. 7, Bonn 1871, S. 213 ff.

Krauss, Werner/Kortum, Hans: Antike und Moderne in der Literaturdisskussion des 18. Jh., Berlin 1966.

Krumbacher, Karl: Geschichte der byzantinischen Litteratur (Reprographischer Nachdruck der zweiten Auflage München 1897), New York 1959.

Lausberg, Heinrich: Handbuch der literarischen Rhetorik. Eine Grundlegung der Literaturwissenschaft, 2 Bde, München 1960.

– Elemente der literarischen Rhetorik, ³München 1967.

Lesky, Albin: Homeros. Sonderausgabe der Paulyschen Realencyclopädie der classischen Altertumswissenschaften (Supplement-Bd. XI), Stuttgart 1967.

Lévêque, P.: Aurea catena Homeri. Une étude sur l'allégorie grecque, Paris 1959.

Lovejoy, Arthur O.: The Great Chain of Being. A Study of the History of an Idea, ⁷Cambridge Mass. 1961.

Marg, Walter: Der Charakter in der Sprache der frühgriechischen Dichtung (Reprographischer Nachdruck der Ausgabe Würzburg 1938), Darmstadt 1967.

– Homer über die Dichtung (Orbis Antiquus, Heft 11), Münster 1957.

– Held und Mensch bei Homer. In: Das Menschenbild in der Dichtung. Sieben Essays hg. von Albert Schaefer, ²München 1968, S. 12 ff.

Markwardt, Bruno: Geschichte der deutschen Poetik, Bd. I: Barock und Frühaufklärung, ³Berlin 1964; Bd. II: Aufklärung, Rokoko, Sturm und Drang, Berlin 1956.

Maurer, Wilhelm: Der junge Melanchthon zwischen Humanismus und Reformation, 2 Bde, Göttingen 1967.

Miller, Norbert (Hrsg.): Romananfänge. Versuch zu einer Poetik des Romans. Literarisches Colloquium, Berlin 1965.

Morneweg, Karl: Johann von Dalberg, ein deutscher Humanist und Bischof (1455–1503), Heidelberg 1887.

Müller, Günther: Deutsche Dichtung von der Renaissance bis zum Ausgang des Barock, Wildpark/Potsdam 1927.

– Geschichte der deutschen Seele. Vom Faustbuch zu Goethes Faust (Reprographischer Nachdruck der Ausgabe Freiburg 1939), Darmstadt 1967.

Müller, Johannes: Das Jesuitendrama in den Ländern deutscher Zunge vom Anfang (1555) bis zum Hochbarock (1665), 2 Bde, Augsburg 1930.

Müller-Seidel, Walter: Probleme der literarischen Wertung. Über die Wissenschaftlichkeit eines unwissenschaftlichen Themas, ²Stuttgart 1969.

Muschg, Walter: Tragische Literaturgeschichte, ²Bern 1953.

Nadler, Josef: Joachim von Watt, De poetica et carminis ratione. In: Anzeiger der Öster-reichischen Akademie der Wissenschaften, Philosophisch-Historische Klasse, Nr. 16, Jg. 1949, S. 276 ff.

Nedden, Otto C. A. zur/Ruppel, Karl H.: Reclams Schauspielführer, ⁶Stuttgart 1960.

Newald, Richard: Die erste deutsche Iliasübersetzung in Prosa des Johannes Baptista Rexius (1584). In: Zs. f. d. Ph. 54 (1929), S. 339 ff.

– Erasmus Roterodamus, Freiburg 1947.

– Nachleben des antiken Geistes im Abendland bis zum Beginn des Humanismus, Tübin-gen 1960.

– Probleme und Gestalten des deutschen Humanismus, Berlin 1963.

Nicolai, Walter: Hesiods Erga. Beobachtungen zum Aufbau, Heidelberg 1964.

Norden, Eduard: Antike Kunstprosa vom 6. Jh. v. Chr. bis in die Zeit der Renaissance, 2 Bde, ⁵Darmstadt 1958.

Ohly, Ernst Friedrich: Vom geistigen Sinn des Wortes im Mittelalter. In: Zs. f. d. A. 89 (1958 f.), S. 1 ff.

Panofsky, Erwin: Idea. Ein Beitrag zur Begriffsgeschichte der älteren Kunsttheorie, ²Berlin 1960.

– Studies in Iconology. Humanistic Themes in the Art of the Renaissance, ²New York 1962.

– Pandora's box, New York 1965.

Patch, Howard Rollin: The Tradition of Boethius. A Study of his Importance in Medieval Culture, New York 1935.

Peuckert, Will-Erich: Pansophie. Ein Versuch zur Geschichte der weißen und schwarzen Magie, ²Berlin 1956.

Pfanner, Hildegard: Das dramatische Werk Simon Rettenpachers. Innsbrucker Beitr. zur Kulturwissenschaft, Sonderheft 2, Innsbruck 1954.

Pfeiffer, Rudolf: Die Meistersingerschule in Augsburg und der Homerübersetzer Johannes Spreng. In: Schwäbische Geschichtsquellen und Forschungen, Heft 2, München/Leipzig 1919.

Pickering, F. P.: Augustinus oder Boethius? Geschichtsschreibung und epische Dichtung im Mittelalter – und in der Neuzeit I., Berlin 1967.

Pigler, Andor: Barockthemen. Eine Auswahl von Verzeichnissen zur Ikonographie des 17. und 18. Jh., Budapest/Berlin 1956.

Poeschel, Hans: Die griechische Sprache, ⁵München 1968.

Praz, Mario: Studies in Seventeenth Century Imagery, ²Rom 1964.

Radlkofer, Max: Die humanistischen Bestrebungen der Augsburger Ärzte im 16. Jh. In: Zs. des Historischen Vereins für Schwaben und Neuburg, 20. Jg., Augsburg 1893, S. 25 ff.

Rahn, Helmut: Morphologie der antiken Literatur, Darmstadt 1969.

Rahner, Hugo: Griechische Mythen in christlicher Deutung, Darmstadt 1966.

Rehm, Walther: Griechentum und Goethezeit. Geschichte eines Glaubens, ⁴Bern/München 1968.

Reichling, D.: Johannes Mumellius. Sein Leben und seine Werke (Reprint der Ausgabe Freiburg 1880), Nieuwkoop 1963.

— Ortwin Gratius. Sein Leben und Wirken (Reprint der Ausgabe Heiligenstadt 1884), Nieuwkoop 1963.

Reinhardt, Karl: Die Ilias und ihr Dichter. Hg. von Uvo Hölscher, Göttingen 1961.

— Tradition und Geist. Gesammelte Essays zur Dichtung. Hg. von Carl Becker, Göttingen 1960.

Rosenfeld, Hellmut: Das deutsche Bildgedicht. Seine antiken Vorbilder und seine Entwicklung bis zur Gegenwart, Palaestra 199, Leipzig 1935.

Rubensohn, Max: Griechische Epigramme und andere kleinere Dichtungen in deutschen Übersetzungen des XVI. und XVII. Jh., Weimar 1897.

Rüdiger, Horst: Wesen und Wandlung des Humanismus, Hamburg 1937.

Sach, August: Joachim Rachel, ein Dichter und Schulmann des 17. Jh., Schleswig 1869.

Schadewaldt, Wolfgang: Iliasstudien. Abhandlungen der philologisch-historischen Klasse der Sächsischen Akademie der Wissenschaften, Bd. 43, Nr. 6, Leipzig 1938.

— Von Homers Welt und Werk. Aufsätze und Auslegungen zur homerischen Frage, ⁴Stuttgart 1965.

— Legende von Homer, dem fahrenden Sänger, Zürich/Stuttgart 1959.

— Goethestudien. Natur und Altertum, Zürich 1963.

Schefold, Karl: Die Bildnisse der antiken Dichter, Redner und Denker, Basel 1943.

Scheid, Nikolaus: Der Jesuit Jakob Masen, ein Schulmann und Schriftsteller des 17. Jh. In: Schriften der Görres-Gesellschaft, Köln 1898.

Schings, Hans-Jürgen: Die patristische und stoische Tradition bei Andreas Gryphius. Untersuchungen zu den Dissertationes funebres und Trauerspielen, Köln/Graz 1966.

Schlechta, Karl: Erasmus von Rotterdam, Hamburg 1940.

Schletterer, H. M.: Das deutsche Singspiel von seinen ersten Anfängen bis auf die neueste Zeit, Augsburg 1863.

Schmidt, Oswald Gottlob: Luther's Bekanntschaft mit den alten Classikern, Leipzig 1883.

Schneider, Karin: Der ›Trojanische Krieg‹ im späten Mittelalter. Philologische Studien und Quellen, Heft 40, Berlin 1968.

Schöne, Albrecht: Emblematik und Drama im Zeitalter des Barock, ²München 1968.

Schröder, Johann Friedrich: Das Wiederaufblühen der klassischen Studien in Deutschland im 15. und zu Anfang des 16. Jh., Halle 1864.

Singer, Herbert: Der deutsche Roman zwischen Barock und Rokoko, Köln/Graz 1963.

Skiadas, Aristoxenos D.: Homer im griechischen Epigramm, Diss. Kiel 1962.

Snell, Bruno: Dichtung und Gesellschaft. Studien zum Einfluß der Dichter auf das soziale Denken und Verhalten im alten Griechenland, Hamburg 1965.

Stachel, Paul: Seneca und das deutsche Renaissancedrama. Studien zur Literatur- und Stilgeschichte des 16. und 17. Jh., Palaestra 46, Berlin 1907.

Staiger, Emil: Grundbegriffe der Poetik, ⁷Zürich/Freiburg 1966.

— Die Kunst der Interpretation, ⁵Zürich/Freiburg 1967.

Stammler, Wolfgang: Von der Mystik zum Barock (1400–1600), ²Stuttgart 1950.

Stemplinger, Eduard: Studien zum Fortleben Homers. In: Studien zur vergl. Lit.gesch., hg. von Max Koch, Bd. 6, Berlin 1906, S. 1 ff.

Stötzer, Ursula: Deutsche Redekunst im 17. und 18. Jh., Halle 1962.

Strauß, David Friedrich: Ulrich von Hutten, 3 Bde, Leipzig 1858.

Strich, Fritz: Deutsche Klassik und Romantik oder Vollendung und Unendlichkeit, ⁴Bern 1949.

Szyrocki, Marian: Martin Opitz, Berlin 1956.

– Die deutsche Literatur von der zweiten Hälfte des 15. bis zum Ausgang des 16. Jh., Breslau 1958.

Trestik, A.: Das deutsche Homerbild des 18. Jh., Diss. Wien 1939.

Trevelyan, Humphry: Goethe und die Griechen. Eine Monographie, Hamburg 1949.

Trier, Jost: Zur Vorgeschichte des Renaissance-Begriffes. In: Arch. f. Kulturgesch. 33 (1950), S. 45 ff.

– Wiederwuchs. In: Arch. f. Kulturgesch. 43 (1961), S. 177 ff.

Urban, Ingrid: Antike Dichtung in den weltlichen Liedern des Meistersängers Johannes Spreng, In: Euphorion 55 (1961), S. 146 ff.

– Johannes Spreng, Meistergesänge (Diss. Berlin 1960), Berlin 1967.

Vogelreuter, O.: Geschichte des griechischen Unterrichts in deutschen Schulen seit der Reformation, Hannover 1891.

Vosskamp, Wilhelm: Untersuchungen zur Zeit- und Geschichtsauffassung bei Gryphius und Lohenstein, Bonn 1967.

Wagner, Fritz: Herders Homerbild, seine Wurzeln und Wirkungen, Diss. Köln 1960.

Wagner, Josef Maria: Oesterreichische Dichter des XVI. Jh. In: Serapeum. Zs. f. Bibl.wiss., Hss.kde. und ält. Litt., 25. Jg., Leipzig 1864.

Waldberg, Max Freiherr von: Die galante Lyrik, Straßburg 1885.

– Die Deutsche Renaissance-Lyrik, Berlin 1888.

Wattenbach, W.: Peter Luder, der erste humanistische Lehrer in Heidelberg. In: Zs. f. die Gesch. des Oberrheins, 22. Bd., Karlsruhe 1869, S. 33 ff.

Wegner, Max: Goethes Anschauung antiker Kunst, Berlin 1944.

Wehrli, Fritz: Allegorische Deutung Homers, Diss. Basel 1928.

Weller, Emil: Die Leistungen der Jesuiten auf dem Gebiete der dramatischen Kunst. In: Serapeum. Zs. f. Bibl.wiss., Hss.kde. und ält. Litt., Jg. 25–27, Leipzig 1864 ff.

Welzig, Werner: Beispielhafte Figuren. Tor, Abenteurer und Einsiedler bei Grimmelshausen, Graz/Köln 1963.

Wentzlaff-Eggebert, Friedrich Wilhelm: Dichtung und Sprache des jungen Gryphius. Die Überwindung der lateinischen Tradition und die Entwicklung zum deutschen Stil, ²Berlin 1966.

– Schillers Weg zu Goethe, ²Berlin 1963.

– Das Menschenbild in Grimmelshausens Simplicissimus. Realität und Vision. In: Das Menschenbild in der Dichtung. Sieben Essays hg. von Albert Schaefer, ²München 1968.

Wilamowitz-Moellendorff, Ulrich von: Die Ilias und Homer, Berlin 1916.

Windfuhr, Manfred: Die barocke Bildlichkeit und ihre Kritiker. Stilhaltungen in der deutschen Literatur des 17. und 18. Jh., Stuttgart 1966.

Wolff, Emil: Die goldene Kette. Die Aurea Catena Homeri in der englischen Literatur von Chaucer bis Wordsworth, Hamburg 1947.

Wolff, Max Ludwig: Geschichte der Romantheorie. Von den Anfängen bis zur Mitte des 18. Jh., Diss. München 1915.

Wuttke, Dieter: Deutsche Germanistik und Renaissance-Forschung, Bad Homburg/Berlin/ Zürich 1968.

Zehetmeier, Winfried: Simon Minerva Schaidenreisser, Leben und Schriften, Diss. München 1961.